KB177634

Effigies Iohannis Locke

Ex Archetypo, quod in Musæo Alexandri Geekie Chirurgi adservatur expressa.

G. Kneller Eques pinxit 1697.   Geo. Vertue Sculp. 1713.

존 로크(1632~1704)

THE BIRTH PLACE OF JOHN LOCKE AT WRINGTON SOMERSETSHIRE.

Since y* command me J here send y* what
J propos'd above a twelvemonth since for the reforming of
our year, Before the addition of an other day increase the error
e make us, if we goe on in our old way differ the next year
differ eleven days from those who have a more rectified Calendar.
The remedie w*h J offer is that the intercalate day should be
omitted the next year e soe the ten next leap years following
by w*h easy way we should in 44 years insensibly return to the
right e from thence forwards goe on according to the new stile.
This J call an easy way because it would be without any preju-
dice or disturbance to any ones civill rights, w*h by the loping off
of ten or eleven days at once in any one year might perhaps receive
inconveniences the only objection that ever J heard made against
rectifying our account.

John Locke

Oates 2 Dec 99

로크의 생가 그림이 그려진 편지 이 편지에는 1632년 로크가 태어난 브리스톨 근교의 링턴에 있는 집이 그려져 있다.

〈프로테스탄트의 계승에 대한 비유〉 제임스 손힐. 그리니치 해군병원 페인티드홀
윌리엄 3세와 메리 여왕에 대한 자유로운 묘사. 1688년 명예혁명이 끝나고, 제임스 2세가 외국으로 도망가자, 이듬해 특명을 받은 로크는 비서 자격으로 네덜란드의 오라네 공주를 영국으로 수행했다. 그 뒤 오라네 공주는 윌리엄 3세의 부인이자 메리 여왕이 되었다.

THOMAS HOBBES Malmesburiensis.
Aet: suæ. 76.

토머스 홉스(1588~1679) 영국의 철학자·법학자

로크가 생각한 사회계약이란 통치자와 피통치자 사이의 계약이 아니라 자유로운 개인들끼리의 계약이다. 그러나 홉스와 달리 로크는 정부가 수립되고 난 뒤에도 국민들은 여전히 권리를 가지고 있다고 본다. 정부가 이 권리를 침해하거나 보호해주지 못하면 국민들은 기존 정부를 전복하고 참된 새로운 정부로 바꿀 수 있는 도덕적인 권리를 가진다. 이는 1668년 영국의 명예혁명에서 로크가 한 역할을 설명해주는 측면이기도 하다.

아이작 뉴턴(1642~1727) 영국의 물리학·천문학·수학·근대이론과학 선구자
로크의 사상은 새로운 관찰과 실험을 요구하는 과학과 일치하는 것이었다. 그는 같은 시대의 뉴턴에게 영향을 끼쳤
고 또 뉴턴의 영향을 받았다.

루이 16세(1754~1793, 재위 1774~1792) 앙투안 프랑수아 칼레
프랑스 혁명은 모든 국민이 자유로운 개인으로서 평등한 권리를 갖기 위한 시민혁명의 전형이었다. 1789년 7월 파리 시민들이 바스티유 감옥을 습격하면서 일어난 혁명으로, 루이 16세와 왕비 마리 앙투아네트가 체포되어 처형되었다. 로크는 프랑스 혁명에 지적인 영향을 끼친 중요한 인물이다.

로크는 다른 어떤
사상가보다도 자
유주의적 민주주
의의 이론적 토대
를 세우는 데 기
여했다. 미합중국
헌법을 초안한 사
람들은 로크의
사상을 염두에
두었고 서로 편지
를 주고받을 때
로크의 이름을 거
론하기도 했다.

AN
ESSAY

CONCERNING

𝕳𝖚𝖒𝖆𝖓𝖊 𝖀𝖓𝖉𝖊𝖗𝖘𝖙𝖆𝖓𝖉𝖎𝖓𝖌.

In Four BOOKS.

Quam bellum est velle confiteri potius nescire quod nescias, quam ista effutientem nauseare, atque ipsum sibi displicere! Cic. de Natur. Deor. *l.* 1.

LONDON:

Printed for *Tho. Basset*, and sold by *Edw. Mory* at the Sign of the *Three Bibles* in St. *Paul's* Church-Yard.   M DC XC.

《인간지성론》(초판 1689) 속표지

세계사상전집062

John Locke

AN ESSAY CONCERNING HUMAN UNDERSTANDING

인간지성론 II

존 로크/추영현 옮김

동서문화사

디자인 : 동서랑 미술팀

인간지성론 Ⅰ Ⅱ

차례

인간지성론 Ⅱ

존 로크 사상과 인간지성론

인간지성론 I

제1권 타고난 사념

제3권
말

제1장
언어 또는 언어 일반

1. 인간은 분절음을 만들 수 있도록 되어 있다

신은 인간을 만들 때 사교적인 피조물이 되도록 계획했다.[*1] 그래서 같은 부류의 사람들과 동료가 될 수 있는 성질을 부여하여 동료가 되게 했을 뿐만 아니라 사회의 중요한 도구이자 공통된 유대가 되는 언어를 인간에게 주었다.[*2] 그러므로 자연히 인간은 말이라고 하는 분절음(分節音)을 형성할 수 있도록 만들어진 기관(器官)을 가지게 되었다. 그러나 이것은 언어를 낳는 충분한 조건이 아니었다. 왜냐하면 앵무새나 그 밖의 몇몇 새는 훈련이 되면 분절음을 충분히 만들 수 있을 테지만 그 분절음은 결코 언어라고는 할 수가 없기 때문이다.

2. 분절음을 관념의 기호로 한다

그런 까닭에 분절음에 더하여 다음과 같은 일이 필요했다. 즉 인간은 그러한 음을 내적인 관념의 기호로 쓸 수 있고, 이 음으로 자기 자신의 마음속에 있는 관념을 나타내는 그러한 일이 필요했다. 그렇게 함으로써 사람들 마음속에 있는 관념을 서로에게 전달할 수가 있었을 것이다.

3. 일반적 기호를 만드는 일

그러나 이것으로도 언어가 그런 작용을 할 수 있도록 만드는 데에는 충분하지가 않았다. 음을 관념의 기호로 할 수 있다는 것은, 그러한 기호가 몇몇 특수한 사물을 포괄하도록 쓸 수 있게 되지 않는 한, 언어를 완전한 것이게 하

[*1] 신이 창조한 사회적 인간이 로크의 인간이다. 라이프니츠도 여기에 동의한다.
[*2] 언어의 사회적 기능과 그 신학적 근거가 단적으로 표현되어 있다.

는 데에는 충분하지가 않았다. 왜냐하면 예컨대 하나하나의 (특수한) 사물이 모두 (저마다) 이것을 의미 표시하는 별개의 이름을 필요로 했다면 말은 너무 많이 늘어나서 쓰는 데에 어려움을 느꼈을 터이기 때문이다. 이러한 불편을 없애기 위해 언어는 다시 진보해서 일반명사를 써서, 이것으로 하나의 말이 다수의 개별적 사물의 존재를 표시할 수 있게 된 것이다. 음(또는 말)의 이 유리한 사용은 이것을 기호로 하는 관념의 차이만으로 얻을 수 있었다. 왜냐하면 일반관념을 나타내게 된 이름은 일반적인 것이 되며, 이름이 쓰이는 관념이 특수한 곳에서는 이름은 특수한 채로 있기 때문이다.

4. 일반적 기호를 만드는 일

관념을 나타내는 이러한 이름 외에 사람들이 쓰는 별도의 말이 있다. 즉 그 어떤 관념을 (실정적으로) 의미 표시하지 않고, 단순관념이든 복합관념이든 어떤 관념의 결여나 부재를, 또는 모든 관념의 결여나 부재를 나타내는 말이 있다. 예를 들어 라틴어의 nihil(무), 영어의 ignorance(무지)와 barrenness(불모)이다. 이러한 부정적인 또는 결핍적인 말은 모두 본디부터 관념에 속하지 않는다거나 관념을 나타내지 않는다는 식으로 말할 수는 없다. 왜냐하면 만약에 그렇게 말할 수가 있다면 완전히 뜻이 없는 음이었을 테지만 그러한 말은 실정적 관념에 관계하여 그 부재를 의미 표시하기 때문이다.

5. 말은 궁극적으로는 감지할 수 있는 관념을 표시하는 것에서 나온다

우리가 다음과 같은 점에 주목하면, 즉 우리의 말은 일반적인 감지할 수 있는 관념에 얼마나 많이 의존하는가, 감각기관으로부터 완전히 동떨어져 있는 행동이나 생각을 나타내기 위해 쓰이는 말이 얼마나 거기(즉 일반적인 감지할 수 있는 관념)에서 일어나, 명확한 감지할 수 있는 관념으로부터 한층 난해한 의미 표시로 옮겨져 우리 감각기관의 인식 아래에 오지 않는 관념을 만드는가 하는 점에 주목하면 우리의 모든 생각과 지식의 근원으로 우리를 조금이라도 데려다줄지도 모른다. 예를 들어 상상한다, 인지한다, 양해한다, 고집한다, 생각한다, 주입한다, 싫은 생각, 흩어짐, 평온함 따위는 모두 감지할 수 있는 사물의 작용으로부터 취해지는 생각의 어떤 양상에 적용된 말들이다. 정신(또는 영혼)은 그 원초적인 뜻으로는 숨결이고 천사는 사자(使者)이다. 그래서 나는 의심하지 않는 바이지만 만약에 이름을 그 원천까지 거슬러 올라갈 수 있다면, 모든 언어에서 우리의 감각 아래로 들어올 수 없는 사물을 나타내는 이름도 처음에는 감지할 수 있는 관념에서 생겼음을 알 수 있다. 이것으로 우리는 언어를 맨 처음에 시작한 사람의 마음을 채우고 있던 것이 어떤 종류의 생각이며 어디에서 유래되었는가, 또 사람들의 모든 지식의 기원과 원리는 바로 사물의 명명(命名)에서 얼마나 뜻하지 않게 사람들에게 시사되었는가 하는 점에서 어떤 종류의 억측을 할 수가 있을 것이다. 왜냐하면 사람들은 자기 내부에서 느낀 어떤 작용을, 또는 자기 감각기관에 오지 않는 다른 그 어떤 관념을 남에게 알릴 수 있는 이름을 붙이기 위해 어쩔 수 없이 보통 알려져 있는 감각의 관념으로부터 말을 빌려서, 이 수단에 의해서 외부에 감지할 수 있도록 나타나지 않는 자신의 내부에서 실제로 겪은 일을 남에게 한층 손쉽게 상상하게 했으며, 그렇게 하면 사람들이 자기 마음의 그러한 내적 작용을 의미 표시하는 이름을 알고 일치했을 때 다른 모든 관념을 말로써 알리는 준비를 충분히 갖추게 되기 때문이다. 관념을 조성(組成)할 수 있는 사물은 단지 외부의 감지할 수 있는 지각이나, 이 지각에 대한 마음의 내부작용 가운데 어느 하나일 뿐이며, 그 까닭은 이미 (제2권 제1장 제5절에서) 밝힌 대로 우리가 갖는 관념은 기원을 따져보면 외부의 감지할 수 있는 사물이거나, 우리가 내부에서 스스로 의식하는 것 같은, 우리 정신의 내부 작업에 기초해 자기 자신 안에 느끼는 데에서 오는 것 말고는 전혀 없다.

6. (과제의) 배분

그러나 가르치거나 알거나 하는 데에 유용한 언어의 효용과 힘을 더 잘 이해하기 위해서는 다음과 같은 점을 고찰하는 것이 바람직하다.

첫째, 언어를 쓸 때 이름에 직접 적용될 수 있는 것은 무엇인가.

둘째, (고유명을 제외한) 모든 이름은 일반적인 것이며,[*3] 따라서 이러저러한 단순한 사물을 개별적으로 나타내지 않고 사물의 종(種)과 계층(階層)을 나타내므로 다음에는 사물의 종과 유(類)는, 또는 라틴어를 좋아한다면 스페키에스와 게누스는 무엇이며 어디에 존재하고 어떻게 해서 만들어지는가 하는 점

[*3] 고유명을 제외하고 이름이 일반적이라는 점에서 언어적 사고는 총체적으로 추상 일반관념에 관계된다. 라이프니츠의 개별명(個別名)도 일반적이라고 할 수 있다.

을 고찰할 필요가 있을 것이다. 이들을 잘 조사해 보면 말의 올바른 사용법이나 언어의 이점이나 결함, 또 말의 의미 표시의 불명확이나 불확실이라고 하는 불편을 피하기 위해 사용한 구제법 등을 한층 잘 찾아내게 될 것이다. 그러한 불합리를 피하지 않으면 지식에 관해서 조금이라도 분명하게, 또는 질서 있게 논의할 수가 없다. 지식은 본디 명제에 관계되며, 명제는 보편적 명제인 것이 가장 일반적이므로 아마도 그렇게 여겨지는 이상으로 말과 깊이 결합하고 있는 것이다.[4]

그러므로 위에 든 여러 고찰은 앞으로 여러 장에서 다루어질 것이다.

---

[4] 지식과 언어의 이러한 긴밀한 관계를 알아차린 것이 로크가 언어를 한 권의 독립된 책으로 쓸 정도로 고찰을 심화시켰다.

1. 말은 사상 전달에 필요한 감각적 기호이다

사람이 갖는 사상은 매우 다양하며, 더욱이 자기 자신뿐 아니라 다른 사람
도 이득과 기쁨을 받을 수 있는 것인데, 그럼에도 사상은 모두 인간의 가슴속
에 있어서 눈에 보이지 않고, 다른 사람으로부터 감추어져 있어서 저절로 나
타날 수가 없다. (그런데) 사회의 즐거움과 이익은 사상의 전달이 없으면 얻어
질 수가 없으므로, 인간은 자기 사상을 만드는, 눈에 보이지 않는 관념을 남에
게 알릴 수가 있는 어떤 외적인 감각적 기호를 찾아낼 필요가 있었다. 이 목적
을 위해서 그 수가 많다는 점에서, 또 빠르다는 점에서 인간이 매우 손쉽게 그
리고 다양하게 만들 수 있음을 알아낸 분절음만큼 적당한 것은 없었다. 이렇
게 해서 우리는 위에서 말한 목적에 걸맞는 말이 사람들에 의해서 관념의 기
호로 쓰이기에 이른 경과를 생각할 수가 있다. 즉 (말이라고 하는) 특정한 분절
음과 일정한 관념은 어떠한 자연의 결합에 의한 것은 아니다.[*1] 왜냐하면 만
약에 그렇다면 모든 인간 사이에 단 하나의 언어가 있었을 터이기 때문이다.
그렇지 않고 (말과 관념을 결합시켜서) 이러이러한 말을 인위적으로 이러이러한
관념의 기호로 삼는 유의적(有意的)인 설정에 의존했다. 이렇게 보면 말의 효용
은 관념의 감각적 기호라 말할 수 있으며, 말이 나타내는 관념이야말로 말 본
디의, 그리고 직접적인 뜻이다.[*2]

2. 말은 이것을 쓰는 사람의 관념의 감각 가능한 기호이다

사람들이 이러한 (말이라고 하는) 표지를 쓰는 것은 (근원적으로 말하자면)

[*1] 라이프니츠는 언어 형성에 어느 정도의 자연성을 인정한다.
[*2] 로크 언어론의 핵심을 이루는 명제이다.

자신의 기억에 자기 사상을 기록하기 위해서거나,*3 자기 관념을 다른 사람의 코앞으로 가져다 놓기 위해서거나 그 어느 쪽이다. 그러므로 말은 그 일차적이고 직접적인 의미 표시에서는 말을 쓰는 사람의 마음에 있는 관념을 나타낼 뿐이며,*4 비록 이 관념이 그것이 나타낸다고 여겨지는 사물로부터 불완전하게 또는 준비 없이 수집되었다 해도 그러하다. 어떤 사람이 다른 사람에게 말을 걸 때에는 이해받기 위해서이며, 말의 목적은 그렇게 말해진 소리가 표지로서 이야기하는 사람의 관념을 듣는 사람에게 알릴 수가 있어서이다.

그렇다면 말이 나타내는 것은 이야기하는 사람의 관념이며, 또 누구도 자기 자신이 갖는 관념 이외의 어떤 사물에도 말을 표지로서 직접 적용할 수가 없는 것이다. 왜냐하면 만약 적용할 수가 있다면 말을 자기 생각으로 삼으면서 다른 관념에 적용하는 것으로, 이것은 말을 자기 관념의 기호로 삼으면서 동시에 기호로 하지 않는 처사인 것이며 더 나아가서는 결국 아무런 의미 표시도 가지지 않는다는 이야기가 되기 때문이다. 말은 유의적(有意的)인 기호이므로 자기가 모르는 사물에 설정한 유의적 기호일 리가 없다. 그러한 (모르는 사물의 기호로 하는) 일은 말을 무(無)(다시 말하면 없는 사물)의 기호로 하는 일이며 뜻이 없는 소리가 될 것이다.

인간은 말을, 사물의 성질이든, 다른 사람 마음의 생각이든 자기 자신의 마음에 없는 것의 기호로 삼을 수는 없다. 자기 관념을 가질 때까지 자기 관념이 다른 사람의 관념과 대응한다 생각할 수 없고, 자기 관념에 대해서 그 어떤 기호도 쓸 수도 없다. 왜냐하면 그러한 경우 기호는 자기가 모르는 사물의 기호이기 때문이다. 이것은 사실을 말하자면 무(또는 없는 사물)의 기호이다. 그러나 또 자기 자신이 갖는 어떤 관념에 의해서 다른 사람의 관념을 자신에게 나타낼 때, 다른 사람이 (그 사람의 관념에) 주는 것과 같은 이름을 (자기가 나타내는) 다른 사람의 관념에 주는 것에 동의해도 역시 자신의 관념에 대한 것이고 자기가 갖는 관념에 대한 것이지, 지니지 않는 관념에 대한 것은 아니다.

---

*3 언어는 그 소유자에게 기억을 위한 기록에 유용할 뿐이다. 로크는 비언어적 사고를 인정한다.

*4 언어의 사적인 성격을 단적으로 말하는 로크 언어론의 중심 명제이다.

3. 말은 그것을 쓰는 사람의 관념의 감각적인 기호이다

이것(앞 절에서 말할 것)은 언어를 쓸 때 반드시 그렇게 되어야 하는 일이며, 따라서 이런 점에서는 아는 사람이나 모르는 사람, 학자나 학식이 없는 사람도 (무엇인가 뜻을 가지고) 이야기하는 말을 모두 같게 쓰는 것이다. 말은 모든 사람이 이를 입으로 말할 때 그 사람이 가지고 있는, 그 말로 나타내려고 하는 관념을 나타낸다. (예를 들어) 아이들은 금이라는 말을 들으면 그들이 들은 금속 가운데에서 밝게 빛나는 노란색밖에 깨닫지 못한다. 그래서 아이들은 금이라고 하는 말을 오직 그들 자신의 그러한 색의 관념에만 적용하고, 그 밖의 어떠한 사물에도 적용하지 않는다. 때문에 아이들은 공작 꽁지 같은 색을 금이라고 말한다. 그러나 보다 깊이 관찰한 사람은 빛나는 색에 매우 큰 무게를 더한다. 그렇게 하면 그 사람이 금이라고 하는 소리(즉 말)를 쓸 때, 그 소리는 빛나는 노란색의, 매우 무거운 실체라고 하는 복합관념을 나타낸다. 또 다른 사람은 이들 성질에 녹는 성질을 더한다. 그러면 그 사람에게 금이라고 하는 말은 빛나는, 노란색의, 녹는, 매우 무거운 물체를 뜻한다. 또 어떤 사람은 전성(展性)을 더한다. 이러한 사람들은 저마다 금이라고 하는 말을, 이제까지 적용해 오던 관념을 나타낼 필요가 있을 때 똑같이 쓴다. 하지만 분명히 각기 자신의 관념에만 이 말을 적용할 수가 있으며 자신이 가지지 않은 복합관념의 기호로는 삼을 수가 없다.

4. 말은 이따금 남몰래, 첫째로 다른 사람들의 관념에 관련된다

그러나 말은 사람들이 이를 쓸 때 본디 또는 직접적으로는 말하는 사람의 마음에 있는 관념만을 나타내지만, 그럼에도 사람들은 자기들의 생각 안에서 말을 다른 두 가지 사물에 남몰래 관련시킨다.

첫째로 사람들은 자기 말이 다른 사람들, 즉 사람들이 사상을 전달하는 다른 사람들의 마음에도 있는 관념의 표시라고 생각한다. 왜냐하면 그렇지 않고 만약에 사람들이 하나의 관념에 적용하는 소리(또는 말)가 듣는 사람에 의해서 다른 관념에 적용할 수 있는 것이라고 한다면 사람들은 말을 해도 소용없었을 테고 이해되지도 못할 것이기 때문이다. 이는 두 개의 언어를 쓰는 일이 될 것이다. 하지만 이러한 점에서 사람들은 보통 자기와 자기하고 담론하는 사람이 (저마다) 지닌 관념이 같은가 다른가를 검토하려 하지 않는다. 사람들은 말을, 자기들 언어를 일반적인(또는 공통된) 뜻으로 쓴다고 상상하는 대로 씀으로써 그것으로 충분하다고 생각한다. 그때 사람들은 자기들이 기호로 삼는 관념은 그 나라의 지성 있는 사람이 그 이름(즉 말)을 적용하는 것과 정확히 같다고 생각하게 된다.

5. 둘째로 실재 사물에 관련시킨다

둘째로 사람들은 단지 자신의 상상에 대해서 이야기한다는 인상을 주는 것을 바라지 않고 실재하는 대로의 사물에 대해서 이야기하는 것으로 여겨지기를 바란다. 그러므로 사람들은 가끔 자기들 말이 실재의 사물을 나타낸다고 생각한다. 그러나 이것은 앞 절에서 말한 것이 단순개념과 양상에 관계하듯이 실체와 그 이름에 비교적 특히 관계되므로, (본 권 제5장 및 제6장에서) 혼합양상 및 실체의 이름을 다루게 될 때 말을 적용시킬 (앞 절 또는 이 절에서 지적한) 이들 두 가지 다른 방식에 대해서 좀더 자세히 이야기하게 될 것이다. 다만 이때 양해를 얻어야 할 것은, 우리가 말에 우리 마음에 있는 관념이 아닌 그 어떤 사물을 나타내려고 할 때에는 언제나 말의 쓰임이 왜곡되며 말의 뜻은 피할 수 없는 애매함과 혼란에 빠지게 되는 점이다.

6. 말은 쓰임에 익숙해지면 즉석에서 관념을 불러일으킨다

말에 관해서 다음과 같은 점도 더 고찰해야 할 문제이다. 첫째, 말은 직접적으로는 사람들 관념의 기호이며 이것으로 사람들이 자기들 생각을 전달하고 자신의 가슴속에 있는 사상과 상상(또는 구상)을 서로 나타내는 도구이므로, 끊임없이 사용되면 일정한 소리(즉 말)와 그것이 나타내는 관념 사이에 강한 결합이 생겨 이름(또는 말)을 들으면 일정한 관념이 즉석에서, 즉 그 관념을 낳는 적성이 있는 사물 자신이 실제로 감각기관을 유발했을 때와 거의 같은 정도로 즉석에서 환기된다는 점이다. 이는 모든 것의 감각적 성질이며 또한 우리에게 자주 떠오르는 모든 실체로도 분명히 그러하다.

7. 말은 가끔 뜻의 표시 없이 쓰인다.

둘째, 말 본디의, 그리고 직접적인 의미 표시는 이야기하는 사람 마음의 관념인데, 그럼에도 우리는 (말을) 어렸을 때부터 익숙하게 써왔으므로 일정한 분절음을 완전히 배우고 즉석에서 입에 올리며 언제나 기억을 할 수 있게 되지만 말의 뜻을 늘 완전하게 검토한다고, 다시 말하면 정착에 신경을 쓴다고는 할 수 없으므로 사람들은 마음먹고 주의 깊게 고찰하려 할 때부터 생각을 사물보다는 말에 두는 일이 자주 일어나게 된다. 말의 대부분은 그것이 나타내는 관념이 알려지기 전에 학습된다. 따라서 어떤 사람들은, 아이들뿐만 아니라 어른들도 말을 배워 그러한 소리에 익숙해졌다는 이유만으로 앵무새와 조금도 다르지 않게 여러 가지 말을 한다. 하지만 말이 유용하고 뜻이 있는 한, 소리와 관념 사이에는 항상적인 결합이 있고 소리가 관념을 나타내는 뜻이 있어서, 소리가 거기에 적용되지 않으면 소리는 그만큼 뜻이 없는 물건의 소리에 지나지 않는다.

8. 말의 의미 표시는 완전히 인위적이다

말은 이미 (앞의 앞 절에서) 말한 바와 같이 오랫동안 친근하게 쓰면, 사람들에게 일정한 관념을 매우 항상적이고 즉각적으로 불러일으키게 되므로, 사람들은 말과 관념 사이의 자연적 결합을 생각하기 쉽다. 하지만 말은 사람들의 특유한 관념만을 나타내며 그것도 (말과 관념의 결합이) 완전히 인위적인 설정에 의한다는 것은 다음과 같은 일을 보면 뚜렷하다. 즉 말은 다른 사람에게 (같은 말을 쓰는 사람에게까지도) 우리가 그 말을 기호로 하는 관념과 같은 관념을 자주 환기하는 데에 실패하기 때문에, 모든 사람은 자기가 좋아하는 관념을 말로서 나타내는 침범할 수 없는 자유를 가지고 있기 때문에 누구나 다른 사람이 자기가 쓰는 것과 같은 말을 쓸 때 그 사람의 마음에 자기가 갖는 관념과 같은 관념을 가지게 하는 권력(또는 능력)을 가지지 않는 것이다. 그러므로 위대한 아우구스투스[5]도 세계를 지배하는 권력(또는 능력)은 지녔지만 라틴어 하나를 새롭게 만들어 낼 수 없다는 것을 인정했다. 아우구스투스도 어떤 소리가 어떠한 관념을 기호로 할 것인가를, 그 부하가 말하는 것이나 일상적인 말로 인위적으로 (마음대로) 지정할 수가 없었던 것과 마찬가지이다. 모든 언어의 일상적 용법은 암묵의 동의로 일정한 소리(또는 말)를 일정한 관념에 할당하여, 그 경우에 한해서 그 소리(또는 말)의 뜻이 제한되어 어떤 사람

＊5 Augustus. 로마 최초의 황제로(재위기간 BC 27~AD14) Augustus Caesar라고 불린 Gaius Julius Caesar Octavianus.

이 이것에 같은 관념을 적용하지 않으면 그 사람은 적절하게 말하고 있지 않은 것이다. 또 좀더 덧붙이자면 어떤 사람의 말이, 이야기할 때 그 말이 나타내는 관념과 같은 관념을 듣는 사람에게 환기시키지 않으면, 그 사람은 이해할 수 있도록 말을 하고 있지 않은 것이다. 하지만 어떤 사람이 말을 그 일반적 의미로 사용하든, 말을 듣는 인물의 특수한 뜻으로 사용하든, 달리 쓰는 귀결이야 어떻게 되든 다음과 같은 일은 절대 확실하다. 즉 그 사람이 말을 쓸 때 그 뜻은 그의 관념에 제한되며, 말은 이 관념 이외의 어떤 사물의 기호가 될 수가 없다.

제3장
일반명사

1. 말의 거의 대부분은 일반적이다

존재하는 모든 사물은 모두가 개별적이기(또는 특수하기) 때문에, 사물에 합치되어야 할 말도 그러해야 한다. 내 말은 (하나하나의 말 자체가 아니라) 그 뜻인데, 이것은 도리에 합당한 일이라고 여겨질지도 모른다. 그러나 그럼에도 우리는 정반대의 경우를 발견하게 된다. 모든 언어를 만드는 말의 대부분(다시 말하면 거의 대부분)은 일반명사이며 이것은 태만이나 우연의 결과가 아니라 이지와 필요에서 생긴 결과였던 것이다.

2. 모든 낱낱의 사물이 (저마다) 이름을 가질 수는 없다

첫째로 모든 낱낱(특수)의 사물이 (저마다) 별개의 독자적인 이름을 가질 수는 없다. 왜냐하면 말의 뜻과 쓰임은, 마음이 그 관념과 이 관념의 기호로서 쓰는 소리 사이에 만드는 결합에 바탕을 두는 것이므로 (만약에 일반명사가 없었다면) 이름을 사물에 적용함에 있어 마음이 (개개) 사물의 다른 관념을 갖고 각 관념에 속하는 하나하나의 이름도 파악해서 이것을 그러한 별개의 관념 하나하나에 특별히 적용할 필요가 있기 때문이다. 그런데 우리가 만나는 모든 특정한 사물에 대해서 별개의 관념을 형성하여 유지한다는 것은 인간의 능력을 넘어선 일이다. 더없이 널리 포용하는 지성이라할지라도 (예를 들어) 사람들이 보는 모든 새나 짐승, 감각을 일으키는 모든 풀과 나무가 (각자의) 장소를 발견할 수는 없었을 것이다. 장군 가운데에는 그 군대의 각 병사 이름을 부를 수 있는 사람도 이제까지 있었으나, 이것은 놀라울 만한 기억의 사례로 간주할 수가 있지만, 왜 사람들이 양 한 마리마다, 또는 머리 위를 나는 까마귀 한 마리마다 이름을 붙일 생각은 결코 하지 않았고, 하물며 길가의 풀잎 하나하나를, 모래 한 알 한 알을 특별한 이름으로 부르려고 하지 않았는가 하는 까닭을 쉽사리 발견할 수가 있을 것이다.

3. 그것이 불가능하다면 소용이 없을 것이다

둘째로 만약에 (개개의 사물에 이름을 부여하는 일이) 가능했다 해도 역시 소용이 없었을 것이다. 언어의 주요 목적에 쓸모가 없기 때문이다. 사람들이 하나하나의 사물 이름을 쌓아올려도 헛수고였을 것이다. 그러한 일은 사람들이 사상을 전달하는 데에 쓸모가 없었을 것이다. 본디 사람이 이름을 배워서 다른 사람과 이야기를 나눌 때 이름을 쓰는 것은 오직 이해되어지기를 바라서이다. 그러나 이해된다는 것은 발성기관으로 내가 만드는 소리가 이를 듣는 다른 사람의 마음에 익숙해진 쓰임이나 (상호 간의) 찬동에 의하여 내가 이야기할 때, 마음속에서 이 소리를 적용시킬 관념(마찬가지 관념)을 환기시킬 때 오직 그때뿐이다. (하지만) 이것(즉 다른 사람의 마음에 그러한 관념을 불러일으키는 일)은 개개의 사물에 적용되는 이름으로는 다할 수가 없다. 그러한 개개의 사물에 대해서는, 나만이 내 마음에 관념을 갖는다. 따라서 하나하나의 사물 이름은 나의 지각으로 들어온 개개의 사물 그 자체를 모두 알고 있지 않은 다른 사람에게는 뜻을 가질 수가 없었을 것이다. 다시 말하면 이해가 되지 않았을 것이다.

4.

셋째로 그러나 이러한 (내 마음속 하나하나의 사물 이름을 남이 이해하는) 일이 잘되어 간다 쳐도(나는 그렇게 생각하지 않지만), 또 모든 개별적인 사물에 대한 별개의 이름은 지식의 진보에 그다지 쓸모가 있지는 않았으리라. 지식이라고 하는 것은 개개의 사물을 바탕으로 하지만 일반적으로 바라봄으로써 확대되며, 이 일반적으로 바라본다고 하는 것은 일반명사 아래 종(種)으로 정리된 사물이 본디 쓸모가 있다. (그런데) 종으로 정리된 이러한 사물은 이것에 속하는 이름과 함께 어느 범위 안에 머물러, 어느 순간에도 마음이 포함할 수 있는 것 또는 쓸 필요가 있는 것을 넘어서 늘어나는 일은 없다. 그러므로 사람들은 대체로 이러한 종으로 정리된 사물에 머물게 되는데, 그렇다고 해도 편의상 필요할 때에 하나하나의 사물을 (그 사물에) 할당된 이름에 의해서 구별하는 일이 방해될 정도는 아니다. 따라서 사람들이 가장 많이 관여하고 인물들 하나하나를 거론할 필요가 가끔 있는, 사람들 자신의 종(즉 인간이라고 하는 종)에서는 사람들은 고유명사를 써서 거기에서 인간들이 저마다의 이름을 가지게 되는 것이다.

5. 고유명을 갖는 사물

인물 말고 나라, 도시, 강, 산이나 그 밖의 비슷한 구별도 보통은 특별한 이름을 갖는데 이것도 같은 이유에 의해서이다. 즉 이들 나라들은 사람들이 다른 사람과 논의를 할 때 개별적으로 표시하여, 다른 사람들 앞에 내놓을 필요가 자주 있는 것들이기 때문이다. 그래서 나는 의심하지 않지만, 만약 우리에게 개별적인 말(馬)(의 이름)을 들 이유가, 특정한 사람(의 이름)을 들 이유와 마찬가지로 자주 있다고 한다면 우리는 사람과 같을 정도로 친한 말에도 고유명사를 붙였을 터이며, (예를 들어) 부케팔로스*¹는 (그것을 탔던 사람이) 알렉산드로스와 마찬가지로 자주 쓰이는 말이 되었을 것이다. 그래서 우리가 생각하는 바이지만, 말 상인들 사이에서는 그것을 쓰는 사람과 마찬가지 정도로 일반적으로 말도 고유명을 가지며 그것으로 구별된다. 왜냐하면 말 상인들 사이에서는 말이 보이지 않을 때 이러저러한 개별적인 말(의 이름)을 말할 필요가 가끔 있기 때문이다.

6. 일반어가 만들어지는 과정

(그러므로) 다음에 고찰해야 할 일은 (고유명사가 아닌) 일반어*²가 만들어지는 과정이다. 존재하는 모든 것은 특수한 것뿐이기 때문에 우리는 어떻게 해서 일반명사를 얻게 되는가, 또는 어디에서 일반명사로 나타낼 수 있다고 여겨지는 일반적 본성을 발견하는가? 흔히 말이라는 것은 일반관념의 기호가 됨으로써 일반적인 것이 된다. 또 관념은 그 관념에서 시간이나 장소의 사정이나 그 밖에 이러저러한 특수한 존재에 한정할 수 있는 그 어떤 관념을 분리함으로써 일반적이 된다. 그래서 관념은 이러한 추상 방식으로 하나 이상의 개체를 대표하게 되고, 각 개체는 그 안에 이 추상관념과 합치하는 점을 가지므

─────────────
＊1 Bucephalus. 알렉산더 대왕이 탔던 말 이름.
＊2 말은 고유명사 또는 개체물의 이름을 제외하면 일반적이다.

로 그 종에 속한다고 우리는 말하는 것이다.

7.

이 점을 좀더 분명히 하기 위해 우리의 생각과 이름을 그 시작부터 더듬어 가서 우리는 도대체 유아기부터 어떤 길을 따라, 어떤 순서로 관념을 확대하는지를 관찰하는 일은 잘못이 아니다. 무엇보다 뚜렷한 일이지만, 어린이들이 만나는 인물에 대한 관념은(이것만을 예로 들어보아도) 인물 자신과 마찬가지로 특수한 존재이다. (예를 들어) 유모나 어머니에 대한 관념은 어린이의 마음 속에 깊게 형성되어 그 유모나 어머니의 개인만을 나타낸다. 어린이들이 이 관념에 맨 처음 부여한 이름은 이러한 개인에 국한되어, 어린이가 쓰는 유모나 엄마라는 이름은 그러한 인물에 한정된다. 그러나 이윽고 시간이 지나 아는 것이 많아지면 세상에는 모습이나 그 밖의 여러 성질에 공통된 일치가 있어서, 부모나 친숙해진 인물과 비슷한 사물이 많이 있다는 사실을 알게 된다. 이 때 어린이들은 이들 많은 특수한 것이 포함된다고 여겨지는 하나의 관념을 이루며 여기에 다른 사람들과 함께, 예를 들어 인간이라는 이름을 부여한다. 이렇게 해서 어린이들은 일반명과 일반관념을 가지게 된다. 이 일반관념으로 어린이들은 어떠한 새로운 사물을 만들지 않고, 단지 (예를 들어) 피터나 제임스나 메리나 제인 등에 대해서 가졌던 복합관념으로 저마다 특유한 점을 없애고 이들 인물에게 공통된 것만을 보유하게 된다.

8.

인간이라고 하는 일반적인 이름과 관념을 얻는 것과 마찬가지 방법으로, 어린이들은 한층 쉽게 일반적인 이름과 생각으로 나아가게 된다. 왜냐하면 자기들이 가진 인간에 대한 관념과 다르고, 따라서 인간이라고 하는 이름 아래 포괄할 수 없는 여러 사물이 또한 인간과 일치하는 일정한 성질이 있음을 관찰하고는, 그러한 성질만을 보유해서 이것을 하나의 관념으로 합침으로써 어린이들은 또 다른 더욱 일반적인 관념을 가지게 되고, 여기에 (동물이라고 하는) 이름을 부여하여 한층 포괄적으로 확대(또는 연장)된 명사를 만들게 되며, 이 새로운 관념은 무엇인가 새로운 것을 더하여 만들어지는 게 아니라 단지 이전과 마찬가지로 인간이라고 하는 이름으로 그 뜻이 표시되는 모습이나 그 밖의 어떤 특성을 제거하고, 동물이라고 하는 이름에 포괄되는, 생명과 감각과 자발운동을 수반한 신체만을 보유해서 만들어지기 때문이다.

9. 일반적인 본성은 추상관념에 지나지 않는다

위에서 말한 것은 사람들이 일반관념과 그에 대한 일반명을 처음으로 형성하는 방식인데, 이것은 매우 뚜렷하므로 인간이 자기 자신 또는 다른 사람을 꼬찰하여 이를 알 때 마음이 일반적으로 나아가는 방법을 고찰하는 일 말고는 그 어떤 입증도 필요없다고 나는 생각한다. 그래서 일반본성 또는 생각이 추상적 부분적 관념이 아닌 그 어떤 다른 사물이라고 생각하는 사람은, 일반본성이나 생각을 어디에서 발견하면 좋은지 어리둥절할 것이다. 누군가에게 다음과 같이 생각하게 해서 그 결과를 나에게 말해 주었으면 한다. 즉 그 사람의 (예를 들어) 인간에 대한 관념과 피터나 폴에 대한 관념의 차이는, 또는 말에 대한 관념과 부케팔로스에 대한 관념의 차이는 개별적인 사람이나 저마다 말이 가지고 있는 특유한 어떤 사물을 없애고, 여러 특수한 존재의 그와 같은 (피터나 폴이나 부케팔로스에 대한) 특수한 복합관념에서 일치한다고 여겨지는 것만을 보유하는 일 외에 어디에 있는가? (또 이렇게 해서) 인간이나 말이라고 하는 이름이 나타내는 복합관념으로부터 이들 복합관념이 (서로) 다른 특수한 것은 없애고 일치하는 것만 보유해서, 거기에서 새로운 별개의 복합관념을 만들고 여기에 동물이라고 하는 이름을 붙이면 누구나, 인간과 그 밖의 여러 피조물(또는 생물)을 포괄하는 한층 일반적인 명사를 가지게 되는 것이다.

(그러나 더 나아가서) 동물에 대한 관념에서 감각과 자발운동을 없애면 신체, 생명, 섭식이라는 나머지 단순관념에서 만들어진 나머지 복합관념이 생물이라고 하는 한층 포괄적인 명사 아래 한층 일반적인 관념이 된다. 그래서 그 자신에 매우 뚜렷하고 자세한 점에 그 이상 머물지 않으며, 같은 방법으로 마음은 물체와 실체로 나아가, 마침내는 존재자와 사물로 나아가서 우리 관념이 모든 것을 나타낼 수 있는 보편명사로 나아가는 것이다. 결론적으로 말하면 학원에서 매우 시끄럽게 논의되고, 학원 밖에서는 정당하게도 전혀 고려되지 않는 게누스와 스페키에스의 신비 전체는, 이름이 결부된 조금 포괄적인 추상관념 이외의 어떠한 사물도 아닌 것이다. 이 모든 것으로 다음과 같은 일은 끝

임없이 관찰되며 바뀌지 않는다. 즉 한층 일반적인 명사는 그 아래에 포함되는 관념의 그 어느 것에 지나지 않는 관념을 나타낸다는 점이다.*3

10. 유(類)가 정의로 사용되는 까닭

이(앞 절 끝에서 말한 바)에 따라 말의 뜻을 나타내는 정의에서 우리가 유를, 즉 정의되는 말을 포괄하는 일반어를 쓰는 까닭을 보여줄 수가 있다. 까닭을 쓴다는 것은 그렇게 해야 하기 때문이 아니라 단지 일반어, 즉 유가 나타내는 몇 가지 단순관념을 열거하는 수고를, 또는 어쩌면 때로는 그러한 열거를 할 수 없는 불편에서 벗어나기 위해서이다. 그러나 유(類)와 종차(種差 : 이 사고술(思考術)의 전문어는 라틴어에서 왔는데, 그것이 적용되는 생각에 가장 합당하므로 이것을 사용하는 것을 이해해 주기 바란다)에 의한 정의는, 거듭 말하자면 유에 의한 정의는 가장 가까운 지름길이기는 하지만 그럼에도 가장 바람직한 길인지는 의문이다. (적어도) 다음과 같은 점은 확실하다. 즉 이것이 유일한 길은 아니고, 따라서 절대로 이것이어야 하는 것도 아니다. 왜냐하면 정의는 정의되는 명사가 나타내는 관념을 다른 사람으로 하여금 말로써 이해시키는 일이기 때문이다.

그러므로 정의는 정의되는 명사의 뜻에 모아지는 단순관념의 열거에 의해서 가장 잘 이루어지는 것이며, 만일 사람들이 이러한 열거 대신에 일반명사의 사용에 익숙해졌다면, 그렇게 하지 않으면 안 되어서가 아니라, 또는 한층 명확하기 때문이 아니라 신속하고 처리가 빠르기 때문이다. 내 생각에 의하면 (예를 들어) 인간이라고 하는 말이 나타내는 관념을 알고 싶은 사람에게 인간이란 생명, 감각, 자발운동, 추리기능을 갖는, 고체성이 있고 연장(延長)이 있는 실체라고 말하려 한다면, 틀림없이 인간이라고 하는 명사의 뜻은 이지적 동물이라고 정의될 때와 마찬가지로 이해가 잘되고, 명사가 나타내는 관념은 적어도 명확하게 알려질 것이다. 이지적 동물은 동물, 살아 있는 것, 신체라는 개별적인 정의에서 (추리기능이라고 하는 종차를 제외한 생명 등의) 위에 열거한 관념으로 분해된다. (양해를 구하는 바이지만) 나는 인간이라고 하는 명사를 설명함에 있어, 여기에서는 학원의 일반적인 정의에 따랐다. 이 정의는 아마도 가

---

*3 한층 일반적인 관념, 즉 유(類)는 한층 특수한 관념, 곧 종(種)을 구성하는 부분적 요소 관념이라고 생각할 수가 있다. 이러한 형식논리학적 고찰도 로크는 시도한다.

장 정확한 것은 아니지만 우리의 현재 목적에는 충분히 유용한 것이다. 따라서 이 사례로 누구나, 정의란 유와 종차로 이루어져야만 한다는 규칙을 낳은 것을 알게 될 테고, 그러한 규칙이 없으면 안 되는 필연성이나 이 규칙을 엄격하게 준수하는 이익이 희박하다는 점은 충분히 밝혀진다. 왜냐하면 이미 (이 절의 처음에서) 말해 둔 바와 같이 정의는 하나의 말을 뜻, 즉 그 말이 나타내는 관념이 절대 확실하게 알려지도록 다른 몇 가지 말로 설명하는 데에 지나지 않는데, 언어는 모든 명사의 뜻을 (유와 종차라고 하는) 다른 두 가지 명사로 정확 명석하게 나타낼 수 있을수록, 늘 논리학의 여러 규칙에 따라서 만들어져 있는 것은 아니기 때문이다. 경험은 반대를 충분히 깨닫게 하며, 그렇지 않다면 이 규칙을 만든 사람은 규칙에 합치된 정의를 매우 조금밖에 우리에게 주어오지 않았다고 하는 나쁜 일을 저지른 것이다. 그러나 정의는 다음 장 (제5절 이하)에서 다시 논하게 될 것이다.

11. 일반적 또는 보편적이라고 하는 것은 지성의 창조물

일반어로 되돌아가서, 이제까지 (이 장에서) 말해 온 것으로 누구나 알 수 있는 바와 같이 일반적 또는 보편적이라고 하는 것은 실재하는 사물에 속하지 않고, 지성이 쓰기 위해서 만든 창조물로서 말이든, 관념이든 기호에만 관계되는 것이다. 이미 (이 장 제6절에서) 설명했듯이 말은 일반관념의 기호로 쓰일 때 일반적인 것이 되며 더 나아가서는 많은 특수한 사물에 무차별로 적용할 수가 있다. 또 관념은 특수한 많은 사물의 대표가 될 때 일반적이다. 그러나 보편성은 사물 자체, 즉 그 존재로서는 모두 특수한 사물 자신에 속하지 않고, 뜻에서는 일반적인 (일반어나 일반관념과 같은) 말이나 관념에도 속하지 않는다. (왜냐하면 일반이나 일반관념은 말 자체, 관념 자체로서는 특수하기 때문이다.) 그러므로 여러 가지 특수한 것을 없애고 남은 일반적인 것은 단지 우리가 만든 창조물에 지나지 않는다. 그 일반본성은 많은 특수한 것을 뜻하거나 대표한다고 하는, 지성이 일반적인 것에 부여하는 능력에 지나지 않는다. 왜냐하면 일반적인 것이 갖는 뜻은, 인간의 마음에 의해서 이 일반적인 것에 덧붙은 하나의 관계 바로 그것이기 때문이다.

12. 추상관념이 유(類)와 종(種)의 본질

그러므로 다음에 고찰할 일은, 일반어가 어떤 종류의 뜻을 갖느냐 하는 점이다. 분명히 일반어는 하나의 특수한 사물만을 뜻하지 않는다. 왜냐하면 특수한 사물만을 뜻한다면 일반명사가 아니라 고유명사일 것이기 때문이다. 마찬가지로 분명히 복수(의 사물)도 뜻하지 않는다. 복수를 뜻한다면 (예를 들어) 인간과 사람들은 같은 것을 뜻하여 (문법학자가 말하는 이른바) 수의 구별은 소용이 없었을 테니까 말이다.

이렇게 본다면 일반어가 뜻하는 것은 사물의 종으로, 각 일반어는 마음속 추상관념의 기호가 됨으로써 그와 같이 (종을 뜻하는) 것이며, 존재하는 사물은 이 추상관념에 일치한다고 여겨지는 대로 그 (일반어의) 이름 아래 유별되며, 혹은 전적으로 같은 이야기지만 그 종이 되는 것이다. 이로써 뚜렷한데 사물의 종 또는 (만약에 라틴어가 바람직하다면) 스페키에스의 본질은, 이러한 추상관념 이외의 그 어떤 사물도 아니다. 왜냐하면 어떤 종의 본질을 갖는다고 하는 것은 어떤 사물을 그 종이 되게 하는 것이고, (그 종의) 이름이 결부되는 관념과(사물과)의 합치는 (사물에) 그 이름에 대한 권리를 주는 것이므로, 본질을 갖는다는 것과 이 합치를 갖는다는 것은 반드시 같은 일이 되어야 하기 때문이다. 어떤 종이라는 것과 그 종의 이름에 대한 권리를 갖는다는 것은 전적으로 같으니까 말이다.

또 인간이라는 것, 다시 말하면 인간이라고 하는 동일한 종이라는 것, 인간의 본질을 갖는다는 것은 똑같은 일이다. 그런데 어떠한 사물도 인간이라고 하는 이름이 나타내는 추상관념과의 합치를 갖는 것 말고는 인간이거나 인간이라는 이름의 권리를 가질 수는 없고, 그 (인간이라고 하는) 종의 본질을 갖는 것 말고는 그 어떤 사물도 인간이거나 인간이라는 종에 대한 권리를 가질 수 없으므로, 이름이 나타내는 추상관념과 종의 본질은 하나이며 같다는 이야기가 된다. 이로써 손쉽게 관찰할 수 있는데 사물의 종의 본질은, 따라서 또 사물의 종별(種別)은 지성, 즉 추상해서 그러한 일반관념을 만드는 지성이 한 일이다.

13. 추상관념은 지성이 만들지만 그 바탕은 사물의 유사성에 있다

이때 나는 다음과 같이 여겨지는 것을 바라지 않는다. 즉 사물이 생산될 때

몇 가지 사물은 자연히 닮도록 만들어져 있는데, 이것을 내가 잊고 있다는 인상을 주기 싫어하고 하물며 부정한다고 여겨지는 것은 더욱 바라지 않는다. 이것처럼 분명한 일은 없다. 특히 동물의 종속(種屬)이나 모두 종자로 번식하는 사물은 그러하다. 하지만 이름으로 사물을 종별하는 것은 지성이 하는 일이라고 해도 괜찮다. 지성은 사물 간에 관찰되는 서로 비슷한 점으로부터 추상일반관념을 만들어 여기에 이름을 붙여서 유형이나 형상(形相)으로서 (형상이라는 말은 이럴 때 매우 적절한 뜻을 갖는다) 마음속에 담고, 존재하는 특수한 사물은 이 유형 또는 형상에 일치한다고 발견되는 대로 그 종이며, 그러한 이름을 가지게 된다.

바꾸어 말하자면 그 부류로 넣을 수가 있을 것이다. (예를 들어) '이것은 인간이고 저것은 말이다' '이것은 정의(正義)이고 저것은 잔혹(殘酷)이다' '이것은 회중시계이고 저것은 잔이다' 이렇게 말할 때 우리는 사물을 서로 다른 종의 이름 아래에, 미리 그러한 이름을 기호로 해둔 추상관념에 일치하는 것으로 유별하는 일 외에 하는 일이 무엇이 있는가? 또 이름으로 구별되어 표시되는 종의 본질은, 존재하는 특수한 사물의 이름을, 즉 사물과 그것에 의해 유별되는 이름을 결부하는, 말하자면 유대(紐帶)인 마음의 추상관념이 아니고 무엇인가? 그래서 일반명이 존재자와 그 어떤 결합을 가질 때에는, 이 추상관념이 이들 일반명과 특수한 존재물을 결합하는 매체이며, 따라서 우리가 구별하여 종이라고 부르는 종의 본질은 우리가 갖는 바로 그러한 추상관념 이외의 그 어떤 사물도 아니고 사물일 리도 없는 것이다. 그러므로 만약에 실체의 (실재적 본질을 상정할 때 이) 상정된 실재적 본질이 우리의 추상관념과 다르다면, 그러한 실재적 본질은 우리가 사물을 유별하는 종의 본질일 리가 없다.

왜냐하면 두 가지 서로 다른 본질이 하나의 종의 본질이라고 이지적으로 말할 수 있다면, 그것과 마찬가지로 두 개의 종은 하나라고 이지적으로 말할 수가 있을 터이기 때문이다. (그러나 실은 어느 쪽도 그렇게 말할 수가 없다.) 그래서 나는 묻는 바이지만 (예를 들어) 말 또는 납의 어느 한쪽을 다른 종으로 (즉 말을 납으로, 납을 말로) 하지 않고, 말 또는 납 안에서 만들어지거나 만들어지지 않거나 하는 변경은 어떠한 것인가? 사물의 종을 우리 추상관념으로 결정할 때 이 문제는 쉽사리 해결된다. 그러나 만약에 이때 상정된 실재적 본질로 자기를 규제하려고 하는 사람이 있다면 (실재적 본질은 알 수 없으므로)

그 사람은 어찌할 줄을 모를 것이라고 나는 생각한다. 그러한 사람은 어떤 사물이 정확히 말 또는 납이 아니게 되는 때를 결코 알 수가 없을 것이다.

14. 서로 다른 추상관념은 서로 다른 본질이다

또 적어도 복합관념은, 사람에 따라서 다른 단순관념의 집합체를 가지고 있으며, 그러므로 (이를테면) 어떤 사람에게는 탐욕(이라는 복합관념)인 것도 다른 사람에게는 그렇지가 않다는 점을 생각하는 사람은, 내가 다음과 같이 말해도, 즉 (이름의 척도이고 종의 한계인) 위에서 말한 본질이나 추상관념은 지성의 작품이라고 해도 전혀 의심하지 않을 것이다. 아니 실체, 곧 그 추상관념이 사물 자체에서 생겨난다고 여겨지는 실체까지도, 그 추상관념은 늘 같지는 않다. 이것은 사실이어서, 우리에게 가장 친근하며 우리가 가장 잘 알고 있는 종까지도 늘 똑같지는 않다. 왜냐하면 (예를 들어 인간이라고 하는 우리에게 가장 친근한 종에 대해서도) 어떤 여자에게서 태어난 아기가 인간인지 아닌지를 수도 없이 의심하고 이를 기르고 세례를 줄 것인가가 논쟁될 정도인데, 만약에 인간이라고 하는 이름이 속하는 추상관념, 즉 본질이 자연히 만들어진 것이며, 지성이 모으고 추상해서 이름을 부여한, 불확실하고 가변적인 단순관념의 집합체가 아니라고 한다면, 이러한 (의문이나 논쟁) 일이 일어날 리가 없었을 터이기 때문이다. 따라서 사실 저마다 다른 모든 추상관념은 별개의 본질이며, 그러한 별개의 관념을 나타내는 이름은 본질이 다른 사물의 이름인 것이다. 예를 들어 원(圓)과 달걀형은 양과 산양과 마찬가지로 본질이 다르고, 비와 눈은 물과 흙과 마찬가지로 본질이 다르다. 왜냐하면 (이들의) 하나의 본질인 추상관념은 다른 것으로 전달되지 못하기 때문이다. 이렇게 해서, 그 어떤 두 가지 추상관념이라도 어떤 부분에서 서로 다르며, 또 각기 다른 두 이름이 이들에 결부되면 이 세상에서 가장 먼, 또는 대립하는 두 개의 관념과 마찬가지로 본질이 다른 두 개의 서로 다른 종을, 또는 스페키에스라는 말을 좋아한다면 그것을 구성하는 것이다.

15. 실재적 본질과 유명적(唯名的) 본질

그러나 사물의 본질은 사람에 따라서는 (더욱이 까닭 없이가 아니라) 전혀 알려지지 않는다 여겨지므로 본질이라고 하는 말의 몇 가지 뜻을 고찰하는 일이 잘못은 아닐 것이다.

첫째, 본질은 어떤 사물을 그러한 사물로 만드는 사물의 존재양식 그 자체라고 할 수가 있다. 이렇게 해서 사물에서 발견할 수 있는 여러 성질이 바탕을 두는 실재의 내적인, 단 일반적으로 실체에서는 알려지지 않는 구조는 그 사물의 본질이라고 할 수 있다. 이것이 (본질이라고 하는) 말의 본디 뜻이며, 이것은 말의 성립으로 보아 뚜렷하다. 본질(essentia)은 본디 원초적인 뜻으로는 존재(being)를 뜻하는 것이다. 그래서 우리가 특수한 사물에 아무런 이름도 부여하지 않고 특수한 사물의 본질을 이야기할 때에는 지금도 이 뜻으로 쓰이고 있다.

둘째, (그런데) 학원의 학습과 토의는 이제까지 유(類)와 종(種)에 대해서 매우 분주했다. 그러므로 본질이라고 하는 말의 본원적인 뜻은 거의 상실되고 사물의 실재 구조에 적용되는 대신에, 유와 종의 인공적 구조로 적용되고 말았다. 하기야 여러 종의 사물의 실재적 구조가 일반적으로는 상정되고 또 틀림없이 (사물의 관념이라고 하는) 공존하는 단순관념의 어떤 집합체가 바탕을 두는 실재적 구조가 있을 것임에 틀림없다. 하지만 확실히 사물은 일정한 추상관념과, 즉 이름이 결부된 일정한 추상관념과 일치될 때에만 그 이름 아래 종 또는 스페키에스로 유별되므로, 각 유 또는 종의 본질은 〔만약에 유로부터 유적(類的)이라고 부르는 것처럼 종에서 종적(種的)이라고 부르는 일이 허용된다면〕 유적 또는 종적 이름이 나타내는 추상관념이라는 이야기가 된다. 그래서 이것이야말로, 본질이라는 말이 가장 흔한 사용법으로 나타내는 뜻이다. 이들 두 본질은 앞엣것을 실재적 본질이라 하고, 뒷엣것을 유명적 본질이라 해도 괜찮으리라고 나는 생각한다.

16. 이름과 유명적 본질과의 항상적 결합

유명적 본질과 이름은 매우 밀접하게 결합해 있다. 그러므로 어떤 종에 속하는 사물의 이름은 다음과 같은 것, 즉 그 본질을 가지고 그것에 의해서 그 이름을 기호로 하는 추상관념에 대응하는 것 말고는 어떤 특수한 존재자에게도 귀속시킬 수가 없다.

17. 종(種)이 그 실재적 본질에 의해서 구별된다는 생각은 소용없다

　형체적 실체의 실재적 본질(이것만을 거론하는 일)에 대해서, 내가 잘못한 것이 아니라면 두 가지 설이 있다. 하나는 다음과 같은 사람이 갖는 설이다. 즉 이 주장을 하는 사람들은 본질이라는 말을 자기들이 알지 못하는 것에 써서, 그 때문에 그러한 본질의 일정 수를 상정하여 그 본질에 따라서 자연의 모든 사물은 만들어지고, 어느 것이나 모두 정확하게 그 본질에 관련되며, 더 나아가서는 이러저러한 종이 되는 것이다.

　이지에 한층 합당한 또 하나는 다음과 같은 사람의 설이다. 즉 그 사람들은 모든 자연의 사물이 감지할 수 없는 부분의, 그러나 알려지지 않은 구조를 가지며 여기에서 (사물의) 감각적 성질이 생기고, 이 감각적 성질은 우리가 자연의 사물을 공통된 이름으로 유별할 필요에 따라서 자연의 사물을 구별하는 데에 쓸모가 있다고 보는 것이다. 이들 설 가운데에서 앞엣것은 실재적 본질을 가지고 일정 수의 형상이나 형태, 즉 존재하는 모든 자연의 사물이 그 안에 투입되어 똑같이 관여하는 일정 수의 형상이나 형태라고 생각하는데, 이 설은 자연의 사물에 대한 지식을 매우 헷갈리게 만들어 왔다고 할 수 있다. 모든 종의 동물에 기형(奇形)이, 또 바뀌친 아이와 그 밖의 인간이 낳은 묘하게 생긴 아이가 자주 태어난다는 것은 이러한 가설과 정합될 수 없는 어려운 문제를 가져온다.

　왜냐하면 (예를 들어) 원이라고 하는 같은 실재적 본질에 관계되는 두 개의 도형이 서로 다른 특성을 가질 수 없는 것과 마찬가지로, 같은 실재적 본질에 정확하게 관여하는 두 개의 사물은 서로 다른 특성을 가질 수가 없기 때문이다. 그러나 만약에 달리 반대 이유가 없어도 알 수 없는 본질을 상정하고, 그럼에도 이 본질을 사물의 종을 구별하는 기준으로 삼는다는 것은, 우리 지식의 어느 부분에 대해서도 쓸모가 없으며, 따라서 이것만으로 우리로 하여금 이런 생각을 버리게 하여 사물의 종 또는 스페키에스에 대해서 우리 지식이 닿을 수 있는 범위 안에 있는 본질로 만족하게 하며, 그러한 본질은 진지하게 고찰하면 알겠지만 이미 (이 장의 제14절에서) 말했듯이 우리가 별개의 일반명을 결부시킨 추상복합관념 이외의 그 어떤 사물이다.

18. 실재적 본질과 유명적 본질. 단순관념과 양상에서는 같고 실체에서는 다르다

본질은 이와 같이 유명적인 것과 실재적인 것으로 구별된다. 따라서 다음과 같은 일을 관찰할 수가 있을 것이다. 즉 단순관념과 양상과의 종에서는 유명적 본질과 실재적 본질은 늘 같지만, 실체에서는 늘 전혀 다르다.*4 예를 들어 세 개의 선으로 하나의 공간을 둘러싸는 도형이라고 하는 것은 세모꼴의 유명적 본질일 뿐만 아니라 실재적 본질이다. 왜냐하면 (세모꼴이라고 하는) 일반명이 결부되는 추상관념일 뿐만 아니라 사물 자신(즉, 세모꼴)의 에센티아(본질) 또는 존재 그 자체이며, 이 사물의 모든 특성이 나오는 바탕, 특성이 모두 불가분하게 결부되는 바탕이기 때문이다.

그러나 (실체에 대해서, 예를 들어) 나의 손가락에 낀 반지를 만드는 물질의 한 조각에 대해서는 이야기가 매우 달라진다. 여기에서는 이들 (유명적 및 실재적인) 두 본질은 분명히 다르다. 왜냐하면 색·무게·용성(溶性)·고형성(固形性) 등 이 물질의 한 조각에서 발견할 수 있는 모든 그러한 특성이 바탕을 두는 것은 이 물질 한 조각의 감지할 수 없는 부분의 실재적 구조이지만 그 구조를 우리는 모르며, 따라서 특수(또는 특정)한 관념도 없으므로 관념의 기호인 이름도 없는 것이다. 하지만 물질의 한 조각을 금이 되게 하는 것은, 다시 말하면 그 한 조각에 (금이라고 하는) 이름에 대한 권리를 주는 것은 그 색·무게·용성·고형성 등이며, 때문에 그러한 것이 금이라고 하는 이름이 주어지는 물질의 한 조각 유명적 본질이다. 왜냐하면 이 이름이 결부되는 추상복합관념과 성질이 합치되는 것이 아니면 어떠한 사물도 금이라 불릴 수 없기 때문이다. 그러나 본질의 이와 같은 구별은 특히 실체에 속하므로 (이 권의 제6장에서) 실체의 이름을 고찰하게 될 때 더 자세히 다룰 것이다.

19. 본질은 생성할 수 없고 시들어 없어질 수도 없다

이제까지 이야기해 온 것과 같은, 이름이 따르는 추상관념이 본질이라고 하는 것은, 본질이라고 언급됨으로써 즉 본질은 모두 생성할 수 없고 시들어 없어질 수도 없다는 것으로 더욱 뚜렷하다. 이러한 점은 사물과 함께 시작되고 없어지는 것과 같은 사물의 실재 구조에서는 참일 리가 없다. 무릇 존재하는

---

*4 로크의 기본적인 생각의 하나이다.

모든 사물은 그 조물주를 제외하고는 모두 변화를 받는다. 우리가 잘 알고 있는 이름, 즉 표기되어 여러 무리로 유별되는 사물은 특히 그러하다. 예를 들어 오늘 풀이었던 것이 내일은 양고기, 며칠 뒤에는 인간의 일부분이 된다. 이러한 모든 변화나 이와 비슷한 변화에서는 분명히 이들 실재적 본질, 곧 그러한 여러 사물의 특성에 기초하는 구조는 사물과 함께 망해서 없어진다. 그러나 (유명적 본질처럼) 본질이 마음에 확립되어 이름과 결부된 관념이 형성된 본질은, 하나하나의 실체가 어떠한 변화를 받든 흔들림 없이 동일하게 머무는 것 같다. (예를 들어) 알렉산드로스나 (그가 탄) 부케팔로스가 어떻게 되더라도, 인간과 말(이라고 하는 이름)이 결부된 관념은 동일한 채 머문다고 여겨지며, 따라서 그러한 종의 개체의 어느 것 또는 모든 것에 어떠한 변화가 일어나든, 이들 종의 본질은 모두 그대로 멸망되지 않고 보존되는 것이다.

이렇게 해서 종의 본질은 그 종류의 개체가 하나도 존재하지 않아도 상처 하나 입지 않고 완벽한 채 그대로 있다. 왜냐하면 비록 지금 이 세상의 어디에도 원이 (아마도 정확히 구획된다면 그 어디에도 원이라고 하는 모양은 존재하지 않으므로) 존재하지 않는다 해도 그 이름과 결부된 관념은 없어지지 않을 터이며, 우리가 만나는 여러 모양의 어느 것이 원이라고 하는 이름에 대한 권리를 갖느냐 갖지 않느냐를 결정하는 유형, 더 나아가서는 낱낱의 모양 어느 것이 그 본질을 가짐으로써 그 종이었던가를 명시하는 유형, 그러한 유형으로 존재하기를 그만두지 않을 것이기 때문이다. 또 (예를 들어) 일각수(一角獸)와 같은 짐승이나 인어 같은 물고기*5도 자연에는 없었을 것이고, 또 이제까지 있어본 적이 없었다 해도 그러한 (일각수나 인어라고 하는) 이름이 그 안에 어울리지 않는 요소를 포함하지 않는 추상복합관념을 나타낸다고 생각하면 인어의 본질은 인간의 본질과 마찬가지로 이해할 수 있고, 일각수의 관념은 말의 관념과 마찬가지로 일정하여 흔들림 없이 항구적인 것이다. (그러므로 이 절에서) 이제까지 말해 온 것으로 보아도 뚜렷하듯이 본질불변설은 본질이 오직 추상관념이라는 것을 증명하고, 추상관념과 그 기호로서의 일정한 소리(또는 말, 이름)와의 사이에 확립된 관계를 바탕으로 하는 것이며, 같은 이름이 같은 뜻을 갖는 동안에는 늘 참일 것이다.

---

*5 일각수는 이마에 하나의 뿔을 가진 말과 같은 동물. 인어는 인간의 얼굴을 한 물고기. 다 같이 상상적인 생물이다.

20. 요약

결론적으로 내가 하고 싶은 말을 요약하면 이렇다. 즉 유(類)와 종(種), 그리고 이들의 본질에 중요한 역할은 다음과 같은 일 이상은 아닐 것이다. 그 역할이란 다름 아닌, 사람들이 추상관념을 만들고 이것에 이름을 결부시켜 마음에 정착시키며 이로써 사람들 지식의 진보와 전달을 한층 쉽고 즉각적이게 하기 위해, 말하자면 다발로 묶어서 사물을 고찰하고 논의할 수 있게 하는 것으로, 만약에 사람들의 말과 생각이 하나하나의 (특수한) 것에만 국한되어 있었더라면 사람들의 지식은 느리게 진보했을 것이다.

제4장
단순개념의 이름

1. 단순개념과 양상과 실체의 이름에는 저마다 특유한 것이 있다

말은 모두 이미 (이 책 제2장 제2절에서) 제시한 바와 같이 직접적으로는 말하는 사람의 관념만을 의미(기호로 표시)할 뿐이지만, 더 깊이 조사해 보면 단순관념과 혼합양상(여기에 나는 관계도 포함시킨다)과 자연의 실체의 이름에는 저마다 특유하고 그 밖의 것들과 다른 어떠한 사물이 있음을 알게 될 것이다. 이를테면

2. 첫째, 단순관념과 실체의 이름은 실재를 암시한다

첫째로 단순관념과 실체의 이름은 직접적으로 뜻을 나타내는 마음속 추상관념과 함께, 이들 관념의 원천이 되는 틀을 얻는 바탕으로서의 어떤 실재도 암시한다. 그러나 혼합양상의 이름은 마음에 있는 관념으로 끝나므로 생각은 거기서 조금도 앞으로 나아갈 수가 없다. 이 점은 다음 장에서 좀더 살펴보게 될 것이다.

3. 둘째, 단순관념과 양상의 이름은 언제나 실재적 본질과 유명적(唯名的) 본질 둘 다의 뜻을 나타낸다

둘째로 단순관념과 양상의 이름은 늘 그 종의 유명적 본질뿐 아니라 실재적 본질의 뜻도 나타낸다. 그러나 자연의 실체가 그 종의 단순히 유명적 본질이 아닌 그 어떤 사물을 뜻하는 경우가 있기는 하지만 드물다. 이 점은 특히 실체의 이름을 다루는 (이 책의 제6)장에서 이야기될 것이다.

4. 셋째, 단순관념의 이름은 정의할 수 없다

셋째로 단순관념의 이름은 전혀 정의할 수가 없다. 복합관념의 이름은 모두 정의할 수 있다. 내가 아는 한 이제까지, 어떤 말은 정의할 수 있고 어떤 말은 정의할 수 없는가에 주의한 사람은 아무도 없었다. 그 주의의 결여가 (내 생각이지만) 사람들이 논쟁을 할 때 심한 말다툼이나 불분명한 점을 자아내는 기회원인이었던 것이다. 왜냐하면 어떤 사람은 정의할 수 없는 명사의 정의를 추구하며, 또 다른 사람의 생각으로는 (말을) 한층 일반적인 말과 그 제한으로 (또는 사고술의 전문어로 말하자면 유와 종의 차이에 의해서) 천명하는 것에 만족할 일이지만, 그때에는 규칙에 따라서 그러한 정의를 한 뒤에까지도, 정의를 듣는 사람은 듣기 이전과 마찬가지로 말의 뜻을 뚜렷하게 생각하지 않기 때문이다. (그러므로) 어떤 말을 정의할 수 있고 어떤 말을 정의할 수가 없는가, 좋은 정의는 어디에 존재하는가, 그러한 점을 보여준다는 것은 우리의 현재 목적으로부터 전혀 벗어난 일이 아니며, 그것은 이 (말이라고 하는) 기호와 우리 관념의 본성을 매우 뚜렷하게 하므로 더욱 자세하게 관찰할 가치가 있다고 본다.

5. 만약에 모든 것을 정의할 수 있다면 무한 진행이다

이때 나는 (정의의) 무한 진행을 논거로 해서 모든 명사를 정의할 수 없다는 것을 일부러 증명할 생각은 없다. 만약 모든 명사를 정의할 수 있다고 인정한다면, 분명히 그러한 무한 진행에 빠지게 될 것이다. 왜냐하면 하나의 정의된 명사가 다른 명사로 언제나 정의될 수 있다면, 마지막으로 어디에 머물게 될 것인가? 그러나 나는 (그러한 무한 진행에 기초한 논의는 하지 않고) 우리 관념의 본성과 말의 뜻에서, 왜 어떤 명사는 정의할 수 있고 다른 이름은 정의할 수 없는가, 어떠한 말이 그러한가 하는 까닭을 분명히 밝힐 것이다.

6. 정의란 무엇인가

정의란 하나의 말의 뜻을 같은 뜻이 아닌 몇 가지 명사로 명시하는 것이다. 이 점은 (누구나) 동의하리라 나는 생각한다. 말의 뜻이라고 하는 것은, 말을 쓰는 사람에 의해서 말이 나타낸다고 여겨지는 관념뿐이다. 그러므로 어떤 명사의 뜻은 다음과 같을 때 제시된다. 다시 말하면 말은 정의된다. 즉 이야기하는 사람의 마음속에서 말의 기호가 되고, 말에 결부되는 관념이 다른 말에 의해서 (다른 사람에게) 표시되어, 다른 사람이 보는 앞에 놓이고, 그렇게 해서 뜻이 확인될 때이다. 이것이 정의의 유일한 효용이자 목적이며 따라서 우수한 정의와 그렇지 않은 정의의 유일한 척도가 된다.

7. 단순관념을 정의할 수 없는 까닭

위에서 말한 것을 전제로 단순관념은, 그리고 그것만이 정의를 내릴 수가 없다. 그 까닭은 이러하다. 즉 정의의 (이것을 만드는) 몇 가지 명사는 몇 가지 관념을 나타내며, 따라서 이들 명사가 모두 한데 합쳐 (단순개념과 같은) 전혀 구성이 없는 관념을 나타낼 리가 없다. 그러므로 본디는 하나의 말의 뜻을 다른 몇 가지의, 저마다 같은 사물을 뜻하지 않는 말로 제시하게 되는 정의는 단순관념의 이름에는 있을 리가 없는 것이다.

8. 사례, 운동

우리의 관념과 이름의 이러한 (정의할 수 있는가 없는가의) 차이를 관찰하지 않는 일이, 학원의 그 뛰어나면서도 쓸데없는 일을, 즉 그러한 단순관념의 어떤 소수에 대해서 학원이 내리는 정의에서 매우 손쉽게 관찰할 수가 있는 뛰어나지만 쓸데없는 일을 낳고 말았다. 왜냐하면 단순관념의 대부분에 대해서는, 정의에 대한 거장들까지도 정의할 수 없다는 것을 알기 때문에, 단지 그러한 이유 때문에 할 수 없이 손대지 않고 그대로 놓아두는 것이었다. (그러나 학원 사람들은 소수의 단순개념에 대해서는 감히 정의를 시도한다. 예를 들어 운동의 정의, 즉) '능력이 있는 한의 능력 있는 존재자의 작용'이라고 하는, 정의보다도 기묘한 그 어떤 허튼 헛소리를 인간의 재능은 창안해 낼 수 있었던가? 이 정의는 (그 불합리성이 알려지고 있지만) 만약 이지적인 사람에게 그 유명한 불합리가 알려지지 않았더라면, 이지적인 사람은 누구나 이 정의가 천명하는 것이 어떠한 말인지를 가상으로라도 상정할 수 있는가를 추측하려고 하는 데에 그쳤으리라. 만약에 툴리*[1]가 네덜란드 사람에게 beweeginge(운동)이란 무엇인가를 묻고, 키케로 자신의 모국어로 Actus entis in potentia quatenus in potentia(능력이 있는 한의 능력 있는 존재자의 작용)이라는 천명을 받았다고 하면, 나는 문

---

*1 Tully. 키케로(Marcus Tullius Cicero)의 별명.

겠는데 키케로는 이것으로 beweeginge이라고 하는 말이 뜻하는 바를 이해할 수 있었다고, 다시 말해 네덜란드인이 이 소리(또는 말)를 쓸 때 (이 말로) 마음에 늘 가지고 다른 사람에게 뜻하려고 하는 바를 추측할 수 있었다고 떠올릴 수 있는 사람이 있는가?

9.

또 학원의 허튼소리를 버리고 이해할 수 있도록 이야기하려고 애써 온 현대의 철학자(또는 학자)들도 단순관념의 원인 설명에 의하든 다른 그 무엇에 의하든, 단순관념을 정의함에 있어 (앞 절에서 든 고대 철학자들보다도) 훨씬 성공한 것은 아니었다. (예를 들어) 운동을 '하나의 장소에서 다른 장소로의 이동'이라고 정의하는 원자론자*2는 하나의 말 대신에 같은 뜻의 다른 말로 대체하는 것 이상의 그 어떤 일을 하는가? 운동과 다른 이행이란 무엇인가?

또 만약에 이행이란 무엇이냐는 물음을 받으면, 원자론자는 운동에 의한다는 것 이상의 좋은 정의를 어떻게 내릴 것인가? 왜냐하면 '이행이란 한 장소에서 다른 장소로의 운동'이라고 하는 것은 '운동은 이행 등등(즉 한 장소에서 다른 장소로의 이행)'이라고 말하는 것과 적어도 같을 정도로 적절하며, 의의가 있는 일이 아닌가? (그러나) 같은 뜻을 나타내는 두 가지 말을 서로 바꿀 때에는, 바꿔서 말하는 것일 뿐 정의하는 일은 아니다. 그것은 하나의 말이 다른 말보다 더 잘 이해될 때에는 알지 못하는 말이 어떠한 관념을 나타내는가를 알게 하는 데에 유용할지도 모르나, 사전에 나오는 영어 하나하나가 그것에 상응하는 라틴어의 정의일 뿐, (예를 들어) motion은 motus의 정의라고 말하지 않는 한, 정의와는 매우 거리가 멀다. 또 데카르트파가 내리는 '한 물체의 표면 부분이 다른 물체의 겉에 계속적으로 부딪치는 일(이라는 정의)'도 잘 검토하면 운동의 훨씬 좋은 정의로 증명되지는 않을 것이다.

10. 빛

(또) '투명할 대로 투명한 것의 작용'이라고 하는 것은 (빛이라고 하는) 하나의 단순관념에 대한 페리파토스파(派)의 또 하나의 정의이다. 이 정의는, 운동

---

*2 atomist. 그 무렵에는 가상디(Gassendi)를 대표로 하지만, 자연학자도 운동을 마찬가지로 정의한다.

에 관한 앞 절의 정의보다도 불합리하지는 않지만 (단순관념의) 정의의 쓸데없음과 무의미함을 누구나 알 수 있게 한층 잘 폭로하고 있다. 왜냐하면 누구나 경험에 의해 쉽게 이해하다시피 이 정의는 (그것이 정의한다고 말하는) 빛이라는 말의 뜻을 장님으로 하여금 이해시킬 수가 전혀 없는 것이다. (따라서 이 정의는 장님에게는 아무 소용이 없기 때문이다.) 그러나 운동의 정의는 이러한 시도를 모면하고 있으므로, 언뜻 보기에 그다지 소용이 없는 것으로는 보이지 않는다.

왜냐하면 이 (운동이라고 하는) 단순관념은 시각뿐 아니라 촉각으로도 들어오므로, 운동의 관념을 얻는 방법이 (운동이라고 하는) 이름의 정의 외에는 없는 사람의 예를 한 사람도 보여줄 수 없기 때문이다. (또 데카르트파처럼) 빛은 눈바닥을 세차게 치는 엄청난 수의 작은 구(球)라고 말하는 사람은, 학원보다는 더 잘 이해할 수 있게 말한다. 하지만 이러한 말이 제아무리 잘 이해되어도 빛이라는 말이 나타내는 관념을 미리 이해하지 못하는 사람에게 이 관념을 이해시키지 못하는 것은, 이 사람이 다음과 같은 말을 들었을 때와 마찬가지일 것이다. 즉 빛은 작은 테니스공의 집합 바로 그것이며, 그 공을 요정들이 어떤 사람들의 이마에, 다른 사람들(예를 들면 장님)은 그냥 지나가면서 라켓으로 계속 치는 것이라고 그렇게 들었을 때와 마찬가지일 것이다.

왜냐하면 (빛이라고 하는) 사물에 대한 이러한 설명이 참이라 해도, 또 빛의 원인에 대한 관념이 아무리 정확하게 얻어졌다고 해도 우리 내부의 매우 특수한 지각인 빛 자신의 관념을 주지는 않기 때문인데, 이것은 강철의 날카로운 한 조각의 모양과 운동의 관념이 아픔의 관념을, 즉 우리 내부에 강철이 낳을 수 있는 아픔의 관념을 주지 않는 것과 같다. 왜냐하면 하나의 감각기관이 (낳는) 모든 단순관념에 걸쳐, 어떤 감각의 원인과 감각 자신은 두 가지 관념이며, 그 어떤 두 가지도 그 이상으로 거리를 둘 수 없을 정도로 서로 멀리 떨어진 관념이기 때문이다. 그러므로 만약에 흑내장 때문에 보이지 않는 인간의 망막을 데카르트의 구(球)가 아무리 오래 쳤다고 해도 이것에 의해 장님은, 비록 작은 구가 어떤 것이며 다른 물체를 친다는 것이 어떠한 일인지를 아무리 잘 이해했다고 해도, 빛 또는 그것에 가까운 어떤 사물의 관념을 결코 가지지 않았을 것이다. 그래서 데카르트파는 우리 내부의 빛의 감각 원인인 빛과, 그에 의해서 우리 내부에 생겨서 빛이라고 본디 일컬어지고 있는 관념을 매우 잘 구별하는 것이다.

11. 단순관념이 정의할 수 없는 까닭을 더 설명한다

단순관념은 이미 (제2권 제2절에서) 설명한 바와 같이 (사물의) 각 종(種)에 지정된 (감각기관이라고 하는) 고유의 입구를 통해서 사물 자신이 우리 마음에 만드는 인상만으로 얻어진다. 만약 단순관념을 이와 같은 방식으로 받아들이지 않는다면, 단순관념이라는 이름이 있는 것을 설명하거나 정의하기 위해 이 세상의 온갖 말이 쓰인다 하더라도 이름이 나타내는 관념을 우리 내부에 낳는 일은 결코 없었을 것이다.

말은 소리이므로 이 소리 자체 말고는 단순관념을 낳을 수 없으며, 소리 또는 말과 이것을 기호로 일반적으로 쓰고 있는 단순관념 사이에 있다고 알려지는 유의적(有意的) 결합에 의하지 않고서는 그 어떤 단순관념도 우리 내부에 일으킬 수 없다. 그렇지 않다고 생각하는 사람에게는, 그 어떤 말이 그 사람에게 (예를 들어) 파인애플*3의 맛을 줄 수가 있고, 그 유명한 맛있는 과일 맛의 참다운 관념을 가지게 할 수 있는지 시험해 보게 하자. 그 사람은 위턱 (즉 미각기관)이 모를 리 없는 감각적 사물에 의해서 기억이 각인되어, 거기에 이미 관념이 있는 그 어떤 맛과 비슷하다고 통고를 받으면 마음속에서 이 유사에 접근하게 될 것이다.

그러나 이것은 정의에 의해서 해당 관념을 우리에게 주는 것이 아니라, 이미 아는 이름에 의해서 다른 단순관념을 우리 내부에 불러일으키는 것으로, 이 별개의 단순관념은 그 (파인애플이라고 하는) 과일의 참다운 맛과는 매우 다를 것이다. 빛이나 색이나 그 밖의 모든 단순관념에서도 마찬가지이다. 왜냐하면 (이름 또는 말의) 소리의 뜻은 자연이 아니라 설정일 뿐이며 인위적인 것에 지나지 않기 때문이다. 그래서 (예를 들면) 빛 또는 빨강의 정의가 그러한 관념의 어느 쪽도 우리 내부에 낳는 데 적당하지 않다는 것, 다시 말하면 낳을 수 없다는 것은 빛이나 빨강이라는 소리가 그러한 관념을 낳을 수 없는 것과 마찬가지이다. 왜냐하면 소리가 어떻게 형성되든 소리에 의해서 빛이나 색의 관념을 낳기 바라는 것은 소리가 보인다고, 또는 색이 들린다고 기대하는 일과

---

*3 pineapple. 그 시대에는 매우 귀한 과일이었다.

마찬가지이며, 귀에 다른 모든 감각기관의 역할을 맡기는 일이기 때문이다. 이 것은 귀로 맛보거나 냄새 맡거나 보거나 할 수 있다고 말하는 것과 완전히 같 으며, (돈키호테의 이야기에 있는) 소문으로 둘시네아를 보는 기능을 가진 산초 판사*4에게만 어울리는 종류의 철학이다. 그러므로 어떤 말이 나타내는 단순 관념을 적절한 (감각기관의) 입구를 통해서 마음에 미리 받아들이고 있지 않 은 사람은, 그 말의 뜻을 다른 어떠한 말이나 소리에 의해서도, 이들 다른 말 이나 소리가 정의의 어떤 규칙에 의해서 아무리 모아져도 결코 알게 되지는 못한다.

유일한 길은 감각기관에 적절한 대상을 제시하고, 나아가서는 이미 이름을 배워 알고 있는 관념을 마음에 낳는 길뿐이다. (다음과 같은 이야기가 있다. 즉) 어떤 공부벌레인 장님이 눈에 보이는 사물에 대해서 몹시 고민하여, 자주 들 은 일이 있는 빛이나 색의 이름을 이해하려고 책이나 친구들이 설명한 것을 이용해 왔는데, 어느 날 이제 자기는 다홍색(이라는 이름)이 무엇을 뜻하는가 를 이해했다고 자랑했다. 그래서 친구가 다홍색이란 무엇이냐고 묻자, 장님은 트럼펫 소리와 같다고 대답했다는 것이다. 그 밖의 다른 단순관념의 이름에 대해서도 정의에 의해서, 다시 말하면 그 이름을 설명하기 위해 다른 말을 이 용해서 이해하려 하는 사람은 바로 그와 같은 이해를 하게 될 것이다.

12. 복합관념에서는 반대되는 일을 조각상과 무지개의 사례로 보여준다

복합관념의 경우는 전적으로 다르다. 복합관념은 몇 가지 단순관념으로 이 루어진다. 따라서 전에는 마음에 결코 없었던 복합관념을 마음에 새기고 더 나아가서는 그 이름을 이해한다는 것은 말의, 즉 복합관념을 구성하는 몇 가 지 단순관념을 나타내는 말의 능력에 있다. 그러니까 말은 그러한 일을 할 수 있는 것이다. 정의, 즉 하나의 말의 뜻을 다른 여러 말로 가르친다는 것은, 그 러한 (복합관념이라고 하는) 하나의 이름 아래 통하는 관념집합의 경우에 있는 것으로, 만약에 정의를 만드는 어느 명사나, (정의로) 설명을 받는 사람의 생각 에 이제까지 한 번도 없었던 그 어떤 단순관념을 나타내는 일이 없다면, (바꾸 어 말하자면 정의를 만드는 낱낱의 명사가 나타내는 단순관념은, 정의로 배우는

---

*4 둘시네아(Dulcinea)는 세르반테스의 작품 《돈키호테》의 주인공이 사랑한 시골 아가씨. 산초 판사(Snacho Pansa)는 돈키호테의 하인으로 잘 속아넘어가는 유쾌한 인물.

사람이 이미 알고 있는 것이라면) 정의는 우리 감각기관의 도달 범위 안에 한 번도 들어가지 않았던 사물의 이름을 우리에게 이해할 수 있게 하고, 또 다른 사람이 그러한 이름을 쓸 때 그 사람의 마음에 이 이름에 적합한 관념을 형성할 수 있을 것이다. 예를 들어 조각상이라고 하는 말은, 다른 말로 장님에게 설명할 수 있을 것이다. (그러나) 그때 그림(이라고 하는 말)은 설명을 할 수가 없다.

왜냐하면 장님의 감각기관은 모양의 관념을 주어왔으나 색의 관념은 주지 않고, 따라서 말은 장님에게 색의 관념을 불러일으키지 않기 때문이다. 이런 까닭에 화가가 조각가에 이겼다는 이야기가 있다. 화가와 조각가가 각기 그 기술의 뛰어남을 자랑하며 서로 다투었다. 조각가는 자기 기술이 화가를 넘어서서, 시력을 잃은 사람조차도 조각가 기술의 뛰어남을 감지할 수가 있으므로 자기 기술이야말로 선택되어야 할 것이라고 자만했다. 화가는 장님의 판단에 맡길 것에 합의했다. 장님은 조각가가 만든 조각상과 화가가 그린 그림이 있는 곳으로 인도되어, 먼저 조각상이 있는 곳으로 가서 자기 손으로 얼굴이나 몸의 윤곽을 더듬어 제작자의 기능을 몹시 칭찬했다.

그런데 (다음에) 그림 쪽으로 다가가 그림 위에 손을 놓고 여러 부분 위로 손을 움직였으나 아무런 구별도 할 수 없는데, 지금 머리를 만지고 있다, 이마, 눈, 코를 만지고 있다는 말을 들었다. 그러자 장님은 자기가 그 어떤 사물도 만지거나 느끼지 못하는 곳에서 이들(머리나 이마 따위) 여러 부분을 사람들에게 나타낼 수 있다니 이것은 매우 경탄할 만한 신과 같은 솜씨의 작품이 확실하다고 외쳤다. (즉 인지의 범위로는 장님에게 시각의 단순관념을 가지게 할 수는 도저히 없는 것이다.)

13.

(또) 무지개*⁵의 여러 색을 모두 알고 있지만 무지개의 현상을 한 번도 본 일이 없는 사람에게 무지개라는 말을 쓰는 사람이 있다면, 그 사람은 여러 색의 모양·크기·위치·순서를 늘어놓아서 이 말을 매우 잘 정의하고, 따라서 말은 완전히 이해될 수가 있을 것이다. 하지만 제아무리 정확하고 완전해도, 이 정

＊5 무지개의 연구는 뉴턴이 가장 잘 알려져 있는데, 데카르트도 이를 다루었다.

의는 장님에게 무지개라는 말을 결코 이해시키지 못했을 것이다. 왜냐하면 무지개의 복합관념을 만드는 각 단순관념은 장님이 감각과 경험에 의해서 받은 적이 결코 없으므로 그 어떤 말도 장님의 마음에 그러한 단순관념을 불러일으킬 수가 없기 때문이다.

14. 복합관념의 이름. 말로써 이해할 수 있게 될 때

단순관념은 이미 (이 장 제11절에서) 제시한 바와 같이, 그러한 지각을 우리 내부에 낳는 데 어울리는 사물로부터 경험에 의해서 얻을 수 있을 뿐이다. 이 수단에 의해서 단순관념이 마음속에 저장되고 그 이름을 알게 되면, 그때 우리는 정의할 수 있는 상태에 있게 되며 단순관념으로부터 만들어지는 복합관념을 정의에 의해서 이해할 수 있는 상태가 되는 것이다. 그러나 하나의 명사가 어떤 사람이 한 번도 마음에 가진 적이 없는 단순관념을 나타낼 때에는, 그 어떤 말로도 그 사람에게 이 명사의 뜻을 알릴 수는 없다. (하기야) 어떤 명사가 어떤 관념을, 즉 이미 알고 있는 관념이지만 그 명사가 기호라는 것을 모르는 관념을 나타낼 때는 같은 관념의 다른 이름, 즉 그 사람에게 익숙한 다른 이름이 그로 하여금 명사의 뜻을 이해하게 만들 것이다. 하지만 어느 경우든 어떠한 단순개념의 그 어떤 이름도 정의할 수는 없다.

15. 넷째, 단순관념의 이름은 가장 믿을 만하다

넷째로 하지만 단순관념의 이름은 그 뜻을 결정하는 데 있어 정의의 도움을 빌리지 않는데, 그러므로 단순관념의 이름은 혼합양상이나 실체의 이름에 비해서 일반적으로 의혹과 불확실한 점이 적다. 단순관념의 이름은 하나의 단순지각을 나타낼 뿐이므로, 사람들이 대체로 그 뜻으로 손쉽게 또 완전히 일치하므로 뜻을 잘못 알고 말다툼을 벌일 여지는 없다. (예를 들어) 희다는 것은 눈이나 우유를 관찰해서 얻은 색의 이름이라고 일단 아는 사람은, 그 관념을 가지는 한 이 말을 잘못 적용하는 일은 없을 테고, 관념을 완전히 상실했을 때에도 뜻을 잘못 아는 일도 없이, 단지 말을 이해하지 못한다고 생각하는 것이다. 따라서 (다음 장에서 말하는 것 같은) 혼합양상에서 의심스러운 점이 생겨나게 되는 다수의 단순관념을 긁어모으는 일은 없을 것이며, (다음다음 장에서 분명해지는 것과 같은) 실체의 이름으로 문제점을 만드는, 상정은 되지만 알려지지 않는 실체적 본질과 이에 기초한 정밀한 수의 역시 알려지지 않은 여러 특성도 없다. 그러나 반대로 단순관념에서는 이름의 뜻(즉 이름이 나타내는 관념)은 전체가 한 번에 알려지며 부분으로 구성되지 않는다. 부분이 있으면 그것의 많고 적음에 의해 관념은 바뀔지도 모르고, 더 나아가서는 그 이름의 뜻은 명확하지 않거나 불확실할지도 모른다.

16. 다섯째, 단순관념은 범주선을 오르지 않는다

다섯째로 단순관념과 그 이름에 대해서는 또 다음과 같이 말할 수가 있다. 즉 (논리학에서 말하는) 최저종에서 최고류까지의 (이른바) 범주선*6을 오르는 일이 매우 적다는 점이다. 그 까닭은 이러하다. 즉 최저종은 단 하나의 단순관념이다. 따라서 그 단순관념에서 제거하여 (다른 관념과의) 차이를 없애고, 그것에 의해서 이 단순관념과 다른 사물(또는 관념)에 공통된 하나의 관념 안에 일치할 수 있게 되므로, 이 단순관념으로부터 없앨 수 있는 사물은 아무것도 없으나 이 공통된 하나의 관념이라고 하는 것이 하나의 이름을 가지게 되어 (이 관념 안에 일치하게 될) 다른 두 관념의 유(類)가 된다. 예를 들어 하양과 빨강의 관념에서 없앨 수가 있으며, 이들을 하나의 공통된 현상태(現象態) 안에 일치시키고, 더 나아가서는 하나의 일반적인 이름을 가지게 하는 사물은 아무것도 없으며, 인간이라고 하는 복합관념에서 이지성(理知性)을 없애, 동물이라고 하는 더 일반적인 이름 안에서 인간을 여러 동물과 일치시킬 수 있게는 되지 않는다. 그래서 사람들이 재미없는 열거를 피하고 하양, 빨강, 그 밖의 여러 단순관념을 하나의 일반적인 이름 아래 포괄하려고 했을 때, 이들 단순관념이 마음에 들어오는 길만을 나타내는 말로 이것을 행할 수밖에 달리 길이 없었던 것이다. 왜냐하면 하양, 빨강, 노랑을 모두 색이라고 하는 유(類), 즉 이름 아래 포괄할 때 이 이름은 시각만으로 마음에 생성되며, 눈을 통해서만 마음에 들어오는 관념 말고는 그 어떤 것도 뜻하지 않기 때문이다. 또 사람들이 색도 소리도 이와 비슷한 단순관념도 포괄하기 위해 한층 일반적인 명사를 끌어넣으려고 했을 때에는, 하나의 감각기관만으로 마음속으로 들어오는 모든 것의 뜻을 나타내는 말로 이것을 하게 되는 것이며, 따라서 성질이라고 하

---

*6 최저종(最低種)—the lowest species. 최고류—summum genus. 범주선(範疇線)—line a praedicamentali.

는 일반명사는 그 통상적인 말뜻으로는 색, 소리, 맛, 냄새, 만질 수 있는 성질을 하나 이상의 감각기관으로 마음에 각인되어 관념을 도입하는 연장, 수, 운동, 쾌락 및 고통과 구별해서 포괄하는 것이다.

17. 여섯째, 단순관념의 이름은 전혀 인위적이지 않은 관념을 나타낸다

여섯째로 단순관념과 실체와 혼합양상의 이름은 다음과 같은 점에서도 서로 다르다. 즉 혼합양상의 이름은 완전히 인위적인 관념을 나타내고, 실체의 이름은 완전히 그렇지 않으며, 엄밀하지 않은 점이 조금 있기는 하지만 어떤 원형에 속한다. 또, 단순관념의 이름은 완전히 사물의 존재로부터 얻는 것으로서 전혀 인위적이지 않다. 이러한 점이 이들 (세 종류의 관념) 이름의 뜻으로 어떠한 차이를 만드는가는 앞으로 여러 장(즉 다음 장과 다음다음 장)에서 보게 될 것이다.

단순양상의 이름은 단순관념의 이름과 별반 다르지 않다.

제5장
혼합양상*1과 관계되는 이름

1. 이들은 다른 일반명과 마찬가지로 추상관념을 나타낸다

혼합양상의 이름은 일반적이다. 따라서 이미 (본 권 제3장 제9절에서) 밝혔 듯이 사물의 종 또는 스페키에스를 나타내고, 이들 종 또는 스페키에스는 저마다 특유한 본질을 갖는다. 이러한 (종 내지) 스페키에스의 본질은 또한 (같은 절에서) 설명한 바와 같이 마음의 추상관념이며, 여기에 이름이 결부되어 있다. 여기까지는 혼합양상의 이름과 본질은 다른 관념(즉 단순관념 및 실체관념)과 공통되는 것만을 가질 뿐이지만, 좀더 자세히 조사해 보면 혼합양상의 이름과 본질은 특유한 어떤 사물을 갖는다는 사실을 알게 될 것이다. 이 점은 눈여겨 볼 만한 일이라 할 수 있다.

2. 첫째, 이것들을 나타내는 관념은 지성에 의해서 만들어진다

혼합양상의 이름과 본질에서 내가 관찰하는 첫 번째 특별한 점은 혼합양상 의 각 종(種)의 추상관념이, 또는 본질이라 말하고 싶다면 각 종의 본질이 지 성에 의해 만들어진 것으로서 단순관념의 본질과 다르다는 점이다. 이 종(즉 단순관념)에서는 마음은 무엇 하나 만드는 능력을 가지지 못하며, 마음에 작 용하는 실재의 사물이 마음에 나타난 대로 받아들일 뿐이다.

3. 둘째, 인위적으로 원형 없이 만들어진다

다음으로 혼합양상 종의 이러한 본질은 마음에 의해서 만들어질 뿐만 아 니라 매우 인위적으로 만들어져 원형(原型) 없이, 말하자면 실재와 전혀 무관

---

*1 mixed mode. 이 장에서는 마지막 절을 제외하고는 오직 혼합양상의 관념이 논의되고 있다.

하게 만들어진다. 이 점에서 혼합양상의 특징은 실재의 본질과 다르다. 실재의 본질은, 이 본질이 취해지고 합치하는 어떤 실재의 존재자 생각을 수반한다. 그런데 혼합양상의 복합관념에서는 마음은 자유롭게 행동하며, 존재하는 사물에 정확하게 따르거나 하지 않는다. 마음은 일정한 관념집합을 별개의 종적 관념으로서 합쳐서 유지하는 한편, 마찬가지 정도로 자주 자연스럽게 일어나고, 외부 사물에 의해서 마찬가지 정도로 알기 쉽게 시사되는 다른 관념집합은 특정한 이름도 주어지지 않고, 종화(種化)도 되지 않고 무시된 채로 있다. 또 마음은 혼합양상의 복합관념의 경우에는 실체의 복합관념의 경우와 마찬가지로, 실재하는 사물에 의해서 관념을 검토하지 않는다. 다시 말하면 (실재하는 사물이라고 하는) 그러한 독특한 구성을 자연히 포함하는 원형에 의해서 검증하지 않는 것이다. (예를 들어) 간통 또는 근친상간의 관념이 옳은지 그른지를 알기 위해, 존재하는 사물의 어딘가에서 이것을 찾는 사람이 과연 있을까? 또는 누군가가 이제까지 그러한 행동의 증인이었으므로 그 관념은 참인가? 그렇지가 않다. 이 경우는 무엇인가 그러한 (부도덕한) 행동이 자연의 세계에서 이루어졌는가 아닌가에 상관없이, 그러한 (행동의) 관념집합을 하나의 복합관념으로 긁어모아서, 이것을 원형 및 종적 개념으로 삼으면 그것으로 충분한 것이다.

4. 이것은 어떻게 이루어지는가

이 점을 올바르게 이해하기 위해서는 이러한 (혼합양상의) 복합관념을 이와 같이 (원형 없이 인위적으로) 만드는 일이 어디에 존재하는가를 고찰하지 않으면 안 된다. 그것은 어떠한 새로운 관념을 만드는 데에 있는 것이 아니라, 마음에 이미 있는 관념을 한곳에 긁어모으는 데에 있는 것이다. 이때 마음은 다음 세 가지 일을 한다. 첫째, 일정한 수(의 관념)를 고른다. 둘째, 이것을 결합해서 하나의 관념으로 만든다. 셋째, 하나의 이름으로 묶는다. 만약에 이것을 할 때 마음은 어떻게 나아가며 어떻게 자유롭게 행동하는가를 검토한다면, 혼합양상의 종에 대해서 위에서 말한 본질이 어떻게 해서 마음의 작품이 되는가를 따라서 좋은 사람이 만드는 것임을 쉽게 관찰할 수 있을 것이다.

5. 관념이 때때로 (사물의) 존재보다도 앞서 있는 것으로 보아 분명히 인위적이다

혼합양상의 이러한 관념이 자연스럽게 존재하는 그 어떤 원초적인 원형에서 독립적으로 마음속에서 그러모은 관념의 의도적인 집합에 의해서 만들어진다는 것은, 다음과 같은 점을 성찰하려고 한다면, 즉 이 종의 복합관념은 그런 종의 개체가 하나도 존재하지 않은 그 이전에 만들어지고 추상되고 이름이 주어져서 하나의 종을 이룰 수가 있을 것이다. 그러한 점을 성찰하려고만 한다면 아무도 의심치 않을 것이다. (예를 들어) 성물(聖物) 모독이나 간통과 같은 관념은, 그 어느 쪽도 그것들이 미처 이루어지기 이전에 사람의 마음속에 형성되어 이름이 주어지고, 따라서 그 종류의 복합관념이 구성될 수 있었을 터이며, 지성 말고는 이를 전혀 차지하지 않아도 유감스럽지만 그러한 일이 빈번하게 이루어지고 있는 지금과 마찬가지로, 이에 대해서 깊이 논의하고 연구할 수가 있고, 절대 확실한 진리를 발견할 수가 있었으리라.

그러한 일을 누가 의심할 수 있는가? 이로써 혼합양상의 종이 얼마나 지성의 창조물인가를 누구나 알 수 있다. 이 지성 안에 혼합양상의 종은 존재하며 (지성 외에) 실재할 때와 마찬가지로, 실재(또는 진실)의 진리 및 지식의 목적에 매우 유용하게 이용되는 것이다. 그래서 우리는 입법가가 자기 지성의 창조물에 지나지 않는 종의 행동을, 즉 입법가 마음속 이외에는 존재하지 않는 존재물에 대해서 이제까지 자주 법을 만들어 왔다는 것을 의심할 수가 없다. 또 나는 부활이, 그것이 실재하기 이전에 마음속에 있었던 혼합양상의 한 종이라는 것을 그 누구도 부정할 수 없으리라고 생각한다.

6. 사례. 살인, 근친상간, 찔러 죽임

혼합양상의 이러한 본질이 어느 정도 마음에 의해서 인위적으로 만들어지는가를 보기 위해서는, 어느 것이든 좋으니까 그러한 본질을 바라보기만 하면 된다. 조금만 조사해 보면 이해하겠지만, 마음이야말로 몇 가지로 나뉜 독립된 관념을 하나의 복합관념으로 모으고, 여기에 공통된 이름을 부여하며, 이 이름에 의해서 이들 관념을 어떤 종의 본질로 삼는 것으로, 관념에 자연히 존재하는 결합에 의해 규제되는 일은 조금도 없다. (예를 들어) 죽이는 일과 인간의 관념에는, 죽이는 일과 양(羊)의 관념에 비해서 어떠한 결합이 자연적으로 존재하여, 인간을 죽이는 일은 살인이라고 하는 말로 그 뜻이 표시되는 특정한 종의 행동이며 양을 죽이는 일은 특정한 종의 행동이 아닌 것일까? 또 죽인다는 것과 부자(父子) 관계의 관념 사이에는 아들이나 이웃의 관계를 넘어서는 어떤 결합이 자연적으로 있어서, 앞엣것(즉 아버지를 죽이는 일)은 하나의 복합관념으로 집성되어 부모 살인이라고 하는 특정한 종의 본질로 다루어지는데, 뒷엣것(즉 아들이나 이웃을 죽이는 일)은 별개의 종을 전혀 만들지 않는가? (어느 경우나 특히 자연적인 결합이 있는 것이 아니다.)

그러나 또 사람들은 어떤 인간의 아버지나 어머니를 죽이는 일을 아들이나 딸을 죽이는 일과 별개의 (부모 살해라고 하는) 종으로 삼아버리는데, 그럼에도 다른 어떤 경우에는 부모뿐 아니라 아들이나 딸도 (하나의 복합관념에) 넣어, 부모와 아들 또는 딸은 근친상간이라고 하는 종처럼 같은 종 안에 똑같이 포괄된다. 이렇게 해서 혼합양상에서는 마음에 드는 관념을 인위적으로 복합관념으로 합치는데, (다른 한편으로는) 완전히 이것과 같을 정도로 자연적으로 결합되어 있는 다른 관념이 동떨어진 채, 하나의 관념으로 결코 모아지지 않는다.

왜냐하면 하나의 이름이라는 것이 필요 없기 때문이다. 이렇게 보면 분명히 마음은 어떤 수의 관념을, 즉 자연적으로는 버리고 돌아보지 않는 몇 가지 관념과 마찬가지로 결부되어 있지 않은 어떤 수의 관념을 자유롭게 골라서 결합하는 것이다. 그렇지 않으면 (예를 들어) 무기에서 상처나게 하는 곳(즉 칼끝)이 주목되어, 찔러 죽임이라는 별개의 종을 만들고, 무기의 모양이나 재질은 팽개친 채 돌보지 않는 것은 왜인가? 이러한 일이 아무 까닭 없이 이루어지지는 않는다. (바꾸어 말하면 까닭이 있는 것으로) 그 점은 얼마 뒤 (다음 장 이하에서) 보다 더 자세히 살펴보게 될 것이다. 다만 (마침맞게) 나는 말하는 바이지만, 이러한 일은 자신의 목적을 추구하는 마음의 자유로운 선택에 의해 이루어지며, 따라서 혼합양상의 이러한 종은 지성의 여러 작품이다. 그래서 무엇보다도 뚜렷한 일이지만, 이러한 관념을 이룰 때 마음은 대부분 자연 속에서 원형을 찾지 않고, 그것이 만드는 관념을 실재 사물에 관련시키지 않으며, 자기 목적에 가장 잘 활용할 수 있는 개념을 함께 모아서 실재하는 그 어떤 사물을 정확하게 본뜨려 시도하지는 않는 것이다.

7. 언어의 목적에는 늘 도움이 된다.

그러나 혼합양상의 위에서 말한 것과 같은 복합관념, 즉 본질은 마음에 의존하여 마음에 의해 매우 자유롭게 만들어지는데, 닥치는 대로 만들어지며 아무런 이유 없이 모아지는 것은 아니다. (왜냐하면) 이러한 복합관념은 늘 자연으로부터 본떠지지는 않지만 (본질을 형성하는 복합관념 또는) 추상관념이 만들어지는 목적에는 늘 알맞기 때문이다. 그래서 그러한 복합관념은 다음과 같은 관념에서, 즉 매우 동떨어져 있어서 마음이 하나의 관념으로 집성하도록 결코 결합되지 않는 다른 몇 가지 관념과 마찬가지로 그 자신에는 결부되지 않는 관념으로 집성된 것인데, 더욱이 언제나 언어의 주요 목적인 사상 전달의 편의를 위해 만들어지는 것이다. 언어의 효용은 짧은 소리로 일반적인 생각을 나타내고 재빨리 뜻을 전달하는 데 있으며, 이 일반관념에는 많은 특수한 관념이 포함될 뿐만 아니라, 매우 다양한 독립된 관념이 하나의 복합관념으로 모아져서 포함된다.

그러므로 혼합양상의 종을 만들 때 사람들은, 서로 거론할 필요가 있는 관념집성만을 고려해 왔던 것이다. 그러한 것들을 사람들은 별개의 복합관념으로 집성하여 이름을 부여해 왔는데, 다른 한편으로는 자연적인 결합은 마찬가지로 가까운 것도 멀리한 채 그대로 돌보지 않는 것이다. 왜냐하면 인간의 행동(에 한해서 행동) 자체 이상으로 나아가지 않기로 하고, 만약에 인간의 행동에서 관찰할 수 있는 모든 다양성에 대해서 별개의 추상관념을 만들려고 한다면 그 수는 무한할 것이며, 기억은 너무 많아 처치 곤란이고, 또 너무 많이 집어넣어져 쓸모가 없을 터이기 때문이다.

사람들은 평소에 일어나는 일에 이름을 붙일 필요가 있다고 생각하는 만큼 많은 혼합양상의 복합관념을 만들어서 이름을 붙이면 그것으로 충분하다. (예를 들어) 사람들이, 죽인다고 하는 관념에 아버지나 어머니의 관념을 연결해서, 더 나아가서는 어떤 인간의 아들 또는 이웃을 죽이는 것과 다른 종을 만든다고 한다면 그것은 범죄의 흉악함이 다르기 때문이다. 어떤 사람의 아버지나 어머니를 죽이는 일에는 아들이나 이웃의 살해에 부과되는 벌과 다른 벌이 주어져 마땅하고, 그러므로 사람들은 다른 이름으로 말할 필요를 발견하게 되는 것이며, 이것이 (부모 살해라고 하는) 다른 관념집성을 만드는 목적인 것이다. 그러나 어머니와 딸(또는 아버지와 아들)의 관념은 죽인다고 하는 관념의 관련에서 매우 다르게 다루어지고, 따라서 어머니(또는 아버지)의 관념은 죽인다고 하는 관념과 연결해서 (부모 살해라고 하는) 하나의 이름을 가진 별개의 추상개념을, 더 나아가서는 별개의 종을 만들어 딸(또는 아들)의 관념은 그렇지 않지만, 더욱이 성교에 관해서는 어머니의 관념도 딸의 관념도(또는 아버지의 관념도 아들의 관념도) 다 같이 근친상간으로 포함된다. 그것도 다른 것 이상으로 특별한 배덕성(背德性)을 갖는 더러운 교합을 하나의 이름 아래 표현하여 하나의 종에 넣는 같은 편의 때문인데, 이것은 까다로운 어법이나 쓸데없이 긴 기술을 피하기 위해서이다.

8. 번역할 수 없는 여러 말이 그 증거이다

여러 언어에 매우 능통한 사람은 위에서 말한 것이 참이라고 쉽사리 인정할 것이다. 왜냐하면 다른 언어에 대응하는 말이 전혀 없는 말, 그러한 말이 하나의 언어에 많이 있게 되면 매우 뚜렷하게 관찰되기 때문이다. 이것으로 누구나 알 수 있도록 제시되지만, 어떤 나라 사람들은 그 습관이나 생활 양식에 의해서 여러 복합관념을 만들어서 이름을 부여할 필요를 발견해 왔는데, 다른 나라 사람들은 이것을 종적 관념으로는 결코 모으지 않았던 것이다. 이러한 일은 만약에 이들 종이 자연의 흔들림 없는 제작품으로, 이름을 부여하기 위해, 또 사상 전달의 편의상 마음이 만들고 추상한 (관념의) 집합체가 아니었다면 일어날 리가 없었을 것이다. (예를 들어) 우리나라 법의 전문어는 공허한 소리는 아니지만 이에 대응하는 말을 스페인어나 이탈리아어에서, 즉 어휘가 빈약하지 않는 스페인어나 이탈리아어에서 거의 찾을 수 없을 것이다. 하물며 카리브어, 즉 서방 여러 섬의 언어로 옮길 수 있는 사람은 아무도 없을 거라고 나는 생각한다. 또 로마인의 versura(차입 지불)나 유대인의 corban(제물)*2에 대응하는 말은 다른 언어에는 없다. 그 까닭은 이제까지 살펴본 것을 생각하면 누구나 알 수 있다.

이 문제를 좀더 자세히 조사해서 여러 언어를 정확하게 비교하면 찾아낼 테지만, 이들 언어에는 번역이나 사전에 서로 대응한다고 여겨지는 것이 있다고는 하지만 복합관념의 이름에는, 특히 혼합양상의 이름에는 사전에 번역된 말

---

*2 차입금으로 지불하는 로마인의 풍속에 바탕을 둔 말.

이 나타내고 있는 것과 바로 같은 관념을 나타내는 것은 열에 하나도 없다. (예를 들어) 시간, 연장, 무게의 척도만큼 일반적으로 쓰이는 비복합적인 관념은 없다. 그래서 라틴어의 hora, pes, libra는 영어의 hour, foot, pound로 쉽게 번역된다. 그러나 로마인이 이들 라틴어에 결부시킨 관념은, 영국인이 이들 단어로 나타내는 관념과 매우 달랐다는 점, 이보다 뚜렷한 일은 없다. 그래서 만약에 로마인이나 영국인 어느 한쪽이 다른 언어를 쓰는 사람(즉 로마인의 경우에는 영국인, 영국인의 경우에는 로마인)이 자기들 이름으로 의도한 척도를 썼다고 하면, 그 계산은 매우 잘못되어 있었을 것이다. 이들은 너무나 눈에 띄는 증거여서 의심할 수가 없다. 이 점은 도덕에 관한 논의를 만드는 대부분의 관념처럼, 한층 추상적이고 복합적인 관념의 이름에서는 더욱 그러하다는 것을 알 수 있다. 그러한 이름을, 다른 언어로 번역된 이름과 면밀히 비교하려고 할 때에는 그 뜻의 모든 범위에 걸쳐서 정확하게 대응하는 이름은 극소수임을 알 수 있을 것이다.

9. 이것은 종(種)이 사상 전달을 위해 만들어졌다는 것을 보여준다

내가 이러한 일을 이토록 특별히 마음에 두는 까닭은 유(類)와 종, 그리고 이들 본질이 자연적으로 규칙적이고 항상적으로 만들어지는 사물이며, 사물 안에 실재하는 것처럼 잘못 생각하지 않기 때문이다. 그때 (잘못 알려질 때) 더 신중히 조사해 보면 분명히 이들 유나 종이나 본질은, 하나의 일반명사로 전달할 필요가 자주 있는 관념집합을 한층 손쉽게 나타내기 위한 지성의 인공품(人工品) 이외의 그 어떤 사물도 아니며, 그러한 일반명사 아래에 여러 특수(또는 개개)의 관념은 그 (유나 종이나 본질의) 추상관념에 일치하는 한 포괄될 수가 있었을 것이다.

그래서 비록 종이라고 하는 말의 뜻이 의심스러우므로 혼합양상의 종은 마음이 만드는 거라고 내가 말하는 것이 어떤 사람에게는 귀에 거슬리게 들리든, 종이라는 이름이 주어지는 추상관념을 만드는 것이 마음이라고 하는 점은 아무도 부정할 수 없을 것이다. 그래서 사물을 종별하여 이름을 붙이기 위한 원형을 마음이 만든다는 것은 참이지만, 만약에 그렇다고 한다면 (영어의) sort 또는 (라틴어의) species의 한계를 정하는 것은 누구인가를 생각해 보기 바란다. 왜냐하면 나의 경우 species와 sort는, 라틴어와 영어의 동의어라는 차이 말고 다른 차이는 없기 때문이다. (따라서 species라고 하든 sort라고 하든 종은, 특히 혼합양상의 종은 마음이나 지성이 만드는 것이다.)

10. 혼합양상에서 (관념의) 집성을 묶어서 종으로 만드는 것은 마음이다

적어도 혼합양상에서는 종과 본질과 이들 일반명 사이에 가까운 관계가 있다는 것은 다음과 같은 일을 생각할 때, 즉 그러한 본질을 보존해서 영속시킨다고 여겨지는 것이 이름임을 생각할 때 더욱 뚜렷할 것이다. 왜냐하면 이들 (종이나 본질의) 복합관념이 (본디는) 서로 동떨어진 부분의 결합은 마음이 만들게 되므로, 만약에 이 결부를 말하자면 계속 붙여서 부분이 분산되지 않게 하는 그 어떤 사물이 없었다면, 자연 안에 특별한 바탕이 없는 이 결부는 또한 없어질 터이기 때문이다.

그러므로 집합을 만드는 것은 마음이지만 여러 부분을 튼튼하게 묶는, 말하자면 매듭은 이름인 것이다. (예를 들어) 개선식(凱旋式)이라고 하는 말에는 얼마나 많은 관념이 한데 붙어서 하나의 종으로서 우리에게 전시되고 있는가. (하기야 개선식이라고 하는) 이 이름이 한 번도 만들어지지 않았다 하더라도, 또는 완전히 잊혔다고 해도 이 행사에서 거행되는 일은 틀림없이 기술할 수 있었을 것이다. 하지만 행사의 여러 부분을 한데 모아서 하나의 복합관념으로 만드는 일은, 바로 이 복합관념에 결부된 (개선식이라고 하는) 말 그 자체라고 나는 생각한다.

이 말이 없으면 복합관념의 여러 부분은 하나의 사물을 만든다고는 여겨지지 않으며, 이 점은 한 번밖에 거행되지 않았으므로 하나의 이름 아래 하나의 복합관념에 합일되는 일이 결코 없었던 다른 어떤 구경거리와 같았을 터이다. 따라서 혼합양상의 경우 어떤 본질에 필요한 (부분관념의) 합일이 마음에 얼마만큼 의존하는가, 또 이 합일의 연속과 고정이 이 본질에 일반적으로 결합되어 쓰이는 이름에 얼마만큼 의존하는가를, 본질과 종을 자연이 있는 실재의 확립된 사물로 바라보는 사람이 생각해 주었으면 하는 것이다.

11.

위에서 살펴본 것에 어울리게 우리는 발견하곤 한다. 혼합양상에 대해서 이야기하는 사람들은 이름으로 한정된 것 말고 그 무엇인가를 혼합양상의 종이라고 떠올리거나 종으로 삼는 일은 없다. 왜냐하면 혼합양상의 종은 이름을 붙이기 위해 인간이 만드는 것일 뿐, 인간이 몇 가지 동떨어진 관념을 하나의 관념으로 모아서, 하나의 이름으로 여러 부분을 영속적으로 합친 기호로서 그 이름을 이러한 종에 연결하지 않는 한, 그와 같은 종은 지각되지 않고, 있다고 여겨지지도 않으며, 그 이름과 연결되지 않으면, 곧 마음이 이 (혼합양상의 종이라고 하는) 추상관념을 버리고 현실적으로 생각하지 않게 되면 이들 여러 부분은 전혀 합쳐지지 않았을 것이기 때문이다. 그러나 일단 이름이 추상관념에 결부되어 그 이름 안에 그 (혼합양상의) 복합관념의 여러 부분이 안정적이고 항구적으로 맺어지게 되면, 그때 비로소 본질은 확립되고 종은 완전무결한 것으로 여겨진다.

기억에 그러한 관념집성이 주입되는 것은, 이 집성을 추상에 의해서 일반적인 것으로 하기 위해서가 아니라면 무엇 때문일까? 또 논의나 사상 전달의 편의를 위해서 관념집성이 일반명을 가질 수 있는 게 아니라면, 관념집성을 일반적으로 만드는 것은 무엇 때문인가? 예를 들어 우리가 보는 바와 같이, 칼이나 손도끼로 사람을 죽이는 일은 (살인 이외에는) 다른 어떤 종의 행동이라고 볼 수가 없다. 그러나 만약에 칼끝이 처음으로 몸 안으로 박히면 stabbing(刺殺)이라고 자국의 언어로 부르는 잉글랜드처럼 별개의 이름이 있는 곳에서는 별개의 종으로 인정된다. 하지만 독자적인 이름 아래 종화(種化)되는 일이 일어난 적이 없는 다른 나라들에서는 별개의 종으로 인정되지 않는 것이다. 그러나 형체적 실체의 경우에는 (다음 장에서 자세히 말하게 되듯이) 마음이 유명적(唯名的) 본질을 만든다고는 하지만, 이 본질에 집성되는 여러 관념은 마음이 연결하든 안 하든 자연히 합쳐져 있는 것으로 여긴다. 그러므로 형체적 실체의 종은 마음이 그 복합관념을 추상하든, 여기에 이름을 부여하든 어떤 작용을 하지 않고 별개의 종으로 여기는 것이다.

12. 혼합양상의 기원에 대해서 우리는 마음 이상을 보지 않는다. 이것도 혼합양상이 지성의 작품임을 보여준다

더 나아가서 혼합양상의 본질에 대해서, 이것이 자연의 작품이라기보다는 오히려 지성의 창조물이라고 말해 온 것에 더하여 거듭 말하자면, 그러한 본질의 이름은 우리 생각을 마음으로 이끌되 마음 이상으로는 이끌지 않는다.

(예를 들어) 정의 또는 감사에 대해서 이야기할 때 우리는 무엇인가 존재하는 사물의 구상을 마음에 만들어서 생각하려 하지 않고, 우리의 생각은 이들 덕(德)의 추상관념으로 끝날 뿐 그 이상을 바라보지 않는다. 마음 이상을 바라보는 것은 (예를 들어) 말이 칼(과 같은 형체적 실체)에 대해서 이야기할 때로, 말이나 칼의 종적 관념은 단순히 마음에만 있다고는 생각할 수 없으며, 사물 자체에 존재하면서 이 사물이 이들 종적 관념의 원초적인 원형을 제공하는 것으로 여겨진다. 그러나 혼합양상에서는 적어도 그 가장 중요한 부분인 (앞서 말한 정의나 감사와 같이) 도덕적인 존재자에서는 우리는 원초적인 원형이 마음에 있다 생각하고, 하나하나의 존재자를 이름과 함께 구별하므로 이러한 원형에 준거한다. 이것으로 보아 내 생각으로는 혼합양상 종의 이러한 본질은 어떤 독특한 권리에 의해서 지성에 소속된다고 하여 한층 특별한 이름으로 사념*3이라 불리는 것이다.

13. 혼합양상이 원형 없이 지성에 의해서 만들어진다고 하는 것은 혼합양상이 매우 복합되는 이유를 보여준다

위에서 말한 것처럼 혼합양상의 복합관념은 자연의 여러 실체의 복합관념에 비해서 일반적으로는 복합, 재복합되는 경우가 많은 까닭을 배울 수가 있을 것이다. 왜냐하면 혼합양상의 복합관념은 지성이 단지 자신의 목적을 추구해서, 또 다른 사람에게 알리고 싶다는 관념을 간단하게 나타내는 편의를 추구해서 만든 제작품이므로 지성은 가끔 본성상으로는 조금도 정리되어 있지 않은 사물을 매우 자유롭게 하나의 추상관념으로 합쳐서, 더 나아가서는 복합되고 재복합된 매우 다양한 관념을 하나의 명사로 묶기 때문이다. 예를 들어 (이 장 제10절에 든 개선식과 같은) 행진의 이름은 인물, 복장, 등불, 의식, 움직임, 소리 등 각기 독립된 여러 관념이 매우 많이 섞이고, 그 복합관념 안에 포함되어 인간의 마음은 그 한 가지 이름으로 나타내므로, 이것을 인위적으로 얼마나 많이 모으고 있는가에 반해서, 실체의 종의 복합관념은 일반적으로 소수의 단순개념으로만 만들어져, (예를 들면) 동물의 종에서는 다음 두 가지, 즉

---

*3 notion. 원어는 관념(idea)과 같은 뜻을 갖는 것이 로크의 일반적인 용어법인데 여기에서는 말하자면 개념(concept)을 뜻한다. 이러한 관념과 다른 생각을 인정하는 데에 로크 철학의 한 성격이 있다.

모습과 소리가 일반적으로는 유명적 본질의 전체를 만드는 것이다.

14. 혼합양상의 이름은 언제나 그 실재적 본질을 나타낸다

이제까지 말해 온 것으로부터 말할 수 있는 또 한 가지는, 혼합양상의 이름이 (그 어떤 확정된 뜻을 가질 때) 늘 그 종의 실재적 본질을 뜻한다는 것이다. 왜냐하면 혼합양상의 추상관념은 마음의 제작품으로서 실재의 사물과 관련되지 않기 때문이다. 따라서 그 이름에 의해서 뜻이 더 표시되는 어떤 사물이라는 생각은 없으며, 다만 마음 자신이 형성해 둔 복합관념이 있을 뿐이다. 이 복합관념이야말로 마음이 이름으로 표시하려고 했던 전부이며, 종의 모든 특성에 기초하는 것으로, 종의 모든 특성은 이 복합관념에서만 나온다. 따라서 이러한 특성으로 (혼합양상의) 실재적 본질과 유명적 본질은 같은 것이다.*4 이것이 일반적 진리의 절대 확실하고 참다운 지식과 어느 정도 관련을 갖는가 하는 점은 나중에 (제4권 제4장 제5절 등에서) 볼 수 있을 것이다.

15. 혼합양상의 이름이 일반적으로 그 관념보다 먼저 얻어지는 까닭

이것으로 혼합양상의 이름은 대체적으로 그것이 나타내는 관념이 완전히 알려지기 전에 얻어지는 까닭도 보여줄 수가 있다. 왜냐하면 혼합양상의 종은 흔히 이름이 없으면 지각되지 않으며, 또 그러한 종 또는 오히려 그 본질은 마음이 인위적으로 만드는 추상복합관념이므로 그러한 복합관념을 형성하는 노력을 하기 전에 이름을 아는 일이, 비록 그렇게 해야만 하는 것은 아니지만 편의 때문이다. (하기야 이것은) 어떤 사람이 일단의 추상복합관념으로, 즉 다른 사람들은 (관념의) 이름을 가지지 않으므로 그 사람은 이 관념을 (가져보기는 했지만) 어떻게 취급할 길이 없고, 또 버리고 잊을 수 있는 그러한 일단의 추상복합관념으로 머리를 채우지 않으려는 경우인데 (그렇지 않는 한, 관념에 앞서 이름을 안다는 것은 편리성 때문이다) 하기야 언어의 초기에는 이름을 부여하기 전에 관념을 가지는 일이 필요했었다. 또 지금도 새로운 관념을 만들며, 여기에 새로운 이름을 부여해서, 그것으로 새로운 말을 만드는 경우는 그러하다. 그러나 이것은 기성의 언어에는, 즉 사람들이 가질 기회 또는 전달할 기회가

---

*4 혼합양상의 실재적 본질과 유명적 본질이 같다는 것은 로크의 중요한 주장이다.

자주 있는 관념을 일반적으로 상당히 많이 비축하고 있는 기성의 언어에는 상관이 없다. 이러한 기성 언어의 경우 나는 묻겠는데, 어린이들은 혼합양상의 관념을 가지기 전에 그 이름을 배우는 것이 일반적인 방식이 아닌가? (예를 들어) 영예나 야심이라고 하는 단어를 듣기 전에, 그 추상관념을 형성하는 사람이 1000명에 한 사람이라도 있을까? 하기야 단순관념이나 실체(의 관념)에서는 그렇지가 않다. 이들은 자연히 실재하여 한데 합친 관념이므로, 관념 또는 이름은 우연히 앞선 쪽을 먼저 얻는 것이다.

16. 내가 이 주제를 이 정도로 자세히 말하는 까닭

여기(즉 이 장)에서 혼합양상에 대해 말해 온 것은 매우 보잘것없는 차이뿐이므로 (거의 그대로) 관계에도 적용할 수가 있다. 이 점은 누구나 관찰할 수 있을 터이므로 자세히 말할 필요는 없을 것이다. 특히 이 제3권에서 말에 대해 (제1장 이래) 기술한 것은, 어쩌면 이러한 사소한 주제가 요구하는 것보다 훨씬 많다고 생각하는 사람도 있을 것이므로, 자세하게 다루는 노고를 생략해도 좋을 것이다. 하기야 여기에 말해 온 것은 가장 좁은 범위로 한정할 수도 있었을 것이다. 그러나 나는 더 나아가 독자들을 하나의 논의에, 즉 나에게는 새롭고 또 약간 유별나게 보이는 논의(내가 이 책을 쓰기 시작했을 때에는 분명 생각하지 않았던 논의)에 국한시켜 왔던 것이다. 이 논의를 바닥까지 살피고 모든 측면에서 조사해 보면, (논의의) 어떤 부분은 누구든지 마주칠 수가 있으며 (이러한 논의를) 더없이 기피하거나 전혀 돌보지도 않았던 사람에게도, 매우 중대하면서도 유의되는 일이 거의 없는 일반적인 잘못을 반성하는 기회를 줄 수 있으리라는 이유 때문이다. 도대체 본질에 대해서 어떤 난리가 일어나는가? 말의 준비되지 않으면서도 혼란된 쓰임이나 적용에 의해서 모든 종류의 지식, 논의, 담화가 얼마나 고통을 받고 어지럽혀지는가? 그러한 점을 생각할 때 이것을 철저하게 밝히는 작업은 수고할 가치가 있을 것이다. 그래서 내가, 꼼꼼하게 말할 필요가 있다고 생각하는 논의에 오래 머물렀다 해도 양해하리라 생각한다. 왜냐하면 이 종류에서 사람들이 흔히 저지르는 잘못은 참다운 지식의 가장 큰 장애일 뿐만 아니라, 매우 바람직한 것으로 받아들여져 참다운 지식으로서 통용될 정도이기 때문이다.

만약에 사람들이 현재 유행하는 소리(또는 말)를 넘어서 바라보고, 다음과 같은 점을 관찰하려 한다면, 즉 사람들을 모든 점에서 튼튼하게 무장시켜 자신만만하게 자기주장을 하는 말에 어떤 관념이 포괄되느냐 되지 않느냐는 점을 관찰하려고만 한다면 사람들은 그들이 당당하게 말하는 거만한 설에 이지나 진리가 섞이는 일이 얼마나 적은가를, 때에 따라서는 전혀 없는가를 알았을 것이다. 만약에 내가 이 주제를 조금이나마 자세히 말해서 사람들로 하여금 자기 언어 사용을 되돌아보게 하여 다음과 같이 의심하는 까닭을, 즉 다른 사람들이 매우 훌륭하다고 인정한 말을 하거나 글로 써도 그 뜻은 매우 불확실하거나, 거의 혹은 전혀 없는 경우가 자주 있으므로 자기들에게도 그러한 일이 때로는 있을 것 같다고 의심할 까닭을 가지게 할 수 있으면 진리와 평화와 학식을 위해 조금은 보탬이 되겠다고 생각할 것이다.*5 때문에 사람들이 이러한 점에 스스로 조심하고, 또 남의 검토 받기를 싫어하지 않는 것은 이치에 어긋나는 일은 아니다. 그러므로 이러한 의도에서 나는 이 문제를 계속 다룰 것이다.

---

*5 언어의 혼란, 불완전, 오용이 지식의 진보를 어느 정도 저해하는가는 로크가 되풀이해서 역설하는 점이고, 그가 언어론을 착상한 바탕이 되었다고 할 수 있다.

제6장

실체의 이름

1. 실체의 보통명(普通名)은 종(種)을 나타낸다

일반적으로 실체의 (고유명이 아닌) 보통명(또는 공통명)은 다른 일반명사와
마찬가지로 종을 나타낸다. 이것은 몇 가지 특수한 (낱낱의) 실체가 일치하는,
또는 일치할 수 있는 복합관념의 기호가 되는 것으로, 이에 의해서 특수한 (낱
낱의) 실체는 하나의 공통된 생각에 포괄되어, 하나의 이름으로 뜻을 나타낼
수가 있는 것이다. 나는, 일치한다거나 일치할 수 있다고 말한다. 왜냐하면 (예
를 들어) 세계에는 단 하나의 태양이 존재하지만, 그럼에도 태양의 관념은 (만
약에 몇 개의 태양이라고 하는 실체가 있다면) 많은 실체가 각각의 관념으로 일
치하도록 추상되어 있으며, 따라서 별만큼 많은 태양이 있다고 할 때와 같을
정도로 종이기 때문이다. 태양이 많이 있어서 적절한 거리에 놓인 사람에게
는, 각 항성(恒星)이 태양이라고 하는 이름으로 나타내는 관념에 대응할 것이
라고 생각하는 사람에게 나름대로 이유가 없는 것은 아니다. 말이 난 김에, 다
음과 같은 점도 제시할 수가 있을 것이다. 즉 (본 권 제3장 제15절 등에서 말한
것이지만) 사물의 종은, 또는 게누스나 스페키에스라는 말을 쓰고 싶다면, 그
러한 것은 (왜냐하면 나는 이러한 라틴어 명사의 뜻이 영어의 sort보다 낫다고는
생각하지 않기 때문이다) 사람들이 만들어 놓은 관념집합에 어느 정도 의존하
고, 사물의 실재하는 본성에 의존하지 않는가 하는 점도 제시할 수가 있을 것
이다. 왜냐하면 어떤 사람에게 별인 것이 다른 사람에게는 태양이라고 적절한
화법으로 말할 수도 있기 때문이다.

2. 각 종의 본질은 추상관념이다

각 종 또는 스페키에스를 특정한 종으로 구성해서 다른 종과 구별하는 척

도나 한계가 각 종의 본질이라 불리는 것이며, 본질이란 각 종의 이름이 결부된 추상관념이다. 따라서 각 종의 관념에 포함되는 모든 사물은 그 종에게는 본질적이다. 자연적 실체에 대해서 알려진 본질, 다시 말하면 자연적 실체를 종으로 구별하는 본질도 모두 이러한 것이지만, 나는 이것을 유명적(唯名的) 본질이라는 독특한 이름으로 불러서 그 유명적 본질과 그 종의 모든 특성이 기초한 실체의 실재 구조와 구별한다. 때문에 이미 (본 권 제3장 제15절에서) 말한 대로, 실체의 이러한 실재 구조를 실재적 본질*¹이라 해도 좋을 것이다. 예를 들면 금(金)의 유명적 본질은 금이라고 하는 말이 나타내는 복합관념이다. 이를테면 노란색의, 일정한 무게를 갖는, 전성(展性)이 있는, 용성(溶性)이 있는 고형의 물체라고 하자. 그런데 (금의) 실재적 본질은 금의 이들 성질과 다른 모든 특성에 바탕을 두는, 금이라고 하는 물체의 감지할 수 없는 여러 부분의 구조이다. 이 두 가지가 다 같이 본질이라 일컬어지면서 어느 정도 다른가는 뚜렷해서 대번에 찾아낼 수가 있다.

3. 유명적 본질과 실재적 본질은 다르다

왜냐하면 (예를 들어) 감각기관과 이지를 수반하여 일정한 모습의 신체와 연결된 유의(有意)운동이라고 하는 것이, 아마도 나나 다른 사람들이 인간이라고 하는 이름에 결부시키는 복합관념이며, 더 나아가서는 인간이라 불리는 종의 유명적 본질이지만, 이 복합관념이 실재적 본질이며 인간이라는 종의 어느 개체에서나 발견할 수 있는 모든 작용의 원천이라고 말하는 사람은 아무도 없을 터이기 때문이다. (인간에 관한) 우리 복합관념의 구성요소인 모든 성질의 바탕은 전혀 다른 어떤 사물이다. 그래서 인간의 운동, 감각, 추리의 기능이나 그 밖의 능력이 생겨나게 되며, 또 인간의 매우 규칙 바른 모습이 기초하는 인간의 구조(즉 실재적 본질)에 대한 지식을 천사는 가질 수 있고, 인간의 조물주는 절대 확실하게 가질 수 있지만, 만약에 우리가 그러한 지식을 갖는다면 우리는 어떤 관념이든, 인간이라고 하는 종인 우리의 정의(定義)에 지금 포함되어 있는 것과 전혀 다른 관념을 인간의 본질에 대해서 가졌을 것이다. 그리하여 한 인간에 대한 우리의 관념은 지금의 관념과 몹시 달라서, 마치 스트라

---

*1 유명적 본질이 실재적 본질과 구별되는 것은 실체의 경우이고, 단순관념이나 양상에서는 두 본질은 일치한다.

스부르*²의 유명한 시계 내부의 태엽, 톱니바퀴, 그 밖의 장치를 모두 아는 사람의 (시계에 대한) 관념이, 시계를 바라보는 시골 사람의, 즉 단지 시계가 움직이는 것을 보거나 시간을 알리는 것을 듣거나, 외부 현상의 어떤 일을 관찰하기만 하는, 그렇게 시계를 바라보는 시골 사람이 갖는 관념과 매우 다른 것과 같다.

4. 개체에게 본질적인 것은 아무것도 없다

본질이라는 말의 통상적인 사용법에서는 본질은 종에 관계하며, 낱낱의 (특수한) 존재자의 경우에는 단지 종으로 유별될 때에만 생각할 수 있는데, 이 점은 다음과 같은 것을 보아도 분명하다. 즉 개체를 종별해서 하나의 보통명(또는 공통명) 아래 유별하는 추상관념을 없애기만 하면, 개체의 어느 것인가에 대해서 본질적인 어떤 사물이라고 하는 생각은 이내 소멸하는 것이다.*³ 추상관념이 없으면 본질적인 어떤 사물이라는 생각은 없다. 이것이 둘의 관계를 누구에게나 알 수 있도록 보여준다. (예를 들어) 나는 있는 대로 있지 않으면 안 된다. 신과 자연은 나를 그렇게 만들었다.

그러나 내가 갖는 사물에는 나에게 본질적인 사물은 아무것도 없다. 뜻하지 않은 사건이나 병은 나의 얼굴색이나 모습을 심하게 바꿔 놓을지도 모른다. 고열이나 (높은 곳에서) 떨어졌으므로 나의 이지 또는 기억이, 아니면 두 가지 다 없어질지도 모른다. 또 뇌출혈은 감각기관도, 지성도, 아니 생명까지도 그대로 두지 않을지도 모른다. 내 모습의 다른 피조물은 나보다 기능의 수가 많고 뛰어나거나 적고 열등하게 만들어져 있을지도 모르며, 또 다른 피조물은 나와 매우 다른 모습이나 신체에 이지와 감각기관을 가질지도 모른다. (그러나) 이들 어느 것도, 마음이 사물의 어떤 종 내지는 스페키에스에 관련시키지 않는 동안에는, 나에게나 피조물에게나 또는 그 어떤 개체에 대해서도 본질적이 아니다. 그리고 관련을 시키게 되면 그때 곧 그 종의 추상관념에 따라서 어떤 사물이 본질적인 것으로 발견되는 것이다. 누군가에게 자기 자신이 생각한 바를 검토하게 해보자. 그러면 그 사람은 발견할 테지만, 본질적이라 하는 것을 생각하고, 또는 그것에 대해서 이야기하자마자 어떤 종이, 즉 어떤 일반명으로

---

*2 Strasburg. 프랑스 동북부의 도시. 대학과 대성당, 특히 대성당의 시계탑은 유명하다.
*3 본질에 대한 로크의 기본적 견해이다.

뜻이 표시되는 복합관념이 마음에 떠올라, 그것과의 관련으로 이러저러한 성질이 본질적이라 일컬어지는 것이다.

그러므로 (예를 들어) 이지를 갖는다는 것이 나에게, 또는 다른 어떤 특수한 형체적인 존재자에게 본질적인 것인가 아닌가를 묻는다면, 나는 말하는 바이지만 그렇지가 않고 그 점은, 내가 쓰고 있는 이 하얀 사물(즉 종이)에게 말이 그 안에 있다는 것이 본질적이 아닌 것과 마찬가지이다. 하지만 만약에 그 특수한 존재물이 인간이라고 하는 종으로 간주되며, 여기에 인간이라는 이름이 주어져야 한다면, 그때야말로 이지는 인간이라는 이름이 나타내는 복합관념의 부분으로 여겨지므로 그 존재자에게는 본질적이며, 그 점은 내가 쓰고 있는 이 (종이라고 하는) 사물에 논문이라고 하는 이름을 주어, 그 종으로 유별하려고 하면 말을 포함하는 일이 그 사물에게 본질적인 것과 마찬가지이다. 그러므로 본질적인 것과 본질적이지 않다는 것은, 단지 우리의 추상관념과 이에 결부된 이름에만 관계한다. 이것은 다음과 같은 말이 된다. 즉 어떤 일반명사가 나타내는 추상관념에 포함되는 성질을 자기 내부에 가지지 않는 특수한 사물은, 어떤 사물도 그 종으로 유별할 수 없고 그 이름으로 불릴 수가 없다. 왜냐하면 그러한 추상관념이야말로 바로 그 종의 본질이기 때문이다.

5.

예를 들어 물체의 관념이 (데카르트파와 같은) 어떤 사람들*4의 경우처럼 단순한 연장(延長)이나 공간이라고 한다면, 그때 고체성은 물질에 본질적인 것이 아니다. (그러나 나와 같은) 다른 사람이 물체라고 하는 이름을 부여하는 관념을 고체성과 연장이라고 한다면, 그때 고체는 물체에 본질적이다. 그러므로 어떤 종의 이름이 나타내는 복합관념의 부분을 이루고, 이것 없이는 개별적인 (특수한) 사물이 그 종에 들어갈 수가 없으며 그 (종의) 이름을 지닐 자격이 없는 것이, 그리고 그것만이 본질적이라 여겨지는 것이다. 만약에 물질의 한 조각이, 즉 철(鐵)에 있는 (자성 이외의) 다른 모든 성질을 갖지만 자석에 따르지 않아 자석에 끌리지 않고 자석으로부터 방향을 받지도 않는 그러한 물질의 한 조각이 발견된다고 할 때, 이 물질의 한 조각이 본질적인 사물이 결여되었

---

*4 물체의 속성을 연장으로 한정하는 데카르트에 대한 로크의 반대는 이 정도로 되풀이되었다.

다고 의심하는 사람이 있을까? (그러한 의문은 일으킬 수 없을 것이다. 왜냐하면) 모든 실재하는 사물에 본질적인 그 어떤 것이 결여되어 있는가를 묻는 일은 불합리하기 때문이다. 혹은 이 (자석에 따르지 않는다거나 따른다고 하는) 일이 본질적인 차이나 종차(種差)를 만드는지 아닌지도 물을 수가 없을 것이다.

왜냐하면 우리는 자신의 추상관념 외에 본질적이라든지 종적인 것에 대한 척도를 가지지 않기 때문이다. 그래서 일반관념과 이름에 관련시키지 않고 자연스레 있는 종차에 대해서 이야기한다는 것은 이해할 수 없는 화법이다. 모두에게 묻고 싶은 일이지만, 어떤 종의 척도와 기준이라고 볼 수 있는 추상관념을 조금도 고려하지 않고, 어떠한 두 가지 특수한 존재물의 종차를 자연적으로 충분히 만드는 그런 것이 있는가? 이러한 원형과 기준을 모두 없앨 때, 단순히 그 자체에서 고찰된 특수한 (개별적인) 존재자는 그 모든 성질을 똑같이 본질적으로 지닌 것으로 발견되리라. 그래서 각 개체에 있는 모든 사물은 그 개체에게 본질적이다. 혹은 오히려 어떠한 사물도 전혀 본질적이 아닐 것이다.

왜냐하면 (예를 들어) 자석에 따르는 것이 철에게 본질적인가 아닌가를 묻는다는 것은 이치에 합당하다고 말할 수 있지만, 그럼에도 내가 펜을 자르는 한 조각의 물질을 철이라고 하는 이름으로 생각하지 않고, 바꾸어 말하자면 (철이라고 하는) 일정한 종의 것이라고는 생각하지 않고 이 한 조각의 물질이 자석에 따르는 일이 본질적인지 아닌지를 묻는다는 것은 매우 부적절하며 무의미한 일이라고 나는 생각하기 때문이다. 그래서 이미 (이 장 제2절에서) 말한 바와 같이, 이름이 결부된 우리의 추상관념이 종의 한계(즉 하나의 종을 그 종에 한정하는 것)라고 한다면 그러한 추상관념에 포함되는 것 말고는 그 어떤 것도 본질적일 리가 없다.

6.

하기야 나는 (본 권 제3장 제15절 등에서) 실재적 본질이라는 것을, 즉 내가 실체의 유명적(唯名的) 본질이라 부르는 실체의 추상관념과 별개로 실체에 있는 실재적 본질이라고 자주 말해 왔다. 이 실재적 본질에서 내가 뜻하는 것은 어떤 사물의 실재 구조, 즉 (그 사물의) 유명적 본질에 집성된 유명적 본질과 끊임없이 공존한다고 여겨지는 (그 사물의) 모든 특성의 바탕이 될 수 있는 실재의 구조이며, 모든 사물이 자신 이외의 그 어떤 사물과 전혀 관계없이 자기 내부에 갖는 특정한 구조이다. 그러나 이러한 뜻에서조차도 본질은 종에 관계하고, 종을 상정한다. 왜냐하면 실재적 본질은 (사물의) 특성이 바탕을 두는 실재의 구조이므로 필연적으로 사물의 종을 상정하는데, 특성은 종에 속할 뿐 개체에는 속하지 않기 때문이다.

예를 들어 금의 유명적 본질은 금 특유의 색과 무게의, 전성(展性)과 용성(溶性)을 갖는 물질이라고 한다면, 실재적 본질은 그러한 여러 성질과 그 합일이 기초한 물질부분의 구조이며, 왕수(王水) 안에서의 용성이나 금이라고 하는 복합개념에 따르는 다른 여러 특성의 바탕이기도 하다. 여기에 본질과 특성이 있다. 하지만 모든 것은 변하지 않는다고 여겨지는 어떤 종, 다시 말하면 일반추상관념이라는 생각에 기초해 있고, 물질의 개별적인 한 조각으로서의 다음과 같은 것, 즉 이들 여러 성질의 어느 것인가가 그 한 조각에 대해서 본질적인 것이 되도록, 다시 말하면 분리할 수 없도록 결부되어 있는 것은 하나도 없다.

본질적인 것은 물질의 개별적인 한 조각을 이러저러한 종이게 하는 조건으로서 그 한 조각에 속한다. 그러나 이 한 조각을 어떤 추상관념의 이름 아래 유별한다는 생각을 없애면 그때에는 그 한 조각에 없어서는 안 될 사물은 아무것도 없고, 그 한 조각으로부터 분리할 수 없는 사물은 아무것도 없다. 사실 실체의 실재적 본질에 대해서는, 우리는 그것이 무엇인가를 정확하게 알지 못한 채 그 존재를 생각할 뿐이다. 그러나 실체를 종에 늘 결부시키는 것은 유명적 본질이며 실체는 유명적 본질이 상정된 바탕이자 원인이다.

7. 유명적 본질이 종을 한계지운다

다음에 고찰해야 할 일은 실체를 종 또는 스페키에스로 한정하는 것은 이들 (실재적과 유명적) 본질 가운데 어느 쪽인가 하는 일이고, 그리고 이것은 분명히 유명적 본질에 의한다. 왜냐하면 유명적 본질만이, 종의 표지인 이름의 뜻을 나타내는 것이기 때문이다. 그러므로 일반명 아래 유별되는 사물의 종을 한정하는 것은, 그 이름이 표지로서 지정되는 관념 외에는 아무것도 있을 수가 없으며, 그러한 관념이야말로 이미 (본 권 제3장 제15절에서) 제시한 바와 같이 유명적 본질이라 불리는 것이다. (예를 들어) 이것은 말이고 저것은 당나귀라거나, 이것은 동물이고 저것은 풀이라고 왜 말하는가? 어느 특수한 사물이 그 유명적 본질을 가지므로, 또는 같은 이야기지만 이름이 결부되는 그 추상관념에 일치하기 때문이다. 그러한 이유가 아니면, 어느 특수한 사물이 어떻게 해서 이 종 또는 저 종이 되는가? 그래서 실체의 그러한 이름이나 다른 이름이 어떠한 종의 본질을 나타내는가를 알기 위해서, 나는 누구에게나 바라는 바이지만, 단지 그러한 이름의 어느 것인가를 듣거나 말할 때 자신이 무슨 생각을 하는지 돌아보았으면 한다.

8.
또 우리에게 있어 사물의 종은 우리 내부에 있는 복합관념에 따라서 사물을 별개의 이름으로 유별하는 바로 그 일이며, 사물의 (각각에) 정확하고 별개인 실재의 본질에 따라서가 아니라는 점은 다음과 같은 일로 해서 누구나 알수가 있다. 즉 하나의 종으로 유별되어 하나의 보통명으로 불리고, 따라서 하나의 종에 속하는 것으로 받아들여지는 그러한 개체의 대부분이, 그럼에도 그 실재의 구조(즉 실재적 본질)에 입각해서 갖는 여러 성질은 그 성질이 종적으로 다르다고 여겨지는 다른 (개체의) 여러 성질과 다를수록 서로는 매우 크게 다른 것이다.

이 점은 자연의 여러 물체를 다루는 사람이 쉽사리 관찰하게 되는 일인데, 특히 화학자는 (예를 들어) 한 조각의 유황이나 안티몬 또는 황산염(의 각각)에서, 다른 것에서 발견한 것과 같은 성질을 발견할 수 없을 때가 있는데, 그때 화학자는 슬픈 경험에 의해서 위와 같은 일을 자주 이해한다. 왜냐하면 유황 등은 (저마다) 같은 종의 물체로서, 같은 이름 아래 같은 유명적 본질을 갖지만, 그럼에도 엄격한 방법으로 검토하면 서로 매우 다른 성질을, 즉 매우 꼼꼼한 화학자의 기대와 노고를 뒤집을 정도로 서로 다른 성질을 자주 보인다. 그러나 만약에 사물이 그 실재적 본질에 의해 종으로 구별된다고 하면, 두 개의 원 또는 두 개의 정삼각형에서 서로 다른 특성을 찾아낼 수 없듯이 같은 종인 어떤 두 개의 개별적 실체에서 다른 특성을 찾아낼 수 없었을 것이다. 모든 특수한 (낱낱의) 것을 이러저러한 부류에, 또는 같은 얘기지만 이러저러한 일반명으로 한정하는 것이 본디 우리에게 본질이다. 그러한 것은 그 이름에 결부되는 추상관념 이외의 무엇이 될 수 있는가? 따라서 그러한 것은 사실상 특수한 (낱낱의) 사물의 존재에 관련되기보다는 특수한 (낱낱의) 사물의 일반적 호칭명에 관련이 있다.

9. 우리가 모르는 실재적 본질은 아니다

또 사실 우리는 사물의 실재적 본질에 의해서 사물을 유별하고 종별할 수가 없다. 따라서 (종별의 목적인) 사물을 이름으로 부를 수가 없다. 왜냐하면 우리는 실재적 본질을 모르기 때문이다. 우리가 가진 여러 기능으로는 실체에서 관찰되는 감지할 수 있는 관념의 집합 이상으로는 실체를 알 수도 구별할 수도 없다. 그러나 이러한 감지할 수 있는 관념의 집합은, 아무리 우리가 될 수 있는 한 정확하게 이를 얻어도, 이들 (감지할 수 있는 관념이 나타내는) 여러 성질이 나오는 바탕인 (실체의) 참다운 내부 구조와는 거리가 멀고, (이 장 제3절에서 든) 저 스트라부르의 유명한 시계의 오직 외부의 모양이나 운동을 보기만 하는 시골 사람의 관념이 이 시계의 내부 구조와 거리가 먼 것보다도 더 멀다. (이 세상에는 우리 인간의) 더없이 넓은 지성을 곤혹스럽게 만들지 않을 정도로 시시한 식물이나 동물은 없다. (다시 말하면 쓸모없는 식물이나 동물이라도 우리의 더없이 넓은 지성을 당황하게 만드는 것이다.) 우리 주위의 사물을 써서 이에 익숙해지면 놀라움의 감정은 없어지게 되는데, 그렇다고 우리의 무지(無知)가 나아지지는 않는다. (예를 들어) 우리가 밟는 돌이나 날마다 쓰는 철기(鐵器)를 검토해 보면 이내 알 수 있는 일이지만, 우리는 그 구조를 모르고, 그 안에서 발견되는 여러 성질의 이유를 전혀 부여할 수가 없다. 돌이나 철기의 여러 특성이 바탕을 두고 있는 내부 구조는 뚜렷하게 우리에게 알려지지 않는다.

여러 사물 안에 상상할 수 있는 극히 거칠고 뚜렷한 것을 조금이라도 넘어서 앞으로 나아가지 않으면 (예를 들어) 납이나 안티몬을 불에 녹게 하고, 나무나 돌은 녹지 않게 하는 (이들 여러 실체의) 여러 부분의 조직, 즉 실체적 본질은 무엇인가? 무엇이 납이나 쇠에 펼쳐지는 성질을 주고, 안티몬이나 돌에게는 주지 않는가? (우리로서는 조금도 알 수가 없다.) 더욱이 이들은 식물이나 동물의 정밀한 구조, 생각할 수 없는 실제적 본질에 비해서 얼마나 열등한가를 누구나 알고 있다. 우주라고 하는 거대한 구조물과 그 각 부분에서 볼 수 있는 전지(全知)하고 능력 있는 신의 솜씨가, 탐색을 좋아하고 지능이 있는 인간의 능력이나 이해의 범위를 뛰어넘는 것은, 더없이 명석한 인간의 구조가 이 지적 피조물의 가장 무지한 자가 생각하는 바를 뛰어넘는 것보다도 훨씬 크다. 그러므로 우리의 발견 또는 이해가 도저히 미치지 않는 실재적 본질에 의해서 사물을 종으로 분류하고, 그 이름 아래 일정한 부류에 배치하려 해도 소용이 없다. 자기가 모르는 내부 구조로 종별하고 구별할 수가 있다면, (예를 들어) 장님도 색으로 사물을 마찬가지 정도로 곧 종별할 수 있고, 후각을 잃은 자도 냄새로 백합과 장미를 잘 구별할 수 있을 것이다. 자기가 알 수 없는 실재적 본질에 의해서 양과 염소를 구별할 수 있다고 생각하는 사람은, 화식조라 불리는 종과 케레킨키오라고 불리는 종에 자기 기능을 시험해서 이들 동물이 서식하는 여러 나라에서 그러한 각 이름이 나타내는 감지할 수 있는 성질의 복합관념을 알지도 못한 채 이들 종의 한계를 (우리가 모르는) 실재적 본질에 의해서 한정해 보는 것이 고작이리라.

10. 우리가 더욱 모르는 실체적 형상이 아니다

그러므로 (스콜라학파 사람들처럼) 실체의 여러 종(種)에 별개의 내적인 실체적 형상이 있어서, 이 형상이 여러 실체를 참다운 종과 유(類)로 구별했다고 배워온 사람은 전혀 이해할 수가 없어서, 무엇인가 분명치 못하며 혼란된 일반적 개념조차도 거의 없는 것 같은 실체적 형상의 무익한 탐구에 마음을 쏟고, 그로 인해 더욱더 길을 벗어난 것이다.

11. 유명적 본질이 종을 구별하게 한다는 것은 여러 영혼의 고찰로 더욱 뚜렷하다

우리가 자연의 여러 실체를 종으로 유별하고 구별하는 것은 마음이 만드는 유명적 본질에 있으며, 사물 자신에서 발견할 수 있는 실체적 본질에 존재하지 않는다는 점은 여러 영혼에 대한 우리의 관념으로 해서 한층 뚜렷하다. 왜냐하면 마음은 여러 영혼에게 귀속시키는 여러 단순개념을 단지 자기 자신의 여러 작용의 내성(內省)에 의해서 얻을 뿐이기 때문이다. 따라서 마음 자신에서 발견하는 여러 작용을 모두, 물질을 생각하지 않고 어떤 종의 존재자에게 귀속시키는 일에 의하는 것 말고는 영혼에 대해서 다른 생각을 가지지 않고, 또 가질 수 없는 것이다. 그래서 신에 대해서 우리가 갖는 가장 앞선 생각까지도, 우리 자신에게서 발견할 수 있는 것에 대한 내성으로 우리가 이를 얻어버려, 있는 편이 없는 편보다도 완전하다고 생각하는 단순관념과 마찬가지 단순관념을, 거듭 말하면 그러한 단순개념을 신에게 무제한으로 귀속시키는 일뿐이다.

이렇게 해서 우리는 자기 내성으로부터 존재, 지식, 능력, 쾌락의 관념을 얻음으로써 그 어느 것이나 있는 게 없는 것보다 낫고, 어느 것이나 많이 있으면 좋다는 사실을 알기 때문에, 어느 것에나 무한성을 부여하며 모두를 합쳐서 어떤 영원한 전지전능한, 무한히 현명하고 행복한 존재자라고 하는 복수관념을 갖는 것이다. 또 우리는 여러 종의 천사가 있다는 사실을 알게 되지만 천사들의 개별적인 종 관념을 어떻게 형성해야 하는지를 모른다.

여러 영혼의 한 가지 종 이상의 존재는 불가능하다고 독단적으로 말한다 해서 전혀 그런 것이 아니며, 이러한 존재자에게 적용할 수 있는 단순관념을 많이 가지지 않고(또는 많이 형성하지 못하고) 단지 우리 자신으로부터 얻어지는데, 생각하거나 기뻐하거나 신체의 여러 부분을 움직일 때의 우리 마음의 활동으로부터 얻어지는 소수의 단순관념밖에 가지지 않으므로, 우리는 자신에게서 발견되는 작용을 높거나 낮은 정도에 따라서 여러 영혼에게 귀속시키는 일 외에는 자기 생각 안에서 온갖 영혼을 구별할 수 없으며, 더 나아가서는 신의 관념만을 제외하고 여러 영혼에 대한 매우 뚜렷한 종 관념을 가지지 않기 때문이며, 신에게는 지속도 그 밖에 위에서 말한 모든 관념도 무한성을 붙여 귀속시키고, 다른 여러 혼에게는 제한을 붙여서 귀속시키는 것이다. 또 나는 겸허하게 생각하지만, 우리는 자기 관념 안의 신과 여러 영혼 사이에, 신에게는 있으며 여러 영혼에게는 없는 어떤 수의 단순관념에 의한 차이를 두지 않고 단지 무한이라는 차이를 둘 뿐이다. 존재, 지식, 의지, 능력, 운동 등의 특수한 (낱낱의) 관념은 모두 우리 마음의 작용에서 나오는 관념이기 때문에 우리는 이 모두를 정도의 차이만 매겨서 모든 종의 여러 영혼에게 귀속시켜, 제1의 존재자(즉 신)의 관념을 형성할 수 있을 뿐만 아니라, 형성하려고 할 때에는 상상할 수 있는 한 무한에까지 이르게 한다. 그러나 더욱이 절대 확실하게, 이 제1의 존재자 본성이 모든 만들어진 존재자의 가장 높고 가장 완전한 것보다도 진실로 뛰어난 점은 인간의 가장 위대한 자, 아니 가장 순수한 세라핌[5]이 물질의 가장 하찮은 부분에서 떨어져서 탁월보다도 더 떨어져 있으며, 따라서 제1의 존재자는 이에 대해서 우리의 좁은 지성이 생각할 수 있는 곳을 무한히 뛰어넘을 것임에 틀림없다.

＊5 seraphim. '스랍들이 모시고 섰는데 각기 여섯 날개가 있어······' 〈이사야서〉 6 : 2. 치품천사 (세라핌, 스랍)는 중세 때는 천사의 아홉 계급의 최상위에 놓인다.

12. 여러 영혼에 무수한 종(種)이 있다는 것은 분명한 듯하다

여러 영혼의 종은 많이 있어서, 관념이 없는 여러 특성에 의해서 서로 분리되어 우리에게 차별화되는 일은, 감지할 수 있는 사물 안에서 우리가 알고 관찰하는 여러 특성에 의해서 그것들의 종이 서로 구별되는 것과 마찬가지라고 말할 수 있으리라 생각하는 일은 불가능하지 않거니와 이지에 어긋나지도 않는다. 우리 위에 보인 지능 있는 피조물의 종이 우리 아래의 감지할 수 있는 물질적 피조물의 수보다 많이 있으리란 것은 다음과 같은 일로 해서, 즉 눈에 보이는 형체적 세계 전체에 걸쳐 아무런 단절된 곳이나 틈도 보이지 않는다는 점에서 나에게는 확실해 보인다.

우리로부터 죽 내려가는 하강은 완만한 계단, 연속된 사물의 열로 이루어져서, 하나씩 옮아가도 서로의 차이는 매우 적다. (예를 들어) 대기권에도 낯설지 않은 날개를 가진 물고기가 있고, 새도 물에서 살면서 물고기처럼 피가 차가우며 고기 맛이 매우 비슷하므로, 의심이 많은 사람도 물고기만 먹는 날에 먹도록 허용하는 것이 있다. 새와 짐승 양쪽에 가까우면서도 이 두 가지 종의 중간에 해당하는 동물이 있다. 양서동물은 육서동물과 수서동물을 연결한다. 바다표범은 육지에서나 바다에서도 살고, 돌고래는 돼지의 따뜻한 피와 내장을 갖는다. 인어, 즉 바다의 인간에 대해서 자신만만하게 보도되는 대목은 두말할 필요가 없다.*6 동물류에는, 인간과 비슷한 정도로 지식과 이지를 가졌다고 여겨지는 것도 있다. 그래서 동물계와 식물계는 매우 가깝게 연결되어 있으므로 동물계의 최하위와 식물계의 최상위를 놓고 보면, 그 사이에 무엇인가 큰 차이는 일단 볼 수가 없을 것이다. 이런 식으로 물질 최하위의 가장 비유기적인 부분에 이를 때까지 여러 종이 서로 이어져, 거의 감지될 수 없을 정도로밖에 차이가 나지 않는다는 사실을 곳곳에서 발견할 수가 있을 것이다.

따라서 조물주의 무한한 능력과 지혜를 생각할 때, 피조물의 종이 우리로부터 점점 아래로 내려가는 것을 보는 것과 마찬가지로, 설계자의 무한한 완성을 향해서 우리로부터 위쪽으로 느슨한 위계로 오르는 것은 우주의 장대한 조화와 설계자의 위대한 계획, 무한한 자애에 어울린다고 생각하는 까닭이 있다. 만약에 이것이 확실한 것 같으면, 그때는 우리 위에 있는 피조물의 종은

---

*6 로크는 인어의 실재를 전혀 인정하지 않은 것은 아닌 듯하다.

아래에 있는 것보다 훨씬 많다고 믿을 만한 까닭이 있다. 왜냐하면 우리가 완전성의 면에서 신의 무한 존재로부터 동떨어져 있다고 하는 것은 존재자의 최하위 상태로부터, 즉 무(無)에 가장 가까이 있는 것으로부터 우리가 동떨어져 있는 것보다 훨씬 크기 때문이다. 더욱이 그러한 별개의 모든 종에 대해서, 앞에서 (앞 절부터) 말한 이유로 명석하고 분명한 관념은 우리에게 없는 것이다.

13. 유명적(唯名的) 본질이 종의 본질이라는 것을 물과 얼음(의 예)으로 증명한다

여기에서 형체적 실체의 종으로 돌아가기로 하자. (예를 들어) 누군가에게 얼음과 물은 별개의 종에 속하는 사물인가 하고 물으면, 나는 확신하지만 (별개의 것이라고) 긍정적으로 대답할 수 있을 것이다. 얼음과 물은 두 가지 종이라고 말하는 사람이 옳다는 것은 부정할 수가 없다. 하지만 (예를 들어) 자메이카*7에서 자라서 이제까지 얼음을 본 적도 들은 적도 없었던 영국 사람이 겨울에 영국으로 와서, 밤에 단지에 담은 물이 이튿날 아침 언 것을 보고, 여기에 붙여진 (얼음이라고 하는) 독특한 이름을 전혀 모른 채 단단해진 물이라고 한다면, 나는 묻겠는데 이것은 그 영국인에게 물과는 다른 새로운 종인가 아닌가? 이때 다음과 같이 대답할 수 있을 것이다. 즉 추울 때 굳은 젤리가, 액체 모양의 따뜻한 젤리와 별개의 종이 아닌 것과, 또는 노(爐) 안의 액체상 금이 장인(匠人)의 손에 있는 단단한 금과 별개의 종이 아닌 것과 마찬가지로, 단단해진 물(즉 얼음)은 이 영국 사람에게는 새로운 종이 아니었을 것이다.

그래서 만약에 이와 같다면, 누구나 알 수 있듯이 우리의 별개 종은 거기에 결부된 별개의 이름을 갖는 별개의 복합관념이다. 하기야 존재하는 모든 물체는 특유한 구조를 가지며, 실체에서 관찰되는 감지할 수 있는 여러 성질과 여러 능력은 이것에 기초한다. 그러나 사물을 종으로 유별하는 일은 사물을 여러 이름 아래 종별하는 것이며, 우리는 이와 같이 유별하는 일을 사물에 대해 우리가 갖는 관념에 따라 하는 것이고, 이에 의해서 사물은 이름으로 충분히 구별되며, 따라서 사물이 우리 앞에 실제로 없을 때에도 우리는 사물에 대해서 논의를 할 수가 있을 것이다. 하지만 이 유별이 사물의 실재 내부 구조에 의해 이루어지고, 존재하는 사물은 이름에 의해서 종으로 구별됨에 따라 실재

---

*7 서인도의 주요 섬 가운데 하나.

적 본질에 의해서 자연히 종으로 구별된다고 생각하면 심각한 오류에 빠지게 될 것이다.

14. 일정 수의 실재적 본질에 대한 어려움

사물에는 확실하며 엄밀한 본질이나 형상이 있고, 이에 의해서 모든 존재하는 개체는 자연히 종으로 구별된다고 흔히 이야기되는 바에 따라서 실제적인 존재자를 종으로 구별하기 위해서는 다음과 같은 점이 필요하다.

15.

첫째, 사물이 만들어질 때 모든 사물의 본보기여야 할 일정하고 가지런하게 확립된 본질에 사물이 관계하도록 늘 자연적으로 계획되어 있음을 확신할 것. 이것은 평소에 제안되는 조잡한 의의로는, 빠짐없이 동의할 수 있기 전에 설명될 필요가 약간 있었을 것이다.

16.

둘째, 사물의 생산에 있어 자연적으로 계획되는 이 본질이 늘 자연적으로 얻어지고 있는가 어떤가를 알 필요가 있었을 것이다. 동물의 여러 종에서 관찰되어 온 불규칙하며 기형적인 출생은, 이들(앞 절과 이 절의 문제점)의 하나 또는 쌍방을 의심하는 이유를 늘 제공할 것이다.

17.

셋째, 기형이라 일컬어지는 것이 종이라고 하는 말의 학원식(學院式) 생각에 따라서 정말로 별개의 종인지를 결정해야 한다. 왜냐하면 존재하는 모든 사물이 특수구조를 갖는다는 것은 절대 확실하지만, 이들 기형으로 태어난 것 가운데 어떤 것은, 그 기원에서 유래하는 것이 태어난 걸로 보아 속한다고 여겨지는 종의 본질의 결과이지만, 이 본질에 따르는 것으로 여겨지는 그러한 성질을 거의 가지지 않거나 또는 하나도 가지지 않기 때문이다.

18. 실체에 대한 우리의 유명적 본질은 특성의 완전한 집합이 아니다

넷째, 우리가 종으로 구별하고, 그렇게 구별된 것에 이름을 붙이는 사물의 실체적 본질은 알려져야 한다. 즉 우리는 실재적 본질에 대한 관념을 가져야 한다. 그러나 위에서 (제15절부터) 말한 네 가지 (옳게는 세 가지) 점에서 우리는 아는 게 없으므로, 사물에 대해서 생각한 실재적 본질은 (알려지지 않고) 실체를 종으로 구별하는 데 있어 우리에게 쓸모가 없다.

19.

다섯째, 이 경우에 상상할 수 있고 도움이 되는 유일한 길은 다음과 같을 것이다. 즉 우리가 사물의 여러 실재적 본질에서 나오는 특성에 대해서 완전한 복합관념을 형성하여 그것으로 사물을 종별하는 일이다. 그러나 이것도 할 수가 없다. 왜냐하면 실재적 본질 자체에 대해서 전혀 알지 못하므로, 실재적 본질에서 나와 어느 하나가 없어져도 실재적 본질이 아니게 되며, 더 나아가서는 사물이 그 종이 아니게 된다고 절대 확실하게 단정할 수 있을 정도로 굳게 실재적 본질과 결부되어 있는 특성을 모두 알 수는 없기 때문이다. (예를 들어) 우리는 (먼저) 금의 실재적 본질을 알고, 이것으로 (금이라고 하는) 종을 결정한 것이 아니면, 금의 실재적 본질에 기초한 정확한 수의 특성이, 즉 어느 것 하나 빠져도 금의 실재적 본질이, 더 나아가서는 금이 없어지는 정확한 수의 특성이 어떠한 것인지를 결코 알 수가 없다.

(여기에서 양해를 구하는 바이지만) 내가 금이라고 하는 말로 의도하고 있는 것은 어떤 한 조각의 특수한 물질, 예를 들어 최근 주조된 기니*⁸에 대한 것으로 이해해야 한다. 왜냐하면 만일 여기에서 금이라는 말이, 그 통상적인 뜻으로 나나 다른 어떤 사람이 금이라고 하는 복합관념, 즉 금의 유명적 본질을 나타낸다면 (실재적 본질을 생각하고 있지 않으므로) 위에서 한 말은 헛소리일 터이기 때문이다. 그 정도로 말 외에 다른 사항을 처리할 사물이 아무것도 없을 경우, 이 다양한 뜻과 불완전함을 보여주기란 어려운 일이다.

20.

이제까지의 모든 것에서 명백하지만, 우리가 실체를 이름에 의해 종으로 구별하는 바탕은 그 실재적 본질에는 전혀 없으며, 내적이고 본질적인 차이에

---

*8 guinea. 1663년 주조되어 1813년까지 발행한 금화. 로크가 살던 무렵에는 20~22실링에 해당되었다.

따라서 실체를 종으로 정확하게 분류 및 한정한다고 말할 수는 없다.

21. 그러나 (유명적 본질은) 우리의 이름이 나타내는 (특성의) 집합

그러나 (본 권 제3장 제2절 이하에서) 주의해 둔 바와 같이 우리는 사물의 실재적 본질을 모른다고는 하지만, 일반어를 필요로 하므로 우리가 할 수 있는 모든 일은 다음과 같은 어떤 수의 단순관념을, 즉 검토하면 존재하는 사물 안에 합일되어 하나의 복합관념을 만드는 것으로 여겨지는 어떤 수의 단순관념을 모으는 일이다. 이것은 존재하는 그 어떤 실체의 실재적 본질은 아니지만, 그럼에도 우리의 이름이 속하는 종적 본질이며, 이름과 바꾸어 놓을 수가 있는 것이다. 이것으로 적어도, 위에서 말한 유명적 본질(이 참인가 아닌가, 그) 진리성을 시험할 수가 있을 것이다. 예를 들면 (데카르트파와 같이) 물체의 본성은 연장이라 말하는 사람이 있을 것이다. 만약에 그렇다고 한다면 우리는 어떤 사물 대신에 그것의 본질을 놓는 잘못을 할 리가 결코 없다.

그와 같이 (물체의 본질을 연장이라고) 했을 때, 논의를 함에 있어서 물체 대신에 연장을 놓아보자. (예를 들어) 물체는 움직인다고 말하려 할 때, 연장은 움직인다 말하고 이것이 어떤 식으로 받아들여지는가 보기로 하자. 하나의 연장이 충격에 의해서 다른 연장을 움직인다고 말하는 사람은, 이 표현만으로 그러한 생각이 불합리하다는 점을 충분히 보여줄 수 있을 것이다. 무릇 어떤 물체의 본질은 우리에 관해서는 그 이름으로 포괄되어 표시되는 복합관념 전체이며, 실체의 경우에는 실체를 만드는 몇 가지 별개의 단순관념에 더하여, 실체라고 하는 혼란된 관념, 즉 단순관념의 어떤 알려지지 않은 지탱, 원인이라고 하는 혼란된 관념이 늘 하나의 부분이다. 그러므로 물체의 본질은 단순히 연장이 아니라, 연장이 있고 고체성이 있는 사물이다. 따라서 하나의 연장이 있으며 고체성이 있는 사물이 다른 그러한 사물을 움직인다거나 밀어서 앞으로 나아가게 한다는 것은, 물체가 (다른 물체를) 움직이게 한다거나 앞으로 나아가게 한다고 말하는 것과 완전히 같다고 이해할 수 있다. 마찬가지로 이지적 동물을 담화를 할 수 있다고 말하는 것은, 인간이 (담화를 할 수 있다고) 말하는 것과 전적으로 같다. 하지만 이지성(理知性)의 담화를 할 수 있다고는 아무도 말하지 않을 것이다. 왜냐하면 이지성은 우리가 인간이라고 하는 이름을 부여하는 모든 본질을 이루지 않기 때문이다.

22. 우리의 추상관념은 우리에게 있어 종의 척도이다. 인간의 추상관념 사례

이 세상에는 우리와 비슷하게 생겼지만 털이 나고 이지가 없는 피조물(또는 생물)이 있다. 우리 사이에도 타고난 바보가 있어서, 완전히 우리와 똑같이 생겼지만 이지가 없고, 어떤 사람은 언어도 결여되어 있다. 다음과 같이 말하는 사람도 있다. (말하는 사람을 믿기로 하자. 그러나 그러한 사람이 있다는 데에 모순은 없는 것처럼 보인다.) 즉 언어와 이지를 가지며 다른 점에서는 우리와 생김새가 일치하지만 털이 난 꼬리를 가진 피조물이 있고, 어떤 피조물에서는 수컷인데 턱에 수염이 없으며 어떤 피조물에서는 암컷의 턱에 수염이 있다. (그런데) 이들은 모두 인간인가 인간이 아닌가, 모두 인간이라고 하는 종인가 아닌가? 이렇게 물으면, 누구나 알 수 있는 바와 같이 문제는 단지 유명적 본질에만 관련된다. 왜냐하면 이들 가운데에서 인간이라고 하는 말의 정의, 즉 인간이라고 하는 이름이 뜻하는 복합관념과 일치하는 것은 인간이고 나머지는 인간이 아니기 때문이다. 그러나 만약에 상정된 실재적 본질에 대해서 탐구가 이루어져, 그러한 몇 가지 피조물의 내적 구조 및 장치가 종적으로 다른가 어떤가 하는 탐구가 이루어진다면 우리는 전혀 대답할 수가 없다. 왜냐하면 그러한 내적 구조 및 장치의 그 어떤 부분도 (인간에 대한) 우리의 종적 관념으로 들어오지 않기 때문이다. 다만 여러 기능 또는 외부의 장치가 매우 다른 경우에는 내적 구조가 정확하게 같지 않다고 생각할 이유는 있다. 하지만 내적인 실재 구조의 어떠한 차이가 종적인 차이를 만드는지를 탐구해도 소용이 없다. 왜냐하면 종에 대한 우리의 척도는 우리가 아는 우리의 추상관념뿐이며, 그 추상관념의 부분을 이루지 않는 내부 구조는 아니기 때문이다. (예를 들어) 바꿔치기 아이와 서아프리카산 개코원숭이가 생김새가 같고 이지와 언어능력의 결여에서 일치할 때, 피부에 털이 나 있는가(나 있지 않은가)만의 차이가 둘이 서로 다른 내적이며 종적인 구조의 표시일까? 또 이지와 언어능력의 결여는 우리에게 바꿔치기 아이와 이지가 있는 인간 사이에 있는 서로 다른 실재의 구조, 서로 다른 종의 기호가 아닐까? 그래서 만약에 스페키에스, 즉 종은 사물의 실재 구조와 숨은 구조에 의해서 고정적으로 확정된다고 주장하면 다른 경우도 마찬가지이다.

23. 종은 생성에 의해 구별되지 않는다

또 동물에서는 암수의 교합에 의한, 식물에서는 종자에 의한 번식 능력이, 상정된 실재의 종을 별개로 또 완전히 유지한다고 아무도 말하지 않는다. 왜냐하면 이것을 참이라고 허용한다 해도 사물의 종을 동물이나 초목의 종족 이상으로 구별하는 도움은 되지 않기 때문이다. (이미 아는 종족이 아닌) 그 밖의 경우에는 어떻게 해야 할까? 그러나 이 경우도 번식의 능력은 (실재의 종을 확정하는 데에) 충분치가 않다. 왜냐하면 기록이 거짓말을 하지 않는다면 인간의 여성이 서아프리카산 개코원숭이로 임신을 했고, 이렇게 해서 태어난 것이 그 (번식 능력이라고 하는) 척도에 의하면 자연 안에서 어떠한 실재의 종일까는 새로운 문제이기 때문이다. 그래서 노새와 주마르는, 노새가 당나귀와 암말의 교합에 의해, 주마르가 황소와 암말의 교합에 의하지만 이러한 것들이 세상에 자주 있는 것을 보면 이러한 (인간 여성이 개코원숭이의 새끼를 낳는) 일도 불가능하다고는 생각할 수 없는 이유가 있다. 나는 이전에 고양이와 쥐의 새끼로, 누구나 다 알 수 있는 양자의 표지를 가지는 피조물(또는 생물)을 본 일이 있다. 이 경우 자연은 어느 종의 원형에도 단 하나에만 따르지 않고 그 둘을 한데 모은 것처럼 보인다.

여기에 더하여 자연 안에서 매우 자주 만나게 되는 기형으로 태어난 것을 드는 사람은, 동물의 종속까지도 모든 동물의 새끼가 어떤 종인가를 혈연으로 결정하기란 어렵다는 것을 알 테고, 실재적 본질에 대해서 즉 그 사람의 생각으로는 생성에 의해서 절대 확실하게 전달되어, 그것만이 종의 이름에 대한 권리를 갖는 실재적 본질에 대해서 고개를 갸웃하게 될 것이다. 그러나 더 나아가 만약에 동식물의 종이 번식만으로 구별된다고 한다면 (예를 들어) 이것이 호랑이인가, 또는 저것이 홍차인가를 알기 위해 인도 지방으로 가서 호랑이의 아비나 어미를 보거나 홍차를 산출한 종자가 채취되는 식물을 보지 않으면 안 된다.

24. 실체적 형상으로 구별되지 않는다.

일반적으로 사람들이 실체에 관련해서 자기들의 여러 종의 본질을 만드는 것은 사람들 자신이 모은 감지할 수 있는 여러 성질의 집합이라고 하는 것, 실재하는 실체의 내적 구성은 실체를 종별할 때 사람들 대부분이 생각하지 않는다는 것은 뚜렷하다. 하물며 실체적 형상은 세계의 (유럽이라고 하는) 이 한 부분에서 학원의 언어를 배운 사람 말고는 그 누구도 결코 생각하지 않았다. 더욱이 실재의 본질을 통찰했다고 스스로 인정하지 않고 실체적 형상에 대해 고민도 하지 않으며, 사물의 감지할 수 있는 성질로 사물 상호를 아는 데에 안주하는 무식한 사람이, 학식이 있고 혜안(慧眼)이 있는 사람들에 비해서, 즉 사물을 매우 깊이 바라보고 안쪽에 깊숙이 숨은 본질적인 어떤 사물에 대해서 자신을 가지고 말하는 학식이 있고 혜안이 있는 사람들에 비해서 사물의 차이를 한층 더 잘 알고 사물의 쓰임에서 이를 훌륭하게 구별할 수 있으며, 그 각각의 개체로부터 기대해도 좋은 일을 한층 잘 알 수가 있는 것이다.

25. 종적 본질은 마음에 의해 만들어진다

그러나 실체의 실재적 본질은 그 탐구에 몹시 전념하는 사람에 의해서 발견되었다고 해도, 사물을 일반명으로 유별하는 일이 (실재적 본질이라고 하는) 그러한 내적인 실재의 구조에 의해서, 또는 (실체적 형상과 같은) 사물의 뚜렷한 현상태(現象態) 이외의 그 어떤 사물에 의해서 규정된다고 생각하는 것은 이치에 합당하다고 할 수는 없다. 왜냐하면 모든 나라에서 언어는 학문(이 확립되기) 훨씬 이전에 확립되었기 때문이다. 따라서 여러 국민 사이에서 쓰이는 일반명을 만든 사람은 철학자나 논리학자가 아니고, 형상이나 본질에 대해 고민을 한 사람도 아니며, 오히려 조금 포괄적인 명사는 그 대부분을 언어의 탄생과 뜻을 모르는 사람들로부터 얻어진 것으로, 그러한 사람들은 자신이 사물 안에서 발견하는 감지할 수 있는 성질에 의해서 사물을 종별하고, 이름으로 부르며, 그것에 의해서 종을 말할 필요가 있든 낱낱의 (특수한) 사물을 말할 필요가 있든 (그 어느 경우나) 사물에 실제로 없을 때 이것을 다른 사람에게 나타낸 것이다.

26. 그러므로 매우 다양하고 불확실하다

이렇게 보면 분명히 우리는 실체를 그 유명적 본질에 의해서 종별하고 이름을 짓되 실재적 본질에 의한 것이 아니므로, 이번엔 어떻게 해서 또 누구에 의해서 이 (유명적) 본질이 만들어지는지를 고찰해 보자. (누구에 의해서라고 하는) 후자에 대해서는 분명히 유명적 본질은 마음에 의해 만들어지는 것이지 자연에 의해서가 아니다. 왜냐하면 만약에 유명적 본질이 자연의 제작물이라 한다면 경험이 사람에 따라 다양하듯이 저마다 다를 리가 없었을 터이기 때문이다. 검토하려고 하면 발견할 수 있을 것이지만, 실체의 어떤 종의 유명적 본질은 모든 사람에게 있어 같지가 않으니 말이다. 이것은 사실이며 그 가운데에서도 우리가 가장 잘 알고 있는 것(즉 인간)에 대해서 같지가 않다.

만약에 인간이라고 하는 이름이 주어진 추상관념이 자연히 만들어진 것이라고 한다면, 사람에 따라서 여러 가지로 달라서 어떤 사람에게는 '이지적 동물'이고, 다른 어떤 사람에게는 '털이 없는 두 발로 선, 평평한 손톱을 가진 동물'이라는 것은 도저히 있을 수가 없었을 것이다. 인간이라고 하는 이름에 감각기관과 자발운동이 만들어지고, 이런 모습의 신체가 연결된 어떤 복합관념을 결부시키는 사람은, 그것으로 인간이라고 하는 종의 하나의 본질을 가지는 것이며, 더 검토하여 이지성(理智性)을 더하는 사람은 자기가 인간이라 부르는 다른 본질을 가지게 되는 것이다. 이렇게 해서 같은 (인간이라고 하는) 개체가 어떤 사람에게는 참다운 인간일 것이고 다른 사람에게는 그렇지가 않을 것이다.

나는 생각하는 바이지만, 잘 알려진 이 똑바로 선 모습을 (다른 동물과 비교해서) 인간 종의 본질적인 차이라고는 아무도 인정하지 않을 것이다. 더욱이 사람들이 혈통보다는 오히려 생김새에 의해서 동물의 종을 결정하는가는 매우 분명하다. 왜냐하면 인간의 태로부터 태어난 어떤 아이가 단지 그 외부 윤곽이 어린이들의 일반적인 생김새와 다르다는 이유만으로 다른 (보통의) 유아와 마찬가지로 이지를 영위하지 못하는가 어떤가 하는 점을 모르고 그 아이를 그대로 살릴 것인가, 혹은 세례를 줄 것인가 말 것인가에 대해 자주 논의해 왔는데, 다른 (일반적인 생김새의) 자에게도 비록 인정할 만한 생김새라 해도 원숭이나 코끼리에게서 찾아볼 수 있을 정도의 이지를 평생 동안 결코 나타낼 수가 없고, 이지적인 영혼으로 행동하는 그 어떤 징후를 결코 나타내지 않는 그런 사람이 있기 때문이다.

이로써 뚜렷한 일이지만 (태어났을 때) 단지 그것만이 결여되었다고 여겨진 외부의 생김새가, 인간이라고 하는 종에게 본질적인 것으로 여겨진 것일 뿐, (성장 후의) 적정한 시기에 결여될 것이라고는 아무도 알 수 없는 이지적 기능이 아니다. 이러한 경우 학식이 있는 성직자나 법학자는, 이지적 동물이라고 하는 자신의 성스러운 정의를 버리고 그 대신에 (생김새 등) 인간이라고 하는 종의 다른 본질을 사용하지 않으면 안 되는 것이다. 메나주 씨[*9]는 이러한 경우에 주의할 만한 하나의 실례를 우리에게 제공했다. 그는 말한다. "성(聖) 마르탱 수도원장이 태어났을 때, 괴물의 조짐이라고 할 수 있을 정도로 정상적인 생김새가 아니었다. 세례를 주어야 할 것인가 주지 말아야 할 것인가에 대해서 신중하게 논의되었다. 그러나 세례를 받게 하고 (결국 무엇이 될 것인가가 명시될 때까지) 임시적으로 인간이라고 선언되었다. 자연은 수도원장을 매우 이상한 모습으로 만들었으므로 평생 동안 Abbot Malotru, 즉 보기 흉한 수도원장이라 불렸다. 원장은 칸 사람이다."

이 아이(즉 훗날의 수도원장)는 이와 같이, 단지 그 생김새 때문에 하마터면 인간의 종으로부터 배제될 뻔했었다. 실제로 그러했던 것처럼 간신히 모면했던 것이다. 그래서 이 아이가 좀더 기묘한 모습으로 태어났더라면 인간으로서 통용되지 않는 사물로서 목숨이 끊겼을 것임은 절대 확실하다. 더욱이 얼굴 생김새가 약간 바뀌었다면, 이지적인 영혼이 이 아이에게 왜 깃들지 못했던가, 좀더 긴 얼굴 생김새, 낮은 코, 큰 입은 이 아이의 다른 보기 흉한 모양과 마찬가지로 이상한 모양이었다 해도 이 아이로 하여금 교회의 고위 성직자가 될 수 있게 한 영혼, 그런 재능과 왜 들어맞을 수 없었는지 그 까닭은 아무것도 제시하지 못하는 것이다.

27.

그렇다면 나는 기꺼이 알고 싶다. (인간이라고 하는) 종의 정확하며 움직이지 않는 한계는 어디에 있는가? 검토해 보면 누구나 알 수 있는 바와 같이, 자연히 만들어져서 사람들 사이에 자연히 확립된 (한계와) 같은 사물은 아무것도 없다. 그 종 또는 다른 종의 실체의 실재적 본질을 우리는 명백히 모른다. 또 그렇기 때문에 우리는 자신이 만드는 유명적 본질도 매우 불확실하여, 따라서 (앞 절에서 말한 바와 같이) 어떤 기묘한 모습으로 태어난 아이에 대해서, 태어나자마자 인간이냐 인간이 아니냐 하고 몇 사람에게 묻는 일이 있다고 한다면, 틀림없이 서로 다른 답을 만나게 되었을 것이다. 이러한 일은 만약에 우리

---

*9 Monsieur Ménage. 그 무렵 유명했던 프랑스의 언어학자, 비평가인 Gilles Ménage(1613~1692)를 말한다.

에게 실체의 종을 한정하여 구별하게 하는 유명적 본질이, 인간에 의해 어느 정도 자유롭게 만들어진 것이 아니고, 모든 실체를 일정한 종으로 구별하는 자연이 설정한 정확한 한계로부터 정확하게 모사되었더라면 일어날 리가 없었던 것이다. 리케투스 《화학고(化學考)》 제1권 제3장에서 들고 있는, 인간의 머리와 돼지 몸의 괴물은 어떤 종인가를 해결하려고 생각한 사람이 있었을까?[*10] 혹은 인간의 몸에 개나 말 따위의 머리가 달린 다른 괴물은 어떤가? 만약에 이러한 피조물이 살아서 말을 할 수 있다면 어려움은 더했을 것이다. 위에서부터 반은 인간이고 아래는 돼지였다면, 그 목숨을 끊는 것은 살인이었을까? 그렇지 않으면 세례반(洗禮盤)에 접근하는 것을 허용할 만한 인간인가 그렇지 않은가를 주교들에게 물어야 하는가?

내가 이전에 들은 바에 의하면, 이와 매우 비슷한 사건이 수년 전에 프랑스에서 일어났다. 그 정도로 동물 종의 한계는 우리에게 불확실해서, 우리는 자신들이 모으는 복합관념 외에 척도를 가지지 않으며, 그 정도로 우리 인간은 무엇인가를 절대 확실하게 아는 것으로부터 멀다. 하기야 이러한 일에 대해서 조금이라도 의심한다는 것은 아마도 큰 무지라고 비판받을 것이다. 더욱이 나는 말해도 좋다고 생각하지만 (인간이라고 하는) 그 종의 절대 확실한 한계는 확장되었다 말하기에는 매우 멀고, 이것에 대한 매우 중대한 의심은 늘 일어난다고 말할 수 있을 것이다. 그래서 우리가 지금 가지고 있는 인간이라는 말의 정의 또는 그러한 종의 동물에 대한 기술은 어느 것 하나도 생각이 깊고 탐구적인 인물을 만족시킬 정도로 완전하고 정확하지는 않으며, 더군다나 정의나 기술이 일반적인 동의를 얻어서 우연히 일어날지도 모르는 (기형아가 태어났을 때) 사건을 결말지어 살리느냐 살리지 않느냐, 세례를 주느냐 주지 않으냐를 결정할 때 사람들이 어디에서나 견지하려고 하는 것은 더욱 아니라고 나는 생각한다.

28. 그러나 혼합양상만큼은 인위적이 아니다

실체의 이러한 유명적 본질을 마음이 만든다고는 하지만, 혼합양상의 유명적 본질만큼 인위적으로 만들어지지는 않는다. (먼저 말할 수 있지만) 어떤 유

---

*10 Fortunato Licetus(1577~1657). 이탈리아의 학자. 페리파토스파 사람.

명적 본질을 만들기 위해서는 다음과 같은 일이 필요하다. 첫째로 유명적 본질을 조성하는 여러 관념은 아무리 복합되어도 단 하나의 관념을 이루도록 합쳐야 하고, 둘째로 그와 같이 합체된 낱낱의 관념은 (수가) 정확히 같아서 많지도 적지도 않아야 한다. 왜냐하면 만약에 두 개의 추상복합관념이 그 조성부분의 수나 종류에서 다르다면 두 가지의 다른 본질을 이룰 뿐 하나의 같은 본질을 이루지 않기 때문이다.

이들 가운데 첫 번째 논의에서 마음은 실체의 복합관념을 만드는 데 있어 단지 자연에 따르며, 자연히 합쳐진다고 생각되지 않는 것은 그것이 무엇이 되었든 간에 한데로 합치지 않는다. 누구나 자기 머리를 망상으로 채우고, 이해할 수 없는 말로 자기 논의를 채울 마음이 아닌 한, (예를 들어) 양의 소리를 말의 모습과 연결하거나, 납의 색과 금의 무게 및 고형성(固形性)을 연결해서 어떤 실재의 실체복합관념으로는 하지 않는다. 사람들은 늘 연결되어 함께 존재하는 일정한 성질을 관찰하므로, 이 점에서 자연을 모사하여 그와 같이 합일된 관념으로부터 자신들의 실체에 대한 복합관념을 만든다. 왜냐하면 사람들은 제멋대로 복합관념을 만들어서 마음대로 이에 이름을 부여할 수가 있다고는 하지만, 그럼에도 실재하는 사물에 대해서 이야기할 때 이해를 받고 싶으면 이야기하려고 하는 사물에 자기 관념을 어느 정도는 합치시켜야 하기 때문이다. 그렇지 않으면 사람들의 언어는 바벨의 언어*¹¹와 같을 것이다. 그래서 만약 말이 나타내는 관념이 실체가 실재하는 대로의 현상태나 일치점에 얼마간 맞지 않는다면, 모든 인간의 말은 그 사람 자신에게만 이해될 뿐이므로 담론이나 일상사에는 쓸모가 없을 것이다.

29. 하지만 매우 불완전하다

(그러나) 둘째로 인간의 마음은 실체에 대한 복합관념을 만드는 데에 있어 진실로 공존하지 않는, 또는 공존하지 않는다고 여겨지는 어떤 것도 결코 함께하지 않는, 따라서 그러한 (관념의) 합일을 자연으로부터 따오는데, 그럼에도 마음이 집성하는 (관념의) 수는 복합관념을 만드는 사람의 여러 배려, 근면, 또는 심상(心想)에 의존하는 것이다. 사람들은 일반적으로 소수의 감지할 수 있

＊11 that of Babel. '거기에서 그들의 말을 뒤섞어 놓아 놓아 서로 남의 말을 알아듣지 못하게 만들어 버리자.' 〈창세기〉 11장 7절.

고 명확한 성질에 만족하며, 비록 항상은 아니라도 자주 자기가 취하는 성질과 마찬가지로 중요하고 마찬가지로 굳게 합일된 다른 성질을 버리곤 한다.

감지할 수 있는 실체에는 두 종류가 있다. 하나는 유기체라고 하는 종으로 이것은 종자로 번식한다. 이 유기체에서는 생김새가 종을 결정하는 주요 성질이며 가장 특정적인 부분이기도 하다. 그러므로 초목이나 동물에서는 이러한 일정한 모양의 연장이 있으며 고체성이 있는 실체가 일반적으로 유용하다. 왜냐하면 어떤 사람들은 (인간에 대해서) 이지적 동물이라고 하는 자기들의 정의를 아무리 중요시하는 것처럼 보여도, 만약에 언어와 이지를 갖지만 인간의 일반적인 모습과는 관계가 없는 피조물(또는 생물)이 발견된다면 이 피조물(또는 생물)은 아무리 이지적인 동물이라 해도 인간으로 통용되지는 않았을 것이라고 나는 믿기 때문이다. 만약에 발람의 나귀[*12]가 그 주인과 한 차례 담화한 것처럼 한평생 이지적으로 담화를 했다 해도 인간이라고 하는 이름에 걸맞다고 생각한 사람이, 다시 말하면 자기 자신과 같은 종이라고 인정한 사람이 있었는지 없었는지 의심스럽다.

(또) 초목이나 동물의 생김새처럼 종자로 번식하지 않는 다른 물체로 우리가 가장 잘 고르고 이끌리는 것은 색이다. 예를 들어 황금의 색을 발견하는 곳에서는 우리는 자칫 우리의 (황금이라고 하는) 복합관념에 포괄되는 다른 모든 성질도 거기에 있다고 상상하기 쉽다. 그래서 우리는 이들 두 가지 분명한 성질, 즉 모습과 색을, 여러 종을 추정하게 하는 관념으로 삼기 때문에 (예를 들어) 좋은 그림을 보면 화필(畫筆)이 눈에 그리는 여러 모양과 색만으로, 이것은 사자이고 저것은 장미, 이것은 황금 제품이고 저것은 은잔이라고 즉석에서 말하는 것이다.

30. 그러나 보통의 교제에서는 유용하다.

이로써 조잡하고 혼란된 생각이나 명확하지 못한 화법, 사고방식에는 충분히 쓸모가 있지만, 그럼에도 어떤 이름에 의해서 뜻이 표시되는 그 어떤 종의 사물에 속하는 단순관념 또는 성질의 정확한 수에 일치하기에는 거리가 너무 멀다. 그런데 이것은 이상한 일은 아니다. 왜냐하면 자연 안에서 늘 그리고 불

---

*12 Baalam's ass. '그때에 주님께서 나귀의 입을 열어주시니, 나귀가 발람에게 말했다.' 〈민수기〉 22장 28절.

가분하게 합일되어, 같은 주체에서 언제나 함께 발견될 단순관념이 어떠한 것이며 어느 정도 있는가를 찾아내기 위해서는 많은 시간, 수고, 숙련, 엄밀한 탐구, 긴 검토가 필요하기 때문이다. 대부분의 사람들은 이를 위한 충분한 시간과 경향이나 근면 중 그 어느 것인가가 상당한 정도로 결여되어 있으므로, 사물의 몇몇 명확한 외부 현상에 안주하여, 이것으로 사물을 일상사를 위해 즉석에서 구별하고 종별하여, 나아가서는 더 검토하지 않고 사물에 이름을 부여하거나, 이미 쓰이고 있는 이름을 취한다. 이러한 이름은 일상의 담화에서는 (사물이) 공존하는 어떤 소수의 명확한 성질의 기호로서 충분히 통용되지만, 그럼에도 어느 정해진 뜻으로 단순관념의 어느 정확한 수를 포괄하기에는 매우 멀다. 하물며 자연히 합치하는 모든 단순관념을 포괄하기에는 더더욱 멀다.

　(스콜라철학을 배우고) 게누스와 스페키에스에 대해서 그토록 논하고, 종차(種差)에 대해서 그토록 많이 이야기한 뒤에 정의가 정해진 말이 아직도 얼마나 적은가를 생각하는 사람은, 그토록 떠들썩했던 형상이 단순히 망상이며, 사물의 종적 본성을 조금도 명백히 하지 않는다 믿는 것도 당연하다. 또 실체의 이름이 이것을 쓰는 모든 사람이 일치하는 뜻을 갖는 것으로부터 얼마나 먼가를 생각하는 사람은, 다음과 같이 논단하는 것도 즉 실체의 유명적 본질은 모두 자연으로부터 모사되는 것으로 여겨지지만 그럼에도 모두는, 혹은 대부분은 매우 불완전한데, 그러한 (유명적 본질의) 복합관념의 구성은 사람에 따라 매우 다르기 때문이라 논단하고, 또 그러므로 즉 비록 자연 안에 무엇인가 그러한 (종이) 미리 정해진 경계가 있기는 하지만 종의 그러한 한계는 인간이 만드는 것이지 자연이 만드는 것이 아니라고 논단하는 것도 당연하다.

　과연 많은 낱낱의 (특수한) 실체는 서로 일치하거나 비슷하며, 더 나아가서는 종으로 유별되는 바탕을 제공하도록 자연히 만들어져 있다. 하지만 우리가 사물을 종별하는 것은, 바꾸어 말하자면 확정적인 종을 만드는 것은 사물을 일반명 아래에 이름을 붙여 포괄하기 위해서이다. 따라서 사물의 종의 한계가 자연에 달려 있다고, 어떻게 하면 적절하게 말할 수가 있는지 나는 모르겠다. 또 만약에 그렇다고 해도 종에 대한 우리의 한계는 자연에 있는 한계와 정확하게 일치하지 않는다. 왜냐하면 우리는 현재 쓰기 위해서 일반명을 필요로 하므로, 사물의 가장 중대한 차이와 일치를 우리에게 가장 잘 보여주는 모든 감지할 수 있는 성질의 완전한 발견을 기다리지 않고, 우리가 사물에 대해서 자기 생각을 일반명으로 비교적 손쉽게 전달할 수 있도록 우리 자신이 사물을 일정하고 명확한 현재의 생김새에 의해서 종으로 구별하기 때문이다. 우리는 어떤 실체에 합일되는 단순관념 말고는 그 실체에 대한 지식을 가지지 않으며, 또 몇 가지 낱낱의 (특수한) 사물은 그러한 단순관념 몇 개로 다른 사물과 일치하는 것을 관찰하므로, 그러한 (일치하는 단순관념의) 집합을 우리의 종관념으로 여기게 일반명을 부여하는 것이며, 그렇게 하는 것은 우리 자신의 생각을 기록할 때, 또 우리가 다른 사람과 담론을 할 때 (종관념인) 복합관념을 만드는 단순관념을 열거하지 않고 이 복합관념에 일치하는 모든 개체를 하나의 짧은 말로 지시하며, 더 나아가서는 산만한 기술에 시간과 정력을 낭비하지 않기 위해서이다. 이러한 번잡한 기술은 우리가 보는 바와 같이, 아직 이름을 가지지 않는 새로운 종의 사물에 대해서 논의하려고 하는 사람이 할 수 없이 하는 일이다.

31. 같은 이름이라도 종의 본질이 매우 다르다

그러나 실체의 이러한 종이 일상적인 담화에서는 아무리 잘 적용되어도, 누구에게나 알 수 있도록 몇몇 개체가 일치한다고 사람들이 관찰하는 이 복합관념은 사람마다 다르게 만들어져 어떤 사람은 비교적 엄밀하며 또 어떤 사람은 비교적 엄밀하지가 않다. 이 복합관념에 포함되는 성질의 수는 어떤 사람에게서는 비교적 많고 다른 사람에게는 비교적 적다. 따라서 복합관념은 분명히 마음이 만드는 것이다. (예를 들어) 빛나는 노란색은 아이들에게 금(의 복합관념)을 만든다. 다른 사람은 무게, 펴지는 성질, 녹는 성질을 더한다. 또 다른 사람은 무게나 녹는 성질과 마찬가지로 늘 정해진 금의 노란색과 연결된다고 여겨지는 다른 성질을 더한다. 왜냐하면 이들 모두와 또 비슷한 성질에는 누구나 다른 사람과 마찬가지로 훌륭한 권리를, 즉 이들이 모두 연결되어 있는 해당 실체의 복합관념 안에 놓을 훌륭한 권리를 가지고 있기 때문이다. 그러므로 사람이 다르면 저마다 다양한 검토, 숙련, 또는 해당 주체의 관찰에 따라서 다른 사람이 없애지 않는 단순관념을 없애거나, 들어 있지 않은 단순개념을 대치해서 금의 본질이 달라진다. 그리하여 금의 본질은 사람들 자신이 만드는 것이지 자연이 만들지 않는다는 점은 확실하다.

32. 우리의 관념은 일반적일수록 불완전하고 부분적이다

(그런데 이와 같이 종은 본디 사람이 만드는 것이지만) 만약에 최저종(最低種), 즉 개체의 처음 종별 유명적 본질을 만드는 단순관념의 수가 이것을 여러 가지로 모으는 사람의 마음에 기초한다면, 논리학의 대가들이 유(類)라고 부르는 더 포괄적인 부류에서는 (그것을 만드는) 단순관념은 훨씬 뚜렷하게 인간의 마음에 기초한다. 이러한 유는 의도적으로 불완전한 복합관념이며 언뜻 눈에 띄게 뚜렷하지만, 사물 자신에서 발견될 몇 가지 성질은 유관념으로부터 고의에 의해 없어진다. 왜냐하면 마음은 몇 가지 특수한 (낱낱의) 것을 포괄하는 (종의) 일반관념을 만들므로 시간과 장소의 관념이나 그 밖의 일반관념을 한 개체 이상으로 전달할 수 없게 하는 관념을 없애게 되는데, 그와 마찬가지로 다른 종을 포괄할 수 있는 한층 일반적인 다른 관념을 만들기 위해 마음은 이들 다른 종을 구별하는 성질을 없애, 몇 가지 종에 공통된 관념만을 (유라고 하는) 새로운 집합에 넣기 때문이다. (예를 들어) 기니나 페루에서 온 노란색 물질 몇 조각인가를 (황금이라고 하는) 하나의 이름 아래 사람들로 하여금 나타내게 한 편리함이, 또 금도 은도 그 밖의 다른 종의 물체도 포괄할 수 있는 하나의 이름을 만들게 한다.

이것은 각 종에 특유한 성질을 없애고, 이들 모두에게 공통된 성질로부터 만들어지는 하나의 복합관념을 유지함으로써 이루어진다. 여기에 금속이라고 하는 이름이 결부되어, 하나의 유가 구성된다. 그 본질은 여러 종류의 어떤 물체가 일치하는 어느 정도의 무게와 고형성을 수반한, 퍼지는 성질과 녹는 성질만을 포함하는 그 추상관념으로, 색과 그 밖의 금이나 은, 또 다른 금속이라고 하는 이름 아래에 포괄되는 종 특유의 성질을 없애고 있는 것이다. 이것으로 누구나 알 수 있는 바와 같이 사람들은 실체의 일반관념을 만들 때 자연이 설정한 원형에 정확하게 따르는 일은 없다. 왜냐하면 퍼지는 성질과 녹는 성질만 있고 이것과 분리할 수 없는 다른 여러 성질이 없는 물체는 발견될 리가 없기 때문이다.

그러나 사람들은 일반관념을 만들 때 존재하는 대로의 사물의 참다운 정확한 본성을 구하기보다 언어의 편익성을 추구하여 짧고 포괄적인 기호로 재빨리 처리하기 때문에, 주로 추상관념을 형성할 때 일반적이며 여러 가지로 포괄적인 이름을 비축함으로써 이룩될 목적을 추구해 온 것이다. 따라서 이 유(類)

와 종(種)이라고 하는 모든 작업에서 유, 즉 포괄적인 쪽은 종 안에 있는 것의 부분적인 생각에 지나지 않고, 종은 각 개체에서 발견되어야 하는 것의 부분적 관념에 지나지 않는다. 그러므로 (예를 들어) 인간, 말, 동물, 식물 등은 자연이 만드는 실재적 본질에 의해서 구별된다고 생각하려는 사람이 있으면, 그 사람은 이렇게 생각하지 않으면 안 된다. 즉 그러한 실재적 본질에 대해서 자연은 매우 마음이 넓어서, (예를 들면) 신체를 위해서 하나의 실재적 본질을 만들고, 동물을 위해서 다른 것을 만들며, 또 말을 위해서 다른 것을 만들어서, 이들 본질을 모두 통 크게 부케팔로스에게 주었다고 생각해야 한다.

하지만 이들 모든 유와 스페키에스, 즉 종으로 이루어지는 바를 올바르게 고찰하면 우리는 알게 될 테지만, 새로운 사물은 아무것도 만들 수 없다. 많건 적건 간에 포괄적인 여러 기호가 만들어질 뿐, 이 기호(즉 유나 종이라고 하는 말)에 의해서 우리는 적은 철자로 여러 사물을, 많건 적건 일반적인 생각으로 일치하는 대로 나타낼 수가 있는데 그러한 일반적인 생각은 이 목적을 위해 우리가 형성해 둔 것이다. 이들 모두에서 관찰할 수 있겠지만, 일반성이 큰 명사는 늘 복합성이 적은 관념의 이름이고, 각 유는 그 아래에 포괄되는 종의 부분적 관념에 지나지 않는다. 그렇기 때문에 이러한 추상일반관념을 완전히 무력하다고 생각한다면, 단지 이 관념과 그것을 뜻하기 위해 쓰이는 일정한 이름과의 사이에 일정하게 확립된 관계만을 생각할 수가 있는 것이지 자연히 만들어진 것으로서 존재하는 그 어떤 사물에 관해서는 아닌 것이다.

33. 이것은 모두 말하는 목적에 알맞다

위에서 살펴본 내용은 말을 한다는 것, 즉 우리 생각을 전달하는 가장 손쉽고 가까운 길인 말을 한다는 것의 참다운 목적에 합당하다. 왜냐하면 예를 들어 연장과 고체성이라는 복합관념에 일치하는 사물을 만들어서 논의하려는 사람은, 이들 모두를 표시하기 위해 단지 물체라는 말을 쓰면 되기 때문이다. 여기에 생명, 감각기관, 자발운동이라고 하는 말이 나타내는 다른 관념을 연결하려고 하는 사람은, 이들 관념에 관계가 있는 모든 것을 나타내기 위해 동물이라는 단어를 쓰면 된다. 또 생명, 감각기관, 운동을 수반하는 신체로, 여기에 연결된 추리기능과 일정한 모습을 수반하는 신체의 복합관념을 만들어 버린 사람은, 이 복합관념에 대응하는 모든 개체를 나타내기 위해 단지 짧은 단어인 man(인간)이라고 하는 말을 쓰면 된다. 이것이 유와 종의 본디 일이며, 사람들은 실재적 본질 또는 실체적 형상을 조금도 생각하지 않고 이를 행한다. 실재적 본질이나 실체적 형상은 이들 (물체, 동물, 인간이라고 하는) 사물에 대해서 우리가 생각할 때 우리의 지식 범위 안에 들어오지 않고, 다른 사람들과 담론할 때 우리가 하는 말의 뜻 안으로 들어오지 않는다.

34. 화식조의 사례

만약에 내가 세인트 제임스 공원에서 최근에 본 어떤 새, 즉 키는 3~4피트쯤이고, 깃털과 털 중간의 것으로 덮여 있으며, 암갈색이고, 날개가 없으며, 그 대신 스페인 금작화의 가지 비슷한 두서너 개의 작은 가지 모양의 것이 늘어져 있고, 길고 큰 다리에 세 개의 발톱만 있는 다리가 붙어 있으며 꼬리는 없는 새에 대해서 누군가와 이야기를 나눈다면, 나는 이러한 기술(記述)을 하지 않으면 안 되고, 이런 식으로 다른 사람들로 하여금 이해하게 할 수가 있을 것이다. 그러나 이 새의 이름은 화식조라고 알려질 때, 그때 나는 이 이름을 써서, 위의 기술에서 언급된 나의 모든 복합관념을 담론하면서 나타낼 수가 있을 것이다. 하지만 지금은 종명(種名)이 되어버린 그 말로, 나는 그 종의 동물의 실재적 본질이나 구조에 대해서 전과 마찬가지로 알지 못하며, 이름을 배우기 전에 그 종의 새의 본성에 대해서 알고 있었던 것은 아마도 백조나 왜가리에 대해서, 즉 잉글랜드에서 흔히 볼 수 있는 종의 새처럼 알려진 종명인 백조나 왜가리에 대해서 많은 잉글랜드 사람들이 알고 있는 그러한 수준인 것이다.

35. 사람들이 종을 결정한다

이제까지 말해 온 것으로 해서, 사람들이 사물의 종을 만든다는 점은 분명하다. 왜냐하면 서로 다른 종을 만드는 것은 서로 다른 본질뿐이므로, 누구나 알 수 있도록 유명적 본질인 추상관념을 만드는 사람이 그것으로 스페키에스, 즉 종을 만들기 때문이다. (예를 들어) 만약에 펴지는 성질을 없애고서 황금의 다른 모든 성질을 갖는 물체가 발견되었다고 한다면 황금인가 아닌가, 즉 그 (황금이라고 하는) 종인가 아닌가는 틀림없이 문제가 되었을 것이다. 이 점은, 모든 사람이 (저마다) 황금이라고 하는 이름을 결부시키는 추상관념에 의해서만 결정할 수 있었을 것이다. 따라서 황금이라는 소리로 표현되는 유명적 본질 안에 펴지는 성질을 포함하지 않은 사람에게는, 그러한 (펴지는 성질 이외의 금의 모든 성질을 갖는) 물체는 진짜 금이고, 그 종에 속했을 것이다. 한편 (금에 대해) 자신의 종개념에 펴지는 성질을 포함하는 사람에게 그 물체는 진짜 금이 아니며 그 종이 아니었을 것이다. 그래서 하나의 같은 이름 아래에서까지도 이러한 잡다한 종을 만드는 사람은, 정확하게는 여러 성질의 같은 집합으로 조성되지 않은 두 가지의 서로 다른 추상관념을 만드는 사람 말고는 없을 것이다.

또 펴지는 성질이 없는 금의 다른 명확한 성질이 존재하는 물체, 그러한 물체가 존재할 수 있다고 떠올리는 일은 단순한 생각이 아니다. 왜냐하면 절대 확실하게, 금 자신이 때로는 (조각가가 말하는) 매우 날카롭고 (무르며) 유리처럼 망치에 견딜 수 없는 일이 있기 때문이다. (이렇게 해서) 어떤 사람이 금이라고 하는 이름을 결부시키는 복합관념에 펴지는 성질을 포함시키거나 그것을 없애거나 하는 점에 대해서 이제까지 말해 온 것은, 금의 특유한 무게와 고형성 및 그 밖의 여러 비슷한 성질에 대해서도 말할 수가 있을 것이다. 왜냐하면 무엇을 없애거나 도입하든, 종을 만드는 것은 늘 (금이라고 하는) 그 이름이 결부된 복합관념이며, 물질의 어떤 특정한 한 조각이 그 관념에 들어맞는 대로 종의 이름은 진짜 그 관념에 속하고, 그 종의 것이기 때문이다. 이렇게 해서 어떠한 사물도 진짜 금, 완전한 금속이다. 모든 종의 이러한 결정은 누구나 알 수 있는 바와 같이, 이러저러한 (종의) 복합관념을 만드는 인간의 지성에 기초한다.

36. 자연이 상사물(相似物)을 만든다

요컨대 그간의 사정은 이렇다. 즉 많은 감지할 수 있는 성질에서 서로 일치하고, 또 아마도 내적인 장치나 구조에서도 서로 일치하는, 낱낱의 (특수한) 많은 사물들은 자연이 만든다. 하지만 이들 사물을 종으로 구별하는 것은 이 실재적 본질이 아니다. 그것은 사람들이며, 사람들이 감지할 수 있는 성질로부터, 즉 사물 안에 합일한다는 것을 발견하고, 몇 가지 개체가 일치한다고 자주 관찰하게 되는, 감지할 수 있는 성질로부터 계기를 얻어 포괄적 기호의 편의상 이름을 부여하기 위해 종으로 분류하는 것이며, 이 기호 아래에 개체는 이러저러한 추상관념과의 합치에 따라서, 표기(즉 이름) 아래에 있는 것으로서 유별된다. 그래서 (예를 들어) 이것은 파랑이라고 하는 부대(또는 종)이고 저것은 빨강이라고 하는 부대(또는 종)이며, 이것은 인간이고 저것은 송곳이 되는 것이다. 그래서 나의 생각으로는 이 점에 바로 유와 종의 모든 일이 존재한다.

37.
낱낱의 (특수한) 존재자가 나옴에 있어, 늘 자연적으로 새롭고 다양하게 만들어지는 것이 아니라, 서로 매우 비슷하며 가까운 것으로 만들어진다는 사실을 나는 부정하지 않는다. 그러나 그럼에도 사람들이 사물을 유별하는 종의 한계는 사람들이 만든다는 것은 맞다고 나는 생각한다. 왜냐하면 서로 다른 이름으로 구별되는 종의 본질은, 이제까지 (이 장으로) 뚜렷해진 바와 같이 인간이 만드는 것으로, 이 본질이 취해지는 사물의 내적인 본성과 (남김없이 합치해서) 충분하다고 하는 일은 없다. 그러므로 사물의 이러한 종별 방법은 사람이 하는 일이라고 진정으로 말할 수 있을 것이다.

38. 각 추상관념이 본질이다
이 학설에서 확신하건대 매우 이상하게 여겨질 수 있는 점이 하나 있다. 다름이 아니라 이제까지 (이 장에서) 말해 온 것으로 보아 이름을 수반한 각 추상관념은 별개의 종을 만들게 되리라는 점이다. (이것은 인간이 종을 만드는 것이 아니라 사물 자체의 본질에 의해서 만들어진다고 하는, 옛 학설에 익숙한 사람에게는 이상하게 여겨질 것이다.) 그러나 진리가 그렇다면 누가 이것을 피할 수 있는가? 왜냐하면 (추상관념 이외의) 다른 어떤 사물에 의해서 한정되고 구별되는 사물의 종을 우리에게 보여줄 수가 있으며, 일반명사는 우리의 추상관념을 뜻하지 않고 이것과 다른 어떤 사물을 뜻한다고, 우리로 하여금 알 수 있게 하는 사람이 있을 때까지 위에서 말한 것은 그대로 참이어야 하기 때문이다.

나는 기꺼이 알고 싶다. (예를 들어) 털이 긴 개와 (털이 짧은) 사냥개는 왜 (작은) 스패니얼 개와 코끼리처럼 별개의 종이 아닌가? 코끼리와 스패니얼의 다른 본질에 대해서 우리는, 털이 긴 개와 사냥개가 다른 본질에 대해서 갖는 관념과 다른 관념을 가지지는 않는다. 왜냐하면 이들 서로를 우리에게 알리고 구별하게 하는 본질적인 차이는 모두 우리가 이들과 다른 이름을 부여한 단순관념이 서로 다른 집합에만 존재하기 때문이다.

39. 유와 종은 이름을 붙이기 위해서

종과 유를 만드는 것이 얼마나 일반명 때문인지, 일반명은 비록 존재자에게는 필요하지 않아도 적어도 종을 완성하고 종을 종으로서 통용시키는 데 얼마나 필요한지는 위에서 (이 장 제13절에서) 들었던 얼음과 물(의 사례) 말고도 평소에 익숙한 실례를 보아도 뚜렷할 것이다. (예를 들어) 소리를 내지 않는 시계와 시간을 알리는 시계는, 이에 대한 이름을 하나밖에 가지지 않는 사람에게는 같은 종에 지나지 않는다. 그러나 소리를 내지 않는 쪽에 시계라는 이름을, 시간을 알리는 쪽에 벽시계라는 이름을 가지고 이들 이름이 속하는 별개의 복합관념을 갖는 사람에게는 이들은 서로 다른 종이다.

때에 따라서는 이들 둘 사이에 내부의 장치와 구조가 다르며, 시계 기술자는 이에 대해 분명한 관념을 갖는다고 말할 수가 있을 것이다. 하지만 누구나 알 수 있는 바와 같이 시계 기술자가 두 개의 시계에 하나의 이름밖에 가지지 않을 때, 시계 기술자에게 두 시계는 하나의 종이다. 내부 장치가 어떠한 새로운 종을 만들기에 충분한가? 어떤 시계는 네 개의 톱니바퀴로 만들어져 있고 다른 시계는 다섯 개로 만들어져 있다. 기술자에게 이것은 종차(種差)인가? 어떤 시계에는 끈과 원뿔 도르래가 있으며 다른 것에는 없다. 어떤 시계는 평형바퀴가 자유이고 다른 시계는 나선 용수철로 제어되며, 또 어떤 시계는 돼지의 억센 털로 조절된다. 이것들이나 그 밖의 시계 내부 구조의 여러 가지로 다른 장치를 알고 있는 기술자에게 그 어느 것이, 또는 모두가 종차를 이루는 데에 충분한가? 이들 각각은 절대 확실하게 다른 것과 실재적 차이를 갖는다.

그러나 그 차이가 본질적, 종적 차이인가 아닌가는 시계라고 하는 이름이 주어진 복합관념에만 관계한다. 이 모두가 (시계라고 하는) 이름이 나타내는 관념에 일치하고 또 그 이름이 유(類)의 이름으로서 그 아래에 여러 다른 종을 포함하지 않는 한, 이들은 본질적으로도 종적으로도 다르지 않다. 그렇지만 만약에 누군가가 여러 시계의 내적인 장치를 알고 있는 차이에 입각해서 한층 세분하여, 그러한 정확한 복합관념에 이름을 주어 그 이름이 보급된다고 한다면, 그때 여러 시계는 이름이 붙은 그러한 관념을 가지고 있어서 이들의 차이에 의해서 시계를 그러한 여러 가지 종으로 구별할 수 있는 사람에게는 새로운 종이 될 것이다. 그때 시계는 유의 이름일 것이다. 하지만 시계 제작을 모르고 시계 내부의 여러 장치를 모르는 사람에게는, 여러 시계는 별개의 종이 아니었을 것이다. 그러한 사람은 외부의 모습이나 짧은바늘이 시간을 가리키는 것 말고 (시계의) 다른 관념을 가지고 있지 않다. 왜냐하면 그러한 사람에게는 (시계 이외의 벽시계 등) 그러한 다른 이름은 모두 같은 관념을 나타내는 명사에 지나지 않으며, 시계 외에 그 이상 또는 다른 사물을 뜻하지 않기 때문이다.

자연의 사물에서도 마찬가지이다. (예를 들어) 아무도 의심하지 않을 테지만 이지적인 인간과 바뀌치기 아이에서 내부의 (만약에 이렇게 말해도 좋다면) 평형바퀴나 태엽의 차이는, 서아프리카산 개코원숭이와 바뀌치기 아이 사이의 장치 차이 이상이 아니다. 그러나 이러한 차이의 하나 또는 둘 모두가 본질적이거나 종적인 것인가 아닌가는, 단지 이들 차이가 인간이라고 하는 이름이 나타내는 복합관념과 일치하느냐 하지 않으냐에 따라서만 우리에게 알려질 것이다. 왜냐하면 그것만이 이들 하나 또는 둘 모두가 인간인가 어떤가, 또는 어느 쪽도 인간이 아닌가 어떤가를 결정할 수 있기 때문이다.

40. 인공 사물의 종은 자연의 사물보다 혼란이 적다

(이 장에서) 앞서 말한 것으로 인공적인 사물은 자연의 사물에 비해서 일반적으로 혼란이나 불확실한 점이 적은 까닭을 알 수 있을 것이다. 왜냐하면 인공 사물은 인간이 만들어 낸 것으로, 제작자는 이를 계획하고 따라서 그 관념을 잘 알고 있으므로, 그 이름은 절대 확실하게 알려져 쉽사리 이해할 수 있는 것 말고는 다른 관념을 나타내지 않고, 다른 본질을 아무것도 포함시키지 않는다고 여겨지기 때문이다. 인공 사물의 여러 종 또는 본질은 대부분 감지할 수 있는 부분이 확정된 형태와, 때로는 이에 기초한 운동에만 존재하며 제작자는 자기 필요에 쓸모 있다고 여겨지는 대로의 것을 물질로 만들기 때문에 일정한 관념을 얻는다는 것, 더 나아가서는 인공 사물의 종을 구별하는 이름의 뜻을, 자연의 사물 즉 여러 차이와 여러 작용이 우리의 발견이 닿는 범위를 넘은 (우리에게 알 수 없는) 연구에 기초한 자연의 사물로 우리가 할 수 있는 것보다 의혹, 불명확, 뜻이 많지 않게 정하는 것 같은 일들은 우리 기능이 닿

을 수 있는 범위(안에 있고, 그것)를 넘지 않는다.

41. 서로 다른 종의 여러 인공 사물

이때 내가 자연의 사물뿐 아니라 인공 사물도 서로 다른 여러 종이 있다고 생각해도 양해해 주어야 한다. 나는 발견하는 바이지만 인공 사물은 자연적 실체의 일반명과 마찬가지로 서로 다른 일반명에 결부된 여러 다른 추상관념에 의해서 (자연적 실체와) 마찬가지로 알기 쉽고 질서 바르게 종으로 유별되는 것이다. (예를 들어) 시계와 권총을 말과 개와 마찬가지로 서로 다른 종이라고 생각하면 왜 안 되는가? 왜냐하면 시계와 권총은 우리 마음에서는 별개의 관념에 의해서, 다른 사람에 대해서는 별개의 이름에 의해서 표현되기 때문이다.

42. 실체만이 고유명을 갖는다

실체에 관해서 다음과 같은 점을 더 이야기해야 한다. 즉 실체만이 여러 종의 모든 관념 가운데에서 단 하나의 특정한 사물을 뜻하는 특정한 이름 또는 고유명을 갖는다는 것이다. 왜냐하면 단순관념이나 양상이나 관계에서는 이러 저러한 특정한 것이 실제로 없을 때 이것을 말할 필요성은 좀처럼 생기지 않기 때문이다. 게다가 거의 모든 혼합양상은 태어나면 곧 사라져 없어지는 활동으로 실체처럼 영속적으로는 지속할 수 없다. 실체는 활동자이며 실체에서는 이름에 의해서 의도되는 복합관념을 만드는 단순관념은 영속적으로 합쳐지고 있는 것이다.

43. 말을 취급하는 곤란

나는 이 장의 주제에 이토록 길게, 더욱이 아마도 조금 뚜렷하지 못한 점과 함께 머문 일에 대해서 독자의 용서를 구하지 않으면 안 되겠다. 그러나 다음과 같은 점을 생각해 주기 바란다. 즉 우리가 다른 사람을 말로 이끌어, (더욱이) 사물에 부여하는 종의 차이를 벗겨내고 사물을 생각한다는 것이 얼마나 어려운지를 생각해 주기 바란다. 그러한 사물은 만약에 내가 이름 짓지 않는다면 나는 아무 말도 하지 않는 것이고, 만약에 이름을 붙인다면 그것에 의해서 나는 사물을 어떤 종 또는 다른 종으로 유별하여 그러한 종의 통례적인 추상관념을 마음에 시사하게 된다. 따라서 (종의 차이를 제거한다는) 나의 목적에 맞지 않는 것이다. 왜냐하면 (예를 들어) 어떤 인간에 대해서 이야기하고 동시에 인간이라고 하는 이름의 통상적인 뜻, 이것은 그 이름에 결부되어 있는 우리의 복합관념을 말하는 것이지만, 그러한 것을 없애고 독자에게 인간 그 자체에 있는 그대로 고찰하여, 그 인간을 다른 인간으로부터 내적 구조 또는 실재적 본질로, 즉 독자가 무엇인가 알 수 없는 어떤 사물에 의해서 실재적으로 구별되는 대로 고찰하도록 요청하는 것은 쓸데없는 일처럼 보이기 때문이다.

더욱이 자연히 만들어진 것으로 여겨지는 사물의 상정된 실재적 본질이나 종에 대해서 이야기하려고 하는 사람은, 비록 실체를 일컫는 일반명이 뜻하는 사물(즉 실재적 본질이나 종)이 아니라는 것을 이해시키기 위해서라고는 하지만 그러한 작업을 해야 한다. 그러나 잘 알려진 익숙해진 이름으로 이렇게 하기란 곤란하므로, 하나의 실례로 마음이 종의 이름과 관념에 대해서 다른 생각을 갖는 것을 좀더 명석하게 하도록 노력하여, (먼저) 양상의 복합관념이 때로는 다른 지능 있는 존재자의 마음에 있는 원형에 어느 정도 관련하여, 또는 마찬가지 일이지만 다른 사람들이 이미 있는 이름에 결부시킨 뜻에 관련하여, 또 때로는 원형에 전혀 관련하지 않는지를 명시하는 것을 양해해 주기 바란다. (더 나아가서) 마음은 어느 정도로 그 실체관념을 실체 자체나 실체 이름의 뜻의 어느 것인가에 원형으로서 늘 관련시키는가를 밝히고, 또 우리가 양해하고 사용하는 사물의 종이나 종별의 본성과 그러한 종에 속하는 본질의 본성을 누구나 알 수 있도록 하는 것도 양해해 주기 바란다. 이것은 아마도 우리의 지식 범위와 절대 확실성을 발견하는 데에 처음에 떠올리는 것 이상으로 중대한 일이다.

44. 키네아와 니우프라고 하는 혼합양상의 실례

(그래서 먼저) 아담이 성인 상태에 있고 훌륭한 지성을 갖지만 낯선 나라에 있기 때문에 주위의 사물이 모두 새롭고 알 수 없는 것들이며, 또 아담이 지식을 얻는 기능은 현대인이 가지고 있는 것과 다르지 않다고 떠올리기로 하자. 아담은 라멕*¹³이 평소에 우울한 상태에 있음을 관찰하고 (그가 지극히 사랑하

---

*13 Lamech. '므드사엘은 라멕을 낳았더라.' 〈창세기〉 4장 18절.

는) 아내 아다*[14]가 다른 남자에게 너무 호의를 갖는다고 시기한 데서 우울해진 것이라고 떠올린다. 아담은 이러한 자기 생각을 하와(이브)에게 이야기하고, 아다가 죄를 범하지 않도록 조심해 주기를 바란다. 이브와 이러한 이야기를 하는 동안에, 아담은 키네아와 니우프라고 하는 두 가지 말을 쓴다. 이윽고 아담의 잘못이 뚜렷해진다. 왜냐하면 라멕의 고뇌는 한 남자를 죽인 데서 생긴 것임을 알았기 때문이다. 하지만 키네아와 니우프라고 하는, 앞엣것은 아내의 부정에 대한 남편의 시기를 나타내고 뒤엣것은 부정(不貞)을 저지르는 행위를 나타내는 이 두 가지 이름은 각각의 뜻을 잃지 않는다. 그래서 누구나 알 수 있는 바와 같이 여기에는 이름이 붙은 혼합양상의 두 가지 별개의 복합관념이 있으며 본질이 다른 행동의 두 가지 별개의 종이 있다. 나는 묻겠는데 행동의 이러한 두 가지 별개의 종의 본질은 어디에 있었는가? 누구나 알 수 있는 바와 같이 단순관념의 서로 다른 정확한 집성에 있었던 것이다.

　나는 아담이 키네아라고 부른, 아담 마음속에 있는 복합관념이 충분했는가 충분하지 않았는가를 묻는다. 누구나 알 수 있는 바와 같이 충분했다. 왜냐하면 이 복합관념은 아담이 그러한 (키네아라고 하는) 하나의 음으로 그 복합관념에 포함되어 합일되는 모든 단순관념을 다른 사람들에게 짧게 나타내기 위해서, 그 어떤 원형을 조금도 고려하지 않고 유형(pattern)으로서의 그 어떤 사물과 조금도 관련지우지 않고 의도적으로 긁어모으고 추상하여 키네아라고 하는 이름을 부여했기 때문이다. 단순관념의 집성이므로 필연적으로 충분한 관념이 되지 않으면 안 된다. 아담 자신이 선택해서 이러한 집성을 만들어 냈으므로 그 집성에는 아담의 모든 의도가 있으며, 따라서 완전하지 않을 수가 없고 충분하지 않을 수가 없었다. 왜냐하면 이 집성은 다른 원형에 관련하여 이것을 나타낸다고 여겨지는 일이 없기 때문이다.

45.

　(그런데) 이들 키네아와 니우프라고 하는 말은 점차 일반적으로 사용되기에 이르렀다. 그러자 사태는 약간의 변화를 가져왔다. 아담의 아이들은 아담과 같은 기능을 가지고 그것에 의해서 같은 능력을, 즉 자기들이 좋아하는 혼합양

---

*14 Adah. '라멕이 두 아내를 맞이했으니 하나의 이름은 아다요 또 하나의 이름은 씰라였더라.' 〈창세기〉 4장 19절.

상의 어떠한 복합관념도 자기들 자신의 마음에 만들어, 이를 추상하여 자기들이 좋아하는 그 어떤 소리(또는 이름)로도 그 관념을 기호로 삼는 능력을 가지고 있었다. 하지만 이름의 쓰임새는 우리 내부에 있는 우리의 관념을 다른 사람에게 알리는 일이므로, 자기들의 생각을 전달해서 서로 이야기를 주고받으려고 하는 두 사람이 같은 기호로 같은 관념을 나타낼 때가 아니면 이러한 (자기의 생각을 다른 사람에게 전달하는) 일은 할 수가 없다. 그러므로 아담의 아이들 가운데 이들 키네아와 니우프라는 두 말이 귀에 익다는 것을 아는 사람은, 이들 말을 뜻이 없는 소리로 할 리가 없으며 말은 어떤 사물을 일정한 관념, 추상관념을 나타냈다고 반드시 단정하지 않으면 안 된다. 왜냐하면 이들 말은 일반명이고 그 추상관념은 그러한 이름으로 구별되는 종의 본질이기 때문이다.

그러므로 만약에 아담의 그러한 아이들이 이미 확립되고 합의된 종의 이름으로서 이들 말을 쓰려고 한다면, 싫든 좋든 그러한 이름으로 뜻이 표시되는 자기들 마음의 관념을 그 원형에 합치하는 것으로 해서 다른 사람의 마음에서 그 이름이 나타내는 관념에 합치시키지 않을 수가 없었던 것이며, 그때에는 (많은 단순관념의 집성으로 조성되는 것은 특히) 같은 이름을 쓰는 다른 사람의 마음 관념과 정확하게는 합치하지 않는 일이 자주 일어났기 때문이다. 그런데 이에 대해서는 일반적으로 구제법이 있다. 즉 우리가 이해하지 못하는 어떤 말을 쓰는 사람의 말뜻을 묻는 일이다.

(위의 예에서 말하자면) 질투와 간통이라고 하는 말(이것은 קנאה와 נאוף에 대응한다고 나는 생각한다)이 이에 대해서 내가 서로 이야기를 주고받으려고 하는 다른 사람의 마음이 나타내는 것은 절대 확실하게 알 수가 없으며, 그 점은 언어의 시초에 키네아와 니우프라고 하는 말이 다른 사람의 마음에서 나타내는 뜻을 (먼저) 밝히지 않으면 알 수가 없었던 것과 마찬가지이다. 왜냐하면 그러한 말은 모든 사람의 마음에서 뜻이 있는 기호이기 때문이다.

46. 차하브라는 실체의 사례
이번에는 같은 방법으로 실체의 이름을 처음 적용하는 방법도 살펴보기로 하자. 아담의 아이들 가운데 하나가 산속을 돌아다니다 눈을 즐겁게 하는 빛나는 실체를 만난다. 아이는 그것을 아담에게로 가지고 돌아온다. 아담은 생각을 하여 그 실체가 단단하고 밝은 노란색이며 뛰어나게 무겁다는 것을 발견한다. 이것은 아마도 아담이 그 실체에 대해서 맨 처음 지각하는 성질의 실제 모습이다.

그래서 아담은 그러한 특유의 밝은 노란색으로 부피에 비해서 매우 무거운 어떤 실체를 조성하는 복합관념을 추상해서, 그러한 감지할 수 있는 성질을 내부에 갖는 모든 실체를 부르고 표시하기 위해 차하브라는 이름을 그 복합관념에 부여한다. 그런데 이때 아담은 명백히, 전에 키네아와 니우프라고 하는 이름을 부여한 혼합양상의 관념을 만들 때 했던 것과는 전혀 다른 행동을 한다. 왜냐하면 혼합양상의 경우는 관념을 어떤 사물의 존재로부터 취하지 않으며 자기 자신의 상상(또는 구상)만으로 긁어모아 여기에 이름을 주고, 자기의 이 추상관념에 우연히 일치하는 모든 사물을 부르며, 그러한 사물이 존재하는지 존재하지 않는지를 생각하지 않았기 때문이다. 거기에서의 기준은 아담이 만드는 것이었다.

그러나 (차하브라고 하는) 이 새로운 실체의 관념을 만들 때는 아담은 완전히 반대의 과정을 취한다. 여기에서는 아담은 자연이 만드는 기준을 갖는다. 그런 까닭에 그 실체가 현재 있지도 않을 경우라도 실체에 대해서 갖는 관념에 의해서 실체를 자신에게 표상하기 위해 사물 자체로부터 지각하는 이외의 단순관념을 자기의 복합관념에 하나도 넣지 않는다. 아담은 자기 관념이 이 원형에 합치하는 것을 배려하여 이름이 그와 같이 합치하는 관념을 나타내기를 바라는 것이다.

47.

이렇게 해서 아담이 차하브라고 일컬은 한 조각의 물질은 아담이 전에 본 일이 있는 그 어떤 물질과도 다르다. 그러므로 이 물질이 별개의 종이며 특유한 본질을 갖는다는 것, 그리고 차하브라는 이름은 이 종의 표시로서 이 본질에 관련되는 모든 사물에 속하는 이름이라는 것을 아무도 부정하지 않으리라 나는 생각한다. 그러나 여기에서 누구나 알 수 있는 바와 같이 아담이 차하브라는 이름으로 나타낸 본질은, 단단하고 빛나는 노란색의 매우 무거운 물체에 지나지 않았다. 하지만 인간의 탐구심은 이러한 표면적이라고 해도 좋은 성질의 지식에 안주하지 않고 아담에게 이 물체를 더 검토하게 한다. 그래서 아담은 내부에서 발견할 수 있는 것을 보기 위해 부싯돌로 이 물질을 두드리거나 때리기도 한다. 아담은 물질이 때리면 푹 들어가지만, 쉽사리 조각으로 분리할 수 없음을 안다. 아담은 이 물질이 부러지지 않고 휠 것임을 알게 된다.

이제 비로소 아담은 이전의 관념에 펴지는 성질을 더하여 차하브라는 이름이 나타내는 종의 본질의 부분이라고 할 일은 아니지만, 더 시험을 하자 녹는 성질과 고형성이 발견된다. 이들도 다른 어느 것과 마찬가지 이유로 해서 차하브라고 하는 이름이 나타내는 복합관념에 넣어야 하지 않을까? 만약에 넣을 수가 없다면 넣을 수 없는 쪽에 넣는 것보다 어떤 이유가 더 많이 제시될 것인가? 또 이들(녹는 성질과 고형성)을 넣어야 한다면 그때는 더 시험을 해서 이 물질에서 발견되는 다른 모든 특성은, 같은 이유로 차하브라고 하는 이름이 나타내는 복합관념의 구성 요소 부분을 이루어야 하며, 더 나아가서는 그 이름으로 표시되는 종의 본질이어야 한다. 이러한 특성은 한이 없으므로 누구나 알 수 있는 바와 같이 이 (실재하는 금이라는) 원형에 의해서 이런 식으로 만들어지는 관념은 언제나 충분치 않다.

48. 실체의 관념은 불완전하고 그렇기 때문에 다양하다

그러나 이것으로 전부가 아니다. 실체의 이름은 다른 사람이 쓸 때에는 다른 뜻을 가질 뿐 아니라 갖는다고 믿게도 되었을 것이다. 그리고 이것은 언어의 사용을 꽤 번거롭게 만들었을 것이다. 왜냐하면 만약에 누군가가 어떤 물질에서 발견한 별개의 성질은 모두 이 물질에 주어지는 보통명(또는 공통명)이 뜻하는 복합관념에 없어서는 안 될 부분을 이룬다고 생각한다면, 사람들은 동일한 말이 사람에 따라서 다른 사물을 뜻한다고 여겨야만 하기 때문이다. 사람이 다르면 같은 호칭명을 가진 실체에 다른 사람들이 모르는 여러 성질을 발견했으리라는 것을 사람들은 부정할 수 없으니 말이다.

49. 그러므로 실체의 종을 고정하기 위해 실재적 본질이 상정된다

따라서 이것을 피하기 위해 사람들은 어떤 실재적 본질이 모든 종에 속해서 실재적 본질로부터 이들 (각자가 발견하는) 여러 성질이 모두 나오면, 그렇다고 생각하고서 자기들의 종 이름에 이 실재적 본질을 나타내려고 했을 것이다. 하지만 사람들은 실체의 그러한 실재적 본질에 대한 관념을 조금도 가지지 않으며 사람들의 말은 자기들이 갖는 관념만을 뜻하므로, 이러한 계획으로 이루어지는 일은 단지 실재적 본질이 무엇인가를 모르고 그러한 실재적 본질이 갖는 사물이 있는 장소에 그 대신에 이름이나 소리를 놓을 뿐이며, 이것이 자연히 만들어져 실재적 본질에 의해서 구별된다고 여겨지는, 그러한 사물의 종에 대해서 이야기할 때 사람들이 하는 일인 것이다.

50. 이러한 상정은 쓸모가 없다

다음과 같은 일을 고찰해 보기로 하자. 즉 (예를 들어) 모든 금은 고형이라고 단언할 때 그것이 뜻하는 것의 하나는, 고형성이 (금의) 정의의 일부분 즉 금이라고 하는 말이 나타내는 유명적 본질의 부분이라는 것이고, 따라서 '모든 금은 고형이다'라고 하는 위와 같은 단언은 금이라는 명사가 나타내는 뜻을 포함할 뿐이다. (이 경우는 이해할 수 있지만) 그렇지 않으면 그것이 뜻하는 것은 고형성이 금이라고 하는 말을 정의한 일부분이 아니라 (금이라고 하는) 그 실체 자신의 특성이다. 이 경우는 누구나 알 수 있는 바와 같이 금이라고 하는 말은 자연히 만들어진 사물의 종의 실재적 본질을 갖는 또 하나의 실체라고 하는 장소에 (놓여, 실체 대신에) 존재한다.

이러한 대용 방법으로는 금이라고 하는 말은 매우 혼란되고 불확실한 뜻을 가지며, 따라서 '금은 고형이다'는 명제는 (주어인 금이 어떤 실체를 뜻하고 그 대신이라고 하는) 그러한 뜻에선 어떤 특정한 사물에 대한 단언이지만, 이 명제를 개별적으로 적용할 때에는 늘 우리가 파악할 수 없는 진리이며, 더 나아가서는 진리에 도움이 되지 않고 절대 확실성을 가지지 않는다. 모든 금은, 즉 금의 실재적 본질을 갖는 모든 것은 고형이라고 하는 것이 아무리 참이라 해도 우리가 이 (실재적 본질을 갖는다고 하는) 뜻으로 금인 것, 또는 금이 아닌 것을 모르는 한 무슨 소용이 있는가? 왜냐하면 금의 실재적 본질을 모르면 우리는 어떤 물질의 한 조각이 금의 실재적 본질을 갖는가를, 더 나아가서는 그 한 조각이 참다운 금인지 아닌지를 알 수가 없기 때문이다.

51. 결론

결론을 내리자면 (먼저) 아담이 아무리 혼합양상의 어떤 복합관념을 자기 자신의 사유(思惟)에 의한 그 밖의 원형에 의해서 만들지 않을 자유를 처음에 가지고 있었다 해도, 모든 사람은 이와 같은 자유를 그 뒤 줄곧 가지고 있다. (다음에) 또 자연히 만들어진 원형에 합치시키기 위해 자기 밖의 사물에 자기 실체관념을 합치시킨다고 하는, 아담이 일부러 자기 자신을 속이려고 하지 않았더라면 따라야만 하는 필연성 아래에서도 모든 사람은 그 후 줄곧 같은 상태로 있다. (더 나아가서 또) 임의의 관념에 임의의 새로운 이름을 덧붙인다는, 아담이 가졌던 것과 같은 자유를 누구나 늘 (특히 누군가 언어를 시작하는 사람을 떠올릴 수 있다면 그러한 사람은) 마찬가지로 가지고 있다.

다만 다음과 같은 점만은 다르다. 즉 사회 사람들이 자기들 사이에 언어를 이미 확립해 버린 곳에서는 말의 뜻은 조심해서 눈에 띄지 않게 변경되어야 한다는 것이다. 왜냐하면 사람들은 이미 자기들의 관념에 대한 이름이 할당되어 있고, 일반적인 사용법이 이미 있는 이름을 일정한 관념에 충당하고 있으므로 이름의 고의적인 남용은 매우 우스꽝스러운 일이기 때문이다. (하기야) 새로운 생각을 갖는 사람은 어쩌면 이것을 나타내기 위해 새로운 명사를 만들어 내지 않을 수가 없을 것이다.

그러나 사람들은 이것을 대담한 일이라 생각할 테고, 또 (언어의) 일반적인 사용법이 이 새로운 명사를 통용하게 할 것인지 아닌지는 불확실하다. 하지만 다른 사람들과의 사상 전달에서는 세상에서 일반적으로 쓰이는 어떤 언어의 말에 우리가 나타내는 관념을, 그 말의 이미 알려진 본디 뜻(이것을 나는 이미 이 책 제2장 제2절에서 자세히 설명했다)과 합치시키거나 또는 이 말에 적용할 새로운 뜻을 알리는 일 따위가 필요하다.

제7장

불변화사(不變化詞)*1

1. 불변화사는 (문장의) 부분 또는 문장 전체를 결합한다

마음에 있는 관념의 이름인 말 외에, 다른 많은 말이 있어서 마음이 관념 또는 명제를 서로 결합하는 것을 뜻하는 데에 쓰이고 있다. 마음은 사상을 남에게 전달할 때, 마음 앞에 있는 관념의 기호를 필요로 할 뿐만 아니라, 그때 그러한 관념에 관계하는 마음 자신의 어떤 특정한 활동을 명시 또는 암시하는 다른 기호도 필요로 한다. 이것을 마음은 여러 방법으로 하게 되는데, 예를 들어 '이다(is)'와 '아니다(is not)'는 긍정 또는 부정하는 마음의 일반적인 표시이다. 그러나 긍정이나 부정이 결여되면 말에 참이나 거짓은 없으나, 그 밖에 마음은 그 심정을 남에게 언명할 때 줄거리가 닿는 논의를 하기 위해, 단순히 명제 부분뿐 아니라 문장 전체를 여러 관계나 의존 관계로 서로 결합하는 것이다.

2. 이야기를 잘하는 기술은 불변화사에 있다

마음이 하나의 연속된 추리나 이야기에서 접합하는 각종 긍정이나 부정을 어떻게 결합하는가? 이것을 뜻하는 말은 일반적으로 불변화사라 불리고, 좋은 문체의 명석함과 아름다움은 특히 불변화사의 올바른 사용법에 달려 있다. 생각을 잘하기 위해서는 인간이 자기 사유 안에 관념을 명석하고 분명하게 갖는 것만으로는 모자라며, 관념의 어떤 것의 일치 불일치를 관찰하는 것만으로도 모자란다. 계열적으로 생각해서 자기의 사유와 추리의 상호 의존 관계를 관찰해야 하고, 이러한 순서 바른 이지적 사유를 잘 나타내기 위해서는 논

---

*1 particles. 부사의 일부, 관사, 전치사, 접속사, 감탄사 등 어미의 변화가 없는 품사.

의의 각 부분에 어떠한 결합, 제한, 구별, 대립, 강조 따위를 줄 것인가를 명시하는 말을 두어야 한다. 이 가운데 어떤 것인가에서 잘못을 저지른다는 것은, 듣는 사람에게 알리는 대신에, 듣는 사람을 당황하게 만드는 일이 된다. 그러므로 그 자체로서는 그 어떤 관념의 이름도 아닌 것 같은 말이, 언어에서 매우 자주 불가결하게 쓰이며, 사람들이 자기 생각을 잘 나타내는 데에 많은 공헌을 하게 되는 것이다.

3. 불변화사는 마음이 자신의 사유에 어떠한 관계를 주는가를 보여준다

(불변화사라고 하는) 문법의 이 부분은, 아마도 다른 어떤 부분이 지나칠 정도로 깊이 연구되어 온 것만큼이나 등한시되어 왔다. 격(格)과 성(性), 법(法)과 시(時), 동명사와 to 부정사에 대해서 차례차례 쓰는 것은 사람들이 쉽게 할 수 있는 일이다. 이것들이나 이와 비슷한 말에서는, 이제까지 아주 부지런했었다. 또 어떤 언어에서는 불변화사 자체가 겉보기에 매우 정확하게 각종 어류(語類)로 유별되어 왔었다. 하지만 전치사나 접속사 등은 문법에서 잘 알려진 이름이고, 이들 아래 포함되는 불변화사는 분명한 하위 구분에 꼼꼼하게 유별되는데, 그럼에도 불변화사의 올바른 사용법을 명시하여 불변화사가 얼마나 중요하며 힘을 갖는지를 명시하려고 하는 사람은, 좀더 애를 써서 자기 사유로 들어가 논의할 때 자기 마음의 여러 자세를 자세히 관찰하지 않으면 안 된다.

4.

또 이들 말을 설명할 때 사전에서 일반적으로 볼 수 있는 바와 같이, 뜻이 가장 가까운 다른 나라 말로 번역하는 것만으로는 모자란다. 왜냐하면 불변화사가 뜻하는 것은 보통 하나의 언어로 이해하기 어려운 것과 마찬가지로, 다른 언어로는 이해하기가 어렵기 때문이다. 불변화사는 모두 마음의 어떤 활동 또는 암시의 표시이다. 그러므로 이것을 올바르게 이해하기 위해서는 우리에게 전혀 없거나 결함이 있는 말밖에 없는 마음의 여러 의향, 자세, 견해, 방향, 제한, 제외, 그 밖의 여러 사유를 애써 배워야 할 것이다. 이들은 매우 다양해서, 거의 대부분의 언어가 이들을 나타내기 위해 가지고 있는 불변화사를 훨씬 넘고 있다. 그러므로 이들 불변화사의 대부분이 잡다한, 때로는 거의 대립하는 뜻을 갖는 것도 이상한 일이 아니다. (예를 들어) 히브리어에서는 단 하나의 철자로 이루어진 불변화사로, 내가 기억하기로는 70 이상의, 확실하게는 50 이상의 뜻을 헤아릴 수 있는 것이 있다.

5. '그러나'에서의 사례

(예를 들어) '그러나'는 우리의 언어에서 그 이상 낯익은 것이 없는 불변화사이다. 그래서 이것은 분리 접속사이며, 라틴어의 sed나 프랑스어의 mais에 대응한다 말하는 사람은 이 불변화사를 충분히 설명했다고 생각한다. 하지만 나는 이 말이 여러 명제 또는 그 부분에 마음이 주는 여러 관계를 암시한다고 보며, 마음은 이 단음절 말로 이들 문자나 그 부분을 연결하는 것이다. (이하 몇 가지 경우를 예시해 보기로 한다.)

첫째, '그러나 그 이상 말하지 않고'. 여기에서는 마음이 나아가고 있던 과정에서 끝까지 닿기 전에 멈추는 것을 암시한다.

둘째, '나는 두 개의 식물만을 보았다'. 여기에서는 마음이 다른 모든 감각기관을 부정하고, 표현된 것에 감각기관을 제한하는 것을 보여준다.

셋째, '당신은 기도한다. 그러나 신이 당신을 참다운 종교로 데려가리란 뜻은 아니다'.

넷째, '그러나 신이 당신 자신의 종교를 견고하게 만들어 주실 것이라는 뜻이다.' 이들 (셋째와 넷째의 '그러나' 사례) 중, 처음 것은 있어야 할 것과는 다른 어떤 사물을 마음속에서 상정하는 일을 암시하며, 나중 것은 그것과 선행하는 것을 마음이 단적으로 대립시키는 일을 명시한다.

다섯째, '모든 동물은 감각기관을 갖는다. 그런데 개는 동물이다'. 여기에서는 나중 명제가 3단논법의 소전제로서 앞 명제에 이어지는 것 이상으로는 거의 뜻이 없다.

6. 이 문제는 여기에서는 가볍게 다루었다

만약 이 ('그러나'라고 하는) 불변화사의 사용 범위를 남김없이 검토하여, 이 말이 발견되는 모든 장소에서 이를 고찰하는 게 내가 할 일이었다면, 나는 위에 든 뜻에 더하여 이 불변화사의 다른 뜻을 많이 들 수가 있다. 만약에 그러한 일을 하는 사람이 있다면, 이 불변화사의 모든 사용법에서 이 말이 문법학자가 부여하는 분리적이라고 하는 말에 어울리는지 의심스럽다. 하지만 나는 여기에서 (불변화사라고 하는) 이 종(種)의 기호의 전반적인 해명을 시도하지 않겠다. 내가 이 ('그러나'라고 하는) 하나의 불변화사로 든 사례는, 언어에서의 (불변화사라고 하는) 기호의 쓰임새와 힘을 성찰하는 계기를 주어, 논의 때 우리 마음의 여러 활동을 고찰하도록 우리를 이끌 수가 있을 것이다. 논의는 우리의 그러한 마음의 활동을 이러한 불변화사로 다른 사람에게 암시하는 길을 발견했던 것이고, 불변화사의 어떤 것은 늘 또 어떤 것은 일정한 구문으로 전체 문장의 뜻을 그 불변화사에 포함시키는 것이다.

제8장
추상명사와 구상명사(具象名詞)

1. 추상명사는 서로 술어가 될 수가 없다

만약 언어의 일반적인 말을 주의해서 살펴보기만 했다면, 그러한 말과 그 일반적인 사용법은 우리 관념의 본성을 비쳐주었을 것이다. 마음은 이제까지 (제2권 제11장 제9절을 비롯하여 본 권의 여러 장에서) 명시한 바와 같이 그 관념을 추상하는 능력을 가지며, 따라서 관념은 본질, 일반적 본질이 되어 이로써 사물의 종이 구별된다. 그런데 각 추상관념은 어떠한 두 개에 대해서도 한쪽이 다른 한쪽일 수는 결코 없을 정도로 별개이다. 따라서 마음은 그 직관적 지식에 의해서 두 추상관념의 차이를 지각할 것이다. 그러므로 명제에서 두 개의 (추상)관념 전체가 서로 긍정되는 일은 전혀 있을 수가 없다. 이 점을 우리는 언어의 일반적인 사용법에서 보게 된다.

일반적인 사용법은 어떤 두 개의 추상어가, 다시 말하면 추상관념의 이름이 서로 긍정되는 것을 허용하지 않는다. 왜냐하면 추상어는 아무리 가까운 것처럼 보여도, (예를 들어) 인간은 동물이라거나 이지적이라거나 희다거나가 아무리 절대 확실해도 다음과 같은 명제 즉 '인간성은 동물성 또는 이지성 또는 흰색이다'라고 하는 명제의 허위는, 누구나 듣자마자 알아차리기 때문이다. 이 점은 더없이 인정되어 있는 어느 공준과도 마찬가지로 뚜렷하다. 그렇다면 (판단에서의) 우리의 긍정은 모두 구체성에 있다. 왜냐하면 하나의 추상관념이 또 하나의 추상관념이라고 긍정하는 것이 아니라, 하나의 추상관념이 다른 하나의 추상관념과 (구체관념에서) 이어진다고 긍정할 수 있기 때문이다. 이 추상관념은 실체에서는 어떤 종이든 될 수가 있다. 그 밖에는 모두 관계에 관한 것 이외에서는 좀처럼 없다. 또 실체에서 가장 빈번한 것은 능력에 관한 것이다. 예를 들어 '인간은 희다'는, 인간의 본질을 갖는 사물이 그 안에 희다는 본질을 갖는다는 것을 뜻하는데, 희다의 본질은 통상적인 사물을 발견할 수 있는 눈을 가진 사람의 희다는 관념을 낳은 작용을 말한다. 또 '인간은 이지적이다'는 인간의 본질을 갖는 같은 사물이 그 내부에 이지성(理智性)의 본질도, 즉 추리의 능력을 갖는다는 것을 뜻한다.

2. 추상명사는 우리 관념의 차이를 보여준다

이 (추상명사와 구상명사라고 하는) 이름의 구별은, 우리 관념의 차이도 우리에게 보여준다. 왜냐하면 관념을 관찰하면 알 수 있지만, 우리의 단순관념은 모두 구체명뿐만 아니라 추상명도 갖기 때문이다. 그중 추상명은 (문법학자의 말로 하자면) 명사이며 구체명은 형용사이다. 예를 들어 '하양'과 '하얀', '단맛'과 '단'이다. 비슷한 일이 양상과 관계가 있는 우리의 관념에도 있다. 예를 들어 (양상에서는) '정의'와 '옳은', (관계에서는) '동등함'과 '동등한'이다. 다만 다음과 같은 점이 다르다. 즉 주로 사람들 사이의 관계에서 구체명의 어떤 것은 명사이다. 예를 들어 부성(父性)은 (추상명의 명사이지만) (구체명에서도 명사인) 아버지이다. 그 까닭은 간단하다. (인간이라고 하는 구체적인 사물에 관련되기 때문이다.) 그런데 실체에 대한 우리의 관념에서는, 추상명은 아주 적거나 전혀 없다.

왜냐하면 학원은 (예를 들어) 동물성, 인간성, 형체성, 그 밖의 것(의 추상명)을 도입했지만, 실체의 (구체적인) 이름이 무수한 데에 비하면 아무것도 아니기 때문이다. 학원은 실체에 대해서 추상명을 만들어 내려 생각할 정도로 바보는 결코 아니었고, 학원이 만들어서 학생들에게 쓰게 한 소수의 추상명도, 일반적으로 쓰도록 허가를 받는 일도, 다시 말하면 대중이 받아들이는 인가를 얻는 일은 결코 할 수 없었던 것이다. 이것은 나에게는 적어도 전 인류가 자기들에게 실체의 실재적 본질의 관념이 없다는 고백을 암시하는 것처럼 들린다. 왜냐하면 모든 인류는 그러한 관념에 대한 이름을 가지지 않기 때문이다.

그러나 만약에 실체의 실재적 본질에 대한 무지(無知)를 전 인류가 자기 자신에게 의식시킴으로써 그러한 (실체의 실재적 본질의 관념이나 이름을 구하는) 쓸데없는 계획을 세웠더라면, 전 인류는 틀림없이 그러한 이름을 이미 가졌을 것이다. 때문에 전 인류는 (이를테면) 금을 돌로부터, 금속을 목재로부터 충분히 구별하는 관념을 가졌지만, 그럼에도 금성(金性)과 석성(石性), 금속성과 목재성(木材性) 등 (이들과) 비슷한 이름의, 자기들에게는 관념이 없다고 알고 있는 실체의 실재적 본질을 나타내는 명사에는 적극적으로 나설 수가 없었던 것이다. 또 실제로 동물성이나 인간성, 이와 비슷한 것을 만들어 내어 거기에서 (사람들에게로) 가져온 것은 오직 실재적 형상의 학설이며, 자기들이 가지지 않는 지식(또는 참다운 앎)의 그릇된 권리 주장자들의 자신(自信)뿐이었다. 더욱이 이러한 말은 권리 주장자 자신의 학원으로부터 밖으로는 아주 소수밖에 퍼지지 않아, 지성이 있는 사람들 사이에 유포되는 일은 결코 없었던 것이다. 하기야 humanitas(인간성)는 로마인 사이에서 친근한 말이었다. 그러나 (인간의 실재적 본질과) 매우 다른 뜻이었으므로 (인간이라고 하는) 그 어떤 실체의 추상적 관념을 나타내지 않고, (인간의 존재 양식, 즉) 어떤 양상의 추상명이었으며 그 구체명은 humanus(인간적)이지 homo(인간)는 아니었던 것이다.

제9장

말의 불완전성

1. 말은 우리 사상의 기록과 전달을 위해 쓰인다

(본 권의) 이제까지의 장에서 살펴본 바로, 말에 어떤 불완전한 점이 있으며 말의 본성 자체가 얼마나 많은 말의 뜻을 의심스럽고 불확실성을 피할 수 없게 만드는가 하는 점들을 쉽사리 발견할 수가 있었을 것이다. 말의 완전 또는 불완전성을 검토하기 위해서는, 말의 쓰임새와 목적을 먼저 고찰할 필요가 있다. 왜냐하면 말이 쓰임새나 목적에 얼마나 적합하느냐에 따라서, 말의 완전성은 커지기도 하고 작아지기도 하기 때문이다. 우리는 (이 책 제2장 제2절 등) 본 논의의 앞부분에서 필요할 때마다 자주 말의 이중 사용법을 들어왔다.

첫째, 우리 자신의 사상을 기록하기 위해서이다.

둘째, 우리의 사상을 다른 사람에게 전달하기 위해서이다.

2. 어떠한 말도 기록에 쓸모가 있을 것이다

이들 사용법의 처음 것에 대해서는, 즉 우리 자신의 기억을 돕기 위해 우리 사상을 기록한다는 점에 대해서는, 이것으로 우리는 자기 자신에게 이야기 하는 것이지만, 어떠한 말도 쓸 수가 있을 것이다. 왜냐하면 대부분 소리(또는 말)는 어떤 관념의 유의적(有意的)이고 무차별한 기호이므로, 어떤 사람은 자기 관념을 스스로에게 의미 표시할 때 어떠한 관념을 써도 좋고, 같은 관념에 같은 기호(즉 말)를 늘 일정하게 쓰면 기호에 불완전성은 하나도 없을 터이기 때문이다. 그렇게 되면 (즉 같은 관념에 같은 기호를 쓰고 있으면) 자기 뜻을 잘못 이해시키는 일은 없으며 이 (뜻을 이해시키는) 점에 말의 올바른 사용과 완전성이 있는 것이다.

3. 시민적 또는 학문적인 말에 의한 사상의 전달

둘째로 말의 사상 전달에도 이중의 사용법이 있다.

1. 시민적.

2. 학문적.

첫째, 말의 시민적 사용법이라고 한 내 말의 뜻은, 사람들이 서로 살아가는 사회에서 시민 생활의 일상사와 편익에 대한 흔한 담화나 교섭을 지탱하는 데에 쓸모가 있는 말에 의한 사상 및 관념의 전달이다.

둘째, 말의 학문적 사용법이라고 한 내 말의 뜻은, 사물에 대한 정확한 생각을 전해서 마음이 참다운 지식을 탐구할 때 믿고 만족할 수 있는, 절대 확실하고 의심 없는 진리를 일반명제로 표현하는 데에 유익하게 쓸 수 있는 말의 사용법이다. 이들 두 사용법은 매우 달라서, (이 장의) 이하에서 말하는 것처럼 학문적인 사용법에 비해서 시민적인 사용법에서는 정확성은 떨어지지만 쓸모가 있을 것이다.

4. 말이 불완전하다는 것은 말의 뜻이 불확실하다는 것이다

사상 전달에 있어서 언어의 주요 목적은 상대방을 이해하게 만든다는 점이다. 따라서 이 목적에서 말은, 시민적 담론에서나 학문적 담론에서나 어떤 말이 이야기하는 사람의 마음으로 나타내는 것과 같은 관념을 듣는 사람에게 불러일으키지 않을 때는 쓸모가 없다. 그런데 소리(또는 말)는 우리의 관념과 자연적 결합을 가지지 못하고, 사람들의 인위적 설정에서 모든 뜻을 얻으므로, 어떤 소리(또는 말)가 나타내는 의심스럽거나 불확실한 뜻, 즉 여기에서 지금 이야기하고 있는 (말의) 불완전성의 원인은, 어떤 관념을 뜻하는 데 하나의 소리(내기 말)가 다른 소리(또는 말)보다 능력이 없다고 하기보다는, 소리(내기 말)가 나타내는 관념 쪽에 많이 있다. 왜냐하면 이 (관념을 뜻하는) 점에서는 소리(내기 말)는 모두 똑같이 완전하기 때문이다.

그렇다면 어떤 말의 뜻에 다른 말보다 더 많은 의심스러운 점이나 불확실성을 만드는 것은 말이 나타내는 관념의 차이이다.

5. 말이 불완전한 원인

말은 자연적으로는 아무런 뜻을 가지지 않는다. 따라서 각 말이 나타내는 관념은 어떤 언어로 다른 사람들과 사상을 주고받고 이해할 수 있는 담론을 하려는 사람에 의해서 학습되어 유지되지 않으면 안 된다. 그러나 이것은 다음과 같은 경우에 가장 하기가 힘들다.

첫째, 말이 나타내는 관념이 매우 복잡하며 많은 관념을 모아서 만들어지는 경우.

둘째, 말이 나타내는 관념이 자연적으로 절대 확실한 결합을 가지지 못하고, 더 나아가서는 말을 수정하거나 조정하는 정해진 기준이 자연의 어디에도 존재하지 않는 경우.

셋째, 말의 뜻은 어느 기준에 관련되지만 이 기준을 아는 것이 쉽지 않은 경우.

넷째, 말의 뜻과 사물의 실재적 본질이 정확하게 같지 않을 경우.

이상은 이해할 수 있는 여러 의미 표시에 따르는 문제점이다. 전혀 이해할 수 없는 것, (예를 들어) 장님에 대한 색깔의 이름이나, 귀머거리에 대한 소리의 이름처럼 (이름이 전해진) 다른 사람이 (그 이름이 나타내는 단순관념을) 얻는 기관 또는 기능을 가지지 않는 어떤 단순관념을 나타내는 말은 여기에서 언급할 필요는 없다.

이들 모든 경우에서 우리는 말의 불완전성을 발견하게 될 것이다. 나는 (다음 절 이하에서) 각종 관념에 말을 개별적으로 적용해서, 이 불완전성을 더욱 자세히 검토할 것이다. 왜냐하면 검토하면 알겠지만 혼합양상의 이름은 위에 적은 이유의 처음 두 경우에 의심스러운 점이나 불완전성에 가장 빠지기 쉽고, 실체의 이름은 주로 그다음의 두 경우에 빠지기가 쉽기 때문이다.

6. 혼합양상의 이름은 석연치 않다. 첫째, 그것이 나타내는 관념이 매우 복잡하므로

첫째, 혼합양상의 이름은 그 대부분의 뜻이 불확실하고 분명치 않은 상태에 빠지기가 쉽다.

1. 이들 (혼합양상의) 복합관념이 자주 만들어지는 방대한 구성 때문에, 말을 사상 전달의 목적에 유효하게 쓰기 위해서는 (이미 이 장 제4절에서 말했듯이) 말이 말하는 사람의 마음속에서 나타내는 것과 같은 관념을 듣는 사람에게 정확하게 환기시킬 필요가 있다. 이것이 없으면 사람들은 서로의 머리를 소음과 음향으로 채우게 되는데, 그렇게 되면 자기들의 사상을 전달할 수 없

고 담론이나 언어의 목적인 자신들의 관념을 서로의 앞에 내어놓을 수가 없다. 그러나 어떤 말이 복합되고 재복합된 매우 복잡한 관념을 나타낼 때, 사람들이 공통으로 쓰는 이름에 같고 정확한 이름을 나타나게 하며 아무런 변동이 없을 정도로 그 관념을 형성하여 유지한다는 것은 쉬운 일이 아니다. 따라서 도덕적인 말과 같은 매우 복합적인 관념에 대해서 대부분의 사람들이 갖는 이름은, 서로 다른 두 사람의 경우 정확하게 같은 뜻을 갖는 일이 좀처럼 없다. 왜냐하면 한 사람의 복합관념이 다른 사람의 복합관념과 일치하는 일은 좀처럼 없고 때때로 자기 자신의 관념과도, 즉 어제 가진 관념이 내일 가질 것으로 여겨지는 관념과도 다르기 때문이다.

7. 둘째, 기준이 없으므로

2. 혼합양상의 이름은 대부분 그 뜻을 수정하고 조정할 수 있는 기준이 전혀 없으므로 그러한 이름은 매우 다양하며 불확실하다. 이 이름(이 나타내는 복합관념)은 마음이 담론 자체의 목적을 추구해서 멋대로 긁어모아 자기 생각에 적합하게 만든 관념의 집단으로, 이에 의해서 마음은 실재하는 그 어떤 사물의 모사를 의도하지 않고 마음이 만들어 둔 원형이나 형상에 일치하도록 사물을 이름지어 부르고 유별하려 의도한다. (예를 들어) 속인다, 감언이설에 넘어가다, 놀리다*1와 같은 말을 쓰기 시작한 사람은, 그 말로 나타내는 관념을 자기가 적당하다고 생각한 대로 긁어모은 것이며, 오늘날 존재하는 어떤 언어에 도입되는 양상의 어느 새로운 이름이 그러하듯이 처음으로 쓰였던 낡은 이름도 그러했던 것이다.

그러므로 마음이 멋대로 만드는 관념의 집합을 나타내는 이름은 그러한 집합이 늘 일정하고 자연스럽게 합일된다는 것을 그 어디에서도 찾아볼 수가 없을 때, 또는 사람들이 그 집합을 조정할 수 있는 그 어떤 원형이 명시될 리가 없을 때 아무래도 의심스러운 의미 표시가 된다. (예를 들어) 살인이나 성물(聖物) 모독 같은 말이 뜻하는 것은 사물 자체로부터는 결코 알 수가 없다. 이들 복합관념의 대부분은 그러한 행동 안에서 눈으로 볼 수가 없다. 살인 또는 성물 모독의 부분을 이루는 (앞엣것에서는) 마음의 지향, 또는 (뒤엣것에서는) 성

---

*1 프레이저판(版) 편집 각주에 의하면 이 말들은 로크 무렵에 사용되기 시작했다.

스러운 사물의 관계는 어느 쪽인가를 범하는 자의 눈에 보이는 행동과 아무런 필연적인 결합도 가지지 않는다. 살인이 이루어지는 총의 방아쇠를 당기는 일, 어쩌면 (살인의) 눈에 보이는 행동의 전부인 총의 방아쇠를 당기는 일은 살인이라 이름 붙일 수 있는 복합관념을 만들어 내는 다른 관념과 아무런 자연적 결합도 가지지 않는다. 이들 관념은 이것을 하나의 이름 아래 합치는 지성에 의해서 합일과 집성을 얻을 수 있을 뿐이다. 그러나 그러한 관념을 아무런 규칙 또는 원형을 가지지 않고 합치므로 이러한 유의적인 집합을 나타내는 이름의 뜻은 서로 다른 사람들의 마음마다 다양하지 않을 수가 없는 것이다. 이들 서로 다른 사람들은 이러한 인위적 관념에서는 자기 자신과 자기 생각을 규제하는 아무런 규칙도 가지지 않는다.

8. 적절하다는 것은 충분한 구제법이 아니다

하기야 (사람들의) 공통 사용, 즉 (사람들이 동일하게 써서 사용법이 적당하다고 하는) 적절한 규칙은 이때 언어의 뜻을 정착하는 데에 조금의 도움을 준다고 여겨질지도 모른다. 어느 정도 도움을 준다는 것은 부정할 수가 없다. 공통 사용은 (사람들의) 공통 담화를 위해서 말의 뜻을 매우 잘 규제한다. 그러나 말의 정확한 뜻을 확립할 권리, 다시 말하면 어떤 사람에게 어떤 관념을 말에 결부시킬 것인가를 결정하는 권리는 그 누구에게도 없다. 따라서 공동 사용은 말을 학문적 담론으로 조정하는 데에 충분하지가 않다. 왜냐하면 무엇인가 매우 복잡한 관념의 그 어떤 이름으로 (다른 것은 말하지 않아도) 공통 사용에서 큰 폭을 가지지 않고, 적절한 한도 내에 있으면서 매우 다른 관념의 기호가 될 수 없는 것은 좀처럼 없기 때문이다. 게다가 적절한 규칙과 척도 자신이 그 어디에도 확립되어 있지 않으므로, 어떤 말의 이러저러한 사용법이 적절한 화법인지 아닌지는 자주 토의되는 문제이다.

이들 모두로부터 명백하게, 이러한 종류의 매우 복잡한 관념의 이름은 위에서 든 불완전성에 자연히 빠지기 쉽고, 의심스럽고 불확실한 뜻이 되기 쉬우며, 서로 이해하는 마음을 가진 사람들까지도 이야기하는 사람과 듣는 사람에게 같은 관념을 늘 나타낸다고는 말할 수 없다. (예를 들어) 영예나 감사라고 하는 이름은 한 나라 전체를 통해서 모든 인간의 입에서 같지만, 그럼에도 각자가 이 이름으로 생각하는, 또는 지향하는 복잡집합관념은 같은 언어를 쓰는 사람들 사이에서 명백히 매우 다른 것이다.

9. 이름을 배우는 이러한 방법도 이름의 불확실성을 더한다

혼합양상의 이름이 일반적으로 학습되는 방법도, 그 뜻의 의심스러운 점에 적지 않게 기여한다. 왜냐하면 어린이들이 어떻게 해서 언어를 배우는가를 관찰하면 알게 되겠지만, 단순관념 또는 실체의 이름(의 경우에는 그 이름)이 나타내는 것을 어린이에게 이해시키기 위해, 사람들은 흔히 어린이에게 관념을 가지게 하려는 사물을 보여주고 나서 (예를 들어) 희다, 달다, 우유, 설탕, 고양이, 원숭이, 개와 같이 그 사물이 나타내는 이름을 되풀이하기 때문이다.

그런데 혼합양상에서는 특히 가장 중요한 것, 즉 도덕 언어에서는 소리가 일반적으로 먼저 학습되고, 그러고 나서 이 소리가 어떠한 복합관념을 나타내는가를 알기 위해 어린이들은 다른 사람의 가르침을 받든가, 또는 (대부분의 경우에 일어나는 일이지만) 자기 관찰과 근면에 맡기든가 어느 한쪽이 된다. (그러나 다른 사람의 가르침이나 어린이 자신의 관찰이나 근면 따위와 같은) 그러한 것은 이름의 참다운 뜻의 탐구에는 거의 보탬이 되지 않으므로, 이 도덕 언어는 다른 많은 사람들의 입에 오르내릴 때에는 단순한 소리 이상은 벗어나지 못한다. 또는 그 어떤 뜻을 가질 때에는 대부분이 매우 엉성하며 불확정적인, 따라서 분명치 않고 혼란된 뜻을 나타내는 것이다. 또 한층 주의해서 자기 생각을 일정하게 가진 사람조차도 아직 다음과 같은 불합리성, 즉 그러한 말로 나타내는 복합관념은, 바로 지능이 있고 근면한 사람들이 그 말을 기호로 삼는 복합관념과 다르다고 하는 불합리성을 아직 벗어나지 못하는 것이다. (예를 들어) 명예, 신앙, 은총, 종교, 교회 등에 대해서 논쟁적인 토론이든 서로 마음을 터놓은 담론이든, 사람들이 이들에 대해서 갖는 서로 다른 생각을 쉽사리 관찰하지 않는 곳을 어딘가에서 발견하는 사람이 있을까? 이는 바로 다음과 같은 일을 말하는 것이 된다. 즉 사람들은 그러한 말의 뜻에서 일치하지 않고, 이들 말이 나타내는 같은 복합관념을 마음에 가지고 있지 않으며, 따라서 이 점에서 일어나는 다툼은 단지 소리(또는 말)의 뜻에 관한 것뿐이다.

이것으로 알 수 있는 일이지만, 신의 법이든 인간의 법이든 법의 해석에는 끝이 없다. 주석은 주석을 낳고, 천명(闡明)은 천명의 새로운 씨앗을 만든다.

이러한 도덕 언어의 뜻을 제한하거나 구별하거나 바꾸거나 하는 일에는 끝이 없다. 사람들이 만드는 이러한 말은 역시 같은 능력을 가진 사람들에 의해서 무한히 늘어난다. 경전(經典)의 본문이나 법전의 조문을 처음으로 읽고 그 뜻을 매우 잘 이해한 많은 인간이, 주석가에게 물어서 그 의의를 전혀 모르게 되고, 주석가의 해설로 의심이 생기거나 증가하여 문제가 된 장소에 불확실 성을 끌어들이는 것이다.*2 내가 이렇게 말하는 것은 주석을 필요 없는 것으로 생각했기 때문이 아니다. 단지 다음과 같은 사람, 즉 언어가 그 사람들의 사상을 나타낼 수 있는 한 뚜렷하게 이야기하는 의향과 기능을 모두 지닌 사람에게도 혼합양상의 이름이 얼마나 불확실한 것인지를 뚜렷이 하기 위해서 이다.

10. 여기에서 나오는 고대 저자들의 피할 수 없는 불명확성

이 때문에 먼 시대나 서로 다른 나라에 살고 있던 사람들의 저작에 어떠한 불명확한 점이 피할 수 없이 초래되었는지 조심할 것까지도 없을 것이다. 왜 냐하면 이러한 (도덕이나 종교 등) 쪽으로 생각했던 학자들의 수많은 책들은, 고대 저자들의 참다운 뜻을 발견하기 위해서는 어떠한 주의, 연구, 총명, 추론 이 요구되는가를 보여주는 데에 지나칠 정도로 충분한 증거이기 때문이다. 그 러나 우리가 무엇인가 큰 관심을 가지고 어떤 뜻인지 주의를 기울이는 저작 은, 우리에게 믿을 것이 요구되는 진리이거나, 우리가 복종해야 하며 잘못하거 나 어겼을 때에는 우리에게 불편을 가져오는 법, 그 어느 쪽인가를 포함하는 것 말고는 없으므로 우리는 다른 저자들의 생각을 비교적 걱정하지 않아도 된다. 그 사람들은 자기 의견을 적을 뿐이므로, 그들이 우리의 의견을 알 필 요가 있는 것 이상으로 우리가 그들의 의견을 알 필요는 없다. 우리의 선악은 그 사람들의 판결에 바탕을 두지도 않는다. 따라서 우리는 안심하고 그 사람 들의 생각을 몰라도 된다. 그러므로 그 사람들(의 책)을 읽고, 만약에 그들이 적절한 명확성과 명쾌성을 가지고 말을 쓰지 않고 있다면, 그 책을 옆에 놓고 그들에게 아무런 위해를 가할 필요도 없이, 우리 스스로 다음과 같이 정하면 된다.

---

*2 번잡한 스콜라적 주석이나 논의에 대해서 로크가 가끔 나타내는 불신이다.

만약 당신이 이해를 받기 위해 노력하지 않는다면 무시당해도 당연하다.

11.

만약에 혼합양상의 관념이 관련되어 이 관념을 조정할 수 있는 실재의 기준이 전혀 없으므로 혼합양상 이름의 뜻이 불확실한 것이라면, 실체의 이름은 반대의 이유로 해서 뜻이 의심스럽다. 즉 실체의 이름이 나타내는 관념은 실재하는 사물에 합치한다 여겨지고 자연히 만들어진 기준에 관련되기 때문이다. 실체에 대한 우리의 관념에는, 혼합양상처럼 사물을 유별하고 호칭하는 특징적인 표시이므로 우리가 적당하다 생각하는 그 어떤 (관념의) 집성도 형성할 자유는 없다. 실체의 관념에서는 만약에 우리의 이름을 사물의 기호로 사물을 나타내도록 가지려 한다면, 우리는 자연에 따르고 우리의 복합관념을 실재에 적응시켜 이름의 뜻을 사물 자체에 의해 규제하지 않으면 안 된다. 이때 따라야 할 원형이 우리에게 있다. 하지만 이름의 뜻을 매우 불확실하게 하는 원형이다. 왜냐하면 만약에 이름이 나타내는 관념이 우리 외부의 기준에, 즉 전혀 알 수가 없거나 불완전하고 불확실하게밖에 알 수가 없는, 그 어느 쪽일 수 있는 우리 외부의 기준에 관련된다면 이름은 매우 불안정하며 불확실한 뜻임에 틀림없기 때문이다.

12. 실체의 이름은 첫째, 알 수가 없는 실재적 본질에 관련된다

실체의 이름은 이제까지 (본 권 제6장 제1절 이하에서) 설명한 것처럼 이의 일반적인 사용방법에서는 이중의 관련을 갖는다.

첫째, 어떤 경우는 실체의 이름은 사물의 실재구조를, 즉 사물의 모든 특성이 나오는 바탕으로 특성이 모두 집중하는, 사물의 실재구조를 나타내도록 만들어져서 이름의 뜻은 이 실재구조에 일치한다고 여겨진다. 그러나 이러한 실재구조 또는 (흔히 말하는) 실재적 본질은 우리에게 전혀 알려지지 않는다. 따라서 이것을 나타내기 위해 쓰이는 어떤 소리(또는 말)는, 그 적용이 매우 불확실한 것임에 틀림없다. (예를 들어) 어떤 사물이 말이나 안티몬이라고 불리는가, 또는 불려야 하는가는, 그러한 말이 우리에게 관념이 전혀 없는 실재적 본질을 위해 쓰일 때 이것을 알기란 불가능하다. 그렇기 때문에 이 생각에서는 실체의 이름은 알 수 없는 기준에 관련되므로, 이름의 뜻이 그러한 기준에 의해 조정되고 확립되는 일은 결코 할 수가 없는 것이다.

13. 둘째, 불완전하게밖에 알려지지 않는 공존성질(共存性質)에 (관련된다)

둘째, 실체에 공존한다 여겨지는 단순관념은 실체의 이름이 직접적으로 뜻을 나타내는 것이므로 여러 종류의 사물에 합일된 것으로서의 이러한 단순관념은, 실체의 이름이 관련되어 이름의 뜻을 가장 잘 수정할 수 있는 본디 기준이다. 그러나 이러한 원형(原形)도, 실체의 이름을 매우 심하고 다양하게, 나아가서는 불확실한 뜻이 없게 내버려 둘수록 이 (기준이라고 하는) 목적에 쓸모가 없을 것이다.

왜냐하면 같은 주체에 공존하고 합일되는 단순관념은 그 수가 매우 많고, 또 (어느 관념도) 종(種)의 이름이 나타낼 복잡한 종적관념(種的觀念)으로 들어갈 평등한 권리를 가지므로 사람들은 비록 전적으로 같은 주체를 생각하려고 해도 이 주체에 대해서 매우 다른 관념을 형성하게 되며, 더 나아가서는 이 주체를 위해 쓰는 이름은 많은 사람의 경우 불가피하게 매우 다른 뜻을 갖기 때문이다. (실체의) 복합관념을 만드는 단순성질(또는 관념)은 대부분이 능력, 즉 실체가 다른 물체 안에 만들기 쉬운, 또는 다른 물체로부터 받기 쉬운 변화에 관계되는 능력이지만, 이 단순성질(또는 관념)은 거의 무한하다. (예를 들어 금 이외의) 비금속의 어느 하나를 불에 여러 가지로 대는 것만으로, 이 비금속이 어느 정도 다양한 변화를 받기 쉬운가, 비금속의 어느 것인가에 다른 물체를 대어 이것으로 화학자의 손에 의해서 그 비금속이 어느 정도 수많은 변화를 받을 것인가, 그러한 점을 관찰만이라도 하는 사람은 내가 다음과 같이 생각하는 것을 이상하게 여기지는 않으리라. 즉 우리의 기능으로 할 수 있는 방식인 어떤 종의 물체의 특성을 모아서 완전무결하게 알기란 쉬운 일이 아니라는 것이다. 따라서 그러한 특성은 적어도 많이 있어서 정확하게 결정된 수를 아무도 알 수가 없으므로, 사람이 다르면 그 다양한 기능, 주의, 취급방법에 따라 발견되는 것도 다르다.

그러므로 사람이 다르면 같은 실체에 대해서 서로 다른 관념을 가지지 않을 수가 없으며, 또 실체의 보통명(또는 공통명)의 뜻이 매우 다양하고 불확실해지지 않을 수가 없다. 왜냐하면 실체의 복합관념은 자연히 공존한다고 여겨지는 단순관념으로부터 만들어지므로, 누구나 자기가 이미 합일되었다고 발견한 성질을 자기 복합관념에 넣을 권리를 가지고 있기 때문이다. (예를 들어) 어떤 사람은 색과 무게로 금의 실체를 이해하지만, 다른 사람은 왕수(王水) 안에서의 용해성이 금에 대한 그 사람의 관념으로서 반드시 금의 색과 연결되어야 한다고 생각하는데, 그 점은 누군가가 금의 용해성을 (색과 연결되지 않으면 안 된다고) 생각하는 것과 같다. 왜냐하면 왕수 안에서의 용해성은, 용해성이나 그 밖의 무엇인가와 마찬가지로, 끊임없이 금의 색이나 무게와 연결되는 성질이기 때문이다. (또) 다른 사람은 연성(延性) 또는 고형성 등을 전승(傳承) 또는 경험이 가르치는 대로 받아들인다.

이들 가운데 누가 금이라고 하는 말의 올바른 뜻을 확립했는가? 또는 누가 결정하는 판정자가 될 수 있는가? 각자가 자기가 주장하는 기준을 가지고 있어서 다음과 같이 생각하는 것은, 즉 자기가 시험해서 (금에) 합일되어 있다고 발견한 성질을 금이라는 말로 뜻이 표시되는 복합관념에 넣는 같은 권리를 갖는다고 생각하는 것은 당연하다. 마찬가지로 그다지 깊이 검토해 오지 않았던 사람은 이들 성질을 없애야 하며, 다른 시험을 해온 제3자는 다른 성질을 넣어야 한다. 자연상태에서의 이들 여러 성질의 합일은 (금이라고 하는) 하나의 복합관념에서의 여러 성질을 합하는 참다운 근거이지만, 여러 성질의 하나가 다른 것에 비해 도입될 이유 또는 제거될 이유를 많이 갖는다고 과연 누가 말할 수 있는가? 이런 까닭에 실체의 복합관념은 이에 대해 같은 이름을 쓰는 사람들 사이에서 매우 다양할 테고, 더 나아가서는 그러한 이름의 뜻은 매우 불확실하리라는 점은 언제나 피할 수가 없을 것이다.

14.

게다가 존재하는 그 어떤 특수한 사물로서, 그 (사물의 복합관념을 만드는) 단순관념의 어떤 것에서는 (다른) 많은 특수한 존재자와 서로 통하고, 또 다른 단순관념에서는 적은 특수한 존재자와 서로 통하는 일이 없는 사물은 없다. 이 경우 종의 이름에 따라서 뜻이 표시될 (관념의) 엄밀한 집합을 만들어야 할 단순관념은 어느 것인가, 누가 이를 쉽게 결정할 수 있는가? 또는 어떤 명확하고 공통된 성질이 (그럼에도) 없어지거나, 숨어 있는 한층 특수한 어떤 성질이 (오히려) 어느 실체의 이름의 뜻에 포함되어야 하는지를 누가 올바른 권위를 가지고 제정할 수 있는가? 이러한 일이 모두 하나가 되어 실체의 이름에 다양하고 의심스러운 뜻을, 즉 실체의 이름을 학문적으로 쓸 수가 있게 되면 그 토록 불확실성이나 토의나 잘못을 낳은 다양하고 의심스러운 뜻을 잘못 낳는 일은 좀처럼 없거나 결코 없는 것이다.

15. 이러한 불완전성에서는 실체의 이름은 시민적 사용법에는 쓸모가 있겠지만 학문적 사용법에서는 그다지 쓸모가 없을 것이다

하기야 시민적인 보통의 담화에 대해서는 실체의 일반명, 즉 (예를 들어 종자로 번식한다고 알려진 사물에서는 모습이나 형태에 의해서, 다른 실체에서는 대부분 다른 감지할 수 있는 성질과 연결된 색에 의해서 하는 식으로) 어떤 명확한 성질에 의해서 통상적인 뜻으로 규제되는 실체의 일반명은 사람들이 이야기할 때 이해시키고자 하는 사물을 가리키는 데에는 그 기능을 충분히 발휘한다. 따라서 사람들은 일반적으로 (예를 들어) 금 또는 사과라고 하는 말이 뜻하는 실체를 충분히 생각해서, 한쪽을 다른 쪽으로부터 구별한다. 그러나 일반적 진리를 확립해야 하고, 세워진 견해로부터 귀결을 끌어내야 할 학문적 탐구나 논쟁에서는 실체의 이름의 정확한 뜻은 단순히 잘 확립되지 않을 뿐만 아니라, 확립되기가 매우 어렵다는 사실을 알게 된다. 예를 들어 펴지는 성질 또는 일정한 정도의 고형성을 금 자체의 복합관념 일부로 삼는 사람은 금에 관한 명제를 만들 수가 있고, 그러한 뜻으로 풀이된 금에서 참되게 또 명확하게 도출되는 귀결을 이 명제로부터 끌어낼 수가 있을 것이다. 하지만 이 귀결은 다른 사람, 즉 펴지는 성질 또는 같은 정도의 고형성을 자기가 쓰는 금이라고 하는 이름이 나타내는 복합관념의 일부로 삼지 않는 사람이 그 진리성을 허용하거나 따르도록 강제될 리가 결코 없는 그러한 귀결인 것이다.

16. 사례(事例), 체액(體液)

위에서 말한 것은 세상 어떤 언어에서도 실체의 거의 모든 이름에서 볼 수 있는 거의 피할 수 없는 불완전성으로, 사람들은 일단 혼란하거나 산만한 생각을 버리고 한층 엄밀하며 면밀한 탐구로 나아갈 때 이 불완전성을 쉽게 발견하게 될 것이다. 왜냐하면 그때 사람들은, 통상적인 사용법에서는 매우 명확하고 확정된 것으로 보이는 말이 그 뜻에서 얼마나 의심스럽고 불명확한가를 이해하게 되기 때문이다. (실례를 들자면) 언젠가 나는 학식이 뛰어난 의학자들의 모임에 갔었는데, 우연히 거기에서 그 어떤 체액이 신경섬유 안을 지나가는가 하는 문제가 제기되었다. 양측의 찬반에 대한 다양한 논의로 논쟁이 꽤 오래 이어졌다. 여기에서 (토의의 대부분은 사물에 대한 생각의 차이보다는 말의 의미 표시에 대한 쪽이 많다고 평소에 생각해 온) 나는, 사람들이 이 토의에서 조금이나마 앞으로 나아가기 전에, 체액이라고 하는 말의 뜻을 먼저 검토해서 확립하기를 바랐다. 처음에 사람들은 이 제안을 듣고 약간 놀랐다.

만약에 사람들이 그다지 영리하지 않았다면, 어쩌면 그들은 이 제안을 아주 터무니없는, 또는 상식을 벗어난 제안으로 받아들였을지도 모른다. 왜냐하면 그들은 모두 체액이라는 말이 나타내는 바를 자기 자신은 완전하게 이해하고 있다고 철석같이 믿었으며, 내 생각으로도 이 말은 실체의 가장 복잡한 이름의 하나는 아니기 때문이다. 하지만 사람들은 내 제안에 기꺼이 응해 주었다. 그리하여 토의한 결과, 체액이라고 하는 말의 뜻이 모든 사람들이 상상했던 것보다 결정적으로 확실한 것이 아니고, 각자가 이 말을 서로 다른 복합관념의 기호로 삼고 있다는 것을 알았다. 이것이 사람들에게 자기들 토의의 주요점은 이 명사의 뜻에 있었다는 사실, 그리고 신경의 도관을 지나는 액체상의 어떤 물질에 관한 자기들 의견에 매우 하찮은 차이밖에 없다는 사실을 알게 한 것이다. 이 물질을 체액이라 부를 것인가 아닌가에서 일치하기란 그다지 쉬운 일은 아니었지만 이것은 각자가 생각하면 다툴 만한 일이 못 된다는 것이었다.

17. 사례(事例), 금(金)

사람들이 열성적으로 매달리는 대부분의 토론이 얼마나 이러한 (앞 절에서 말한 것 같은) 것이었는지 아마도 다른 곳(예를 들어 다음 장 제7절)에서 살펴볼 기회가 있을 것이다. 다만 여기에서는, 앞에서 (이 장 제15절에서) 든 금이라고 하는 말의 사례를 좀더 정확하게 고찰해 보기로 한다. 그러면 뜻을 정확하게 결정하기가 얼마나 어려운가를 알게 될 것이다. 나는 생각하는 바이지만, 모든 사람은 한결같이 금이라고 하는 말을 노란색으로 빛나는 물체로 표현한다. 이것이 금이라는 이름에 어린이들이 결부시켜 온 관념이다. 그러므로 공작꽁지의 노란색으로 빛나는 부분은 어린이들에게는 바로 금이다.

다른 사람들은 물질의 어떤 한 조각에 노란색과 연결된 용해성을 발견한다.

그래서 이 사람들은 그러한 (성질 또는 관념의) 집성으로부터 그들이 금이라는 이름을 부여하는 하나의 복합관념을 만들어서 어떤 종의 실체(즉 금)를 나타내고, 더 나아가서 불로써 재가 되는 노란색으로 빛나는 물체를 모두 금이라는 것으로부터 배제하며, 빛나는 노란색을 가지며 불에 녹거나 재가 되지 않는 실체만을 그 (금이라고 하는) 종이라고, 다시 말하면 금이라고 하는 이름 아래 포괄되는 것을 허용한다.

다른 사람은 같은 이유로 무게를 더한다. 무게는 용해성과 마찬가지로 빛나는 노란색과 직접 연결되는 성질이므로, 그 사람 생각으로는 금의 관념 안에 이어져 그 이름으로 뜻이 표시되는 이유가 마찬가지로 있고, 그러므로 그러한 색과 용해성(만의) 물체로 만들어진 다른 관념은 불완전하다. (금의) 나머지 성질에 대해서도 모두 그러하다. 이때 자연적으로 늘 합일되어 있는 불가분한 성질이 있는 것이 왜 (금의) 유명적 본질로 도입되고 다른 성질은 제거되는가, 또는 (예를 들어) 자기 손가락에 끼고 있는 반지를 만드는 종의 실체를 뜻하는 금이라고 하는 말이 왜 그 색과 무게와 왕수 안에서의 용해성이 아니라 색과 무게와 용해성으로 그 종을 결정해야 해야 하는가, 아무도 그 까닭을 밝힐 수가 없다. 왜냐하면 왕수라고 하는 액체로 금을 녹인다는 것은, 불로 녹이는 것과 마찬가지로 금으로부터 분리할 수 없으며 어느 것이나 다 같이 금이라고 하는 실체가 다른 두 물체, 즉 (왕수와 불 또는 가연물이라고 하는) 금과 다른 작용을 하는 능력을 가진 다른 두 물체에 대해서 갖는 관계 바로 그것이기 때문이다.

어떠한 권리에 의해서 용해성은 금이라는 말로 표시되는 본질의 부분이 되고 용해성은 단순히 금의 특성에 지나지 않게 되는가? 또는 왜 금의 색은 본질이고 펴지는 성질은 특성에 지나지 않는가? 내가 그렇게 말하는 까닭은 이렇다. 즉 이들은 모두 금의 실재구조에 기초한 특성에 지나지 않고 다른 물체와의 관련에서 능동적이거나 수동적인 능력을 말하는 것이다. 따라서 (자연히 존재하는 금이라는 물체에 관련된 것으로서의) 금이라고 하는 말의 뜻을, 그 물체에서 발견되는 하나의 관념집합보다 다른 관념집합 쪽으로 결정할 권리는 그 누구에게도 없다. 이에 의해서 금이라고 하는 이름의 뜻은 불가피하게 매우 불확실할 수밖에 없다. 왜냐하면 이미 (본 권 제4장 제4절 등에서) 말한 바와 같이 여러 사람이 같은 실체에 대해서 여러 특성을 관찰하기 때문이다. 그러면서도 아무도 모든 걸 관찰하지는 않는다고 말해도 좋다고 나는 생각한다. 그러므로 우리는 사물에 대한 아주 불완전한 기술(記述)만을 가질 뿐이며 말은 아주 불확실한 뜻을 갖는다.

18. 단순관념의 이름은 가장 확실하다

이제까지 말해 온 것으로 앞에서 (본 권 제4장 제15절에서) 주목했던 것, 즉 단순관념의 이름이 다른 모든 관념보다도 가장 잘못에 빠지지 않는다는 것은 쉽사리 관찰될 수가 있다. 그것은 다음과 같은 이유에 의해서이다. 첫째로 단순관념의 이름이 나타내는 관념은 각기 단 하나의 단일지각이므로 한층 복잡한 관념에 비해 훨씬 손쉽게 얻어지며 한층 뚜렷하게 유지되므로 실체나 혼합양상의 복합관념에, 즉 이것을 만드는 단순관념의 정확한 수가 쉽사리 일치하지 않고 마음에 그다지 즉각적으로 유지되지 않는, 실체나 혼합양상의 복합관념에 평소 따르는 불확실성에 쉽게 빠지지 않기 때문이다. 또 둘째로 단순관념의 이름은 단순히 이 이름이 직접 뜻하는 지각(을 본질로 해서 이에 관련되는) 이외에는 그 어떤 다른 본질도 결코 관련하지 않으며, 이 관련이야말로 실체의 이름의 뜻을 자연히 복잡하게 만들어 매우 많은 토의를 불러일으키기 때문이다.

자기 말을 왜곡해서 사용하지 않고 일부러 이의(異議)를 세우려고 하지 않는 사람은, 자기가 잘 아는 어떤 언어라도 단순관념의 이름의 사용법과 뜻을 잘못 쓰는 일은 좀처럼 없다. (예를 들어) 희다와 달다와 노랑과 쓰다는 매우 명확한 뜻을 가지며, 모든 사람이 이를 정확하게 이해하고 또 모른다는 것을 알고 가르쳐 주도록 요청한다. 그러나 다른 사람이 쓰는 겸손 또는 절약(이라고 하는 말)이 단순관념의 어떠한 정확한 집합을 나타내는가는 절대 확실하게는 알 수가 없다. 또 우리는 아무리 금이나 철(이라고 하는 말)이 뜻하는 것을 충분히 안다고 생각하기 쉽다 해도, 그럼에도 다른 사람들이 금이나 철(이라고 하는 말)을 기호로 삼는 (금이나 철의) 정확한 복합관념은 그다지 확실하지가 않다. 그래서 이야기하는 사람과 듣는 사람 사이에서 금이나 철(이라고 하는 말)이 정확하게 (관념의) 같은 집합을 나타내는 일은 아주 드물다고 나는 믿는다. 이 때문에 사람들이 보편적 명제를 다루지 않으면 안 되고, 자기 마음에 보편적 진리를 확립하여 거기에서 나오는 귀결을 고찰하려고 하는 그러한 논의에서 이러한 말을 쓸 때에는, 아무래도 오류와 토의가 생겨나기 마련이다.

19. 그리고 단순양상

같은 규칙에 의해서 단순양상의 이름은 단순관념 다음으로 의혹이나 불확실성에 빠지는 일이 가장 적다. 특히 모양과 수의 이름이 그러하다. 사람들은 이들에 대한 명확한 관념을 가지고 있다. (예를 들어) 7 또는 삼각형을 이해하는 사람 가운데 이들의 통상적인 뜻을 잘못 안 사람이 있었던가? 그래서 일반적으로 모든 종류에서 가장 복합되지 않은 관념은 가장 확실한 이름을 갖는 것이다.

20. 가장 불확실한 것은 매우 복합된 혼합양상과 실체의 이름이다

그러므로 소수의 뚜렷한 단순관념만으로 만들어지는 혼합양상은 보통 매우 확실한 뜻의 이름을 갖는다. 그러나 다수의 단순관념을 포괄하는 혼합양상의 이름은 이미 (이 장 제6절에서) 제시한 바와 같이 보통은 매우 의심스럽고 불확실한 뜻이다. 실체의 이름은 그것이 결부되는 관념이 실재적 본질이 아니며 그 이름이 관련되어지는 원형의 정확한 표상도 아니므로, 역시 비교적 큰 불완전과 불확실성에 빠지기가 쉽다. 특히 실체의 이름을 학문적으로 쓰게 될 때 그러하다.

21. 이 불완전성을 왜 말의 잘못으로 여기는가

실체에 관한 우리의 이름에 일어나는 큰 혼란은, 대부분 우리의 지식이 모자라고 실체의 실재 구조를 통찰하지 못한 데서 생긴다. 따라서 내가 이 혼란을 하나의 불완전한 것으로 보고 지성보다는 오히려 말의 허물로 보는지 의아하게 생각할지도 모른다. 이 이의(異義)는 매우 정당하게 보이므로 왜 내가 이 방식에 따르게 되었는지를 설명해야 한다고 생각한다. 그렇게 되면 나는 고백하지 않으면 안 되지만 내가 처음 지성에 대해서 이 논의를 시작했을 때, 또 매우 나중까지도 말에 대한 고찰이 어쨌든 필요할 것이라고는 조금도 생각해 오지 않았었다.

그러나 우리 지식의 기원과 권위를 모두 논하고 나서 참다운 앎의 범위와 절대 확실성을 검토하기 시작했을 때, 이것이 말과 매우 밀접하게 결합되어 있으며 따라서 말의 힘과 뜻에 대해서 먼저 충분히 관찰하지 않으면 참다운 앎(또는 지식)에 관해서 아주 조금밖에 명확하고 적절하게 말할 수 없다는 사실을 알았다. 참다운 앎(또는 지식)은 진리에 관련되므로 끊임없이 명제를 다루어야 하는 것이다. 그래서 지식은 사물로 끝나게 되는데, 더욱이 그 대부분은 말의 개입에 따르는 일이 매우 많으므로 말은 우리의 일반지식과는 거의 분리할 수 없는 것처럼 보인다.

적어도 말은 우리 지성과 그것이 관조하고 인지하려고 한 진리 사이에 심하게 개입하여, 그 때문에 눈에 보이는 사물이 통과하는 매체처럼 말의 불확실성과 혼란은 우리 눈을 흐리게 하고 지성을 속이는 경우가 많다. 만약 우리가 다음과 같은 점을 고찰한다면, 즉 사람들이 다른 사람들을 빠뜨리게 할 뿐만 아니라 자기 자신도 빠지는 오류와, 사람들의 논의나 잘못된 생각의 원인 가운데 얼마나 많은 부분을 말과 그 불확실한, 또는 잘못된 뜻이 차지하고 있는지를 고찰하면, 말이 참다운 앎을 향한 길에 대한 작지 않은 방해라고 생각하는 것은 마땅하리라. 이 방해야말로, 나는 단정하는 바이지만 가장 꼼꼼하게 경계해야 할 일이다. 왜냐하면 이 방해는 이제까지 하나의 불편이라고만 여겨진 것이 아니라, 다음 장에서 볼 수 있는 바와 같이 이 방해를 늘리는 기술이 사람들이 연구해야 할 일로 받아들여져 학식과 정밀한 평판을 획득해 왔기 때문이다. 나는 곧잘 상상하는 바이지만 만약에 지식의 도구로서 언어의 불완전성이 가장 철저하게 고려된다면, 세상을 그토록 떠들썩하게 만든 대부분의 논쟁은 저절로 없어지고, 참다운 앎에의 길은 그리고 아마도 평화에의 길도 지금보다는 크게 열릴 것이다.

22. 고대 저자들에 대한 우리의 견해를 강요할 때 이것이 절도(節度)를 가르친다

확실히 모든 언어에서 말의 뜻은 말을 쓰는 사람의 사상, 생각, 관념에 두드러지게 바탕을 둔 것이므로 같은 언어, 같은 나라의 사람들이라도 불확실성은 피할 수 없는 일임에 틀림없다. 이 점은 그리스의 저자들에게서 매우 뚜렷하다. 따라서 그들의 책을 정밀하게 조사하는 사람은, 거의 어느 책에서나 같은 말이면서도 별개의 언어를 발견하게 될 것이다. 그런데 어느 나라에서나 볼 수 있는 이 자연적인 문제점에 (고대 그리스와 같은) 나라의 차이와 멀리 떨어진 시대가 덧붙으면 그러한 다른 나라와 먼 시대에는 이야기하는 사람과 쓰는 사람에게 매우 다른 생각, 기질, 습관, 문장 수식, 화법의 묘미 따위가 있고, 그 어느 것이나 지금의 우리에게 그러한 서로 다른 생각 등은 사라져 알려지지 않지만, 그 무렵에는 그 사람들의 말뜻에 영향을 주어 이것을 다르게 만들었던 것이며, 그렇게 했을 때 이들 고대의 책에 대한 우리 해석이나 오해에 서로가 너그럽다는 점은 우리에게 어울리는 일이었을 것이다.

고대의 서적은 이를 이해하는 일이 매우 중요하면서도 이야기라고 하는 피할 수 없는 어려움에 빠지기가 쉽다. 이야기는 (단순관념이나 약간의 매우 명확한 사물의 이름을 제외하고는) 끊임없이 명사를 정의하지 않으면 이야기하는 사람의 견해나 지향하는 바를 듣는 사람에게 아무런 의혹이나 불확실성이 없도록 전달할 수는 없다. 그래서 종교나 법이나 도덕의 논의에는 이들이 최고로 중대한 사항인 것과 마찬가지로 가장 큰 어려움이 있을 것이다.

23.

구약성서 및 신약성서의 해석자나 주석자들의 여러 책들은 앞 절에서 말한 것의 명백한 증거이다. 성구(聖句)의 모든 말은 틀림없이 참이지만 그럼에도 읽는 사람은 그것을 이해하는 데 있어 심각한 잘못을 저지를지도 모른다. 아니 저지르지 않을 수가 없는 것이다. 또 신의 의지도 언어의 옷을 입을 때, 그 종의 전달에 불가피하게 따르는 의혹과 불확실성에 빠지기 쉽다. 그것은 신의 아들마저도 육체를 입고 있는 동안에는, 죄를 제외하고 인간 본성의 모든 취약함과 불합리를 면치 못했는데 이를 이상하게 생각할 일이 아니다.

그래서 우리는 신의 자애를, 즉 온 세계 앞에 (만물의 창조와 그 추이라고 하는) 신이 한 일과 이토록 읽기 쉬운 문자를 전파했으며, 이 (성서라고 하는) 말이 결코 닿지 않는 사람이 (다시 말하면 성서를 읽지 않은 사람들이 탐구하기 시작할 때는 언제든지) 신의 존재도 신에게 해야 할 복종도 의심할 수가 없을 정도로 충분한 이지의 빛을 전 인류에게 주는 신의 자애를 찬미해야 할 것이다. 그렇다면 자연종교*³의 가르침은 모든 인류에게 쉽게 이해될 수 있고 다투는 일은 거의 없어야 하며, (이에 반해서) 책이나 언어에 의해서 우리에게 전해지는 다른 계시된 진리는, 말에 뒤따르는 일반적이고 자연적인 불명확이나 어

---

*3 natural religion. 초자연적 계시에 기초한 계시종교(revealed religion)에 대해서 인간지성의 이해와 승인에 종교의 자연, 즉 본성을 둠으로써 얻어지는 종교.

려움에 빠지기 쉬우므로 앞엣것(즉 자연종교의 가르침)을 지키는 데 좀더 신중하고 꼼꼼해야 하며, 뒤엣것(즉 성서를 포함해서 서적의 진리)에 대해서 우리 자신의 견해나 해석을 강요하는 데에 위압적이고 적극적이거나 거만하지 말아야 한다는 것은 우리에 어울리는 일로 여겨진다.

1. 말의 오용

(앞 절에서 살펴본 것처럼) 언어에 자연히 존재하는 불완전성이나, 말을 쓸 때 피할 수 없는 불명확성과 혼란에 더하여, 이러한 (말에 의한) 사상 전달의 방식에서 사람들이 저지르는, 사람들이 제멋대로 하는 몇 가지 잘못이나 누락이 있다. 이 때문에 사람들은 이 (말이라고 하는) 기호의 뜻을, 기호가 자연히 (본디 성격상) 필요로 하는 것 이상으로 명확하지 않게 만드는 것이다.

2. 첫째로 아무런 관념도 없는, 또는 명확한 관념이 없는 말

첫째로 이런 종류에서 가장 알기 쉬운 오용은 명확한 관념 없이 말을 쓰는 일, 또는 더 나쁜 일이지만 뜻을 나타내는 아무런 사물도 없이 기호(즉 말)를 쓰는 일이다. 여기에는 두 가지가 있다.

1. 어떤 언어에서 관찰되겠지만 약간의 말은 이것을 검토하면 그 기원에서나, 타당한 사용법에서나 명확한 관념을 나타내지 않는다는 점을 알 수 있을 것이다. 그러한 말은 대부분 철학이나 종교의 여러 유파가 들여온 것이다. 왜냐하면 이들 유파의 창시자나 추진자는, 기이하고 보통의 이해를 벗어난 사물을 애용해서 그런지, 또는 어떤 이상한 설(說)을 지지하거나 자기 가설의 약점을 덮기 위해서인지, 그 어떤 원인으로 새로운 말을, 더욱이 검토를 하게 되면 뜻이 없는 명사라고 불려도 좋을 말을 잘못 만드는 일이 없기 때문이다. 말이 처음으로 만들어졌을 때, 말에 결부되는 확정적인 관념집합을 가지게 하지 않았으므로, 또는 적어도 잘 검토하면 정리되지 않았다는 것을 알 수 있는 관념집합을 가졌으므로 뒷날 같은 당파가 일반적으로 쓰면, 그러한 말은 다음과 같은 사람들 사이에서, 즉 말이 나타내는 정확한 관념은 무엇인가를 검토

하는 데에 머리를 많이 쓰지 않고, 자기들 교회 또는 학파를 (다른 것과) 구별하는 특징으로서 그러한 말을 자주 입에 올려도 좋다고 생각하는 사람들 사이에서 뜻이 거의 없는, 어쩌면 전혀 없는 헛된 음성으로만 남게 되는데 그것도 이상한 일은 아니다. 여기서 그러한 사례를 제시할 필요는 없을 것이다. 모든 사람의 독서나 논의가 이것들을 충분히 제공하게 될 것이다. 혹은 (사례를) 가장 잘 저장하려고 하는 사람이 있다면, 이런 종류의 명사를 만들어 내는 위대한 선생들이, 내가 말하는 것은 학원 사람들이나 형이상학자들이지만(그 중에는 토의에 전념하는 최근의 자연학자나 도덕학자를 넣어도 좋으리라 생각한다),*1 그러한 사람들이 만족시켜 주는 수단을 풍부하게 가지고 있다.

3.

2. 그 (앞 절에서 든 사람) 말고도, 그러한 오용을 한층 널리 퍼뜨리는 사람이 있다. 그러한 사람들은 말의 근원적인 표시에서는 그 말에 결부되는 명확한 관념이 거의 없는 말을 버리려고 배려하는 일이 매우 적다. 따라서 그러한 사람들은 용서할 수 없는 실수에 의해서, 적절한 언어가 매우 중요한 관념에 덧붙여 두었던 말을 아무런 명확한 뜻도 없이 사용하는 데에 익숙해진다. (예를 들어) 지혜, 영예, 품위 등은 많은 사람의 입에 자주 오르내리는 말이다. 그러나 이들 말을 쓰는 사람들 대부분은, 자기가 한 말의 뜻이 무엇이냐는 질문을 받으면 당황해서 대답할 바를 몰랐을 것이다. (이것은) 그 사람들이 그러한 소리를 배워서 그 자리에서 혀끝에 올리지만, 그럼에도 이 소리로 다른 사람에게 표현될 확정된 관념을 조금도 마음에 담고 있지 않다는 것은 누구나 알 수 있는 증거인 셈이다.

4. 이름을, 그것이 속하는 관념에 앞서서 배우기 때문에 생긴다

사람들은 유아기 때부터 말이 결부되는 복합관념, 다시 말하면 말이 나타낸다고 여겨지는 사물에서 발견될 복합관념을 알기 전에, 즉 형성하기 전에 손쉽게 얻어서 말을 배우는 데에 익숙해진다. 그래서 사람들은 보통 한평생을 그렇게 계속한다. 그리하여 사람들은 확정된 관념을 마음에 정착시킬 수고

---

*1 여기에서 로크가 염두에 두는 것은 그 무렵에 볼 수 있는 비실증적 사변적인 자연학자, 도덕학자들이다.

를 하지 않고, 자기들이 갖는 불안정하며 혼란된 관념에 말을 써서, 다른 사람들이 쓰는 것과 같은 말에 안주하여 마치 자기들 (말의) 소리 그 자체가 반드시 늘 같은 뜻을 갖는 것처럼 보인다. 사람들은 생활의 일상사에서 이해될 필요가 있음을 알게 될 경우 그러한 방식으로 둘러맞추며, 따라서 (말의) 기호가 기호일 때까지 (다시 말하면 기호로서 쓸모가 있는 한, 말의) 기호를 만든다.

그럼에도 이러한 뜻이 없는 말은, 사람들이 자기주장 또는 이해의 어느 쪽엔가에 대해서 논하게 되면, 명백하게 엄청난 공허로 이해할 수 없는 소음과 넋두리로 가득 채운다. 특히 도덕 문제에서 그러하며 여기에서는 대부분의 말들이, 자연적으로는 규칙적 항구적으로 합일되지 않는 인위적인 많은 관념집합을 나타내므로 단순한 소리만이 자주 고찰되고, 혹은 적어도 그러한 소리에 결부된 매우 불명확하고 불성실한 생각을 하게 되는 것이다. 사람들은 이웃들 사이에서 쓰인다고 여겨지는 말을 들추어, 이 말이 나타내는 것을 모르고 있다고 여겨지지 않도록, 일정한 고정된 뜻에 대해서 크게 고민하지도 않고 자신 있게 말을 쓴다. 이로써 그 사람들은, 이것이 손쉽다는 사실 말고도 다음과 같은 이익을 얻는다. 즉 이러한 논의에서 이 사람들이 거의 옳을 수는 없지만, 그와 마찬가지로 자기들이 옳지 않다고 이해하는 일도 없는 그러한 이익을 얻는다.

정해진 생각을 가지지 않는 사람을 그 잘못으로부터 끌어내리려고 (다시 말하면 잘못을 이해시키려고) 애쓴다는 것은, 일정한 주거가 없는 부랑자의 주거를 빼앗으려고 노력하는 일과 완전히 같다. 나는 그렇게 생각한다. 그런가 그렇지 않은가는 자기 자신이나 다른 사람 내부에서 누구나 관찰할 수 있을 것이다.

5. 둘째로 말의 불안정한 적용

둘째로 말의 또 하나의 큰 오용은, 말을 쓸 때 늘 일정하게 정해져 있지 않다는 점이다. 어떤 주제에 대해서 특히 논쟁에 대해서 기록된 논문으로, 주의해서 읽으면 같은 말이 (더욱이 보통은 논의에서 가장 중요하고 논의의 중심이 되는 말이지만) 때로는 단순관념의 한 집합에, 때로는 다른 집합에 쓰이는 것을 관찰하지 않는 사람이 있는 논문을 발견하기란 어려울 것이다. 무릇 말은 무엇인가 자연의 뜻에 의한 것이 아니라, 자의적인 설정에 의해서 나의 관념을 다른 사람에게 알리는 기호로 되어 있다. 그러므로 내가 하는 말에 어떤 때에는 하나의 사물을, 어떤 때에는 다른 사물을 나타낼 때 그것은 누구나 알 수 있는 속임수나 오용이며, 일부러 그런 일을 하는 것은 몹시 어리석은 짓이고 더 나아가 불성실 때문이라고 말할 수 있을 뿐이다. 그래서 인간은 자기 논의나 논구에서 같은 말에 단순개념의 다른 집합을 나타내게 하는 것과 같은 공명성을 가지고, (사실은 같은 공명성을 가지고) 다른 사람과의 거래에서 그 숫자에 어떤 때에는 단위의 한 집합을, 다른 때에는 다른 집합을 나타나게 할 수도 있을 것이다. 예를 들어 3이라고 하는 숫자에 어떤 때에는 3을, 다른 때에는 4를, 또 다른 때에는 8을 나타낼 수도 있다.

만약에 이런 식의 계산을 하는 사람이 있다면, 이런 사람을 상대하는 자가 있을지 의문이다. 세상의 여러 사항이나 일에서 이런 식으로 이야기하며, 자기 이익에 가장 유익하도록 8을 어떤 때에는 7이라 부르고, 어떤 때에는 9라고 부르는 사람이 있다면, 사람들은 늘 싫어하는 (어리석음과 불성실의) 두 이름 가운데 하나를 당장 붙일 것이다. 더욱이 논의 및 학문적 다툼에서는 같은 종류의 방식이 보통은 재치와 학식으로 통한다. 그러나 나는 이러한 방법은 빚을 갚은 데 화폐를 잘못 내놓는 일보다 더 큰 불성실이며, 진리는 금전보다 훨씬 가치가 있으므로 속임수는 더 크다고 생각한다.

6. 셋째로 옳지 않은 적용에 의한 고의를 가장한 불명확

셋째로 언어의 또 다른 오용은, 낡은 말을 새롭고 특이한 뜻으로 적용하거나, 새롭고 모호한 명사를 어느 것도 정의하지 않고 도입하든가, 그렇지 않으면 통상적인 뜻을 혼동할지도 모르는 명사를 긁어모으든가 그 어느 하나에 의한다. 일부러 가장한 불명확(다시 말하면 일부러 만들어진 불명확)이다. 페리파토스파(소요학파)의 철학은 이 방법에 뛰어났는데, 다른 유파들도 이를 전혀 벗어나지는 않았다. 어떤 어려운 점으로 괴로워하지 않는 유파는 없지만(이것이 사람의 지혜의 불완전성이다), 어느 유파나 이제까지 즐겨 이 어려운 점을 불확실한 명사로 덮어 말의 뜻을 혼동시켜 왔고, 이것이 사람들 눈앞의 안개처럼 사람들의 약한 부분이 발견되지 않게 했던 것이다.

(예를 들어) 물체와 연장이 보통의 사용법에서 두 가지 서로 다른 관념을 나

타낸다는 것은 조금만 성찰하면 누구나 알 수가 있다. 왜냐하면 만약에 물체와 연장의 뜻이 정밀하게 같은 것이라고 한다면 어떤 연장성을 가진 물체라고 말하는 것은, 어떤 물체의 연장과 마찬가지로 적절하고 같게 이해되었을 터이기 때문이다. (그러나 어떤 연장성을 가진 물체라는 것은 어떤 연장이라고 하는 물체, 나아가서는 어떤 연장, 즉 물체라는 부적절하고 이해할 수 없는 일이다). 더욱이 (데카르트파처럼) 물체와 연장의 뜻을 혼동할 필요가 있다고 생각하는 사람이 있다. 이 오용, 말의 뜻을 혼동하는 해악에, 학원에서 이제까지 다루었던 논리학이나 인문과학*2이 좋은 평가를 내려왔으며, 토의에서 칭찬받을 만한 기술이 (앞 장에서 말한) 언어의 불완전성에 더 많을 것을 더해 왔다. 이러한 기술은 사물의 지식과 진리를 발견하는 것보다는 말의 뜻을 현혹하는 데에 쓰여 이에 적응해 왔던 것이다. 그래서 이런 종류의 학술서를 들여다보는 사람은, 거기에서는 말의 뜻이 보통의 담화 때보다도 훨씬 불명확하고 불확실하며 불확정하다는 사실을 발견하게 된다.

7. 논리학과 토의가 이에 많은 공헌을 해왔다

이러한 것은, 사람들의 재간과 학식이 토의의 기술로 평가되는 곳에서는 불가피하게 그렇게 될 것이다. 그래서 만약에 명성과 보상이 이러한 (토의에서의) 정복에 뒤따르고, 정복은 말의 섬세함에 가장 많이 의존하는 것이라고 한다면, 그런 식으로 (말의 섬세한 탐색에) 쓰이는 인간의 재치가 소리(또는 말)의 뜻을 현혹시키고 복잡하게 만들고 세밀화해서, 그 어떤 문제에 대립하거나 문제를 옹호하거나 해서 할 말을 꼭 해야 한다는 것도 이상하게 생각할 일은 아니다. 왜냐하면 승리는 자기 쪽에 진리를 가지는 자가 아니라, 토의에서 마지막 (결정적인) 말을 지닌 사람에게 주어지기 때문이다.

8. 이것을 세밀이라고 해야 한다

이는 아주 쓸모없는 기술로, 참다운 앎에의 길과 단적으로 대립하는 것으로 나는 생각하지만, 그럼에도 이제까지의 세밀(細密)과 예리(銳利)라고 하는 칭찬할 만한 이름 아래 통용되어 학원의 칭찬과 세상 일부의 학식자 장려를

＊2 liberal arts. 로마에서 자유민이 배운다 해서 이런 이름으로 불렸다. 논리학, 문법학, 수사학의 세 과목과 산수학, 기하학, 천문학, 음악의 여러 과목을 말한다.

획득해 왔던 것이다. 그래서 이것도 이상하게 생각할 필요는 없다. 왜냐하면 고대 철학자들(내가 말하는 것은 루키아노스^{*3}가 기지 넘치게, 그리고 이유가 있어서 책망하는, 토의와 말다툼을 일삼는 철학자들이다)과 그 뒤의 학원 사람들은 그 위대하고 보편적인 지식의, 즉 충실하게 획득하기보다는 주장하는 편이 훨씬 편한 위대하고 보편적인 지식의 영예와 존경을 지향하여, 이것(이 장 제6절에서 말해 온 것)을 다음과 같은 훌륭한 방책, 즉 현혹되는 말의 진기하고도 설명할 수 없는 천으로 자기들 무지를 덮고, 이해할 수 없었으므로 한층 놀라움을 낳기 쉬운, 이해할 수 없는 명사로 다른 사람의 찬탄을 불러오는 훌륭한 방책을 발견하기 때문이다.

하지만 모든 기록에서 명백하듯이, 새로운 말을 적용할 새로운 사물을 낳지 않을 곳에 새로운 말을 만들어 내는 일, 또는 낡은 말의 뜻을 현혹시키거나 불명확하게 해서, 더 나아가서는 모든 사물을 의문과 토의의 장으로 가져오는 일, 이러한 일들이 인간 생활에 득이 되고 또는 추천과 포상의 가치가 있는 사물이 아닌 한, 그러한 심원한 박사들은 그들의 이웃보다 현명하지도 않고 유용하지도 않으며, 인생 또는 그들이 살고 있는 사회에 매우 적은 이익밖에 가져오지 못한다.

9. 이 학식은 사회에 주는 이익이 매우 적다

왜냐하면 이들 학식 있는 토론자들, 모든 것을 아는 박사들임에도 학원 물이 들지 않은 정치가에게 세계의 여러 정부는 평화와 방위와 자유를 신세지고 있으며, (평판이 나쁜 이름인) 무식하고 멸시되는 기술자들로부터 여러 정부는 유용한 기술의 진보를 받고 있기 때문이다. 그럼에도 이러한 인공적인 무지와 학식 있는 헛된 지껄임은 다음과 같은 사람들의 관심과 기교에 의해서, 즉 실무에 바빠서 무지한 사람들을 난해한 말로써 현혹하거나, 이해할 수 없는 명사에 대한 착잡한 토의에 명석하고 한가한 사람을 종사시켜, 그 끝없는 미로에 항구적으로 빠진 채로 내버려 두거나 하는 일에 의하는 것보다도, 자기들이 다다르고 있는 높이의 권위와 지배에 이르는 한층 손쉬운 길을 발견하지 않은 (다시 말하면 이것을 가장 손쉬운 길로 삼는) 사람들의 관심과 기교에 의

---

*3 Lukianos, 120?~180?. 그리스의 풍자시인.

해서 최근의 몇몇 시대에 강력하게 퍼졌다. 게다가 이상하고 불합리한 이론을 한 덩어리의 불확실하고 의심스러운, 정의되지 않은 말로 감싸고 이를 지키는 것만큼, 그러한 이론을 허용하거나 방위하거나 하는 길은 없다.

하지만 이러한 길은, 그러한 (이상하고 불합리한 이론의) 은신처를 (진리의) 공명한 전사의 요새로 삼는 것보다 (진리에 어긋나는) 도둑의 소굴, (사람을 속이는) 여우의 구멍으로 만든다. 비록 이상하고 불합리한 이론을 이 은신처로부터 쫓아내기가 어렵다 해도 그것은 이론 안에 있는 힘 때문이 아니라, 이론을 둘러싼 (난해한 언어의) 들장미 가시덤불 때문이며, (말의) 불명확한 숲 때문이다. 진리가 아닌 것은 사람의 마음이 받아들이지 않으므로 불합리하게 남겨진 방위는 바로 불명확 자체이니 말이다.

10. 그러나 지식과 사상 전달의 도구(즉 언어)를 파괴한다[*4]

이렇게 해서 학식 있는 무지, 탐구적인 사람들까지도 참다운 지식으로부터 멀어지게 하는 이 기술은 세상에 널리 퍼져, 지성을 가르친다고 하면서 지성을 심하게 현혹시키고 말았다. 왜냐하면 우리가 보는 바와 같이 다른 선의의 현명한 사람들, 즉 그 교육과 재간이 (이 장 제8절부터 말해 온 현학적인) 그러한 예리함을 획득하지 않은 선의의 지혜로운 사람들은, 이해할 수 있도록 자기 자신을 서로 나타낼 수 있으며, 언어를 누구나 알 수 있게 써서 언어의 은혜를 만들어 낼 수가 있었기 때문이다. 그러나 학식이 없는 사람들이 (예를 들어) 하양과 검정 같은 말을 충분히 이해하고, 이들 말이 뜻하는 관념에 대해서 늘 정해진 생각을 가졌음에도 '눈은 검다'고 증명하는 데서, 즉 '하양은 검정이다'를 증명하는 데서 충분한 학식과 치밀성을 가진 철학자들을 발견한 것이다. 이로써 이러한 철학자들은 논의, 담화, 계발, 사교의 도구와 수단(인 언어)을 파괴하는 이익(실은 불이익)을 얻었다. 왜냐하면 철학자들은 위대한 기술과 치밀성으로 말의 뜻을 단지 현혹시키고 혼동하게 만드는 일 이상을 하지 않고, 이로써 언어를, 그것의 자연스러운 결함이 저지른 것보다 더 유용하지 않게 만드는 결과를 가져왔으며 (이것은) 무식한 사람이 다다른 적이 없는 재능이기 때문이다.

[*4] 눈은 희다고 논한 철학자에 대해서 프레이저판 편저 각주는 눈을 만드는 물이 검으니까 눈은 검다고 주장한 고대 철학자가 있다고 덧붙인다.

11. 문자의 소리를 혼동하는 것과 마찬가지로 유용(실은 무용)

이러한 학식 있는 사람들이 사람들의 지성을 계발하고, 그 인생을 이롭게 한(실은 그 반대) 일은 다음과 같은 사람, 즉 이미 아는 문자의 뜻을 바꿔, 무식하고 둔하며 저속한 사람의 능력을 훨씬 뛰어넘는 학식의 세밀한 책략에 의해서 자기 책 안에서 (예를 들어) A를 B로 하고, D를 E로 하는 일 등으로 할 수 있다고 명시하여, 독자의 적지 않은 칭찬을 얻어 독자를 위한 일이 되는 (실을 위한 일이 되지 않는) 그런 사람들과 같았다. 왜냐하면 (예를 들어) 하나의 감지할 수 있는 관념을 나타내기로 합의된 말인 검정을, 거듭 말하지만 이 말을 다르거나 반대되는 말과 바꾸어 놓는다는 것은, 즉 눈을 검다고 하는 것은 발성기관의 일정한 운동으로 만들어지는 소리의 한 변화를 나타낸다고 합의된 문자인 A라고 하는 이 표지를, 발성기관의 다른 일정한 운동으로 만들어지는 소리의 다른 변화를 나타낸다고 합의된 B와 바꿔놓는 것과 마찬가지로 무의미한 일이기 때문이다.

이 글 뒤에 덧붙일 예정이었던 다음과 같은 글이 초고에 남아 있다.

말을 오용해서 그 뜻을 옮겨서 바꾸는 이러한 학식 있는 기술에 의해서, 진리의 탐구 또는 적어도 진리의 검토에서 우리 사유를 지도하기 위해 고대인이 우리에게 남긴 규칙은 패배하고 말았다. (분명히) 학원의 논리학은 일반적으로 가르쳐지는 추리의 모든 규칙을 포함하고 있으며, 이들 규칙은 충분하다고 믿어지므로, 누군가가 다른 규칙을 탐구하거나 찾거나 할 필요가 있다고 생각하면 아마도 분수에 맞지 않다고 여길 것이다. 분명 삼단논법의 방법은 그것이 미치는 한 옳다. 그 본디 일은 어떤 변론의 힘과 정합을 명시하는 일이다. 그래서 이 목적을 위해서는 만약에 (위에서 말한 것 같은) 칭찬을 받은 토의기술이 지식이 되지 못하고, 그러한 다툼에서 승리를 얻은 평판이 말의 그릇된 쓰임을 이끌지 않았다면 매우 쓸모가 있으며, 누구나 올바른 순서의 삼단논법으로 전제로부터 필연적으로 나오는 결론에 기초해서 절대 확실하게 좋았을 것이다. (그러나) 말의 이러한 오용에 의해서, (삼단논법이라고 하는) 토론의 그 형식조차도, 지성을 돕는다기보다는 오히려 결국은 (지성을 빠뜨리는) 함정이 되어버리고, 더 나아가서는 그 형식이 만들어진 목적은 상실되고 만 것이다.

왜냐하면 삼단논법 형식이 연역을 정당화하므로, 결론은 아무리 허위라도 정당한 것이 되며 정당한 것이라고 허용되어야 했기 때문이다. 그러므로 학원에서 두각을 나타내려고 하는 사람들은 사물의 본성 탐구가 아니라 명사를 연구하고, 있는 힘을 다해서 사유를 억지로 강요한 모든 섬세함, 이른바 세밀성을 가지고 말의 뜻을 바꾸는 데에 사유를 집중시켜, 그에 의해서 응답자를 곤혹스럽게 할 수가 있었던 것이다. 만약에 이 응답자가 명사의 어떤 것이 다양한 뜻으로 쓰였을 때, 늘 잘못된 이론을 관찰하고 알아채는 일을 놓쳤다고 한다면 절대 확실하게, 비슷한 종류의 술책의 도움을 받지 않고 이론을 진행시켰으리라.

그래서 다른 한편으로는 응답자가 말을 상당히 잘 비축해 둠으로써, 이 말은 해당 목적의 그 어떤 사물을 뜻하든가, 그 어떤 사물을 의미 표시하든가, 그 점은 어찌되었건 사물을 구별하는 것으로 쓰여, 그러한 말을 논적(論敵)에게 넘기는 일이었고, 논적은 여기에 반론하는 일이었다. 그러므로 (논쟁의) 한쪽이 자기 말을 아리송하게, 즉 같은 음에 서로 다른 여러 관념을 나타내어 아리송하게 쓸 수가 있으며, 다른 한쪽이 단지 두 가지 음(또는 말)을, 제3의 음(또는 말)의 뜻에 조금이라도 관계가 있는지 없는지는 별도로 하고, 이 제3의 음(또는 말)의 다양한 뜻을 결정하는 것으로서 쓸 수만 있었다면, 그동안에는 토의가 끝날 리가 없으며 문제는 결말이 내려질 턱이 없었으리라. 또 토의자의 어느 쪽인가가 자기 본디의 공격에 실패해서 궁지에 빠지는 일이 일어났다면, 실은 이것은 상대방의 머리에 월계관을 씌워주는 것이며, 승리는 상대방의 것이고 그와 함께 학식과 명성이 있는 학자의 이름도 상대방의 것이다. 상대방은 보답을 받고 그것으로 목적을 이룬 것이다. 그러나 이에 의해서 진리는 그 어떤 사물도 얻지 않는다. 상대는 한층 뛰어난 토의자여서 누구나 이겼다고 생각한다.

하지만 이것으로 진리를 아무도 발견하지 못했고 그렇게 판정하지 않는다. 문제는 여전히 문제로 남아 있으며, 많은 토론의 씨앗이 되어 때로는 한쪽으로 기울고 때로는 다른 쪽으로 기울어 많은 투사(鬪士)에게 승리를 안겨준 뒤, 여전히 결정으로부터 전과 마찬가지로 다르고, 모든 이러한 싸움에서 진리와 지식은 관계가 없다. 진리와 지식에 관련이 있다고는 아무도 생각하지 않는다. 모든 것은 승리와 개가를 위한 일이다. 그러므로 진리의 이러한 다툼 방식은 승리를 위한 말의 오용에 지나지 않는 경우가 있을 테고 때때로 오용에 지나지 않는다. (토의의) 기능을 시험하는 데에 지나지 않으며 문제사항을 진지하게 고찰하는 것, 다시 말하면 진리가 있는 곳을 찾아내기 위해 머리를 썩힌다고는 조금도 보이지 않는 것이다. 이는 (삼단논법의) 방식이나 형식의 잘못이 아니다. 방식이나 형식의 규칙은 입론(立論)을 규제하며 사람들 논의의 정합과 힘을 시험하는 데에 매우 쓸모가 있다. 그러나 해악은 토의기술에 너무 높은 가치와 평가를 두고, 여기에 학식이나 지식의 호평과 포상을 줌으로써 초래되었으며, 사실은 이러한 일이 학식과 지식의 가장 큰 방해의 하나이다.

12. 이 기술은 종교와 정의를 현혹시켜 왔다

또 (앞 절에서 말한) 이 해악은 논리적 섬세, 즉 정밀하지만 헛된 사색에 머물러 있지 않았다. 인생과 사회의 중요한 관심사를 침해하여 법과 신학의 중대한 진리를 불명확하게 하고 현혹시켜, 인류의 갖가지 사항에 혼란과 무질서와 불확실성을 가지고 들어와 종교와 정의의 두 가지 중요한 규칙을 비록 멸종시키지 않았다 해도, 뚜렷하게 무용지물로 만들어 버린 것이다. 신의 법과 인간의 법에 대한 주석이나 토의의 최대 부분은 의미를 더욱 의아하게 만들고, 의의를 현혹시키는 일 말고 무슨 소용이 있었는가? 겹겹이 쌓인 정밀한 구별, 날카로운 섬세함의 결과는 말을 더욱 이해할 수 없게 만들며, 독자를 당혹하게 만드는 불명확이나 불성실 말고 이제까지 무엇이 있었던가? 그렇지 않으면 (예를 들어) 왕이 보통의 명령으로 관리들에게 이야기하거나 쓰거나 하면 손쉽게 이해되지만, 법(이라고 하는 형식)으로 백성에게 이야기하면 이해하지 못하는 일이 어떻게 해서 일어나는가? 또 전에 (앞 장 제22절에서) 지적했듯이 평범한 능력을 가진 해설자에게 묻거나 변호사에게 가지 않는 동안에는 성구(聖句)나 법을 매우 잘 이해하는 일은 자주 일어나지 않는가? 해설자나 변호사는 성구나 법을 설명할 때, 말에 어떠한 사물도 전혀 뜻을 가지지 않게 하거나 자기가 좋아하는 사물의 뜻을 나타내게 한다.

13. 그래서 학식으로 통용되게 해서는 안 된다

이러한 (주석자나 변호사라고 하는) 직업의 그 어떤 부차적 이익이 이러한 (앞 절까지에서 말한) 일을 불러왔는지 아닌지를 나는 여기에서 검토하려고는 하지 않을 것이다. 그러나 인류에게 있어, 즉 사물을 있는 그대로 알고 할 일을 하며 사물에 대해서 이야기하는 것에, 그러니까 말을 여기저기 내던지느라 인생을 소모하지 않는 것이 중요한 인류에게 있어, 다음과 같은 일이 유용하지 않다면 어떻게 될까? 즉 말의 사용법을 알기 쉽고 간단하게 해서, 지식의 진보와 사회의 유대를 위해 우리에게 주어진 언어를, (성스러운) 진리를 흐리게 하고, 사람들의 권리를 불안정하게 하기 위해서 안개를 일으키고 도덕과 종교 어느 쪽도 이해할 수 없게 하기 위하여 쓰지 않는 것이, 거듭 말하거니와 유용하지 않았는지 생각해 보기 바란다. 또는 적어도 이러한 일이 일어난다 해도 그 작업이 학식이나 진리라고 생각하지 않는 것이 쓸모 있는 일이 아닌지 생각해 보기 바란다.[5]

이에 덧붙일 예정이었던 다음의 글이 초고에 남아 있다.

우리는 모든 종류의 천사가 지식 면에서 우리보다도 훨씬 뛰어나다고 생각하지 않을 수가 없다. 어쩌면 천사들의 이러한 이점을 원망하며, 적어도 이 점에서 비교적 많은 몫을 차지할 수 없다는 것을 한탄하는 그러한 일도 있을 수 있다. (그런데) 천사들의 지식이 우리 지식보다 높다고 생각하는 사람은, 이것이 말장난을 치는 일이라고는 아무도 생각하지 않고, 사물을 관조하며 사물에 대한 참다운 생각을 가지고, 사물 서로 간의 여러 관계에 대한 지각을 갖는 점에 있다고 생각할 수가 있다. 만약에 그렇다면 대부분이 우리 능력 안에 있는 이 부분에서, 우리는 될 수 있는 대로 천사에게 다가가려는 큰 뜻을 가져야 한다고 나는 생각한다. 우리는 말의 모든 기교나 오류를 내던져 버려야 한다. 말의 이러한 기교와 오류는 이 (지상에 있는) 세계의 토론자들 일과 기능에서 매우 큰 부분을 이루고 있지만, 이지적인 사람들에게 이는 멸시할 일이며, 따라서 우리보다 차원이 높은 저 여러 영혼으로 하여금 우리를 기어코 비웃게 하지 않으면 안 되는 것이다.

우리가 사물을 안다고 하면서 진리를 서로 전달하는 데에 사용하는 (말이라고 하는) 기호를 불법으로 써서, 될 수 있는 대로 서로를 현혹하며 이로써 진리의 발견을 방해하고 있는 한, 우리가 그러한 기호의 오용을 연구하고 증진시

---

[5] 스콜라적 현학(衒學)에 대한 로크의 공격은 다음 장에서도 계속된다.

키는 일에 학식의 이름과 평판을 지니게 함을 본다는 것은, 천사들이 보면 멸시의 씨앗임에 틀림없지 않을까? (예를 들어) 중국인이 지식으로부터 완전히 멀어지게 하는 것을 칭찬하고, 이에 의해서 지식으로 정해진 것을 지식에의 길로부터 벗어나게 했다면, 이러한 중국인은 비웃어야 한다고 우리는 생각하지 않았는가?

이러한 기술의 연구는 시간의 헤아릴 수 없는 낭비이다. 그러한 기술은 무지와 잘못의 계속, 또는 확대에 유용할 뿐 진리를 사랑하는 모든 사람, 학문의 모든 전문가에 의해 부서져야 할 일이다. 적어도 학식이라는 이름과 포상을 주어 지지할 일은 아니다. 학식과 지식을 따로 떼어놓고 있는 사람이 (오히려) 자기들의 주된 목적, 즉 참다운 앎의 방해가 되는 것을 연구의 주요 부분으로 하지 않았으며 또 이를 전혀 하지 않았다고 생각하는 사람도 있었을 것이다. 논변(論辨)의 형식은 배워서 이용할 일이다.

그러나 (예를 들어) 점원에게 손님을 대접하는 교육을 하기 위해서, 가짜 물건을 (고객에게) 집게 해서 속이도록 권하거나 칭찬하거나 했을까? 사람들은 궤변에 빠져들어, 문제를 제안하고 토의하는 일을 의혹을 해결하거나 마음을 훌륭한 근거로 올바른 쪽에 앉히기 위해서가 아니라, 진리를 장난감으로 삼기 위한 것이며, 진리를 세우는 것은 단지 이를 내던지고 진리를 거짓으로 만들어 싸우기 위한 것일 뿐, 그러한 일을 가장 효과적으로 할 수 있는 사람이 가장 칭찬을 받는다. 그럴 때에 사람들이 결코 진리를 진지하게 찾거나 이를 존중하게 되지 않는다는 점은 이상하게 생각할 것 없다. 그렇다면 학자들은 무엇을 토의해서는 안 되는가? 학자들이 논의 방식이나 처리를 이해하지 않는 한, 어떻게 진리를 옹호할 수가 있는가? 이에 나는 다음과 같이 대답한다.

1. 이러한 논의를 처리하는 방법은 삼단논법의 여러 형식에 지나지 않으며, 이내 배울 수 있을 것이다.

2. 만약에 어떤 사람으로 하여금 그러한 (삼단논법의) 여러 형식을 배우게 하기 위해 토의가 필요하다면, 초심자가 어떤 학문을 제대로 연구하기도 전에 그 학문을 토의한다는 것은 불합리하다고 인정되어야 한다. (그러나 또) 초심자가 (그 학문을) 알기 전에 토의에 익숙해져서 토의가 요구된다고 하면, 이것은 바로 말을 사물로 삼아, 진리보다 명사를 선택하여 토의하는 법을 배우게 하는 일을 초심자에게 가르치는 결과가 되지 않을까?

3. 만약에 토의가 필요하다면, 누구나 자기가 진실로 품은 주장을 위해 열심히 토의해야 한다. 참 거짓이 그 사람에게 어떻게 되든 상관없어 보이지 않게 하기 위해서이다. 그런데 (지금의 경우는 참된 설과 거짓 설의) 어느 쪽을 품는가는 문제가 되지 않았다. (토의의) 승리가 모든 것이, 진리는 이 경우 아무것도 아니었던 것이다.

4. 하지만 진리를 사랑하는 일을 어떤 사람에게 가르치지 않는다면, 그리고 그 사람이 진리를 품었다고 해서 추천되지 않고 거짓을 잘 주장한다 해서 추천될 때에는, 그 사람에게 진리를 옹호하는 일을 절대로 가르칠 수가 없다. 또 (토의를 끝내는) 마지막 말이 있을 때까지 삼단논법의, 다시 말하면 (명사를) 구별하는, 결코 종말에 다다르지 않는 일이 추천할 만한 일이라고 한다면 이것은 결코 이야기를 끝마칠 수 없다는 것, (논적이) 대립하는 명사를 찾아낼 수 있는 동안에는 (결정적인) 대답을 하지 않는 것, 어떤 논의에 절대로 승복하지 않는 것, 이러한 일이 가치가 있는 일이라고 다른 사람을 설득하는 바로 그런 일이 아닌가? 이토록 기묘한 일은, 시민적 담화나 교양에 대해서 아무 말도 하지 않아도 진리를 고려하는 사람에게는 있을 리가 없다.

14. 넷째로 말을 사물로 삼는 일

넷째로 말의 또 다른 큰 오용은 말을 사물(事物)로 삼는 일이다. 이 오용은 어느 정도까지 모든 이름 일반에 관한 것이지만 특히 실체의 이름에 영향을 준다. 이 오용에는 어느 하나의 체계에 자기 생각을 몰두하여 온몸을 던져 기존 가설의 완전성을 단호하게 믿는 사람, 그러한 사람들이 가장 빠지기 쉽다. 그러므로 이런 사람들은 그 유파의 명사가 사물의 본성에 매우 적합하며, 따라서 사물의 실재와 완전히 대응한다고 믿게 된다. (예를 들어) 페리파토스파 철학의 교육을 받은 사람 가운데 10개 범주로 유별되는 10개 이름이 사물의 본성에 정확하게 합치한다고 생각하지 않는 이가 있는가? 그 학파 사람으로 실체적 형상, 식물적 영혼,*6 진공 혐오,*7 지향적 종*8 등이 어떤 실재하는 사

---

*6 vegitative soul. 최하위의 생명 원리.

*7 abhorrence of a vacuum. 자연은 진공을 싫어하여 충만하다고 하는, 스콜라철학에서 일반적으로 품었던 생각.

*8 intentional species. 스콜라의 용어. 인식에서 마음과 대상 중간에 있는 표상적(表象的) 매체.

물이라고 믿지 않는 사람이 있는가?

사람들은 이러한 말을 지식의 초기 단계에서 배우고, 스승과 체계가 이들 말을 매우 강조하는 것을 보아왔다. 그래서 이 사람들은 이러한 말이 자연에 합치하고, 어떤 실재하는 사물의 표상이라는 설을 버리지 못하는 것이다. (또) 플라톤파 사람들은 세계영혼*9을 가지고 있으며, 에피쿠로스파 사람은 정지 때의 원자의 운동 노력을 가지고 있다. 철학의 유파로서 다른 사람이 이해할 수 없는 별개의 한 쌍의 명사를 지니지 않은 유파는 없다. 더욱이 인간 지성의 취약성 안에서는 무지를 멸시하고 잘못을 은폐하는 데에 매우 쓸모가 있는 이러한 헛소리는 같은 동료들 사이에서 일상적 쓰임에 익숙해져, 언어의 가장 중요한 부분으로 다른 모든 명사 가운데에서도 가장 뜻깊은 명사로 받아들이게 된다. 그래서 만약 (헨리 모어가 말하는) 공기 및 에테르와 같은 매체가 일단 그 학설의 보급에 의해서 일반적으로 어디에서나 받아들여지게 된다면 틀림없이 이들 명사는 이제까지 페리파토스파의 형상이나 지향적 종이 그러했던 것과 마찬가지로, 사람의 마음에 그러한 사물의 실재를 완전히 믿게 할 수 있을 정도로 각인되었을 것이다.

15. 물질의 사례

물질로 간주된 이름이 지성을 어느 정도로 잘못 이끌기 쉬운지는 철학자가 쓴 것을 주의 깊게 읽으면 수없이 많이 발견할 수 있다. 아마도 그것은 이러한 오용의 염려가 없는 말에서 발견될 것이다. 나는 한 가지 사례만 들어보겠다. 그것도 매우 익숙한 말이다. 도대체 물질에 대해서 얼마나 많은 복잡한 토의가 있었기에, 물질이라고 하는 말이 뚜렷이 물체의 관념과 별개의 관념을 나타내기에 마치 물질과는 별개로 그러한 (물질이라고 하는) 어떤 사물이 자연히 실재하는 것처럼 되었는가?

왜냐하면 만약에 이들 (물질과 물체라고 하는) 두 명사가 나타내는 관념이 정확하게 같다면, 모든 장소에서 한쪽 대신에 다른 쪽을 무차별적으로 놓을 수가 있었을 터이기 때문이다. 그러나 우리가 보는 바와 같이 '모든 물체의 한 물질(즉 모든 물체를 구성하는 한 가지 물질)이 있다'고 말하는 것은 적절하지

---

*9 soul of the world. 인간 정신에 비교된 우주의 통일 원리. 로크는 플라톤파라고 하지만 르네상스 철학에서 흔히 볼 수 있다.

만, '모든 물질의 하나의 물체(즉 모든 물질을 구성하는 하나의 물체)가 있다'고는 말할 수 없다. '하나의 물체는 다른 물체보다 크다'고 우리는 흔히 말하지만, '하나의 물질은 다른 물질보다도 크다'고 말하는 것은 귀에 거슬린다. (그리고 결코 쓸 수 없을 것이라고 생각한다). 그렇다면 어떻게 해서 이런 일이 일어나는가? 그것은 다음과 같은 일에서 말미암는다.

물질과 물체는 사실은 별개가 아니라 물체가 있는 곳에는 늘 물질이 있지만, 그럼에도 물질과 물체는 두 가지 서로 다른 관념을 나타내고, 그중 물질(의 관념)은 완전무결한 것이 아니라 물체(의 관념)의 일부에 지나지 않는 데에서 생긴 것이다. 물체(라는 관념)는 고형성을 가지고 연장을 갖는 실체를 나타내지만, 물질(이라는 관념)은 물체(라는 관념)의 부분적이며 혼란 많은 생각에 지나지 않는다. 왜냐하면 나는 물질(이라는 관념)은 물체의 연장과 모양을 포함하지 않고, 물체의 실체와 고체성에만 사용되는 것으로 보기 때문이다. 그러므로 물질에 대해서 이야기할 때 우리는 언제나 물질을 하나로서 이야기하는 것이다. 왜냐하면 사실 물질(이라고 하는 관념)은 분명히 어디에서나 같은, 어디에서나 한결같이 고체성이 있는 실체라는 관념을 포함할 뿐이기 때문이다. 이것이 물질에 대한 우리의 관념이므로, 우리는 세계에 있는 서로 다른 물질을 생각하거나 이야기하지 않는데, 그 점은 서로 다른 고체성을 생각하거나 이야기하지 않는 것과 마찬가지이다.

그러나 우리는 서로 다른 물질을 생각하거나 이야기하기도 한다. 왜냐하면 연장과 모양은 바뀔 수 있기 때문이다.[10] 하지만 고형성은 연장과 모양이 없으면 존재할 수 없으므로, 물질을 정확하게 그런 식의 (연장과 물질을 제외한 단지 고체성만이 있는 실체라고 하는) 어떤 실재하는 사물의 이름으로 삼는 것은, 제1물질(또는 질료[11])에 관해서 철학자의 머리와 책을 채워 왔던 불명확하고 이해할 수 없는 논의와 토론을 낳아온 것이다. 이 불완전 또는 오용이 다른 많은 일반명에 관해서 얼마나 있는지 생각해 보기 바란다. 적어도 다음과 같이 말할 수 있다고 나는 생각한다. 즉 만약에 말이 그것이 있는 그대로의 것, 우리 관념의 기호, 단지 그것만이라 생각하고 사물 자체로 여기지 않았다

---

*10 연장이 변동할 수 있다는 생각은 연장을 물체에 대해서만 생각하는 용어법에 기초한다.

*11 일체의 한정을 가지지 않는 근원적인 소재로서의 물질 또는 질료. 아리스토텔레스의 기본 개념.

면 세상의 토론은 훨씬 적었을 것이다. 왜냐하면 우리가 물질 또는 비슷한 명사에 대해서 논할 때, 사실은 우리가 그 소리로 나타내는 관념을 논할 뿐 그 관념이 자연히 실재하는 어떠한 사물과 일치하는가 일치하지 않는가는 묻지 않기 때문이다. 그래서 이를테면 사람들이 어떤 관념을 자기들 말로 나타낼 수 있는가를 이야기했다면, 진리를 탐구하거나 지지함에 있어서 지금 있는 불명확한 점이나 말다툼의 절반은 존재할 수 없었을 것이다.

16. 이것이 잘못을 오래 가게 한다

그러나 이러한 잘못으로 어떤 불합리성이 생긴다 해도 다음과 같은 일은 분명하다. 즉 끊임없이 써서 익숙해지면, 말은 사물의 진리로부터 한참 동떨어진 생각으로 사람들을 매료시킨다. 누구나 그의 아버지 또는 교사, 교구 목사 또는 존경하는 의사 등과 같은 사람들이 쓰는 말이, 자연히 실재하는 그 어떤 사물도 나타내지 않는다고 설득하기란 어려운 일이었을 것이다. 이것이 아마도 순수하게 철학적인 설까지도, 진리 말고는 사람들의 관심이 없는 곳일지라도 사람들로 하여금 버리게 하기가 얼마나 어려운가 하는 까닭이다. 왜냐하면 사람들이 오랫동안 사용에 익숙해진 말은 마음에 굳게 남으므로, 말에 결부된 옳지 않은 생각이 없어지지 않는 것은 이상하게 생각할 일이 아니기 때문이다.

17. 다섯째로 말을 의미 표시가 불가능한 것 대신에 놓는 것

다섯째로 말의 또 다른 오용은 말을 결코 뜻을 나타내지 않는 사물, 또는 뜻을 나타낼 수 없는 사물 대신에 놓는 일이다. 유명적(唯名的) 본질밖에 알려지지 않은 실체의 일반명의 경우, 우리는 이 일반명을 명제에 넣고 그것에 대해서 긍정하거나 부정할 때 일반명이 어떤 종의 실체적 본질을 나타낸다고 남몰래 생각하는 것이, 또는 이를 지향하는 것이 가장 보통이라고 말할 수 있다.

왜냐하면 (예를 들어) '금은 펴지는 성질이 있다'고 어떤 사람이 말할 때에는, '자기가 금이라고 부르는 것에는 펴지는 성질이 있다'고 말하는 것(사실은 금의 유명적 본질이라고 하는 그 이상으로는 되지 않지만) 이상의 무언가를 뜻하며, 또 이를 암시하려고 해서 다음과 같은 일을, 즉 '금의 실재적 본질을 갖는 것은 펴지는 성질이 있다'는 것을 이해시키려 했을 터이기 때문이다. 이것은 펴지는 성질이 금의 실재적 본질에 기초하고, 여기에서 분리할 수 없다는 이야기가 된다. 그러나 인간은 이 실재적 본질이 어디에 존재하는가를 모르므로, 그 마음속에서 펴지는 성질이 결합하는 것은 사실 자기가 모르는 어떤 본질이 아니라, 그 대신에 놓인 금이라고 하는 소리에 지나지 않는다. (하지만 우리는 말이 실체의 유명적 본질뿐 아니라 실재적 본질을 나타낸다고 생각하기 쉽다.) 예를 들어 우리가 '이지적 동물'은 인간에 대한 바람직한 정의이며 '털이 없는, 두 다리로 다니는, 평평한 손톱을 가진 동물'은 바람직한 정의가 아니라고 말하면, 누구나 알 수 있는 바와 같이 우리는 이때의 인간이라고 하는 이름이 어떤 종의 (동물의) 실재적 본질을 나타낸다고 생각하는 것이고, '넓은 손톱을 가지고, 털이 없는, 두 다리를 가진 동물'보다 '이지적 동물'이 이 실재적 본질을 한층 잘 기술한다는 뜻을 나타냈을 것이다.

만약에 그렇지 않았더라면 (즉 말이 유명적 본질만을 나타내는 것이 아니었더라면) 다음과 같이 생각하지 않는 한, 다시 말하면 ἄνθρωπος, 즉 인간이라고 하는 이름은 그 뜻이 나타내는 것 이외의 사물을 나타내며, 어떤 인간이 이 이름으로 표현하고자 하는 인간의 관념과 다른 사물로 대치되면 (다시 말해 실재적 본질을 갖는 사물을 나타내면) 그렇게 생각하지 않는 한, 아리스토텔레스가 ἄνθρωπος, 즉 인간이라는 이름을 부여한 복합관념을 물체와 그것에 연결된 추리기능으로부터 만드는 것과 마찬가지로 플라톤이 ἄνθρωπος, 즉 인간이라고 하는 말에 일정한 생김새나 그 밖의 외부 현상태에 의해서 다른 것과 구별되는 신체로부터 만들어지는 자기(곧 플라톤 자신)의 복합관념을 나타내게 하면 왜 적절하다고 할 수가 없는가?

18. 즉 말을 실체의 실재적 본질 대신에 놓는다는 것

하기야 만약에 실체의 실재적 본질이 (앞 절에서 예시한) 그와 같은 말이 뜻하는 우리 마음에 있는 관념이라고 한다면, 실체의 이름은 훨씬 유용하며 이 이름으로 만들어진 여러 명제는 그 확실성이 훨씬 컸을 것이다. 그래서 이러한 실재적 본질이 결여되므로 우리의 말은 실체에 대한 논의에서 참다운 앎 또는 절대 확실성을 전하는 일이 매우 적고, 그러므로 마음은 이 불확실성을 될 수 있는 대로 없애기 위해 우리 말에 숨은 생각에 따라서 이 실재적 본질을 갖는 어떤 사물을 나타내게 하여, 이것으로 마음이 조금이라도 참다운 앎이나 절대 확실성에 가까이 다가가려는 것이다.

왜냐하면 (예를 들어) 인간 또는 금이라고 하는 말은, 사실은 실체의 한 종에 합일된 여러 특성의 복합관념(즉 유명적 본질)을 나타내는 데에 지나지 않지만, 그럼에도 누구든 이들 말을 쓸 때 그러한 이름이 이들 여러 특성이 기초하는 실재적 본질을 나타낸다고 생각하지 않는 사람은 없기 때문이다. (그러나) 이것은 우리 말의 불완전성을 줄이기는커녕 누구나 알 수 있는 오용에 의해서 불완전성을 더하는 것으로, 그때 우리는 말에 있는 사물을, 즉 우리 (실체의) 복합관념에는 없는, 따라서 우리가 사용하는 이름이 결코 기호일 수가 없는 어떤 사물을 나타나게 하려고 한 것이다.

19. 이런 까닭으로 우리는 실체에 대한 우리 관념의 모든 변화가 종을 바꾸지 않는 다고 생각한다

위에서 살펴본 바로 혼합양상에서는 복합관념을 구성하는 관념의 어느 것인가가 없어지거나 바뀌면, (예를 들어) 과실치사, 고의적 살인, 살인, 부모살해 등의 예로 누구나 알 수 있다시피 다른 사물, 즉 다른 종이라고 인정되는 까닭이 명시된다. 그러한 이름이 뜻하는 복합관념이 유명적 본질일 뿐만 아니라 실재적 본질이며, 그 이름과 그 복합관념 이외의 다른 어떤 본질과의 숨은 관련이 없기 때문이다. 하지만 실체에서는 그렇지 않다. (예를 들어) 금이라 불리는 실체에서 어떤 사람이 다른 사람이 없앤 것을 자기 복합관념 안에 넣거나 또는 그 반대라 할지라도, 사람들은 그것 때문에 종이 바뀌었다고는 생각하지 않는 것이 통례이다.

왜냐하면 사람들은 자기 마음속에서 남몰래 그 이름을, 그러한 여러 특성이 기초하는 어떤 존재하는 사물의 실재의 변하지 않는 본질과 관련시켜, 이름이 이 본질에 결부되어 있다고 생각하기 때문이다. (예를 들어) 금을 자신의 복합관념 안으로 전에는 넣지 않았던 고형성 또는 왕수(王水)에서의 녹는 성질을 더하는 사람은, 종을 바꾸었다고는 생각되지 않고 단지 다른 단순관념을, 즉 이전의 복합관념을 이루었던 다른 단순관념과 사실상 늘 이어져 있는 다른 단순관념을 더하여, 이에 의해서 (금에 대한) 한층 완전한 관념을 가질 따름인 것이다. 그러나 이름과 (금의 실재적 본질이라고 하는) 우리가 관념을 가지지 않는 어떤 사물과의 이러한 관련은, 전적으로 도움이 되는 것이 아니라 우리를 한층 어렵게 하는 데에 쓸모가 있을 뿐이다.

왜냐하면 (금이라고 하는) 물체의 그 종의 실재적 본질에의 이러한 암묵적인 관련에 의해서, 금이라는 말(이 말은 금의 특성을 나타내는 단순관념의 많고 적음을 불문한 완전한 집합, 즉 유명적 본질을 나타냄으로써 시민적 논의에서는 물체의 그 종을 충분히 잘 지정하는 데에 유용하다)은 우리에게 관념이 전혀 없는 어떤 것 대신에 놓여, 뜻을 조금도 가지지 않게 되고, 더 나아가서는 물체 자신이 없으면 어떤 사물도 전혀 뜻을 나타낼 수가 없기 때문이다.

담론에서 우리는 사물 대신에 이름을 즐겨 쓰는데, 이름으로 금에 대해 논하는 것과, (금이라고 하는) 물체 자신의 한 조각에 대해서, 예를 들어 우리 앞에 있는 금박 한 조각에 대해서 논하는 것은 아무리 같다고 여겨지더라도 잘 관찰하면 전혀 다르니까 말이다.

20. 이 오용의 원인, 자연은 늘 규칙적으로 작용한다는 생각

(이와 같이) 사람들로 하여금 이름을 종의 실재적 본질 대신에 쓸 마음이 내키게 하는 것은 앞에서 (본 권 제6장 제15절 등에서) 든 생각, 즉 자연은 사물을 낳을 때 규칙적으로 작용하며, 우리가 하나의 일반명 아래 유별하는 각 개체에 같은 실재적 내부구조를 정확하게 부여함으로써 그 각 종에 한계를 두기 때문이다. 하지만 개체의 여러 다른 성질을 관찰하는 사람이라면 누구든지 같은 이름으로 불리는 대부분이 그 내부구조에서는, 서로 다른 종의 이름 아래 유별되는 몇 가지 개체와 다른 것과 마찬가지로 서로 다르다는 사실을 의심할 수가 없다. 하지만 같고 정확한 내부구조가 같은 종 이름에 늘 동반된다는 생각은, 사람들로 하여금 이 이름을 그러한 실재적 본질의 대리라고 여기게 만든다.

그러나 사실 이름은 사람들이 이것을 쓸 때 마음에 갖는 복합관념을 뜻할 뿐이다. 그러므로 이름은 하나의 사물(즉, 유명적 본질)을 뜻하며, 또 다른 사물(즉 실재적 본질)을 말하는 것이라고 여겨져, 다시 말하면 그 대신 놓이므로 이러한 종류의 사용법에서는 사람들의 논의에 많은 불확실을 낳지 않을 수가 없다. 특히 실체적 형상의 이론을 철저하게 흡수해 버린 사람은 더욱 그러하다. 그들은 이것으로 사물의 여러 종이 결정되고 구별된다고 굳게 믿는 것이다.

21. 이 오용은 두 가지 거짓된 생각을 포함한다

이름에 우리가 가지지 않는 관념을, 또는 (전적으로 같은 말이지만) 우리가 모르는 (실재적) 본질을 나타내게 하는 것은, 결국 우리 말을 무(無)의 기호로 하는 일이므로 몹시 터무니없고 불합리하지만, 그럼에도 말의 사용법을 조금이라도 성찰하는 사람이라면 누구에게나 이 정도로 뚜렷하게 익숙한 일은 없다. (예를 들어) 어떤 사람이 서아프리카산 개코원숭이든, 기형으로 태어난 아이든 그 사물이 인간인가 인간이 아닌가 하고 물을 때, 분명히 문제는 그 특정한 사물이 인간이라고 하는 이름으로 표현되는 그 사람의 복합관념에 일치하느냐의 여부가 아니라, 그 특정한 사물이 인간이라는 이름으로 표현된다면 그 사람이 생각하는 하나의 종의 사물로서 실재적 본질을 내부에 가지고 있는가의 여부이다. (그러나) 실체의 이름의 이러한 사용방법에는 다음과 같은 거짓된 생각이 포함되어 있다.

첫째로 일정하고 정확한 본질이 있고 거기에 따라서 모든 낱낱의 사물이 자연히 만들어져, 그 본질에 의해서 이들 낱낱의 사물은 종으로 구별된다는 생각. 모든 사물이 실재구조를 가지고 이에 의해서 사물은 존재하며, 이 실재구조에 사물의 감지할 수 있는 여러 성질이 바탕을 둔다는 것은 의심할 수가 없다. 하지만 이것으로 우리가 사물을 유별할 때의 종의 구별은 만들 수 없으며, 종의 이름의 한계가 만들어지지도 않는다는 것은 이미 (본 권 제3장 제15절 등에서) 설명했다고 나는 생각한다.

둘째로 이것은 또한 우리가 이들 제안된 (실재적) 본질의 관념을 갖는 것처럼 암시한다. 만약에 그러한 알려진 종적(種的) 본질이 있다고 생각하는 것이 아니라면, 어떠한 다른 목적으로 (예를 들어) 이러저러한 사물이 인간이라고 하는 종의 실재적 본질을 갖는지 아닌지를 탐구하겠는가? 그러나 그럼에도 이것은 모두 거짓이다. 때문에 우리가 가지지 않은 관념을 이름으로 나타내려고 하는 이름의 이러한 (잘못된) 적용은 이름에 대한 논의와 논구에 반드시 커다란 혼란을 낳게 되며, 말에 의한 우리의 사상전달에 막대한 불합리를 불러온다.

22. 여섯째로 말은 일정하고 뚜렷한 뜻을 갖는다는 생각

여섯째로 아마도 이제까지 관찰된 적은 별로 없지만 매우 일반적인 말의 오용이 남아 있다. 즉 사람들은 오랫동안 익숙해지면 이름에 일정한 관념을 결부시키게 되므로 이름과, 그 이름을 쓰는 뜻의 매우 긴밀하고 필연적인 결합을 상상하기 쉬우며, 그 때문에 사람들은 조급하게 누구나 이름이 나타내는 뜻을 이해하지 않을 수 없다고 생각한다. 그러므로 누구나 들은 말을 묵인해야 하며, 일반적으로 받아들여지는 (말이라고 하는) 소리를 사용할 때, 이야기하는 사람과 듣는 사람이 같고 정확한 관념을 갖는다는 것은 의심할 수 없는 일처럼 보인다. 이로써 사람들이 담론에서 어떤 말을 사용하면 사람들은 그것에 의해서 자기가 말하는 사물 자체를 남들 앞에 내놓았다고 넘겨짚는다. 또 마찬가지로 다른 사람의 말을, 자기 자신이 그 말에 적용하여 익숙해진 바로 그 사물을 자연히 나타내는 것으로 파악한다. 그래서 사람들은 자기 뜻을 설명하거나, 다른 사람의 뜻을 명확하게 이해하려는 노력을 결코 하지 않는다. 여기서 일반적으로, 사람들이 말을 일치된 생각의 항상적이고 규칙 바른 표지로 삼는 동안에, 소음이나 말다툼이 진보나 계발(啓發)도 없이 생긴다.

그러나 사실 말이라고 하는 것은, 사람들 자신이 갖는 관념의 자의적이며 불안정한 기호 이상은 아니다. 더욱이 사람들은 담론이나 토론에서(토론에서는 가끔 절대로 필요한 것이지만) 사람들이 (쓰는) 명사의 뜻을 묻는 자가 있으면 이상하게 생각한다. 하지만 담화에서 날마다 관찰할 수 있는 여러 논쟁들이 명백히 알다시피 어떤 두 사람이 같고 정확한 (단순개념의) 집합을 위해 쓰는 복합관념의 이름은 없다. 이 명확한 사례에서 있을 것 같지 않은 말을 지적하기란 어려운 일이다. (예를 들어) 생명은, 그 이상 익숙할 수가 없는 명사이다. 그 명사로 무엇을 뜻하는가 물어보면, 누구나 예의에 어긋나는 일이라고 생각했으리라.

더욱이 (예를 들어) 종자 안에서 이미 모양이 생긴 식물은 생명이 있는가 없는가, 달걀 안의 부화 이전의 배(胚) 또는 실신해서 감각기관도 멈추고 움직임도 없는 사람은 살아 있는가 죽었는가 등이 문제가 되면, 생명이라고 하는 말처럼 널리 알려진 말의 쓰임에 뚜렷하고 일정한 관념이 늘 동반하지 않는다는 점을 쉽사리 이해할 것이다. 사람들은 실제로 어떤 조잡하며 혼란된 생각을 보통 가지고 있어서, 자기들이 흔히 쓰는 말을 여기에 적용한다. 또 말의 이러한 엉성한 쓰임은 사람들의 일반적인 담론 또는 업무에서는 충분히 쓸모가 있다.

그러나 학문적 탐구에는 충분하지가 않다. 진리와 추리는 정확하고 확정적인 관념을 필요로 하기 때문이다. 그래서 비록 사람들은 남이 (쓰는) 명사의 설명을 요구하지 않아도 남의 말뜻을 이해하지 못할 정도로 둔하지는 않을 테고, 또 남으로부터 받는 말을 사용할 때 남(의 사용법)을 바로잡을 정도로 귀찮게 비판적이지는 않다. 그럼에도 현재 맞닥뜨린 진리, 참다운 앎이 관계되는 곳에서는 뜻이 애매한 말의 설명을 바라는 것이 무슨 잘못이랴. 또는 어떤 사람이 가르침 받지 않고서는 남의 말뜻을 절대 확실하게 알 길이 없으므로, 어떤 사람이 어떤 뜻으로 그 말을 쓰는지 알 수 없다고 고백하는 일을 왜 부끄러워해야 하는지 나는 그 까닭을 알 수가 없다. 말을 믿기에 저지른 이 오용은, 학문이 있는 사람들일수록 광범위하게, 또는 나쁜 결과를 가지고 퍼져 있다. 지적 세계를 그토록 황폐하게 만든 토론의 축적과 집요함은, 그 어떤 사물에 못지않게 말의 이러한 나쁜 사용법에서 나온다.

왜냐하면 세상을 어지럽히는 갖가지 책이나 다양한 논쟁에는 (정말로 다른) 많은 이설(異說)이 있다고 일반적으로 믿어지고 있는데, 그럼에도 여러 다른 당파의 서로 다투는 학자들이 서로 논할 때 저지르는 가장 큰 일은 그들이 서로 다른 언어를 쓰는 것이기 때문이다. 나는 자주 그렇게 생각하는 바이지만 학자 누구나가 명사를 버리고 사물(그 자체)을 생각하고, 그 생각하는 바를 알 때에는 비록 주장하는 바가 다르더라도 모두 같은 생각을 하고 있는 것이다.

23. 언어의 목적. 첫째 관념의 전달
언어의 불완전과 오용이라는 이 장의 고찰을 결론짓자면, 다른 사람과의 담론에서 언어의 목적은 주로 다음 세 가지이다. 첫째, 한 사람의 사상, 다시 말하면 관념을 다른 사람에게 알린다. 둘째, 이것을 될 수 있는 대로 쉽고 빠르게 한다. 셋째, 이로써 사물의 지식을 전달한다. 이들 셋 가운데 어느 하나에서 실패하면 언어는 오용되든가 결함이 있든가 둘 가운데 하나이다.

말은 다음과 같은 경우에 이들 첫째 목적에 실패하여 한 사람의 관념을 열어 다른 사람이 볼 수 있게 하지 않는다. 먼저 이름을 기호로 하는 확정적인 관념 없이 이름을 입에 올릴 때, 또는 어떤 언어의 이미 있는 이름을 그 언어의 보통 쓰임에서 적용하지 않는 관념에 적용할 때, (또) 혹은 그다음으로 사람들이 이름에 지금은 하나의 관념을 나타냈다가 얼마 뒤에는 다른 관념을 나타냄으로써 매우 불안정하게 적용할 때.

24. 둘째, 이것을 신속히 행할 것.

둘째, 명확한 이름 없이 복합관념을 가질 때, 할 수 있는 한의 신속함과 용이성 때문에 자기 사상이 전달에 실패한다. 이는 그러한 뜻에 적용될 소리(또는 말)를 자기 내부에 가지지 않는 언어 자체의 잘못일 수도 있으며, 다른 사람에게 명시하려 한 관념에 대한 이름을 아직 배우지 않은 사람의 잘못일 수도 있다.

25. 셋째, 이것으로 사물의 지식을 전달할 것

셋째, 사람들의 관념이 실재하는 사물과 일치하지 않을 때, 말이 전하는 사물의 지식은 없다. 이것은 그 기원이 우리 관념에 있는 결함, 즉 주의, 연구, 전심전력에 의해서 된 것일수록 사물의 본성과 합치하지 않는 우리 관념에 있는 결함이지만, 그럼에도 우리가 말을 실재하는 존재물의 기호로 쓰고, 더욱이 그 존재물이 전혀 실재하거나 존재하지 않았을 때 이 결함은 우리의 말 못지 않다.

26. 어째서 사람들의 말은 이 모든 것에서 실패하는가

(이들 결함이 생기는 원인은 다음과 같다.) 첫째로 어떤 언어의 말을 적용하는 뚜렷한 관념 없이 말을 가지는 사람은 논의에서 그러한 말을 쓰는 한, 그어떤 의의나 뜻이 없이 다만 소음을 낼 뿐이다. 그래서 어려운 말이나 유식한 명사를 써서 아무리 학식이 있는 것처럼 보여도 이것으로는 (예를 들어) 책의 내용은 모른 채 단지 서재에 표지만 가지고 있는 사람이 학습하는 것에 비해 지식이 많이 진척되어 있지는 않다. 왜냐하면 이러한 모든 말은 아무리 문법 규칙의 올바른 구문에 따라서, 또는 잘 표현된 아름다운 문장의 조화에 따라서 담론에 도입되더라도 여전히 단순한 소리 이외의 그 어떤 사물도 되지 않으며, 그것 이외의 어떤 사물도 아니기 때문이다.

27.

둘째로 복합관념에 대한 특정한 이름도 없이 복합관념을 가지는 사람은, (예를 들어) 창고에 제본이 되지 않은 채 표지도 없는 책을 가지고 있는 책방과 비교해 보아도 더 나은 상태에 있다고는 할 수 없을 것이다. 그래서 이 책방이 할 수 있는 일은 낱장의 종이를 보이는 것만으로 책을 알려주고, 권수만으로 책을 전달하는 일이다. (마찬가지로 복합관념에 대한 이름을 가지지 않는) 위에 적은 것과 같은 인간은 자신의 복합관념을 전달할 말이 없으므로 그 담론은 방해를 받을 것이다. 그러므로 이 사람은 복합관념을 구성하는 단순관념을 열 거해서 알리도록 강요되어, 때때로 다른 사람이 말 하나로 뜻을 나타내는 데에 비해 할 수 없이 스무 개의 말을 쓰는 것이다.

28.

셋째로 같은 관념에 늘 일정하게 같은 기호를 할당하지 않고, 같은 말을 때로는 하나의 뜻을 나타내는 데에 쓰며, 때로는 다른 뜻을 표시하는 데에 쓰는 사람은 마치 여러 사물을 같은 이름 아래 파는 사람이 시장이나 거래소에서 공정한 (실은 불공정한) 사람으로 통하는 것과 같은 정도로 공정한 (실은 불공정한) 사람으로 학원이나 담론에서 통해야 한다.

29.

넷째로 어떤 언어의 말을 그 나라의 일반적인 사용법이 적용하는 관념과 다른 관념에 적용하는 사람은, 아무리 그 사람 자신의 지식이 진리나 빛으로 가득 차 있어도, 이러한 말로는 자기 명사를 정의하지 않고 그 진리와 빛의 많은 것을 다른 사람에게 전달할 수 없을 것이다. 왜냐하면 아무리 (말의) 소리가 익숙하고, 이 소리에 익숙한 사람의 귀에 들어가는 것이라 해도, 그럼에도 일반적으로 그 소리가 결부되어 듣는 사람의 마음에 불러일으키고 있는 관념과 다른 관념을 나타내므로, 그러한 소리는 이런 식으로 소리를 쓰는 사람의 사상을 (다른 사람에게) 알릴 수가 없기 때문이다.

30.

다섯째로 이제까지 존재하지 않았던 실체를 자신의 마음속에서 떠올려 사물이 실재하는 본성과는 전혀 들어맞지 않는 관념으로 자기 머리를 가득 채우고 더욱이 정해진, 정의된 이름에 이 관념을 부여하는 사람은 자기 담론을,

또 아마도 다른 사람의 머리를 자기 두뇌가 가지고 있는 공상적인 상상으로 채울지도 모르지만, 이것으로는 조금이라도 진실이나 참다운 지식으로 나아가는 길로부터 매우 멀 것이다.

31.

(요컨대) 관념 없이 이름을 갖는 자는 자기 말에 뜻이 결여되고 오직 공허한 소리로 이야기한다. 복합관념에 대한 이름 없이 복합관념을 가지는 사람은, 자기 표현에 자유가 없고 신속한 처리가 불가능하여 멀리 돌아가는 어구를 쓸 수밖에 없다. 자기 말을 날림으로, 또는 불안정하게 사용하는 사람은 상대되지 않거나 이해받지 못할 것이다. 이름을 보통의 사용법과 다른 관념으로 적용하는 사람은, 언어가 적절하지 못하며 쓸데없는 말을 한다. 실재하는 사물과 일치하지 않는 실체의 관념을 가진 사람은 지성에 참다운 지식의 재료가 결여되고 그 대신 망상을 갖는다.

32. 실체에서는 어떻게

실체에 관한 우리의 생각은 앞에서 말한 모든 불합리에 빠지기 쉽다. 예를 들어 1. 독거미라고 하는 말을 그것이 나타내는 것에 대해서 아무런 상상이나 관념을 갖지 않고 쓰는 사람은, 말은 제대로 발음하기는 하지만 그것으로 끝날 뿐 아무런 사물도 뜻하지 않는다. 2. 새로 발견된 지방에서 전에 몰랐던 몇 가지 종의 동물이나 초목을 보는 사람은 (예를 들어 눈에 익숙한) 말이나 수사슴처럼 이들 동물이나 초목에 대해서 참다운 관념을 가질 수 있겠지만, 원주민이 부르는 이름을 알거나 스스로가 이름을 부여할 때까지는 기술(記述)에 의해서 그것에 대해서 이야기할 수 있을 뿐이다. 3. (예를 들어) 물체라고 하는 말을 때로는 순수 연장(延長)으로 쓰고 때로는 연장과 고형성과 함께 쓰는 사람은 매우 그릇되게 말할 것이다. 4. (예를 들어) 보통의 용법에서 당나귀라고 부르는 관념에 말이라고 하는 이름을 부여하는 사람은 부적절하게 말하는 것이 되어 이해를 받지 못할 것이다. 5. (예를 들어) 켄타우로스라고 하는 이름이 어떤 실재하는 존재자를 나타낸다고 생각하는 사람은 자기 자신을 속이고 말을 사물과 혼동하고 있는 것이다.

33. 양상과 관계에서는 어떻게

양상과 관계에서는 일반적으로 우리는 앞에 적은 불합리 가운데 앞의 네 가지에만 빠지기 쉽다. (즉) 1. (예를 들어) 감사(感謝) 또는 자선(慈善)과 같은 양상을 나타내는 이름을 나는 기억하고 있으면서, 내 생각 안에서 이들 이름에 결부되어 있는 어떤 정확한 관념을 가지고 있지 않을지도 모른다. 2. 나는 관념을 갖지만 여기에 속하는 이름을 모를지도 모른다. 예를 들어 얼굴빛이나 기분이 달라질 때까지, 혀가 잘 돌아가고 눈에 핏기가 서고 다리가 비틀거릴 때까지 어떤 사람이 술을 마시는, 그러한 관념을 가지고 더욱이 이것을 '취했다'라고 불러야 한다는 것을 모를지도 모른다. 3. 나는 덕 또는 악덕에 대한 관념을 가지고 이름을 갖지만 잘못 적용할지도 모른다. 예를 들어 내가 절약이라고 하는 이름을 어떤 관념에, 즉 다른 사람이 강한 욕망이라 부르고 이 소리로 뜻하는 관념에 적용할 때이다. 4. 나는 그러한 이름 가운데 어떤 것인가를 마음 내키는 대로 쓸지도 모른다. 5. 그러나 양상과 관계에서는 나는 존재하는 사물과 일치하지 않는 관념을 가질 리가 없다. 왜냐하면 양상은 마음이 내키는 대로 만드는 복합관념이고 관계는 내가 두 개의 사물을 함께 고찰하거나 비교하는 방식으로, 따라서 나 자신이 만드는 관념이기 때문이다. 그러므로 이들 관념은 먼저 존재하는 그 어떤 사물과 일치하지 않는다는 것이 판명될 리가 없다.

왜냐하면 자연히 규칙 바르게 만들어진 사물의 모사(模寫)로서 마음에 있는 것이 아니고, 어떤 실체의 내부구조 즉 (실재적) 본질에서 이것과 불가분하게 나오는 특성으로서 마음에 있는 것도 아니기 때문이다. 말하자면 나의 기억에 깃든 원형으로 (이것에 일치하는) 행동이나 관계가 존재하게 되면, 행동이나 관계를 부르기 위해 이름이 이 원형에 결부되는 것이다. 그러나 잘못은 보통 나의 생각에 옳지 않은 이름을 부여하는 데에 있으며, 따라서 다른 사람과 다른 뜻으로 말을 쓰므로 내가 생각에 옳지 않은 이름을 부여할 때 사람들은 나를 이해하지 못하고, (양상이나 관계의) 생각에 대해서 옳지 않은 관념을 갖는 것으로 여겨진다. 다만, 만약에 내가 나의 혼합양상 또는 관계의 복합관념에 꼭 들어맞지 않은 어떠한 관념을 함께 넣으면 나의 머리는 다시 망상으로 가득 채워진다.

왜냐하면 그러한 관념은 잘 검토하면 마음에 존재할 수도 없고, 하물며 무엇인가 실재하는 존재자가 이러한 관념에 기초해서 호칭되는 일은 더더구나 불가능하기 때문이다.

34. 일곱째로 비유적 화법도 언어의 하나의 오용이다

재치와 공상은 무미건조한 진리, 참된 지식보다도 쉽게 받아들여진다. 따라서 비유적 화법, 인용이나 비유가 언어의 불완전 또는 오용으로 인정되는 일은 좀처럼 없을 것이다. 하기야 계발과 진보보다 오히려 쾌락과 아늑함을 구하는 담론에서는 비유적 화법이나 인유(引喩)로부터 채택된 문장의 꾸밈이 잘못으로 통용될 염려는 없다. 그러나 그럼에도 만약에 우리가 있는 그대로의 사물에 대해서 이야기하려고 한다면 우리는 인정하지 않으면 안 된다. 질서와 명확성이 없는 수사학의 모든 기술과 웅변술이 창출해 온 말의 모든 인공적이며 비유적인 적용 방법은 옳지 않은 관념을 암시하고, 정서를 움직여 그것에 의해서 판단을 잘못 이끄는 이외의 그 어떤 사물도 아니며, 따라서 실제로 완전한 속임수이다.

그런 까닭에 아무리 칭찬을 받는, 또는 인정할 수 있는 수사가 열변이나 대중용 연설에서 갖가지 기술이나 비유적 적용을 쓴다 해도 그러한 기술이나 적용법은 절대 확실하게, 가르치거나 계발하려고 하는 모든 담론에서는 전적으로 피해야 하며, 진리나 참다운 앎이 관계되는 곳에서는 언어 또는 그러한 기술 및 적용법을 이용하는 인물 가운데 어느 한쪽의 큰 잘못이라고 생각하지 않을 수가 없는 것이다. 이 기술과 적용법이 어떠한 것이고, 얼마나 다양한지를 여기서 거론하는 일은 군더더기에 지나지 않을 것이다. 세상에 많이 있는 수사학 책이 알려지기를 바라는 사람에게 가르쳐 주고자 한다. 다만 (이러한) 잘못된 기술이 받아들여지고 선택되는 것을 보면 진리 및 참된 앎의 보존과 진보를 인류가 배려하고 이를 걱정하는 일이 얼마나 적은가 하는 것만은 말하지 않을 수가 없다.

사람들이 속이거나 속임을 당하는 일을 얼마나 사랑하는가는 뚜렷하다. 왜냐하면 수사학, 즉 잘못과 기만으로 가득 찬 그 강력한 도구로서 이것을 언제나 가르치는 전문가가 있었으며, 공공연하게 가르쳐지고, 늘 대단한 호평을 얻어왔기 때문이다. 그래서 나는 의심하지 않지만 내가 이것에 반대해서 이렇게 많은 이야기를 해온 것은 비록 야만스럽지는 않더라도 매우 대담하다고 여겨질 것이다.*¹² 웅변술은 여성과 같아서 그 안에 매우 뛰어난 아름다움을 가지고 있으므로 이에 반대하여 무슨 말을 하는 것을 결코 그대로 두지 않는다. 그래서 사람들이 속임수를 당하는 것을 즐겁게 여기는 곳에서는 이러한 기만 기술에서 잘못을 발견하는 것은 소용이 없는 일이다.

---

*12 로크가 재치와 논리적 판단을 대립시키고 비유나 수사를 깎아내리는 것은 그 자신의 성격이자, 문학과 예술에 냉담했던 그 무렵 청교도적 풍조의 반영이기도 했을 것이다.

제11장

말의 불완전성과 오용의 구제법

1. 이것은 탐구할 가치가 있다

언어의 자연적인 불완전 및 (인위적으로) 증진된 불완전을 (앞의 앞 장과 앞 장에서) 자세히 살펴보았다. 그런데 말이라고 하는 것은 사회를 함께 유지하는 커다란 유대이며, 지식의 진보를 하나의 인간 또는 세대로부터 다른 인간 또는 다른 세대로 전달하는 공통된 연결통로이므로, 위에서 말한 이들 불합리에 대해서 어떠한 구제법이 발견되어야 하는지를 고찰하는 것은 우리가 진지하게 생각해 볼 만한 일이다.

2. 쉽지가 않다

나는, 누군가가 나 자신을 우스개로 만들지 않고 세계 언어의, 아니 자국 언어조차도 완전한 개혁을 꾀할 수 있다고 믿을 정도로 바보는 아니다. 사람들이 말을 같은 뜻으로 끊임없이 써서, 확정된 한결같은 관념을 제외하고는 그 어떤 관념도 쓰지 말도록 요구하는 것은, 모든 사람이 같은 생각을 해야 하며 또 자기가 뚜렷한 관념을 갖는 것 말고는 그 어떤 사물에 대해서도 이야기해서는 안 된다고 생각하는 것과 같다. 이러한 일은 사람들을 매우 잘 알도록 설득할 수가 있다고, 또는 (그렇지 않으면) 그냥 가만히 있도록 설득할 수가 있다고 생각할 정도로 잘난 체하지 않는 사람이 기대할 일이 아니다. 달변은 훌륭한 지성에만 동반된다고, 또는 사람들이 이야기하는 것의 조금은 그 사람들의 지식(의 조금)에만 비례한다고 이야기하는 사람은 세상일에 서툰 사람이 틀림없다.

3. 하지만 철학(또는 학문)에 필요하다

그러나 시장이나 거래소는 (장사하는) 사람들이 이야기하는 방식에 맡겨야 하며, 쓸데없는 이야기에서 예로부터의 특권을 빼앗아선 안 되지만, 또 학원이나 토론을 일삼는 사람들은 아마도 그 토의의 길이를 줄이거나 수를 적게 하는 어떤 사물이 제시되면 잘못되었다고 할 것이다. 그럼에도 진지하게 진리를 탐색 또는 유지하려고 하는 사람은 불명확, 의혹, 복잡한 뜻 없이 어떻게 자기 자신을 펼쳐 보일 수가 있는가? 그 연구를 꼭 해야 한다고 스스로 생각할 일이다. 인간의 말은 조심하지 않으면 그러한 불명확, 의혹, 복잡한 뜻에 자연히 빠지기 쉽기 때문이다.

4. 말의 오용, 중대한 잘못의 원인

왜냐하면 말의 어떤 나쁜 사용법에 의해서 세상에 퍼져 있는 잘못과 불명확, 잘못과 혼란을 깊이 고찰하는 사람은 이제까지 쓰여온 언어가 인류의 지식 진보에 많은 공헌을 해왔는가, 그것을 방해하는 데에 많은 공헌을 해왔는가, (그 어느 쪽인가) 이것을 의심할 약간의 이유를 발견하기 때문이다. 사물에 대해서 생각하려고 할 때, 자기 생각을 말에만 고정시키는 사람이 특히 도덕 사항에 마음을 집중하려고 할 때 얼마나 많은가? 그리고 보면 소리(또는 말)에 연결된 관념이 몹시 혼란하거나 불완전하므로, 혹은 사정에 따라서는 관념이 전혀 없으므로 이러한 관조와 추리 결과가 대부분 소리(또는 말) 이상을 벗어나지 못한다고 해도 누가 이상하게 생각할 수 있는가? 거듭 말하거니와 그러한 사유와 추리는 불명확과 과오로 끝나며, 명석한 판단이나 지식은 조금도 없다는 점을 그 누가 의심할 수 있으랴?

5. 구제하기 어렵다

말의 어떤 나쁜 사용법에서 볼 수 있는 이러한 불합리를 사람들은 개인적인 묵상에서 받지만, 다른 사람과 담화, 논의, 토론할 때 이 불합리성에서 나올 혼란은 훨씬 명백하다. 왜냐하면 언어는 사람들이 그 발견, 추리, 지식을 한 사람으로부터 다른 사람에게 전하는 중요한 연결통로이기 때문이다. 따라서 언어를 나쁘게 쓰는 사람은 사물 자체에 존재하는 지식의 원천을 손상하지는 않지만, 그럼에도 지식을 인류 공공의 사용과 이익을 위해 배분하는 통로를 그 사람이 지닌 것만큼 많이 파괴하거나 멈추게 한다.

명석하고 확고한 뜻이 조금도 없이 말을 사용하는 사람은 자기 자신과 다른 사람들을 잘못으로 이끄는 것 말고 무슨 일을 하는가? 또 의도적으로 이것을 행하는 사람은 진리, 참다운 앎의 적으로 간주되어야 한다. 더욱이 모든 학문과 지식의 부분이 이제까지 다음과 같은 명사나 표현을, 즉 매우 주의 깊으며 날카로운 눈을 가진 사람들에게까지도, 한층 잘 아는 사람 또는 정통적인 사람에게 아주 적게밖에, 또는 전혀 하지 않게 할 수 있는 불명확하고 뜻이 복잡한 명사나, 뜻이 없고 의심스러운 표현을 그토록 많이 짊어지게 해왔음을 누가 수상쩍게 생각할 수 있으랴? 왜냐하면 진리를 가르치거나 옹호하는 것을 직분으로 하는 사람에게서 볼 수 있는 (말에 관한 잘못된) 세밀함은, 이제까지 매우 많은 덕으로서 통용되어 왔기 때문이다. 그러나 이 덕이야말로 사실을 말하면 대부분이 불명확한, 또는 사람들을 현혹시키는 명사의 그릇된 쓰임에만 존재하므로, 사람들로 하여금 그들의 무지를 한층 자랑스럽게 여기게 하고 그 잘못을 한층 구제하기 어렵게 하는 데 적합하게 할 뿐이다.

6. 그리고 말씨름

어떤 종류의 논쟁서(論爭書)를 살펴보자. 불명확하고 불안정한, 또는 뜻이 많은 명사의 결과는 어떤 사람의 지성을 이해시키거나 개선시키지도 못하고 단지 소음에 지나지 않은, 소리에 지나지 않은 말씨름에 불과하다는 사실을 알게 될 것이다. 왜냐하면 만약에 이야기하는 사람과 듣는 사람 사이에서 말이 나타내는 관념이 일치하지 않으면, 논의는 사물에 대해서가 아니라 이름에 대한 것이기 때문이다. 이야기하는 사람과 듣는 사람 사이에서 뜻이 확인되지 않는 말이 쓰일 뿐, 그만큼 자주 그 사람들의 지성이 일치해서 갖는 대상은 단순한 소리 외에는 아무것도 아니다. 왜냐하면 그 말로 표현되었다고 해서 이야기하는 사람과 듣는 사람이 그때 생각하는 사물이 같지는 않기 때문이다.

7. 박쥐와 새의 예

(예를 들어) 박쥐는 새인가 새가 아닌가 하는 것은, 박쥐가 실제로 존재하는 것과 다른 사물인가 어떤가, 다시 말하면 박쥐가 실제로 갖는 것보다 다른 성

질을 갖는가 하는 물음이 아니다. 왜냐하면 그러한 점을 의심한다는 것은 극도로 불합리한 일이기 때문이다. 그러나 이 물음은 다음의 어느 한 가지이다. 1. (물음은) 박쥐와 새라는 이름이 나타낸다고 생각되는 종의 사물의 하나 또는 둘 다에 대해서 불완전한 관념을 지녔다고 스스로 인정한 사람 사이에 있다. 이 물음은 새 또는 박쥐의 본성에 관한 진실의 탐구, 즉 (새라고 하는 관념에) 집성되어 그 사람들이 새라고 하는 이름을 부여하는 모든 단순관념이 박쥐에서 발견되는지를 검토함으로써, 새 또는 박쥐의 아직 불완전한 관념을 한층 완전무결하게 하는 진실의 탐구이다.

하지만 이것은 (토의자가 아니라) 탐구자의, 즉 긍정도 부정도 하지 않고 검토하는 탐구자의 물음에 머문다. 또는 2. 물음은 한쪽은 박쥐가 새라고 긍정하며 다른 한쪽은 부정하는 토의자 사이의 물음이다. 그때 토의자는 이들 (박쥐와 새라는) 두 이름을 부여하는 같은 복합관념을 다 같이 가지지 않고, 한쪽은 이 두 가지 이름을 서로 긍정할 수 있다고 주장하며, 다른 한쪽은 이것을 부정한다는 점에서 단순히 이들 말의 하나 또는 둘의 뜻에 관계될 뿐이다. 만약 토의자가 이들 두 이름의 뜻에서 일치했다면 이름에 대해서 토의하지는 않았을 것이다.

왜냐하면 토의자는 (그들 사이에 뜻의 차이가 없다 보고) 새라고 하는 한층 일반적인 이름의 단순관념 모두를 박쥐의 복합관념에서 발견할 수 있는가 없는가, 이내 또 뚜렷하게 보았을 터이기 때문이다. 따라서 박쥐가 새인가 새가 아닌가에 대해 아무런 의혹도 있을 리가 없었을 것이다. 여기에서 나는 바라는 바이지만 세상 토의의 대부분은 단지 언어적이며, 말의 뜻에 대한 것만이 아닌가 어떤가, 만약에 토의를 만드는 명사가 정의되어 (명사가 그 어떤 사물을 뜻하는 경우에는 그렇지 않으면 안 되지만) 뜻으로 명사가 나타내는 단순개념 또는 나타내야 할 단순관념이 확정된 집합으로 환원되었다고 한다면, 그러한 토의는 저절로 끝나 이내 사라지지는 않았는지, 그러한 점을 고찰해서 꼼꼼하게 검토해 주었으면 한다. 그렇게 되면 토의를 배운다고 하는 것이 무엇인가, 단지 소리(또는 말)의 헛된 과시를 본분으로 하는 사람, 즉 일생을 토의와 논쟁으로 보내는 사람은 자신과 남의 이익을 위해 일을 얼마나 잘하는가 하는 점에 대한 고찰은 다 맡기겠다. 그러한 싸우는 사람 그 누군가가 자기의 모든 명사로부터 불명확성을 없애는 것을 볼 때 (누구나 자기 자신이 쓰는 말로 할 수 있는 일이다) 나는 그 사람을 참다운 앎, 진실, 평화의 투사로 생각하지 허영, 야심, 또는 당파의 노예라고는 생각하지 않을 것이다.

8. 첫째, 관념 없이 말을 사용하지 않는다는 구제법

이미 (앞의 앞 장에서부터) 말한 화법의 결함을 어느 정도 구제하고, 결함에서 오는 불합리를 막기 위해 나는 생각하는 바이지만, 나보다 유능한 사람이 이 문제에 대해서 더욱 성숙한 생각을 해서, 그것에 대한 생각을 세상이 알리는 일, 이것을 할 가치가 있다고 판단할 때까지 다음과 같은 규칙을 지키는 일은 쓸모가 있을 것이다.

첫째, 뜻이 없이 말을 쓰지 않도록, 표시하는 관념 없이 이름을 쓰지 않도록 주의해야 한다. 이 규칙은 다음과 같은 사람에게는, 즉 (예를 들어) 본능, 공감, 반감 같은 말은 이것을 쓴 사람이 이 말들을 적용한 관념을 마음에 가지지 않고 단지 소리로서 말했을 뿐, 이러한 일은 비슷한 경우에 이지적 추리 대신에 쓸모가 있었다고, 그런 식으로 손쉽게 단정할 수 있도록 쓰였는데, 그러한 말을 다른 사람의 논의에서 얼마나 자주 마주쳤었는지를 떠올리는 수고를 하는 사람이라면 누구든지 전혀 불필요하다고는 여기지 않을 것이다. 이러한 말이나 이와 비슷한 말이 그 뜻으로 쓰일 만한 적절한 것을 가지고 있지 않다는 뜻이 아니다. 다만 어떤 말과 어떤 관념 사이에는 자연적인 결합이 없으므로, 그러한 말이나 다른 말은 이 말에 결부되어 그 말로 나타내려는 관념을 지니지 않은 사람들에 의해서 기계적으로 학습되고 발음되며 글자로 쓰일 수 있으리라는 것이다. 만약에 사람들이 자기 하나에게만이라도 이해할 수 있게 이야기하려고 한다면, 이러한 (말에 관념을 결부시켜서 관념을 나타내는) 일은 할 필요가 있다.

9. 둘째, 양상에서는 말에 결부된 명확한 관념을 가질 것

둘째, 어떤 사람이 자기 말을 어떤 관념의 기호로 쓰는 것만으로는 충분하지 않다. 말에 결부된 관념은 만약 그것이 단순관념이라면 뚜렷하지 않으면 안 된다. 만약에 복합관념이라면 확정적이어야 한다. 즉 마음에 정착한 단순관념의 정확한 집합으로, 정확하고 확정된 집합의 기호로서 이 집합에 결부된 소리(즉 말)를 수반하는 것이어야 하며 그것과 별개의 것은 아니다. 이것은 양상의 이름, 특히 도덕의 이름에서 반드시 필요하다. 도덕적인 말은 그 관념의 기원으로서 바탕이 되는 정해진 대상이 자연 안에 없으므로 혼란을 가져오기가 매우 쉽다. (예를 들어) 정의는 모든 사람이 입에 올리는 말인데, 매우 불명확하고 엉성한 뜻으로 입에 올리는 것이 가장 일반적이다. 이는 다음과 같은 것이 아닌 한 늘 그러할 것이다. 즉 인간이 (정의라고 하는) 그 복합관념을 만들어 이루는 부분을 명확하게 이해하지 않는 한, 또 복합관념이 재복합되어 있다면 계속해서 분해할 수가 있어서 마침내는 복합관념을 만들어 내는 단순관념이 되지 않는 한 늘 그럴 것이다. 이것이 이루어지지 않는 한, 예를 들어 정의이든 그 밖의 무엇이라도 인간의 언어 사용법은 적절치 않다. 이것은 정의라고 하는 말이 인간의 생각 도중에 나올 때마다 멈춰 서서 떠올려, 위에서 말한 분석을 자세히 해야 할 필요가 있다는 뜻이 아니다.

그러나 적어도 이 이름의 뜻을 잘 검토하여, 그 관념의 모든 부분을 마음에 붙들어 두고, 따라서 원할 때 관념을 분석할 수 있어야 한다. 만약 정의의 복합관념은 법에 따라서 다른 사람 또는 재물을 다루는 사람이 정의에 대한 그 사람의 관념 부분을 이루는 법이 무엇인가에 대한 명확한 관념을 가지고 있지 않다면, 누구나 알 수 있는 바와 같이 정의에 대한 그 사람의 관념 자체는 혼란스러우며 불완전할 것이다. 아마도 이러한 정확성은 매우 번잡하다고 비판받을 것이다. 그러므로 대부분의 사람들은 자기 마음에 혼합양상의 복합관념을 이토록 정확하게 정착시키는 일을 면제해 주었으면 하고 바랄 것이다. 그럼에도 나는 말하지 않으면 안 되지만, 이러한 (관념을 정확하게 하는) 일이 이루어지지 않는 한 거의 대부분의 사람에게 그 자신의 마음에는 많은 불명확과 혼란이 있고, 다른 사람과의 논의에서는 많은 말씨름이 있으리라는 것을 이상하게 생각해서는 안 된다.

10. 또 실체에서는 명확하고 (실재하는 사물과) 합치할 것

실체의 이름에서는 이것을 올바르게 쓰기 위해 단순히 확정된 관념 이상의 어떤 사물이 요구된다. 즉 실체에서는 이름이 존재하는 그대로의 사물과도 합치하지 않으면 안 된다. 그러나 이 점은 앞으로 (본 장 제19절 이하 등에서) 자세하게 이야기할 기회가 있을 것이다. 이 정확성은 철학적 (또는 학문적) 지식의 탐구나 진리에 대한 논쟁에서 절대로 필요하다. 이 정확성이 보통의 담론이나 일상생활에까지 미치면 그야 물론 좋겠지만, 좀처럼 기대할 수 있는 일은 아니라고 나는 생각한다. 통속적인 생각은 통속적인 담론에 알맞다. 둘 다 매우 혼란스럽지만, 그래도 시장이나 헌당식(獻堂式)에는 쓸모가 있다. 상인이나 요리사나 재단사들은 나름대로 일상적인 일을 처리할 수 있는 말을 가지고 있다. 그래서 철학자나 토의자들도 이해하고 싶은 마음이 있고, 명확하게 이해받을 마음이 있다면 그렇게 할 수 있었다(즉 정확한 말을 가질 수 있었다)고 나는 생각한다.

11. 셋째, 적절성

셋째, 사람들이 관념을 (말이라고 하는) 이 기호로 나타내는 확정된 관념을 가지는 것만으로는 모자란다. 사람들은 그 말을, 보통의 사용법이 여기에 결부시켜 두는 관념에 될 수 있는 대로 가지런하게 적용하도록 조심하지 않으면 안 된다. 왜냐하면 말은, 특히 이미 형성된 어떤 언어의 말은 개인적인 소유물도 아니고, 교제와 사상 전달의 공통 척도이기 때문이다. 따라서 널리 유통하고 있는 (그 말의 뜻이라고 하는) 공인(公印)을 마음대로 바꾸어서는 안 된다. 다시 말하면 말에 덧붙은 관념을 변경해서는 안 된다. 적어도 그럴 필요가 있을 때에는 이것을 주의해야 한다.

사람들은 상대가 자신을 이해해 주기를 바라고 이야기한다. 혹은 적어도 이해를 받는 일에 초점을 두어야 한다. (그러나) 사람들이 (말의) 일반적인 쓰임에 따르지 않을 때에는 자주 설명하든가, 묻든가 그 밖에 어색한 중단이 없으면 상대는 이해할 수가 없다. 적절한 이야기란, 우리의 상상을 다른 사람의 마음속으로 더할 나위 없이 손쉽게, 이익을 수반하여 들어가게 하는 것이다. 따라서 우리의 배려와 연구의 어느 부분의 가치가 있다. 특히 도덕적인 말의 이름에서는 그러하다. 명사의 적절한 뜻과 쓰임은 다음과 같은 사람으로부터 배우는 것이 가장 좋다. 즉 글로 쓴 것이나 담론에서 가장 명확한 생각을 가지고 있으며, 이 생각에 명사를 가장 정확하게 골라서 적당하게 적용해 온 것처럼 보이는 사람으로부터이다. 이러한 언어의 적절성에 따라서 인간의 말을 쓰는 방식은 늘 이해되는 행운을 갖는다고는 할 수 없으나, 그럼에도 자기가 말하는 언어에 매우 서툴러서 정당하게 쓰이고 있음에도 이것을 이해하지 못하는 사람에게 적절성에 대한 비난을 남기는 것이 가장 일반적이다.

12. 넷째, 말의 뜻을 알릴 것

넷째, 그러나 (말의) 일반적인 쓰임은 말이 정확하게 나타내는 바를 사람들에게 절대 확실하게 알릴 정도로, 말에 그 어떤 뜻을 분명히 결부시켜 두지 않았으므로, 또 사람들은 지식의 진보에서 통속적으로 그리고 통상적으로 받아들여진 관념과 다른 관념을 가지게 되어 이 다른 관념 때문에 새로운 말을 만들어야 했거나(이것을 사람들이 감히 행하기란 드물다. 왜냐하면 잘난 체하거나 신기하다거나 하는 죄를 저지를까봐 두려워하기 때문이다), 그렇지 않으면 낡은 말에 새로운 뜻을 부여해서 써야만 했거나 그 어느 쪽이므로 앞서 말한 여러 규칙을 지킨 뒤에 말뜻을 확실하게 하기 위해 때로는 다음과 같은 일이 필요하다. 즉 (매우 복잡한 관념 대부분의 이름에서 그러한 것처럼) 일반적인 쓰임이 뜻을 불명확하고 엉성한 상태로 놓아두었을 때, 또는 명사가 논의에서 매우 중대하고 논의가 주로 그것을 우회해서 이루어지므로 그 어떤 의혹과 잘못에 빠지기 쉬운 때에는 말뜻을 구체적으로 밝힐 필요가 있다.

13. 그리고 그것은 세 가지 방법으로

사람들의 말이 나타내는 관념에 여러 다른 종이 있는 것처럼, 말이 나타내는 관념을 필요할 때 알리는 방법도 다르다. 왜냐하면 정의하는 일이 말의 본디 뜻을 알리는 본디 방법이라고 생각하는데, 더욱이 정의에 의하지 않으면 정확한 뜻을 알릴 수 없는 말이 있듯이 정의되지 않을 것 같은 다른 말도 있기 때문이다. 또 아마도 이들 두 경우와 약간의 관련이 있는 제3의 말도 있을 것이다. 이와 같은 점들을 (다음 절 이하에서) 단순관념, 양상, 실체의 이름으로 살펴보고자 한다.

14. 첫째로 단순개념에서는 같은 뜻의 명사에 의해서 또는 이를 보여줌으로써

첫째로 어떤 사람이 어떤 단순관념의 이름을 썼을 때, 사람들이 이것을 이해하지 못하거나 잘못 이해할 위험이 있다고 여겨질 때 그 사람은 이야기의 목적에 따라 자기 뜻을 밝히고, 이 이름에 어떠한 관념을 나타낼 결심인가를 알려야 한다. 이것은 (본 권 제3장 제6절 이하에서) 밝혀둔 바와 같이 정의(定義)로는 할 수 없다. 그러므로 (정의에 의한) 같은 뜻의 말이 실수를 할 때에는 다음과 같은 방법 하나가 남을 뿐이다. 첫째, 때로는 해당 단순관념이 발견될 주체의 이름을 말하는 것이, 그 주체를 잘 알고 그 이름으로 주체를 아는 사람으로 하여금 이름을 이해할 수 있게 할 것이다. 그래서 (예를 들어) feuillemorte(시든 잎의 색)가 뜻하는 것을 (프랑스어를 모르는) 시골사람에게 이해시키기 위해서는, 가을에 떨어지는 시든 잎의 색이라고 말하면 충분할 것이다. 그러나 둘째, 어떤 단순관념의 이름의 뜻을 알리는 유일하며 확실한 길은 (예를 들어) 그 시골사람의 감각기관에 다음과 같은 주체를, 즉 그 마음에 그 단순관념을 낳을 수가 있고, 말이 나타내는 관념을 현실적으로 가지게 할 수 있는 주체(즉 시든 잎 그 자체)의 제시에 의해서이다.

15. 둘째로 혼합양상에서는 정의에 의한다

둘째로 혼합양상, 특히 도덕에 속하는 혼합양상은 대부분 마음이 자기 자신에게 골라서 모은 관념의 집성으로 그 정상적(定常的) 원형의 존재가 늘 발견되지는 않는다. 따라서 그 이름의 뜻은 단순관념의 이름처럼, 무엇인가를 보여줌으로써 알릴 수는 없다. 그러나 그 대신 완전하고 정확하게 정의할 수가 있을 것이다. 왜냐하면 혼합양상은 인간의 마음이 그 어떤 원형과 관련 없이 인위적으로 그러모은 여러 관념의 집성이므로 사람들은, 만약에 알고 싶으면 각 구성으로 들어가는 관념을 정확하게 알 수가 있고, 더 나아가서는 각각의 말을 일정한 의심 없는 뜻으로 쓸 수도 있으며, 필요할 때에는 무엇을 나타내는가를 완전히 밝힐 수도 있기 때문이다. 이것은 잘 생각하면 도덕적인 사물에 대해서 논의를 명확하게 하지 않는 사람을 몹시 비난하게 했을 것이다. 혼합양상은 자연히 만들어진 것이 아니라 인간이 만드는 것이므로 그 이름의 정확한 뜻, 또는 전적으로 같은 얘기지만 (혼합양상의) 각 종의 실재적 본질은 알려질 테니까 말이다. 그리하여 도덕적인 사물에 대해서 불확실하고 불명확하게 논의한다는 것은 커다란 불법이다. 이것은 자연의 실체를 다룰 때에는 약간 용서된다. 자연의 실체는 앞으로 (이 책 제19절 이하에서) 볼 수 있는 바와 같은 반대의 이유로 의심스러운 명사는 좀처럼 피할 수 있을 리가 없다.

16. 도덕은 논증할 수 있다

이 근거에 기초해서 나는 대담하게도, 수학뿐 아니라 도덕도 논증할 수 있다고 생각한다. 왜냐하면 도덕적인 말이 나타내는 사물의 정확한 실재적 본질은 완전히 알 수가 있고, 더 나아가서는 (말과) 사물 자신의 적합과 부적합은 절대 확실하게 발견할 수 있으며, 여기에 완전한 지식이 존재하기 때문이다. 또 양상의 이름뿐만 아니라 실체의 이름도 도덕에서 자주 쓰일 테고, 여기에서 불명확성이 나올 것이라고 그 누구도 반대하게 하지 않는다. 왜냐하면 실체에 대한 도덕적 논의에 관련될 때 그 잡다한 본성은 탐구보다는 오히려 상상에 가깝기 때문이다.

예를 들어 인간은 법에 따른다고 우리가 말할 때, 우리는 인간이라는 말을 가지고 형체적 피조물만을 뜻하지, 이 피조물의 실재적 본질 또는 다른 성질이 무엇인가는 조금도 고찰되지 않는다. 그러므로 어린이나 바꿔친 아이가 물성적(物性的)인 뜻으로 인간인가 하는 것은 생물학자들 사이에서 실컷 토론할 수 있다 해도, 도덕인이라 불러도 좋다면 그러한 인간과는 조금도 관련이 없고, 이 도덕인은 형체적이며 이지적인 존재자라고 하는 부동(不動) 및 불변의 관념인 것이다. 왜냐하면 만약에 (예를 들어) 원숭이나 다른 어떠한 피조물(또는 생물)로서 이지(理智)를 다음과 같은 정도까지 쓰는 자, 즉 일반적 기호(즉 일반명)를 이해할 수 있고 일반관념에 대해서 귀결을 연역할 수 있을 정도의 사람을 발견할 수 있다면, 이 피조물(또는 생물)은 틀림없이 법을 따랐을 것이고, 인간이라고 하는 이름의 다른 피조물(또는 생물)과 아무리 생김새가 달라도 이런 뜻에서 인간이었을 터이기 때문이다.

실체의 이름은 도덕적 논의에서 본연의 뜻으로 쓰인다면, 도덕적 논의를 흐트러뜨리지 않게 될 것이며 그 점은 수학적 논의를 흐트러뜨리지 않는 것과 같다. 수학적 논의에서 수학자는 (예를 들어) 금이나 다른 어떤 물체의 정육면체 또는 구(球)에 대해서 이야기하게 되면 자기 자신의 뚜렷하며 일정한 관념을 가지고, 비록 잘못해서 이 관념을 그것이 속하지 않는 (금이 아닌) 어떤 특수한 물체에 적용시켜도 관념은 변하지 않는다.

17. 정의는 도덕적 논의를 명확하게 할 수 있다

내가 여기에서 이러한 말을 한 것은 다음과 같은 점을 보여주기 위해, 즉 필요할 때 사람들이 자기 말을 정의한다는 것은 혼합양상의 이름으로, 따라서 도덕적 논의의 전반에 걸쳐 얼마나 중요한지를 보여주기 위해서이다. 왜냐하면 이것으로 도덕에 관한 지식을 매우 명확하고 확실하게 할 수가 있기 때문이다. 이를 거부한다는 것은 진지성(眞摯性)이 매우 결여(더 나쁘게 말하지 않는다 해도)되어 있음에 틀림없다.

왜냐하면 정의는 도덕적인 말의 정확한 뜻을 알 수 있는 유일한 길이며, 더욱이 그 뜻을 절대 확실하게, 뜻에 대해서 다툴 여지를 조금도 남기지 않고 알 수가 있는 길이기 때문이다. 그래서 만약에 도덕에서의 논의가 자연학에서의 논의에 비해서 훨씬 명확하지 않다고 한다면, 인류의 불법은 용서할 수가 없다. 왜냐하면 도덕적 논의는 마음에 있는 관념으로, 어느 하나도 거짓 또는 불균형이 아닌 관념에 관한 것이며, 이렇게 말하는 것도 도덕의 관념과 관련되어 들어맞지 않으면 안 될 원형으로서 어떠한 외적인 존재도 없기 때문이다.

사람들이 자기 마음속에 정의라고 하는 이름을 부여하기 위한 기준이 될 관념을 형성하여, 그와 같이 만들어진 원형과 일치하는 행동은 모두 그 (정의라고 하는) 이름 아래 적용한다는 것은 (예를 들어) 아리스티데스*1(라고 하는 사람)를 보고 나서 이 사람에 대해서 사람들로 하여금 어떤 관념을 마음내키는 대로 만들게 하건, 있는 그대로의 아리스티데스에 정확하게 닮은 관념을 형성하는 일에 비해서 훨씬 쉽다. 정의의 관념에 대해서 사람들은 자기 마음속에서 모아지는 관념의 집성을 알 필요가 있을 뿐이지만, 아리스티데스의 관념에 있어서는 자기들 바깥에 존재하는 하나의 사물(즉 아리스티데스라고 하는 인간)의 모든 본성을 알기 어려운 숨은 구조와 여러 성질을 탐구해야 하는 것이다.

18. 그리고 유일한 길이다

혼합양상의 정의, 특히 도덕적인 말의 정의가 매우 필요한 또 하나의 이유는 얼마 전에 (앞 절에서) 든 것, 즉 그러한 말의 거의 모든 뜻을 절대 확실하게 알리는 유일한 길이라는 것이다. 이들 말이 나타내는 관념은 대부분 그 조성 부분이 함께는 그 어디에도 존재하지 않고, 흩어져 다른 관념과 섞여 있기 때문에 마음만이 그것을 모아서 하나의 관념으로 합치는 것이며, 우리는 (이와 같이) 마음이 합쳐둔 여러 단순관념을 열거하는 말에 의해서만 혼합양

---

*1 Aristides. 그리스의 정치가, 장군. '정의자'라고 불린다.

상의 이름이 나타내는 것을 다른 사람에게 전할 수가 있다. 왜냐하면 이 경우 감각기관의 도움은 감지할 수 있는 단순관념의 이름에서 자주 볼 수 있고, 실체의 이름에서도 어느 정도 볼 수 있는 바와 같이 감지할 수 있는 대상을 내놓아 이것으로 이 (혼합양상이라고 하는) 종류의 우리 이름이 나타내는 관념을 명시하는 데 도움이 되는 경우가 없기 때문이다.

19. 셋째로 실체에서는 명시와 정의에 의한다

셋째로 실체의 이름은 실체의 별개의 종에 대해서 우리가 갖는 관념을 나타내므로 그 이름의 뜻을 설명하기 위해서는 대부분 앞에서 (이 장 제14절, 15절에서) 말한 명시(明示)와 정의(定義) 어느 쪽도 필수적으로 이용된다. 왜냐하면 (실체의) 각 종에는 어떤 주도적 성질이, 즉 우리가 그 종의 복합관념을 만들어 내는 다른 (성질의) 관념에 결부된다고 생각하는 주도적 성질이 보통은 존재하기 때문이다. 여기서 우리는 더 나아가 특징적인 표지를 발견할 수 있는 그 사물에 종의 이름을 부여하여, 이 사물로써 그 종을 가장 뚜렷하게 구별하는 관념으로 삼는 것이다. 이 주도적 또는 특징적 (그렇게 불러도 괜찮지만) 관념은 동물이나 초목의 종에서는 (앞서 본 권 제6장 제29절 및 제9장 제15절에서 지적한 바와 같이) 주로 형태이며, 생명이 없는 물체에서는 색이고 어떤 물체에서는 둘 다이다. 그런데

20. 실체의 주도적 성질의 관념은 명시에 의해 가장 잘 얻어진다

이러한 주도적인 감지할 수 있는 성질은 우리의 종적 관념의 중요한 요소를 이루며, 따라서 우리 지식으로 들어오는 실체의 종에 귀속되는 것으로서 우리의 종 이름의 정의에서 가장 잘 관찰할 수 있고 변동하지 않는 부분이다. 왜냐하면 (예를 들어) 인간이라고 하는 소리(또는 말)는 그것 자체의 본성은 (이지적 동물이라고 하는 아리스토텔레스의 정의처럼) 동물성과 이지성으로부터 만들어지는 복합관념을 뜻하는 적성을, 그 밖의 (성질의) 어떤 집성을 뜻하는 것과 마찬가지로 갖지만, 그럼에도 우리가 자기 자신의 종류로 계산하는 피조물의 종을 나타내는 표지로서 쓰이면 아마도 외부의 생김새는 인간에게서 발견되는 다른 어떠한 것과도 마찬가지로 인간이라고 하는 말이 뜻하는 우리의 복합관념으로 도입될 필요가 있기 때문이다. 그래서 플라톤의 (정

의인) '털이 없는, 두 다리로 걷는, 평평한 손톱의 동물'이 인간이라는 종의 피조물을 나타내는 이름이 (아리스토텔레스의 정의와 같이) 훌륭한 정의여서는 왜 안 되는지 그 까닭을 밝히기란 쉽지 않을 것이다.

왜냐하면 생김새야말로 주도적 성질로서 추리기능에 의해 이 (인간이라고 하는) 종을 결정한다고 생각하기 때문이다. 추리기능은 처음(어렸을 때)에는 나타나지 않고, 어떤 사람에게서는 절대로 나타나지 않는다. 만약에 이렇게 인정되어 있지 않다면 (우리가 말하는) 기형으로 태어난 자를 이지적인 영혼을 가지고 있는지 아닌지도 알지 못하고 이상하게 생겼다 해서 죽이는 자가 어떻게 살인의 죄를 면할 수가 있는지 나는 알지 못한다. 이지적인 영혼을 갖느냐 갖지 않느냐는 갓 태어난 젖먹이에게서는 생김새가 좋든 나쁘든 모두 식별을 할 수 없는 것이다. 그래서 이지적인 영혼은 그것의 터전이 마치 이런 (인간이라고 하는) 종의 정면(즉 얼굴 등)을 가지지 않으면 깃들 터전을 가질 수 없다고, 다시 말하면 마치 이런 외부 구성을 지닌 어떤 신체 이외의 종의 신체에는 연결할 수 없으며 생명을 불어넣을 수 없다고 누가 우리에게 가르쳤는가?

21.
그런데 이러한 주도적 성질은 (그 성질의) 명시에 의해서 가장 잘 알려지고, 다른 방식으로는 알려질 수가 없다. 왜냐하면 (예를 들어) 말 또는 화식조의 모습은 말로는 단지 조잡하고 불완전하게만 마음에 새겨질 터이기 때문이다. 동물을 실제로 보는 것이 천 배나 더 그 모습이 잘 각인된다. 또 금의 특수한 색의 관념은 어떠한 기술(記述)에 의해서도 얻어질 리가 없으며, 다만 색에 대해 눈을 자주 작용시킴으로써 얻어질 뿐이다. 이것은 이 금속에 익숙해진 사람의 경우 분명하며 그러한 사람은 시각으로 진짜와 가짜를, 순수한 것과 불순한 것을 구별할 것이다. 이때 다른 사람(마찬가지로 좋은 눈을 가졌으나 그럼에도 익숙한 사용에 의해서 금의 특유한 노란색의 정확하고 정밀한 개념을 얻지 못한 사람)은 아무런 차이도 지각하지 못할 것이다. 또한 어떤 실체에 특유한 종류인 다른 단순관념에 대해서도 이렇게 말할 수가 있을 것이다. 그 정확한 관념에는 특유한 이름이 없는 것이다. (예를 들어) 금의, 다른 물체의 소리와는 별개의, 특수한 발음의 이 소리는 이에 결부된 특수한 이름을 가지지 않는다. 그 점은 이 금속에 속하는 특수한 노란색과 마찬가지이다.

22. 실체의 능력에 대한 관념은 정의에 따르는 것이 가장 좋다

그러나 실체에 관한 우리의 종적 관념을 만드는 단순관념의 대부분은 능력이며, 능력은 흔히 이것이 나타나는 사물로는 우리의 감각기관에 명확하지가 않으므로, 실체에 대한 우리 이름의 의미 표시에서 그 뜻의 어떤 부분은 그러한 단순관념의 열거에 의하는 편이 실체 자신을 명시하는 것보다 잘 알려질 것이다. 왜냐하면 (예를 들어) 시각으로 얻어진, 노란색으로 빛나는 금의 색에 더하여 큰 연성(延性), 용성(溶性), 고형성, 왕수(王水)에서의 녹는 성질의 열거로부터 이들 관념을 가지는 사람은, 금 한 조각을 보고 금의 명확한 성질만을 마음에 새김으로써 가질 수 있는 것보다 금에 대한 더욱 완전한 관념을 가질 터이기 때문이다. 하지만 만약에 (이들 모든 특성이 나오는) 이 빛나는, 무거운, 늘어나는 성질을 가진 사물의 형상적 구조가 삼각형의 형상적 구조, 즉 본질과 마찬가지로 우리의 감각기관에 분명하면 금이라고 하는 말의 뜻은 삼각형이 뜻하는 바와 마찬가지로 손쉽게 확인할 수가 있었을 것이다.

23. 여러 영혼에 대한 하나의 성찰

이로써 우리는 형체적인 사물에 대한 우리의 모든 지식의 바탕이 우리 감각기관에 얼마나 많이 존재하는가를 알 수 있을 것이다. 왜냐하면 신체로부터 분리된 여러 영혼(형체적인 사물에 대한 이러한 여러 영혼의 지식과 관념은 우리 것보다 절대 확실하게 훨씬 더 완전하다)이 어떻게 해서 형체적인 사물을 아는지 우리에게는 아무런 생각도 그 어떤 관념도 전혀 없기 때문이다. 우리의 지식 또는 상상의 전체 범위는 우리의 지각 방식에 제한된 우리 관념 너머에는 미치지 못한다. 하지만 육체에 깃든 것(즉 우리의 영혼)보다 높은 차원의 여러 영혼은 실체의 근원적 구조에 대해서, 우리가 삼각형에 대해서 갖는 것과 같은 명확한 관념을 가질 수가 있으며, 더 나아가서는 어떻게 해서 이 근원적 구조로부터 실체의 모든 특성과 작용이 나오는가를 지각할 수가 있을 것이다. 이는 의심할 여지가 없다. 그러나 여러 영혼이 그러한 지식을 얻는 양식은 우리의 관념을 뛰어넘는다.

24. (넷째로) 실체의 관념은 또한 사물에 합치하지 않으면 안 된다

(넷째로) 정의는 실체의 이름이 우리 관념을 나타낼 때 이 이름을 설명하

는 데 유용하겠지만, 그럼에도 실체의 이름이 사물을 나타낼 때 중대한 불완전성이 늘 따른다. 왜냐하면 실체에 대한 우리의 이름은 단지 우리 관념을 위한 것이 아니기 때문이다. 궁극적으로는 사물을 표상하도록 쓰이며 더 나아가서는 사물의 역할을 대신 하게 되는 것이다. 따라서 그 뜻은 사람들의 관념과 일치할 뿐만 아니라 진짜 사물과도 일치하지 않으면 안 된다.

그러므로 실체에서 우리는 실체를 나타내는 말의 뜻에서 보통 받아들일 수 있는 통상적인 복합관념에 늘 안주할 일이 아니다. 좀더 앞으로 나아가서 사물 자신의 본성과 여러 특성을 탐구해서, 이에 의해서 실체의 다른 종에 대한 우리의 관념을 될 수 있는 대로 완전하게 해야 한다. 또는 그 종의 사물에 익숙하고 그 사물에 대해서 경험을 쌓은 사람으로부터 배우지 않으면 안 된다.

왜냐하면 실체의 이름은 다른 사람의 마음속에 있어서 그것이 통상적인 말뜻으로 나타내는 복합관념뿐만 아니라, 사물 자신에 실재하는 단순관념을 나타내도록 되어 있기 때문이다. 그래서 실체의 이름을 올바르게 정의하기 위해서는 자연지(自然誌 : 자연 현상의 기술)를 탐구해야 하고, 주의해서 또 검토해서 실체의 여러 특성을 찾아내야 한다. 왜냐하면 자연의 여러 물체, 실체적인 사물에 대해서 담론하고 논의할 때의 불편을 피하기 위해서는 각각의 말이 적용되는 일반적인, 그러나 혼란된, 다시 말하면 매우 불완전한 관념을 적절한 언어에서 배워 우리가 실체의 이름을 쓸 때 이 이름을 그러한 관념에 멈추게 하는 것으로는 충분치 않기 때문이다. 우리는 그 종의 사물에 대한 사상(事象)의 기술(記述)을 잘 알고, 그것에 의해서 각 종의 이름에 속하는 우리의 복합관념을 수정하고 결정하지 않으면 안 되며, 또 다른 사람과의 논의에서는 (만약에 남이 우리를 오해하고 있다는 것을 발견하면) 그러한 이름으로 우리가 나타낼 수 있는 것은 어떤 복합관념인가를 알려야 한다.

참다운 앎과 학문적 진실을 탐구하는 모든 사람이 이렇게 하는 것은 다음과 같은 점에서 더욱 필요하다. 즉 아이들은 사물의 불완전한 생각밖에 가지지 않은 동안에 말을 배우고 이 말을 닥치는 대로, 많이 생각하지 않고 적용하므로 말에 의해서 뜻이 표시되는 확정된 관념을 형성하는 일은 좀처럼 없다. 이 습관(이것은 손쉽고, 인생의 일상사나 담화에서는 충분히 쓸모가 있으므로)을 성인이 되어도 계속하기가 쉬우며, 따라서 옳지 않은 쪽부터 시작하여 말을 처음에, 그리고 완전히 배우지만 아이들이 나중에 그러한 말을 적용하는 생각은 매우 표면적으로 만든다. 이렇게 해서 사람들은 자기 나라의 적절한 언어를 하는, 즉 그 언어의 문법 규칙에 따라 말을 하지만 사물 자체에 대해서는 매우 부적절하게 말을 하고, 또 서로 논함으로써 유익한 진리의 발견에, 사물 자신 안에서 발견될, 우리의 상상 속에는 없는, 사물의 지식에서는 아주 적게밖에 진보하지 않는 그러한 일이 일어나게 되는 것이다. 그래서 우리 지식을 진보시키기 위해서는, 사물이 어떻게 불리고 있는가는 그다지 큰 문제가 되지 않는다.

25. 그렇게 하는 것은 쉬운 일이 아니다

그러므로 물성적 탐구에 정통하고 온갖 자연물체를 잘 아는 사람이, 각 종의 개체가 늘 일치한다고 관찰되는 단순관념을 적어두는 작업은 진작에 필요한 일이었다. 이는 다음과 같은 많은 혼란을 구제했을 것이다. 즉 여러 인물이 하나의 이름에 포함되는 그 어떤 종의 사물의 여러 성질을 이제까지 알았던 정도의 많고 적음, 또는 여러 성질을 검토할 때의 엄밀성에 비례한 감지할 수 있는 성질의 크고 작은 여러 수의 집합에 같은 이름을 적용하는 것으로부터 생기는 혼란이다. 그러나 이런 종의 (위에서 말한 필요성에 부응하는) 사전은 말하자면 자연지(自然誌)를 포함하므로 너무 많은 시간, 비용, 노고, 총명을 요구할 뿐만 아니라, 너무나도 많은 사람 손을 필요로 하므로 바랄 수도 없다. 그래서 이러한 책이 완성될 때까지 우리는 실체의 이름에 대해서 사람들이 쓰는 의의를 설명하는 정의로 만족하지 않으면 안 된다. 또 필요할 때 정의가 그만큼, 즉 이름의 통상적인 의의를 준다면 그것으로 충분했을 것이다. 하지만 보통은 이것조차도 주어지지 않는다. 오히려 사람들은 (자기들이 서로 이야기하는) 보통의 말뜻이 절대 확실하게 확립되어, 말이 나타내는 정확한 관념이 완전히 알려져 있다 오해하고, 또 그러한 정확한 관념을 모르는 것은 수치라고 오해함으로써, (실제는) 사람들 사이에서 일치하지 않는 말로써 서로 이야기하고 소통한다. (그러나 오행의 근원인) 이 생각은 어느 것이나 거짓이다. 복합관념의 이름은 늘 같고 정밀한 관념을 위해 쓰일 정도로 일정하게 확립된 뜻을 가지지 않는다. 또 인간이 어떤 사물의 절대 확실한 지식을 얻기 위해 취하지 않으면 안 되는 방식에 의하지 않으며 그러한 지식을 가지지 못한다는 것은 수치가 아니다. 따라서 다른 사람이 어떤 소리(즉 말)가 나타내는 정확한 관념을, 단지 이 소리(또는 말)를 쓰는 일 외의 어떤 방식으로 나에게 언명하지 않을 때, 다른 사람의 마음에 그 소리(또는 말)가 어떤 정확한 관념을 나타내는가를 내가 모른다는 것은 불명예스러운 일이 아니다.

왜냐하면 정확한 관념을 절대 확실하게 알려면 이러한 언명이 아닌 다른 방식은 없기 때문이다. 사실 언어에 의한 사상 전달의 필요는, 보통의 언어가 나타내는 뜻을 어느 정도 허용될 수 있는 폭의 범위에서 일치시키려 한다. 이 일치는 통상적인 담화에서는 쓸모가 있다고 말할 수 있다. 따라서 어떤 사람이 자기에게 익숙한 언어로 보통의 사용법에 의해서 결부된 관념을 전혀 모른다고 볼 수는 없다. 그러나 보통의 사용이라고 하는 것은 마지막에는 개별적인 사람의 관념으로 환원되는 아주 불확실한 규칙이므로 자주, 그리고 매우 심하게 변동하는 기준에 지나지 않다는 것을 알게 된다.

하지만 내가 (이 절에서) 위에서 말한 바와 같은 사전은 지금의 시대에 바라기에는 너무 많은 시간, 비용, 노고를 필요로 하기는 하지만, 그럼에도 잘 알려진 외부의 생김새로 구별할 수 있는 사물을 나타내는 말은, 그 사물에 대해서 만들어진 작은 소묘와 인쇄된 그림으로 나타내도록 제안하는 것은 비합리적인 일은 아니라고 생각한다. 이런 식으로 만들어진 사전은 아마도, 특히 먼 나라 또는 시대의 언어로 많은 명사의 참다운 뜻을 가르치고, 고대의 저서에서 이름을 읽은 여러 사물에 대해서 사람들의 마음에 한층 참다운 관념을 정착시킨다는 점에서, 학식 있는 비평가의 방대하고 고심을 한 모든 주석보다도 훨씬 쉽고 시간도 적게 들 것이다. 동물이나 식물을 다루는 생물학자는 이 방법에서 좋은 점을 발견하고 있다. 그러므로 생물학자에게 물어볼 기회를 가진 일이 있는 사람은, (예를 들어) apium(네덜란드 파드득나물)이나 ibex(야생 염소)에 대해서 이름이 긴 정의로부터 얻을 수 있는 명확한 관념을 이 채소 또는 짐승의 작은 인쇄화로부터 얻는다고 고백하는 것은 당연하리라. 또 틀림없이, strigil(말빗)이나 sistrum(타악기)에 대해서 사전에 번역해 놓은 영국명인 carrycomb이나 cymbal(이라고 하는 말) 대신에 고대인 사이에서 쓰였던 대로 이들 작은 도구의 작은 그림이 바깥쪽에 인쇄되어 있는 것을 볼 수가 있다면 뚜렷한 관념을 가졌을 것이다. toga(긴 윗옷), tunica(겉옷), pallium(외투)는 gown, coat, cloak라고 쉽게 번역할 수 있는 말이다. 그러나 이 번역으로 로마인들이 입었던 옷에 대해서 참다운 관념을 가지지 않는 것은, 이것들을 만든 재단사의 얼굴에 대해서 참다운 관념을 가지지 않는 것과 같다. 눈이 생김새로 구별하는 이러한 사물은 그것에 대해 만들어진 데생을 통해 마음속에 가장 잘 들어오고, 그러한 말의 뜻을 그 말을 위해 준비된, 다시 말하면 그 말을 정의하기 위해 쓰여진 다른 어떠한 말보다도 잘 결정했을 것이다. 하지만 이것은 말이 난 김에 하는 말일 뿐이다.

26. 다섯째로 그 뜻의 항상성에 대해서

다섯째로 비록 사람들이 자기들 말의 뜻을 언명하는 수고를 하지 않으려한다 해도, 또 자기들 말의 정의는 얻어지는 것이 아니라고 해도, 그럼에도 최소한 다음과 같은 일은 기대할 수 있다. 즉 한 인간이 다른 사람을 계발하거나 또 이해하게 하려는 모든 논의에서는 같은 말을 늘 같은 뜻으로 써야 한다. 만약 이것이 (진지함이 매우 결여되는 것이 아니라면 아무도 거부할 수 없는 일이다) 이루진다면 현재 있는 책의 대부분은 없어도 되었을 것이다. 토의에서의 논쟁 대부분은 그쳤을 것이다. 지금은 하나의 뜻으로 쓰이고 이윽고는 다른 뜻을 쓰이는 애매한 말로 부풀려진 몇몇 위대한 저서는 매우 작은 범위로 줄어들었을 것이다. 그래서 시인의 저작뿐 아니라 학자들의 (다른 사람은 말할 것도 없이) 저작은 작은 상자에 넣을 수가 있었을 것이다.

27. (뜻의) 변동을 설명해야 할 때

그러나 결국 저 무한하고 다양한 사상에 관한 말의 비축은 매우 빈약하다. 따라서 자기들의 정확한 생각에 맞는 명사가 없는 사람들은 매우 조심한다 해도 같은 말을 조금 다른 뜻으로 쓰도록 가끔 강요될 것이다. 그래서 논의를 계속하거나 논의를 좇거나 할 때, 어떤 사람이 어떤 명사의 뜻을 바꿀 때마다 (논쟁에서) 벗어나 (명사를) 특별히 정의할 여유는 없지만, 그럼에도 논의에 함축된 뜻은 대부분, 만약에 의도적인 오류가 없다면 공평하고 이해력 있는 독자를 명사의 참다운 뜻으로 충분히 이끌 것이다. 하지만 논의에 함축된 뜻이 독자를 안내하기에 충분하지 않을 때는 글쓴이가 자기 뜻을 설명하고, 그 명사를 어떠한 뜻으로 써야 하는지를 명시하는 일은 글쓴이에 관련된 (해야할) 일이다.

제4권
참된 지식과 의견

제1장
참된 지식의 일반적 개념

1. 참된 지식은 우리의 관념과 관계가 있다

대체로 마음은 모든 사유와 추리를 할 때 마음이 현재 지니고 있는 관념 말고는 직접적인 대상을 아무것도 갖지 않고, 관념만을 생각하며, 또 정관(靜觀)할 수 있다. 따라서 우리의 참된 지식은 명백히 오직 관념하고만 관계가 있다.[*1]

2. 참된 지식은 두 가지 관념의 일치 또는 불일치의 지각에 있다

그렇다면 참된 지식은, 우리 관념의 어떤 것과의 결합이나 일치, 또는 불일치나 반감의 지각(知覺)이다. 이 점에서만 참된 지식은 존재한다. 이 지각이 있는 곳에 참된 지식이 있으며, 지각이 없는 곳에서는 이를테면 공상할 수 있고 추측할 수 있으며 믿을 수 있더라도 언제나 참된 지식에는 이르지 못한다. 왜냐하면 '하양은 검정이 아니다'라고 알았을 때 우리는 이 두 관념이 일치하지 않는 지각 이외에 무엇을 하겠는가? 우리가 더 이상 없을 보증으로써 '삼각형의 세 각은 두 직각과 같다'는 논증을 자기 것으로 할 때, 우리는 두 직각과의 동일성(의 관념)이 삼각형의 세 각(의 관념)과 필연적으로 일치하여 분리할 수 없다는 지각 말고 무엇을 더 하겠는가?

3. 이 일치는 네 가지

그러나 이 일치나 불일치가 어디에 있는가를 좀더 확실하게 이해하기 위해 그 모든 것을 다음의 네 종류로 정리해도 된다고 나는 생각한다.

[*1] 로크의 기본적 견해인 의식현상론에서의 명백한 의견이다.

1. 동일성 또는 차이성
2. 관계
3. 공존 또는 필연적 결합*²
4. 실재(實在)*³

4. 첫째로 동일성 또는 차이성의 (일치 또는 불일치)

첫째로 일치 또는 불일치의 제1의 종류 즉 동일성 또는 차이성에 대하여 대체로 마음이 어떤 생각을, 바꾸어 말하면 관념을 어쨌든 가질 때 그 관념을 지각하는 것, 또 관념을 지각하는 한 각 관념이 어떤 것인가를 알고, 이것에 의하여 그 차이도 지각하며, 하나의 관념이 다른 관념이 아니라고 지각하는 것은 마음의 처음 작용이다. 이것은 완전히 절대로 그렇지 않으면 안 되는, 따라서 이 작용이 없으면 대체로 참된 지식*⁴(또는 지식)도 추리도 상상도, 확연한 사유도 도저히 있을 수 없었을 것이다. 이 작용에 의하여 마음은 각자의 관념이 자기 자신과 일치하여 존재하는 것이고, 모든 개별적 관념은 일치하지 않으면 곧 하나는 다른 관념이 아니라고 명석하게 어김없이 지각한다. 더욱이 마음은 이것을 노고와 수고 없이, 바꿔 말하면 연역하지 않고 대번에 지각하며 구별하는 자연의 능력으로 행한다. 그래서 사고술*⁵(즉 논리학)을 하는 사람들은 성찰할 필요가 있는 모든 경우에 당장 해당이 되도록 하기 위하여, 이것을 '있는 것은 있다'와 '같은 사물이 있어서 안 될 것은 없다'라는 일반규칙으로 모아버렸는데, 이 기능의 첫 행사는 절대 확실히 특수관념에 대해서이다.

인간은 대체로 특수관념을 마음에 갖자마자, (예를 들면) 하얀색이나 둥글다고 부르는 관념이 바로 그런 관념으로, 다른 붉은색이나 정사각형이라 부르는 관념이 아니란 것을 어김없이 안다. 또 세상의 어떤 공준(公準)이나 명제도 그 사람이 전에 요컨대 그런 어떤 일반규칙도 없이 알았던 것보다 명석 또는 확실하게 알게 했을 리가 없다. 따라서 이것은 마음이 그 관념 속에 지각하는

---

*2 여기서 생각할 수 있는 필연적 결합은 주로 실체에 공존하는 모든 성질의 필연적 결합이다.

*3 관념의 일치 또는 불일치에 이러한 다른 성질의 일치 또는 불일치를 뒤섞이게 하는 점에서 로크 철학의 성격을 엿볼 수 있다.

*4 참된 지식의 원어 knowledge는 그럴 법한 것을 아는 것을 포함한 일상적인 의미에 사용되는 경우가 있다. 또한 때때로 아는 것을 뜻한다.

*5 포르 루아얄(Port Royal)의 논리학서(L'art de penser)가 나타내듯이 논리학을 의미한다.

최초의 일치 또는 불일치로서 이것을 마음은 늘 한눈에 지각하는 것이며, 만일 이 일치 불일치에 대하여 무슨 의문이라도 생긴다면 그것은 언제나 이름에 대한 것이지 관념 자체에 대해서가 아니라는 점을 발견할 것이다. 관념의 동일성과 차이성은 늘 관념 자체에 있으면 즉시, 그와 마찬가지로 명석하게 지각하게 될 것이다. 그리고 그 밖에는 결코 있을 수가 없다.

5. 둘째로 관계적 (일치 또는 불일치)

둘째로 마음이 그 관념의 어떤 것으로 지각하는 일치 또는 불일치의 다음 종류는, 내 생각으로는 관계적이라 부르는 것이 좋고, 어떤 종류의 관념이건 실체와 양상 그 밖의 무엇이건 어떤 두 관념 사이의 관계에 대한 지각이 분명하다. 왜냐하면 모든 별개의 관념은 같지 않다는 것을 영원히 알아야 하며, 따라서 서로 보편적이고 항상적으로 부정해야 하기 때문이다. 그러므로 혹시라도 우리의 관념 사이에 아무 관계도 지각하지 못하고, 마음이 관념을 비교하는 여러 방법 가운데에서 관념 상호 간의 일치나 불일치를 찾아내지 못한다면, 아마 실정적(實定的) 참된 지식을 얻을 여지는 없었으리라.

6. 셋째로 공존의 (일치 또는 불일치)

셋째로 마음의 지각이 관계되는 우리의 관념에서 찾아내야 할 일치나 불일치의 제3의 종류는, 같은 주체 내에서의 공존 또는 비공존인데 이것은 특히 실체에 속한다. 예를 들면 금에 관하여 고형(固形)이라고 의견을 말할 때, 이 진리에 대한 우리의 지식은 다음 이상은 되지 못한다. 즉 고형성, 바꿔 말하면 불 속에서 다 타지 않고 남는 기능은 금이라는 말로 뜻을 나타낸 우리의 복잡한 관념을 만든 그 특수한 종류의 황금빛·녹는 성질·펴지는 성질·왕수(王水) 속에서의 용성과 늘 결부되어 있는 관념 이상의 것이 아니다.

7. 넷째로 실재의 (일치 또는 불일치)

넷째로 (일치 또는 불일치의) 마지막 종류는, 현실의 어떤 실재가 어떤 관념에 일치하는(또는 일치하지 않는) 종류이다.*6 우리가 가진, 또는 가질 수 있

---

*6 관념과 실재와의 일치는 이제까지의 세 종류의 일치 또는 불일치와는 전혀 다르다.

는 참된 지식 전체는 이런 네 종류의 일치나 불일치 가운데 포함된다고 나는 생각한다. 왜냐하면 우리 관념의 어떤 것에 대하여 우리가 할 수 있는 모든 탐구 또는 어떠한 관념에 대하여 우리가 아는, 바꿔 말하면 단언할 수 있는 모든 것은 그 관념이 다른 어떤 관념과 같다 또는 같지 않다는 것, 그 관념이 다른 어떤 관념과 이러저러한 관계를 가지고 있다는 것, 그 관념이 마음 밖에 실존한다는 것일 뿐이기 때문이다.

예를 들면 '파랑은 노랑이 아니다'는 동일성(의 불일치)이다. '두 평행선 사이의 동일한 밑변을 가진 두 삼각형은 동일하다'는 관계(의 일치)이다. '철은 자력(磁力)의 효력을 받는다'는 공존(의 일치)이다. '신은 계신다'는 실재(의 일치)이다. 하긴 '이 가운데' 동일성과의 공존은 사실 관계에 다름없지만, 더구나 우리 관념의 일치 또는 불일치에 대한 매우 특이한 방법이므로, 개별 항목으로 고찰하고 관계일반으로 고찰하지 않을 값어치가 충분히 있다. 왜냐하면 그런 것은 긍정과 부정의 (다른 근거와) 대단히 다른 근거이므로 그 점은 이 책의 여러 대목에서 언급한 것을 살펴보려고 하는 사람이라면 누구나 쉽게 알 수 있을 터이기 때문이다. (그런데) 애초 참된 지식이라는 말의 다양한 뜻을 고찰할 필요가 없다면 이번에는 우리의 참된 지식에 대한 다양한 검토로 나아갈 것이다. (그러나 그럴 필요가 있다고 생각하므로 그 점을 먼저 살펴보자.)

8. 참된 지식은 현실적 또는 습성적

대체로 마음이 진리를 갖는 방법은 여러 가지가 있으며, 저마다 참된 지식이라고 불린다.

1. (먼저) 현실적 지식이다. 이것은 마음이 그 관념의 어떤 것과 일치 또는 불일치를, 혹은 관념 서로가 가진 관계를 실제로 지금 바라보고 있는 것이다.

2. (다음으로) 인간은 다음과 같은 어떤 명제를 안다고 한다. 즉 전에 자신이 사유한 적이 있어 명제를 조성하는 관념의 일치 또는 불일치를 분명히 지각하고, 더구나 기억에 확실히 남아 있으므로 그 명제를 다시 성찰하게 되면 의혹이나 주저 없이 언제나 옳은 쪽을 받아들여 이것에 동의하며, 그 진리성을 절대 확실하게 하는 명제를 안다고 한다. 이것을 습성적 참된 지식이라 불러도 괜찮다고 나는 생각한다. 이렇게 하여 인간은 그 기억에 남은 모든 진리를 전에 했던 명석하고도 실수 없는 지각에 의하여 안다고 할 수 있고, 마음

은 그런 진리를 성찰할 필요가 있을 때마다 그 진리를 의심 없이 확신하는 것이다. 왜냐하면 우리의 유한한 지성은 한 번에 하나의 사물밖에 명석 확연하게 생각할 수 없으므로, 이를테면 사람들이 실제로 생각하는 것 이상은 알지 못한다면 사람들은 모두 몹시 무지하여, 가장 많이 아는 자도 하나의 진리밖에 몰랐을 터이기 때문이다. 이것이 그 사람이 한 번에 생각할 수 있는 전부이기 때문이다.

9. 습성적 참된 지식은 두 가지

습성적 지식에는 일반적으로 두 가지가 있다. 첫째, 하나는 기억에 쌓여 있는 진리로, 마음에 생각이 떠오르면 마음은 언제나 관념 사이의 관계를 실제로 지각하게 되는 진리이다. 그래서 우리가 직관적 지식을 갖는다는 진리에선 모두 이러하고, 그 경우는 관념 자체가 직접 바라보게 함으로써 서로의 일치 또는 불일치를 알게 하는 것이다.

둘째, 마음이 굳게 믿어버렸으므로 (다시) 입증하지 않고 그 굳건한 믿음의 기억을 지키는 진리이다. (이것은 논증적 참된 지식의 경우이다.) 예를 들면 삼각형의 세 각은 두 직각과 같다는 논증을 예전에 지각한 것을 절대 확실히 기억하고 있는 사람은 이것을 아는 일은 절대 확실하다고 한다. 왜냐하면 그 진리성을 의심할 수 없기 때문이다. 어떤 진리를 처음으로 알게 한 논증을 잊은 뒤에도 그 진리를 고집하는 사람은 진실로 안다기보다 오히려 기억을 믿는다고 생각되지만, 또 진리를 파악하는 이런 방법은 의견과 진리 사이의 어떤 사물이며, 단순한 신념은 다른 사람의 증언에 의존하므로 이것을 넘어선 어떤 확신이라고 나는 생각했었다. 그런데도 적절히 검토한 끝에 찾아냈는데, 그런 진리는 완전한 확실성*[7](또는 절대적 확실성)에 모자람이 없는, 사실상 참된 지식인 것이다. 여기서 우리의 첫 사유를 그릇된 길로 이끌어 잘못되게 하기 쉬운 것은 다음과 같은 경우이다. 즉 이때 관념의 일치 또는 불일치는, 명제 속 관념의 일치 또는 불일치를 처음으로 지각시킨 모든 중간관념을 실제로 바라보고 지각되게 하는 것이 아니라 우리가 절대 확실하게 기억하는 명제에 포함된 관념의 일치 또는 불일치를 명시하는 다른 중간관념에 의하여 지각된

---

*7 원어는 전문어로서 절대적 확실성을 뜻하지만 때때로 넓은 의미로 쓰인다. certain, certainty 도 마찬가지이다.

것이다. 예를 들면 삼각형의 세 각은 두 직각과 같다는 명제로서 이 진리의 논증을 다 보고 명석하게 지각해 낸 사람은 그 논증이 마음에서 사라져, 따라서 현재는 논증을 실제로 볼 수 없으며 도저히 떠올리지 못할 때도 명제가 참임을 안다. 그러나 전에 알았던 것과 다른 방식으로 안다.

그 명제로 연결된 두 관념의 일치는 지각되지만, 그 지각을 최초로 낳은 관념과 다른 관념의 끼어듦에 의한 것이다. 그 사람은 삼각형의 세 각이 두 직각과 같다는 명제의 진리성을 일찍이 확실한 것으로 여겼다고 떠올린다. 즉 안다. (왜냐하면 떠올린다 함은, 과거의 어떤 지식을 새롭게 하는 것에 지나지 않기 때문이다.) (그러므로) 같은 불변의 사물 사이의 같은 관계가 지금 (여기에서) 만일 삼각형의 세 각이 예전에 두 직각과 같았다면, 세 각은 늘 두 직각과 같으리라는 것을 그 사람에게 명시하는 관념이다. 따라서 그 사람은 이때 예전에 진실이었던 것은 언제나 진실이고, 예전에 일치한 관념은 언제나 일치할 것이며, 그래서 과거 진실이라 알았던 것은 떠올릴 수 있는 한 늘 진실임을 알 것이다. 그런 것을 절대 확실이라 한다. 이 근거에 바탕을 두어야만 수학의 낱낱(특수) 논증이 일반적 지식을 제공하는 것이다.

이를테면 같은 관념은 서로 같은 관련과 관계를 영원히 가지려는 지각이 참된 지식의 충분한 근거가 아니라고 한다면, 수학에서 일반명제의 진리는 있을 수가 없었으리라. 왜냐하면 어떤 수학적 논증도 낱낱(특수)이 아닌 다른 무엇은 아니었을 테고, 어떤 인간이 하나의 삼각형 또는 원에 관하여 어떠한 명제를 논증했을 때도 그 사람의 지식은 그가 아는 낱낱(특수)의 그림 이상으로는 미치지 못했을 것이기 때문이다.

만일 그 사람이 자기 지식을 그보다 더 넓히려고 한다면 다른 사례를 가지고 논증을 다시 새롭게 하지 않으면 안 되고, 그래야 비로소 다른 비슷한 삼각형(또는 원)을 진실한 것으로 알게 될 터이며, 이런 작업을 계속하지 않으면 안 된다. (그러나) 이런 수단으로는, 어떠한 일반명제의 진리에 다다를 수는 결코 없었을 것이다. (예를 들면) 아무도 부정할 수 없을 거라고 나는 생각하는데, 뉴턴은 자기 책*8에서 지금 읽은 어느 명제가 참임을 절대 확실하게 알지만, 이 명제가 참임을 뉴턴으로 하여금 처음으로 발견하게 한 중간관념의 그

---

*8 《자연학의 수학적 원리(Philosophiae naturalis principia mathematica)》를 가리킨다.

찬탄해야 할 연쇄를 실제로 본 것은 아니다. 낱낱(특수)의 관념의 그런 계열을 파악할 수 있을 듯한 기억은 (명제의 진리성의) 발견이나 지각 자체가, 관념의 그 경탄해야 할 결합을 늘어놓(고, 논증을 구성하)는 것 자체가 독자 대부분의 이해력을 넘어선 것임을 발견할 때, 인간의 기능이 미치는 범위를 초월했음을 충분히 알 것이다. 그럼에도 명백히 저자(곧 뉴턴) 자신은 (논증의) 그런 관념 결합을 예전에 본 것을 떠올리므로, 명제가 참이라고 절대 확실히 알고 있어, 그 점은 (예를 들면) 이런 사람이 다른 사람을 찌르는 것을 똑똑히 보았던 기억이 있으므로, 다른 사람에게 상처를 입혔다고 절대 확실히 아는 것과 마찬가지이다. 그러나 기억은 언제나 현실적 지각만큼 명석하지 않아, 누구나 시간이 흐르면 조금이나마 쇠퇴한다. 그러므로 이것이 (직관적 지식과) 차이가 다른 데도 있는 가운데, 논증적 지식보다는 훨씬 불완전하다는 것을 명시하는 차이이다. 그 점은 다음 장(제2절 이하)에서 보게 될 것이다.

제2장
우리가 갖는 참된 지식의 정도

1. 직관적

대체로 우리의 지식은 (앞 장 제1절에서) 언급했듯이 마음이 자기 자신의 관념을 바라보는 데에 있고, 이것은 우리의 기능이고 또 아는 방법이며, 우리가 할 수 있는 최대한의 빛이자 확실성(또는 절대 확실성)이다. 그러므로 참된 지식의 명증성을 잠깐 고찰하는 것은 나쁠 게 없다고 본다. 우리 지식의 명석성 차이는, 마음이 어떤 관념의 일치 또는 불일치를 지각하는 방법의 차이에 있다고 나는 생각한다. 왜냐하면 우리의 사고방식을 성찰하려고 하면 발견되겠지만, 마음은 때로는 두 관념의 일치 또는 불일치를 그 관념 자체로서 다른 어떤 관념의 개입도 없이 직접 지각하기 때문이다.

그래서 이것을 직관적 지식*¹이라 불러도 괜찮다. 왜냐하면 이 직관적 지식으로 마음은 진리를 증명하거나 검토하는 수고를 않고, 눈이 빛을 지각하는 것처럼 단지 그 방향으로 돌리기만 하면 진리를 지각하기 때문이다. 예를 들면 흰색은 검은색이 아니라든가, 원은 삼각형이 아니라든가, 셋은 둘보다 많고 하나와 둘을 합한 것과 같다고 마음은 지각한다. 이런 종류의 진리를 관념은 처음으로 함께 보며, 단순한 직관으로 다른 어떤 관념의 개입 없이 지각한다. 그래서 이 종류의 진리는 인간의 나약성에 가능한 한 가장 명석하고, 가장 확실하다. 이 부분의 진리는 저항할 수 없으며, 빛나는 햇살처럼 마음이 대개 그 방향으로 눈길을 돌리자마자, 좋아하든 말든 직접 지각되어 주저·의혹·검토할 여지를 남기지 않고 마음은 곧바로 그 밝은 빛으로 채워진다. 이 직관에 우리의 모든 진리의 모든 확실성(또는 절대 확실성)과 명증은 근거한다. 그 확

---

*1 라이프니츠는 직관적 지식을 필연적과 우발적인 두 종류로 구별한다.

실성은 누구나 찾아내지만 매우 크므로 그보다 큰 확실성을 아무도 떠올릴 수 없고, 따라서 요구하지 못하는 것이다. 왜냐하면 인간은 자기 마음의 관념이 있다고 지각하는 것과 같으며, 또 차이를 지각하는 두 관념은 달라서, 정확하게 같지 않으면 그렇게 아는 것보다 큰 확실성을 가진다고 생각할 수 없기 때문이다. 이보다 큰 확실성을 바라는 사람은 자기가 모르는 걸 찾는 것이며, 회의자가 되지도 못하면서 그 기분이 된 것을 명시할 따름이다. 절대 확실성은 완전히 이 직관에 근거한다. 그러므로 내가 (다음 절에서) 논증적이라 부르는 진리의 다음 정도에서는 중간관념의 모든 결합에 이 직관이 없으면 안 되고, 이것 없이는 참된 지식과 절대 확실성을 얻을 수 없다.

2. 논증적

진리의 다음 정도는, 마음이 어떤 관념의 일치 또는 불일치를 지각하지만 직접은 아닌 경우이다. 적어도 마음이 그 관념의 어떤 것의 일치나 불일치를 지각하는 경우 언제나 절대 확실한 지식이다. 그렇지만 마음이 관념 사이에 있는 일치나 불일치를 보는 것은, 이것을 발견할 수 있는 경우조차도 언제나 일어나는 것은 아니다. 그때 마음은 무지에서 멈추며, 기껏해야 개연적 추측 이상으로 나아가지 못한다. 마음이 늘 두 관념의 일치 또는 불일치를 곧 지각하지 못하는 까닭은, 일치나 불일치에 관한 탐구가 이루어지는 관념이 마음에 의해 일치나 불일치를 명시하도록 늘어놓을 수 없기 때문이다. 그래서 이 경우 마음이 관념의 직접 비교, 즉 관념을 서로 맞춤으로써 일치나 불일치를 지각하도록 관념을 함께하지 못할 때 마음은 어쩔 수 없이 다른 (경우에 따라 하나 또는 그 이상의) 관념의 개입에 의하여, 그 찾고자 하는 일치나 불일치를 발견하는 것이고, 우리는 이것을 추리라고 부른다.

예를 들면 마음은 삼각형의 세 각과 두 직각과의 크기에서의 일치 또는 불일치를 알려고 하지만, 직접 바라보고 세 각과 두 직각을 비교해서는 알 수가 없다. 왜냐하면 삼각형의 세 각을 한꺼번에 가져와서, 어떤 하나 또는 두 각과 비교할 수는 없기 때문이다. 따라서 마음은 이것에 대해 어떤 직접적 진리나 어떤 직관적 진리도 가지고 있지 않다. 이 경우에 마음은 어쩔 수 없이 삼각형의 세 각과 같은 다른 어떤 각을 찾아내어, 이 각이 두 직각과 똑같다는 것을 발견하고는 세 각과 두 직각이 같음을 알게 된다.

3. 논거에 따른다

이와 같은 개재(介在) 관념, 다른 어떤 두 관념의 일치(또는 불일치)를 명시하는 데 유용한 개재 관념을 논거라 하고, 이 수단으로 일치나 불일치가 알기 쉽고 또 명석하게 지각되는 경우 논증*²이라고 부른다. 왜냐하면 일치나 불일치가 지성에 명시되어, 마음에 그렇다는 것을 보여주기 때문이다. 이런 중간관념을 (이것이 다른 어떤 관념의 일치 또는 불일치를 알게 하도록) 찾아내어 올바르게 적용하는 마음의 신속성을 총명이라 일컫는다고 나는 생각한다.

4. 그러나 그렇게 쉽지 않다

이 개재 논거에 의한 참된 지식은 절대 확실하지만, 그 명증은 직관적 진리에서와 같이 전혀 명석하게 빛나지 않아, 그만큼 즉석에서 동의하기 어렵다. 왜냐하면 마음은 논증으로는 그 고찰하는 관념의 일치나 불일치를 마지막에는 지각한다고는 해도, 수고를 하지 않고 주의를 기울이지 않으면 안 되기 때문이다. 일치 또는 불일치를 찾아내려면, 잠깐 한번 훑어보는 이상으로 하지 않으면 안 된다. 이 발견에는 변함없는 전념과 추구가 요구된다. 마음은 단계를 밟아 한 걸음 한 걸음 앞으로 나아가지 않으면 안 되고, 그래야 비로소 마음이 이(논증이라는) 방법으로 절대 확실성에 다다를 수 있어, 일치 또는 불일치를 명시하는 데 논거와 이지(또는 추리)의 쓰임을 필요로 하는 두 관념 사이의 일치나 불일치의 지각에 익숙해지는 것이다.

5. 사전 의혹이 없는 것은 아니다

직관적 참된 지식과 논증적 참된 지식의 또 하나의 차이는 다음의 점이다. 즉 논증적 진리에서는 중간관념이 끼어듦으로써 일치나 불일치가 지각될 때 모든 의혹은 사라지지만, 그럼에도 논증 이전에는 의혹이 있었으며, 이런 것은 직관적 참된 지식에서는 대체로 지각 기능이 확연한 관념을 가질 정도로 되어 있는 마음에 일어날 리가 없다. 그 점은 (예를 들면)(흰색과 검은색을 확연히 볼 수 있는) 눈에는, 잉크와 종이가 완전히 같은 색깔인가 아닌가, 의혹이 있을 리가 없는 것과 같다. 눈에 시력이 있다면 눈은 한 번 보고 주저 없이

---

*2 원어는 엄밀한 논리적 논증 외에, 원어에 따라 완만한 의미로 '전시'라고 옮겨도 좋은 경우가 있다.

이 종이에 인쇄된 글자는 종이 색깔과 다르다고 지각할 것이다. 그와 같이 확연히 지각하는 기능이 마음에 있으면, 마음은 직관적 진리를 낳는 관념의 일치 또는 불일치를 지각할 것이다. 혹시 눈이 보는 기능을, 또는 마음이 지각하는 기능을 잃어버리면 눈으로 시각의 신속성을(바꿔 말하면 재빨리 보려고), 또는 마음으로 지각의 명석성을(바꿔 말하면 명석하게 지각하려고) 탐구해도 소용없으리라.

6. 그다지 명석하지 않다

과연 논증에 의해 탄생된 지각도 꽤 명석하다. 더욱이 이 지각에는 내가 직관적이라고 부르는 것에 늘 따라다니는 명백한 빛, 빈틈없는 확신의 뚜렷한 감퇴가 가끔 따른다. 그 점은 (이를테면) 몇 개의 거울에 비친 얼굴과 닮아서, 그 경우 거울의 얼굴은 대상(즉 실물의 얼굴)과 서로 닮아 일치를 지키고 있는 한 참된 지식을 낳는다. 그러나 잇따르는 어떤 반영에도 처음 얼굴에 있는 완전한 명석 확연함의 감소가 언제나 따라, 마침내 수없이 바뀐 뒤 멍청한 인상이 뚜렷이 섞여 언뜻 보아선 얼굴을 식별할 수 없다. 특히 흐려진 눈이 그렇다. 긴 계열의 논거로 만들어진 진리는 이런 식이다.

7. 각 단계는 직관적 명증을 갖지 않으면 안 된다

그런데 논증적 진리로 이지(또는 추리)가 만든 각 단계에는, 이지가 논거로 쓴 다음의 중간관념(과 각 단계의 두 관념 저마다의) 사이에 이지를 찾는 일치 또는 불일치의 직관적 진리가 있다. 만일 그렇지 않았다고 하더라도 그것은 여전히 논거를 필요로 했을 것이다. 왜냐하면 그런 일치 또는 불일치의 지각이 없으면 대개 참된 지식은 탄생될 수 없기 때문이다. 만일 일치 또는 불일치가 그 자체로 지각된다면 그것은 직관적 진리이며, 그 자체로 지각될 수 없다면 그런 (추리된 관념의) 일치 또는 불일치를 명시하는 공통척도로서 어떤 개재 관념이 필요하다. 이래서 누구나 알도록 참된 지식을 낳은 추리의 각 단계는 직관적 절대 확실성을 가진다. 이것을 마음이 지각할 때 우리가 탐구하는 관념의 일치나 불일치가 눈에 보여 뚜렷하고 절대 확실히 하는 데 요구되는 것은, 이 직관적 절대 확실성을 기억하는 일 이상은 아무것도 없다.

그러므로 어떤 사물을 논증하자면, 검토된 두 관념(그 하나는 언제나 최초의 관념이고, 또 하나는 최후의 관념이다)의 일치 또는 불일치를 찾아낸 개재관념의 (그런 두 관념 저마다와의) 직접적 일치(또는 불일치)를 지각할 필요가 있다. 논증의 각 단계 및 진행에서 중간관념의 이와 같은 일치나 불일치의 직관적 지각은 또 마음에 정확히 유지하지 않으면 안 되고, 어떤 부분도 없앨 수 없다는 것을 확실히 해야 된다. (그러나) 긴 연역으로 많은 논거를 쓰는 경우 기억이 직관적 지각을 늘 그만큼 즉석에서, 또 정확하게 파악하지 못할 때도 있다. 그러므로 이것은 직관적 진리보다 불완전하여 인간은 가끔 논증 대신에 거짓을 받아들이는 일이 생기게 되는 것이다.

8. 이보다 먼저 알게 된 것과 전에 인정된 것에서의 잘못

이런 직관적 지식이 학술적, 즉 논증적 추리의 각 단계에서 필요하다는 주장이 잘못된 공리(公理), '모든 추리는 전에 알게 된 것과 전에 인정된 것에서 온다'는 잘못된 공리를 낳았다고 나는 생각한다. 이 공리가 얼마나 잘못된 것인가는, 더 자세히 설명할 기회가 있을 것이다. 그래서 나는 명제를 특히 공준(公準)이라고 하는 명제를, 고찰하여 공준이 우리의 모든 진정한 지식과 추리의 바탕이라 상정하는 일은 잘못임을 명시하게 된다.

9. 논증은 양에 제한받지 않는다

(그런데) 지금까지 일반적으로 수학만이 논증적 절대 확실성을 가질 수 있다는 주장은 당연시되어 왔다. 그러나 직관적으로 지각할 수 있도록 일치 또는 불일치를 유지하는 것은, 내 생각에 수와 연장과 형체의 관념만의 특권이 아니다. 따라서 논증이 이제까지 다른 부분에서 행한 것이 몹시 보잘것없다고 여겨져 온 탓으로 수학자 말고는 거의 아무도 그런 생각조차 한 적이 없었던 것은, 아마 우리에게 적정한 방법과 적용이 결여된 때문이지 사물에 충분한 명증이 결여된 때문은 아닐 것이다. 왜냐하면 어떤 관념을 가지고 있건 마음이 그 사이에 있는 직접적 일치나 불일치를 지각할 수 있기에 그때에는 마음이 직관적 진리를 가질 수 있으며, 어떤 두 관념이 어떤 중간관념과 가진 일치나 불일치의 직관적 지각에 의해 그 두 관념의 일치나 불일치를 지각할 수 있기에 그때는 마음은 논증을 가질 수 있어 연장·형체·수와 그 양상의 관념에 제한을 받지 않기 때문이다.

10. 왜 지금까지 그렇게 생각되어 왔는가

논증이 이제까지 일반에게 그런 것(연장 등)을 찾게 하고, 그런 것에만 있다고 상정되어 온 까닭은, 내 생각에 그런 (연장 등에 관한) 학문의 일반적 유용성뿐만 아니라 연장 등의 동일성 또는 초과를 비교할 때 수의 양상은 아무리 적은 차이라도 매우 명석하게 지각할 수 있기 때문이다. (하긴) 연장에서 어떤 최소의 초과도 그만큼 (명석하게) 지각할 수 있다는 것은 아니지만, 더구나 마음은 두 각의 또는 연장의 또는 형체의 올바른 동일성을 논증적으로 검토하여 발견하는 길을 찾아내었기에 이 둘, 즉 수와 형체는 모두 눈에 보여 영속적인 표시로 제한할 수 있어 고찰 중인 관념은 이 표시로 확정되나 이름과 말만 가지고 관념이 표시되는 경우 관념은 대부분 그렇게 완전하게는 확정될 수 없다.

11.

그러나 다른 단순관념, 즉 그 양상이나 차이가 정도에 따라 만들어지고 셀수 있어서 양에 의하지 않는 다른 단순관념으로는 우리가 관념의 옳은 동일성을, 아니면 최소의 차이를 지각할 만큼 또는 재는 방법을 찾아낼 만큼 정밀 명확하게는 관념의 차이를 구별하지 않는다. 왜냐하면 그런 다른 단순관념은, (우리 밖 사물의) 단독으로는 감지할 수 없는 미세한 소립자의 치수·형체·수·운동에 의하여 우리(의 마음)에게 생겨난 현상태(現象態) 또는 감각이므로, 다양한 차이도 그런 원인 또는 전부의 변동에 근거하며, 그 변동은 물질분자, 즉 하나하나가 너무 미세하여 지각되지 않는 물질분자로는 우리가 관찰할 수 없기 때문이다. 따라서 그런 단순관념의 여러 차이 정도의 정확한 척도를 갖기란 우리로선 불가능한 일이다. (예컨대) 우리가 하얗다고 이름 붙인 감각이나 관념은 일정 수의 작은 입자에 의하여, 즉 자기 자신을 중심으로 하는 선회력을 가지고 있어, 일정한 정도의 회전 및 가속도를 가지고 눈의 망막을 때리는 일정 수의 작은 입자에 의해 우리(의 마음)에게 생겨난다고 상정해 보자. 이것*3으로 말미암아 쉽게 다음과 같이 될 것이다. 즉 어떤 물체 표면의 부분이 더욱 수많은 빛의 작은 입자를 반사하여, 우리에게 하얗다는 감각을 낳게

---

*3 로크가 여기서 염두에 둔 것은 데카르트의 광학이론이리라.

할 적절한 회전을 작은 입자에게 주도록, 그러한 조건을 더욱 정비할수록 이 독특한 종류의 운동을 수반하는 더 많은 입자를 (표면의) 같은 공간으로부터 망막으로 보내는 물체는 점점 더 하얗게 보일 것이다. (그렇다고는 해도) 나는 빛의 본성이 매우 작은 둥근 작은 입자에 있다거나, 하얀색의 본성이, 그 작은 입자를 반사할 때 작은 입자에 일정한 회전을 주는 (물체의 표면) 부분의 조직에 있다고 주장하는 것이 아니다.

왜냐하면 나는 지금 빛이나 색깔을 물성적으로 다루지 않고 있기 때문이다. 그러나 다음과 같이 말할 수는 있다. 즉 우리 밖에 있는 물체는 맛본다든가 만질 때처럼 느낄 수 있는 물체 자체의 직접 접촉, 또는 보거나 듣고 냄새를 맡을 때처럼 물체에서 오는 감지할 수 없는 어떤 분자의 충격, 그런 것에 의하지 않는 방법으로 우리의 감각기관을 어떻게 발동시킬 수 있을지 나는 떠올릴 수 없다. (누군가 이와 다르게 생각한 것을 이해하게 해주는 사람이 있다면 기쁜 일이고), (분자의 충격으로서의 경우는) 여러 다른 치수·형체·운동에 의하여 나오는 물체 부분의 다른 충격들에 의해 다양한 감각이 우리에게서 나오는 것이다.

12.

그렇게 보면 우리에게 하얀색의 관념을 낳는 것이 작은 입자이든 아니든, 자기 자신을 중심으로 하는 선회력을 갖든 (갖지 못하든) 다음의 점은 절대 확실하다. 즉 우리에게 하얀색의 감각을 낳는 독특한 운동을 빛의 분자에게 줄 수 있는 물체로부터 물체의 분자가 많이 반사되면 될수록, 또는 그 독특한 운동이 빠르면 빠를수록 (빛의 분자를) 더 많이 반사하는 물체는 더욱더 하얗게 보인다. 그 점은 (예를 들면) 같은 종잇조각이라도 태양 광선과 그늘과 어두운 굴에 놓였을 때 뚜렷이, 각각의 경우에 같은 종잇조각이 하얀색의 관념을 매우 다르게 낳을 것이다.

13.

그러므로 어느 정도의 수의 분자가, 또는 그런 분자의 어떤 운동이 하얀색의 얼마나 정확한 정도를 낳을 수 있는지 우리는 모르므로 하얀색의 어떤 두 가지 정도의 절대 확실한 동일성을 논증할 수가 없다. 왜냐하면 우리는 그런 두 가지 정도를 잴 절대 확실한 기준도, 모든 실재하는 최소의 차이를 구별할 수단도 갖지 못했으며, 그나마 우리가 가진 유일한 도움은 감각기관인데 그것은 이 점에서 우리에게 도움이 되지 않기 때문이다. 그렇지만 차이가 매우 커서 명석하게 별개의 관념을 마음에 낳아 그 차이가 완전히 파악될 수 있을 정도일 경우 거기에서는 (예를 들면) 파랑과 빨강처럼 다른 종류임을 알 수 있듯이, 그런 색깔의 관념(의 차이)은 수나 연장의 관념과 마찬가지로 논증할 수 있다. 내가 여기에서 하얀색과 여러 색깔에 대하여 말한 것은 모든 2차 성질과 그 양상에서 참이라고, 나는 생각한다.

14. 낱낱의 존재의 감각적 진리

(지금까지 말한 것처럼) 이런 두(즉) 직관과 논증은 우리가 지니는 참된 지식의 정도이다. 이런 것의 하나에 다다르지 못한 것은 무엇이든, 어떤 확신을 가졌다 해도 소신이나 의견에 불과할 뿐 진리는 아니다. 적어도, 일반적 진리에서는 모두 그러하다. (하기야) 사실 우리 밖에 있는 유한한 낱낱의 존재에 매달린, 마음의 다른 지각이 있어 이 지각은 단순한 개연성을 넘고, 더욱이 앞에서 말한 정도의 절대 확실성의 어느 쪽에도 완전히는 다다르지 않았으나 진리라는 이름 아래 통용되고 있다. 대부분 우리가 외적 대상으로부터 받아들인 관념이 우리 마음에 있는 것, 이보다 절대 확실한 것은 있을 리 없다. 이것은 직관적 진리이다. 하지만 우리 마음에 그런 관념 이상의 사물이 있는지 어떤지, 이 관념으로부터 우리가 그 관념에 대응하는, 외부의 어떤 사물의 존재를 절대 확실히 추론할 수 있는지 하는 점에 의문을 제기하려는 사람도 있을 것이다.

왜냐하면 그런 사물이 존재하지 않을 때, 그런 대상이 사람들의 감각을 일으키지 않을 때 사람들은 그런 관념을 가질지도 모르기 때문이다. 왜 그런가 하면, 모두에게 묻건대 (이를테면) 낮에 태양을 보고 밤에 생각할 때, 또 실제로 약쑥을 맛보고 장미 냄새를 맡고 또는 그 맛이나 향기만 생각할 때 다른 지각을 이겨내기 어렵다는 것을 스스로 의식하지 않는가? 우리는 별개의 두 관념 사이에 차이를 찾아내는 것과 같이, 우리 자신의 기억에 의해 우리 마음에 재생된 관념과 우리 감각에 의하여 실제로 들어오는 관념 사이에 있는 차이를 누구나 알다시피 찾아낸다. 만일 누군가가, 꿈도 같이 꿀 수가 있으며, 그런 모든 관념은 아무런 외적 대상도 없이 우리에게 생겨날 수가 있다고 말한다면 다음과 같이 대답하는 것을 제발 꿈에서 보라고 하고 싶다. 1. 그런 사람의 머뭇거림을 내가 제거하는가 제거하지 않는가는 대단한 문제가 아니다. 모두 꿈에 불과하다고 한다면 추리나 논의는 아무 소용이 없다. 진리와 참된 지식은 없다. 2. 그런 사람도 불 속에 있다고 꿈을 꾸는 것과 실제로 불 속에 있는 것과는 명백하게 다르다고 인정할 것이다. 그렇게 나는 믿는다. (이렇게 대답하는 것을 꿈에서 보기 바란다.)

그러나 역시 불 속에 실제로 있다고 내가 말하는 것은 꿈과 다름없고, 우리는 이것에 의해 불과 같은 어떤 사물이 우리 바깥에 실제로 있음을 절대 확실히 알지 못한다고 우길수록 회의적으로 보이는 것을 그 사람이 결심한다면, 나는 이렇게 대답한다. 즉 우리는 우리 감각에 의하여 존재를 지각한다. 또는 지각한다고 꿈꾼다. 어떤 대상이 우리에게 부딪친 데 이어 기쁨이나 고통이 일어나면 절대 확실히 찾아내겠지만, 이 절대 확실성은 우리의 행불행과, 즉 알고 싶거나 그러고 싶다고 얽매일 게 없는 행불행과 같은 정도로 크다. (따라서 꿈이든 아니든, 어떤 대상이 쾌락과 고통을 낳아 행불행을 가져오는 한 우리가 살아가는 데 변함은 없다고 대답하겠다.) 그러므로 앞에서 말한 진리의 두 종류에, 낱낱의 외적 대상으로부터 관념이 (마음으로) 실제로 들어오는 것에 대하여 우리가 가진 지각과 의식에 의한, 낱낱의 외적 대상의 존재의 진리를 보태어, 진리의 이런 세 가지 정도 즉 직관적, 논증적 그리고 감각적[4]인 것을 인정해도 된다고 나는 생각한다. 각각의 그것에 명증과 절대 확실성(의 내부에서)의 다른 정도와 방법이 있는 것이다.

15. 관념이 명석한 경우라도 진리가 늘 명석할 수는 없다

그런데 우리의 진리는 우리 관념만을 바탕으로 하고, 관념에만 매달린다. 따라서 앞으로 진리는 우리의 관념에 견주어 그것이 명석 확연 또는 불명료 혼란할 경우는, 우리의 진리도 그러할까 아니면 그렇게 되지 않을까? 이 물음에 나는 그렇지 않다고 대답한다.

왜냐하면 우리의 참된 지식, 즉 진리는 어떤 두 관념의 일치나 불일치의 지

---

[4] 외적 존재에 관한 감각적 지식을 진리에 포함하는 데 라이프니츠는 동조하고, 개연성 검토가 필요하다고 말한다.

각에 있으니까, 진리의 명석 또는 불명료는 지각의 명석 또는 불명료에 있지 관념 자체의 명석 또는 불명료에 있는 것이 아니기 때문이다. 예를 들면 삼각형의 세 각에 대하여, 또 두 직각과의 동일성에 대하여 세상의 어떤 수학자와 동일한 수준의 명석한 관념을 가진 인간도, 그런 일치에 대하여 매우 불명료한 지각밖에 갖지 않으며, 나아가서는 일치의 매우 불명료한 지식밖에 갖지 못할지도 모른다. 그렇지만 불명료나 그 밖의 이유로 혼란을 겪고 있는 관념은, 명료 또는 확연한 진리를 조금도 낳지 못한다. 왜냐하면 대체로 관념이 혼란을 겪고 있는 한, 마음은 관념이 일치하는가 일치하지 않는가를 명석하게 지각하지 못하기 때문이다. 혹은 같은 얘기지만 오해받을 우려가 적은 방법으로 나타내자면, 자기가 쓰는 말에 대하여 관념을 확정하지 않은 사람은 그런 관념에 대하여 진리라는 것을 절대 확실하게 할 수 있을 만한 명제를 만들어 내지 못한다.

제3장
인간의 참된 지식 범위

1. 첫째로 우리가 지닌 관념 이상은 아니다

이미 (이 책 제1장 제2절에서) 말한 것과 같이, 진리는 우리가 지닌 관념의 일치 또는 불일치의 지각에 있다. 따라서 앞으로 다음과 같이 된다.

첫째로 우리는 자기가 가진 관념 이상의 진리를 갖지 못한다.

2. 둘째로 지각할 수 있는 관념의 일치 또는 불일치 이상이 아니다

둘째로 우리는 이 (관념의) 일치 불일치의 지각을 갖는 이상으로 진리를 갖지 못한다. 그 지각은 (앞 장에서 말한 바와 같이), 1. 직관, 즉 어떤 두 관념의 직접 비교에 의하거나 2. 두 관념의 일치 또는 불일치를 어떤 다른 관념의 개재에 의하여 검토하는 이지적 추리에 의하거나 3. 낱낱의 사물의 존재를 지각하는 감각에 의하거나 (그 어느 것)이다. 앞으로 다음과 같게도 된다.

3. 셋째로 직관적 진리는 모든 관념의 모든 관계를 아우르지 못한다

셋째로 우리는 우리의 모든 관념을 아우르는, 또는 관념에 대하여 알고자 하는 모든 것을 아우르는 직관적 진리를 갖지 못한다. 왜냐하면 우리는 관념이 서로 가진 모든 관계를 나란히 놓는, 즉 관념을 직접 비교하여 검토하고 지각할 수가 없기 때문이다. 예를 들면 같은 밑변으로 (같은) 평행선 사이에 그려진 둔각삼각형과 예각삼각형의 관념을 가지면, 나는 직관적 지식으로 한쪽이 다른 한쪽은 아니라고 지각할 수 있다. 그러나 그런 방식으로는 똑같은가 같지 않은가를 알 수가 없다. 왜냐하면 두 삼각형의 동일성의 일치 또는 불일치는 둘을 직접 비교해서는 결코 지각할 수 없기 때문이다. 생김새의 차이가 두 삼각형의 부분을 직접 정확히 맞출 수 없게 한다. 그러므로 두 삼각형의 부분을 측정할 만한 어떤 양(量)을 필요로 한다. 이것이 논증, 즉 이지적 진리이다.

4. 넷째로 논증적 진리도 미치지 못한다

넷째로 (이 장의) 앞에서 말한 것은 다음과 같이도 된다. 즉 우리의 이지적 (논증적) 진리는 우리 관념의 모든 범위에 다다를 수가 없다. 왜냐하면 우리가 검토하려고 한 다른 두 관념 사이에, 연역의 모든 범위에 걸친 직관적 진리에서 서로 결합할 수 있는 매개관념을 언제나 찾아내는 것은 아니기에, 찾아내지 못한 경우에는 늘 진리와 논증에 이를 수 없기 때문이다.

5. 다섯째로 감각적 진리는 (직관적과 논증적) 어느 쪽보다도 좁다

다섯째로 감각적 진리는 우리의 감각기관에 실제로 나타나는 사물의 존재 이상에 다다를 수 없으므로 앞의 (직관적 진리와 논증적 진리의) 어느 쪽보다도 훨씬 더 좁다.

6. 여섯째로 그래서 우리의 진리는 우리의 관념보다 좁다

(여섯째로) 이런 모든 것이 명백하지만 우리 진리의 범위는 실재하는 사물에 이르지 못할 뿐만 아니라, 우리 자신의 관념 범위에조차 이르지 못한다. (이와 같이) 우리의 참된 지식은 우리 관념에 제한되어 있어, 범위 또는 완전성의 어느 쪽으로도 관념을 넘어설 수가 없다. 또 그런 관념은 온갖 사물(존재자)의 범위에 관해서는 매우 좁은 범위이며, 그야말로 피조물의 어떤 지성에, 즉 우리의 감각과 같이 어떤 소수이고 꽤 예리하지 못한 방식의 지각으로부터 받아들이게 되어 있는 무디고 좁은 정보에 묶여 있지 않은, 피조물의 어떤 지성에 있다고 떠올려도 괜찮은 것에 훨씬 미치지 못한다. 그렇지만 혹시라도 우리의 지성이 우리의 관념과 같은 넓이만큼이라도 되어 우리가 가진 관념에 대하여 우리가 해결하지 못할 것 같은, 또 이 세상에서는 결코 해결되지 않으리라고 내가 믿는, 많은 의혹과 탐구가 없었다면 우리는 그것으로 좋았을 것이다. (그러나 실제는 그렇지 않으며, 우리의 참된 지식은 관념의 모든 범위에 미치지 못한다.)

그렇지만 나는 의심하지 않는다. 이를테면 사람들이 성실한 마음의 자유를 가지고 진리를 발견할 수단의 진보를 위해 사유의 근면과 노력의 모든 것을 바친다면, 인간의 진리는 우리의 존재양식과 구조의 현재와 같은 사정 아래서도 지금까지 진행시킨 것보다는 훨씬 더 나아갈 수 있을 것이다. (하지만 여기에서도 실제로는) 그런 사유의 근면과 노력을 사람들은, 한 번 관계를 가진 체계·이해·당파의 유지를 위하여 거짓의 분식(粉飾) 또는 지지에 허비하고 있다. 그렇지만 결국 나는 인간의 완전성을 손상시키지 않고, 다음과 같이 믿어도 된다고 생각한다. 즉 우리의 참된 지식은 우리가 가진 관념에 관하여 알고자 하는 모든 것에 결코 다다르지 못했을 터이며, 모든 고난을 이겨내고 관념의 어떤 것에 대하여 일어날지도 모르는 모든 의문을 해결할 수는 없었을 것이다. 그렇게 믿어도 된다. (예를 들어) 우리는 정사각형과 원과 동일성의 관념을 가지고 있다.

더욱이 아마 어떤 원이 어떤 정사각형과 같다는 것을 찾아내어, 그렇게 절대 확실하게 알기란 불가능하다. 또 나는 물질과 생각의 관념을 가지고 있다. 하지만 아마 어떤 단순한 물질적인 사물(존재자)이 생각하느냐 생각하지 않느냐를 결코 알 수는 없다. 왜냐하면 우리 관념을 관상하는 것(만)으로, 계시가 없으면, 전능자가 적당히 배치된 어떤 물질의 체계(즉 신체)에 지각하고 생각하는 능력을 주었는지 어떤지, 또는 그처럼 (적당히) 배치된 물질에 어떤 생각하는 비물질적 실체(즉 마음 또는 영혼)을 이어 고정시켰는지 어떤지를 발견하는 것(바꿔 말하면 밝히는 것)은 우리가 할 수 없는 일이기 때문이다. 그것도 우리의 생각에 관하여 신이 혹시 뜻한다면 생각하는 기능을 물질에 덧붙일 수 있으리라고 생각하는 것은, 생각하는 기능을 가진 다른 실체를 물질에 덧붙이리라고 생각하는 것에 비하여 우리의 이해력에서 한참 동떨어져 있는 것이 아니다. 왜냐하면 우리는 생각이 어디에 있는가를 알지 못하며 전능자가 다음과 같은 (생각이라고 하는) 능력을, 즉 오직 창조주의 자비로운 뜻과 은혜에 의존하는 것 이외에는 어떤 만들어진 존재자에도 있을 수 없는 능력을 어떤 종류의 실체에 베풀었는지 알 수 없기 때문이다.

최초의 영원한 생각을 하는 존재자(즉 신)는, 혹시 뜻했다면 적당하다고 생각하도록 모아진 피조물의 무감각한 물질의 일정한 체계에 어느 정도의 감각·지각·사유를 갖도록 했으리라는 것에 나는 아무런 모순도 느끼지 않는다. 하긴 (이 책의) 제4권 제10장(제14절 이하)에서 증명을 했다고 나는 생각하는데,

(그 자체의 본성으로는 뚜렷이 감관과 사유가 빠진) 물질이 저 영원한 최초의 생각하는 존재자라고 상정하는 것은 모순이다. (그러나 또 생각하면) 예컨대 기쁨이나 고통 같은 어떤 지각은 이것이 신체 모든 부분의 운동에 근거하여 어떤 비물질적 실체(즉 마음 또는 영혼)에 있으리라는 것과 마찬가지로, 일정한 방식으로 바뀌어 운동을 하게 하는, 어떤 신체 자체에는 없으리라는 절대 확실한 진리를 누가 가질 수 있을까? 그것은 우리가 상념할 수 있는 한 (신체를 포함하여) 물체는 다만 물체를 만나서 영향을 끼칠 수 있을 뿐이고, 운동은 우리의 관념이 미칠 수 있는 한 운동 말고는 아무것도 낳지 못한다.

그러므로 운동은 기쁨이나 고통을 낳고 또는 색깔이나 소리의 관념을 낳는 것을 인정할 때, 우리는 어쩔 수 없이 우리의 이지를 버리고 관념을 넘어서 그런 (쾌락과 고통, 색과 음의 관념을 낳는) 것을 우리의 창조주의 자애스러운 은혜의 덕분으로 여기는 것이다.*¹ 왜냐하면 창조주가 운동을 낳는다고 생각할 수 없는 (기쁨이나 고통, 색과 음의 관념이라는) 결과를 (신체 또는 물질의) 운동에 결부시켰다고 인정해야 되므로, 물질의 운동이 무슨 방법으로든 작용한다고 생각할 수 없는 어떤 주체(즉 마음 또는 영혼)에 (쾌락과 고통 따위의 결과를 낳도록 정해) 준 것과 같이, 그런 결과를 갖게 된다고 생각할 수 없는 어떤 주체(즉 물질적 신체)에 결과를 낳을 수 있도록 정해 주지 못했다고 결론지을 이유가 있을까? (요컨대 물질적 신체가 쾌락과 고통을 느끼는가 어떤가는 우리는 알 수 없으며 신의 뜻에 따른다. 마찬가지로 물질이 생각을 하는가 어떤가는 우리는 알 수 없으므로 절대로 불가능하다고 말할 수 없다. 그러나) 나는 영혼의 비물질성을 믿는 것을 어떻게든 줄이려고 이런 말을 하고 있는 것은 아니다. 나는 여기에서 개연지(蓋然知)*² 에 대해서가 아니라 진리에 대하여 말하고 있는 것이다. 그래서 나는 참된 지식을 낳을 수 있는 명증이 빠질 경우, 고압적으로 의견을 말하지 않는 것은 철학(또는 학문)의 겸허에 어울린다고 생각할 뿐만 아니라, 우리의 진리가 어디까지 다다르는가를 식별하는 것이 우리에게 유용하다고도 생각한다. 왜냐하면 우리가 현재 있는 상태는 환상의 상태가 아니므로, 우리는 많은 사물에서 소신이나 개연

---

*1 데카르트가 답하기 어려웠던 심신의 문제를 로크는 신에게 맡겨 해결한다.
*2 원어는 지식의 확실성이 낮은 정도를 나타내는 일반적인 의미 말고도 그러한 낮은 정도의 확실성을 가진 개연적인 지식(probable knowledge)을 뜻하는 것이고, 흄에게서도 볼 수 있다.

지에 만족하지 않으면 안 되고, 영혼의 비물질성에 관한 현재의 문제로, 만일 우리의 기능이 논증적 절대 확실지(確實知)*3에 다다르지 못하더라도 이상하게 생각할 것은 없다. 대체로 영혼의 비물질성이 철학적(또는 학문적)으로 입증되지 않더라도, 도덕과 종교의 위대한 목적은 충분히 확보된다.*4

왜냐하면 우리를 처음에 이 세상에서 감지할 수 있는 지능이 있는 존재자로 존립시키기 시작하고, 그런 상태에서 몇 해인가를 이어가도록 한 분(즉 신)이, 우리(의 사후에 우리)를 내세에서 감성이 비슷한 상태로 회복시켜, 거기에서 사람들이 현세에서 했던 행위에 따라 사람들에게 의도한 응보를 받도록 한 것, 이런 일을 할 수 있어, 또 이것을 뜻했음이 명백하기 때문이다. 그러므로 영혼의 비물질성의 찬부에 지나치게 골몰한 자가 이제까지 세상(에 자기 설)을 믿게 하려고 열심이었던 만큼 (이 문제를) 어느 쪽으로 결정하는 것은 크게 필요하지 않다. 그런 사람들은 한쪽으로는 물질에 완전히 빠진 자기 사유를 마음껏 날뛰도록 놓아두며, 비물질적인 존재를 인정하지 못하고, 또 다른 쪽에서는 마음을 극도로 전념하여 검토를 되풀이해도 생각하는 작용을 물질의 자연능력 속에서 찾아내지 못하므로, 고체성의 변용을 가진 실체(즉 물질 또는 신체)에 지각과 사유를 전능자(즉 신) 자신이 줄 수 없다고 자신 있게 단정한다. (그러나) 연장 있는 물질과 감각을, 또는 전혀 연장을 갖지 않은 어떤 사물과 존재를 우리 사유 속에서 절충하기가 얼마나 어려운가를 고찰한 자는, 자기 영혼이 무엇인가를 절대 확실하게 아는 것과는 너무 거리가 멀다고 고백하리라.

이것은 우리의 진정한 지식이 다다를 수 있는 범위를 벗어난 것처럼 생각되는 논점이다. 그래서 자유롭게 고찰하여 (영혼이 물질적인가 비물질적인가 하는) 저마다의 가설을 잘 모르는, 복잡하게 얽힌 부분을 자기 자신이 들여다보게 하려는 사람은 영혼의 물질성에 찬성 또는 반대를 결정할 수 있는 이유를 스스로 찾아내지 못할 것이다. 왜냐하면 그런 자가 어느 쪽에 서서 영혼을 바라보든, 연장이 없는 실체가 되든, 생각하는 연장이 있는 실체로서든, 상념하는 것의 곤란은 어느 쪽으로든 어느 쪽만이 한동안 그 사람의 사유에 늘 반

---

*3 원어는 절대적 확실성이라는 본디 뜻 말고도 그러한 확실성을 가진 지식, 즉 절대 확실한 지식(certain knowledge)을 의미한다. 아니면 그 의미를 포함하는 경우가 있다.
*4 지성의 진리와 신앙의 진리를 별도로 하는 이중진리설이 여기에서 보인다.

대쪽으로 그 사람을 몰아갈 터이기 때문이다. (이것은) 어떤 사람들이 자기 자신에게 취하는 불공정한 방식으로, 이런 사람들은 하나의 가설에서 발견한 어떤 사물을 상념할 수 없으므로, 설사 치우치지 않은 지성에는 반대의 가설이 완전히 똑같이 이해되지 않더라도 이 반대의 가설로 무리하게 몸을 던지는 것이다.

이것은 우리 진리의 연약함과 빈곤성을 명시하는 데 도움이 될 뿐 아니라, 다음과 같은 종류의 논의가 무의미한 개가라는 것을 명시하는 데 유익하다. 그 논의는 우리 견해에서 끌어내어 문제의 한쪽에서 절대 확실성을 찾아내지 못한 것을 우리로 하여금 이해시키겠지만, 이것으로 대립설에, 즉 검토하면 같은 문제점에서 막혀 있음이 드러난 대립설로 내달리더라도 이것에 의하여 우리 진리로 향하는 길에 도움이 되는 경우는 절대로 없을 것이다. 왜냐하면 누구에게나 불합리하게 생각되는 것 또는 하나의 설로서 마주친 극복할 수 없는 장애를 피하기 위하여 반대설, 즉 뚜렷이 설명하지 못하여 자기 이해로부터 너무나 동떨어진 어떤 사물에 완전히 근거하여 쌓은 반대설로 피난하는 것이 무슨 안전, 무슨 이익이 되겠는가?

대체로 어떤 생각하는 사물이 우리 내부에 있다는 것은 논쟁할 것까지도 없다. 생각하는 그 사물이 무엇인가에 대하여 의심하는 것 자체가, 설사 어떤 부류의 존재자인가에 대하여 무지한 것에 만족해야 된다 하더라도, 그런 사물의 존재의 절대 확실성을 확증한다. 그래서 이럴 때 회의적이 되려고 힘쓰는 것은 소용없으며, 그 점은 다른 대부분의 경우에 어떤 사물의 본성을 모른다고 해서, 그 사물의 존재를 적극적으로 부정하는 일이 이치에 어긋나는 것과 같다. 왜냐하면 우리의 지성을 명백하게 헷갈리게 하는 어떤 사물을 속에 갖지 않은 어떤 실체가 존재하는지 나는 기꺼이 알고 싶기 때문이다. (우리의 진리는 이만큼 좁다.)

다른 여러 영혼, 즉 사물의 본성·내부구조를 보고 아는 다른 영혼들은, 얼마만큼 지식이 참되며 우리보다 뛰어난가? 혹시 이것에 매우 많은 관념의 결합·일치를 영혼들이 한눈에 볼 수 있도록 하고, 또 숱한 중간논거를, 즉 우리는 하나하나 천천히 계단을 밟아 (무지의) 캄캄한 어둠 속에서 오래 숙고하여 최후에 겨우 찾아내지만, 하나를 발견하기 전에 가끔 다른 것을 잊기 쉽듯이, 영혼들에게 숱한 중간논거를 즉석에서 공급하는 (우리보다) 훨씬 넓은 (여러 영혼의) 이해력을 보태면, 우리는 한결 넓은 분야의 진리뿐만 아니라 더욱 날카로운 통찰력을 가진 상위 위계 영혼들의 행복한 어떤 부분을 미루어 짐작할 수 있을 것이다. 그러나 (우리 인간의 진리 범위라는) 당면 문제로 돌아오면, 우리의 참된 지식은 거듭 말하면 우리가 가지고 있어 그것(의 기능)을 작용시키는 관념의 모자람과 불완전에 제한받을 뿐만 아니라, 그것(즉 관념의 모자람과 불완전)에까지도 다다르지 못한다. 그러나 진리가 어디까지 다다를 수 있는지 (다시) 탐구해 보자.

7. 우리의 진정한 지식은 어디까지 이를 수 있나

우리가 가진 관념에 대하여 행하는 긍정 또는 부정은, 앞에서 (이 권 제1장 제3절에서) 일반적으로 나타낸 것처럼 다음의 네 종류, 즉 동일성·공존·관계·실재로 정리할 수 있다. 우리의 참된 지식이 어디까지 미치는지 그것을 이제부터 각각 검토할 것이다.

8. 첫째, 동일성과 차이성에 대한 우리의 진리는 우리의 관념이 미치는 데까지

첫째, 동일성과 차이성에 대하여 우리의 관념의 이와 같은 일치 또는 불일치의 방식으로는, 우리의 직관적 진리는 우리의 관념 자체에 미칠 만큼 미친다. 마음에 있는 관념으로서 마음이 직관적 진리에 의해 어떤 것이고, 다른 어떤 관념과도 다르다는 것을 곧 지각하지 않는 그런 관념은 있을 리가 없다.

9. 둘째, 공존에 대해서는 매우 적다

둘째, 제2의 종류 즉 공존에서의 우리 관념의 일치 또는 불일치에 대하여 우리의 참된 지식은 아주 가까운 데에서 멈춘다. 하지만 실체에 관한 우리 진리의 가장 크고 중대한 부분은 이 종류에 있다. 왜냐하면 여러 종의 실체에 대한 우리의 관념은 (제2권 제2장 제1절을 비롯해 되풀이하여) 명시해 온 것처럼 하나의 주체에 합일하고, 따라서 공존하는 여러 단순관념의 일정한 집합이기 때문이다. 예를 들면 불꽃에 대한 우리의 관념은 뜨겁게 빛나며 위쪽으로 운동하는 물체이다. 금의 관념은 어느 정도 무겁고 노란색의 퍼지는 성질이 있으며 녹는 물체이다. 사람들의 마음에 있는 이런, 또는 이와 같은 어떤 복잡한 관념을 불꽃과 금이라는 다른 실체에 대한 두 이름이 나타낸다. 이런 종류 또는 다른 어떤 종류의 실체에 대하여 이보다 더 알려고 할 때, 이런 실체는 어떤 다른 성질이나 능력을 가졌는가 안 가졌는가? 이 밖에 우리는 무엇을 탐구할까? 그것은 어떤 다른 단순관념이 그 복합관념을 만드는 단순관념과 공존하는가 공존하지 않는가를 아는 일이다.

10. 왜냐하면 대부분의 단순관념 결합은 알 수 없으니까

이것(즉 실체에 관한 우리의 지식)은 아무리 중대하고 필수적인 부분이라 해도 역시 매우 좁고 거의 전혀 아무것도 아니다. 그 까닭은, 실체인 우리의 복합관념을 만들어 낸 단순관념이 본성상 대부분 그 단순관념과의 공존을 우리가 알고 싶어하는 다른 어떤 단순관념과 눈에 보이게 뚜렷한 필연적 결합을 이루지 않거나 또는 꼭 들어맞지 않기 때문이다.

11. 특히 2차 성질에 대하여

본디 실체인 우리의 복합관념을 만들고 실체에 관한 우리의 지식이 가장 관련되는 관념은 실체의 2차 성질인 관념이지만, 2차 성질은 모두 (이미 제2권 제8장 제13절에서 명시해 놓은 것처럼) 실체가 너무 적으므로 감지할 수 없는 부분인 1차 성질에 근거한다. 또는, 만일 이것에 바탕을 두지 않는다면, 우리의 이해로부터 더 먼 어떤 사물에 근거한다.

따라서 어떤 것이 서로 필연적으로 결부되며, 또는 꼭 들어맞지 않는지 우리는 알 수가 없다. 왜냐하면 2차 성질이 나오는 근원을 몰라 (예를 들면) 금에 대한 우리의 복합관념을 만드는 여러 성질에 근거하여 결과를 내는 근원 (즉 1차 성질)은 (실체의) 부분인 어떤 치수·형체·조직인가를 모르므로 (앞으 앞 절에서 말한 것 이외의) 어떤 다른 성질이 금을 감지할 수 없는 부분의 구조로부터 말미암고, 또는 서로 받아들여지지 않아, 따라서 금에 대하여 우리가 가진 복합관념과 늘 공존해야 되는지, 또는 그렇지 않고 이 복합관념과 꼭 들어맞지 않는지 우리는 알 수가 없기 때문이다.

12. 모든 2차 성질과 1차 성질 간의 결합은 모두 발견할 수 없으니까

물체의 모든 2차 성질이 근거한 물체의 감지할 수 없는 부분인 1차 성질에 대한 이런 무지에 더하여 무지의 또 다른, 더욱 치유하기 어려운 부분이 있어,

같은 주체에서의 갖가지 관념의 공존 또는 (그렇게 말해도 된다면) 비공존의 절대 확실한 진리로부터 우리를 더 멀어지게 한다. 그것은 어떤 2차 성질과 그것이 근거한 1차 성질 사이에 발견할 수 있는 결합이 없다는 것이다.

13.

대체로 하나의 물체의 치수·형체·운동이 또 하나의 물체의 치수·형체·운동에 어떤 변화를 낳게 하리라는 것은 우리의 상념을 넘지 않는다. (바꿔 말하면 생각할 수가 있다. 또,) 하나의 물체 부분의, 또 하나의 물체의 침입에 근거한 분리·충격에 근거하는 정지에서 운동으로의 변화와 비슷한 것은 서로 어떤 결합을 갖는 것처럼 보인다. 그래서 혹시라도 물체의 이런 1차 성질을 알았다면, 물체끼리의 그런 작용에 대하여 더 많이 알 수가 있었으리라고 희망하는 것도 이치에 닿는다. 그러나 우리의 마음은 물체의 이런 1차 성질과 그 1차 성질에 의하여 우리에게 생겨난 감각 사이에 어떠한 결합도 발견하지 못한다.

따라서 이를테면 2차 성질을 직접 낳게 하는 (물체의) 볼 수 없는 부분의 치수·형체·운동을 발견했다 하더라도, 우리는 어떤 2차 성질의 (1차 성질로부터의) 귀결, 바꿔 말하면 (1차 성질과의) 공존(또는 필연적 결합)에 대하여 절대 확실하고 의심할 수 없는 규칙을 확립하지 못한다. 우리는, (어떤 물체의) 부분의 어떤 형체·치수·운동이 (이를테면) 어떤 노란색·어떤 단 맛·어떤 날카로운 소리를 낳는가를 알지 못한다. 그리하여 어떤 분자의 어떤 치수·형체·운동이, 어떤 색·맛·소리이든, 어떤 색·맛·소리의 관념을 어떻게 하여 우리 속에 무슨 수를 써서라도 탄생시킬 수 있을지 결코 생각하지 못한다. 분자의 치수 등과 색 등의 관념 사이에는 상념할 수 있는 결합이 없는 것이다.

14.

그러므로 어떤 실체의 우리 복합관념(을 만드는 갖가지)의 관념에 어떤 다른 관념이 으레 연결되는지, 이것을 (이는 절대 확실하며 보편적인 참된 지식의 유일한 참된 길이다) 우리의 관념에 의하여 발견하려 노력해도 소용없을 것이다. 왜냐하면 우리는 실체인 복합관념의 여러 성질에 근거한 아주 작은 부분의 실재 구조를 알지 못하며, 이 아주 작은 부분을 안다고 해도 이것과 2

차 성질의 어떤 것과의 필연적 결합은 조금도 발견할 수 없었는데, (어떤 실체에서의) 2차 성질의 어떤 것과의 필연적 공존을 절대 확실히 알 수 있기 전에 이 발견을 할 필요가 있기 때문이다.

따라서 어떤 종류의 실체인 우리의 복합관념을 맘대로 해보려고, (그렇게 해도) 이 복합관념에 포함된 단순관념으로는 어떤 다른 성질이든 그 성질의 필연적 결합을 절대 확실하게 결정하기란 좀처럼 불가능하다. 이와 같은 모든 탐구로 우리의 참된 지식은 우리의 경험 이상으로는 아주 조금밖에 다다르지 못하는 것이다. 과연 어떤 소수의 1차 성질은 서로 필연적으로 의존하여 눈에 보이게 명백히 결합한다. 예를 들면 형체는 필연적으로 연장을 상정하며, 충격에 의한 운동의 수용 또는 전달은 고체성을 상정한다. 그러나 이런 것들과 우리 관념의 다른 어떤 것은 필연적으로 결합한다 해도, 서로 눈에 보이게 뚜렷이 결합하는 것은 그 가운데 아주 소수이다. 따라서 우리는 실체에 합일된다 여겨지는 여러 성질의 아주 소수(만)의 공존을 직관 또는 논증에 의하여 발견할 수 있고, 실체가 어떤 성질을 포함하는가를 우리에게 알리는 것은 오직 우리 감각의 도움에 맡길 뿐이다.

왜냐하면 어떤 주체에 공존하는 성질의 이런 상호 의존과 뚜렷한 결합이 없으면, 그런 모든 성질 가운데 어떤 두 가지가 공존한다는 것은 우리 감각기관에 의한 경험이 우리에게 알리는 이상으로 절대 확실하게 알 수 없기 때문이다. 예를 들면 우리는 노란색을 보며 시험을 해보고 금의 한 조각에 합일해 있는 무게·퍼지는 성질·녹는 성질·고형성을 찾아내지만, 더구나 그런 관념의 어느 것도 서로 명백한 의존 또는 필연적 결합을 조금도 갖지 않으므로, 그런 어떤 것이 네 가지가 있는 곳에는 다섯 번째 것도 있으리라고는, 아무리 개연성이 높더라도 절대 확실히 알 수는 없다. 왜냐하면 최고의 개연성도 절대 확실성이 되지 않는데, 절대 확실성이 없으면 참다운 진리는 있을 수가 없기 때문이다. 이 공존은 지각되는 이상으로 알 수가 없는데, 낱낱의 실체로 우리 감각의 관념에 의하거나 일반적으로 관념 자체의 필연적 결합에 의하는 것 말고는 지각될 수가 없는 것이다.

15. 공존한다는 것과의 불일치에 대해서는 (공존에 대해서)보다 높다

공존과의 상반 또는 불일치에 대해서는, 어떤 주체는 각각 1차 성질의 종류에 대하여 한 번에 하나의 특수한 성질밖에 갖지 못함을 알 수 있다. 예를 들면 저마다의 특수한 연장·형체·부분의 수와 운동은, 다른 종류의 다른 모든 것을 배제한다. 같은 얘기지만 각각의 감각에 특유한 감지할 수 있는 관념의 모든 것에 대해서도 절대 확실하다. 왜냐하면 어떤 종류의 것이 현재 어떤 주체에 있다고 해도, 그 종류의 다른 모든 것을 배제하기 때문이다. 예를 들면 하나의 주체는 두 가지 냄새를, 또는 두 색을 동시에 갖지 못하는 것이다. 이에 대하여 경우에 따라 오팔(단백석) 또는 백단(白檀)을 달인 즙은 두 가지 색을 동시에 갖지 않았느냐고 할 것이다.

이에 내가 대답하는데, (확실히) 그런 물체는 바라보는 방향이 다르면 다른 색(의 관념)을 동시에 제공할 것이다. 그렇지만 나는 다음과 같이 말할 것이다. 즉 바라보는 방향이 다르면 대상의 다른 부분이 빛의 분자를 반사하여, 동시에 노란색과 하늘색의 두 가지로 보이는 것은 대상의 같은 부분이 아니며, 따라서 같은 주체 그 자체가 아니다. 왜냐하면 어떤 물체의 같은 분자 자체가 광선을 동시에 달리 바꾸거나 반사할 수 없는 것은, 그 분자가 두 가지 다른 형체와 조직을 동시에 가질 수 없는 것과 같기 때문이다.

16. 힘의 공존에 대해서는 매우 적다

그렇지만 실체가 다른 물체의 감지할 수 있는 성질을 바꾸는 능력에 대해서는, 이 능력은 실체에 대한 우리 탐구에 소중한 부분을 이루고, 진리의 아무래도 상관없는 부문은 아니지만, 이것에 대해 나는 우리의 지식이 경험보다 훨씬 멀리에 다다를지, 바꿔 말하면 이런 힘의 어떤 주체의 본질을 만들 것 같은 관념의 어떤 것과의 결합에 의하여 그 주체 속에 있는 것을 절대 확실하게 할 수 있을지 의심하는 것이다. 왜냐하면 물체의 능동적 힘과 수동적 힘 및 그 작용 방식은 (물체의) 부분적 조직과 운동에 있는 우리는 이 조직과 운동을 발견하는 데 결코 익숙하지 않으므로, 우리는 아주 적은 경우밖에 그 종류의 사물이 우리 복합관념을 만드는 관념의 어떤 것에 대한 힘의 의존 또는 불일치를 지각할 수 없다.

여기에서 나는 물체의 여러 성질을 이해할 수 있게 밝히고 가장 앞으로 나아갔다 생각되는 것으로서, 입자 가설을 예로 들어왔다. 또 인간 지성의 연약성은 다른 가설의 대용을, 즉 온갖 물체에의 합일을 관찰할 수 있는 여러 힘의 필연적 결합·공존에 빠짐없이 한결 명석한 발견을 우리에게 가져올 다른 가설을 거의 대용할 수 없게 한다고 나는 생각한다. (어쨌든) 적어도 다음의 점은 절대 확실하다. 즉 어떤 가설이 가장 명석하고 가장 진실하건(왜냐하면 이것에 대하여 결정하는 것은 내 일이 아니니까), 형체적 실체에 관한 우리 지식은 가설의 어느 것에 의해서도 물체의 어떤 성질·힘의 필연적 결합 또는 불일치를 우리에게 알게 하기까지는(바꿔 말하면 알게 하지 못한 동안은), 아주 조금밖에 나아가지 못하게 될 것이다.

그러나 이 성질·힘의 필연적 결합 또는 불일치를 학문의 현상으로는 우리는 아주 조금밖에 모른다고 나는 생각한다. 또 우리가 가진 여러 기능에는 (학문의) 이 부분에서 우리의 일반적 지식(나는 낱낱의 경험이라고 말하지 않는다)을 훨씬 앞으로 나아가도록 할 수 있을지 나는 의심한다. 경험이야말로 이 부분에서 우리가 의존하지 않으면 안 되는 것이다. 그래서 만일 할 수 있다면 경험을 더욱 진보시키는 것은 바람직한 일이다. 우리는 (뉴턴과 같은) 어떤 사람들*⁵의 아낌없는 수고가 이 (경험이라는) 방식으로 자연의 참된 지식의 축적에 기여해 온 이점을 찾아냈다. 그래서 이를테면 자연의 진리를 축적하고 있다 자부하는 사람들, 특히 불에 의한 학자(즉 불을 써서 연구하는 화학자)가 자칭 학자라는 사람이 그렇게 했어야 할 정도로 자기 관찰에 정성을 들이고 보고에 진지했더라면, 이 세상 우리 주위의 물체를 아는 것, 그 능력과 성질을 꿰뚫어 보는 범위는 훨씬 컸을 것이다.

17. 영혼들에 대해서는 아직 좁다

만일 우리가 물체의 힘과 작용에 관해 이렇게 당혹해한다면, 영혼들에 관해서는 (무지의) 훨씬 캄캄한 어둠 속에 있다고 쉽게 단정할 수 있다. 영혼들에 대해 우리는 (본성상) 자연에, 우리가 관찰할 수 있는 한 우리 속에 있는 영혼의 작용을 내성하고, 이것에 의해 자기 영혼의 관념에서 끌어낸 것 말고 어떤 관념도 갖지 않는 것이다. 그렇지만 그 다양한, 아마 헤아릴 수 없이 많은 종류의, 우리보다 귀한 존재자 사이에 있어 우리 몸속에 사는 영혼이 얼마나 하잘것없는 위계를 차지하는가, 케루빔(cherubim)이나 세라핌(seraphim)*⁶이

---

*5 보일, 뉴턴을 선두로 하는 그 무렵 경험적 실증적 자연학자를 가리킨다.
*6 '이렇게 아담을 쫓아내신 다음 하느님은 동쪽에 거룹(케루빔)들을 세우시고 돌아가는 불칼

우리 위의 무한한 영혼들의 가치와 완전성에 얼마나 미치지 못하는가 하는 점은 다른 곳(제2권 제10장 제9절)에서 넌지시 말해 독자의 고찰에 제시했던 것이다.

18. 셋째, 다른 여러 관계에 대해서는 어디까지라고 말하기가 쉽지 않다

(셋째) 우리의 진정한 지식의 제3의 종류, 즉 (이제까지 고찰한 동일성이나 공존을 제외한) 어떤 다른 관계에서 우리 관념의 어떤 것의 일치 또는 불일치에 대해서는, 이것은 참된 지식의 가장 넓은 분야임과 동시에 그것이 어디까지 미치는가를 결정하기란 어렵다.

왜냐하면 진리의 이 부분에서 이루어진 전진은 관념의 공존을 고찰하지 않은 관계 및 서로의 관련을 명시할 수 있는 중간관념을 찾아낸 우리의 총명함에 근거하므로 언제 우리가 그런 발견의 종말에 있을지, 이지는 언제 모든 도움을, 즉 논거를 발견하기 위해, 바꿔 말하면 동떨어진 관념의 일치 또는 불일치를 검토하기 위해 이지가 가질 수 있는 모든 도움을 갖는지를 말하기는 몹시 어렵기 때문이다. (예를 들면) 대수학을 모르는 사람은, 이 학문에 의하여 이루어지는 놀라움을 떠올릴 수 없다. 또 진리의 다른 부분에 유리한, 지금까지 이상의 어떤 진보와 도움을 인간의 총명한 마음은 여전히 찾아낼 수 있을지를 결정하기는 쉽지 않다. (그렇지만) 적어도 나는 이렇게 믿는다. 즉 양(量)의 관념은 논증·진리의 가능한 유일한 관념이 아니며, 만일 악덕·정념·방자한 이해가 그런 (진리를 찾는) 노력에 대립하고, 또는 이것을 위협하지 않았다면 (양 이외의) 관상은 다른, 아마 가장 유용한 부분이 우리에게 절대 확실지(確實知)를 제공했을 것이다.

도덕은 논증할 수 있다

본디 능력·자애·지혜로 무한한, 우리는 작품인 동시에 의존하는 지고한 존재자(즉 신)의 관념과, 지성을 가진 이지적인 존재자로서의 우리 자신의 관념은 우리에게 명석한 것이므로, 적정하게 고찰하고 추구한다면 도덕을 논증 가능한 학문 속에 넣을 수 있는 것처럼 우리의 의무·행동규칙의 밑바탕을 제공

을 장치하여 생명나무에 이르는 길목을 지키게 하셨다.' 〈창세기〉 3장 24절. 중세에서는 천사의 9계급 제2위에 있다.

했으리라고 나는 생각한다. 거기(즉 논증할 수 있는 도덕)에서 나는 의심하지 않지만, 수학의 귀결과 마찬가지로 항변할 수 없는 필연적 귀결에 의해 자명한 명제로부터 옳고 그름의 척도가 다음과 같이 누구에게나, 곧 이런 한쪽의 학문(즉 수학)에 전념하는 것과 같이 공평무사하고 조심스럽게 다른 한쪽(즉 도덕)에 전념하려는 누구에게나 증명될 수가 있을 것이다. 수와 연장의 양상뿐만 아니라, (도덕과 같은) 다른 양상의 관계도 절대 확실히 지각될 수 있을 것이다.

따라서 이를테면 그런 다른 양상의 일치 또는 불일치를 검토하거나 추구하는 적정한 방법을 생각해 낸다면, 왜 다른 양상도 논증할 수 없는지 나는 (그 이유를) 찾을 수가 없다. (예를 들면) '소유권이 없는 곳에 부정의는 없다'는, 에우클레이데스*7의 《기하학 원본》의) 어느 논증과도 마찬가지로 절대 확실하다. 왜냐하면 소유권의 관념은 어떤 사물에 대한 권리이고, 부정의라는 이름이 주어진 관념은 이 권리의 침해 또는 위반이기 때문이다. 따라서 이런 관념이 이와 같이 뚜렷이 확립되어, 이런 이름이 이것에 결부된다면, (수학에서) 삼각형은 두 직각과 같은 세 각을 갖는다는 것과 마찬가지로, 나는 이 명제가 절대 확실한 진실임을 알 수 있다. 또 '본디 통치는 절대의 자유를 인정하지 않는다.' 통치의 관념은 일정한 규칙이나 법, 즉 그것에 합치를 요구하는 일정한 규칙이나 법에 근거한 사회의 확립이고, 절대 자유의 관념은 어떤 사람이 자기가 좋아하는 일을 무엇이든지 하는 것이므로, 나는 수학의 어떤 명제의 진리와도 마찬가지로 이 명제의 진리를 절대 확실하다고 할 수 있는 것이다.

19. 두 가지 사물이 이제까지 도덕의 관념들을 논증할 수 없다고 생각하게 했다. 관념의 복잡성과 감지할 수 있는 표상의 결여

이 점에서 양의 관념을 유리하게 하여, 절대 확실성과 논증에 더욱 열광하게 만든 것은, 첫째로 양의 관념이 가감적인 표시로써 적어두고 표상될 수가 있어, 이 감지할 수 있는 표시는 어떤 말이나 소리에 비해도 더욱 크고 밀접하게 양의 관념과 들어맞는 것이다. (예를 들면) 종이에 그려진 그림은 마음속 관념의 모사(模寫)로서 말의 의미 표시에 따른 불확실성에 쉽게 빠지지 않는

---

*7 Eukleides. 기원전 300년 무렵 알렉산드리아에 있던 그리스 수학자로, 《기하학원본(Elementa)》을 썼다.

다. 선으로 그려진 각·원·정사각형은 분명히 볼 수 있어 잘못될 리가 없다. 변함없이 있어 차분히 고찰하고 검토할 수 있을 것이며, 논증은 다시 검토할 수 있으므로 그 모든 부분은 관념이 조금이라도 바뀔 위험이 없어 여러 번 점검할 수 있을 것이다. 그러나 도덕관념에선 이런 식으로 될 수가 없다. 우리는 도덕관념을 적어둘 수 있는, 도덕관념과 유사한 감지할 수 있는 표시를 갖지 못했다. 도덕관념을 나타내는 데 말밖에 가진 것이 없고, 말은 이를테면 적은 그대로 있어도 말을 나타낸 관념은 같은 사람에게도 변하는 일이 있을 터이며, 다른 인물로 바뀌지 않은 경우는 매우 드문 것이다.

둘째로 윤리학에서 더욱 큰 곤란을 낳는 또 하나의 사물은 다음 것이다. 도덕관념은 수학에서 보통 관찰되는 형체(또는 도형)의 관념에 비하여 복잡한 것이 보통이라는 점이다. 여기에서 다음 두 가지의 불편이 생긴다. 첫째, 도덕관념의 이름은 의미 표시가 (수학보다) 한층 더 불확실하다. 왜냐하면 도덕관념의 이름이 나타내는 단순관념의 정확한 집합은 그리 쉽게 일치되지 않고, 나아가서는 그런 단순관념으로 말미암아 사상 전달에서는 늘, 생각에서는 가끔 사용되는 기호(즉 이름·말)가 같은 관념을 변함없이 수반한다고 할 수만은 없기 때문이다. 그래서 다음과 같은 것과 동일한 흐트러짐·혼란·잘못이, 즉 (수학에서, 예를 들면) 7각형에 대하여 어떤 것을 논증하려고 하는 사람이 논증하기 위해 쓰는 그림에서 각 하나를 빠뜨린다든가, 또는 헛보는 바람에 이름이 보통의 뜻을 나타내는 것보다, 또는 논증을 처음 생각했을 때 나타내려고 목표한 것보다 각 하나를 더 그렸다면, 그때 일어나는 것과 같은 흐트러짐·혼란·잘못이 일어난다.

이런 일은 자주 생겨 매우 복잡한 도덕관념에서는 거의 피할 수 없다. 복잡한 도덕관념에서는, 같은 이름이 유지되면서 (이른바) 하나의 각 즉 하나의 단순관념이 (늘 같은 이름으로 불리는) 복합관념일 때는 다른 때에 비하여 많이 제거되거나 받아들이는 일이 생긴다. 둘째, 이런 도덕관념의 복잡성에서 다른 지장이 생긴다. (즉) 마음은 그런 (복잡한 도덕관념을 만드는 단순관념의) 정확한 집성의 몇 가지 관련과 부합, 일치 또는 불일치의 검토에 필요한 만큼, 집성의 정확하고도 완전한 유지를 쉽게 할 수 없고, 특히 동떨어진 두 복합관념의 일치 또는 불일치의 명시가 긴 연역에 의하여 결국 몇 가지 다른 복합관념의 개재에 의하여 판정되어야 하는 경우에 그러하다.

이와 같은 지장에 대하여, 작도가 된 그대로 변경하지 않은 그림과 형체(또는 도형)에서 수학자가 찾아낸 큰 도움은 또렷하며, 이 도움이 없으면 마음은 (관념의 복잡한) 집성(서로)의 갖가지 부합을 검토하기 위해 집성의 부분을 하나씩 살펴가야 하므로 기억이 집성을 정확히 유지하기란 가끔 몹시 곤란했을 것이다.

그래서 (수의 경우) 더하기, 곱하기, 나누기의 어느 것이나 장황한 계산을 하는 경우 (계산의) 모든 부분은 마음이 자기 자신의 관념을 바라보고 관념의 일치 또는 불일치를 고찰하며 나아가는 것에 불과하며, 문제의 해결은 마음이 명석한 지각을 갖는 그런 낱낱(의 고찰)에서 만들어진 전체의 결과인데, 그럼에도 정확한 의미 표시라고 알려져 있는 표시에 의해, 기억이 (계산의) 부분을 빠뜨려 (잊어)버렸을 때도 계속해서 바라볼 수 있는 표시에 의해 각 부분을 적어두지 않으면 꽤 많은 관념을 가지고 있기는 거의 불가능하여, 계산의 어느 부분을 혼동한다든가 빠뜨리는 탓에 계산에 대한 우리의 추리를 모두 소용없게 했을 것이다. 이 경우에 숫자, 즉 표시는 마음이 어떤 둘 또는 그 이상의 수의 일치, 그 동일성 또는 비율의 지각을 전혀 돕지 않는다. 마음은 이런 지각을, 수에 대한 마음 자체의 관념의 직관에 의하여 가질 뿐이다. 그렇지만 수적 부호(즉 숫자)는 논증이 이루어지는 몇 가지 관념을 기록하여 유지하기 위한 도움이며, 이것에 의해 낱낱의 관념의 몇 가지를 전망할 때 직관적 지식이 어디까지 나아갔는지를 알 수 있을 것이다. 그런 식으로 사람은 아직 알지 못한 것으로 혼란 없이 나아가, 마지막에는 모든 지각 및 추리의 결과를 단번에 목격한다.

20. 이런 어려움의 구제책

도덕관념을 논증할 수 없다고 생각하게 한, 도덕관념의 이런 불리함의 일부는 정의(定義), 즉 모든 명사(名辭)를 나타낸 단순관념의 집성을 규정하여, 거기에서 명사를 이 정확한 집합에 흔들림 없이, 으레 쓰는 정의에 의하여 꽤 구제할 수 있을 것이다. 대수학(代數學) 또는 그 종류의 어떤 사물이 다른 어려움을 없애기 위해 앞으로 어떤 방법을 시사할 수 있을지 미리 말하기는 쉽지 않다. (그러나) 예컨대 사람들이 수학의 진리를 탐색하는 것과 동일한 방법과 공평무사함으로 도덕의 진리를 탐구한다면, 도덕의 진리는 보통 떠올리는 것보다 훨씬 강하게 서로 결합하여, 우리의 명석 확연한 관념으로 한결 더 필연적으로 귀결하고, 완전한 논증에 더욱 가까워지는 것을 알게 되리라고 굳게 믿는다. 그렇지만 존경과 존중·부·권력의 욕망이 사람들에게 겉이 번지르르한 유행의 설을 믿게 해 그런 말이 아름다워 좋다고 한다든가, 추한 것을 감추고 속이는 그런 논의가 시끄러운 동안은 이것을 많이 기대해서는 안 된다.

왜냐하면 진리가 마음에 아름다울수록 눈에 아름다운 사물은 없으며, 거짓말만큼 지성에게 추해 보이고 타협하지 못할 것은 없기 때문이다. 많은 사람들은 별로 예쁘지 않은 아내를 매우 만족스럽게 품에 안을 수 있지만, 거짓을 믿어버리고 거짓말만큼이나 추악한 것을 가슴에 받아들여 큰 소리로 여봐란듯이 공언할 정도로 대담한 자가 있는가? (그러나) 사람들의 당파가 자기 권력으로 들여올 수 있는 사람들에게 자기 교리를, 그 진리가 거짓인가의 검토도 하지 않고 억지로 받아들이게 하여, 진리를 공명하게 경쟁시키려 하지 않고 사람들에게 진리를 탐구하는 자유를 갖도록 하지 않은 동안은, 위에서 말한 종류의 어떤 진보를 기대할 수 있겠는가? 도덕의 지혜로 (현재보다) 더욱 큰 어떤 빛을 희망할 수 있을까? 만일 인간의 숨쉬기 또는 역량을 모두 사라지게 할 수 없는 주님의 등불이 주님 자신에 의하여 사람들의 마음에 켜지지 않았다면, 거의 모든 곳에서 보게 된 인류의 예속 부분은 도덕적 지혜의 빛 대신에 이집트의 노예처럼 이집트의 암흑*8을 기대해도 좋았을 것이다.

21. 넷째, 실제에 대하여 우리는 우리의 (실재의) 직관적 진리, 신의 (실재의) 논증적 진리, 다른 어떤 소수 사물의 (실재의) 감지할 수 있는 진리를 갖는다

(넷째) 우리 진리의 제4의 종류, 즉 사물의 실재적이고 현실적인 존재의 종류에 대하여 우리는 우리 존재의 직관적 진리와 신이라는 존재의 논증적 진리를 가지며, 그 밖의 사물의 존재에 대해서는 감각적 진리 이외의 것을 갖지 않는데 이는 우리의 감각에 나타나는 대상을 뛰어넘어 미치지 못한다.

22. 우리의 무지는 크다

우리의 진리는 지금까지 (이 장에서) 명시해 온 바와 같이 좁으므로 (인지

---

*8 〈출애굽기〉 1장 11절 이하 참조.

의) 어두운 측면을 조금 들여다보고 우리의 무지를 바라보면 우리 마음의 현상을 조금 알 것이다. 우리의 무지는 우리의 진리보다 무한히 넓기 때문에 만일 우리가 명석 확연한 관념을 어디까지 갖는가를 발견하여 우리의 지성이 다다를 범위 안에 있는 사물의 관조 내부로 사유를 국한하고, 우리의 이해 범위를 넘는 사물은 아무것도 없다는 판단에서 (무지의) 어두움(거기에서 우리는 보는 눈을 갖지 못하며, 무엇인가 사물을 지각하는 기능도 갖지 않았다)의 심연으로 들어가지 않으면, 무지는 (도리어) 토의를 가라앉히며, 유용한 진리의 진보에 많은 도움이 될 것이다.

그러나 (우리의 참된 지식을 넘은 사물은 아무것도 없다는) 이런 자만의 어리석음을 깨닫기 위하여 멀리 갈 필요는 없다. 본디 무엇인가 사물을 아는 자는 먼저 다음의 것을, 즉 자기 무지의 사례를 먼 곳에서 찾을 필요가 없다는 것을 안다. 우리의 (진리의) 길로 들어오는 가장 흔하고 또렷한 사물마저, 가장 예리한 눈도 통찰할 수 없는 어두운 측면이 있다. 생각하는 사람들의 가장 명석하며 폭넓은 지성마저도 물질의 모든 분자에 망설이고 당황하는 자신을 발견한다. 우리 무지의 원인을 고찰할 때, 우리는 그렇다고 발견한 것을 아직도 의심스럽게 여기지는 않을 것이다. 그 원인은, (이 장에서) 지금까지 말해 온 데에서 주로 다음 세 가지를 찾아내리라고 나는 생각한다.

첫째, 관념의 결여.

둘째, 우리가 가진 관념 사이에 발견할 수 있는 결합의 결여.

셋째, 우리의 관념을 더듬어 검토하는 것의 결여.

23. 첫째로 무지의 한 원인은, 우리에게 상념이 (일반적으로) 없어 보이는 것이든, 낱낱에 없어 보이는 것이든 관념의 결여에 있다

첫째, 관념의 결여 때문에 우리가 무지인 것 같은 어떤 사물이 있는데 더구나 이것은 적은 수가 아니다.

둘째, 우리가 가진 모든 단순관념은 (이미 제2권 제1장 제3·4절에서 명시해 놓은 것처럼,) 감각에 의해 형체적 대상으로부터 받아들인 관념과, 내성의 대상으로서의 우리들 마음의 작용으로부터 받아들인 관념에 국한된다. 그러나 이 비좁은 입구가 모든 존재자의 드넓은 범위에 얼마나 불균형한가는, 자기 엄지손가락과 새끼손가락 사이를 모든 사물의 척도라고 생각할 정도로 어리석지 않은 자를 설득하는 일보다 어렵지는 않을 것이다. 우주의 다른 부분의 피조물이 우리가 가진 것보다 많은, 또는 완전한, 우리의 것과 다른, 감각이나 기능의 도움으로 다른 어떤 단순관념을 가질 수 있는지 우리가 결정할 일이 아니다. 하지만 그런 단순관념에 대하여 아무것도 생각하지 않으므로 그런 것은 없다고 한다든가 생각하는 일은, (예를 들면) 맹인이 시각이나 색깔 같은 어떤 사물에 대하여 어떤 방식의 관념도 갖지 않았고, 보는 것에 대한 생각을 스스로 이루지 못했다고 해서 시각이나 색깔 같은 것이 없다고 혼자 정한 일보다 훌륭한 주장은 아니다. 우리에게 어떤 무지·어두움이 다른 것(피조물)에게 있는 진리를 방해하지도 국한하지도 않은 것은, 두더지의 나쁜 눈이 독수리의 날카로운 눈을 부정하는 근거가 되지 않는 것과 마찬가지이다. 모든 사물의 창조주의 무한한 역량·지혜·자애를 고찰하려고 하는 자는, 인간이 그렇게 보여질 것 같은, 하잘것없는 비천하며 무력한 피조물에게 모두가 갖춰지지 않았다고 생각하는 일은 도리에 맞다고 할 것이다.

인간은 모든 예지적 존재자의 최하위의 하나라고 하는 것이 아무리 생각해도 확실한 듯하다. 그러므로 (인간 이외의) 다른 종류의 피조물이, 사물의 본성·가장 깊숙한 구조를 통찰하는 어떤 기능을 갖는지, 그런 피조물이 사물에 대하여 우리의 관념과는 너무나 다른 어떤 관념을 받아들일 수 있을지 우리는 모른다. (다만) 우리는 다음의 것을 알고 절대 확실하게 찾아낸다. 즉 우리는 사물에 대하여 우리가 가진 전망 말고는, 사물의 갖가지 발견을 더 완전하게 하는 다른 몇 가지 전망을 갖고 있지 않다. 그래서 우리는 다른 모든 관념의 밑바탕인, 실체의 실정적이고 명석 확연한 관념 자체가 우리에게 숨겨져 있을 때 우리가 자기 기능에 의하여 얻을 수 있는 관념은 사물 자체와는 몹시 부적합하다고 단단히 믿어도 된다. 그러나 이 종류의 관념의 결여는 우리의 무지가 원인일 뿐 아니라 무지의 일부이므로 이것을 기술할 수는 없다. 다만 나는 우리의 무지에 대하여 자신을 가지고 말하건대, 예지적 세계와 감지할 수 있는 세계는 이 (우리가 무지라는) 점에서 완전히 닮았고, 이런 세계의 어느 쪽인가에 대해 우리가 보는 부분은 우리가 못 본 것과 균형이 잡혀 있지 않다. 그래서 본디 이런 세계의 어떤 것에 대하여 우리가 자기 눈 또는 자기 사유로 다다를 수 있는 것이 무엇이든지, 나머지와 비교하면 하나의 점에 불과하며 거의 무(無)이다.

24. 관념(의 대상)이 멀기 때문에, 또는

둘째, 무지의 또 하나의 큰 원인은 우리가 가질 수 있는 관념의 결여이다. (앞 절에서 말했듯이) 우리의 여러 기능이 우리에게 줄 수 없는 관념의 결여는, 우리보다 완전한 다른 존재자가 갖는다고 생각하여 이치에 맞을 것 같은, 갖가지 사물의 전망으로부터 우리를 모두 내쫓고 이런 전망에 대하여 우리는 아무것도 모른다. 그러나 그와 마찬가지로 내가 지금 말하고 있는 관념의 결여는, 우리가 알 수 있다고 생각하는 사물에 대하여 우리를 무지로 놓아두는 것이다. (예를 들면 물체의) 부피·형체·운동의 관념을 우리는 가지고 있다. 그렇지만 우리는 물체의 이와 같은 1차 성질 일반의 관념이 없는 것은 아닌데, 그럼에도 우주 물체의 거의 모든 부분의 낱낱의 부피·형체·운동이 무엇인가를 모르므로 날마다 보고 결과를 낳는 여러 역량·효력·작용 방식에 대하여 우리는 무지이다.

이런 역량들은 어떤 사물과는 너무나 멀고 다른 사물은 너무나 작아서 우리에게 숨겨져 있다. 우주의 알려진 눈에 보이는 부분의 광대한 거리와, 우리가 아는 범위 안에 있는 것은 한없는 우주의 작은 부분에 불과하다고 생각하는 우리에게 어떤 이유를 고찰할 때 우리는 무지의 거대한 심연을 발견할 것이다. 형체적인 존재자의 경탄스러운 구조의 전체를 만들어 낸 물질의 큰 덩어리의 개개의 조립은 어떤 것인가, 형체적인 존재자는 어디까지 퍼지는가, 그 운동은 어떠하며 어떻게 연속 또는 전달되는가, 어떤 영향으로 형체적인 존재자는 양쪽 균형을 잡게 하는가, 이런 것은 잠깐 봄으로써 우리의 사유가 자기 자신을 놓쳐버리는 관조이다. 만일 우리가 관조를 좁혀 이 작은 범위로 사유를 국한한다면 내가 뜻하는 것은 이 우리의 태양과 이것을 돌아 눈에 보이게 움직이는 비교적 부피가 커진 물질의 덩어리(즉 행성)의 체계인데, 이 작은 범위에 국한한다면 지구라고 하는 우리의 작은 지점의 것과 무한히 다른, 어떤 다양한 종의 초목·동물·예지를 지닌 형체적인 존재물이 다른 행성에 있을 듯한가? 그런 진리에는 그 외부의 형체나 부분의 진리마저도 우리가 이 지구에 국한된 동안은 아무리 애써도 다다를 수가 없다. 왜냐하면 감각에 의하든 내성에 의하든 다른 행성의 초목 등 절대 확실한 관념을 우리 마음에 전하는 자연의 수단이 없기 때문이다. 그런 관념은 우리의 모든 진리의 입구(즉 감각과 내성)에 이르는 범위 바깥에 있다. 그래서 그런 저택(즉 다른 행성)이 어떤 종류의 가구나 거주자(즉 초목과 동물 등)를 안에 포함하고 있는지 우리는 추측조차 할 수 없고, 명석 확연한 관념은 더더욱 가질 수 없는 머나먼 데에 있는 것이다.

25. 그 미소성(微小性) 때문에

(앞 절에서 말한 것처럼) 만일 우주의 갖가지 위계의 물체 대부분이, 아니 더 이상 없이 엄청나게 큰 부분이 그 먼 거리에 의하여 우리의 지각을 벗어난다면, 그 미소성으로 말미암아 우리로부터 숨겨져 있는 다른 물체가 있다. 그런 감지할 수 없는 입자는 물질의 능동적 부분이며, 물체의 모든 2차 성질뿐만 아니라, 물체의 자연적 작용의 거의 모두가 근거한 자연의 소중한 도구이므로, 물체의 1차 성질의 정확 확연한 관념의 결여는 물체에 대하여 우리가 알고자 욕망하는 것의 치료할 수 없는 무지에 우리를 멈추게 한다.

확신하건대 이를테면 어떤 두 물체의 미소한 구성 부분의 형체·치수·조직·운동을 발견할 수 있다면, 우리는 마치 지금 정사각형 또는 삼각형의 특성을 아는 것과 마찬가지로 물체의 몇 가지 상호작용을 시험하지 않고 알았을 것이다. (예를 들면) 시계방에서 시계가 움직이는 작용을 하는 그 역학적 원리를 알고, 탈진기(脫進機)를 문지르면 그 어떤 모양을 바꾸는 쇠부속품의 역학적 원리를 아는 것처럼, 이를테면 대황(大黃)·독미나리·아편 분자의 역학적 작용을 우리가 안다면 탈진기에 들어간 작은 종잇조각은 제거할 때까지 시계의 움직임을 멈추게 한다든가, 탈진기의 어떤 작은 부분이 쇠부속품을 문지르면 기계는 완전히 그 운동을 잃고 시계는 어느새 움직이지 않으리라는 것을 시계상이 (미리) 알려줄 수 있듯이, 대황은 인간을 설사하게 하고, 독미나리는 사람을 죽게 하며, 아편은 잠들게 한다고 우리는 미리 알릴 수 있었을 것이다. 그렇게 되면 아마 은이 초산에, 금이 왕수(王水)에 녹으며 그 반대가 아니라고 아는 것은, 어째서 하나의 열쇠를 돌리면 자물쇠가 열리고 다른 열쇠를 돌리면 열리지 않는지를 대장장이가 이해하는 일과 마찬가지로 어렵지 않을 것이다.

그렇지만 우리는 물체의 미소 분자를 발견하여, 그 역학적 작동의 관념을 우리에게 주기에 충분히 예민한 감각을 갖지 못했으므로 물체의 특성이나 작용방식에 대한 무지를 감수해야 하며, 어떤 소수의 시험을 하여 다다를 수 있는 이상으로는 조금도 확신하지 못한다. 그러나 이 시험이 다른 때에 다시 성공할지는 절대 확실하게 알 수가 없다. 이런 점이 자연적 물체의 보편적 진리에 대한 우리의 절대 확실한 지식을 방해하여, 우리의 이지는 이런 진리의 점에서 낱낱의 사실을 넘어서는 매우 조금밖에 나아가지 못하는 것이다.

26. 앞으로는 물체의 학문은 없다

그러므로 나는 곧잘 의심을 하는데, 아무리 인간의 근면이 물리적인 사물에서 유용한 실제 경험의 학문을 전진시키더라도, 학문적(또는 논증적)으로는 늘 도달하지 못할 것이다. 왜냐하면 우리는 자기에게 가장 가깝고 가장 맘대로 할 것 같은 물체에 대해서도 완전하고 온전한 관념을 갖고 있지 않다. 우리가 지은 이름 아래 분류해 놓고 가장 잘 안다고 스스로 생각하는 일도, 우리는 불완전하고 완전무결하지 않은 관념밖에 갖지 못한다. (과연) 어쩌면 우리 감각의 검토 아래 들어온 몇몇 종류의 물체의 확연한 관념은 우리가 가질지도 모른다. 그러나 완전한 관념은 그런 물체 가운데 어느 것 하나에 대해서도 갖지 못한다. 그러므로 앞엣것(즉 가감적인 확연한 관념)이 보통의 사용과 담론에 유익하겠지만, 그럼에도 뒤엣것(즉 온전한 관념)이 결여되어 있는 한 우리는 학술적 참된 지식을 가질 수 없으며 물체에 관한 일반적이고 계발적인, 의심할 수 없는 진리를 결코 발견할 수 없을 것이다. 절대 확실성과 논증은 이와 같은 사항이며 우리가 주장해서는 안 되는 사물이다.

(예를 들면) 색깔·형체·맛·냄새 그 밖의 감지할 수 있는 성질에 의하여 우리는 세이지(샐비어)나 독미나리의 명석 확연한 관념을, 원이나 삼각형의 관념을 갖는 것과 마찬가지로 가진다. 그렇지만 이런 식물의 어느 것도, 또 이런 식물을 먹으려고 하는 다른 신체도 그 미소 부분의 낱낱의 1차 성질 관념을 우리는 갖지 않았으므로, 그런 식물이 어떤 결과를 낳을지 말할 수 없으며 그런 결과를 볼 때도 결과를 낳을 상태를 추측마저 할 수 없어, 아는 것은 더욱 생각도 못한다. 이래서 우리가 바라보고 다다를 범위 안에 있는 물체의 미소 부분의 낱낱의 역학적 작동에 관한 관념을 갖지 못했으므로, 우리는 그런 물체의 구조·역량·작용에 대해 무지이고, 먼 데 있는 물체에 대해서는 그 외부의 모습 자체, 바꿔 말하면 물체 구조의 감지할 수 있으며 비교적 부피가 커진 부분조차 모르므로 더욱 무지인 것이다.

27. 영혼들에 대해서는 더욱 알지 못한다

(앞 절에서 말한) 이것은 한 번만 보고도 우리의 진리가 물질적인 사물마저 그 모든 범위와 얼마나 불균형한가를 알려준다. 혹시 여기에 있을지도 모르고 아마 있을 것 같은 무한한 수의 영혼들, 즉 우리의 진리로부터 너무나 멀어 우리가 인식하지 못하고 그 갖가지 위계나 종류에 대한 확연한 관념을 자기 자신에게 형성할 수 없는 무한한 수의 영혼들의 고찰을 보태면, 우리는 무지의 이 원인이 예지의 세계의 거의 전체를, 즉 물질의 세계보다 절대 확실히 크며 한결 아름다운 세계를 내다볼 수 없어 불명료한 가운데 우리로부터 숨어 있었다고 보일 것이다. 왜냐하면 내성에 의하여 우리가 자기 영혼에 대하여 얻은, 그로부터 최대한으로 할 수 있는 한 모든 영혼의 아버지, 영혼들과 우리와 모든 사물의 영원히 독립한 조물주에 대하여 추측하고 판단하는 그런 영혼의 어느 소수의, 그렇게 말해도 된다면 피상의 관념을 없애면 우리는 계시에 의하지 않으면 다른 영혼들의 존재에 대해서마저 절대 확실히 알릴 수 없다.

모든 종류의 천사는 자연히 (본성상) 우리의 발견 저편에 있다. 형체적 실체보다 계층이 많은 듯한 모든 지능이 있는 자는, 우리 자연의 기능이 절대 확실한 해명을 전혀 제공하지 않는 사물이다. 모든 인간이 자기 자신뿐만 아니라, 다른 사람들에게도 마음·생각하는 존재자가 있음을, 그 사람들의 말과 행동에서 이해할 수 있는 이유를 가지고 있다.*9 또 자기 마음의 진리는 대체로 고찰하는 인간이 신의 존재에 무지인 것을 용서할 리가 없다. 그렇지만 우리와 위대한 신과의 사이에 여러 정도의 영적인 존재자가 있다는 것을 자기 자신의 탐색·역량에 의하여 알게 될 수 있는 자가 있을까? 하물며 우리는 영적인 존재자가 일치하고, 또는 우리와 다른 다양한 본성·정황·상태·역량 갖가지 구조의 확연한 관념을 갖지 못한다. 그러므로 영적인 존재자의 다양한 종이나 특성에 관련되는 것에서는, 우리는 절대의 무지 아래 있는 것이다.

28. 둘째로 우리가 가진 관념 사이에 발견할 수 있는 결합의 결여

둘째로 관념의 결여는 우주에 있는 실체적인 존재자의 얼마나 작은 부분을

---

*9 다른 사람의 마음의 존재는 말이나 행동으로부터의 비교에 의한다.

우리의 진리에 밝혀주는지(그럴 뿐인지) (이 장 제23절부터) 보아왔다. 다음으로, 무지의 또 하나 중대한 원인은 우리가 가진 관념 사이에 발견할 수 있는 결합의 결여이다. 왜냐하면 이 결합이 없는 곳에선 어디서나 우리가 보편적으로 절대 확실한 진리를 전혀 갖지 못하여, 앞의 (관념의 결여의) 경우와 마찬가지로 관찰과 실제 경험에만 맡기게 되기 때문이다. 이 관찰과 실제 경험이 얼마나 좁고 국한되어 있는가, 일반적 참된 지식과 동떨어져 있는가는 언급할 수 없다. 나는 우리 무지의 원인 사례를 들고 나서 이 원인(이 논구)을 마치련다.

대체로 우리 주위의 갖가지 물체의 부피·형체·운동이 우리 내부에 색깔·소리·맛·냄새와 같은 여러 감각을 낳는 것은 명백하다. (그러나) 물체의 이런 역학적 원리는 이 원리가 우리 내부에 낳는 그런 관념과 전혀 닮지 않았다(왜냐하면 어떤 물체의 어떤 충격과 우리 마음에서 발견되는 하나의 색깔 또는 냄새라고 하는 어떤 지각 사이에 상념할 수 있는 결합은 아니기 때문이다). 따라서 우리는 자기 경험을 뛰어넘은 그런 작용의 확연한 진리를 가질 수 없어, 무한히 현명한 작용자(즉 신)의 결정에 따라 초래된 결과 말고는 이 작용에 대하여 추리할 수 없는데, 그런 결과라고 하는 것은 이해를 완전히 초월해 있다. (또) 우리가 마음에 느낌을 가질 수 있는 2차 성질의 관념은, 우리로서는 물체적 원인에서 도저히 연역할 수 없으며 2차 성질의 관념과 이것을 낳는 (것과 경험이 우리에게 명시하는) 1차 성질 사이에는 아무런 부합이나 결합도 발견할 수 없는데, 그와 같이 우리 몸에 대한 우리 마음 작용도 상념할 수 없다.

어떤 사유가 몸에 하나의 운동을 어떻게 낳는가는, 어느 물체가 마음에 어떤 사유를 어떻게 낳게 하는 것이나 마찬가지로 우리 관념의 본성으로부터 동떨어져 있다. 그런 것(즉 마음의 사유가 몸의 운동을 낳는 것)을, 만일 경험이 우리를 승복시키지 않았다면, 사물 자체의 고찰이 조금이라도 우리에게 알게 하는 일은 결코 없었을 것이다. 이런 것들(마음과 몸)과 아주 비슷한 것은 사물의 통상적 경과에는 항상적·규칙적으로 결합하지만, 더욱이 그 결합을 관념 자체에 발견되지 못하고, 관념은 서로 필연적으로 의존할 수 없는 것처럼 보이므로 우리는 그런 (마음과 몸의) 결합을 전지전능한 작용자(즉 신)의 마음대로 결정하는 것 이외의 어떤 사물에도 귀속할 수 없는 것이며, 전지

전능한 작용자는 우리의 약한 지성의 상념을 완전히 뛰어넘은 어떤 방식으로 마음과 몸을 있게 하여 현재 그러하듯 작용하도록 한 것이다.

29. 사례

대체로 우리의 어떠한 관념에는 일정한 관계·관련성·결합이 있어서 관념 자체의 본성 속에 눈에 띄게 분명히 포함되어 있으므로, 어떤 역량에 의해서도 이것을 관념으로부터 분리하여 생각할 수 없다. 그래서 이런 관계·관련성·결합인만큼 우리는 절대 확실하고 보편적인 진리를 가질 수 있는 것이다. 예를 들면 직각 삼각형의 관념은 그 (세 개의) 각과 두 직각과의 동일성을 필연적으로 수반한다. 또 우리는 이 관계와 이런 (세 개의 각과 두 직각의) 두 관념의 결합이 경우에 따라 바뀔 수 있다고, 즉 어떤 임의의 능력에 근거하여 그 능력은 관계·결합을 이렇게 골라서 만들었으나 다르게 만들 수도 있었다고 생각할 수는 없는 것이다.

그런데 물질 부분의 집결과 연속은, 충격과 운동에 의한 색깔이나 소리 따위의 우리 내부에서의 산출이나, 아니 운동의 본원적 규칙들과 전달 같은 것들은 우리가 가진 어떤 관념과의 자연적 결합도 내부에서는 발견할 수 없으므로, 우리는 이런 것을 현명한 건설자(즉 신)의 임의의 의지·뜻에 돌릴 수밖에 없다. 나는 이때에, 죽은 자의 부활이나 이 지구의 미래 상태나 그 밖에 자유로운 작용자(즉 신)의 결정에 전적으로 근거한다고 누구나 인정하는 사물을 열거할 필요도 없다고 생각한다. 우리의 관찰이 미치는 한 규칙적으로 나아가면 으레 보게 되는 사물은, 그런 사물이 처한 법에 의해 활동한다고 단정해도 좋다. 하지만 우리가 모르는 법에 의해서이다. 이런 까닭에 설령 원인은 끊임없이 작용하고, 결과는 원인으로부터 으레 정해진 대로 나온다 해도, 원인 결과의 결합과 의존은 우리 관념에서 발견할 수 없으므로, 우리는 원인 결과에 대하여 실제로 겪은 지식밖에 가질 수 없는 것이다.*10 이런 모든 것에서 우리는 얼마나 (무지의) 어둠에 빠져 있는가, 존재자에 대하여, 어떤 사물에 대하여 알 수 있는 것은 얼마나 적은가 쉽게 지각하게 된다.

그러므로 우리가 자기 자신을 다음과 같이 겸허하게 생각할 때, 즉 우리는

---

*10 인과관계에 대해서 흄보다 앞선 구상이다.

우주와 그 안에 포함된 모든 사물의 온갖 본성을 이해하기는커녕, 우리 주위에 있는 물체와 우리의 부분을 이루고 있는 물체(또는 신체)에 대한 학문적 진리도 갖지 못한다고 생각할 때 우리의 진리는 손상받지 않을 것이다. 물체의 2차 성질·능력·작용에 관하여 우리는 보편적인 절대 확실성을 가질 수 없는 것이다. 몇 가지 결과는 날마다 우리의 감각으로 지각되어 들어온다. 그런 한, 이것에 대하여 우리는 감지할 수 있는 지식을 갖는다. 하지만 그런 결과로 산출된 원인·방법·절대적 확실성에 대해서는, 앞에서 (이 장 제23절부터) 예를 든 두 가지 이유에서 우리는 무지를 감수해야 한다. 이런 점에서 우리는 사실에 대하여 낱낱의 경험이 우리에게 말해준 이상으로, 또 비슷한 물체는 따로 시험해 보면 어떤 결과를 낳을 것인지를 비교에 의해 추측하는 이상으로 나아갈 수는 없다. 그러나 (영적인 존재자는 물론이고) 자연적 실체의 완전한 학문에 대하여 우리는 그런 사물을 갖기란 불가능하다 생각하므로 이것을 탐구하는 것은 헛수고일 뿐이라고 나는 단정한다.

30.

셋째로 우리가 완전무결한 관념을 갖는 것, 관념 사이에 절대 확실하게 발견할 수 있는 결합이 이루어지는 것, 나아가서 우리는 자주 우리가 가진, 혹은 갖게 될 관념에 다다르는 것의 결여 때문에, 즉 관념이 어떤 일치나 불일치의 관련을 서로 갖는가를 우리에게 명시할 수 있는 중간관념을 찾아내지 못하기 때문에 무지이다. 그래서 이를테면 많은 사람들이 그 사람들의 기능의 뭔가 불완전 또는 사물 자체의 불확실에서가 아니라, 온 힘을 다하여 그런 (중간의) 관념을 획득하고 검토하며, 적절한 방법으로 비교하는 것이 부족하므로 수학적 진리에 무지하다. (이와 같이) 우리의 관념을 적절히 더듬어 관념끼리의 관계, 일치 또는 불일치를 찾아내지 못하게 하는데 이제까지 가장 이바지해 온 것은 말의 악용이었다고 나는 생각한다.

대체로 사람들의 사유가 의심스럽고 불확실한 의미를 나타내는 소리(또는 말)의 주변을 서성거리거나, 또는 이것을 붙들고 늘어지기만 하는 동안은 사람들이 관념 자체의 일치나 불일치를 진정으로 찾거나, 또는 절대 확실히 발견하는 일은 불가능하다. 수학자는 자기 사유를 이름으로부터 추상하여 자기가 고찰하려고 하는 관념을 마음 앞에 두고, 관념에 소리(또는 이름)를 두지 않는 것에 익숙하므로, 이것으로써 진리의 다른 부분에서 이제까지 사람들의 진전을 몹시 방해해 온 혼란과 소동을 대부분 피했다. 왜냐하면 수학자가 불확정하며 불확실한 의미를 나타내는 말을 붙잡고 늘어지는 동안은 자기 자신의 설에서 진실을 거짓으로부터, 절대 확실을 개연적인(또는 확실한 듯한) 것으로부터, 정합을 부정합으로부터 구별할 수 없기 때문이다.

이것은 지금까지 대부분의 학문하는 사람의 운명 또는 불운이었으므로, 진실한 지식의 축적에 들어갈 수 있는 증가는, 세상을 이제까지 채워온 학원·토론·서적에 비하면 매우 적었다. 왜냐하면 학자는 말의 방대한 숲 속을 헤매면서 자기가 어디쯤 있는가, 자기 발견은 얼마나 나아갔는가, 진리의 자기 자신 또는 일반의 축적에 무엇이 결여되어 있는가를 몰랐기 때문이다. 이를테면 사람들이 물질의 세계에서 이룬 발견에서, 예지의 세계에서 해온 것과 마찬가지로 불확실하며 의심스러운 말을 하여 모든 것을 불명료하게 끌어들였더라면, 항해나 선박 여행에 대하여 쓴 서적·지대와 조류에 대하여 거듭해서 토론된 이론이나 이야기, 아니 건조된 배와 출범한 선대(船隊)도 적도를 넘어가는 길을 결코 가르치지 못했을 터이며, 반대자는 무언가 그런 사람이 있다고 주장하는 일을 사기라고 우겼을 때와 마찬가지로 지금도 여전히 몰랐을 것이다.*11 하지만 말과 그것에 대하여 흔히 저지르고 있는 나쁜, 또는 부주의한 쓰임에 대해서는 이미 충분히 말했으므로 나는 더 이상 언급하지 않을 것이다.

31. 보편성에 관한 범위

지금까지 우리는 다양한 종류의 존재자에 관한 우리 진리의 범위를 검토해 보았다. (그러나) 참된 지식의 또 하나의 범위가 보편성에 관해서인데, 이것도 고찰할 만한 가치가 있을 것이다. 이 점에서는 우리의 진리는 우리 관념의 본성에 따른다. 일치 또는 불일치를 지각하는 관념이 추상적이라면, 우리의 진리는 보편적이다. 그런 (추상적인) 일반관념에 대하여 알려진 것은 그 본질, 즉 그 추상관념이 발견하도록 되어 있는 모든 개개(또는 특수)의 사물에 대하여 진실일 것이다. 또 이와 같은 관념에 대하여 한 번 알려진 것은 영구불변한 진실일 것이다.

---

*11 지구 반대편에 있는 사람들. 지구가 평평하다고 생각했던 중세 때는 그 존재를 부정했다.

그러므로 모든 일반적 진리에 대해서 우리는 이것을 자기 마음속에서만 찾고, 발견되지 않으면 안 되며, 그것(즉 일반적 참된 지식)을 제공하는 것은 우리 관념의 검토뿐이다. 사물의 본질(즉 추상 관념)에 속한 진리는 영원하며, 그 본질의 관조만으로 찾아내게 되어 있고, 그 점은 사물의 존재가 경험으로만 알려지게 되어 있는 것과 같다. 하지만 이것에 대해서는, 일반적 또는 실재적 진리에 대하여 말한 (다음 장 이하의) 장에서 다시 다룰 것이므로 우리 진리의 보편성 일반에 대해서는, 여기에선 이것으로 충분하다고 생각한다.

제4장
진리의 실재성

1. 반대론. 관념에 놓여진 진리는 모두 환상이라고 할 수 있다

확신하건대 나의 독자는 이(장으로 들어올)때까지 내가 줄곧 공중누각을 지었을 뿐이라고 생각하기 쉬워, 나를 향해 어쩌면 다음과 같이 말할지도 모른다. (즉 지금까지 말한) 이 모든 것은 어떤 목적을 향하여 움직이고 있는가? 진정한 지식은 우리 자신의 관념의 일치 또는 불일치의 지각에 불과하다고 말할 것이다. 그러나 이 관념이 무엇인지 누가 알랴? 사람들 두뇌의 상상만큼 상식의 틀을 벗어난 사물이 무엇이 있는가? 내부에 망상을 갖지 않은 머리가 어디에 있는가? 또 어느 냉정하고 현명한 사람이 있다 치고, 그대의 규칙으로는 그 사람들의 진리와 세상에서 가장 틀을 벗어난 공상적 진리(라고 말하는 것)에 어떠한 차이가 있을까? 둘 모두 관념을 가지며, 서로 일치 불일치를 지각한다. 둘 사이에 어떤 차이가 있다면 유리한 것은 우쭐한 인간 쪽일 것이다.

왜냐하면 더욱 많은 관념, 한결 더 생기에 넘친 관념을 가졌기 때문이다. 그래서 그대의 규칙으로는 그런 사람이 더 많이 아는 사람일 것이다. 만일 모든 진리가 우리 자신의 관념의 일치 또는 불일치의 지각에 있는 게 진실이라면, 광신자의 환상과 냉정한 인간의 추리는 똑같이 절대 확실할 것이다. 사물이 어떠한가는 문제가 아니다. 그래서 인간은 자기 상상의 일치(또는 불일치)만을 살피고 거기에 합치시켜 말한다. 그것이 모두 진리이다. 절대 확실한 지식이다. 이와 같은 공중누각이 에우클레이데스의 논증과 마찬가지로 진리의 군건한 보루일 것이다. (예컨대) 하르퓌아*¹는 켄타우로스가 아닌 것은, 이 방법으로는 정사각형이 삼각형이 아닌 것과 마찬가지로 절대 확실한 진리이고 참된 지식

---

*1 harpuia, harpy. 그리스 신화에 나오는 머리와 몸은 여자이고, 새의 날개와 발톱을 지닌 강하고 욕심 많은 괴물.

인 것이다.

하지만 사람들 자신이 떠올리는 이와 같은 모든 훌륭한 진리는 실재의 사물을 탐구하는 사람에게 무슨 소용이 있는가? 사람들의 공상이 무엇인지는 문제가 아니다. 사물의 참된 지식만이 소중하다. 진리는 실재하는 사물에 대한 것일 뿐 꿈이나 공상에 대한 것이 아니다. 이것만이 우리의 추리에 가치를 주어 한 사람의 진리를 다른 사람의 것으로부터 선택하게 한다. (반대론은 이렇게 말하는 것이다.)*²

2. 답. 관념이 사물과 일치하는 경우는 그렇지 않다

이에 나는 대답하는데, 만일 우리의 관념에 대한 우리의 참된 지식이 관념으로 끝나고, 그 이상의 어떤 사물을 목표로 하는 경우에 관념 너머에 다다르지 않는다면, 우리의 가장 진지한 사유도 실성한 두뇌의 몽상보다 나을 것은 거의 없을 터이며 그런 사유에 근거하여 이루어진 진리는 꿈에 사물을 명석하게 보고, 크게 확신을 가지고 이것을 말한 사람의 담론에 비하여 무게는 많이 나가지 않을 것이다. 그러나 내가 말을 마치기 전에 뚜렷이 하고자 하는 점은 다음과 같다. 우리 자신의 관념에 대한 참된 지식에 의한 절대 확실성의 이 길은, 단순한 상상보다 조금 더 나가는 것이고, 인간이 가진 일반적 진리의 절대 확실성이 모두 이 길 이외에 없다는 것은 명백하다고 나는 믿는다.

3.

본디 마음은 사물을 직접적으론 알지 못하며 사물에 대하여 마음이 가진 관념의 끼어듦에 의해서만 아는 것은 명백하다. 그러므로 우리의 진정한 지식은 다만 우리의 관념과 실재의 사물 사이에 합치가 있는 한, 실재적이다. 하지만 이 경우에 기준은 무엇일까? 마음은 자기 관념 외에 아무것도 지각하지 않을 때, 관념이 사물 자체와 일치한다고 어떻게 알까? 이것은 답하기 어려운 질문인 (바꿔 말하면 답하기 어려운 질문이 아닌 것은 아닌) 것같이 생각되는데, 더욱이 사물과 일치한다고 굳게 믿어도 좋은 두 종류의 관념이 있다고 나는 생각한다.

---

*2 의식현상론의 견해에 선 지식론의 어려운 문제이다.

4. 첫째로 모든 단순관념은 (사물과) 일치하니까

첫째로 첫째(의 종류)는 단순관념으로 이것은 이미 (제2권 제1장 제25절에서) 명시한 것처럼 마음이 자기 자신을 결코 만들지 못하므로, 필연적으로 사물의 소산, 즉 마음에 자연스런 방식으로 작용하여 우리 창조주의 지혜와 의지가 정하여 적응하도록 한 지각을 거기(즉 마음)에 낳은 사물의 소산이 아니면 안 된다. 이로 말미암아 다음과 같이 된다. 즉 단순관념은 우리의 공상적인 허상이 아니라 우리에게 실재적으로 (진실로) 작용하는, 우리의 바깥 사물의 자연적이고 규칙적인 소산이며, 따라서 목표와의 합치 바꿔 말하면 우리의 상태가 요구하는 합치를 모두 수반한다.

왜냐하면 단순관념은 사물이 우리 속에 낳을 수 있도록 되어 있는 현상태 아래 사물을 우리에게 표상하고, 이것에 의하여 우리는 낱낱의 실체 종류를 구별하며 실체가 있는 상태를 식별하고, 나아가서는 우리가 필요로 하는 것을 위하여 실체를 가져다 우리의 쓰임새에 충당할 수 있는 것이다. 예를 들면 마음에 있는 결백성 또는 괴로운 관념은 거기(즉 마음)에 관념을 낳는 어떤 물체에 있는 능력에 정확히 따르고 있으므로, 관념이 우리의 바깥 사물과 가진 또는 가져야 할, 모든 실재적인 (진실한) 합치를 가지고 있다. 그래서 우리의 단순관념과 사물의 존재와의 이와 같은 합치는 실재적 참지식에 있어 충분한 것이다.

5. 둘째로 실체의 (복합)관념을 제외한 모든 복합관념

둘째로 실체의 복합관념을 제외한 우리의 복합관념은 모두 마음 자체가 만든 원형이며, 어떤 사물의 모사이기를 바라지 않고, 그 기원으로서 어떤 사물의 존재와 관련이 없으므로 실재적 진리에 필요한 어떤 합치의 결여가 있을 리 없다. 왜냐하면 자기 자신 이외의 어떤 사물을 표상하도록 의도되지 않는 것은, 옳지 않은 표상이 될 수 있을 리가 결코 없으며, 어떤 사물과 닮지 않았다 하여 그 사물의 진정한 지식과 이해를 잘못 이끌어갈 리가 결코 없기 때문이다. 이런 것이 실체의 복합관념을 제외한 우리의 모든 복합관념이다. 이 관념은 내가 다른 곳(제2권 제30장 제3절)에서 명시했듯이, 마음이 자유롭게 선택하여 관념이 자연히 가진 무엇인가의 결합을 고찰하지 않고 끌어모은 관념의 집성이다.

그러므로 이 종류(의 관념)에서는 모두 관념 자체가 원형으로 생각되어, 사물은 관념과 합치한다는 것 말고는 고려되지 않는 것이다. 따라서 우리는 이런 관념에 관하여 우리가 얻은 진정한 지식이 모두 실재적이며 사물 자체에 다다르는 것을, 그릇되지 않고 절대 확실하게 하지 않을 수 없다. 왜냐하면 이 종류의 우리 사유·추리·논의의 모든 것에서, 우리는 사물이 우리의 관념에 합치하는 이상으로는 사물을 목표하지 않기 때문이다. 그러므로 이런 사유 따위에서 우리는 절대 확실한 의심 없는 실재성을 얻는 데 실패할 리가 없다.

6. 여기에서 수학적 진리의 실재성

(그런데) 나는 의심하지 않지만 수학의 진리에 있어 우리가 가진 참된 지식은 절대 확실할 뿐만 아니라 실재적인 참된 지식이며, 머리가 텅 빈 의미 없는 망상의 공허한 환상이 아니라는 것은 쉽게 인정될 것이다. 게다가 고찰하려고 하면 발견되겠지만 수학의 진리는 단지 우리의 관념에 대한 것뿐이다. 수학자는 (예를 들면) 직사각형 또는 원에 속한 진리와 특성들을, 다만 수학자 자신의 관념에 있는 것으로만 고찰한다. 왜냐하면 수학자가 평생 동안에 수학적으로 존재하는, 즉 참으로 정확한 직사각형이나 원의 어느 것도 결코 찾아내지 못했다는 것은 있을 수 있는 일이기 때문이다. 그렇지만 원 또는 다른 어떤 수학적인 형체에 속하는 어떤 진리나 특성에 대하여 수학자가 가진 진리는 그럼에도 존재하는 실재의 사물에 대해서까지 참으로 절대 확실한 것이다.

왜냐하면 실재의 사물은 이런 명제에 의하여 수학자 마음의 원형에 사물이 실재적으로 (진실로) 일치하는 이상으로는 관련이 없으며, 그 이상의 의미를 목표로 삼지 않기 때문이다. (예를 들어) 삼각형의 세 각이 두 직각과 같다는 것은 삼각형의 관념에 대하여 진실인가? (참이다.) 이것은 어디에 실재하든, 삼각형(그 자체)에 대해서도 진실이다. (한편) 수학자가 지닌 삼각형의 관념에 정확히 따르지 않는 다른 어떤 모양이 존재한다 해도, 그 명제와는 전혀 관계가 없다. 그러므로 수학자는 (삼각형의) 관념에 관한 자기의 그런 지식이 모든 실재적 진리임은 절대 확실하다고 한다. 왜냐하면 수학자는 사물이 자신의 그 (삼각형의) 관념에 일치하는 이상으로는 사물을 목표로 삼지 않으므로 그 (삼각형) 모양이 단지 자기 마음의 관념적 존재를 가질 때에만, 모양에 관하여 아는 것이 물질 가운데 실재적 존재를 모양이 가질 때에만 그 모양에 대해서도 진실하리라는 점을 확고하게 하기 때문이다. 그것도 수학자의 고찰은 어디에 존재하든 또는 어떻게 존재하든, 똑같은 모양, 다만 그런 모양에 대해서뿐인 것이다.

7. 그리고 도덕적(진리)의 (실재성)

그래서 이로부터 도덕적 진리는 수학과 마찬가지로 실재적 절대 확실성을 가질 수 있다는 것이 된다. 왜냐하면 절대 확실성은 우리 관념의 일치나 불일치의 지각에 다름없고, 논증은 다른 관념 즉 매개관념*³(또는 중간관념)에 의한 이런 일치(또는 불일치)의 지각에 다름없으므로, 또 우리의 도덕관념은 수학의 관념과 마찬가지로 원형 그 자체이며, 나아가서는 온전히 완전무결한 관념이므로 도덕관념에서 발견되는 것 같은 일치나 불일치는 모두 수학의 모양(또는 도형)과 마찬가지로 실재적 진리를 낳기 때문이다.

8. 존재는, 도덕적 진리를 실재적이게 하는 데에 필요치 않다

본디 참된 지식과 절대 확실성을 얻자면 확정된 관념을 가질 것이 요구되며, 우리 진리를 실재적이게 하려면 관념이 그 원형에 따를 필요가 있다. 또 내가 우리의 진리의 절대 확실성을 우리 관념의 고찰에 두고, 사물의 실재를 (그렇게 보일지도 모르도록) 아주 조금만 배려하고 고려하지 않은 것을 의심하지 말자. 왜냐하면 진리와 절대 확실성의 탐구를 의무로 하는 자의 사유를 차지하며, 토론에 붙여진 논의의 거의 모든 것은 나의 추정으로는 존재와 전혀 관련이 없는 일반명제·사념임을 검토하면 알게 될 테니까. (예를 들면) 원의 부피를 구하거나 원뿔 곡선, 그 밖의 수학의 어떤 부분에 대한 수학자의 논의는 모두, 그런 형태의 어떤 존재에 상관없이 자기 관념에 근거한 수학자의 논증은, 대부분 이 세상에 직사각형이나 원이 존재하든 존재하지 않든 마찬가지이다.

그와 같이 도덕 논의의 진리성·절대 확실성은 사람들의 생활을 사상(捨象)하고, 그 논의가 다루는 덕의 이 세상에서의 존재를 사상한다. (예컨대) 툴리(즉 키케로)의 《의무론》은, 툴리의 규칙을 정확히 실천하는 툴리가 우리에게 제시한 유덕한 인간의 전형, 더구나 툴리가 그 책을 쓸 때의 관념 외에는 어디에

---

*3 삼단 논법의 매명사 또는 중명사에 해당한다.

도 존재하지 않았던 전형, 그런 전형으로까지 생활을 높이려고 한 자가 이 세상에 없기 때문이라 해도 사실인 경우가 적지 않다. (예를 들어) '살인은 죽음에 해당한다'가 사색으로, 즉 관념으로 진실이라면 살인의 관념에 합치하여 존재하는 어떤 실재의 행동에도 진실일 것이다. 다른 행동에 대해서는 이 명제의 진리는 그것과 상관이 없다. 사람들 마음에 있는 관념 외에 본질을 갖지 않은 모든 종류의 사물에 대해서도 이와 같은 것이다.

9. 또 도덕관념이 우리 자신이 만들어 이름붙인 것이라 하여, 도덕적 진리의 진실 또는 절대 확실성이 적지는 않을 것이다

그러나 여기에서 다음과 같은 말을 할 것이다. 즉 만일 도덕적 진리가 우리 자신의 도덕관념 관조에 두고, 이 관념이 다른 양상과 같이 우리가 만든 것이라고 한다면, (예컨대) 정의와 절제에 대하여 얼마나 괴상한 상념이 있겠는가? 만일 모든 사람이 덕과 악덕에 대하여 자기가 좋아하는 관념을 아무렇게나 만들어도 된다면, 덕과 악덕이 얼마나 혼란에 빠질까? (그렇게 말하리라. 하지만 나는 대답하건대 덕과 악덕이라는) 사물 자체에는 아무 혼란이나 흐트러짐도 없고 (관념이라는) 사물에 대한 추리에도 없다. 그 점은 (수학에서) 수학자가 네 개의 모서리를 지닌 삼각형 또는 네 직각의 어떤 사다리꼴을 만들었다고 해도, 즉 평이한 영어로 이름을 바꾸어 수학자가 보통(사각형이라든가 직사각형)이라든가, 다른 이름으로 부르는 것을 (삼각형이라든가 사다리꼴이라고 하는) 하나의 이름으로 불렀다 해도 논증에 혼란이 없으며 모양의 특성과 서로의 관계에 변화가 없는 것과 같았을 것이다.

어떤 사람에게 (예를 들어) 하나가 직각인 것 같은 세 각 모양의 관념을 만들게 하고, 그 사람이 허용한다면 등변삼각형이라든가 사다리꼴 그 밖의 어떤 사물로 부르도록 하자. (그 경우도) 그 관념의 특성과 관념에 대한 논증은 관념을 직각삼각형이라고 (올바르게) 불렀을 때와 같을 것이다. (이 경우의 혼란은 이름에 있지, 관념에는 없다.) 과연 부적절한 표현에 의한 이름의 변화는 그 이름이 어떤 관념을 나타내는가를 모르는 사람(의 사유)을 처음에는 혼란스럽게 할 것이다. 그러나 모양이 그려지자마자 귀결과 논증은 누구나 알 수 있도록 또렷하다.

도덕적 진리에서도 완전히 같다. (예를 들어) 어떤 사람에게, 다른 사람이 정직하고 부지런하여 소유하고 있는 것을 그의 동의 없이 빼앗는다는 관념을 갖게 하고, 좋다면 이것을 정의라고 부르게 하자. 이 경우에 이것에 붙여진 관념 없이 이름을 가진 자는, 그 이름에 그 사람 자신의 다른 (정의의 진정한) 관념을 연결하는 탓에 잘못을 할 것이다. 그렇지만 관념으로부터 그 (정의라는) 이름을 떼내면, 즉 말한 사람의 마음에 있는 대로 관념을 없애면 그대가 부정의라고 부르도록 한 때와 같은 사물이 관념과 일치할 것이다. 실제로 도덕적 논의에서의 옳지 않은 이름은, (수학보다) 통례로 보아 한결 더 많은 혼란을 낳는다. 왜냐하면 이름은 수학의 경우만큼 쉽게 수정할 수 없으며, 수학에서는 모양이 한 번 그려져 보이게 되면 이름은 쓸모없이 무력해지기 때문이다.

의미 표시(또는 기호 표시)된 사물이 눈앞에 있어 바라볼 수 있을 때 기호가 무슨 필요가 있겠는가? 하지만 도덕의 이름에 있어서는 이런 (이름에 구애되지 않고 관념 자체를 고찰하는) 것은, 도덕양상의 복합관념을 만들어내기 위하여 이루어지는 수많은 재구성 때문에 그렇게 쉽고 간단하게 될 수 없다. 그러나 이 모든 것에도 도덕관념의 어떤 것을, 그 언어(가운데 쓰이는)의 통례적 의미 표시에 반하는 말로 잘못 부르는 것은, 만일 우리가 수학의 경우처럼 같은 정확한 관념을 조심스럽게 지키려고 하여, 관념을 그 다양한 상호관계를 더듬어서 이름에 이끌려 사라지는 일이 없다면, 우리가 도덕관념의 갖가지 일치 불일치의 절대 확실하고 논증적인 진리를 갖는 것을 방해하지 않는다. 만일 우리가 고찰 아래 관념을 나타내는 기호(즉 이름)로부터 관념을 분리만 한다면, 우리의 진리는 무슨 소리(또는 이름)를 쓰건 실재적 진리와 절대 확실성의 발견에 있어 (수학에서나 도덕에서나) 똑같이 나아가는 것이다.

10. 이름을 잘못 붙이는 것은 진리의 절대 확실성을 방해하지 않는다

또 하나의 것에 유의해야 한다. 즉 신 또는 다른 어떤 입법자가 도덕의 어떤 이름을 정의하여 버렸을 경우, 거기에서는 신 또는 입법자가 그 이름이 속하는 종류의 본질을 만들어 버린 것이고, 거기에서는 이름을 다른 방식으로 대는 것은, 바꿔 말하면 쓰는 것은 온당하지 않다. 그렇지만 다른 경우에 이름을 그 나라의 보통 사용법에 반하여 대는 것은, 단순히 부적절한 화법이다. 하지만 이것도 진리의 절대 확실성을 방해하지 않는다. 절대 확실성은 그야말로 잘못 부른 관념의 적정한 관조와 비교로써 역시 얻어지는 것이다.

11. (셋째로) 실체의 관념은 원형이 우리의 바깥에 있다

셋째로 또 한 종류의 복합관념이 있어, 외부의 원형과 관련이 있으므로 원형과 다를지도 모르고, 따라서 이 관념에 관한 우리의 진정한 지식은 실재적이기에는 모자랄지도 모른다. 이런 것은 우리가 갖는 실체의 관념이며, 이 관념은 자연의 작품에서 얻었다고 상정되는 단순관념의 집합으로 조성되는데, 더욱이 사물 자체에 합일한다고 여겨지는 것보다 많은, 또는 이것과 다른 관념이 그 속에 합일함으로써 자연의 작품으로부터 바뀔지도 모른다. 그래서 실체의 관념은 사물 자체와 정확히 합치하지 않을지도 모르고, 가끔 합치하지 못하는 것이 되기도 한다.

12. 실체의 관념이 원형과 일치하는 한, 실체에 관한 우리의 진리는 실재적이다

그래서 하는 말인데, 사물과 합치함으로써 우리에게 실재적 진리를 제공할 수 있는 실체의 관념을 가지려면, 양상의 경우처럼 부정합(不整合)이 없어 보이는 관념을, 설사 그런 관념이 전에 결코 그렇게 존재하지 않았다 하더라도 끌어모으는 것으로는 모자란다. (양상으로는) 이를테면 성물 모독 또는 위증 등의 관념은, 그런 사실이 존재하기 이전이나 이후나 마찬가지로 실재적이고 진정한 관념이었다. 그러나 실체의 우리 관념은 모사로 상정되어, 외부의 원형과 관련시키므로, 존재하는 어떤 사물 또는 존재했던 어떤 사물로부터 언제나 취해지지 않으면 안 된다. 실체의 관념은 그 관념이 취해진 본디의 어떤 실재 모델 없이 제멋대로 끌어모아진 사유의 관념에서, 설령 그런 집성에 부정합을 자각하지 못하더라도 조성되어선 안 된다. 그(와 같이, 존재하는 사물 또는 존재했던 사물에서 가져와야 한다) 이유는, 우리의(실체의 복합관념을 조성하는) 단순관념에 근거하여, 단순관념끼리의 엄밀한 합일과 다른 관념의 배제와의 실재적(또는 진실)에 원인인 것이, 실체의 어떤 실재적 구조인지 우리는 모르므로 자연 가운데서 부정합하는지 아닌지를 경험, 즉 감지할 수 있는 관찰이 다른 이상으로 조금이라도 확실하게 할 수 있는 것은 실체 관념이 매우 소수라는 그런 이유에서이다.

그러므로 실체에 관한 참된 지식의 실재적 바탕은 다음의 점에 있다. 즉 실체에 대한 우리의 복합관념은 모두 자연에 공존한다고 보이게 되어버린 듯한 단순관념에서 만들어진 것이 아니면 안 되는, 그와 같은 것이라야만 하는 점에 있다. 그래서 우리의 (실체의) 관념은 이렇게 아마 아주 정확한 모사는 아니지만 진실하므로, 역시 실체의 (우리가 무엇인가를 갖는 한) 실재적 진리의 주체인 것이다. 이 진리는 (이미 앞 장 제9절 이하에서 명시한 것처럼) 아주 먼 데까지 다다르리라고는 생각되지 않을 것이다. 그러나 도달하는 한 늘 실재적 진리일 것이다. 어떠한 관념을 갖든지 그 관념이 다른 관념을 갖는다고 우리가 찾아낸 일치(또는 불일치)는 언제나 진리일 것이다. 만일 그런 관념이 추상적이라면 진리는 일반적 진리일 것이다. 그러나 참된 지식을 실체에 관하여 실재적이게 하려면, 실재의 사물에서 관념을 취하지 않으면 안 된다. 어떤 단순관념이 어떤 실체에 공존한다는 사실이 드러났다 해도 우리는 그런 관념을 자신 있게 다시 이을 수 있으며, 나아가서는 실체의 추상관념을 만들 수 있을 것이다. 왜냐하면 자연 속에서 일단 합일한 것은 무엇이든지 다시 합일할 수 있기 때문이다.

13. 실체에 대한 탐구로 관념을 고찰하지 않으면 안 되고, 사유를 이름에, 또는 이름으로 구분된다고 상정되는 종류에 국한해선 안 된다

만일 우리가 이 (앞 절에서 말한) 점을 올바르게 고찰하여 마치 이미 아는 이름이 벌써 결정되어, 말하자면 칸막이를 친 것과 다른 종류의 사물은 없었고 있을 리가 없는 것처럼, 우리의 사유와 추상관념을 이름에 국한하지 않으면 우리는 아마 지금 하고 있는 것보다 큰 자유와 적은 혼란을 가지고 사물에 대하여 생각했을 것이다. (예컨대) 이지의 표현이 전혀 없이 40년 동안을 살아온 어떤 바뀐 아들이 인간과 짐승 사이의 어떤 존재라고 내가 말한다면, 매우 위험한 거짓까지는 아니더라도 대담한 역설로 생각되었을 것이다.

이와 같은 (내 말을 역설이라고 하는) 선입견은 인간과 짐승이라는 이런 두 이름이 실재적 본질에 의하여 나뉘는 별개의 종류를 나타내므로, 둘 사이에 다른 종류가 끼어들 리는 없다고 하는, 허위의 상정 이외의 어떠한 바탕도 되지 않는다. 그러나 혹시 우리가 그런 (인간이라든가 짐승이라고 하는) 이름을 생각하고, 또 자연히 만들어진 그런 종적(種的) 본질이 있어, 같이 부르는 이름의 사물은 모두 정확하며 똑같이 여기에 관여한다고 상정하려 하면, 혹시 우리가 일정 수의 이런 본질이 있어, 마치 틀에 박히게 되듯이 모든 사물이 그 속에 들어가야 이루어진다고 공상하려 하지 않는다면 우리는 찾아낼 것이다.

이지가 없는 인간의 모습·운동·생명의 관념은 별개의 관념으로, 인간과 짐승으로부터 딴 종류의 관념을 만들어, 그 점은 이지를 가진 당나귀 모습의 관념이 인간 또는 짐승 그 어느 쪽의 관념과도 달리 둘의 중간인, 바꿔 말하면 둘과 별개인 어떤 동물이었을 것이라고 말하는 것과 같다.

14. 뒤바뀐 아이는 인간과 짐승의 어떤 중간적 사물이라는 데 대한 반대론에 답한다

여기에서 누구나 즉각 물을 것이다. 만일 뒤바뀐 아이를 인간과 짐승 사이의 어떤 것이라고 상정할 수 있다면, 뒤바뀐 아이는 대체 무엇인가? 나는 뒤바뀐 아이라고 대답한다. 이 뒤바뀐 아이라는 것은, 인간과 짐승이라는 이름이 서로 다른 의미를 나타내야 하는 것과 마찬가지로 인간 또는 짐승의 의미 표시와 다른 어떤 사물을 의미 표시하는 바람직한 단어이다. 이 말은 잘 고찰하면 이 문제를 해결하여 더 이상 귀찮은 일이 조금도 없도록 나의 의미를 명시했을 것이다. 하지만 나는 어떤 사람들의 열의를, 즉 누군가가 그들의 말하는 형식을 굳이 버릴 때는 언제나 여러 (논리의) 귀결을 이끌어 내 종교가 위협받는 것을 볼 수 있게 만드는 어떤 사람들의 열의를 모르지 않으므로, 위의 (뒤바뀐 아이를 인간과 짐승 사이의 하나의 종류로 하는) 같은 명제가 어떤 이름을 (즉 종교에 유해한 사특한 주장이라는 이름을) 씌우게 될지 예견하지 않은 것은 아니다. 그래서 분명 다음과 같은 질문을 받을 것이다. 만일 뒤바뀐 아이가 인간과 짐승 사이의 어느 사물이라면 내세에는 어떻게 될까?

이 말에 나는 대답하지만 1. 알거나 탐구하는 것은 나와 상관이 없다. 뒤바뀐 아이가 서든 쓰러지든 (어떻게 되는가는) 뒤바뀐 아이 자신의 주인(즉 신)에 대한 것이다.[*4] 우리가 이것에 대하여 무엇을 결정하고 안 하는 것은, (내세의) 뒤바뀐 아이의 상태를 좋게도 나쁘게도 하지 않을 것이다. 뒤바뀐 아이는 신의가 두터운 창조주·자비스러운 아버지 손에 달려 있으며 창조주·아버지는 그 피조물을 우리의 좁은 사유나 추측에 따라 처리하지 않고, 또 우리가 궁리한 이름이나 종류에 따라 구별하지 않는다. 그래서 자기가 있는 이 현세에 대하여 아는 것이 매우 적은 우리는, 피조물이 이 (현세의) 무대에서 사라질 때 들어가는 (내세의) 다른 상태를 거만하게 결정한다든가 하지 않고 만족해도

---

*4 '그가 서거나 넘어지거나, 그것은 그의 주인이 상관할 일입니다.' 〈로마서〉 14장 4절.

된다고 나는 생각한다. 대부분 가르침을 받고 논의하며 추리할 수 있는 모든 자에 대하여 그 사람들은 앞으로 (내세에서) 청산을 하게 되고, 이 살아 있는 몸으로 한 행적에 따라 (보답을) 받게 됨을,*5 창조주 아버지가 그것을 알려준 다면 우리는 충분하다고 할 것이다.

15.

그러나 두 번째로 나는 대답하는데, 이런 (앞 절에서 말한) 사람들의 의문(즉 너는 뒤바뀐 아이에게서 내세의 상태를 앗아가려 하는가)의 힘은 (다음의) 두 가설의 하나를 바탕으로 하며, 그 가설은 모두 거짓이다. 첫째(의 가설)는 이렇다. 즉 인간의 생김새를 지닌 사물은 모두 현세의 다음, 불멸의 미래에 (즉 내세의) 존재로 필연적으로 예정되어 있지 않으면 안 된다는 것이다. 둘째는 인간으로 태어난 어떤 자는 무엇이나 그래야만 (즉 불멸)한다는 것이다. 이런 상상을 없애면 이런 의문은 근거가 없어 우스꽝스러워진다. 그래서 나는 바라는데 다음과 같이 생각하는 자, 즉 자기들 자신과 뒤바뀐 아이와의 본질은 정확히 같으므로, 둘 사이에 우연적 차이 이상은 없다고 생각하는 자가 신체 외부의 어떤 모습에 결부되는 불멸을 떠올릴 수 있는지 고찰하기 바란다. 그렇게 제안하는 것 자체가 그 사람들로 하여금 이것을 부인하도록 하는 데 충분하다고 나는 생각한다.

대부분 내가 들은 바로는 아무리 물질에 몰두하고 있어도, 거칠고 엉성하게 감지할 수 있는 겉모습에서 다음과 같은 우월성을, 즉 영원한 생명이 이것 덕분이라든가, 그 필연의 귀결이라고 단언할 만큼 우월성을 인정하는 자, 바꿔 말하면 물질의 어떤 덩어리가 이러저러한 모양으로 만들어져 눈에 보이는 부분이 그런 특정의 모양을 가졌다는 것만으로, 이 물질의 덩어리가 이 세상에서 해체된 다음 다시 감각·지각·참다운 지식이 영원히 이어지는 상태로 회복될 것이라고 인정하는 자는 아직 한 사람도 없었다. 이런 설은 표면의 일정한 형태에 불멸을 두고 영혼이나 정신의 고찰을 모두 몰아내는데, 이 영혼이나 정신의 덕분일 따름인 형체적인 존재자는 불멸이며, 다른 존재자는 그렇지 않다

---

*5 '우리가 다 그리스도의 심판대 앞에 나가는 날에는 우리가 육체에 머물러 있는 동안에 한 일들이 숨김없이 드러나서 잘한 일은 상을 받고 잘못한 일은 벌을 받게 될 것이기 때문입니다.' 〈고린도후서〉 5장 10절.

고 이제까지 단정되어 온 것이다.

이런 (외면의 형체에 불멸을 두는) 것은 사물의 안쪽보다 바깥쪽에 한결 더 많이 속하는 것으로 보아, 인간의 우월성을 그 영혼의 내적 완전성보다 그 신체의 외적 모습에 많이 두는 것인데, 이것은 인간이 다른 물질적 존재자를 초월하여 가진 불멸·영구히 이어지는 생명의 크고 헤아릴 수 없는 장점을, 거듭 말하지만 그와 같은 장점을 턱수염 깎는 방식이나 윗도리의 옷본에 결부시키는 것보다 아주 조금밖에 낫지 않다. 왜냐하면 우리 몸의 다양한 외부 형상이 영원한 지속을 바라는 희망을 따르지 않는 것은 인간의 옷본이 그 사람에게, 옷은 결코 닳지 않으리라든가 자기를 불멸하게 한다고 떠올리는, 이치에 맞지 않는 근거를 제공하는 것과 같기 때문이다. 경우에 따라서는 아무도 생김새가 어떤 사물을 불멸하게 한다고 생각하지 않지만, 모습이야말로 불멸인 내부의 이지적 영혼의 기호라고 말을 하리라. (그러나) 누가 생김새를 그런(불멸의 영혼이라는) 사물의 기호로 했을까, (아무도 없을 것이다.) 왜냐하면 그런 말만으로는 그렇게 되지 않을 것이기 때문이다. 이것을 이해시키자면 어떤 증거가 필요할 것이다. 내가 아는 생김새는 이런 언어를 조금도 쓰지 않는다. (바꿔 말하면 그런 것은 말하지 않는다.)

그런 것은 조상에게서 발견될 리가 없는 것과 마찬가지로 안에서 생명의 표현·활동이 발견될 리 없는 인간의 죽은 몸이, 그럼에도 그 모습 때문에 살아 있는 영혼을 안에 가졌다고 단정하는 일은, 뒤바뀐 아이의 행동이 그 생애의 모든 과정 속에 대부분의 짐승에서 발견되는 것과 비교하여 이지의 표시를 훨씬 수반하지 않을 때, 뒤바뀐 아이가 이지적 피조물의 외모를 갖기 때문에 그 안에 이지적 영혼이 있다고 단정하는 일과 마찬가지로 이지적(실은 반이지적)인 것이다.

16. 괴물

그러나 뒤바뀐 아이는 이지적인 부모의 소생이다. 그러므로 이지적인 영혼을 가졌다고 결론 내리지 않으면 안 된다. (이런 말을 듣게 될지도 모른다. 하지만) 어떤 논리로 이렇게 결론을 내려야 하는지 나는 모른다. 확실히 이것은, 사람들이 어디서나 인정하지 않는 결론이다. 왜냐하면 만일 사람들이 인정한다면 사람들은 곳곳에서 하듯이 결점이 있는 상태·잘못된 모습으로 태어난 자의 목숨을 끊는 그런 대담한 짓을 하지 않았을 터이기 때문이다. 그렇다. 하지만 그것은 괴물이다. (그렇게 반론할지도 모른다고 나는 대답한다.) 그런 것은 괴물로 하자. (그러나) 그대가 (지금 문제로 삼고 있는) 군침을 흘리는, 지능이 없는, 감당할 수 없는 뒤바뀐 아이는 무엇일까? 신체 결함이 괴물을 만들고, 마음(훨씬 고귀한, 보통 말로 하면 훨씬 본질적인 부분)의 결함은 만들지 않는가? 코와 목의 결여가 괴물을 만든, 그런 아이를 인간의 반열에서 제외한, 이지·지성의 결여는 그렇지 않는가? 이는 모든 것을 방금 분쇄한 것으로 되돌리는 일이다.

　이것은 모든 것을 외모에 두고, 인간의 척도를 오직 바깥쪽에 두는 것이다. (이런 식으로 이것은) 얼마나 이치에 맞지 않으며, 사람들이 아무리 부인해도 사람들은 이 문제에서 추리의 보통 방식에 따라 모양에 완전히 역점을 두고, 인간 부류의 (사람들이 만든 것같이) 모든 본질을 외부의 모습으로 환원하는 (것이고, 이)것을 명시하자면, 그 사람들의 사유와 실천을 좀더 더듬어 가기만 하면 된다. 그렇게 하면 누구나 알도록 분명할 것이다. (하지만) 생김새가 괜찮은 뒤바뀐 아이는 인간이며 이지적 영혼을 가진 것으로 보이지 않지만 가지고 있다. 이것은 의심할 수 없다. 그대는 그렇게 말하리라. (나는 대답하지만) 귀를 보통 때보다 잘 들리게 하고, 더 예민하게 하며, 코를 좀 낮추도록 할 것이다. 그러면 그대는 (인간인지 아닌지) 머뭇거리기 시작한다. 얼굴을 더 좁고 납작하고 길게 할 것이다. 그러면 그대는 멈추어 선다. 게다가 동물류와 아주 비슷한 면을 더욱더 늘려, 머리를 완전히 (인간 이외의) 어떤 다른 동물의 머리로 할 것이다. 그러면 금세 괴물이 된다. 그래서 이지적 영혼을 갖지 않아 목숨을 끊어야 된다는 것이 그대의 논증이다.

　그런데 어디에 (나는 묻지만) 올바른 척도가 있는가? 이지적 영혼을 수반하는 아슬아슬한 한계는 어떤 것인가? 왜냐하면 인간의 배로 낳은 아기로서 반은 짐승 반은 인간인 것이 지금까지 태어났고, 그 밖에 4분의 3부분이 한쪽이고 4분의 1부분은 다른 것도 태어났으며, 나아가서는 인간의 배로 낳은 아이가 온갖 다양한 모습인 한편 다른 모습으로 접근할 수 있어, 인간 또는 짐승과 닮은 여러 정도의 혼합을 보일 수 있으므로, 이 (인간은 이지적 영혼을 갖는다는) 가설에 따라 이지적 영혼을 이을 수 있는, 또는 연결할 수 없는 (신체의) 정확한 윤곽은 어떤 것인지 나는 기꺼이 알고 싶기 때문이다.

어떤 종류의 외모가 안에 그런 (이지적 영혼이라는) 주민이 있는, 또는 없는 절대 확실한 기호인가? 왜냐하면 이것이 정해지기까지 우리는 인간에 대하여 터무니없는 말을 하고, 우리가 일정한 소리(또는 이름)와 자연 가운데 뭔가 변함없이 정해진 고정된 종류의 상상에 몸을 맡기는 한, 언제나 아무렇게나 지껄일 것이 두렵기 때문이다. 하지만 결국 잘못된 모습으로 태어난 아이는 괴물이라고 말함으로써 어려운 문제에 대답한 것으로 생각하는 사람은 인간과 짐승 사이에 하나의 종류를 구성함으로써 자기가 반대를 주장하고 있는 것과 똑같은 잘못에 빠졌음을 고찰하기 바란다. (왜냐하면 그 사람들은 내가 이 장 제14절에서 뒤바뀐 아이를 인간과 짐승 사이의 사물이라고 한 것에 반대하고, 이 것을 잘못이라 하면서, 자기들도 괴물을 인간과 짐승 사이의 사물이라고 하기 때문이다.) 그것은 이 경우 (괴물이라는 말이 이렇게도 저렇게도 의미를 표시한다고 하여) 그 사람들이 말하는 괴물은 인간도 짐승도 아니고, 어느 쪽에나 조금 관련이 있는 사물이라고 하는 것 이외의 무엇이겠는가? 그래서 위에서 (이 장 제14절에서) 예를 든 뒤바뀐 아이는 바로 그런 것이다. 그런 만큼 만일 우리가 사물의 본질을 진정으로 조사하여, 존재하는 그대로의 사물 가운데서 우리의 여러 기능이 발견할 수 있는 것에 의해 사물을 검토하고, 사물에 대하여 이제까지 다루어 온 근거 없는 공상이 되지 않도록 하려면 종이나 본질의 보통 상념을 버려야 한다.

17. 말과 종
나는 위와 같은 말을 여기에서 하고 말았다. 그것은 우리가 말이나 종(種)에 대하여 익숙해져 버린 일반적 상념에서 말이나 종에 우리가 속지 않기 위해 지나치게 조심한 것은 아니라고 나는 생각한다. 나는 곧잘 생각하는데 우리의 명석 판명된 진리에 대하여, 특히 실체에 관련하여 하나의 큰 장애가 여기에 있어, 여기에서 진리와 절대 확실성에 대한 곤란의 대부분은 일어났던 것이다. 만일 우리가 말에서 자기의 관조와 추리를 분리하는 데 익숙해졌다면, 이 지장을 우리 자신의 사유 안에서 꽤 구제할 수 있었을 것이다. 그렇지만 우리가 다음과 같은 설을, 즉 종과 본질은 우리의 추상관념(그런 것이지만)이고 그 기호이므로 이름이 이것에 결부되는, 그 밖의 어떤 사물이라는 설을 견지하는 한, 위에서 말한 지장은 우리와 다른 사람들과의 담론에서도 우리를 방해했을 것이다.

18. 간추린 말

대체로 우리가 자기 관념의 어떤 것의 일치 또는 불일치를 지각하는 바, 거기에는 늘 절대 확실한 진리가 있다. 또 이 관념이 실재의 사물과 확실히 일치하는 곳에는 언제나 절대 확실한 실재적 진리가 있다. 실재의 사물과 우리의 관념과의 이 일치에 대하여 여기에 표시를 했으므로, 절대 확실성·실재적 절대 확실성이 존재하는 곳이 어디인지를 명시했다고 생각한다. 이것은 다른 사람들에게는 어떻든 나는 고백하건대 이제까지 나에게는 몹시 결여되었다는 것을 발견한, 몹시 바라는 바의 하나였다.

제5장
진리 일반

1. 진리라는 것

진리란 무엇인가는 여러 시대 전부터의 탐구였다. 그래서 진리는 모든 인류가 탐구하거나, 탐구한다고 말하는 그 어느 것이므로, 진리가 어디에 존재하는가를 조심스럽게 검토하고, 나아가서는 마음이 진리를 허위로부터 어떻게 하여 구별하는가를 관찰할수록 진리의 본성을 아는 것은 보람이 있다고 말하지 않을 수 없다.

2. 기호, 즉 관념 또는 말을 올바로 연결하거나 분리하는 것

그래서 진리라는 말 본디의 뜻은 기호에 의하여 의미 표시(또는 기호 표시)되는 사물이 서로 일치하든가 일치하지 않은 채, 기호를 연결하거나 분리하는 것을 뜻할 뿐이라고 나는 생각한다. 여기에서 기호를 연결하거나 분리한다는 말이 뜻하는 것은, 다른 이름으로 명제라고 우리가 부르는 것이다. 그러므로 진리는 본디 명제에만 속하며 그 명제에는 보통 쓰이는 기호로 두 종류 즉 관념과 말이 있는데,[*1] 심적(心的)인 것과 언어적인 것이 그것이다.

3. (기호에 관념과 기호가 있는) 이것이 심적 명제 또는 언어적 명제를 만든다

본디 진리의 명석한 상념을 만들려면 사유의 진리와 말의 진리를 서로 별개로 고찰하는 과정이 반드시 필요하다. 하지만 둘을 따로따로 다루기는 매우 어렵다. 왜냐하면 심적 명제를 다룰 적에 말을 쓰지 않을 수가 없고, 그때 심적 명제에 대하여 주어진 사례는 단순히 심적이 아니라 언어적으로 되는 것이

---

*1 진리(truth)는 로크의 엄밀한 전문어로서는 명제에 표현된 참된 지식으로, 제8장까지 그러한 관점에서 명제를 다룬다.

다. 왜냐하면 심적 명제는 우리 마음속에서 이름을 떼어버린 것 같은 관념의 단순한 고찰에 다름없으므로 심적 명제가 말 속으로 들어오자마자, 명제는 순수한 심적 명제의 본성을 잃기 때문이다.

4. 심적 명제는 매우 다루기가 어렵다

또 심적 명제와 언어적 명제를 분리하여 다루는 일을 한결 어렵게 하는 것은, 이를테면 모든 사람이 아니더라도 대부분의 사람이 자기 내부에서 생각하거나 추리할 때, 적어도 묵상의 주제가 그 속에 복합관념을 포함하는 경우 관념 대신에 말을 쓰는 것이다. 이것은 이 종류의 우리 관념(즉 복합관념)이 불완전하고 불확실하다는 큰 증거로서 만일 조심스럽게 이용한다면 명석하고 완전히 확립된 관념을 가진 사물이 무엇이고, 갖지 않은 것은 무엇인가를, 우리에게 명시하는 표시로 유용하게 쓸 수 있을 것이다. 왜냐하면 만일 생각이나 추리로 우리 마음이 나아가는 길을 정밀하게 살피려고 하면 찾아내리라고 나는 생각하는데, 우리가 자기 자신 속으로 (비교적 단순한 관념에 대하여, 예를 들면) 하양이나 검정이라든가, 달다든가 쓰다든가, 삼각형이나 원에 대하여 어떠한 명제를 만들 때, 우리는 이름을 성찰하지 않고 관념 자체를 자기 마음에 형성할 수 있으며 또 가끔 형성하기 때문이다. (바꿔 말하면 심적 명제를 만든다.)

그런데 우리가 (예를 들어) 인간·유산·불굴·영예와 같은, 한결 복잡한 관념에 대하여 고찰하려고, 달리 말하면 명제를 만들려고 할 때 우리는 관념 대신에 이름을 갖다놓는 것이 통례이다. 이런 이름이 나타내는 관념은 대부분 불완전하고 혼란스러워 확정되지 않는다. 그래서 우리는 이름이 순수한 관념에 비해서 한결 명석·절대 확실·확연하여, 우리의 사유에 더욱 즉석에서 떠오르는 데서 이름 자체를 성찰하며, 나아가서는 자기 자신 속에서 묵상하고 추리하여 암묵의 심적 명제를 만들려고 할 때마저도 관념 대신에 앞에서 한 것과 같은 말(또는 이름)을 쓰는 것이다. 실체에서는, 이미 (제3권 제9장 제12절에서) 지적한 바와 같이 이런 일이 우리 관념의 불완전에 의해 일어나게 된다. 왜냐하면 우리는 관념을 전혀 갖지 않은 실재적 본질을 이름으로 나타내기 때문이다. 양상에선 이것을 만들 때 단순관념이 숱하게 많은 데서 발생하게 된다. 왜냐하면 대부분의 양상은 복합되어 있으므로 이름 쪽이 복합관념 자체보다는 훨씬 쉽게 (마음에) 떠오르는 것이며, 복합관념을 상기하여 정확히 표상하자면, 예전에 이것을 하는 데 애썼던 적이 있는 사람마저도 많은 시간과 주의가 요구되기 때문이다.

(하물며) 다음과 같은 사람들이, 즉 그 사람들이 보통 쓰는 말은 거의 모두 기억에 준비되어 있다고는 해도 아마 그 대부분이 정밀한 관념을 어떻게 나타내는가를 고찰하는 수고를 평생 결코 해보지 않았던 사람들이 하기란 불가능한 일이다. 어떤 혼란한 또는 불명료한 상념이 이 사람들에게는 도움이 되었다. 그래서 (예를 들면) 종교와 양심에 대하여, 교회와 신앙에 대하여, 권력과 권리에 대하여, 울혈과 체액이나 우울과 담즙에 대하여 꽤 많은 말을 한 자도, 만일 사물 자체에 대해서만 생각하고, 말을 즉 그 사람들이 자주 다른 사람들을 몹시 곤혹케 하고 자기 자신도 곤혹스러워지는 일이 잦은 말을 버리도록 요구했다면, 아마 그의 사유와 묵상 속에 거의 아무것도 남는 게 없었을 것이다.

5. (심적 명제는) 말없이 관념을 연결 또는 분리하는 것과 다름없다

그러나 진리의 고찰로 돌아가자. 거듭 말하지만 우리가 만들 수 있는 두 종류의 명제를 관찰하지 않으면 안 된다.

첫째, 심적(명제)으로서 여기에는 지성의 관념이 말을 쓰지 않고, 관념의 일치나 불일치를 지각 또는 판단하는 마음에 의하여 병합되거나 분리된다.

둘째, 언어적 명제로서 이것은 긍정문 또는 부정문에서 병합되거나 분리되는 말, 즉 관념의 기호이다. 이런 긍정 또는 부정의 방식으로, 소리에 의해 만들어지는 그런 (말이라고 하는) 기호는 말하자면 서로 늘어놓고 맞추거나 분리된다. 그러므로 명제는 기호를 연결하거나 분리하는 데에 있으며, 진리는 기호가 나타내는 사물이 일치하는가 일치하지 않는가에 따라 이런 기호를 병합하거나 분리하는 데에 있다.

6. 심적 명제가 실재적 진리를 포함할 때와 언어적 명제가 그러할 때

대체로 모든 사람의 경험이 그 사람을 이해하게 하겠지만, 마음은 그 관념의 어떤 것과 일치 또는 불일치를 지각하거나 상정함으로써, 마음 자체 안에서 암암리에 관념을 늘어놓아 어떤 종류의 긍정적이거나 부정적인 명제로 삼는다. 이것을 나는 병합시키고 분리한다는 단어로 나타내려 노력해 왔다. 하지만 모든 생각하고 추리하는 인간에게 매우 친숙한 마음의 이 작용은, 말로 설명하는 것보다 우리가 긍정 또는 부정할 때 우리 마음에 일어나는 것을 내성하고 상념하는 편이 쉽다. (예를 들면) 어떤 인간이 마음에 두 선, 즉 정사각형의 변과 대각선의 관념을 가지고 그중에서 대각선은 1인치의 길이일 때, 그 사람은 그 대각선을 어떤 수의 같은 부분에, 예컨대 5·10·100·1000 또는 그 밖에 임의의 수의 부분으로 똑같이 분할하는 관념도 가질 테고, 또 그 1인치의 선은 그 같은 부분의 어떤 수가 변의 길이와 같은, 그런 똑같은 부분으로 분할할 수 있다거나 분할할 수 없다는 관념을 가질 것이다.

그런데 그 사람이 이런 종류의 가분성은 자기의 대각선 관념과 일치한다거나 일치하지 않는다고 지각하여 믿고 또는 상정할 때, 그 사람은 그런 두 관념 즉 대각선의 관념과 그 종류의 가분성의 관념을, 말하자면 연결하거나 분리하고 나아가서는 심적 명제를 만드는 것이며, 이 명제는 그런 종류의 가분성 즉 그와 같이 일률적으로 나눌 수 있는 부분으로서의 가분성이 대각선과 실재적으로 (진실로) 일치하는가 일치하지 않는가에 따라 진실 아니면 거짓이 된다. 대부분 관념 또는 그 나타낸 사물이 일치하거나 일치하지 않는 대로 관념이 마음에 서로 병합하거나 아니면 분리될 때, 나는 이것을 심적 진리라고 부르겠다. 그러나 말의 진리는 그 이상의 어떤 사물이며, 그것은 말의 나타낸 관념이 일치하거나 일치하지 않는 대로 말을 서로 긍정 또는 부정하는 것이다. 이것 역시 두 가지가 있다. 하나는 순수하게 언어적이고 무가치한 것으로서 (이 책) 제10장(정확히는 제8장)*2에서 말할 것이다. 혹은 실재적이며 계발적인 것으로서 이것은 이미 (앞 장에서) 말한 바 있는 실재적 참지식의 대상이다.

7. 이래서는 언어적 진리는 모두 망상적이라고 할 수 있다는, 언어적 진리에 대한 반대론

하지만 여기에서 또 참된 지식에 대해 (앞 장 제1절에서) 일어난 것과 같은 의혹이 (언어적) 진리에 대해 일어날 수 있다. 그러면 다음과 같은 반대를 당할 것이다. 즉 만일 (언어적) 진리는, 말이 나타낸 관념이 사람들 마음에 일치하거나 일치하지 않은 그대로 말이 명제로서 연결 또는 분리하는 것이라면, 진리

---

*2 언어적으로 가치가 없는 진리는 가치가 없는 명제로서 본 권 제8장에서 논하고 있다.

의 지식(또는 진리를 아는 것)은 가치가 있다고 인정받을 만큼 가치가 있는 것이 아니거니와, 진리를 탐구하는 사람들이 소비하는 노고와 시간의 값어치가 없다. 왜냐하면 이 해명에서 진리는 말이 두뇌의 망상과 합치하는 것 이상으로는 되지 않기 때문이다. 도대체 많은 사람들의 머리가 얼마나 기괴한 생각으로 가득한지, 모든 사람의 두뇌가 얼마나 우스운 관념을 가질 수 있는지 모르는 사람이 있을까?

그러나 여기에 멈춰 있으면 우리는 앞에서 말한 규칙에 따라, 자신의 상상이 환상적 세계 이외의 어떤 사물의 진리도 모르고, (실재의) 사람들이나 말(馬)과 같을 정도로 (공상적인) 하르퓌아나 켄타우로스와 관련이 있는 것 이외의 다른 진리를 갖지 못한다. 그것은 이(하르퓌아나 켄타우로스)와 매우 비슷한 것도 우리 머릿속의 관념일 수 있고, 실재 존재자의 관념처럼 머릿속에서 일치불일치를 가지며, 나아가서는 그런 것에 대하여 만들어진 바와 같은 진정한 명제를 갖게 될 것이다. 그래서 '모든 켄타우로스는 동물이다' 말한 것은, '모든 사람은 동물이다'라는 말과 완전히 같을 정도로 진정한 명제로서 앞엣것의 절대 확실성은 뒤엣것과 같을 정도로 클 것이다. 왜냐하면 어느 명제든지 우리 마음속 관념의 일치에 따라 말이 병합되고, 동물의 관념과 켄타우로스의 관념의 일치는 동물의 관념과 인간의 관념 일치와 마찬가지로 명석하여 눈에 보이게 뚜렷하기 때문이다. 따라서 이 두 명제는 똑같이 참이며, 절대 확실하다. 하지만 이런 진리가 우리에게 무슨 소용이 있을까?

8. 대답한다. 실재적 진리는, 사물에 일치하는 관념에 대해서

앞 장에서 실재적 진리를 상상적 진리와 구별하기 위하여 언급한 것은, 여기에서 이 (앞 절에서 든) 의혹에 답하여 실재적 진리를 망상적 또는 (혹시 말하고 싶다면) 다만 유명적(唯名的)인 진리로부터 구별하는 데 충분하다고 할 것이다. 그것은 둘 다 같은 바탕에 근거하기 때문이다. 그렇지만 여기에서 다음의 점을 한 번 더 고찰하는 것은 나쁘지 않을지도 모른다. 즉 우리의 말은 우리의 관념만을 의미 표시하지만, 더구나 관념에 의하여 사물을 의미 표시하도록 의도되어 있으므로 말이 명제 속으로 들어오게 될 때, 그것에 포함하는 진리는 말이 마음속의 다음과 같은 관념, 즉 실재 사물과 일치하지 않는 (바꿔 말하면 실재의 사물과 관계가 없는) 관념을 나타낼 때 단지 언어적이다. 그러므로 참지식뿐만 아니라 진리도 언어적 그리고 실재적인 구별 아래로 충분히 들어갈 수 있을 것이다. 우리의 관념(이 표상하는 사물)이 자연 속에 존재를 실재로 (진실로) 갖는지, 또는 가질 수가 있는지를 고려하지 않고 명사가 나타내는 관념의 일치나 불일치에 따라 명사가 연결(또는 분리)되는 것은, 언어적 진리에 지나지 않는다. 그러나 다음의 때야말로 명제는 실재적 진리를 포함한다. 즉 이런 기호(또는 명사)가 우리의 관념이 일치하는(또는 일치하지 않는) 대로 연결(또는 분리)될 때, 더욱이 우리 관념(의 표상하는 사물)이 자연 속에 존재할 수가 있다고 우리가 알 때이다. 실체의 경우, 그런 것이 존재하고 있었다고 우리가 아는 것 말고 우리는 알 수가 없다.

9. 허위는 이름(또는 말)을 그 관념이 일치하는(또는 일치하지 않는) 것과 따로 연결 (또는 분리)하는 것이다

대체로 진리는 관념의 일치 또는 불일치를 있는 그대로 말로 적는 것이다. 허위는 관념의 일치 또는 불일치를 실제와 다르게 적는 것이다. 이렇게 소리 (즉 말)로 적힌, 이와 같은 관념이 그 원형(즉 실재의 사물)과 일치하는 한 그것에 한해서만 진리는 실재적이다. 이 진리의 지식(또는 진리를 아는 것)은 말이 어떤 관념을 나타내는가를 아는 것과, 그런 관념이 그와 같은 말로 적힌 그대로 일치한다거나 일치하지 않는다의 지각이다.

10. 일반명제는 더 세밀하게 다루어야 한다

그러나 말은 진리나 참된 지식의 중요한 통로로 보이므로 진리를 전하거나 받는 데, 또 보통은 진리에 대하여 추리할 때 우리는 말과 명제를 이용하기 때문에 나는 명제에 포함된 실재적 진리의 절대 확실성이 어디에 있는가, 어디에서 확실성을 얻게 되는 것인가, 이런 점을 더 자세히 탐구하여 어떤 종류의 보편적 명제로 우리는 그 실재적 진리나 허위를 절대 확실하게 할 수 있는가를 밝히도록 노력할 것이다.

나는 우리의 사유를 가장 많이 소비하여 관조케 하는 것으로서 일반명제부터 시작할 것이다. 무릇 일반적 진리는 다음과 같은 것, 즉 우리의 진정한 지식을 더욱 확대하여 많은 낱낱의 것을 우리에게 한꺼번에 이해시키는 그 포괄성에 의해 우리의 시야를 확대하고 진리에 대한 우리의 길을 단축하는 것으로서 진심으로 바라게 된다.

11. 정신적 (또는 인간에 관련된) 진리와 형이상학적 (또는 존재론적) 진리

앞에서 (이 장 제2절에서) 말한 첫째의 (엄밀한) 뜻으로 들었던 진리 말고 다른 종류의 진리가 있다. 1. 정신적 (또는 인간에 관련된) 진리[*3] 같은 것으로, 이것은 우리가 말하는 명제가 실재의 사물과 일치하지 않더라도, 우리 자신의 신조에 따라 사물을 말하는 것이다. 2. 형이상학적 (또는 존재론적) 진리로서 이것은 우리가 이름을 결부시켜 놓은 관념과 합치하는 사물의 실재이다. 이 진리는 (명제에 있지 않고) 사물의 존재 자체에 있다고 생각되는데, 좀더 긴밀히 고찰할 때 암묵의 명제를 포함하며, 이 명제에 의해 마음은 그 낱낱의 사물을, 마음이 미리 이름을 붙여 정착시켜 놓은 관념과 연결하는 것임이 명백하다. 진리의 이런 고찰은 앞에서 (형이상학적 진리와 같이 제2권 제32장 제2절에서) 지적한 바 있지만, (정신적 진리와 같이 진정한 지식을 묻는다) 우리의 현재 목적에 있어 대수로운 것이 아니므로 여기에서는 다만 언급하는 정도로 충분하리라.

---

*3 이 moral은 '도덕적'으로 좁은 의미는 아니다. 마음의 영위로서 '심적', '정신적'인 것을 뜻하며 또한 그러한 영위의 주체인 인간에 관한 '인간적'을 의미한다.

제6장
보편적 명제의 진리성과 절대 확실성

1. 말을 다루는 것은 참된 지식에 필요

관념이라는 이름을 완전히 옆에 두고, 관념을 그만큼 검토하여 판정하는 것이 명석 분명한 진리로 향하는 가장 확실한 길이지만, 관념 대신에 소리(또는 이름)가 널리 쓰이는 습관 때문에 이것이 실천되는 경우는 아주 적다. 관념 대신 이름을 쓰는 것은, 사람들이 자기 가슴속으로 생각하고 추리할 때조차, 특히 관념이 매우 복잡해서 단순관념의 큰 집합으로 만들어질 때 얼마나 자주 일어나는지 모든 사람이 관찰할 수 있을 것이다. 이것은 진리에 대한 논의에서 말과 명제의 고찰에 매우 필요한 부분이며, 따라서 말과 명제를 설명하지 않고 진리를 이해할 수 있도록 말하기란 매우 어렵다.

2. 일반적 진리는 언어적 명제가 아니면 거의 이해할 수 없다

대부분 우리의 모든 진정한 지식은 낱낱의 (특수한) 진리 아니면 일반적 진리에 대한 것뿐이지만, 명백히 이런 전자(즉 낱낱의 특수한 진리)로 무엇이 이뤄지든 (알려지든) 가장 탐구되어 마땅한 후자(즉 일반적 진리)는 말로 상념되고 나타내어진 것이 아니면 잘 알려지는 일은 결코 있을 수 없으며, 알고 이해되는 일은 아주 드물다. 그러므로 우리가 진리의 검토에 있어, 보편적 명제의 진리성과 절대 확실성을 탐구하는 것은 우리의 길에서 벗어난 것이 아니다.

3. 절대 확실성은 두 가지. 진리와 참된 지식

그러나 이 경우에 곳곳에서 위험한 것, 여기서 뜻하는 것은 명사의 애매함인데 그런 것에 의하여 잘못 이끌리지 않도록 절대 확실성의 두 방식, 즉 진리의 절대 확실성과 참된 지식의 절대 확실성이 있음을 말하는 것은 적절하다.

진리의 절대 확실성은 말로 나타내는 관념의 일치 또는 불일치를 그 실재(또는 진실)에 있는 대로 정확히 나타내도록, 명제로 말을 병합하는 (또는 분리하는) 것이다. 참된 지식의 절대 확실성은 어떤 명제에 표현된 대로 관념의 일치 또는 불일치를 지각하는 것이다. 이것을 흔히 어떤 명제의 진리를 안다고, 달리 말하면 절대 확실하다고 일컫는다.

4. (명제에서) 설명된 각 종류의 본질을 알지 못하면 명제의 진실을 알 리 없다

그런데 어떤 일반명제의 명사가 나타낸 종(種)의 정확한 한계와 범위를 알아야 그 일반명제의 진리를 절대 확실하다고 할 수 있으므로, 각각 종의 본질 즉 그 종을 구성하고 한계를 짓는 것을 알 필요가 있다. 이것을 아는 일은, 단순관념과 양상에선 모두 어렵지 않다. 왜냐하면 이런 것에서는 실재적 본질과 유명적 본질이 같기 때문이다. 또는 완전히 같지만, 일반명사가 나타낸 추상관념은 종에 대하여 어떤 유일의, 또는 있다고 상정할 수 있는 유일의 본질·한계이다.

그러므로 종이 어디까지 미치는가, 바꿔 말하면 어떤 사물이 각각의 명사 아래 포괄되는가에 대해서는 의심할 여지가 없다. 그런 사물은 명백히 명사가 나타낸 관념과 정확히 합치하는 모든 것이며, 그 밖에는 없다. 그러나 유명적 본질과 별개인 실재적 본질이 종을 구성하여, 결정하고 한정한다고 상정되는 실체에선 일반어의 범위는 매우 불확실하다. 왜냐하면 우리는 이 실재적 본질을 모르므로 그 종인 것, 또는 종이 아닌 것을 알 수가 없고, 따라서 그 종에 대하여 절대 확실히 긍정할 수 있는 것, 또는 긍정할 수 없는 것을 알 수가 없기 때문이다. 그래서 예컨대 인간이라든가 돈이라든가 그 밖의 어떤 종의 자연적 실체, 즉 자연이 그 종류의 모든 사물에 골고루 나누어 주어, 이것으로써 낱낱의 사물이 그 종이 되도록 만들어진 어떤 정확한 실재적 본질에 의하여 구성된다고 상정되는 인간이라든가 돈이라든가 그 밖의 어떤 종의 자연적 실체에 대하여 말하면, 우리는 이 실체에 대하여 행한 긍정 또는 부정의 진리성을 절대 확실하다고 할 수가 없다. 그것은 이 뜻에 휘말려, 말하는 사람의 마음속 복합관념(즉 유명적 본질)과 다른 실재적 본질에 의하여 구성된 종의 사물에 쓰여진, 인간이라든가 돈이라든가(하는 말)는 우리가 모르는 것을 나타낸 것이고, 이런 한계를 가진 그 종의 범위를 전혀 알 수 없으며 확정할 수 없으므로 (예컨대) '모든 사람은 이지적이다'라든가 '모든 돈은 노란색이다'라고, 절대 확실히 긍정할 수가 없는 것이다. 그러나 유명적 본질이 저마다 종의 한계로서 굳게 지켜지고, 사람들이 어떤 일반적 명사의 적용을, 그 명사가 나타낸 복합관념(즉 유명적 본질)을 발견할 수 있는 낱낱의 (특수한) 사물 이상으로 미치지 않은 데서는 사람들이 각각의 종의 한계를 틀릴 위험이 없고, 그러므로 어떤 명제가 진실인가 진실이 아닌가를 의심할 리가 없다. 나는 명제의 이런 (앞에서 들었던) 불확실성을 이런 식의 학원 방식으로 설명하는 것을 골라 가지고, 본질과 종이라는 명사를 굳이 썼으나, (그것 역시) 본질과 종으로 하여금 이것에 대한 이름을 수반한 단순한 추상관념(즉 유명적 본질)과 다른 어떠한 종류의 실재라고 생각하는 부적합성과 불합리성을 명시하기 위해서다.

사물의 종을 다음과 같이 상정하는 일, 즉 일반명을 기호로 하는 여러 추상관념(달리 말하면 유명적 본질)과, 사물이 일치하는 데 따라 일반명 아래 사물을 종별하는 것 이외의 무엇이라고 상정하는 일은 진리를 흐리게 하고 사물에 대하여 만들 수 있는 모든 일반명제에 불확실성을 끌어들이는 것이다. 그러므로 학원식의 학식에 얽매이지 않은 사람들에게는 이와 같은 (본질과 종이라는) 사물은 아마 더 좋고 명석한 방식으로 다루어질 수 있었겠으나, 그래도 역시 그와 같은 본질이나 종의 올바른 상념은 세계의 (우리가 사는) 이 부분에 퍼져버린 학식에 조금이라도 물든 거의 모든 사람들의 마음에 뿌리를 내렸으므로 학식과 더불어 절대 확실한 지식을 전해야 할 말의 (올바른) 사용의 길을 열기 위하여 이것을 폭로하여 없애야 한다.

5. 이것은 유난히 실체와 관련이 있다

그렇게 보면 실체의 이름은, 우리가 모르는 실재적 본질에 의하여 조성되었다고 상정되는 종을 나타내기 위해 만들어졌을 때는 언제나 지성에 절대 확실한 지식을 전할 수가 없다. 그런 명사로 만들어진 일반명제의 진리성을 우리는 확실하게 할 수가 없다. 그 이유는 누구나 안다. (예컨대) 돈은 무엇인가, 어째서 없는가를 모를 때 우리가 어떻게 이러저러한 성질이 돈에 있는가를 확실하게 할 수 있겠는가? 그것도 이런 화법으로는 우리가 모르므로 어디에 있는지 없는지 알 리가 없는 하나의 본질(즉 실재적 본질)에 관련이 있는 것이 아니면 어떤 사물도 돈이 아니다. 따라서 우리는 세계의 어떤 한 조각 물질을 이 뜻으로 돈이라든가 돈이 아니라고 확정할 수 없으며, 그것 역시 어떤 사물을 돈이라고 부르도록 한 것, 즉 우리가 전혀 관념을 갖지 않은 돈의 실재적 본질을 이 한 조각 물질이 가졌는지 안 가졌는지는 치유하기 어려운 무지인 것이다. 왜냐하면 이것을 우리가 알 수 없는 점은, (예컨대) 맹인은 팬지의 색깔에 대한 관념이 전혀 없으므로 팬지가 어떤 꽃을 피우게 될지를 말할 수 없는 것과 같기 때문이다. 또 적어도 만일 우리가 모르는 실재적 본질이 어디에 있는가를, 예를 들어 어떤 한 조각의 물질에 돈의 실재적 본질이 있는가를 절대 확실히 (할 수 없는 것이지만) 알 수 있다 해도, 아직도 우리는 돈에 대하여 이러저러한 성질을 긍정할 수 있는 것은 진실이라 확정할 수가 없었다. 왜냐하면 이러한 성질이나 관념이, 우리가 전혀 관념을 갖지 않은 실재적 본질과 필연적으로 결합한다고 아는 것은, 이 상정된 실재적 본질이 어떤 종을 조성한다고 상상되건 우리로선 불가능하기 때문이다.

6. 실체에 관한 보편적 명제의 진리성은 조금밖에 알지 못해

한편 실체의 이름을 그런 식으로 사람들이 자기 마음에 가진 관념을 위하여 쓸 때, 이름은 명석하고 확정적인 의미 표시를 수반한다 해도, 진리성을 절대 확실하게 할 수 있는 많은 보편적 명제를 만드는 역할에는 아직은 소용이 없을 것이다. 이름의 이런 사용 방법으로는 그 이름으로 어떤 사물이 의미 표시되는지 불확실하기 때문이어서가 아니라, 이름이 나타낸 복합관념이 단순관념의 다음과 같은 집성, 즉 아주 적은 다른 (단순)관념 외에는 발견할 수 있는 결합 또는 배치를 전혀 수반하지 않은 것 같은 집성이기 때문이다.

7. 왜냐하면 관념의 공존은 적은 수의 사례로 알려질 뿐이기 때문이다

대체로 실체의 종의 이름이 본디 나타내는 복합관념은, 우리가 실체라 부르는 알려지지 않은 밑바탕에 공존한다고 이제까지 관찰되어 온 모든 성질의 집합이다. 그러나 이런 집성에 다른 어떤 성질이 필연적으로 공존하는가는, 둘의 자연적 의존을 발견할 수 없는 한, 우리는 절대 확실히 알 수가 없다. 이 의존을 아는 것은 실체의 1차 성질로는 아주 조금밖에 나아갈 수 없고, 2차 성질로는 앞(이 권 제3장 제12절 이하)에서 들었던 이유로 결합을 전혀 발견할 수 없다. 즉 1. 우리는 저마다의 2차 성질이 하나하나에 의존하는 실체의 실재적 구조를 모르기 때문이다. 2. 설사 알았다 하더라도 우리에게는 실제 경험적 (보편적이 아닌) 지식에 도움이 되었을 뿐, 그런 단순한 사례 이상으로는 절대 확실성을 가지고 다다르는 일은 없었을 것이다. 왜냐하면 우리의 지성은 어떤 2차 성질과, 1차 성질의 어떤 변모이든 그러한 변모와의 상상 가능한 결합을 발견할 수 없기 때문이다. 그러므로 실체에 관하여 만들어진 의심 없는 절대 확실성을 수반할 수 있는 일반명제는 아주 적다.

8. 금의 예

(예컨대) '모든 금은 고형(固形)이다'라는 말의 진리성이 아무리 보편적으로 믿어지고 있다 해도, 이것은 절대 확실하다고 할 수 없는 명제이다. 왜냐하면 학원의 쓸데없는 상상에 따라, 금이라는 명사는 어떤 종의 사물을, 즉 그 종의 사물에 속한 실재적 본질에 의하여 자연히 구분된 어떤 종의 사물을 나타낸다고 상정하는 자가 있다면 명백히 그 사람은 어떤 낱낱의 사물이 그 종인가를 모르며, 나아가서는 금에 대하여 절대 확실성을 가지고 보편적으로 긍정할 수가 없기 때문이다. 하지만 만일 그 사람이 금(이라는 명사)에 그 유명적 본질에 의하여 한정된 어떤 종을 나타내게 한다면, 예를 들어 유명적 본질을 일정한 노란색에 펴지는 성질을 가진 녹기 쉬운, 달리 알려진 어느 것보다도 무거운 물체라는 복합관념이라고 한다면, 금이라는 말의 이 적절한 사용법에는 무엇이 금이고 금이 아닌가를 아는 데 어려움은 없다. 그러나 그럼에도 이 유명적 본질과 발견할 수 있는 결합 또는 부정합(不整合)을 가진 것 이외의 다른 성질은 절대 확실성을 가지고 금에 대하여 보편적으로 긍정 또는 부정할 수가 없다. 예를 들면 고형성은 색과 무게 그 밖에 (금의) 우리의 복합관념 속의 어떤 단순관념과, 또는 (단순관념이) 모인 전체와 우리가 발견할 수 있는 필연적 결합을 갖지 못하므로 '모든 금은 고형이다'라는 명제의 진리성을 절대 확실히 알 수는 없다.

9.

(이와 같이) 고형성과 색이나 무게, 그 밖에 금의 어떤 유명적 본질의 단순관념 사이에서 발견할 수 있는 결합은 없으나, 그와 마찬가지로 만일 우리가 금에 대한 우리의 복합관념을 노란색이며 녹기 쉽고 잘 늘어나는 어떤 무거운

고형의 물체라고 한다면, 우리는 왕수(王水) 속에서의 녹는 성질에 대하여 같은 불확실성에, 더구나 같은 이유에서일 것이다. 왜냐하면 우리는 노란색·대단히 무거우며 잘 늘어나는 녹기 쉬운 고정된 것에서 복합관념이 만들어지는 물체에 대해 왕수에 녹는 것을, 관념 자체의 고찰로 절대 확실성을 가지고 결코 긍정 또는 부정할 수 없는 것이며, 나머지 금의 성질에 대해서도 그러하기 때문이다. 나는 금의 어떤 성질에 대하여 누구나 진실임을 절대 확실하게 알 수 있는 하나의 일반적 긍정을 기꺼이 만나고 싶다. (그렇게 말하면) 어김없이, '모든 금은 펴지는 성질을 가진다'는 것은 보편적이고 절대 확실한 명제라고 하는 반대에 당장 부딪칠 것이다.

이에 대답하지만, 만일 펴지는 성질이 금이라는 말을 나타내는 복합관념의 부분이라면 매우 절대 확실한 명제이다. 그러나 그러면, 여기에서는 금에 대하여 그 소리(또는 말)가 어떤 관념 즉 펴지는 성질을 포함한 관념을 나타낸 말 이외의 어떤 것도 긍정되고 있지 않은 것이며, (예를 들면) '켄타우로스는 발이 넷이다'라고 말한 것은 이와 같은 종류의 진리·절대 확실지(確實知)(앞 장 제7절에서 지적한 단지 언어적이고 무가치한 진리)이다. 그러나 만일 펴지는 성질이 금이라는 이름을 나타낸 종적 본질의 부분을 이루지 못한다면, 누구나 알 수 있듯이 '모든 금은 펴지는 성질을 가진다'는 절대 확실한 명제가 아니다. 왜냐하면 금의 복합관념을 아무거나 마음에 드는 금의 다른 성질로 만들게 하기 때문이다. 펴지는 성질은 분명히 이 복합관념에 근거하지 않고, 이것에 포함된 어떠한 단순관념에서 나오지 않을 것이다. 왜냐하면 펴지는 성질이 (어떠한 결합을 갖는다고 하여) 앞에서 말한 다른 성질과 갖는 결합은, 금의 감지할 수 없는 부분의 실재적 구조의 끼어듦에 의할 뿐이고 우리는 모르므로, 펴지는 성질과 다른 성질을 함께 결부시키는 것을 발견할 수 없는 한 그 결합을 지각할 수는 없기 때문이다.

10. 이런 공존을 알 수 있는 한, 보편적 명제는 절대 확실하다고 할 수 있다. 하지만 이것은 조금밖에 얻지 못할 것이다. 왜냐하면

이렇게 많이 공존하는 성질을 하나의 이름 아래 하나의 복합관념으로 합하면 할수록, 분명 우리는 말의 의미 표시를 더욱더 정확하고 또 확정적이게 하기 때문이다. 그렇지만 이것으로써 우리의 복합관념에 포함되지 않은 다른 성질에 관해서 복합관념을 더욱더 보편적 확실성을 가질 수 있게 하지는 않는다. 왜냐하면 우리는 그런 성질의 바탕을 이루는 (실체의) 실재적 구조도, 어떻게 하여 실재적 구조로부터 성질이 나오는지 모르므로, 성질끼리의 결합이나 의존을 지각 못하기 때문이다. 그런 것도, 실체에 관해 우리가 갖는 참된 지식의 주요 부분은 (양상이나 관계처럼 단지 언어적인) 다른 사물의 경우와 같이, 분리하여 존재할 수 있는 두 관념의 관계에 대해서뿐만 아니라, 같은 주체에서의 몇 가지 별개인 관념의 필연적 결합과 공존, 또는 그런 공존에의 불일치에 대한 것이다.

이를테면 우리가 만일 (관념에서가 아니고, 실체의 실재적 구조라는) 다른 말단에서 시작하여 (금의) 그 색을 지닌 것은 무엇이었는가, 어떤 물체를 (다른 물체)보다 가볍게 한다든가 무겁게 하는 것은 무엇이었는가, 부분의 어떤 조직이 어느 물체를 펴지는 성질이 있고 녹기 쉬운 데다 고형이게 하여, (왕수라는) 이종의 액체에 녹고 다른 액체에 녹지 않을 수 있게 했는가 등을 발견할 수 있다면, (거듭 말하지만) 만일 우리가 (금이라는) 물체에 대하여 이런 관념을 가지고, 모든 감지할 수 있는 성질이 본원적으로 어디에 있으며 어떻게 하여 나오게 되는지를 지각할 수 있다면 우리는 그런 감지할 수 있는 성질에 대하여 다음과 같은 추상관념을, 즉 더욱 일반적인 진리의 소재를 공급하여 일반적 진리와 절대 확실성을 수반한 보편적 명제를 만들게 한 추상관념을 형성할 수 있었을 것이다.

그렇지만 실체의 종에 대한 우리의 복합관념이, 실체의 감지할 수 있는 성질에 근거한 내부의 실재적 구조에서 너무 멀어, 우리의 감각기관이 발견할 수 있는 외견상 여러 성질의 불완전한 집합만으로 이루어지는 동안은, 실체에 관한 실재적 진리를 절대 확실하게 확신할 수 있는 일반명제는 아주 적게 존재할 수 있(을 뿐이)다. 왜냐하면 우리가 결합·필연적 공존에 대하여 절대 확실하며 의심 없는 참된 지식을 가질 수 있는 단순관념은 아주 적기 때문이다. 나는 상상하는데 실체의 모든 2차 성질과 이것에 관한 능력 가운데서, 다른 곳(즉 이 권 제3장 제15절)에서 명시했던 것처럼 필연적으로 서로 배제하는 동일 감각이 아닌 한, 필연적 공존 또는 공존에의 불일치를 절대 확실히 알 수 있는 어떤 두 이름을 들 수는 없다. (예컨대) 어떤 물체의 어떤 색깔에 따라서는 그 물체가 어떤 냄새·맛·소리 또는 만질 수 있는 성질을 갖는가, 또 다른 물체에 어떤 변경을 일으킨다든가 다른 물체로부터 변화될 수 있다든가, 아무도 절대 확실히 알 수는 없다고 나는 생각한다. 소리나 맛도 마찬가지이다. 실체에 대한 우리의 종적 이름은 이와 같은 관념의 어떤 집합을 나타내므로 우리가 그런 이름으로는, 의심 없이 실재적 절대 확실성의 일반명제를 아주 적게 만들 수 있(을 뿐이)다는 것도 의심하면 안 된다.

그렇지만 어떤 종의 실체의 어떤 복합관념이 어떤 단순관념을, 즉 다른 단순관념과의 필연적 공존을 발견할 수 있을 듯한 어떤 단순관념을 내포하는 한, 절대 확실성을 가지고 그 종의 실체에 관하여 보편적 명제를 만들 수 있을 것이다. 이를테면 어떤 사람이 금의 퍼지는 성질과 색깔 또는 무게 사이에, 또는 (금이라는) 그 이름으로 의미 표시된 복합관념의 어떤 다른 부분과의 사이에 필연적 결합을 발견할 수 있다면, 그 사람은 이 점에서 금에 관한 절대 확실한 보편적 명제를 만들 수 있었을 것이다. 그래서 '모든 금은 퍼지는 성질을 갖는다'고 하는 이 명제의 실재적 진리성은, '모든 직선삼각형의 세 각은 두 직각과 같다'고 하는 명제의 실재적 진리성과 마찬가지로 절대 확실했을 것이다. (그러나 실제는 그렇지 않다.)

11. 실체에 관한 우리의 복합관념을 만드는 성질은 대부분 외적이며, 멀고 지각할 수 없는 원인에 근거한다

만일 우리가 어떤 (실체의) 실재적 구조는 실체에서 발견된 감지할 수 있는 성질을 낳는지, 그런 성질은 어떻게 하여 거기(즉 실재적 구조)에서 나오는지를 알 만큼 실체관념을 가졌다면, 우리는 자기 마음에 있는 실체의 실재적 본질의 종적 관념에 의해, 지금 우리의 감각으로써 할 수 있는 이상으로 절대 확실하게, 실체의 특성들을 찾아내어 실체가 어떤 성질을 가졌는가 갖지 못했는가를 찾아낼 수 있었을 것이다. 그것은 (예를 들면) 금의 여러 특성을 알려면 금이 존재하는 것과 금에 대하여 실제로 경험할 필요가 없고, 그 점은 삼각형의 여러 특성을 아는 데 삼각형이 어떤 물질에 존재하는 (바꿔 말하면 삼각형이게 한 물질이나 물체가 있다는) 것이 필요없다는 말과 같다. 우리 마음속의 관념은 삼각형뿐만 아니라 금에도 유용하다. 그러나 우리는 자연의 비밀로 들어가는 것이 허락되기는커녕, 아마 비밀의 첫 관문에조차 접근하지 못할 것이다.

왜냐하면 우리는 자기가 만나는 실체를 저마다, 그 모든 성질을 자기 자신

속에 가지고 다른 사물로부터 독립하여 그 자신이 완벽한 사물이라고 생각하는 데 익숙해져, 실체를 둘러싼 눈에 보이지 않는 (미세한) 유체(流體)의 작용을 대부분 못 보고 지나치지만, 실체 속에서 지각된, 우리가 (실체를) 구별하는 내속적(內屬的) 표시 즉 그것에 의해 실체를 알고 부르는 내속적 표시로 삼는 성질의 거의 모두는 이 유체의 운동과 작용에 근거하기 때문이다. (예를 들면) 금의 한 조각을 어딘가에 그것만 놓아두고, 다른 모든 물체가 접근하여 영향을 끼치는 데서 분리시킨다. 금은 곧 그 색깔과 무게를 모두 잃고, 아마 펴지는 성질도 잃어 그것은 완전한 부서지는 성질로 변했을 것이다. 유체성이 본질적 성질인 물은, 그것만 있게 되면 유체가 아니게 될 것이다. 그러나 만일 생명이 없는 물체가 그 현재 상태의 아주 많은 것을 자기 말고 다른 물체에 의존하고 있는데, 이를테면 둘러싸고 있던 물체가 제거된다면 우리에게 나타난 그 물체는 전혀 다른 것이 될 테고, 초목 즉 재배되고 자라나 끊임없이 잎과 꽃과 종자를 낳는 초목은 더욱더 그럴 것이다. 그래서 우리가 동물의 상태를 좀더 가까이서 살펴보면 발견하게 되겠지만, 생명과 운동과 (그 밖의) 동물에서 관찰되는 가장 눈에 띄는 성질에 대하여 동물은 그 부분이 아닌 다른 물체의 외부적 원인과 성질에 전적으로 의존하며, 그와 같은 다른 물체 없이는 한순간도 존속할 수 없을 정도이다.

그럼에도 동물이 의존하는 그런 물체는 거의 지각되지 않으며, 우리가 그런 동물에 대하여 형성하는 복합관념의 부분을 차지하지 않는다. (예를 들면) 살아 있는 피조물의 거의 모든 것에서 1분간만 공기를 거두자. 그러면 피조물은 당장 감각·생명·운동을 잃는다. 숨을 쉬지 않으면 안 되는 것을 우리로 하여금 좋든 싫든 알게 만든다. 참으로 많은 외부적인, 아마 멀리 있는 물체에 이 (살아 있는 피조물 또는 생물이라는) 감탄해야 할 기계의 동인(動因)이 의존하지만 그런 물체는 흔히 보통 사람들에게 관찰되지 않고 생각마저 떠오르지 않는 것이다. 그렇게도 많은, 가장 엄격한 탐구조차 결코 발견할 수 없는 그런 것이 있을까? 우주의 이 지점(즉 지구)의 주민들은 태양에서 수백만 마일 떨어져 있지만, 더구나 태양에서 오는 또는 태양에 의하여 활동이 촉진되는 분자의 적정한 상태의 운동에 몹시 의존하고 있으므로, 만일 이 지구가 현재 위치에서 저 (태양까지의) 거리에 아주 적은 부분이라도 옮겨져, 열의 그 원천으로부터 조금 멀거나 가까이에 놓여졌다면 지구상의 동물은 거의 다 멸망했을 것이다. 이는 확실할 것 같다는 표현으로는 모자란다.

왜냐하면 (지구라는) 우리의 이 작은 구체(球體)의 한 부분에서 동물이 우연히 있게 된 자리에 따라 쬐게 된, 태양 온도의 지나침 또는 부족함이 동물을 너무나 자주 망가뜨리는 것을 우리는 목격하기 때문이다. (물체라도) 자석에서 관찰되는 성질들의 원천은 반드시 그 물체의 경계를 훨씬 뛰어넘지 않으면 안 되고, 몇몇 종의 동물에서 자주 눈에 띄지 않는 원인에 의하여 일어나는 재해, (우리에게 알려진 바로는) 어떤 동물은 단지 적도를 넘었을 뿐인데, 또는 다른 동물에게서 절대 확실하지만 인접 지역으로 옮겨졌을 뿐인데 그 동물이 절대 확실하게 죽는다는 것은 명백히 무슨 관계가 있다고는 생각할 수 없는 갖가지 물체의 협동 작용이 동물을 우리에게 보이도록 하고, 우리에게 동물을 알게 하여 구별시키는 성질들을 보존하도록 하는 데 절대로 없으면 안 된다는 것을 명시한다.

그렇다면 우리 눈에 보이는 사물의 여러 성질을 사물이 자기 안에 포함하고 있다고, 그렇게 우리가 생각할 때 우리는 완전히 길을 벗어나 있다. (예를 들면 하찮은) 파리(라 하더라도) 또는 (몸집이 큰) 코끼리(라 하여도 그들)에게서 관찰된 갖가지 성질과 능력에 근거한, 파리나 코끼리의 몸속 구조를 탐색하는 것은 공연한 짓이다. 그러므로 그들의 성질과 능력을 올바르게 이해하자면, 우리는 이 지구와 대기를 뛰어넘을 뿐 아니라 태양 또는 우리의 눈이 이제까지 대충 발견한 것보다 훨씬 먼 곳에 있는 별들을 넘어서까지 바라보아야 한다. 왜냐하면 이 (지구라고 하는) 우리의 구체 속 낱낱의 실체적 존재와 작용이, 우리의 시야를 완전히 뛰어넘은 원인에 얼마나 많이 근거하는지 우리는 결정할 수 없기 때문이다. 우리는 우리 주위의 이 (지구상) 사물의 운동이나 비교적 조잡한 작용을 하는 어떤 것을 보고 지각한다. 그러나 모든 이런 (사물의) 정밀한 기계를 운동시키고 정비해 놓은 (원인의) 흐름은 어디에서 오는가, 어떻게 전해지고 변모되는가는 우리의 지각·지적 이해를 넘어서는 일이다. 그래서 우주의 이 굉장한 구성의, 그렇게 말해도 되지만, 큰 부분이나 차바퀴는 서로의 완전한 영향과 작용으로 결합하고 의존하고 있으므로, 아마 이 (지구라고 하는) 우리 삶의 공간 속의 사물은, 이를테면 별 즉 우리로부터 헤아릴 수 없이 머나먼 물체의 어느 하나가 없어진다든가, 지금과 같이 움직이지 않게 된다든가 하는 날에는 전혀 다른 모습이 되어 지금 있는 모습이 아니게 되었을 것이다.

다음의 것은 절대 확실하다. 즉 사물은 그 자체로서 얼마나 절대적으로 완벽하게 보이기 위해, 우리에 의해 가장 잘 지각되는 것을 위해서는 (바꿔 말하면 현재 있는 것과 같기 위해서는) 자연의 다른 부분에 대하여 종자(從者)에 불과하다. 사물의 관찰할 수 있는 성질·활동·능력은 사물 밖에 있는 사물 덕분이며, 자연에 대해 우리가 아는 부분으로서 그것이 가진 존재방식이나 그 탁월한 데가 인접한 도움이 없을수록 모자란 점이 없는 완전한 부분인 것은 없다. 그래서 우리는 어떤 물체에 있는 여러 성질을 완전히 이해하기 위하여, 우리의 사유를 물체의 겉에 국한해서는 안 되고 훨씬 앞을 내다보지 않으면 안된다.

12.

만일 그대로라면 우리는 실체의 매우 불완전한 관념을 가진, 실체의 여러 특성·갖가지 작용에 근거한 실재적 본질을 모를 테고 이것을 의심해서는 안된다. 우리는 실체에 실재하는 실체의 아주 작으며 능동적인 부분의 치수·형체·조직조차 발견할 수 없다. 하물며 외부에서 여러 물체에 의하여 실체 속에 만들어지거나 실체에 가해지는 갖가지 운동과 충격은 더더욱 발견할 수 없지만, 실체에서 관찰하고 실체에 대하여 우리의 복합관념이 만들어 낸 온갖 성질의 거의 모든 것의 가장 눈에 띈 부분은, 그런 운동과 충격에 근거하여 만들어지는 것이다. 이 고찰만으로 실체의 실재적 본질의 관념을 조금이라도 가지고 싶다는 우리의 희망을 모두 끝내는 데 충분하다. (하지만 또) 실재적 본질을 결여하는 동안, 그 대신에 우리가 이용하는 유명적 본질은, 실재적 절대 확실성을 가진 무엇인가 일반적 진정한 지식 또는 보편적 명제를 우리에게 아주 빈약하게밖에 제공하지 못할 것이다.

13. 판단은 더 멀리 다다를 수 있을 것이다. 그러나 그것은 참된 지식이 아니다

그러므로 절대 확실성은 실체에 관하여 만들어진 아주 소수의 일반명제에서(만) 발견된다고 하더라도 의심해선 안 된다. 실체의 성질과 특성에 대한 우리의 참된 지식은 우리의 감각이 도달하여 알려주는 이상으로는 매우 적게밖에 나오지 않는 것이다. (하기는) 아마 잘 탐구하고 관찰하는 사람들은 판단의 힘에 의하여 더 통찰할 수 있으며, 세심한 관찰과 잘 갖추어진 실마리에서 얻은 개연성에 근거하여, 경험이 아직 그 사람들에게 알리지 않은 것을 가끔 올바르게 추측할 수 있게 하리라. 그렇지만 이것은 역시 추측에 지나지 않는다. 의견이 될 뿐 진리에 필수적인 절대 확실성을 갖지 않는다. 왜냐하면 모든 일반적 진리는, 우리 자신의 사유에 있을 뿐이고 우리 추상관념의 관조에만 있기 때문이다. 우리가 이 추상관념 사이에서 어떠한 일치 또는 불일치를 지각할 때 언제나 거기서 우리는 일반적 진리를 갖게 되고, 그와 같은 관념의 이름을 명제 속에서 적절히 합함으로써 일반적 진리를 절대 확실히 의견으로 발표할 수 있다.

하지만 실체의 종적(種的) 이름이 나타내는 실체의 추상관념은, 뭔가의 판명으로 확정적인 의미 표시를 가질 때 언제나 발견할 수 있는 결합 또는 부정합을 아주 소수의 다른 관념으로밖에 갖지 않으므로, 실체에 관한 보편적 명제의 절대 확실성은 실체에 관한 우리의 주요 탐구이며 어떤 부분에서 매우 좁고 빈약하다. 그래서 실체의 이름이 있는 것으로 거기에 해당되는 관념을 무엇이든 맘대로 하게 해놓고, 우리가 그 이름에 대하여 이름은 다른 이러저러한 성질을, 즉 이름에 속하며 이름을 찾아낼 수 있게 되어 있는 곳에서는 언제나 끊임없이 (이름에 해당되는) 그 관념과 공존하는, 또는 서로 맞지 않는 다른 여러 성질을 갖거나 갖지 않는다고 일반적으로 절대 확실성을 가지고 다짐할 수 있다 하는 경우는 있을 수가 없다.

14. 실체에 관한 우리의 참된 지식에 필수적인 것

우리가 이 종류의 (즉 실체에 관해) 먼저 말할 수 있는 어떠한 진정한 지식을 갖기 전에 우리는 첫째로 하나의 물체의 1차 성질이 다른 물체의 1차 성질에 어떠한 변화를 규칙적으로 낳는가, 어떻게 낳는가를 알아야 한다. 둘째로 우리는 어떤 물체의 어떠한 1차 성질이 우리 속에 있는 일정한 감각이나 관념을 낳는가를 알지 않으면 안 된다. 이것은 물질의 부피·형체·부분의 응집·운동·정지라는 잡다한 변모 아래서 그 물질의 모든 결과를 진정으로 아는 것과 다름없다. (그러나) 이것은 계시가 없으면 우리는 전혀 알 수 없다는 점을 누구나 인정하리라 나는 생각한다. 또 이를테면 입자의 어떤 종류의 형체·부피·운동이 우리 내부에 (예를 들어) 어떤 노란색을 낳았을까, 어떤 물체 겉부분의 어떤 종류의 형체·부피·조직이 그런 입자에 그 색깔을 낳은 적정한 운동을 줄 수 있도록 되어 있었을까 하는 것이 우리에게 제시되었다 해도 다음과 같지 않았다면, 즉 물체를 우리 감각에 작용시키는 아주 작은 부분에서의 물체의 정확한 부피·형체·조직·운동의 지각에 충분한 날카로운 기능을 우리가 가지고 있어, 그런 기능으로 그들(물체의 아주 작은 부분의 형체나 운동 따위)에 대하여 (보편적인) 추상관념을 형성할 수 있을 정도가 아니었다면, 보여진 것으로써 그들 (앞에서든 입자의 형체나 운동이라든가 물체 겉부분의 그런 점이라든가) 갖가지 종류에 대한 절대 확실성을 가지고 보편적 명제를 만드는 데 충분하지는 못했으리라.

나는 여기에서 형체적 실체만 다루었으나, 형체적 실체의 여러 작용은 우리의 지성에 비교적 잘 어울리는 것같이 생각된다. 왜냐하면 여러 영혼의 작용, 그 생각과 물체를 움직이는 것 그 어느 쪽에 대해서도, 우리는 처음부터 어찌할 바를 모르기 때문이다. 하긴 아마 우리가 자기 사유를 물체와 그 작용의 고찰에 좀더 가까이 다가가고, 이런 점에까지 우리의 상념이 감지할 수 있는 사실을 뛰어넘어 명석의 어디까지 다다르는가를 검토했을 때, 우리는 이런 점마저도 자기들 발견이 완전한 무지와 무능력으로부터 매우 조금밖에 나가지 못하게 된다고 고백할 수밖에 없을 것이다.

15. 실체에 대한 관념이 실체의 실재적 구조를 포함하지 않는 한, 실체에 관하여 아주 조금의 일반적이고 절대 확실한 명제밖에 만들지 못한다

다음의 점은 명백하다. 즉 실체의 일반명이 나타내는 실체의 추상복합관념은 실체의 실재적 구조를 포함하지 않으므로, 아주 적은 보편적 절대 확실지 (確實知)밖에 우리에게 공급하지 못한다. 왜냐하면 실체에 대해 우리가 갖는 관념은 우리가 실체 속에서 관찰하고 알게 되어 받아들이고 싶은 여러 성질에 근거하는 것, 달리 말하면 여러 성질과 어떤 필연적 결합을 갖는 것으로 만들어지지 않기 때문이다. 예를 들면 인간이라는 이름을 주는 관념을, 통상의 생김새에 감각·의미 있는 운동·이지가 결합되어 있는 신체라고 하자. 이것이 우리가 갖는 인간이라는 종의 추상관념이며, 따라서 그 본질이므로 우리는 이런 관념을 나타낸 인간에 대하여 아주 적은 일반적이고 절대 확실한 명제밖에 만들지 못한다.

왜냐하면 감각과 운동을 추리를 하든가 하는 능력 및 그 특유의 생김새에 근거하여, 그런 것이 같은 주체에 합일하는 (인간의) 실재적 구조를 모르므로 이런 것들과 필연적 결합을 가졌다고 우리가 지각할 수 있는 다른 성질은 아주 적기 때문이다. 그러므로 우리는 (예를 들면) '모든 인간은 계속해서 잠자지 않는다'라든가, '인간은 나무나 돌로 자라나지 않는다'라든가, '누구나 독미나리를 먹으면 중독이 된다'고 절대 확실성을 가지고 단언할 수 없다. 왜냐하면 이런 관념은 인간의 앞에서 말한 우리의 유명적 본질, (인간이라는) 이름이 나타낸 앞에서 말한 추상관념과, 결합 또는 불일치를 갖지 않기 때문이다. 이와 비슷한 일의 경우 우리는 낱낱의 주체(즉 낱낱의 인간)로서의 시험에 의지해야 하겠지만, 이 시험은 조금밖에 다다르지 못한다. 그 밖의 곳에서는 우리는 개연성을 감수하지 않으면 안 되고, 인간에 대한 우리의 종관념이 실재적 구조를, 즉 인간의 모든 분리할 수 없는 성질이 합일되는 뿌리이며 그런 성질들이 나오는 근원인, 실재적 구조를 포함하지 않는 한 일반적 절대 확실성을 가질 수 없다. 인간이라는 말이 나타내는 우리의 관념이 인간의 어떤 감지할 수 있는 성질·능력의 불완전한 집합에 지나지 않는 한, (인간의) 우리의 종관념과 인간의 구조에 대한 독소 부분들의, 또는 돌의 작용과의 사이에 식별할 수 있는 결합이나 불일치는 없다. 독미나리를 삼키고도 무사한 동물이 있는가 하면, 나무나 돌로 자라날 수 있는 다른 동물도 있다.

그러나 여러 종의 동물의 이런 점이나 비슷한 성질과 능력이 근거하는, 실재적 구조의 관념을 결여하는 한 우리는 그런 동물에 관한 보편적 명제에 있어 절대 확실성에 닿으려 해서는 안 된다. (그런 동물의) 우리의 유명적 본질 또는 그 어느 부분과 식별할 수 있는 결합을 가진 매우 적은 관념만이 우리에게 그와 같은 (절대 확실한) 명제를 제공할 수 있다. 그러나 그런 것은 아주 적고 중요성이 모자라므로 우리는 실체에 대한 절대 확실한 일반적 지식을 거의 전혀 갖지 못한다고 보아도 괜찮다.

16. 명제의 일반적 절대 확실성은 어디에 있는가

결론을 내리면 어떤 종류이든 일반명제는 명제에서 쓰이는 명사가 그 명제에 표현된 관념의 일치 또는 불일치를 우리가 발견할 수 있는 관념을 나타낼 때, 그때만이 절대 확실성을 가질 수가 있다. 또 우리는 명사를 나타내는 관념이 서로 긍정되거나 부정된 바가 일치 또는 일치하지 않는다고 지각할 때, 명제가 참 또는 거짓임을 절대 확실히 알게 된다. 이래서 우리는 지각할 수 있는데, 일반적 절대 확실성은 우리 관념 속을 제외하면 결코 찾아낼 수가 없는 것이다. 우리가 다른 곳에서 실제의 경험, 바꿔 말하면 우리 외부의 통찰에서 일반적 절대 확실성을 찾아나서면 우리의 참된 지식은 언제나 낱낱(또는 특수)의 것을 넘지 못한다. 우리 자신의 추상관념을 바라보는 것, 그것만이 우리에게 일반적 진리를 가져다줄 수 있다.

제7장
공준

1. 공준은 자명하다

무릇 어떤 종류의 명제가 있어 지금까지 공준(公準)·공리(公理)라는 이름 아래 학문의 원리로서 통용하고 자명하므로 타고난 것으로 상정되어 왔으나, (내가 아는 한) 그와 같은 명제의 명석성 또는 설득성의 이유와 근거를 명시하는 데 아직껏 손을 댄 사람은 아무도 없었다. 하지만 그런 명제의 명증성의 이유를 탐구하여 명증성이 이 명제에만 특유한가 어떤가를 살펴보는 일, 또 그런 명제가 우리의 진정한 지식에 어디까지 영향을 끼치며 이것을 지배하는가를 검토하는 작업은 해볼 만한 가치가 있다.

2. 자명성은 무엇에 근거하는가

이미 (이 권 제1장 제2절에서) 명시한 바와 같이, 참된 지식은 관념의 일치 또는 불일치의 지각에 있다. 그런데 그 일치나 불일치가 다른 어떠한 관념의 끼어듦 또는 도움 없이 그것만으로 직접 지각되는 경우, 그때는 언제나 우리의 지식은 자명하다. 이 점은 조금도 입증하지 않고 한 번만 보면 동의할 만한 명제의 어떤 것을 고찰하려고만 하면 누구나 그러할 것이다. 왜냐하면 그런 모든 명제에서 그는 발견하게 되겠지만, 그 사람이 동의하는 이유는 명제에서의 긍정 또는 부정에 따라 그런 (명제를 만드는) 관념 속의 마음이 직접 비교에 의하여 발견하는 일치 또는 불일치 때문이다.

3. 자명은 일반이 받아들일 수 있는 공리에만 있지 않다

자명이란 이런 것이므로, 다음에는 이 자명은 보통 공준이란 이름 아래 통용되고 공리의 권위가 인정되는, 유독 그런 명제만이 지니는지를 고찰해 보자.

누구나 아다시피 공리로 인정되지 않은 다른 몇 가지 진리도 이 자명을, 공준으로 인정되는 명제와 같게 서로 나누어 가지고 있다. 이 점은 만일 내가 앞에서 (이 권 제1장 제3절에서) 제시한 관념의 몇 종류의 일치 또는 불일치를, 즉 동일성(과 차이성)·관계·공존·실재를 살펴보면 알 것이다. 이로써 우리는 알게 되는데, 이제까지 공준이라 믿어온 소수의 명제만이 자명한 게 아니라 그야말로 헤아릴 수 없이 많은 다른 명제가 자명한 것이다.

4. 첫째로 동일성과 차이성에 대해서는 모든 명제가 똑같이 자명하다

왜 그런가 하면, 첫째로 동일성의 일치 또는 불일치의 직접 지각은 마음이 별개의 관념을 갖는 것을 바탕으로 하기 때문에 이(동일성이라는)것은, 우리가 별개의 관념을 가진 만큼 수많은 자명한 명제를 우리에게 제공한다. 대개 어떠한 진리를 어쨌든 가진 자는 누구나, 이 진리의 바탕으로서 다양하며 개별적인 관념을 갖는다. 따라서 관념 하나하나를 그것만으로 알고, 다른 것과 구별하는 일이 마음의 첫 작용(이것이 없으면 마음은 무엇인지를 결코 알 수가 없다)이다. 누구나 자기가 가진 관념을 알며, 어떤 관념이 언제 자기 지성에 있으며 그 관념이 어떠한 것인지도 알고, 또 하나 이상의 관념이 지성에 있을 때 그런 관념을 서로 별개로 혼란 없이 아는, 그와 같은 것을 자기 자신 속에서 찾아 낸다.

이것은 늘 그런 것이니까(라는 것은, 누구나 지각하는 것을 지각하는 일 이외에는 할 수 없다) 누구나 자기 마음에 어떠한 관념이 있을 때, 마음에 관념이 있고 있는 그대로의 관념이라는 것, 두 별개의 관념이 마음에 있을 때, 마음에 별개의 관념이 있고 하나의 같은 관념이 아니라는 것을 결코 의심할 수 없다. 따라서 이와 같은 긍정 부정은 모두 조금의 의혹·불확실·망설임의 가능성도 없이 이루어져, 이해가 되자마자 즉 명제로서 명사를 나타낸 확정적 관념을 갖자마자 필연적으로 동의하지 않으면 안 된다. 그러므로 마음이 어떤 명제를 조심스럽게 고찰하고, 명사에 의하여 의미 표시되어 서로 긍정 또는 부정된 두 관념이 같다든가 다르다고 지각하는 경우는 언제나, 마음은 그런 명제의 진리성을 곧 오류 없이 절대 확실히 한다. 그 점은 그런 명제가 비교적 일반적인 관념을 나타내는 명사로 (만들어져) 있다고 해도, (예컨대) '대부분 있는 것은 있다'라고 하는 명제처럼 존재의 일반관념을 그것만으로 긍정할 수 있다고 해도 '인간은 인간이다'라든가 '대부분 흰 것은 하얗다'라고 하는 것과 같이, 비교적 특수한 관념이 그것만으로 긍정된다 하여도 마찬가지이다. 또는 (부정의 경우) 있지 않은 것은 있는 것과 다른 유일한 (그렇게 불러도 된다면) 관념이지만, '같은 것이 있어서 안 될 것은 없다'라는 (존재에 대한) 다른 명제에서와 같이 존재 일반의 관념이 비유(非有)에 대하여 부정할 수 있다고 해도, '인간은 말이 아니다'라든가 '빨강은 파랑이 아니다'처럼 어떤 특수한 존재자의 어떤 관념이 이것과 다른 별개의 관념에 대하여 부정할 수 있다고 해도 '마찬가지'이다.

명사가 이해되자마자, 관념의 차이는 명제의 진리성을 즉시 눈에 보이게 분명히 하여, 그것도 비교적 일반적인 명제뿐만 아니라 비교적 일반적이지 않은 명제에서도 마찬가지로 절대 확실하고도 쉬우며, 모두 같은 이유에 의한 것이다. 즉 마음은 그 가진 어떤 관념에서도, 같은 관념이 그 자체와 같고, 다른 두 관념은 서로 같지 않다고 지각하기 때문이다. 이 점은 그와 같은 관념이 일반적·추상적·포괄적인 것의 많고 적음에 관계없이 똑같이 절대 확실하다. 그러므로 '대부분 있는 것은 있다'와 '같은 사물이 있어서 안 될 것은 없다'라는 두 일반명제만이 어떠한 특별한 권리로 이 자명에 속하는 것은 아니다. 있다든가 없다든가 하는 지각은, 무릇 사물과 사물이라는 명사를 의미 표시하는 막연한 관념에 속하지 않는데, 그 점은 다른 어떤 관념에도 속하지 않는 것과 같다. 이런 (동일원리와 모순원리의) 두 일반공준은 요컨대 '같은 것은 같다'와 '같은 것은 다르지 않다'라는 것 이상은 되지 않으므로, 그런 일반공준뿐만 아니라 비교적 특수한 사례에서도 알려진 진리로서, 그런 일반공준이 대충 생각이 떠오르기 전에 특수한 사례로도 알려져, 특수관념에 관련되는 마음의 식별력으로부터 모든 힘을 얻게 되는 것이다.

본디 눈에 띄게 명백한 것이지만 마음은 어떤 입증에도, 달리 말하면 이런 일반명제의 어느 성찰에도 도움이 되지 않아, (이를테면) 하양의 관념은 하양의 관념이지 파랑의 관념이 아니라든가, 하양의 관념은 마음에 어떤 때 거기에 있고 없는 것은 아니라는 점을 아주 명석하게 지각하여 절대 확실히 알기 때문에, 앞에서 말한 공리의 고찰은 마음의 진지를 명증 또는 절대 확실성에 보탤 게 아무것도 없는 것이다. 그야말로 (누구나 자기 자신 속에서 실제로 경험할 수 있지만) 인간이 자기 마음에 갖는 모든 관념은 그런 것이다. 인간은 저마다 관념이 그 자신에 있고, 다른 관념이 아닌 자기 마음에 있어 거기에 있을 때, 없어지지 않았다는 것을 확실히 안다. 그러므로 일반명제의 진리성은 더욱 큰 확신을 가지고 알게 될 수는 없으며, 이 확실성에 아무것도 보탤 수는 없는 것이다. 따라서 동일성에 관하여, 우리의 직관적 진리는 우리의 관념과 같을수록 멀리 미친다. 그래서 우리는 개별의 관념에 대하여 이름을 가진 만큼 수많은 자명한 명제를 만들 수가 있다. 또는 나는 모든 사람의 마음에 호소하건대, '원은 원이다'라는 명제는 더욱 일반적인 명사로 이루어진 명제, 즉 '대부분 있는 것은 있다'와 같이 자명한 명제인가 아닌가? 더욱이 또 '파랑은 빨강이 아니라'라는 명제는, 마음이 말을 이해하자마자 의심하지 못한다는 점에서, '같은 사물이 있어서는 안 될 것은 없다'라는 공리를 의심할 수 없는 것과 마찬가지의 명제인가 아닌가? 모든 비슷한 명제에서도 그러하다.

5. 둘째로 공존에 대해 우리는 자명한 명제를 조금밖에 갖지 못한다

둘째로 공존에 대하여, 즉 두 관념의 하나가 상정되는 주체에서는 거기서 다른 쪽도 필연적으로 상정하지 않으면 안 될 것 같은, 두 관념 사이의 필연적 결합에 대하여 마음은 이런 일치 또는 불일치의 직접 지각을 아주 적은 관념으로 가질 뿐이다. 그러므로 이 종류에서 우리는 아주 적은 직관적 지식을 가질 뿐, 자명한 명제가 아주 많이 발견될 리는 없다. 하긴 많고 적음은 있다. 예를 들면 물체의 면적 내부와 같은 장소를 채운다는 관념이 우리의 관념과 결부된다면, '두 물체가 같은 장소에 있을 수는 없다'고 하는 것은 자명한 명제라고 나는 생각한다.

6. 셋째로 다른 관계에서는, 우리가 '자명한 명제'를 가질 수 있다

셋째로 양상의 관계에 대해서는, 동일성이라는 그 하나의 관계에 관하여 수학자는 수많은 공리를 만들어 놓았다. 예를 들면 '같은 것에서 같은 것을 빼면 나머지는 같을 것이다'에서, 이것은 그 종류의 다른 것과 함께, 아무리 수학자에 의하여 공준으로 받아들여져 의심할 수 없는 진리라 해도 내 생각에 이것을 고찰하는 자는 누구나, (예컨대) '하나와 하나는 둘과 같다'라든가 '당신의 한쪽 손의 다섯 손가락에서 두 개를 빼고, 다른 쪽 손의 다섯 손가락에서 두 개를 빼면 나머지 수는 같을 것이다'에 비하여 더 많은 자명성을 갖는다고는 보이지 않을 것이다. 이런 것과 그 밖에 이와 같은 수천의 명제를 수에서 찾아낼 것이다. 그런 것들은 본디 처음 듣자마자 동의를 강요하며, 위에 적은 수학적 공리보다 크지 않더라도 같은 명석성을 수반한다.

7. 넷째로 실재에 관해서는, 우리는 하나도 갖지 않는다

넷째로 실재에 대해서는 우리 자신의 관념과 어떤 으뜸가는 존재자(즉 신이라는 것)의 관념 외에는 다른 어떠한 관념과도 실재는 결합하지 않으므로, (나 자신과 신이라는 것 말고는) 다른 모든 존재자의 실재에 관한 결합에서는 우리는 논증적 진리조차 갖지 못하는데, 하물며 자명한 진리는 더욱더 갖지 못한다. 그러므로 그런 것(다른 존재자)에 대해서는 공준이 없는 것이다.

8. 이런 공준은 우리의 다른 진리에 많은 영향은 없다

다음으로는, 일반에게 받아들여진 이런 공준이 우리 진리의 다른 부분에 어떤 영향을 갖는가를 고찰해 보자. 본디 모든 추리는 '먼저 알려진 것과 먼저 인정된 것으로부터'라고 하는 학계에서 확립된 규칙은 위에서 말한 (동일원리나 모순원리와 같은) 공준에 다른 모든 진리의 바탕을 두고, 그런 공준을 (먼저 알려진 것이라고) 상정하는 것 같다. (그런데) 그 의미는 다음의 두 가지라고 나는 생각한다. 즉 첫째, 이런 공리는 마음에 처음으로 알려진 진리라는 것. 둘째, 이런 공리에 우리 진리의 다른 부분이 근거한다는 것. (이 두 가지이다.)

9. 왜냐하면 이런 공리는 우리가 처음에 알았던 진리가 아니므로

첫째, 공리가 마음으로 처음에 알려진 진리가 아닌 것은 다른 자리, 즉 제1권 제2장(제15절 그 밖에)에서 명시했던 바와 같이 경험에서 명백하다. (예를 들면) 어린아이는 '같은 사물이 있어 안 된다는 것은 아니다'(라는 공리)를 알기 훨씬 전에, 낯선 사람은 엄마가 아니라든가 우유병은 회초리가 아님을 절대 확실히 안다. 그렇게 지각하지 않는 아이가 있을까? 또 수에 대하여 얼마나 많은 진리가 있으며, 수학자가 논할 적에 이따금 의존하는 일반공준을 만일 마음으로 생각하기 전에, 마음이 그런 진리를 완전히 숙지하여 빠짐없이 굳게 믿으면 또렷하게 관찰되지 않겠는가? 그 이유는, 누구나 매우 잘 안다.

그렇다 치고, 이런 명제에 마음으로 동의하도록 하는 것은, 마음을 이해하는 말로 관념이 서로 긍정되거나 부정되는 것을 찾아내는 데 따라 마음이 그 관념의 일치나 불일치를 지각하는 것이며, 또 관념은 모두 있는 그대로의 것이라고 알려져 두 별개인 관념은 같지 아니한 것으로 알려지기 때문에, 마음에 본디 있는 관념으로 이루어진 듯한 자명한 명제가 처음으로 알려져야 하는 것이 필연적이지만, 마음에 처음 관념은 자명하게 낱낱의 (특수한) 사물의 관념이었고, 이 관념으로부터 지성은 어떤 소수의 일반관념으로 천천히 나아가는 것이며, 이 일반관념은 감각의 익숙해진 대상으로부터 제거되어, 이 관념에 대한 일반명과 함께 마음에 정착하는 것이다. 이렇게 하여 특수관념이 비로소 받아들여져 구별되고, 따라서 지식은 특수관념에 이어 얻어지며, 그다음으로 비교적 일반적이 아닌 관념 즉 특수관념 다음의 종적 관념에 이어 얻어진다. 그렇게 되어 추상관념*¹은 아이들이나 아직 단련되지 않은 마음에는 특수관념만큼 또렷하지도 쉽지도 않다. 만약 추상관념이 우리에게 또렷하고 쉽게 보여진다면, 끊임없이 써서 익숙하므로 그렇게 되었을 뿐이다.

왜냐하면 우리가 일반관념을 자세히 성찰하면 찾아내겠지만, 일반관념은 허상과 창조물로서 어려운 점이 따르므로 우리가 떠올리기 쉬울 정도로 쉽게 나타나지는 않는다. 예를 들면 삼각형의 일반관념(이것은 또 가장 추상적·포괄적·곤란한 관념이라는 것은 아니다)을 만들자면 약간의 수고와 숙련이 요구되지는 않을까? 왜냐하면 삼각형의 일반관념은 사각도 직각도 안 되고, 등변도 이등변도 부등변도 안 되며, 그런 모든 것임과 동시에 어느 것도 아닌 것이어야 하기 때문이다. 요컨대 삼각형의 일반관념은 존재할 수 없는 불완전한 어떤 것, 몇 가지 다른 부정합한 관념의 어떤 부분을 그러모은 관념이다. 과연 (우리의) 이 불완전한 상태의 마음은 그런 관념을 필요로 하고, 진리의 전달과 확대 즉 그 어느 쪽에도 마음이 자연히 기울어지는 진리의 전달과 확대의 편의상, 이런 관념이 되도록 서둘고 서두른다. 그러나 더욱이 이런 관념은 우리의 불완전한 증거라고 의심해도 좋은 이유가 있다. 적어도 이것으로 충분히 명시되지만 가장 추상적이며 일반적인 관념은, 마음으로 처음에 가장 손쉽게 알 수 있는 관념 또는 마음의 가장 빠른 진리와 관련되지 않는 것이다.

---

*1 버클리는 여기부터 절이 끝날 때까지 인용해서, 추상관념을 부정하는 근거로 삼는다.

10. 왜냐하면 우리의 다른 참된 지식은 공리에 근거하지 않으므로

둘째, 이제까지 (앞 절에서) 말한 것에서 누구나 알다시피 이런 찬미되는 공준은 우리의 다른 모든 진리의 원리와 바탕이 아닌 것이 된다. 왜냐하면 만일 공준과 같이 자명한 많은 진리가 있어, 공준보다 먼저 알려진 것이 많이 있다면, 공준은 우리가 다른 모든 진리를 연역하는 원리가 될 수 있기 때문이다. (예컨대) '하나와 둘은 셋과 같다'를 아는 것은 다음의 공리, 즉 '전체는 그 모든 부분을 하나로 만든 것과 같다'나 그런 어떤 공리에 의하지 않고 될 수 있겠는가? '하나와 둘은 셋과 같다'를 많은 사람은 이것을 증명할 수 있는 위에 적은 공리나 그 밖의 무슨 공리를 지금까지 들은 일도 생각한 일도 없이 알며, 다른 어떤 사람이 '전체는 그 모든 부분과 같다'라든가 그 밖의 어떠한 공준을 아는 것과 같이 절대 확실히 아는 것은, 모두 자명이라는 같은 이유에서이다.

왜냐하면 그런 관념의 동일성은, 위에 적은 공리나 그 밖의 무슨 공리가 있으나 없으나 마찬가지로 그 사람의 눈에 뚜렷이 보여 절대 확실하므로, 이것을 지각시키는 데 입증은 필요없기 때문이다. 또 '전체는 그 모든 부분과 같다'는 것을 안 다음에는, 알지 못했던 예전보다 더욱 잘, 또는 한결 더 확실히 '하나와 둘은 셋과 같다'를 아는 것도 아니다. 만일 이런 관념에 뭔가 이상한 점이 있다면, 하나와 둘과 셋의 관념보다 전체와 부분(의 관념) 쪽이 불명료하거나 적어도 마음에 정착되기가 어렵다. 그래서 실제, 나는 위에 적은 일반원리 그 자체를 별도로 하고, 모든 진리를 일반적으로 타고난 자명한 원리로 꼭 근거 삼으려고 하는 사람들에게, '하나와 둘은 셋', '둘과 둘은 넷', '둘의 3배는 여섯'을 증명하는데 어떤 원리가 필수인가, 그렇게 물어도 좋다고 생각한다. 이런 것은 아무런 입증 없이 알 수 있으므로, 모든 진리는 원리라고 부르기 전에 알려진 것 또는 일반공준에 근거하지 않음을 명증하고, 그렇지 않으면 이런 것이 원리임을 명증하는 것이며, 만일 이런 것이 원리로 헤아려져야 한다면 계수의 대부분은 원리일 것이다. 만일 여기에, 우리의 모든 별개의 관념에 대하여 만들 수 있는 모든 자명한 명제를 채우면 원리는 거의 무한하게 되어 헤아릴 수조차 없을 것이다. 그런 원리의 지식에 사람들은 다양한 나이에 다다라, (더구나) 그 타고난 원리의 대부분을 한평생 결코 알게 되지 못한다. 그러나 그런 (자명한 명제인) 원리를 마음이 바라보게 되는 것이 빠르든 늦든 원리에 대하여 다음의 점은 진실이다. 즉 모든 타고난 성질의 명증으로 알려져 (저마다) 완전히 독립하여 서로 다른 데서 아무 빛도 받지 않고, 남에게 입증되는 일은 전혀 없으며, 하물며 특수한 것이 일반적인 쪽에서, 단순한 것이 복합된 쪽에서 입증되는 것은 더더욱 불가능하다. 왜냐하면 단순하며 추상적이 아닌 쪽이 가장 친숙해져, 한결 손쉽게 더욱 빨리 이해될 수 있기 때문이다.

하지만 어느 것이 가장 명석한 관념이든, 모든 이런 명제의 명증과 절대 확실성은 다음의 점에서, 즉 인간은 같은 관념이 같은 관념을 알아보고, 두 다른 관념은 다른 관념으로 오류 없이 지각한다는 점에 있다. 그것은 인간이 자기 지성에 (예컨대) 하나의 관념과 둘의 관념, 노랑의 관념과 파랑의 관념을 가질 때, 그 사람은 하나의 관념이 하나의 관념이지 둘의 관념이 아니고, 또 노랑의 관념은 노랑의 관념이지 파랑의 관념이 아님을 절대 확실히 모를 수는 없다. 왜냐하면 인간은 자기 마음속의 관념을 혼동할 리가 없기 때문이다. 혼동했다면 관념을 혼란시킴과 동시에 별개로 했을 것이다. 이것은 모순이다. 또 별개인 관념을 하나도 갖지 않는 것은 자기 기능을 쓰지 않은 것이며, 참된 지식을 전혀 갖지 않은 것이다. 그러므로 어떠한 관념이 그 자신에 의해 긍정되든, 어떠한 완벽한 별개의 두 관념이 서로 부정되든 마음은 명사를 이해하자마자 망설이지 않고 또는 입증할 필요 없이, 바꿔 말하면 더욱 일반적인 명사로 만들어져, 공준이라 부르는 명제를 고려하지 않고 그런 것의 명제를 오류 없이 진정으로 동의하지 않을 수 없다.

11. 이런 일반공준은 어떠한 쓰임새를 갖는가

그럼 우리는 뭐라고 말할까? 이런 일반공준은 아무 소용도 없는가? 결코 그렇지 않다. 아마도 공준은 흔한 용도로 쓰이지는 않을 것이다. 그러나 이제까지 이와 같은 공준에 어떤 사람들이 귀착해 온 것을 조금이라도 의심하면, 모든 학문의 밑바탕을 뒤집는다는 반대 외침을 듣기 십상이므로 공준을 우리 진리의 다른 부분에 관련시켜 고찰하여 어떤 목적에 쓸모가 있고, 무엇에 쓸모가 없는지 더 세밀히 검토하는 것은 가치 있는 일이라고 생각한다.

1. 이미 (앞 절까지에서) 말한 것에서 명백히, 공준은 비교적 일반적이 아닌 (특수한) 명제를 증명하거나 확증하는 데 도움이 안 된다.

2. 마찬가지로 누구나 알다시피 공준은 어떤 학문을 쌓아온 밑바탕이 되지 않았으며, 밑바탕이 된 적이 없다. 나는 알고 있는데, 여러 학문과 그것을 쌓

아울린 (밑바탕의) 공준에 대하여 학계 사람들이 자주 들먹거려 널리 알렸다. 그러나 나는 불운하게도 그런 학문을 만난 일이 전혀 없었고, 하물며 '있는 것은 있다'와 '같은 것이 있어서 안 되는 일은 없다'라는 두 공준 위에 쌓여진 학문과는 한 번도 마주친 적이 없다.

그래서 나는 이런 일반공리 또는 다른 어떠한 일반공리 위에 세워진 학문을 찾아낼 만한 곳을 명시해 준다면 기쁘고, 이런 것과 비슷한 공준 위에 지어진, 이런 공준을 고찰하지 않으면 (공준과) 함께 견고하게 선다고 명시할 수 없는 학문의 구조와 체계를 내 앞에 내놓는 사람이 있다면 감사할 것이다. (또) 나는 묻지만, 이와 같은 일반공준은 신들의 연구·신학의 문제들이며, 다른 여러 학문의 경우와 마찬가지로 소용이 없는지 어떠한지, 거기에서도 공준은 말다툼하는 사람들을 침묵시켜 토론을 끝내도록 하는 데 쓸모가 있다. 하지만 그렇다고 해서 누구나 그리스도교는 이런 공준 위에 쌓아졌다라든가, 그리스도교에 대하여 우리가 가진 진리는 이런 원리에서 나온다고 말하는 자는 없으리라 나는 생각한다. 우리가 그리스도교의 진리를 받아들여 온 것은 계시에서이고, 계시가 없다면 그런 공준이 그리스도교의 진리로 우리를 돕는 일은 결코 없었을 것이다. 본디 우리가 (논증에서) 어떤 관념을, 즉 그것이 끼어듦으로써 다른 두 관념의 결합을 발견하는 그런 관념을 찾아낼 때 이것은 이지의 소리에 의한, 신이 우리에게 내리는 계시이다. 왜냐하면 그때 우리는 예전에 몰랐던 진리를 알게 되기 때문이다. (또) 신이 우리에게 어떤 진리를 말해 주었을 때, 이것은 신의 영혼의 소리에 의한 우리에게의 계시이고, (이것에 의해) 우리의 진리는 전진하게 된다. 그렇지만 우리는 이 어느 쪽으로부터도 자기의 빛이나 진리를 받아들이는 것이 아니다. 그러나 앞의 경우는 사물 자체가 진리를 제공하며, 우리는 사물의 일치나 불일치를 지각함으로써 사물에 있는 진리를 본다. 다음의 경우는 신 자신이 진리를 우리에게 직접 제공하고, 우리는 신이 말한 진리를 신의 오류가 없는 진실의 말 속에서 보는 것이다.

3. 공준은 여러 학문의 전진, 바꿔 말하면 알려지지 않은 진리의 새로운 발견으로 사람들을 적극 돕는 데 쓸모가 없다. (예를 들면) 뉴턴은 아무리 칭찬해도 부족한 저작으로 몇 가지 명제를 논증했다. 그런 명제는 그만큼 수많은, 이제까지 세상에 알려지지 않았던 새로운 진리로서 수학적 진리를 더욱 전진시켰다. 그러나 이런 발견을 위하여 뉴턴을 도와준 것은, '있는 것은 있다'라든

가 '전체는 부분보다 크다'와 같은 일반공준 또는 비슷한 것은 아니었다. 그런 공준은 그와 같은 명제의 진리·절대 확실성으로 그를 이끌어 가는 실마리가 되지 못했다. 또 이런 공준에 의하여 그는 그와 같은 논증의 진리를 얻은 것이 아니라, 그가 논증한 명제에 표현된 관념의 일치나 불일치를 명시한 중간관념을 찾아낸 것에 의해서였다. 이(중간관념을 찾아낸)것은 진리를 확대한 학문들을 전진시킬 때의 인간 지성의 위대한 행사이자 진보이다. 그 경우 여러 학문은 이런 것과 비슷한 찬미된 공준의 관조로부터 무엇인가 도움을 전혀 받지 않는다.

만약에 이와 같은 (공준의) 문제들을 전통적으로 찬탄하는, 공리의 지지가 없다면 진리에서 한 걸음도 나아가지 못하고, 일반적 공준이 없다면 여러 학문의 건축에 돌 하나도 놓지 못한다고 생각하는 자가, 진리를 얻는 방법과 이것을 전달하는 방법을, 어떤 학문을 세우는 방법과 그 학문이 전진하는 다른 어떤 사람에게 학문을 가르치는 방법을 구별만 한다면, 그런 일반공준은 (진리의) 최초의 발견자가 그 찬양할 만한 건축물을 세운 밑바탕이 아니었고, 진리의 어떤 비밀을 열어 밝힌 열쇠가 아니라는 점을 알았을 것이다. 하긴 학원이 세워지고 다른 사람이 발견한 것을 가르치는 교수를 여러 학문이 가졌을 때는, 교수는 가끔 공준을 이용했다. 즉 일정의 자명한 명제, 바꿔 말하면 진실로 받아들여야 할 명제를 세웠다. 이와 같은 명제는 의심할 수 없는 진실로서 학생의 마음에 정착되었으므로 교수는 특수한 사례에서의 진리를, 즉 미리 학생에게 가르쳐서 그 마음에 조심스럽게 정착시켜 놓은 일반공리만큼 학생에게 친숙해져 있지 않은, 특수한 사례로서의 진리를 학생이 인정하고 따르도록 하기 위하여 이런 (공준으로 된 자명한) 명제를 필요에 따라 이용했던 것이다. 하지만 그런 특수사례도 잘 고찰하면, 이것을 확증하기 위하여 끌어낸 일반공준 못지않게 지성이 자명하여 이 특수한 사례에서 (진리의) 처음 발명자는 일반공준의 도움을 받지 않고 진리를 찾아냈던 것이며, 나아가서는 누구나 특수사례를 주의하여 고찰하면 진리를 발견하게 되는 것이다.

그러므로 공준이 쓰이는 용도의 점에서 보면,

1. 이미 (이 절에서) 말한 것처럼 학문이 전진하고 있는 한, 학문을 가르치는 통상적인 방법에 도움이 된다. 그러나 학문을 더욱 전진시키기 위해서는 그다지, 또는 전혀 도움이 안 된다.

2. 공준은 토론에서 고집 센 논쟁상대를 침묵시켜, 어떤 결론을 가져오는 데는 도움이 된다. 이 목적을 위한 공준의 필요성이 다음의 방법으로 채택되지 않는지 어떤지 탐구해 주었으면 한다. 본디 학원은 토론을 사람들의 재능의 시금석·진리의 기준으로 삼아버렸다.[*2] 따라서 (논쟁에서 탈락하지 않고, 그) 자리를 지키는 자에게 승리를 선고하여 마지막에 발언한 자는, 설사 주장이 우월하지 않더라도 토론에서 우수하다고 단정하는 것이었다. 하지만 이런 수단으로는 숙달한 논쟁가 사이에 결말을 내기 어려웠다. 왜냐하면 한쪽은 (논쟁에 사용되는 삼단논법으로) 어떤 명제를 증명하는 중명사(中名辭)를 결코 빠뜨리지 않았고, 다른 쪽은 대전제 또는 소전제를 구별하기도 하고 구별하지 않기도 하여 (아무튼) 끊임없이 부정할 수 있었기 때문이다. 그러므로 토론이 삼단논법의 끝없는 계열로 떨어지는 것을 되도록 피하기 위하여, 대부분은 실제로 자명한 일반명제가 학원에 도입되어, 이 일반명제는 모든 사람이 인정하고 일치한다고 짐작되는 것이므로, 진리의 일반척도로 여겨져 (토론자들이 다른 어떠한 원리를 세우지 못했을 때) 원리, 즉 그 이상 나아가지 못한, 또 (토론자의) 어느 쪽도 철회하면 안 되는 원리를 대신하는 것이었다. 이렇게 해서 공준(즉 위에서 말한 일반명제)이 원리라는 이름을, 즉 토론하는 사람들이 그 이상 물러설 수 없는 (바꿔 말하면 궁극 근거인) 원리라는 이름을 얻으므로 공준은 모든 진리의 시작인 기원과 원천에서 여러 학문이 세워지는 밑바탕과 어긋나게 되었다. 왜냐하면 토론하는 사람들이 이런 공준의 어딘가에 이르면 사람들은 거기에서 멈추고 그 이상 가지 못하여 문제는 결정되기 때문이다. 그러나 이것이 얼마나 잘못된 일인가는 (이 절에서) 이미 설명한 바 있다.

학계의 이와 같은 방법은 진리의 원천이라 생각하도록 만들었기에 내 생각으로는 학원을 제외한 대부분의 담화에 억지 이론을 늘어놓는 사람의 입을 막기 위해 이와 같은 공준과 비슷한 사용법을 들여왔다. (이것에 의하여) 억지 이론가가 이런 일반적이며 자명한 원리를, 즉 그런 원리를 한 번이라도 생각해 본 적이 있는 모든 이지적인 사람들이 받아들이는 일반적이며 자명한 원리를 부정할 때, 누구나 그런 억지 이론가와 그 이상 토론하는 일을 면하게 되는 것이다.

[*2] 공리·공준에 근거한 삼단논법을 주로 한 스콜라 현학에 대한 로크의 통렬한 비판은 지금까지 보아왔고, 앞으로도 반복된다.

하지만 이 경우에 공준의 용도는 단지 말다툼을 끝내게 하는 것이다. 공준은 이런 경우에 역설되지만 실제는 아무것도 가르치지 않는다. 가르치는 것은 토론에서 쓰이는 중간관념에 의해 이미 이루어지고 있는, 중간관념의 (논증적) 결합은 그런 공준의 도움 없이도 볼 수가 있고, 나아가서는 공준이 제안된 토론이 제1원리를 가져오기 전에 진리는 알려질 수 있게 될 것이다. 예컨대 사람들이 그 토론에서 만일 진리를 발견하여 믿게 되기를 꾀하고, 이기기 위하여 논쟁을 기도하지 않았다면, 사람들은 옳지 않은 토론이 공준 또는 제1원리에 다다르기 전에 옳지 않은 토론을 팽개쳤을 것이다. 이렇게 하여 공준은 사람들에게 완고하지 않도록 하는 데 도움이 되지만, 만일 사람들이 성실했다면 (공준의 도움을 받지 않더라도) 더 빨리 굴복했을 것이다.

그러나 학원의 방법은 사람들이 당황할 때까지, 즉 자기모순 또는 어떤 확립된 원리와의 모순에 빠져들 때까지 명백한 진리에 맞서 저항하는 사람들을 인정하고 장려했으므로 사람들이 (일상의) 시민적 담화에도, 학계에서 덕·영광으로 꼽는 것을, 즉 자기들이 문제로 선택한 쪽을 진실이든 거짓이든 마지막까지 유죄선고를 내린 (즉 잘못을 안) 다음까지도 완고하게 주장하는 것을 수치로 여기지 않았던 것도 이상하지 않다. (이것은) 진리·참된 지식을 얻는 별난 방법이며, 진리를 사랑하는 사람이나 종교 또는 자연을 배우는 사람들에게 혹시라도 허용이 되리라고는, 또 무지하고 믿음이 굳건하지 않은 자 사이에 종교나 학문의 진리를 널리 퍼지도록 해야 할 사람들의 교육장에 도입되리라고는, (학원의) 교육에서 손상을 입지 않은 인류의 이지적인 부분을 믿는 일은 있을 수 없다고 나는 생각한다. 이런 배움의 길이 젊은이들의 마음을 진리의 성실한 탐구와 사랑으로부터 얼마나 떠나게 할지, 아니 그뿐인가, (진리와 같은) 무엇인가 그런 사물이 혹은 적어도 고집할 가치가 있는 사물이 과연 있는가 어떤가 의심하도록 만들지 이 점은 지금 탐구하지 않을 것이다. (다만) 나는 이렇게 생각한다. 즉 페리파토스파 철학을 학원으로 들여왔는데, 이 철학이 논쟁의 기술 이외에 아무것도 가르친 것 없이 몇 시대나 이어졌던 바, 그런 일을 제외하면 앞에서 든 공준은 어디에서나 학문을 쌓는 밑바탕도, 진리의 전진에 큰 도움도 생각할 수 없었던 것이다.

그러므로 이와 같은 일반공준에 대해서는, (이 절에서) 말한 것처럼 토론에서 논쟁 상대의 입을 막는 데는 큰 역할을 했으나, 알려지지 않은 진리를 발견한다든가 진리의 탐색에 적극적으로 마음을 움직이는 데는 별로 도움이 되지 못했다. 본디 누가 먼저 처음으로 '있는 것은 있다'라든가 '같은 사물이 있어서 안 될 것은 없다'라든가 하는 일반명제(또는 공준) 위에 자기 지식을 쌓아, 학문의 원리로서 이런 유용한 진리의 체계를 어디서부터 연역했는가? (확실히) 옳지 않은 설은 자주 모순을 포함하므로, 이런 공준의 하나(즉 모순원리)는 시금석으로서 옳지 않은 설이 어느 결론을 내리게 되는가를 명시하는 데 매우 유익할지도 모른다.

하지만 그런 공준은 인간의 추리나 의견의 불합리 또는 잘못을 드러내는 데는 적합해도, 지성의 어리석음을 깨우치게 하는 데는 아주 조금밖에 도움이 되지 않는다. 그래서 마음이 진리의 진보에 있어 공준으로부터 많은 도움을 받았다고는 할 수 없을 것이다. 진리는 설사 앞에 적은 두 일반명제를 전혀 착상하지 못했다 하더라도, (그 수가) 적었거나 절대 확실성이 적지는 않았을 것이다. 과연 (이 절에서) 말했던 대로, 그런 일반명제는 논쟁 상대의 말이 불합리함을 명시하여 전세계가 알고 자기 자신도 사실이라 인정하지 않을 수 없게 함으로써 논쟁 상대가 모순으로 수치를 드러내고, 변명을 늘어놓던 입을 틀어막는 데는 유익할 수도 있다. 그렇지만 어떤 인간이 잘못이 있다고 그 사람에게 명시하는 것과, 진리를 그 사람에게 안겨주는 것은 다르다. 그래서 나는 이런 두 명제가 전에는 몰랐거나 또는 이런 명제 없이는 알 수가 없었던 어떤 진리를 가르칠 수 있으며, 명제의 영향력으로 우리로 하여금 알게 할 수가 있을지 기꺼이 알고 싶다. 이런 명제로 되도록 깊이 추리하자. (그래도) 명제는 오직 같은 진술에 대해서뿐이고, 혹시 뭔가 영향을 주는 것이 있었다 해도, 같은 진술 이외의 어떤 것에도 영향이 없다. 동일성 또는 차이성에 관한 각각의 특수명제는 깊이 생각하면 앞에 적은 일반명제의 어느 것이나 마찬가지로 그 자체로 명석하고도 절대 확실하게 알게 된다. 다만, 그런 일반명제는 모든 경우에 유익하므로 더욱 많이 배우도록 강조될 뿐이다. 비교적 일반적이 아닌 다른 공준에 대해서는, 대부분 언어적 명제에 불과하고, 이름(또는 말)끼리의 연관과 뜻을 나타내는 것을 가르칠 뿐이다. (예컨대) '전체는 그 모든 부분과 같다', 이것이 어떠한 실재를 우리에게 가르치는지 나도 좀 알고 싶다. 토툼, 즉 전체라고 하는 말의 의미 표시가 그 자체로 뜻을 나타내는 이상의 무엇이 이 공준에 포함되어 있는가?

전체라고 하는 말은 그 모든 부분으로 만들어진 것을 나타낸다고 아는 사람이 아는 바는, 전체가 그 모든 부분과 같다고 하는 것보다 아주 조금밖에는 적지 않다(바꿔 말하면 거의 같다). 그래서 나는 같은 근거로, (예를 들면) '언덕은 골짜기보다 높다'라든가 비슷한 몇 가지의 (특수한) 명제도 공준으로서 통용될 수 있다고 생각한다. 하지만 수학의 대가들이 자기가 아는 것의 교사로서 다른 사람들에게 이 학문의 초보를 가르치려고 할 때, 자기들 체계 입구 위에 내세운 공준이나 그와 비슷한 공준을 두는 것은 이유가 있다. (그렇게 하는 것도) 배우는 자의 사유를 그런 일반명사로 만들어진 (공준의) 명제에 익숙하도록 하여 그런 성찰을 하는 데 잘 따르도록, 정식화된 규칙과 습관으로서 그런 비교적 일반적인 명제를 즉시 모든 특수한 경우에 꼭 들어맞게 하기 위해서이다. (그러나 그렇게 하는 것은) 일반명제를 (특수한 사례와) 마찬가지로 비교 고려하면 일반명제는 특수한 명제에서, 즉 이것을 확증하기 위하여 일반명제가 제기한 특수한 사례에서 명석 확연하다는 것이 아니고, 일반명제는 마음에 더욱 익숙해졌으므로 그 이름을 드는 것 자체가 지성으로 하여금 충분히 이해하게 한다는 것이다. 그렇지만 나는 말하는데 이것은 (일반명제라든가 특수사례라든가) 사물의 여러 다른 명증으로 말미암은 것이라기보다, 일반명제를 쓰는 습관, 우리가 가끔 일반명제를 생각하므로 우리 마음에 일반명제가 확립되어 버린 데서 기인한다.

그러나 습관이 우리 마음에 (일반명제에서 시작되는) 사유와 추리의 방법을 정착시키기 전에는 나는 이렇게 생각하곤 한다. 완전히 별개인 (예를 들면) 어린아이가 자기 사과 한 쪽을 빼앗기면, 이것을 그 특수한 사례로서 '전체는 그 모든 부분과 같다'고 하는 일반명제보다 잘 알며, 만일 이런 것(특수사례와 일반명제)의 하나를 다른 쪽에 의해 어린아이에게 확증시킬 필요가 있다고 하면, 특수사례에 의하여 일반명제가 어린아이의 마음에 도입될 필요성이 일반명제에 의하여 특수사례를 받아들이는 것보다 크다. 왜냐하면 우리의 진리는 특수에서 시작하여 이윽고 일반으로 점점 퍼지기 때문이다. 하긴 다음에는 마음은 정반대 과정을 따르고, 진리를 되도록 일반명제로 끌어들여서, 이 일반명제에 사유를 익숙하게 하여, 참 거짓의 기준으로서 일반명제에 의존하듯이 마음 자체를 익숙하게 만든다. 이렇게 하여 다른 규칙의 진리를 가늠하는 규칙으로 일반명제를 익숙하게 씀으로써, 결국 특수한 쪽의 명제가 그런 일반적인 쪽의 명제와의, 즉 논의와 변론에서 매우 자주 주장되며 끊임없이 (진리로) 허용되는 일반적인 명제와의 합치에서 진리·명증을 얻었다고 생각하게 된다. 내 생각으로는 이것이 꽤 많은 자명한 명제 중에서 가장 일반적인 명제만이 공준이라는 칭호를 획득하게 된 이유이다.

12. 말을 사용할 때 깊이 숙고하지 않으면 공준은 모순을 증명할지도 모른다

또 하나, 이와 같은 일반공준에 관한 다음의 점을 말하는 것은 잘못이 아니라고 생각한다. 즉 일반공준은 우리 마음을 진정한 지식으로 진보하게 한다든가 확립하기는커녕, 만일 우리의 상념이 옳지 않고 산만하거나 불안정하게 우리 사유를 사물이 자리잡아 확립된 관념으로 고정하는 것보다 말의 소리에 오히려 의존하면 이 일반공준은 우리를 잘못된 방향으로 굳히는데 도움이 되고, 말의 가장 흔한 사용법으로 모순을 증명하는 데 도움이 될 것이다. 예를 들면 데카르트처럼 자기가 물체라 부르는 것의 관념을 연장할 뿐이라고 생각하는 사람은 진공이 없는 것, 즉 물체가 없는 공간이 없는 것을, '있는 것은 있다'라고 하는 공준으로 쉽게 논증할 수 있으리라. 왜냐하면 그 사람이 물체라고 하는 이름에 결부시킨 관념은 단순한 연장이므로 공간은 물체 없이 존재할 리가 없다는, 그 사람(에게 있어서)의 지식은 절대 확실하기 때문이다. 그 사람은 연장에 대한 자기 관념을 명석 확연히 알며, 또 이 관념은 그 어떤 곳의 것으로서 연장·공간·물의 세 이름으로 부르게 하려고 (연장 이외의) 다른 관념이 아닌 것으로 아니까 말이다. 이 세 가지 말은 하나의 같은 관념을 나타내므로 의심할 것도 없이 같은 명증과 절대 확실성을 가지고, 저마다 자기 자신에 대하여 긍정하듯이 서로에 대하여 긍정할 수 있을 것이다. 그래서 다음의 점은 마찬가지로 절대 확실하다. 즉 내가 세 가지 말을 모두 하나의 같은 관념을 나타내는 것처럼 쓰는 동안은, '물체는 물체이다'라는 진술이 그 의미 표시와 음성(또는 말) 모두에서 진실로 같듯이, '공간은 물체이다'라는 진술은 (음성 또는 말로는 다르지만) 의미 표시에서 진정으로 같다.

13. 진공의 사례

만일 (나 같은) 다른 사람이 나타나 데카르트와 함께 역시 물체라는 같은 이름으로 부르는 사물에 대하여 데카르트와는 다른 별개의 관념을 자기 자신에게 만들고, 물체라는 말로 표현하는 자기 관념을 연장과 고체성을 함께 가진 사물의 관념이라 한다면, 그 사람은 진공 즉 물체가 없는 공간이 있을 수 있다 해도, 데카르트가 반대를 논증한 것과 마찬가지로 손쉽게 논증할 것이다. 왜냐하면 그 사람이 공간이라는 이름에 제공한 관념은 단지 연장의 단순관념이며, 물체라는 이름에 준 관념은 같은 주체에 연장과 저항성 또는 고체성이 함께 있는 복합관념이므로, 이런 (공간과 물체의) 두 개의 관념은 정확히 하나이며 같지 않고, (예컨대) 1과 2·하양과 검정의 관념처럼, 또는 형체성과 인간성이라는 세련되지 않은 명사를 써도 좋다면 그런 관념처럼 지성에서 별개이다. 따라서 공간과 물체에 대한 우리 마음에서의, 또는 그들을 나타내는 말로서의 진술은 같지 않고 서로의 부정이다. 즉 '연장이나 공간은 물체가 아니다'라는 명제는, '같은 사물이 있어서 안 될 것은 없다'는 공준이 어떠한 명제를 만들 수 있는 것과 마찬가지로 참으로 뚜렷이 절대 확실한 것이다.

14. 공준은 외부 사물의 존재를 증명하지 않는다

(아는 바와 같이) '진공은 있을지도 모른다'와 '진공은 있을 리가 없다'는, 다음의 두 가지 절대 확실한 원리 (즉) '있는 것은 있다'와 '같은 사물이 있어서 안 될 것은 없다'에 의해 마찬가지로 논증할 수 있겠지만, 이런 (동일과 모순)원리는 모두 무엇인가 물체가 존재한다거나, 어떤 물체가 존재한다는 것을 우리에게 증명하는 데는 쓸모가 없다. 우리는 그런 것은 자기 자신에게 되도록 많이 알려주려는 자기 감각에 맡기고 있는 것이다. 앞에서 말한 보편적이고 자명한 원리는, 우리 자신의 비교적 일반적인, 바꿔 말하면 포괄적인 관념에 대한 우리의 항상적이며 명석 확연한 진리에 불과하다. 보편적이고 자명한 원리의 절대 확실성은, 저마다 관념 그것뿐인 것과 서로의 구별에 대하여 우리가 가진 진리만을 밑바탕으로 한다.

이에 대해서는 관념이 마음에 있는 한, 우리는 틀릴 리가 없다. 다만 관념 없이 이름을 파악할 때, 또는 이름을 하나의 관념에, 때로는 다른 관념에 뒤섞어 쓸 때 우리는 틀릴지도 모르고, 자주 틀린다. 그때 그런 공리의 힘은 (말의) 소리에 도달할 뿐이고 말의 의미 표시에는 다다르지 않으므로, 우리를 혼란·틀림·잘못으로 이끄는 데 도움이 될 뿐이다. 내가 이런 주의를 불러일으킨 것은, 이런 공준이 아무리 진리의 위대한 수호자라 떠들어대도 사람들이 말의 부주의·산만한 쓰임으로 잘못에 빠지지 않도록 지켜주지 않으리라는 것을 사람들에게 보여주기 위해서이다. (그러나) 진리의 진보에 공준이 거의 쓸모가 없다는 것, 또는 불확정한 관념으로 공준을 쓰면 위험하다는 것에 대하여 여기에서 제시한 모든 것 때문에 어떤 사람들은 너무나 성급하게 나를 비난한 것처럼, 나는 공준을 제외해야 한다든가 지향한다든가 전혀 그렇게 하지 않았다. 나는 공준이 진리, 자명한 진리라고 단언한다.

따라서 공준은 제외할 수 없다. 공준의 영향이 미치는 한, 공준을 생략하려 애쓰는 것은 헛수고이고 나는 생략하려고 하지 않았을 것이다. 그렇지만 나는 공준을 써도 여기에 놓일 것으로 생각되는 큰 강조에 응하지 않으리라 생각해도 되는 이유를, 진리나 참된 지식을 조금도 손상받지 않고 가질 수 있다. 그러므로 나는 사람들이 공준을 악용하여 잘못을 더하지 않도록 사람들에게 경고해도 될 것이다.

15. 복합관념에 대한 공준의 적용은 위험하다

그러나 공준을 언어적 명제로 아무리 마음대로 돌려쓴다 해도 공준은 우리 밖에서 발견되어 존재하는 실체의 본성에 대하여, 경험을 근거로 하는 이상으로는 보잘것없는 진리라도 우리에게 알린다든가 증명한다든가 할 수 없다. 그래서 (동일 및 모순)원리로 불리는 앞에서 말한 두 명제의 귀결은 매우 명석하고, 입증을 위하여 그런 원리를 전혀 필요로 하지 않으며, 원리가 없어도 그 자체로 명석한 사물, 즉 거기에서는 우리의 관념이 이것을 나타낸 이름에 의해 확정되어 알려지게 된 사물의 음미에는 원리의 사용은 위험하지 않고, 해롭지도 않다. 더구나 앞에서 말한 원리인 '있는 것은 있다'와 '같은 사물이 있어서 안 될 것은 없다'를, 예를 들어 인간·말·돈·덕과 같은 복합관념을 나타내는 말의 어떤 명제의 음미에 쓸 때, 거기에는 원리가 무한히 위험하며 사람들에게 허위를 명백한 진리로, 불확실의 논증으로 받아들여 견지하게 하는 것이 가장 보통인데, 이것으로 말미암아 오류·고집과 미혹·옳지 못한 추리에서 일어날 수 있는 모든 재앙이 생기게 되는 것이다.

왜냐하면 이런 원리가 복합관념을 나타내는 명사에서 만들어진 명제의 증명에는, 명제가 단순관념에 대하여 있는 데 반해 명사가 나타낸 관념이 사실은 틀렸어도, 명제는 같은 사물에 대한 것으로 생각하여 틀리는 것이 일반적이기 때문이다. 그러므로 앞에서 말한 원리는 진공에 대하여 (앞의 앞 절과 앞절에서) 설명한 논증으로 명백하듯이, 소리(또는 말)로도 (실제의) 현상에서 모순되는 명제인 듯한 것을 지지하는 데 이용되었다. 따라서 사람들이 흔히 그러하듯이 말을 사물로 보는 동안은 이런 공준은 모순되는 명제를 증명하는데 도움이 되었을 터이며 유익한 것이 보통이다. 이 점은 앞으로 (다음 절 이하에서) 한결 더 뚜렷해질 것이다.

16. 인간에서의 사례

예컨대 인간에 대하여 위에서 말한 제1원리로 무엇인가를 논증하려고 한다치자. 그러면 논증이 그런 원리에 의하는 한 논증은 단지 언어적이며, 우리밖에 존재하는 (인간이라는) 어떤 존재자에 대한 절대 확실하게 보편적인 진실한 명제 또는 참된 지식을 우리에게 주지 않는다는 사실을 알게 될 것이다.

첫째로 어린아이가 인간의 관념을 형성해 버리면, 그 관념은 아마 화가가 눈에 보이는 (인간의) 현상태를 함께 연결하여 그린 그림과 똑같을 것이다. 그래서 어린아이의 지성으로 만들어진 이런 관념의 복잡체가, 어린아이가 인간이라 부르는 단일의 복합관념을 만들고, 그 (복합관념을 만든) 하나가 잉글랜드에서는 하양 또는 살색이므로 어린아이는, 흑인은 인간이 아니라고 (독자인) 그대에게 논증할 수 있다. 왜냐하면 하양은 어린아이가 인간이라고 부르는 관념의 언제나 정해진 단순관념의 하나였기 때문이다. 그러므로 '같은 사물이 있어서 안 될 것은 없다'는 원리에 의하여 '흑인은 인간이 아니다'라고 논증할 수 있다. 그렇게 된 것은 다음과 같은 원인에서이다. (그처럼 논증할 수 있는) 어린아이의 절대 확실지(確實知)의 밑바탕이, 아마 어린아이가 듣지도 생각한 적도 결코 없었던 앞에서 말한 보편적 명제가 아니라, 검정과 하양이라는 어린아이 자신의 단순관념에 대하여 어린아이가 가진 명석 확연한 지각이었지, 그 공준을 알고 모르고는 상관없이 검정과 하양의 하나를 다른 것으로 여기도록 설득되었을 리가 없어 틀릴 이유도 결코 없었다. 또 이 어린아이에 대하여 혹은 앞에서 말한 관념을 가진 이것을 인간이라고 부른 누구에게나 인간의 관념은 영혼의 상념 또는 관념을 속에 품지 않기 때문에 인간은 영혼을 갖는다고 결코 논증할 수 없다. 그러므로 그런 사람에 대하여, '있는 것은 있다'라는 원리는 이 (영혼의) 문제를 증명하지 않으며 그 점은 (인간에 관한) 판단과 소견에 근거하는 것으로서 그 사람은 이것에 의해 자기가 인간이라 부른 복합관념을 만들게 된다.

17.

둘째로 다른 사람이 더 나아가, 자기가 인간이라 부른 관념을 형성해 추측하고 판단해 버리고, 외부의 생김새에 웃음과 이지적 논의를 충족하면, '같은 사물이 있어서 안 될 것은 없다'고 하는 공준으로 유아나 뒤바뀐 아이가 인간이 아니라고 논증할 수 있을 것이다. 나는 그런 것이 인간임을 실제로 부정하는 매우 이지적인 사람과 토론한 일이 있다.

18.

셋째로 경우에 따라서는 어떤 사람은 자기가 인간이라 부르는 관념을 단지 신체 일반과 언어와 이지의 능력만으로 만들고, 모습은 완전히 버려버린다. 그런 사람은 인간에겐 손이 없으며, 네 발을 가지고 있을지도 모른다고 논증할 수 있다. 왜냐하면 인간에 대한 그 사람의 관념에 손과 네 발의 어느 쪽도 포함되어 있지 않기 때문이다. 그래서 어떤 신체 또는 모습이라도 그 속에 말과 이지가 연결되어 있다고 그 사람이 알게 되면 그것이 인간이었다. 왜냐하면 그런 복합관념의 명석한 지식을 갖기에 절대 확실히 '있는 것은 있다'이니까 말이다.

19. 우리가 명석 확연한 관념을 갖는 데서는, 이런 공준은 입증에 거의 쓸모가 없다

그러므로 올바르게 고찰하면 우리는 다음과 같이 말해도 좋다고 나는 생각한다. 즉 우리의 관념이 마음에 확정되어, 우리가 그 관념으로 이미 알고 있는 정상적인 이름을 그 정착한 확정 아래 결부시킨 곳에서는, 그런 관념의 어떤 것의 일치나 불일치를 증명하는 데 그 공준은 거의 또는 전혀 쓸모가 없다. 본디 앞에서 말한 것 또는 그와 비슷한 공준의 도움 없이는, 그런 (확정된 관념과 이름의) 명제가 진실인지 허위인지를 식별할 수 없는 사람, 그런 사람은 그 공준으로도 참 거짓의 식별에 도움을 받지 못할 것이다. 왜냐하면 그런 사람은 공준처럼 자명한 다른 명제의 진리를 입증하지 않고는 알 수 없다고 하면, 그런 공준들(그 자체)의 진리를 입증하지 않으면 안다고 상정할 수 없기 때문이다. (그처럼 공준은 자명하여 입증이 필요없다.)

이것을 근거로 직관적 진리는 아무 입증도 필요로 하지 않고 허락하지 않으며 어떤 부분이 다른 부분으로부터 많은 입증을 필요로 하거나 허용한다고 상정하려고 하는 사람은 모든 진리·절대 확실지의 밑바탕을 없애는 것이고, (예컨대) '2는 둘과 같다'라는 명제를 자기 자신에게 절대 확실히 하여, 이것에 동의하는 데 어떠한 입증을 필요로 하는 사람은 '있는 것은 있다'를 자기에게 허용하도록 하는 데는 입증을 필요로 할 것이다. (또 예를 들면) '2는 3이 아니다' '하양은 검정이 아니다', '삼각형은 원이 아니다' 등, 그 밖의 어떤 두 가지의 확정된 별개 관념이 하나이며 같지는 않다고 스스로를 이해시키기 위하여 음미를 필요로 하는 자는, '같은 사물이 있어서 안 될 것은 없다'를 자기에게 이해시키기 위해서도 논증을 필요로 할 것이다.

20. 우리의 관념이 혼란한 곳에서는 공준의 사용은 위험

우리가 확정된 관념을 가진 데에서는 이런 공준은 쓸데가 없는 것처럼, 우리의 관념이 확정되지 않았는데 우리가 확정된 관념과 결부되지 않은 말, 즉 어느 때에는 어떤 관념을 나타내다가 다른 때에는 다른 관념을 나타내기도 하는 산만하게 동요하는 의미 표시인 것 같은 그런 말을 쓰는 데는, 이미 (이 장 15절 이하에서) 명시했듯이 공준을 쓰는 것이 위험하며 여기에서 잘못과 오류가 일어나, (확정되지 않은 관념을 명사가 나타낸 대로의 명제를 확립하는 논거로서 제기되는) 이런 공준은 그 권위에 의하여 잘못과 오류를 강화하고 견고하게 만든다.

제8장
무가치한 명제

1. 우리의 참된 지식을 늘리지 않는 명제가 있다

앞 장에서 다룬 공준을 일반적으로 상정할 수 있다시피 실재적 참된 지식에 유용한지 어떤지, (앞 장에서 자세히 논했으나 좀더) 고찰하기 바란다. (다만) 다음의 점은 자신 있게 단언할 수 있다고 생각한다. 즉 보편적 명제가 있다는 것, 이 명제는 절대 확실히 진실하지만 그럼에도 우리의 지성에 아무 빛도 보태지 않고, 우리의 진리에 아무런 증가도 가져오지 않는다는 점이다. 그런 명제는

2. 첫째, 동일한 명제

첫째, 모든 순수한 동일명제이다. 이것은 분명히 일목요연하여 아무런 지시나 가르침도 포함하지 않는 것이 명백하다. 왜냐하면 (같은 명제로) 알려진 명사가 단지 명사적이든, 또는 뭔가 명석하고 실재적인 관념을 포함하고 있든 명사를 그 자신에게 긍정할 때 명사는 아무것도 명시하지 않으며, 그런 명제가 우리에 의하여 만들어지거나 우리에게 제출되었다 해도 우리가 미리 절대 확실히 알아야만 한다는 것을 명시할 뿐이기 때문이다. 과연 '있는 것은 있다'라는 가장 일반적인 명제가 어떤 사람이 저지른 불합리를 그 사람에게 보여주는 데 도움이 되는 일도 때로는 있을지 모른다. 즉 그 사람이 에둘러 말하거나 헷갈리기 쉬운 명사에 의한 특수한 사례로 같은 사물을 그 자신에게 부정하려고 할 때이다. 그렇다는 것은, 눈에 보이게 명백한 단적인 모순을 쉬운 말로 긍정할 정도로 (사람들의) 통상적 지식에 공공연히 반항하는 사람은 없을 것이고, 만일 이렇게 하면 그 사람과 더 이상 논의하는 일을 멈추는 사람이 있더라도 용서받을 것이다.

그러나 그렇다 해도 나는 말해도 된다고 생각한다. 일반에게 받아들여지고

있는 공준이나 그 밖의 어떠한 동일명제는 우리에게 아무것도 가르쳐주지 않으며, 그런 종류의 명제에선 논증의 밑바탕이라 자랑하는, 그 위대하다고 찬미 받은 공준은 그런 명제를 강화하는 데 이용될 것이고 자주 이용되겠지만, 공준이 증명하는 바는 단지 다음의 것이 될 뿐이다. 즉 같은 말은 큰 절대 확실성을 가지고 긍정할 수 있어 그런 어떠한 명제의 진리성에 대해서는 아무 의혹도 없으며, 덧붙이건대 아무런 실재적 진리도 없다.

3.

그런 것은 이런 방식으로 몹시 무지한 어떤 인물, 즉 명제를 만들 수가 있고 '예' 또는 '아니오'라고 말할 때 그 의미를 아는 (그것뿐인) 어떤 대단히 무지한 인물도 백만의 명제를, 곧 그 진리에 대하여 오류 없이 절대 확실할 수가 있으며 더구나 그것으로는 세상의 하나의 사물도 알 것 같지 않은 백만의 명제를 만들어 낼 것이다. 예컨대 '영혼인 것은 영혼이다'라든가, '영혼은 영혼이다'라든가, '부적은 부적이다'라는 따위이다. 왜냐하면 이런 모든 것은 '있는 것은 있다'와 같은 뜻이고, '존재하는 것은 존재를 갖는다' 또는 '영혼을 가진 자는 영혼을 갖는다'라는 것이기 때문이다. 이것은 말장난 이상 무엇이겠는가? 마치 (예를 들면) 한쪽 손에서 다른 쪽 손으로 굴을 옮기는 원숭이가 하는 짓과 무엇이 다른가? 이를테면 이 원숭이가 말을 할 줄 안다면, 틀림없이 '오른손의 굴은 주어이고 왼손의 굴은 목적어다' 말했을 것이며, 나아가서는 굴에 대한 하나의 자명한 명제, 즉 '굴은 굴이다'를 만들 것이다. 하지만 이런 모든 것으로 원숭이는 조금도 영리해지거나 많이 알게 되거나 하지 않았다. 사물을 다루는 이러한 방식은 원숭이의 굶주림, 또는 인간의 지성을 완전히 같을 정도로 만족시켜 둘은 (지성의) 참된 지식과 〔위(胃)의〕 크기로 함께 늘어났을 (실은 늘어나지 않았다) 것이다.

나는 알고 있는데 같은 명제가 자명한 데서 이것에 큰 관심을 나타내고, 마치 같은 명제 속에 모든 진리가 포함되어 같은 명제만으로 모든 지성이 진리로 인도되는 것처럼 같은 명제를 떠들어댐으로써 이 명제가 학문에 크게 이바지한다고 생각하는 사람이 있다. 나는 다른 모든 사람들과 마찬가지로 동일명제가 참이고 자명한 것을 적극 인정한다. 또 우리의 모든 진리의 밑바탕은 앞 장(제4절)에서 명시한 것처럼 같은 관념을 같다고 지각하며, 다른 관념으로부터 이것을 식별하는 우리의 기능에 있다고 인정한다. 하지만 이것이 진리의 진보를 위하여 같은 명제를 쓰는 것이 무가치하다고 하는 비난을 얼마만큼 없앨지 나는 알지 못한다. (예를 들면) 누군가에게 '의지는 의지이다'라고, 내키는 대로 몇 번이고 되풀이시키고, 또는 적당하다고 생각하는 만큼 강조하게 한다. 이 명제나 그와 비슷한 무한한 명제가 우리의 진리 확대에 무슨 도움이 되랴? 어떤 인간에게, 그 사람이 가진 많은 말을, 허락할 수 있을 만큼 아주 넉넉히, (예컨대) '법은 법이다', '책무는 책무다', '옳은 것은 옳은 것이다', '옳지 않은 것은 옳지 않은 것이다'와 같이 명제를 잔뜩 만들어 쌓게 한다. 이런 명제나 그와 비슷한 명제는 윤리학을 아는 데, 혹은 도덕의 지식을 나 자신과 다른 사람에게 가르쳐 주는 데 있어 설마하니 그 사람에게 도움이 되겠는가? 옳은데 어째서, 옳지 않은데 무엇이, 또 그런 척도는 무엇인지 이것을 모르는 자, 또 경우에 따라서는 결코 알지 못할 자, 그런 자도 도덕을 가장 잘 배운 자와 같은 확신을 가지고 이런 명제나 그와 같은 모든 명제를 만들고 그 진리를 틀림없이 알 수가 있다. 그러나 이런 명제는 그 사람들의 행위에 필요하거나 유용한 어떤 사물의 진리에 어떠한 발전을 가져올까?

진리의 어떤 부분에서 지성의 계몽을 위해 같은 명제에 쫓겨 다음과 같은, 즉 (예를 들면) '실체는 실체이고 물체는 물체이다'라든가, '진공은 진공이고 소용돌이는 소용돌이이다'라든가, '켄타우로스는 켄타우로스이고 키마이라*1는 키마이라이다'라는 등과 같은 공준(또는 자명한 명제)을 강조하는 사람은 무가치한 짓을 하고 있다 생각될 것이다. 왜냐하면 이런 것과 그런 모든 것은 똑같이 진실하고 똑같이 절대 확실하며 똑같이 자명하기 때문이다. 그렇지만 그런 것은 계발의 원리에 쓰이고, 진리에 도움이 된다고 역설할 때 무가치로 여겨질 수는 없다. 이런 것은 논의할 수 있는 모든 사람이 말하지 않아도 안다는 것, 즉 같은 명사는 같은 명사이며 같은 관념은 같은 관념이라는 것을 가르칠 뿐이다. 그러므로 나는 사물의 진정한 지식에 무엇인가 새로운 빛이나 입구를 주기 위해서는, 이런 명제를 꺼내 보여 가르쳐 주는 것을 무가치하다고 예전에 생각했으며 지금도 그렇게 생각한다.

무릇 계발은 (같은 명제와) 매우 다른 어떤 사물에 존재한다. 그래서 자기가

---

*1 Chimaera. 그리스 신화의 괴물. 머리는 사자, 몸통은 양 또는 염소, 꼬리는 뱀 또는 용의 형상으로 입에서 불을 뿜는다.

아직 알지 못한 진리로 자기 자신 또는 다른 사람의 마음을 넓히려고 하는 사람은 중간관념을 찾아낸 다음 문제인 관념의 일치 또는 불일치를 지성이 볼 수 있게 하는 순서로 중간관념을 차례차례로 두지 않으면 안 된다. (이것이 논증이고) 이것을 하는 명제가 계발적인 것이다. 그러나 이런 명제는 같은 명사를 그 자체로 긍정하는 명제와는 거리가 멀다. 뒤엣것은 어떤 종류의 진리이며 자기 자신 또는 다른 사람을 전진시키는 길이 아니다. 그것이 도움이 되지 않는 것은 읽기를 배울 때 'A는 A이다'나 'B는 B이다'와 같은 명제를 어떤 사람에게 가르쳐 주는 일이 그 사람에게 도움이 되지 않는 것과 마찬가지이다. 어떤 사람은 이런 것을, 학교 교사와 마찬가지로 잘 알고 있을지도 모른다. 더구나 한평생, 한 가지 말도 읽지 못할지 모른다. 또 이와 비슷한 동일명제는, 아무리 이용해도 읽는 기능에 있어 조금도 그 사람에게 도움이 되지 않는 것이다.

내가 동일명제를 무가치한 명제라고 부르는 것을 비난하는 사람이 만일 이제까지 누구나 아주 잘 아는 영어로 내가 써온 것을 읽고 이해하려 노력만 한다면, 같은 명제로 내가 의미하는 것은, 같은 관념을 나타내는 같은 명사가 그 자체로서 긍정되는 명제뿐임을 알 수밖에 없었을 것이다. 나는 이것을 동일명제의 본디 의미 표시로 삼겠다. 그래서 이런 명제의 모든 것에 대하여 이것을 계발적으로 제기하는 것은 무가치한 일이나 다름없다는 말을 계속해도 괜찮다고 생각한다. 왜냐하면 이지를 쓰는 자는 누구나, 동일명제에 조심할 필요가 있는 경우 이것을 빠뜨릴 리가 없을 테고, 그 진리성을 의심할 리도 없기 때문이다.

그러나 만일 같은 명사가 그것만으로 긍정되지 않는 명제를 동일명제라고 부르려는 사람이 있다면, 나부터 적절한 말을 하고 있는지 어떤지 다른 사람들이 판단할 게 틀림없다. (어쨌든) 다음의 점은 절대 확실하다. 즉 그런 사람이 내가 뜻한 것과 같지 않은 명제에 대하여 말한 모든 것은 나에게 상관이 없으며, 내가 말해 온 것, 같은 명사가 그것만으로 긍정되는 (내가 말하는 동일)명제에 관련하여 내가 말해 온 모든 것과는 상관이 없다. 나는 누군가의 진리의 이익과 진보를 위하여, 이런 것(즉 동일명제)을 이용할 수 있는 사례를 찾아내고 싶다. 다른 종류의 (명제의) 사례는 어떻게 이용할 수 있건 내가 동일이라 부르는 것이 아니므로 나와 상관이 없다.

4. 둘째, 어떤 복합관념의 일부분이 전체의 목적어가 될 때

다른 종류의 두 번째 무가치한 명제는 복합관념의 일부분이 전체 이름의 객어(客語)가 될 때, 즉 정의의 일부분이 정의되는 말의 목적어가 될 때이다. 이런 것은 유(類)가 종(種)의, 포괄적인 쪽의 명사가 포괄적이 아닌 쪽 명사의 목적어가 되는 모든 명제이다. (예컨대) '납은 금속이다'는, 납이라는 말이 나타내는 복합관념을 알고 있는 사람에게 어떤 것을 알리며 어떤 지식을 가지고 있는가? 금속이라는 명사로 의미 표시되는 복합관념에 들어오는 단순관념은 모두, 납이라는 이름으로 예전에 알게 된 의미 표시된 것이다. (하긴) 과연 금속이라는 말의 의미 표시를 알고, 납이라는 말의 의미 표시를 모르는 사람에게는 납은 금속이라 말하고 그것에 의해 납이라는 말의 의미 표시를 설명하는 것이, 금속(이라는 말)은 납의 (복합관념을 만드는) 단순관념의 몇 가지를 한번에 나타내고 있어, (그쪽이) 납은 대단히 무겁고 녹기 쉬우며 펴지는 성질이 있는 물체라고 그 사람에게 말하여, 납의 단순관념을 하나씩 늘어놓는 것보다 간단한 방법이다.

5. 정의(定義)의 일부분이 정의된 것의 목적어가 될 때

(또) 예를 들어 '모든 금은 녹기 쉽다'와 같이, 정의된 말에 대하여 정의의 다른 부분이 목적어가 되는 것, 바꿔 말하면 어떤 복합관념 전체의 이름에 대하여 복합관념의 (구성요소의) 단순관념의 어느 하나를 긍정하는 것 역시 무가치하다.[*2] 녹는 성질은 금이라는 소리(또는 이름·말)가 나타낸 복합관념을 만들려는 단순관념의 하나이므로, 금이라는 이름의 기존 의미 표시로 포괄되어 있는 것을 이 이름에 대하여 긍정하는 것은 말장난이 아니면 무엇이겠는가? (예를 들어) 중대한 진리로서 '금은 노란색이다'라고 엄숙하게 긍정하면 (누구나 아는 것이므로) 우스갯소리로 들렸을 것이다. 용성(熔性)이, 일상의 말로 금이라는 소리의 표시인 복합관념에서 제외되지 않는 한, '금은 녹기 쉽다'라고 말하는 것이 '금은 노란색이다'라고 말하는 것보다 어째서 조금이라도 더 필요한지 나는 모르겠다.

어떤 사람에게 이미 알려진 것, 또는 예전에 알고 있다고 상정되는 것을 그

---

*2 여기서 로크가 무가치하다고 판단한 것은 이른바 분석판단이다.

사람에게 말하는 일이 어떤 계발을 수반할 수 있을까? 그런 것은(나 또한 보통), 나는 다른 사람이 나에게 하는 말의 의미 표시를 알고 있다고 상정하게 된다. 그렇지 않으면 다른 사람이 나에게 말하게 될 것이다. 그래서 만일 금이라는 이름은 노란색의 무겁고 녹기 쉬운 펴지는 성질을 가진 물체라는 복합관념을 나타낸다고 내가 알고 있다면, 이것을 다음에 엄숙히 명제로 늘어놓고, '모든 금은 녹기 쉽다'고 정중하게 말해도 나를 많이 일깨워 주지 못할 것이다. 이런 명제는 자기 자신의 명사의 정의를 가끔 떠올리면서 정의로부터 출발하려고 하는 자의 서투름을 드러내 보이는 데 도움이 될 뿐, 명제가 아무리 절대 확실해도 말의 의미 표시 외에는 어떤 진정한 지식도 가져올 수 없다.

6. 인간과 폴프리를 사례로

(예컨대) '모든 인간은 동물 또는 생명체이다'는 절대 확실한 명제이지만, 사물의 진리에 도움이 안 되는 점은 '폴프리*3'는 측대보(側對步 : 경마의 한 경기 방식)의 말 또는 훌쩍이는 측대보의 말이다'라고 하는 말과 같다. 그렇다는 것은 둘 다 말의 의미 표시에 대한 것일 뿐 신체와 함께 감각과 운동, 바꿔 말하면 감각 및 운동하는 능력이, 인간이라는 말로 내가 늘 이해하여 의미 표시하는 관념의 세 가지로, 이런 것이 함께 발견되지 않는 데에서는 인간이라는 이름은 그 사물에 속하지 않는 것만을 나에게 알리고 다른 쪽에서도 그렇게 신체·감각, 일정한 걷는 법·일정한 종류의 소리는 폴프리라는 말로 내가 늘 이해하여 의미 표시하는 관념의 어떤 것으로 이런 것이 함께 발견되지 않을 때 폴프리라는 이름은 그 사물에 속하지 않은 것만을 알게 한다.

(그리고) 인간이라 부르는 복합관념을 함께 만드는 단순관념의 하나 또는 많은 것을 나타내는 어떤 명사가 인간이라는 명사에 대하여 긍정할 때도 완전히 같은 목적이다. 예를 들면 로마인이 homo(인간)라는 말로, 하나의 주체에 합일된 다음의 모든 개별 관념 즉 corpreitas(형체성)·sensibilitas(감각성)·potentia se movendi(자기 운동력)·rationalitas(이지성)·risibilitas(가소성(可笑性))를 의미 표시했다고 하면, 그 로마인은 의심할 것도 없이 homo라는 말에 대하여 그런 관념의 하나 또는 많이 아니면 전부를 큰 확실성(또는 절대 확실성)을 가지고 보

*3 palfrey. 여성용 작은 승용마.

편적으로 긍정할 수 있었을 것이다. 그러나 이 로마인은 homo라는 말이 자기 나라에서 이런 모든 관념을 그 의미 표시 속에 포괄한다는 점을 말할 뿐인 것이다. 이와 아주 비슷하게 중세 낭만의 기사가 폴프리라는 말로, 일정한 모습의 신체·팔다리 및 감각·운동·측대보·말 웃음·하양·여성을 등에 앉히는 관념을 의미 표시한다면, 이 기사도 폴프리라는 말에 대한 이런 관념의 어느 것 또는 모두를 같은 절대 확실성을 가지고 보편적으로 긍정할 수 있었으리라.

그러나 이 기사는 자기 언어 즉 로맨스어*4로는 폴프리라고 하는 말이 이런 모든 것을 나타내며, 그 어느 것이 빠진 사물에는 해당시켜서는 안 된다고 가르쳤을 뿐이다. 그렇지만 (이것과 달리) 본디 감각·운동·이지·웃음(의 관념)이 합일된 사물(즉 인간)은 신의 상념을 실제로 가졌다든가, 아편으로 잠들게 된다든가라고 나에게 말하는 사람은 실제로 계발적인 명제를 만든 것이다. 왜냐하면 신의 상념을 갖는 것도, 아편으로 잠들게 되는 것도 인간이라는 말이 의미 표시하는 관념에 포함되지 않으므로, 우리는 이와 같은 명제로 단지 인간이라고 하는 말이 나타내는 것 이상의 어떤 사물을 배웠기 때문이다. 그러므로 이 명제에 포함된 진리는 언어적인 것 이상이다.

7. 왜냐하면 이것은 말의 의미 표시밖에 가르치지 않는다

본디 사람이 어떤 명제를 만들기 전에, (그것에 앞서) 그 사람은 자기가 명제로 쓰는 명사를 이해한다고 상정된다. 그렇지 않으면 그 사람은 앵무새처럼 말하고 오직 흉내 내는 음성을 내어 다른 사람에게 배웠던 일정한 소리를 형성할 뿐, 이지적 피조물로서 자기 마음에 있는 관념의 기호로 소리를 쓰는 것이 아니다. 듣는 사람도 말하는 사람이 쓰는 명사를 이해한다고 상정된다. 그렇지 않으면 잠꼬대 같은 소리를 하고, 이해할 수 없는 음성을 내는 것이다. 그러므로 어떤 명제, 즉 그 명제가 만들어질 때 (명제의) 명사 하나가 포함하는 이상을 포함하지 않을 것 같은 명제, 더구나 인간이 미리 알고 있다고 상정되는 그런 명제, 예컨대 '삼각형은 세 변을 갖는다'라든가 '사프란은 노랑이다'라든가 등의 명제를 만드는 사람은 말장난을 하는 것이다. 이런 것은 자기(가 말한 것)를 이해하지 못한다고 상정되는 사람 또는 이해 못한다고 스스로 말하

---

*4 romance language. 이탈리아어, 프랑스어, 스페인어 등 라틴계 언어.

는 사람에게 자기 명사를 설명하려고 하는 경우 외에는 용서될 수 없으며, 그 경우는 그 말의 의미 표시(또는 기호 표시)와 그 기호(즉 말)의 쓰임을 가르칠 뿐인 것이다.

8. 그러나 실재적 지식을 가르치지 않는다

그렇게 보면 우리는 두 종류의 명제의 진리를 완전한 절대 확실성을 가지고 알 수가 있다. 하나는 무가치한 명제의 진리로서 이런 명제는 절대 확실성을 갖지만, 그것은 단지 언어적 절대 확실성이지 계발적은 아니다. 다른 하나는 어떤 사물에 대하여 그 정확한 복합관념의 필연적 귀결인 복합관념에는 포함되지 않는 다른 사물을 긍정하는 명제로, 진리를 알 수가 있으며 나아가서는 절대 확실하다고 할 수 있을 것이다. 예컨대 '모든 삼각형의 외각은 그것에 대한 내각의 어느 것보다도 크다'로, 외부의 각과 그것에 대한 내각의 어느 것이나 남긴 관계는 삼각형이라는 이름으로 의미 표시된 복합관념의 부분을 이루지 못하므로, 이것은 실재적 진리로서 그것과 함께 계발적이고 실재적인 지식을 전하는 것이다.

9. 실체에 관한 일반명제는 가끔 무가치하다

(그런데) 우리는 실체에 함께 존재하는 단순관념의 어떠한 집성이 있는가에 대해 우리의 감각에 의한 것 이외에는 거의, 또는 전혀 지식을 갖지 않는다. 따라서 우리의 유명적 본질이 우리를 이끄는 이상으로는, 실체에 관한 보편적이고 절대 확실한 명제를 조금도 만들지 못한다. (그렇지만) 그런 명제는 실체의 실재구조에 근거한 진리에 관해서는 매우 하잘것없는 진리에 그친다. 따라서 실체에 대하여 만들어진 일반명제는, 만일 그것이 절대 확실하다면 거의 다 무가치한 것에 불과하며, 계발적이라면 불확실하여 아무리 끊임없는 관찰과 비유가 추측할 때 우리의 판단을 돕더라도 우리가 실체의 실재적 진리를 가질 수 없는 것이나 같다. 이와 더불어 매우 명석하고 정연하지만, 더구나 아무것도 아닌 논의를 가끔 만나게 된다. 그것은 누구나 알듯이 실체자인 존재자의 이름은 다른 (양상이나 관계의) 이름과 마찬가지로, 그 이름에 딸린 (유명적 본질에 근거한) 상대적 의미 표시를 갖는 한, 상대적 정의가 이름을 명제로 부정적·긍정적으로 이을 수 있게 하는 대로 큰 진리성을 가지고 그렇게 할 수 있

을 것이다. (바꿔 말하면 명제에서 부정적·긍정적으로 연결될 수 있을 것이고) 이런 명사로 이뤄진 명제는 가장 실재적인 진리를 전하는 명제와 같은 명석성을 가지고 하나의 명제를 다른 것에서 연역할 수 있을 것이다. 더구나 이 모든 것은 우리 외부에 존재하는 사물의 본성이나 실재성에 관한 어떠한 진리도 없다. 이와 같은 방법으로 말의 논증, 의심 없는 명제를 만들 수 있으나, 그렇더라도 그것으로 사물의 진리에는 조금도 나아가지 못하는 사람이 있을 것이다.

예를 들면 다음의 말을 그 말에 딸린 통상적, 서로 상대적인 말의 뜻으로 배워버린 사람, 예컨대 실체·인간·동물·형상·영혼·식물적·가감적·이지적이라는 말을 배운 사람은 영혼이 실재적으로 (진실로) 무엇인가를 전혀 모르고, 영혼에 대하여 몇몇 명제를 의심 없이 만들 수 있을 것이다. 그래서 인간은 형이상학·학원 신학이나 어떤 종류의 자연학에 관한 책으로 무한한 수의 명제·추리·논단을 찾아내지만 결국 신·영혼들 또는 물체에 대하여, 읽기 시작하기 전과 마찬가지로 거의 모른다고 할 수 있다.

10. 그래서, 왜

본디 (실체의 이름에 자기 관념을 나타내는 모든 이가 절대 확실히 사실상 갖도록) 실체의 자기 이름의 의미 표시를 정의, 즉 확정하는 자유를 가지며, 의미 표시를 자기 또는 다른 사람의 심상(心想)에서 따오고, 사물 자체의 본성의 검토나 탐구에서 얻지 않고 제멋대로 의미 표시를 만드는 사람은 서로의 의미 표시에 자기가 제공했던 여러 관련과 상호관계에 따라, 거의 수고를 들이지 않고 의미 표시의 하나에서 다른 것을 연역할 수 있을 것이다. 그때, 그런 사람은 사물이 그 자체의 본성상 아무리 일치하건 일치하지 않건 자기 상념에 제공했던 이름과 함께 생각을 마음에 떠올리기만 하면 된다. 그러나 그것으로써 그 사람 자신의 진정한 지식을 늘리지 못하는 것은 다음과 같은 사람이 그 부를 늘리지 못하는 것과 같다. 즉 계산막대가 든 자루를 빼앗아, 어떤 곳의 하나를 1파운드, 다른 곳의 어떤 것을 1실링, 세 번째 장소의 제3의 것을 1페니라고 부르며 그렇게 계속한 사람은 그런 식으로 놓아두고, 그 사람이 제멋대로 큰돈 또는 적은 돈을 나타낸 계산막대에 따라 의심 없이 올바로 계산할 수 있을 것이며, 큰 액수가 곁에 따라오겠지만 조금도 부에 보탬이 되지 않고, 1파운드·1실링·1페니가 어느 만큼인지도 몰라, 다만 하나(즉 1실링)는 다른 쪽(1파운드)에 20번 포함되고, 다른 쪽(1페니)을 12번 포함한다고 알고 있을 따름이다. 사람들은 이런 행동을 말의 의미 표시에서도 서로의 연관으로 한쪽을 다른 쪽보다 넓게 또는 좁게, 또는 같이, 포괄적으로 하고 있는 것이다.

11. 셋째, 말을 다양하게 사용하는 것은 말장난이다

(셋째) 그러나 아직 논의에서 특히 쟁론적(諍論的)·논쟁적 논의에서 쓰이는 대부분의 말에 관하여 푸념해야 할 것이 더 있다. 이것은 최악의 종류인 (말)장난으로서 우리가 말로써 얻게 되든, 또는 말에서 찾아내든 희망하는 참된 지식의 절대 확실성으로부터 우리를 더욱 멀리 떼어놓는 것이다. 즉 글쓰는 사람의 대부분이 사물의 본성과 진리로 우리를 일깨워 주기는커녕, 말을 산만하고 불확실하게 써서 다음과 같이는 하지 않는다. 즉 말을 같은 의미 표시로 늘 정해 놓고 변함없이 씀으로써, 하나의 말을 다른 데에서도 누구나 알도록 명석하게 연역하여 논의를 (아무리 계발적이 아니었다고 해도) 정연하고도 명석하게 하도록 하지 않는다는 것이다. 이런 (논의를 정연하고 명석하게 하는) 것은 혹시라도 글쓰는 사람이 자기들 명사의 불명료와 혼미 아래 자기의 무지나 완고함을 숨기는 데 편리하다고 발견하지 않았다면, 그렇게 하기가 어렵지는 않았겠지만, 아마 고루하고 나쁜 습관이 많은 사람으로 이런 (명사의 불명료와 혼미 아래 무지나 완고를 숨기는) 것에 많이 공헌하는 것이다.

12. '무가치한' 언어적 명제의 증거. 첫째로 추상적 목적어를 갖는다

결론부터 내리면 단순히 언어적(이고 무가치한) 명제는 다음의 증거로 알 수 있다.

첫째로 두 추상명사가 서로 긍정(또는 부정)하는 명제는 모두, 단지 소리(또는 말)의 의미 표시에 관한 것이다. 왜냐하면 추상관념은 (마음이 만드는 것으로,) 자기 이외의 다른 어떠한 관념과 같을 리가 없으므로, 그 추상적 이름이 다른 어떤 명사에 대하여 긍정(또는 부정)될 때는 다음의 것을 의미 표시할 수 있을 뿐이기 때문이다. 즉 다른 명사는 그런 이름으로 부를 수가 있다(또는 할 수 없다), 또는 불러야 한다(또는 해서는 안 된다), 바꿔 말하면, 그런 두 이름은 같은 관념을 의미 표시한다(또는, 않는다), 그럴 따름이다. 예컨대 '인색은 절약이다'라든가, '감사는 정의이다'라든가, '이러저러한 행동은 절제이거나 아니다'

라고 누군가 말했다고 하면, 이런 명제와 비슷한 명제는 언뜻 어느 정도 그럴 듯이 보여도 이것을 잘 보고 그 포함하는 것을 검토하게 되면 모두 다 그런 명사의 의미 표시가 될 뿐임을 알 것이다.

13. 둘째로 어떤 명사의 목적어에 '그 명사를' 정의하는 일부분이 되는 것

둘째로 어떤 명사가 나타낸 복합관념의 일부분이 그 명사의 목적어가 되는 명제는 모두 단지 언어적이다. 예컨대 '금은 금속이거나 무겁다'고 말하는 명제이다. 이렇게 하여 유(類)라고 부르는 포괄적인 쪽의 말이, 종(種) 또는 객체라고 부르는 하급, 즉 포괄적이 아닌 쪽에 대하여 긍정하는 명제는 모두 단지 언어적이다.

이런 두 가지 규칙으로, 우리가 책 가운데서도 밖에서 흔히 마주치는 논의를 만들어 내는 명제를 검토해 보면, 우리는 아마 찾아내겠지만, 명제의 통례로 여겨지고 있는 보다 큰 부분이, 순수한 말의 의미 표시에 관하여 이 (말이라고 하는) 기호의 사용 및 적용 이외에는 명제에 아무것도 포함되어 있지 않은 것이다.

(마지막으로) 다음의 것을 틀림없는 규칙으로 세워도 된다고 나는 생각한다. 즉 본디 어떤 말이 나타낸 확연한 관념이 알려지지 않고, 고찰되지 않고, 그 관념에 포함되어 있지 않은 어떤 사물이 관념에 대하여 긍정도 부정도 되어 있지 않은 데서는 우리의 사유는 언제나 완전히 소리에 그쳐 실재적 진리나 허위를 얻을 수가 없다. 아마 이 규칙에 주의하면 우리는 쓸데없는 놀이와 토의를 많이 면하게 되어 실재적이고도 진실한 지식을 탐구하는 데 있어 어려움을 겪거나 헤매는 일이 훨씬 줄어들게 될 것이다.

제9장

존재에 대한 우리의 진정한 지식

1. 일반적이고 절대 확실한 명제는 존재와 무관하다

이제까지 우리는 단지 사물의 본질만을 고찰해 왔다. 이 본질은 단지 추상 관념이며, 때문에 우리 사유 속에서 특수존재로부터 멀어진다(관념이 지성으로 가진 것 이외의 존재 아래 관념을 생각하지 않는 것이 추상에서의 마음 본디의 작용이다). 따라서 본질은 실재에 대한 참된 지식을 전혀 제공하지 않는다. 이때 주의를 환기해도 좋은데 보편적 명제, 즉 그 참 거짓에 대하여 우리가 절대 확실한 지식을 가진 보편적 명제는 존재와 관련이 없다. 더욱이 낱낱의 (특수한) 긍정 또는 부정은 일반적이 되게 해도 절대 확실하지 않았겠지만, 이것만이 존재와 관련된다. 왜냐하면 이것만이 존재하는 사물, 즉 그 추상적 본성에서는 필연적 합일이나 불일치를 알 수 없게 존재하는 사물에서의 관념의 우연적 합일이나 분리를 분명히 말하는 것이기 때문이다.

2. 존재의 세 가지 진정한 지식

그러나 명제의 본성이나 목적어를 덧붙이는 여러 방식은 (이 권 제6장에서 이미 고찰했고, 앞으로도 제13장 등) 다른 데서 더 자세히 고찰하기로 하고, 지금은 사물의 존재에 대한 우리의 지식에 관해 탐구하여, 어떻게 하면 그런 지식을 얻을 수 있는가를 찾아보기로 하자. 그렇게 하면 우리는 자기 존재의 진리를 직관함으로써, 신의 존재에 대한 (진리를) 논증에 의해 다른 사물의 (존재의 진리를) 감각에 의하여 갖는 것이다.*¹

---

*1 우리 자신의 존재에 관한 진리는 다음 절에서, 신의 존재에 대한 진리는 다음 장에서, 다른 사물의 존재의 진리는 그다음 장에서 각각 다룬다.

3. 우리 자신의 존재에 대한 우리의 진정한 지식은 직관적이다

우리 자신의 존재에 대해서는, 우리는 이것을 매우 쉽고 절대 확실하게 지각하므로 아무 입증도 필요없으며 또 입증할 수 없다. 왜냐하면 우리에게 자기의 존재보다 뚜렷한 것은 있을 수가 없기 때문이다. 나는 생각한다, 나는 추리한다, 나는 기쁨이나 고통을 느낀다. 이 어느 것이나, 만일 내가 괴로움을 느낀다는 사실을 알면, 나는 내가 느끼는 괴로움과 마찬가지로 나 자신의 존재의 절대 확실한 지각을 명백히 갖는 것이며, 또 만일 내가 의심한다면 나는 의심이라고 내가 일컬은 사유와 마찬가지로 의심하는 사물(즉 나)의 존재의 절대 확실한 지각을 갖는 것이다. 따라서 경험은 우리가 자기 존재에 대한 직관적 지식을 가지고, 우리가 있다고 말하는 틀림없는 내적 지각을 가지고 있음을 굳게 믿게 한다. 감각과 추리 또는 생각의 모든 작용으로 우리는 자기 존재를 스스로에게 의식하게 하므로 이 문제에서는 최고도의 절대 확실성에 모자람이 없는 것이다.

제10장
신의 존재에 대한 우리의 참된 지식

1. 신이 존재한다는 것을 우리는 절대 확실히 알 수가 있다

본디 신은 자신의 생득관념(生得觀念)을 우리에게 주지 않았으나, (바꿔 말하면) 당신의 존재를 우리가 읽을 수 있는 본원적 문자로 우리의 마음에 새기지는 않았지만, 그럼에도 우리가 지닌 모든 기능을 우리에게 주었으므로 당신의 존재를 증언 없이 방치해 두지 않았다. 그것은 우리가 감각·지각·이지를 가진 우리 자신으로 돌아오는 한, 신의 명석한 입증을 결여할 수가 없기 때문이다. 또 우리는 이 중요한 점에서 자기 무지를 한탄하는 것이 옳을 리가 없다.

왜냐하면 신은 우리 존재의 목적에, 우리의 행복이라는 큰 관심사에 필요로 하는 한, 신을 발견하고 아는 수단을 우리에게 매우 넉넉하게 갖추어 놓았기 때문이다. 그렇지만 이(신의 존재라는) 것은 이지가 발견한 가장 또렷한 진리이며, 또 그 명증은 (혹시 내가 틀리지 않았다면) 수학적 절대 확실성과 같은데도 사유와 주의를 필요로 하고, 마음은 이것을 우리의 직관적 진리의 어떤 부분에서 규칙적으로 연역하도록 힘쓰지 않으면 안 된다. 그렇지 않으면 우리는 다른 명제, 즉 그 자체로선 명석하게 논증할 수 있는 (그러나 논증을 않으므로 무지한) 다른 명제와 마찬가지로 이 (신은 있다는) 명제에 대하여 불확실하고 무지한 상태로 있을 것이다. 그러므로 우리가 신이라는 것은 있다고 아는 것, 바꿔 말하면 이것을 절대 확실하다고 하는 것을 할 수 있다 명시하고, 또 어떻게 하여 우리는 이 절대 확실지를 얻을 수 있는가를 명시하기 위하여 내 생각에 우리는 자기 자신부터 결국 우리가 자기 존재에 대하여 가진 확실한 진리보다 앞으로 갈 필요는 없는 것이다.

2. 인간은 자기 자신이 있음을 안다

내 생각에 인간이 자기 존재에 대하여 명석한 지각을 갖는 것은 의문의 여지가 없다. 인간은 자기가 존재하는 어떤 사물임을 절대 확실히 알고 있다. 자기가 어떤 사물인지 아닌지를 의심하는 사람에게 나는 말을 하지 않는다. 이것은 순수한 무(無)와 대화를 한다든지 있지도 않은 실재가 어떤 사물이라 굳게 믿도록 하려고 노력한다든가 하지 않는 것과 마찬가지이다. 혹시 자신의 존재를 부정할 만큼 회의적인 사람이 있다면(그렇지만 자기 존재를 진실로 의심하는 것은 명백히 불가능하다), 나로서는 굶주림이나 다른 어떤 괴로움의 반대를 (즉 자기 자신의 존재를) 굳게 믿게 될 때까지 그런 사람에게 무로 있는 것을 즐기는 행복을 누리도록 할 것이다. 그렇다면 다음의 것은, 모든 사람의 절대 확실한 참된 지식이 의심의 자유를 넘어서, 그 사람들에게 확신시키는 진리면 된다고 생각한다. 즉 모든 사람은 실제로 존재하는 어떤 사물이라는 것이다.

3. 인간은 또한 무(無)가 존재자를 낳을 수 없음을 안다. 그러므로 영원한 어떤 사물이다

다음으로 인간은 직관적 절대 확실지에 의하여, 단지 무가 어떠한 실재의 존재자를 낳지 못하는 것은 무가 두 직각과 같지 않은 것과 마찬가지임을 안다. 만일 어떤 인간이 비실재(非實在), 즉 모든 존재자의 부재는 두 직각과 같을 수 없음을 알지 못하면,[1] 에우클레이데스의 어떠한 논증도 알 수 없는 것이다. 그러므로 만일 (우리 자신이라는) 어떤 실재의 존재자가 있고, 비실재는 어떤 실재의 존재자도 낳지 못한다고 우리가 알면, 영원에서부터 어떠한 사물이 있었다고 명백히 논증된다. 왜냐하면 영원에서부터 없었던 것은 처음을 가졌고, 시작을 가졌던 것은 다른 어떤 사물에 의하여 탄생되지 않으면 안 되기 때문이다.[2]

---

[1] 앞의 신의 존재에 대한 증명은 데카르트의 인간학적 증명과 비슷한 점이 있다.
[2] 라이프니츠는 이 논리로 난외 요약으로 볼 수 있는 로크가 의도하는 영원한 사물 또는 존재자의 있음은 인도되지 않는다고 비난한다.

4. 이 영원한 존재자는 최고의 능력을 지녀야 한다

그다음으로 존재와 시작을 다른 데서 얻는 것은 명백히 그 존재 속에 있고, 존재에 속하는 모든 것도 다른 데서 얻지 않으면 안 된다. 그것이 가진 모든 능력은 같은 원천에 기인하지 않으면 안 되며, 이것에서 받아온 것이다. 그렇다면 모든 존재자의 이 영원한 원천은 모든 능력의 원천이자 기원이기도 해야 한다. 따라서 이 영원한 존재자는 가장 능력 있는 존재여야 하는 것이다.

5. 또 가장 잘 알아야 한다

나아가 인간은 자기 자신 속에서 지각과 지식을 찾아낸다. 우리는 거기서 한 걸음 더 나아간다. 이제 우리는 다만 어떤 존재자가 있을 뿐만 아니라, 알고 지능 있는 어떤 존재자가 세상에 있는 것을 절대 확실하게 하는 것이다.

따지고 보면 대체로 아는 존재자가 없었을 때, 그리고 지식이 있기 시작한 때가 있었다. 또는 영원에서부터 아는 어떤 존재도 있었다(그 어느 쪽인 것이다). 이를테면 존재자가 아무 지식도 갖지 않았을 때, 그 영원한 존재자가 모든 지성을 갖지 않았을 때가 있었다고 말한다면 나는 대답하련다. 그렇다면 무엇이든 지식이 절대로 있을 수 없었을 것이다. 왜냐하면 지식이 전혀 없이 맹목적으로 작용하여 아무 지각도 없는 그런 사물이 어떤 존재자를 낳을 수가 없고, 그 점은 삼각형이 두 직각보다 큰 세 각일 수 없는 것과 같기 때문이다. 감지하지 못하는 물질이 자기 안으로 감각·지각·지식을 주입하는 것은 감지하지 못하는 물질의 관념에 일치하지 않으며, 그 점은 삼각형이 자기 자신 속에 두 직각보다 큰 (세 개의) 각을 집어넣는 것이 삼각형의 관념에 어긋나는 것과 같은 것이다.

6. 그러므로 신이다

이렇게 해서 우리 자신과 우리가 자기 구조 속에서 틀림없이 찾아낸 것과의 고찰에서, 우리의 이지는 다음의 절대 확실하고 명백한 진리, 즉 어떤 영원하며 가장 능력 있고, 가장 잘 아는 존재가 있다고 하는 절대 확실하고 명백한 진리의 지식으로 우리를 이끈다. 어떤 사람이 이 존재자를 신이라 부르고 싶어하는지 어떤지는 문제가 아니다. (그런 존재자가 있다고 하는) 그것은 뚜렷하다. 그래서 적절히 고찰된 이 관념에서, 이 영원한 존재자에게 귀착해야 할 다른 모든 속성을 쉽게 연역할 수 있을 것이다. 그럼에도 누군가가 인간만이 알고 영리하지만, 그런데도 단순한 무지와 우연의 소산이며, 우주의 남은 모든 것은 맹목적이고 엉터리로 아무렇게나 활동한다고 상정할 만큼 무분별하고 오만하게 보인다면, 그런 사람에게는 툴리(즉 키케로)《법률론》제2권의 매우 이지적이고 강한 어조의 훈계를 짬짬이 고찰하도록 권한다. '인간이 자기의 속에 마음과 지성을 가지고 더욱이 다른 그런 사물은 우주 어디에도 없다고 생각하는 것보다, 무엇이 어리석고 오만하여 걸맞지 않을 수 있겠는가? 혹은 인간이 그 미치는 가장 큰 이지로도 거의 이해할 수 없는 사물이, 하찮은 이지도 전혀 없이 흔들리고 통제되는 것이라고.'

Quid est enim verius, quam neminem esse oportere tam stulte arrogantem, ut in se mentem et rationem putet inesse, in coelo mundoque non putet? Aut ea quae vix summa ingenii ratione comprehendat, nulla ratione moveri putet?

이제까지 말해 온 것으로 누구나 알리라고 나는 생각하는데, 우리 감각이 이제까지 우리에게 직접 알려준 적이 없는 어떤 사물보다, 우리는 신이라는 존재에 대해 더욱 확실한 지식을 가지고 있다. 아니, 나는 말해도 좋지만, 우리는 신이 있다는 것을 우리 밖에 있는 어떤 다른 사물이 있는 것보다 확실히 안다고 나는 추정한다. 우리는 안다고 내가 말할 때 그 의미는, 만일 우리가 다른 여러 탐구에 마음을 돌리듯이 자기 마음을 그곳으로 돌리려고만 생각하면 잘못 볼 리가 없는 지식이 우리 손에 미치는 범위 안에 있다는 것이다.

7. 가장 완전한 존재자에 대한 우리의 관념은 신이라는 존재의 유일한 입증이 아니다

인간이 자기 마음에 형성할 수 있는 가장 완전한 존재자의 관념이 신이라는 존재를 어디까지 증명하는가 증명하지 않는가를 나는 여기에서 검토하려 하지 않을 것이다. 왜냐하면 사람들 기질의 다양한 상태나 사유를 적용하는 방식에는 같은 진리의 확증에도, 어떤 주장은 어떤 사람을 더 많이 설득하고 다른 주장은 다른 사람을 더 많이 설득하기 때문이다. 그렇지만 이렇게 말할 수 있다고 나는 생각하는데, 다음과 같은 것은 이 (신은 있다고 하는) 진리를 확립하여 무신론자를 침묵시키는 서투른 방법이다. 즉 (신의 존재라고 하는) 이만큼 중요한 논제의 모든 중점을 (가장 완전한 자라고 하는) 오직 하나인 그 밑바탕에 두고, 어떤 사람들이 자기 마음에 신의 그 관념을 갖는 것을(왜냐하면 어떤 사람들은 관념을 갖지 않고, 어떤 사람은 갖지 않은 것보다 나쁜 관념을 가지며, 대부분은 매우 다른 관념을 갖기 때문이다) 신이라는 것의 유일한 논거로서, 이 마음에 드는 고안(즉 증명)을 맹목적으로 사랑한 나머지, 다른 모든 주장(또는 증명)을 버리고, 또는 적어도 타당하지 않은 노력을 하여 우리 자신의 존재와 우주의 감지할 수 있는 부분이 우리 사유에 아주 명석하며 힘차게 제시하므로, (사물을 잘) 고찰하는 사람은 이것을 거스를 수 없다고 나는 생각한다.

그와 같은 입증은 약하거나 틀린 것으로서, 이 입증에 귀를 기울이는 것을 금하는 방식이다. 왜 그런가 하면, '세상을 창조하신 때부터 창조물을 통하여 당신의 영원하신 능력과 신성과 같은 보이지 않는 특성을 나타내 보이셔서 인간이 보고 깨달을 수 있게 하셨다[*3]라는 것은, 어디에서나 말할 수 있을 만큼 절대 확실하며 명석한 진리라고 나는 판단하기 때문이다. (이와 같이 이 장 제2 절 이하에서) 내가 명시한 것처럼 우리 자신의 존재는 신이라는 것의 뚜렷하고 부정할 수 없는 입증을 우리에게 제공한다. 내가 믿는 바로는, 같을 정도로 많은 부분으로 이루어진 다른 어떠한 논증에 주의할 정도의 조심성으로 이 입증에 관심이 있는 사람이라면 입증의 설득력을 피할 수 없지만, 더욱이 이(신은 계신다는)것은 매우 근본적인 진리로, 모든 종교와 진정한 도덕이 이것에 근거한 중대한 일이므로, 나는 의심하지 않지만 앞에서 말한 증명의 어떤 부분을 다시 되풀이하여 이것을 좀더 덧붙여도 독자는 나를 용서해 줄 것이다.

8. 영원에서부터 있는 사물

본디 어떤 사물이 영원에서부터 있어야만 한다는 것보다 명백한 진리는 없다. 나는 완전히 무였던 때라고 할 만큼 이치에 맞지 않는 (말을 하는) 사람, 바꿔 말하면 그 정도로 명백한 모순을 상정할 수 있는 사람, 적어도 그런 사람을 아직껏 들어본 일이 없다. 왜냐하면 순수한 무, 모든 존재자의 완전한 부정과 부재가 만에 하나라도 어떠한 실재를 낳는다고 상상하는 일은 모든 불합리 가운데 가장 큰 불합리이기 때문이다.

그렇다면 어떤 사물이 영원에서부터 존재해 왔다고 결론을 내리는 것은, 모든 이지적 피조물로선 피하기 어렵다. 그러므로 이것이 어떤 종류의 사물이어

[*3] 〈로마서〉 제1장 20절.

야 하는지를 다음에 살펴보기로 한다.

9. 두 종류의 존재자. 생각한다고 보지 않는다

세상에는 인간이 아는, 또는 상념하는 두 종류의 존재자가 있을 뿐이다. 첫째로 순수하게 물질적이고, 감각과 지각 또는 사유와 같은 것. 예컨대 우리의 턱수염을 깎은 털이나 손톱을 깎은 부스러기.

둘째로 감지할 수 있으며 생각하고 지각하는 존재자로, 우리 자신이 그렇다고 찾아내는 것. 괜찮다면 이런 것을 이제부터 생각하는 존재자와 생각하지 않는 존재자라고 부르겠다. 이것은 우리의 당면 목적에 있어서, 이를테면 그 밖의 다른 무엇을 위해서가 아니라도, 아마 물질적과 비물질적보다 좋은 명사라고 본다.

10. 생각하지 않는 존재자는 생각하는 존재자를 낳을 수 없다

따라서 어떤 영원한 사물이 없으면 안 된다면, 어떤 종류의 존재자라야 되는지를 살펴보기로 하자. 이것에 대해서는, 이지에 매우 또렷하지만, 반드시 생각하는 존재자여야 한다. 왜냐하면 적어도 생각하지 않는 단순한 물질이 생각하고 지능 있는 어떤 존재자를 낳는다고는 생각할 수 없으며, 그 점은 무(無) 자신이 물질을 낳는다고 생각할 수 없는 것과 같다. 크든 작든 영원한 물질의 한 조각을 상정해 보자. 그 자체로는 아무것도 낳을 수 없음을 발견할 수 있을 것이다. 예를 들면 (걸어보고) 우리가 만나는 자갈이라는 물질이 영원하며, 긴밀히 합일한 부분이 굳게 함께 멈추고 있다고 상정해 보자. 만일 이 세상에 다른 존재자가 없었다면 자갈은 영원히 그대로 활동하지 않은 죽은 덩어리로 멈춰 있어야 하지 않았을까? 순수한 물질인데 자기 자체에 운동을 보태고, 무엇인가 사물을 또 낳을 수 있다고 상정할 수 있을까? 따지고 보면 물질은 자기 자신 속에 운동조차 낳지 못한다. 그것이 가진 운동은 영원에서부터 없으면 안 되는, 또는 물질보다 능력이 있는 다른 어떤 존재자에 의하여 낳게 되고, 물질에 더해진 것이어야 한다. 왜냐하면 물질은 명백히 자기 속에 운동을 낳을 능력을 갖지 못하기 때문이다. 그러나 (또) 운동도 영원하다고 상정하자. 더욱이 물질, 생각하지 않는 물질과 운동은 어떤 변화를 운동이 (물질의) 모습이나 부피에 대하여 낳는다 해도, 결코 사유를 낳지는 못했을 것이다. 그 점은 물질을 낳는 것이 무, 즉 비실재의 능력을 넘어선 것과 같다.

그래서 나는 사유 또는 실재하는 지능 있는 존재자와 같은 사물이 없었던 이전에 사유가 순수물질에 의하여 탄생했다고 상념할 수 없는 것과 같을 만큼 무에 의하여 생겨난 물질을 생각할 수 없는지 어떤지, 모든 사람의 사유에 호소한다. (그리고) 물질을 아주 작은 부분으로 마음껏 분할하자(이것은 하나의 정신화, 즉 물질로부터 생각하는 사물을 만드는 것이라고 상상하기 쉽다). 원하는 만큼 많이 그 모습과 운동을 바꾸자. (하지만 예를 들면) 지름이 1그라이*⁴의 100만분의 1부분밖에 안 되는 구(球)·정사각형·원뿔·각기둥·원기둥 따위도 이것에 상응하는 부피의 다른 물체에 작용하는 방식은 지름 1인치 또는 1푸트의 물체(하지만 그것에 상응하는 크기의 물체에 작용하는 방식)와 같을 것이다. 그래서 어딘가에 존재하는 매우 작은 물질분자에 의하여 (감각·사유·지식을 낳기를 기대할 수 있다면, 이것과) 마찬가지로 거칠고 엉성한 물질분자를 일정한 모양과 운동에 그러모음으로써 감각·사유·지식을 낳는다고 기대해도, 이지에 어울린다고 할 수 있을 것이다.

아주 작은 부분도, 더 큰 분자도 완전히 마찬가지로 서로 치고 서로 밀며 서로 저항한다. 이것이 물질분자가 할 수 있는 전부다. 그러므로 (요약하면) 최초 또는 영원의 무를 상정하려면, 물질은 결코 있는 상태에서 시작할 리가 없다. 만일 운동이 없는 단순한 영원의 물질을 상정한다면, 운동은 결코 있는 상태에서 시작할 리가 없다. 왜냐하면 물질은 운동을 수반하든 수반하지 않든 본원적으로는 그 자신 속에, 또 그 자신으로부터, 감각·지각·지식을 낳았다고 상정할 수 없으며, 그 점은 만일 그렇다 해도 감각·지각·지식은 물질 및 그 모든 분자와 영원히 분리할 수 없는 특성이 있어야 한다는 데서 명백히 그대로이기 때문이다. 다음의 점은 덧붙일 것까지도 없다. 즉 물질인 우리의 일반적 또는 종적 상념은 우리에게 물질을 하나의 사물로서 말하게 하지만, 더구나 진실로는 물질은 모두 한 개의 사물이 아니거니와 우리가 알거나 상념할 수 있는 하

---

*4 1그라이는 1라인의 10분의 1, 1라인은 1인치의 10분의 1, 1인치는 학문적 1푸트의 10분의 1, 학문적 1푸트는 1진자의 3분의 1이고, 1진자의 진폭은 45도로서 각각 시간의 1초, 즉 1분의 60분의 1과 같다. 로크는 여기서 굳이 이 단위를 사용하여 여러 부분을 10진법으로 나누고, 이름을 붙였다. 학계에서 이것이 공통단위가 되는 것이 매우 편리하리라고 보았기 때문이다.

나의 물질적인 존재자 즉 하나의 단일한 물체 같은, 존재하는 어떠한 사물은 없는 것이다. 그러므로 이를테면 물질이 영원하며 처음으로 생각하는 존재자였다고 하면, 하나의 영원한 생각하는 존재자는 없고, 서로 독립하는 제한된 힘과 별개인 사유의, 무한수의 영원한 유한의 생각하는 존재자였을 것이다. 그와 같은 존재자는 자연 속에서 발견하게 되어 있는 질서와 조화와 아름다움을 결코 낳지 못했을 것이다. 그러므로 본디 최초의 영원한 존재자인 것은 필연적으로 생각하는 존재여야 하며, 본디 모든 사물의 최초인 것은 필연적으로, 적어도 그 뒤에 어떤 일이 있더라도 존재할 수 있는 모든 완전성을 그 속에 포함하여 실제로도 갖지 않으면 안 되고, 자기 자신 속에 실제로 지니지 않았거나 또는 적어도 한결 높은 정도로 갖지 않았거나, 그 어느 쪽의 완전성을 다른 것에 줄 리가 결코 없으므로 최초의 영원한 존재자는 물질일 리가 없다는 것이 된다.

11. 그러므로 영원한 지혜가 처음부터 줄곧 있어왔다

그러므로 어떤 사물이 영원에서부터 필연적이어야 한다는 것이 명백하다면, 그 사물이 필연적으로 어떤 생각하는 존재자라는 것 또한 명백하다. 왜냐하면 생각하지 않는 물질이 생각하는 존재자를 낳을 수 없다는 것은 무, 즉 모든 존재자의 부정이 어떤 실정적인 존재자, 곧 물질을 낳을 수 없다는 것과 같기 때문이다.

12.

어떤 영원한 마음의 필연적 존재의 이와 같은 발견은 우리를 신의 지식으로 (바꿔 말하면 신을 알도록) 충분히 이끈다. 그것은 이로 말미암아 다음과 같이 된다. 즉 처음에 모든 것을 아는 다른 어떤 존재자는 신에게 의존하지 않으면 안 되며, 신이 준 것 말고는 아는 방법이나 능력의 범위를 갖지 못한다. 그러므로 또 만일 신이 그런 아는 존재자를 만들었다고 하면 이 우주의 더욱 훌륭하지 않은 작품, 즉 생명이 없는 모든 존재자도 창조한 것이다. (그런 것이 된다.) 이것으로써 신의 전지·전능·섭리는 확립되고, 다른 모든 속성은 필연적으로 나오게 될 것이다. 하지만 이 점을 좀더 뚜렷하게 하기 위하여, 이것에 어떤 의문이 제기되는가를 살펴보자.

13. 물질적인가 물질적이 아닌가

첫째, 아마 다음과 같이 말할 수 있을 것이다. 즉 영원한 존재가 없으면 안되고, 이 존재자를 모르면 안 된다는 것은, 무릇 논증할 수 있는 (한의 명확성과 같을) 정도로 명석하지만, 더구나 생각하는 존재자가 물질적일지도 모른다고 하는 것 이외엔 되지 않는다. (바꿔 말하면 생각하는 존재자는 물질적일지도 모른다. 그런데) 그렇다고 (즉 생각하는 존재자는 물질적이라고) 하자. 그래도 역시, 신이라는 존재는 있는 것과 마찬가지가 된다. 왜냐하면 만일 어떤 영원히 전지·전능한 존재자가 있다면 이 존재자를 물질적이라고 상상하든 상상하지 않든, 신이라는 존재가 있다는 것은 절대 확실하기 때문이다. (그런 의혹이나 반대론이 나올 것이다.)

그러나 내 생각으로는 여기에 그 (생각하는 존재자를 물질적이라고 하는) 상정의 위험과 기만이 있다. 즉 어떤 영원히 아는 존재자가 있다고 하는 논증을 피할 길이 없으므로 물질에 한 몸을 바친 사람들은, 이 아는 존재자가 물질적이라는 것을 적극 인정하도록 하려고, 그리고 어떤 영원한 아는 존재자의 필연적 존재를 증명하는 논증을 자기 마음과 논의에서 없애서 (떼내어) 모든 것은 물질이라 주장하며, 나아가서는 신이라는 것, 곧 어떤 영원한 생각하는 존재자를 부정하려고 한 것이다. (하지만) 이것에 의해 그 사람들은 자기 자신의 (물질적인 생각하는 존재자라는) 가설을 확립하기는커녕, 이것을 망하게 했다. 왜냐하면 그 사람들의 주장으로 어떤 영원의 생각하는 존재자 또는 영원한 물질이 있을 수 있다면, 그 사람들은 명백하게 물질과 생각을 분리하고, 생각과 물질과의 필연적 결합을 상정하지 않으며, 나아가서는 어떤 영원한 정신의 필연성을 확립하지만 물질의 필연성을 확립하지 못하기 때문이다. 그것도 역시 이미 (이 장 제10절에서) 증명한 것같이, 어떤 영원한 생각하는 존재자는 불가피하게 인정할 수밖에 없다. 그런데 만일 생각과 물질을 분리할 수 있다면, 물질의 영원한 존재는 생각하는 어떤 존재자의 영원한 실재에서 나오지 않을 것이다. 그래서 이 사람들은, 그것(즉 영원한 생각하는 실재자의 존재)을 아무 목표도 없이 상정하는 것이다.

14. 물질적이 아니다. 첫째로 모든 물질분자는 생각하지 않으므로

그러나 이번에는 그 사람들이 영원히 생각하는 이 존재자가 물질적이라면,

어떻게 하여 자기 자신과 다른 사람을 이해시킬 수가 있는가를 보기로 하자.

첫째로 나는 그 사람들에게 묻는데, 그 사람들은 모든 물질이, 모든 물질분자가 생각한다고 보는 것인가 어떤가? 이런 것을 그 사람들은 좀처럼 말하지 못할 것이라고 나는 생각한다. 만일 말을 했다고 하면, 물질분자만큼 많은 영원한 생각하는 존재자가 있었을 테고, 나아가서는 무한한 신들이 있었을 것이기 때문이다. 혹시 그 사람들이 물질을 물질이라고, 즉 모든 물질분자를, 생각함과 동시에 (고유의 속성으로서) 연장적이라는 것을 인정하려 하지 않는다면, 그 사람들은 (그런 비연장적인 물질 외에 본디의 물질, 즉 연장적인 생각하지 않는 물질을 인정하지 않으면 안 되므로) 생각하지 않는 (물질)분자를 가지고 생각하는 존재자를 자기 이지에 증명해야 하는 까다로운 일을 맡게 되는데, 이것은 (그 사람들이 상정한 생각하는 물질을 연장적이 아니라고 할 때) 비연장적이라고 말해도 좋다면, 그런 부분으로 연장적인 존재자를 증명하는 것과 마찬가지로 어려운 일이다.

15. 둘째로 물질의 한 분자만이 생각하는 것일 리가 없다

둘째로 만일 모든 물질이 생각하지 않는다면, 다음으로 내가 묻겠는데, 생각하는 것은 단지 하나의 원자뿐인가 어떤가? 여기에는 (앞 절에서든) 다른 불합리와 마찬가지로 많은 불합리가 있다. 만일 그렇다고 (즉 하나의 원자만이 생각한다고) 하면, 이 물질원자가 그만큼 영원해야 하거나, 그렇지 않거나(어느 쪽인가)이다. 만일 그것만이 영원하다면 그때는 이 하나(의 원자)만이 그 능력으로 가득 찬 사유 또는 의지에 의하여 남은 모든 물질을 만들었을 것이다. 따라서 능력으로 가득 찬 사유에 의한 물질의 창조가 있다(는 것이 된다). 이것은 유물론자가 망설이는 점이다. 그것은 만일 단독으로 생각하는 하나의 원자가 남은 모든 물질을 낳았다고 유물론자가 상정하면, 유물론자는 그 상정하는 (다른 원자와의) 유일한 차이인 생각 때문이 아닌 다른 어떠한 이유로 말미암아 그런 우월성을 이 원자에 돌릴 수가 없는 것이다.

그러나 우리의 상념을 넘은 다른 어떤 방식에 의한 것을 인정해도 그것은 역시 창조가 아니면 안 되고, 이 사람들은 '무에서는 아무것도 만들 수 없다'고 하는, 그 사람들의 큰 공준을 버리지 않으면 안 된다. (또) 만일 나머지 모든 물질이 그 생각하는 원자와 마찬가지로 영원하다는 말을 할 수 있다면, 이것은 어떤 불합리이든, 무엇이든지 제멋대로 하는 말인 것이다. 왜냐하면 모든 물질이 영원하며, 더구나 하나의 작은 분자가 지식과 능력에서 나머지 모든 것보다 무한히 우월하다고 상정하는 것은, 이유다운 것이 조금도 없이 무엇인가 가설을 형성하기 때문이다. 흔히 모든 물질분자는, 다른 어떤 분자와 마찬가지로 형체와 운동을 지닐 수가 있다. 그래서 나는 누구에게나 도전하는데, 자기 사유 가운데서 하나의 분자에게 다른 분자보다 뛰어난 무엇인가를 보태주기 바란다. (이것은 불가능할 것이다.)

16. 셋째로 생각하지 않는 물질의 체계는, 생각하는 것일 수 없다

셋째로 만일 거기에서 하나의 특별한 원자만이 이 영원히 생각하는 존재자일 수가 없고, 물질로서의 모든 물질 즉 모든 물질도 그렇게 될 수 없다고 하면 남는 것은 오직, 적절히 그러모은 물질의 일정한 체계가 이 생각하는 영원한 존재자라는 것이다. 이것은 내 생각에 신을 물질적인 존재자로 하려고 한 사람들이 자기 자신과 다른 사람들에 대하여 통상적 (흔히 하는) 착상으로 그 사람들에게 가장 즉석에서 시사할 수 있는 것으로서, 그런 사람들이 신에 대하여 가장 갖기 쉬운 생각이며, 그런 사람들은 자기와 다른 사람들을 물질적으로 생각하는 존재자로 보는 것이다.

그러나 이 상상은 다른 상상보다 아무리 자연스러워도, 다른 상상에 못지 않게 불합리하다. 왜냐하면 영원히 생각하는 존재자를, 하나하나가 생각하는 것이 아닌 물질분자의 구성 이외의 아무것도 아니라고 상정하는 일은, 그 영원한 존재자의 지혜와 지식 모두를 단지 (그런 존재자로 여기는 물질의) 부분들과 똑같이 보는 것이니 이보다 불합리한 일은 있을 수 없기 때문이다. 생각하지 않는 물질분자는 아무리 그러모아도 그것으로써 위치의 새로운 관계 말고는 아무런 보탬이 될 수 없고, 이 새로운 위치관계가 물질분자에게 사유와 지식을 제공할 수는 없는 것이다.

17. 운동을 하고 있든 정지하고 있든

그러나 또 이 형체적 체계는 그 전부가 멈추고 있든가, 또는 여러 부분이 일정한 운동을 하고, 그 운동 속에 이 체계의 생각이 존재하든가(그 어느 쪽)이다. 만일 완전히 멈춰 있다면 하나의 덩어리에 지나지 않으며, 따라서 하나의 원자보다 우월한 특권을 누릴 수가 없다. 만일 형체적 체계의 부분들이 운동을 하고 이것에 체계의 생각이 근거한다면, 거기에서의 사유는 모두 불가피하게 우연한 데다 제한받지 않으면 안 된다.

운동에 의해 사유를 낳은 분자는 저마다 그 자신에게는 아무 사유도 없으므로 자기 운동을 규제할 수가 없고, 하물며 전체의 사유에 의하여 규제될 수가 없다. 왜냐하면 그것은 그 (형체적 체계의) 사유가 운동의 원인이 아니라(만일 원인이라면 사유는 운동에 앞서지 않으면 안 되며, 따라서 운동 없이는 안 된다) 운동의 귀결인데, 이것에 의해 자유·능력·선택이나 모든 이지적이고 현명한 생각 또는 활동은 완전히 제거되기 때문이다. 그러므로 이런 생각을 하는 존재자는, 순수한 맹목적 물질보다 낫지도 현명하지도 않을 것이다. 왜냐하면 모든 것을 맹목적 물질의 우연적이고 지도되지 않은 운동으로 뭉뚱그리는 것과, 또는 맹목적 물질의 지도되지 않은 운동에 근거한 사유로 치부해 버리는 것은 마찬가지이기 때문이다. 이런 부분의 운동에 근거하지 않으면 안 되는 사유와 지식이 협소한 것은 말할 것도 없다. 그러나 위에서 말한 이 가설의 불합리와 불가능 이상으로 (아무리 이것에 넘쳐 있어도) 불합리와 불가능을 열거할 것까지도 없다. 이 생각하는 체계를 우주의 물질 전부라고 하든 일부분이라고 하든, 어느 하나의 분자가 자기 자신의 운동 또는 다른 어떤 분자의 운동을 알 수는 없으며, 또 전체가 모든 낱낱의 분자 운동을 알고, 나아가서는 자신의 전체 사유나 운동을 규제할 수가 없으며, 또 실제로 이런 운동으로 결과를 낳은 어떠한 사유를 가질 수가 없으니 말이다.

18. 물질은 어떤 영원한 마음과 함께 영원하지는 않다

(그리고) 어떤 사람은, 영원히 생각하는 비물질적인 존재자를 인정함에도, 물질을 영원하다고 주장한다. 이 주장은 신이라는 것의 존재를 없애지 않지만, 그 역사한 하나의, 또 최초의 큰 작품 즉 창조를 부정하기 때문에 약간의 고찰이 필요하다. 물질의 영원성을 받아들이지 않으면 안 된다. 왜일까? 물질이 어떻게 해서 무에서 만들어질 수 있는지 그대는 생각할 수 없기 때문이다. (그러면) 왜 그대는 자신을 또한 영원하다고 생각하지 않는가? 그대는 아마 대답할 것이다. 20년 전 또는 40년 전부터 시작했기 때문이다. 그러나 그때 있기 시작한, 그 그대는 무엇이냐고 내가 묻는다면 그대는 대답하지 못할 것이다. 그

대(의 몸)를 만드는 물질은, 그때 있기 시작하지 않았었다.

왜냐하면 만일 그때 있기 시작했다면 물질은 영원하지 않기 때문이다. 하지만 (이렇게 말할지도 모른다. 즉) 그대의 몸을 만들 만한 만듦새와 구조로 물질은 그러모으기 시작한 것이다. 그러나 (나는 말하지만, 물질)분자의 그런 구조는 그대가 아니다. 그대인, 어떤 생각하는 사물을 만들지 않는다. (왜냐하면 나는 지금 다음과 같은 사람을, 즉 어떤 영원한 비물질적인 생각을 하는 존재자를 인정하지만, 생각하지 않은 물질도 영원히 하고자 하는 사람을 상대하고 있는 것이다). 그러므로 그 생각하는 사물은 언제 있기 시작했는가? 만일 결코 있기 시작하지 않았다면, 그러면 그대는 언제나 영원에서부터 생각하는 사물이었던 것이다. 그 불합리는, 이것을 인정할 만큼 지성이 결여된 사람을 만날 때까지 반박할 필요는 없다. 그러므로 만일 생각하는 사물이 (영원하지 않은 사물은 모두 그래야만 하는 것처럼) 무에서 만들어질 수 있다고 인정한다면, 생각하는 사물의 경우는 (인간의 탄생처럼) 그대가 직접 보고 겪은, 물질적인 존재자에 대해서는 겪지 않은 것을 제외하고, 같은 능력에 의한 물질적인 존재자는 무에서 만들어질 수 있다.

그런데도 왜 그대는 인정하지 못하는가? 매우 깊이 고찰하면 정신의 창조는 물질의 창조에 못지않은 능력을 요구한다는 사실을 알게 될 것이다. 아니, 우리가 만일 세속의 상념에서 자기 자신을 해방하여, 그 다다를 수 있는 한 우리의 사유를 자세한 관조로까지 다시 높이려고 한다면, 우리는 어떻게 하여 물질이 영원한 최초의 존재자의 능력에 의하여 처음으로 만들어져 존재하기 시작할 수가 있었을까, 그 어떤 어렴풋하며 그럴싸한 상념을 지향할 수 있었을 것이다. 그러나 어떤 정신에 시작과 존재를 주는 것은, 더욱 전능한 능력을 상상하기 어려운 결과를 발견하게 될 것이다. 그렇지만 이런 것은 (만일 이것에 더 깊이 들어간다면) 세계의 요즘 학문이 쌓아 놓은 여러 상념에서 너무나 멀리까지 데려가려 하는 것이므로 그런 상념에서 그토록 멀리 벗어난다는 것, 바꿔 말하면 언어적 표현이 허락하는 한 정착된 보통의 주장이 그것 (즉 물질과 정신의 창조에 관한 올바른 생각)과 대립하는가를 탐구하는 일은 허용되지 않았을 것이다. 특히 이곳, 즉 일반에게 받아들여지고 있는 주장이 우리의 당면한 목적에 충분히 도움이 되어, 무에서 하나의 실체 창조 또는 시작이 일단 허용된다면, 창조주 자신을 제외한 다른 모든 실체의 창조가 마찬가지로 쉽게 상정될 수 있다는 점을 의심하지 않기로 하는, 이 장소에서는 그런 것이다.

19.

그러나 무에서 어떤 사물을 만들어 내는 일은 도저히 상상할 수가 없기 때문에, 이것을 허용해선 안 된다고 말할 것이다. 나는 그렇지 않다고 대답한다. 첫째, 왜냐하면 무한한 존재자의 능력을 이해하지 못한다고 해서 그 능력을 부정하는 것은 이치에 맞지 않기 때문이다. 우리는 다른 여러 결과의 산출방식을 도저히 상상할 수 없다고 해서, 이를 근거로 결과를 부정하지 않는다. (예를 들면) 우리는 아무리 애써도 몸의 충격 말고 어떤 사물이 몸을 움직일 수 있는지 생각할 수 없다. 더구나 이(생각할 수 없는)것은 우리가 자기 자신 속에서, 우리의 모든 유의미한 운동 가운데서 끊임없이 겪는 데 반하여, 이것을 할 수 있는 것을 우리로 하여금 부정하게 하는 충분한 이유는 되지 못한다. 우리 마음에 있는 운동은, 우리 마음의 자유로운 활동, 즉 사유에 의해서만 우리 속에 산출되고, 신체에서의 또는 신체에의 맹목적 운동의 충격이나 결정의 결과가 아니며, 결과일 수가 없다. 왜냐하면 만일 충격의 결과였다면, 이것을 바꾸는 것은 우리의 능력이나 선택 가운데 있을 리가 없기 때문이다. 예를 들면 내 왼손이 가만히 있는데, 오른손은 글씨를 쓴다. 무엇이 왼손의 정지와 오른손의 운동을 낳는가? 나의 의지, 내 마음의 사유뿐이다. 내 사유(또는 의지)가 변하는 것만으로 오른손이 멈추고 왼손이 운동한다. 이것은 부정할 수 없는 사실이다. 이것을 설명하여 이해하도록 하자. 그렇게 하면 다음 단계는 창조를 이해하는 일이 될 것이다. 왜냐하면 동물 정기(精氣)의 운동에 새롭게 (유의미한 운동의 설명에 이용하는 자가 있다) 결정하도록 한다(고 설명하)는 것은, 문제점을 조금도 없애지 못하기 때문이다. 운동의 변경을 결정하는 일은, 이 경우에 운동 자체를 부여하는 것보다 쉽지 않고 그 이하가 아니다. (그것과 같다.) 왜냐하면 동물 정기에 주어지는 새로운 결정은 사유에 의해 직접이든가, 전에는 동물 정기의 (운동의) 도중에 없었던 다른 어떤 물체가 사유에 의하여 도중에 끼어들게 되는가에 의해서이며, 따라서 다른 물체의 운동은 사유에 힘입지 않으면 안 되기 때문이다. 그 어느 쪽이나, 유의미한 운동을 전과 똑같이 이해할 수 없는 상태로 둔다.

어쨌든 모두를 우리 능력의 좁은 척도로 끌어내려, 우리의 이해를 넘어서는 방식으로 이루어지는 모든 사물은 이루어질 수 없다고 단정하는 것은, 우리 자신을 과대평가하는 일이다. 이것은 우리의 이해력을 무한히 하는 것, 또는 신을 유한하게 하는 것이고, 그때 신이 하는 일은 우리가 상념할 수 있는 것으로 제한하는 것이다. 만일 그대가 자신의 유한한 마음과 그대 속의 어떤 생각하는 사물을 이해하지 못한다면, 만물을 만들고 다스리는 저 꼭대기 하늘도 주를 모시지 못할 텐데,*5 그 영원의 무한한 마음(즉 신)의 작용을 이해하지 못하는 것을 이상하다고 여기지 않도록 하라.

---

*5 〈열왕기상〉 8장 27절.

제11장
사물의 존재에 대한 우리의 참된 지식

1. 감각으로만 얻을 수 있다

우리 자신의 존재에 대한 진정한 지식을 우리는 (앞의 앞 장에서 말한 대로) 직관에 의해 갖는다. 신이라는 존재는 (앞 장에서) 명시했던 대로 이지(또는 이지적 추리)가 우리에게 명확하게 알려준다.

(그런데) 다른 사물의 존재에 대한 지식은 감각에 의해서만 가질 수 있다. 그것은 실재와 사람이 자기의 기억에 가진 어떤 관념과의 필연적 결합은 없고, 신의 존재를 제외한 다른 어떤 존재와 개개의 인간에게도 필연적 결합은 없으므로, 개개의 인간은 어떤 다른 존재자가 그 사람에게 실제로 작용하여 이것으로써 그 사람에게 지각되도록 할 때, 그때만 제외하고 다른 어떤 존재자의 실재를 알 수가 없다. 왜냐하면 사물에 대해 우리의 마음이 가진 관념은 그 사물의 존재를 증명하지 않으며, 그 점은 어떤 사람의 초상화가 그 사람이 이 세상에서 존재함을 명증하지 않고, 또는 꿈의 환상이 그것에 의하여 진정한 사상(事象)을 기술하지 않는 것과 같기 때문이다.

2. 이 종이의 하양이 그 예

그러므로 밖에서 관념을 실제로 받아들이는 것이 다른 사물의 존재를 우리에게 깨달아 알게 하여, 우리 속에 그 관념을 낳는 어떤 사물이 그때 우리 바깥에 존재한다고 우리에게 알려주는 것이다. 하긴 우리는 어떻게 해서 관념이 생겨나는지를 아마 알지 못할 테고, 고찰도 하지 않는다. 관념이 태어나는 양식을 우리가 모르는 것은, 우리의 감각과 이것에 의하여 받아들이는 관념의 절대 확실성을 없애지 않기 때문이다. 예를 들면 내가 이 글을 쓰고 있는 동안 내 눈의 감각을 일으키는 종이에 의해 나는 내 마음에 산출되고, 어떤 대상이 생겨나건 하얗다고 내가 부르는 관념을 갖는다. 이것에 의해 나는 그 성질 또는 우유성(즉 내 눈앞에 나타나면 언제나 (하얗다는) 관념을 낳는 것)이 실재하며, 나의 외부에 어떠한 존재를 갖는다는 것을 안다.

이것에 대하여 흔히 내가 가질 수 있는, 요컨대 내 기능이 다다를 수 있는 가장 큰 확신은 내 눈의 증언이다. 눈은 이런 사물 본디의, 또 유일한 판정자이므로 그 증언은 믿어도 되는 이유가 있다. 그런 것은 매우 확실하므로 내가 이것을 쓰고 있는 동안, 내가 하얀색과 검정색을 보는 것, 또 내 속에 감각을 낳는 어떤 사물이 실재하는 것을 나는 의심할 수 없고, 그 점은 내가 쓰고 있는, 바꿔 말하면 손을 움직이고 있는 것을 의심할 수 없는 것과 같으며, 이것은 인간 본성이 인간 자신(즉 자기 자신) 한 사람과 신을 제외한 어떤 사물의 존재에 대하여 가질 수 있는 최대한의 절대 확실지이다.

3. 이것은 논증만큼 절대 확실하지 않지만, 진리라고 해도 괜찮으며 우리 바깥 사물의 존재를 증명한다

본디 우리의 바깥 사물의 존재를 우리가 감각에 의해 지각하는 것은 우리의 직관적 지식만큼, 또는 우리 마음의 명확한 추상관념에 관계되는 이지의 연역만큼 절대 확실하지는 않지만, 그럼에도 진리의 이름에 상당하는 확신이다.[*1] 만일 우리가 자기의 여러 기능을 움직여, 기능들을 느끼고 일으키는 여러 대상의 존재에 관하여 올바로 알려서 알게 하면, 그렇게 굳게 믿는다면 이것은 좋지 못한 근거의 자신감이라고 인정될 리가 없다. 그것은 누구나 자기가 보거나 만지는 사물의 존재를 절대 확실하다고 하지 않을 만큼, 진지하게 회의적일 리가 없다고 나는 생각한다. 적어도 그만큼 의심하는 자(자기 자신의 사유로 무엇을 갖든)는, 나와 어떤 논쟁도 결코 하지 않을 것이다. 그런 사람은, 내가 그 사람의 주장에 반대하는 무엇인가를 (말했어도, 내 말을) 결코 확실하다고 할 수가 없는 것이다. 나 자신에 대해서는, 나는 신이 나의 외부 사물의 존재에 대하여 충분한 확신을 주었다고 생각한다. 그것은 외부 사물이 (내 감각에) 갖가지로 부딪침으로써, 나는 나 자신 속에 기쁨도 괴로움도 낳게 되는데 이것이 나의 현재 하나의 큰 관심사인 것이다.

---

*1 이것이 외적 사물 존재에 관한 로크 지식론의 결론이다. 흄에게서도 같은 태도를 볼 수 있다.

(어쨌든) 다음의 것은 절대 확실하다. 즉 우리의 기능들은 이 점에서 우리를 속이지 않는다는 자신이, 물질적인 사물의 존재에 관하여 우리가 가진 가장 큰 확신이다. 왜냐하면 우리는 자기 기능들에 의지하지 않으면 아무 행동도 할 수 없고, 참된 지식이 무엇인지 올바로 알고 이해할 수 있는 기능들의 도움 없이는 진리 자체에 대하여 말하지 못하기 때문이다. 그러나 감각은 우리의 바깥 사물이 감각을 일으킬 때, 그 존재에 대하여 우리에게 알려주는 바에 그릇됨이 없다는 우리의 감각 자체에서 얻을 수 있는 확신 말고도 다른 이유가 한데 어우러져 이 확신은 더욱 강화된다.

4. 첫째, 우리는 감각의 입구에 의존하지 않으면 우리 바깥의 사물(의 참된 지식)을 갖지 못하므로

첫째, 누구나 알듯이 그런 (바깥의 사물의) 지각은 우리의 감각을 일으키는 외부의 원인에 의하여 우리 속에 낳게 된다. 그러므로 어떤 기관의 감각이 결여된 사람은 그 감각에 속하는 관념을 결코 낳게 할 수 없다. 이것은 의심하기에는 너무나 뚜렷하므로 우리는 관념이 그 기관의 감각에 의해 들어올 뿐, 다른 방법이 없음을 확신할 수밖에 없다. (하긴) 누구나 아는 것처럼 감각 자체는 관념을 낳지 않는다. 혹시 낳는다면 (예컨대) 어떤 사람의 눈은 어둠 속에서 색깔을 구별하고, 코는 겨울에 장미 냄새를 맡았을 것이다. 그러나 아는 바와 같이 파인애플이 있는 인도로 가서 직접 맛보기까지는 아무도 그 풍미를 얻지 못한다.

5. 둘째, 실제 감각으로 갖는 관념과 기억에서의 관념은 전혀 별개의 지각이므로

둘째, 나는 가끔 내 마음에 산출되는 관념을 피할 수 없음을 발견하기 때문이다. 그것은 (과연, 이를테면) 눈을 감고 있을 때, 또는 창을 닫고 있을 때 나는 예전의 감각이 내 마음에 낳겨놓은 색깔이나 태양의 관념을 내 멋대로 마음에 떠올릴 수가 있다. 마찬가지로 나는 이제 그런 관념을 그만두고, 장미의 향기 또는 설탕 맛의 관념을 떠올릴 수가 있다. 하지만 내가 내 눈을 낮에 태양으로 향하면, 빛이나 태양이 나에게 낳은 관념을 피할 수가 없다. 그러므로 내 기억에 축적된 관념(그 관념에 대하여, 이를테면 그것만이 마음에 있다면 이것을 처리하여 멋대로 그만두는 같은 능력을 나는 언제나 가졌을 것이다)과, 나에게 억지로 갖게 하는 것을 피할 수 없는 관념 사이에는 명백한 차이가 있다. 따라서 (현실의 감각의 경우에는) 반드시 외부의 어떤 원인 및 외부의 어떤 대상의 활발한 작용이 없으면 안 되고, 나는 내가 뜻하든 뜻하지 않든 상관없이 내 마음에 그런 관념을 낳은 효력에 저항할 수 없다. 그리고 기억에 태양의 관념이 있을 때 태양을 바라보는 것과, 실제로 태양을 보는 것과의 차이를 자기 자신 속에 지각하지 않는 사람은 없다. 이 두 지각은 아주 별개이므로 그 사람의 관념 속에서 이것 이상으로 확연하게 구별할 수 있는 것은 없다. 그러므로 그 사람은 그런 (현실의 감각에서의 관념은) 기억, 즉 마음의 활동에서도 자기 내부만의 공상이 아니라 그렇게 실제로 보는 것은 외부에 원인이 있음을 절대 확실히 아는 것이다.

6. 셋째, 현실의 감각에 뒤따르는 기쁨이나 고통은 그런 관념의 외적 대상이 없는 복귀에 수반하지 않는다

셋째, 이것에 더하여 그런 (외적 사물의) 관념은 흔히 우리 속에 괴로움과 함께 생겨나서, 그 고통을 우리는 조금도 마음에 상처를 받지 않고 기억한다. 예를 들면 뜨겁거나 차가운 고통은 그 관념이 마음에 재생되어도 마음을 흐트러뜨리지 않지만 느낄 때만큼은 몹시 성가시고, 현실에서 되풀이될 때도 역시 그렇다. 이 고통은 외적 대상이 우리의 몸에 부딪칠 때 몸에 생긴 혼란에 의하여 일어나게 된다. 또 우리는 목마름이나 두통의 고통을 실제의 고통이 전혀 없는데도 되새긴다. 그런 고통은 이를테면 밖에서 우리의 감각을 일으키는 실재의 사물이 없는, 우리 마음에 떠도는 관념, 우리의 공상을 대접하는 현상태 외에 아무것도 그 이상 없었다면 결코 우리를 혼란케 하지 않거나, 아니면 이것을 생각할 때마다 으레 어지럽힐 것이다.

몇 가지의 현실적 감각에 뒤따르는 쾌락에 대해서도 똑같이 말할 수 있다. 또 (기쁨이나 고통과 직접 관계는 없지만) 수학적 논증은 감각에 근거하지 않는 것이라 해도, 더욱이 그림에 의해 논증을 검토하는 것은 우리의 시각적 명증을 크게 믿는 일이며, 논증 자체의 확실성에 접근하는 확실성을 시각의 명증에 주는 것으로 생각된다. 어떤 사람이 어떤 모양(또는 도형)의 두 각을 그림의 선과 각으로 재어, 하나가 다른 것보다 큰 것을 부정할 수 없는 진리로 인정하면서, 그런데도 눈으로 보고 재는 데 쓰는 (도형의) 선과 각의 존재를 의심하는 일은 (혹시 있다면) 몹시 우스웠을 것이다.

7. 넷째, 우리의 감각은 외부 사물의 존재에 대한 서로의 증언을 돕는다

넷째, 우리의 감각은 흔히 우리 바깥의 감지할 수 있는 사물의 존재 상호 간의 보고(報告)의 진리를 증언한다. (예를 들면) 불을 본 자는, 불이 단지 상상 이상의 어떤 사물인가를 의심하면 불을 만질 수도 있고, 손을 불에 넣어보아야 이해할 수 있을 것이다. 손이 단순한 관념이나 환상이 아니며 아픔도 공상(또는 환상)이 아닌 이상, 그런 극도의 아픔은 결코 견딜 수 없었을 것이다. 더구나 그 사람은 화상이 낫게 되면, 아프다는 관념은 일으킬지라도 아픔을 자기 자신에게 다시 가져오지는 못한다. (또) 예를 들면 내가 이것을 쓰고 있는 동안, 나는 (종이에 글자를 쓰므로) 종이의 현상태를 바꿀 수가 있고, 글자를 의도함으로써 종이에 나의 펜을 달리게 하는 것만으로 종이가 다음 순간에 어떤 새로운 관념을 보일 것인가를 미리 말할 수가 있음을 나는 본다.

새로운 글자의 관념은 (내가 생각나는 대로 마음에 많이 가져도) 내 손이 가만히 있으면, 또는 손을 움직여도 눈을 감고 있으면 나타나지 않을 것이다. 또 (글자의) 각인이 종이에 일단 만들어지면, 나는 다음에 각인을 있는 그대로 보지 않을 수 없다. 즉 내가 만들어 버린 글자의 그런 관념을 갖지 않을 수가 없다. 이로 말미암아 명백하지만 나 자신의 생각으로 멋대로 만든 (글자의) 각인이 (한번 만들어지면) 내 생각에 따르지 않고, 더구나 마음으로 생각할 때 언제나 없어지지 않으며, 내가 만든 모양에 따라 늘 규칙적으로 내 감각을 계속 일으킨다고 내가 보았을 때, 글자는 나 자신의 상상의 놀이와 장난이 아닌 것이다. 만일 여기에 글자(를 다른 사람이 볼 때, 그) 시각은 글자가 나타내도록 내가 미리 의도한 소리(즉 말)를 다른 사람에게서 이끌어 내리라는 점을 보태면, 내가 쓰는 그런 말이 내 귀의 감각을 일으키는 오랫동안 이어지는 규칙적인 소리를, 즉 내 상상의 결과일 리가 없으며 내 기억이 소리를 그 순서로 유지하지 못한 소리를 낳을 때 내가 쓰는 그 말들은 나의 외부에 실재한다는 점을 의심할 이유를 남기지 않을 것이다.

8. 이 확실성은, 우리의 상태가 필요로 하는 만큼 크다

그렇지만 이런 모든 것들 말고도 더 있다. 자기 감각을 믿지 않고, 우리의 모든 존재를 통하여 보고 듣고 만지고 맛보고 생각하고 행하는 모든 것은 실재하지 않는 하나의 긴 꿈의 연속이자 우리를 속이는 현상에 불과하다고 단언할 만큼 회의적일 것이며, 따라서 모든 사물의 존재를, 또는 어떤 사물에 대한 우리의 지식을 의심하려는 사람이 있다면 나는 그에게 모든 것이 꿈이라면 의문을 일으키는 것도 꿈꾸는 것에 지나지 않고, 따라서 깨어 있는 인간이 그 사람에게 대답하는 것은 큰 문제가 아니라고 고찰하기를 바란다. 그렇지만 괜찮다면 나는 그 사람에게 다음과 같이 대답할 것이다. 즉 자연의 세계에 존재하는 사물의 절대 확실성은, 이것에 대하여 우리 감각의 증언이 있을 때 우리의 (심신의) 구조가 다다를 수 있을 만큼 크고, 우리의 상태가 필요로 하는 만큼 크다고 대답한다면 그 사람은 꿈꾸어도 좋다.

왜냐하면 우리의 모든 기능은 존재자의 결함 없는 모든 범위에 알맞지 않으며, 사물의 온갖 의혹과 망설임에서 벗어난 완전·명석·포괄적인 진리에 적합하지 않지만, 모든 기능이 우리의 보존에 적합하고 생활의 쓰임새에 적응하고 있으므로 그 기능들이 편리한 사물 또는 불편한 사물을 지각하도록만 한다면 우리의 목적에 충분히 도움이 되기 때문이다. (예를 들면) 불타는 초를 보고 그 속에 손가락을 넣음으로써 그 불꽃의 힘을 실제로 경험한 사람은, 자기에게 화가 되고 심한 통증을 일으킨 이것이 자기 밖에 존재하는 어떤 사물이라는 점을 의심하지 않을 것이다. 이것은 인간이 자기 행동을 통제하는 데, 자신의 행동과 동일할 정도로 확실한 것보다 더 큰 확실성을 요구하지 않을 때 충분한 확신이다. 그래서 만일 위에서 말한 꿈꾸는 자가, 유리 용광로의 점점 높아진 열이 잠깐 선잠이 든 인간의 마음속을 헤매는 상상이 어떤가를 그 속에 손을 넣어 시험하려고 한다면, 그 꿈꾸는 사람은 아마 이것이 상상 이상의 어떤 사물이라는, 자기가 염원할 수 있는 것보다 큰 확실성에 눈뜨게 될 것이다. 그러므로 이 명증은 우리의 기쁨이나 고통, 즉 행복이나 불행과 같을 정도로 우리에게 절대 확실하므로 우리가 기대할 수 있을 만큼 큰 것이고, 이 행복과 불행의 관심사를 지식으로든 존재양식으로든 우리는 갖지 않는다. 우리 밖의 사물의 존재에 대한 이와 같은 확신은 사물이 낳은 선의 수용과 악의 회피에 즈음하여 우리를 지도하기에 충분하며, 이 선악은 우리가 사물을 인식하게 하기 때문에 우리의 중요한 관심사인 것이다.

9. 그러나 현실의 감각 이상으로 도달하지 않는다

그렇다면 요컨대 우리의 감각이 우리 지성에 어떤 관념을 전할 때, 우리는 어떤 사물이 그때 우리 밖에 실재하여 그 사물이 우리의 감각을 일으키고, 이 감각에 의하여 우리의 이해 기능으로 자기 자신을 지각시키며, 우리가 그때 지각하는 관념을 실제로 낳는다고 이해하지 않을 수 없다. 우리는 단순관념의 다음과 같은 집합이, 즉 함께 합일하고 있다고 우리의 감각에 의하여 관찰된 집합이 함께 실재하는 것을 의심할 정도로 감각의 증언을 믿지 않을 수는 없다. 그러나 이 진리는 우리 감각의 현재 증언, 즉 그때 감각을 일으키는 낱낱의 대상에 작용하는 감각의 현재 증언이 미치는 한계 이상은 아니다. 그렇다 함은 (예를 들면) 인간과 내가 익숙하게 부르는 단순관념의 집합이 존재하는 것을 1분 전에 함께 보았으나 지금은 나 혼자라고 하면, 나는 같은 인간이 지금도 존재하는 것을 절대 확실하다고 할 수가 없다.

왜냐하면 1분 전의 그 사람의 존재와 지금의 존재와는 필연적 결합이 없기 때문이다. 내가 그 사람의 존재에 대한 나의 감각적 증언을 가진 이래, 그 사람은 수많은 방식으로 없어질 수가 있을 것이다.*² 그래서 만일 내가 오늘 보았을 뿐인 사람이 지금 있는 것을, 내가 절대 확실하다 할 수 없다고 하면 내 감각으로부터 훨씬 멀어져 어제 이래로 또는 작년 이래로 본 적도 없는 사람이 지금 있는 것은 더더욱 절대 확실하다고 할 수 없으며, 내가 일찍이 본 적이 없는 사람의 존재를 절대 확실하다고는 더더욱 할 수 없다. 그러므로 몇 백만의 사람이 지금 존재하는 것은 매우 확실한 것 같다고 해도, 더구나 내가 이것을 혼자 쓰고 있는 동안, 나는 이것에 대한 진정한 지식과 엄밀히 말할 수 있는 절대 확실지를 갖지 못한다. 하긴 매우 그럴 법한 것은 나에게 (사람들의 존재를) 의심하지 않게, 내가 지금 이 세상에 사람들이 (더구나 내가 만나는 잘 아는 사람들도) 있다는 자신감을 가지고 행하는 것은 이치에 맞는다. 그러나 이것은 개연지(蓋然知)에 불과할 뿐, 진정한 지식은 아니다.

10. 모든 일에 논증을 기대하는 것은 어리석다

(하지만 앞 절에서 말한 대로라고는 해도) 그렇게 말해도 되겠지만, 지식의 폭

---

*2 의식현상론의 관점에서 흄보다 앞선 연구가 여기에서 전개되고 있다.

이 좁은 사람이 사물의 갖가지 명증과 개연성을 판정하고, 그것에 따라 움직이도록 이지를 주었으므로 다음의 것은 얼마나 어리석고 허무한가. 즉 논증 및 절대 확실성을 갖지 않은 사물에 이것을 기대하여, 조금도 의심할 (이유라고 말하고 싶지는 않지만) 핑계도 모두 극복할 만큼 뚜렷이 증명하지 못했다고 해서 매우 이지적인 명제에 동의를 거부하며, 매우 명석하고 쉬운 진리에 어긋나게 행동하는 일은 거듭 말하지만, 얼마나 (어리석고) 허무한가. 인생의 일상사에 단적이고 쉬운 논증 이외에 아무것도 허용하지 않으려는 사람은 곧 죽는다는 것 말고는 이 세상에 확실한 것이 아무것도 없었으리라. 영양가가 있는 먹을 것에도 마실 것에도 손을 내밀 이유를 부여하지 않았을 것이다. 그래서 나는 이런 사람이 어떠한 의혹이나 반대론도 갖지 못한 근거로 무엇을 댈 수 있을지 (알 수 있다면) 기꺼이 알고 싶다.

11. 과거의 존재는 기억으로 알게 된다

(다음으로) 우리는 감각이 어떤 대상에 실제로 작용할 때 그 대상이 존재함을 알지만, 마찬가지로 기억에 의하여 감각을 일으킨 사물은 이제까지 존재한 적이 있다고 굳게 믿을 수 있을 것이다. 이리하여 우리는 감각이 우리에게 알려서 알도록 한 적이 있어, 기억이 지금도 관념을 유지하게 하는 갖가지 사물의 과거 존재에 대한 지식을 가졌으므로 이것에 대해서는 기억하고 있는 동안 의혹을 완전히 넘어서 있다. 그렇지만 이것도 감각이 예전에 우리에게 확신시켰던 이상으로는 다다르지 않는다. 예를 들면 지금 이 순간에 물을 보면, 물이 존재하는 것은 의심할 수 없는 진리이다. 또 어제 물을 본 것을 기억하면, 물이 1688년 7월 10일에 존재한 것도 언제나 진실일 것이고, 내 기억이 이것을 유지하는 한 늘 의심없는 명제일 것이다. 마찬가지로 내가 그 물의 거품 하나에서 동시에 본, 어떤 수의 매우 아름다운 색이 존재했다는 것 역시 참일 것이다. 그러나 물도 색도 지금은 시각이 전혀 없기 때문에 물이 지금 존재하는 것을 나는 절대 확실히 알 수 없고, 그 점은 거품과 색이 그런 것과 마찬가지이다. 왜냐하면 물이 어제 존재했다고 하여 오늘 존재하리라는 것은 필연적이 아니며, 그 점은 색 또는 거품이 어제 존재했다고 하여, 오늘 존재하는 것이 필연적이 아님과 마찬가지이기 때문이다. 하긴 물의 존재는 (거품과 색에 비하여) 뛰어나게 확실한 것 같다. 왜냐하면 물은 오랫동안 지속적으로 존재한다고 관찰

되어 왔지만, 거품이나 그 위의 색은 곧 없어지기 때문이다.

12. 영혼들의 존재는 알 수가 없다

우리는 영혼들이 어떠한 관념을 갖는지를, 또 어떻게 하여 이것을 얻는지를 나는 이미 (제3권 11·12절 등에서) 밝혔다. 그러나 우리는 자기 마음에 그런 관념을 갖고, 마음에 관념이 있음을 알지만, 영혼들의 관념을 갖는 것은 그런 사물이 우리들 밖에 있다는 것, 바꿔 말하면 영원한 신과는 별개로 유한한 영혼들, 즉 다른 영적인 존재자가 있다는 것을 우리에게 알려주지는 않는다. 우리는 그와 같은 피조물이 있다고 굳게 믿는 근거를, 계시나 그 밖의 여러 이유에서 갖는다. 그렇지만 우리의 감각은 그런 것을 발견할 수 없으므로 우리에겐 그런 개개의 존재를 알 수단이 없다. 우리 마음속에 그와 같은 존재자에 대하여 가진 관념으로는 유한한 영혼들이 실재한다는 것을 알 수 없는데, 그 점은 요정 또는 켄타우로스에 대하여 가진 관념으로는 그런 관념에 상응하는 사물이 실재한다는 것을 알 수 없는 것과 마찬가지이기 때문이다.

그러므로 유한한 영혼들 및 다른 다양한 사물의 존재에 관해 우리는 신앙의 명증에 만족해야 하며,[*3] 이 문제에 관한 보편적이고 절대 확실한 명제는 우리의 능력이 미치지 못하는 곳이다. 왜냐하면 예컨대 신이 일찍이 창조한 지능 있는 영혼들이 아직 존재한다는 것이 아무리 진실이라 해도 우리의 절대 확실한 진리의 일부분을 이룰 수는 결코 없기 때문이다. 우리는 이와 비슷한 명제를 대단히 확실하다고 보고 이것에 동의할 수 있을 것이다. 그렇지만 현세에서는 (절대 확실하게) 알 수는 없다고 나는 생각한다. 그렇다면 우리의 감각이 낱낱이 알려주는 것 말고, 다른 어떠한 진리를 갖지 않은 것에 대해 남에게 논증하게 한다든가 자기 자신에게 보편적 절대 확실지를 추구하게 해서는 안 되는 것이다.

13. 존재에 관한 낱낱의 명제는 알 수가 있다

이것으로 명백하다시피 두 종류의 명제가 있다. 1. (어떤 사물의 관념이라는) 그런 관념에 상응하는 어떤 사물의 존재에 관하여 한 종류의 명제가 있다. 예

---

*3 여기서 로크의 이중진리설을 엿볼 수 있다.

를 들면 코끼리·피닉스*4·운동 또는 천사의 관념을 내 마음에 가졌을 때 최초의 자연스런 탐구는 그와 같은 사물이 어디에 존재하는가의 여부이다. 이 지식은 단지 낱낱의 사물에 대한 것이다. 신의 존재를 제외한, 우리 밖에 있는 사물의 존재는 우리의 감각이 알리는 이상으로는 절대 확실히 알 수가 없다. 2. 또 다른 종류의 명제가 있어, 그 명제로 우리의 추상관념의 일치 또는 불일치와 서로의 의존 관계를 나타낼 수 있다. 이런 명제는 보편적이고도 절대 확실할 수가 있을 것이다. 그래서 (예를 들면) 신과 나 자신의 관념, 두려움과 복종의 관념을 가지면 나는 신을 두려워하고 신에게 복종해야 한다는 것을 확실히 하지 않을 수 없다. 또 이 명제는 만일 내가 그 가운데 하나의 특수한 종류(즉 인간)의 추상관념을 만들어 버리면, 인간 일반에 관하여 절대 확실할 것이다. 그렇지만 '사람들은 신을 두려워하며 신에게 복종해야 한다'는 명제가 제아무리 절대 확실해도, 세계 사람들의 존재를 나에게 증명하지 못하고, 다만 그런 피조물(즉 인간)이 존재할 때는 이 피조물 전체에 대하여 언제나 참일 것이다. 이와 같은 일반명제의 절대 확실성은, 그러한 추상관념에서 발견하게 되어 있는 일치 또는 불일치에 근거한다.

14. 추상관념에 관한 일반명제

앞엣것(즉 개별명제)의 경우, 우리의 참된 지식은 사물의 존재가 우리 감각에 의해 우리들 마음에 관념을 낳는 것의 귀결이다. 뒤엣것(즉 일반명제)의 경우, 진정한 지식은 우리 마음에 있는 관념(그 관념이 어떤 것이든)이 마음에 일반적이고 절대 확실한 명제를 낳는 것의 귀결이다. 그것을 흔히 영원한 진리라 부르며 모두 실제로 그렇다. (그러나) 그 전부 또는 어떤 것이 모든 사람의 마음에 쓰여 있는 것에서 말미암지 않는다. 바꿔 말하면 어떤 명제도 사람이 추상관념을 얻고, 이것을 긍정 또는 부정으로 연결하거나 분리하기 전에 그 사람의 마음에 있는 명제에 따르지 않는다. (그렇게 타고난 것이 아니다)

하지만 우리는 (예를 들면) 인간 같은 피조물이 우리가 가진 (감각의) 그런 기능을 받아, 그 기능에 의하여 우리가 가진 관념을 제공받을 수 있다고 상정할 수 있을 때 다음과 같은 결론을 내리지 않으면 안 된다. 즉 그 피조물이 (이

---

*4 phoenix. 이집트 신화에 나오는 불사조.

지적 기능에 의해) 자기 사유를 자기 관념의 고찰로 돌릴 때, 피조물은 자기 자신의 관념으로 지각하는 일치 또는 불일치에서 일어나는 어떤 명제의 진리를 반드시 알아야 된다고 결론을 짓지 않으면 안 된다. 그러므로 이러한 명제는 영원한 진리라고 할 수 있다. 명제가 실제로 형성된 지성, 즉 (언젠가) 어느 때에 명제를 만들 지성에 앞서는 영원한 명제라서가 아니고, 어딘가 마음의 밖에서 미리 존재하고 있던 어떤 본보기에 근거하여 마음에 새겨졌기 때문이 아니다. 그렇지 않고, 추상관념에 대하여 일단 진실하도록 만들어진 명제는 과거 또는 미래의 어느 때 그런 관념을 가진 마음에 의하여 다시 만들어질 수 있다고 상정한다면, 언제나 실제로 진실할 것이기 때문이다. 이름이 같은 관념을 영구히 나타내는 것으로 상정되고, 같은 관념은 변함없이 서로 같은 관계를 가지므로 어떠한 추상관념에 관하여, 한 차례 진실한 명제는 반드시 영원히 참이어야 하니까 말이다.

제12장
진정한 지식의 진보*1

1. 진정한 지식은 공준에서 오지 않는다

공준(公準)은 참된 지식의 바탕이며, 모든 학문은 저마다 과거에 알려진 것 위에 구축된 일정한 이것으로부터 지성은 시작되어야 했고, 그 학문에 속하는 문제를 탐구할 때는 이것으로 지도해야 했다. 이것은 학자들 사이에 지금까지도 일반적으로 받아들여지는 설이다. 따라서 지금까지 학계가 걸어온 익숙한 길은 그 (탐구의) 주제에 대하여 얻어지는 진리를 쌓는 바탕으로서, 맨 먼저 하나 또는 그 이상의 일반명제를 세우는 일이었다. 이처럼 어떤 학문의 바탕으로서 세워진 그런 이설(異說)은, 우리가 탐구를 할 때 거기에서 출발하지 않으면 안 되고, 더 이상 뒤돌아보아선 안 되는 시작으로서 원리라고 부르게 되었다. 그 점은 이미 (이 권 제7장 제1절에서) 말한 바 있다.

2. 이 설의 기회원인

어쩌면 다른 학문들에서 이와 같은 방법을 쓰는 기회원인이 되었을지도 모르는 하나의 사실은, (나의 생각으로는) 이 방법이 수학에서 거둔 것처럼 보이는 훌륭한 성공이었다. 수학에서 사람들은 진리의 큰 확실성을 얻었다고 관찰되었으므로, 이 학문은 다른 모든 학문보다 뛰어난 최대의 확실성·명석성·명증을 지님으로써 마테마타(μαθήματα)와 마테시스(μάθησις), 즉 학습 또는 학습된, 철저하게 학습받은 사물이라는 특별한 이름을 얻게 되었던 것이다.

---

*1 본 장의 논술은 가설에 관한 제12·13절을 빼고, 지금까지 논한 것을 다시 서술하고 있다.

3. 그러나 명석 확연한 관념의 비교부터

그러나 누군가 고찰하려고 하면 (나의 추측으로는) 발견하겠지만, 사람들이 이 (수학이라고 하는) 학문에서 다다른 실재적인 (진실한) 지식의 큰 전진과 절대 확실성은 그런 원리의 영향 때문이 아니었고, 처음에 세워진 두세 가지의 일반공준으로부터 받아들인 어떠한 특별한 이익에서 생겨난 것이 아니었다. 그것은 사람들의 사유가 관련된 명석·확연·완전무결한 관념과 똑같거나 과다 (또는 과소)한 관계에서 나온 것이며, 이 관계는 관념이 있는 것 사이에서 매우 뚜렷하므로 사람들은 직관적으로 알고, 또 이것에 의하여 다른 관념 속에서 이 관계를 발견하는 길을 찾은 것일 뿐, 공준의 도움은 없었던 것이다. 나는 묻겠는데, (예를 들면) 젊은 사람은 자기 몸 전체가 새끼손가락보다 크다는 것을, '전체는 부분보다 크다'고 하는 공준의 덕분이 아니면 알지 못하여 이 공준을 배울 때까지는 확신을 못하는가? 또는 농촌 여자가 자기에게 3실링의 빚이 있는 사람에게서 1실링을 받았고, (마찬가지로) 3실링의 빚이 있는 다른 사람에게서도 1실링만 받고 말았다면, 각 채무자에게 남은 빚은 같다는 것을 모르는가?

농촌 여자는 이것을 '똑같은 것에서 똑같은 것을 빼면 나머지는 같다'라는 공준에서, 즉 아마 농촌 여자가 들은 적도 생각해 본 적도 결코 없었던 공준으로부터 절대 확실성을 끌어내지 않고는 모른다는 것인가? 내가 (이 권 제7장 제9절 등) 다른 곳에서 말했던 것으로부터 고찰해 주었으면 하는데, 특수사례와 일반규칙의 어느 쪽이 사람에게 처음으로 알려지고 또 가장 명확한가? 어느 쪽이 다른 쪽에 생명을 주며 다른 쪽을 낳는가? 이와 같은 일반규칙은 우리의 일반적이고 추상적인 관념을 비교한 것에 불과하고, 그 일반추상관념은 마음의 작품이며, 마음이 추리할 때 더욱 쉽게 처리하고, 다양한 누적된 관찰을 포괄적인 명사와 짧은 규칙에 밀어넣기 위하여 만들어지고 이름이 부여된 것이다. 그러나 진정한 지식은 마음속에서 시작되어, 특수한 것을 바탕으로 한다. 하긴 나중엔 특수한 것은 아마 지각되지 않을 것이다. 왜냐하면 (언제나 진정한 지식의 확대로 나아가는) 마음에 특수한 것의 번거롭고 무거운 짐을 기억에서 내려놓게 되어 있는 일반상념을 아주 조심스럽게 모아, 이것을 적절히 이용하는 것은 자연스러운 일이기 때문이다.

그것도 고찰해 주었으면 하는데, 어린아이에게 또는 (다른) 누군가에게 몸에 전체라는 이름을 부여하고 새끼손가락에 부분이라는 이름을 붙인 뒤가, 그런 이름을 얻을 수 있었던 전에 비하여 몸과 새끼손가락과 전부는 새끼손가락뿐인 것보다 크다는 것에 얼마나 큰 확실성이 있는가? 바꿔 말하면 (전체와 부분이라는) 두 관계 명사(名辭)는, 어린아이와 누군가의 몸에 관하여 명사 없이는 얻을 수 없었던 어떤 새로운 지식을 그 사람들에게 줄 수가 있는가? 이를테면 그 사람들의 언어가 매우 불완전하고, 전체와 부분 같은 관계 명사를 갖지 않았다고 하면 자기 몸은 새끼손가락보다 크다는 것을 알지 못했을까? 또 나는 묻는데, 어린아이나 어떤 사람이 그런 이름을 얻었을 때, 몸은 전부이며 새끼손가락은 부분이라는 것의 절대 확실성은 이런 명사를 배우기 전에 몸은 새끼손가락보다 크다는 것을 절대 확실하다고 한, 또는 할 수 있는 것에 비하여 얼마나 큰가? 누구든지 새끼손가락이 몸보다 작은 것을 의심하거나 부정하여 이치에 맞는다면 (그것과) 마찬가지로 새끼손가락이 몸의 부분이라는 것을 의심하거나 부정하여 이치에 맞는다고 할 것이다. 새끼손가락이 몸보다 작은지 어떤지를 의심하는 사람은 마찬가지로 새끼손가락이 부분인지 어떤지를 절대 확실히 의심할 것이다.

그러므로 '전체는 부분보다 크다'고 하는 공준은 사람들이 이미 다 아는 진리를 그 사람에게 이해시키는 데 쓸모가 있다는 점을 제외하고는 새끼손가락이 몸보다 작은 것을 증명하기 위하여 이용되는 일은 결코 없을 것이다. (바꿔 말하면 증명에 공준은 쓸모가 없는 것이다.) 왜냐하면 물질의 어느 한 조각이 다른 한 조각과 이어지면 그 어느 쪽뿐인 것보다 크다고 절대 확실히 알지 못하는 사람은 전체와 부분이라는 그런 두 관계 명사의 도움을 빌리더라도, 제멋대로의 공준을 그런 명사로 아무리 만들더라도 그런 것을 결코 알 수 없기 때문이다.

4. 근거가 박약한 원리 위에 쌓은 것은 위험

그러나 수학에서는 마음대로 하게 놔두고, (예를 들면) 2인치의 검은 선에서 1인치를 빼고, 2인치의 붉은 선에서 1인치를 빼면 두 선의 나머지 부분은 같을 것이라고 하는 쪽이 명확한가, 아니면 같은 것에서 같은 것을 빼면 나머지는 같을 것이라고 하는 쪽이 명확한가, 거듭 말하면 이 두 선의 어느 쪽이 또렷하며 처음으로 알려지는지는 누군가에게 결정을 하도록 하자. 왜냐하면 그런 것은 내가 해결해야 할 과제에 중요하지 않기 때문이다. 내가 여기에서 해야 되는 일은, 이를테면 일반공준에서 그 위에 처음으로 쌓은 것이 진리에 있어 가장 빠른 길이라고 해도, 아직은 수학자가 매우 다행하게도 또는 매우 공명하게도 자명하여 부정할 수 없는 것 말고는 아무것도 쓰지 않았다는 이유로 다른 어떤 학문에서 세워진 원리를 의심할 수 없는 진리로 보고, 나아가서는 검토도 하지 않고 이것을 받아들여, 의심하는 것을 그런 원리에 허용하지 않고 원리를 고집하는 것이 안전한 길인가 어떤가를 탐구하는 일이다. 만일 이것이 안전한 길이라면 나는 도덕으로 무엇이 진리로서 통용될 수 없는지, 자연학에서 무엇이 도입될 수 없고 증명될 수 없는지를 모르는 것이다.

(예를 들면) 어떤 고대 철학자의 원리를, 즉 모든 것은 물질이며 그 밖에는 아무것도 없다고 하는 원리를 절대 확실하고 의심할 바가 없는 것으로서 받아들이자. 그러면 이 원리를 현대에 되살린 사람의 저작에 의하여 어떤 귀결이 나오는지 쉽게 알 것이다. 누군가에게, (예를 들면) 폴레몬*²과 더불어 세계를, 스토아파와 함께 에테르(aether) 또는 태양을, 아낙시메네스*³와 함께 공기를 신으로 모시자. 우리는 어떠한 신성자·종교·예배를 반드시 가져야만 되는가? 이런 식으로 의문이나 검토도 없이 다루어지는 원리만큼 위험한 것은 없다. 원리가 도덕, 즉 사람들의 생활에 영향을 끼치고 그 모든 행동을 어느 방향으로 치우치게 하는 도덕에 관한 것이라면 특히 그렇다. (예를 들면) 신체적 쾌락에 행복을 두는 아리스티포스*⁴와, 지복(至福)에는 덕으로 충분하다고 하는 안티스테네스*⁵에게 다른 종류의 생활을 기대하여 옳다고 하지 않는 자가 있을까? 플라톤과 더불어 신을 아는 것에 더할 수 없이 높은 복을 둔 사람은 지상의 이 장소와 거기에서 얻을 수 있는 멸망해 가는 사물을 뛰어넘어서는 내다보지 못하는 사람과는 다른 관조로 자기 사유를 높여갔을 것이다. 아르켈라오스와 함께 옳고 그름·정직 부정직은 법에 의해서만 정의되며 자연에 의해서가 아니라는 것을 원리로 내세우는 사람은, 우리가 모든 인간 구조(構造)에 앞선

＊2 Polemo(BC 270~?). 아카데메이아학파 초기 인물.
＊3 Anaximenes(?~BC 525). 밀레토스학파의 마지막 인물. 여기에서 로크가 다룬 고대 철학자들의 설은 그 무렵 일반적인 설을 따르고 있다.
＊4 Aristippos, Aristippus(BC 435~BC 355). 쾌락설 도덕사상으로 알려진 키레네파.
＊5 Antisthenes(BC 455~BC 360). 금욕적 실천도덕의 키니코스학파.

책무 아래 어떤 것을 당연시하는 사람에 비하여 도덕적 정의와 악행에 관한 별도의 척도를 가질 것이다.

5. 이것은 진리로 가는 절대 확실한 길이 아니다

그러므로 만일 원리로서 통용되는 것이 절대 확실하지 않고 (우리는 절대 확실한 원리를 의심스러운 것과 구별하기 위하여 이것을 알 만한 어떤 길을 찾지 않으면 안 된다) 우리의 맹목적 동의에 의하여 우리에게 원리로 되어 있을 뿐이라면, 우리는 이것에 의해 잘못 이끌리기 쉬우며, 진리로 안내되는 대신 원리에 의하여 잘못과 오류를 강화시킬 따름이다.

6. 하지만 확고한 이름 아래 명확하고 완전무결한 관념을 비교할 것

하지만 원리와 다른 모든 진리의 절대 확실성을 지닌 지식은 우리 관념의 일치 또는 불일치에 대하여 우리가 가진 지각에만 근거한다. 따라서 진리에 대한 우리의 진보의 길은, 확실히 맹목적으로 암묵의 신앙을 가지고 원리를 받아들여 삼키는 것이 아니라 내 생각에 명확하고 완전무결한 관념을, 그것을 얻을 수 있는 한 우리의 마음으로 얻어 고정하고, 거기에 적절한 늘 정해진 이름을 붙이는 것이다. 이렇게 하여 아마 다른 어떠한 원리 없이 오직 그런 관념을 고찰하여 서로 비교함으로써 그것의 일치 불일치와 여러 관계 및 관련성만 찾아내어도, 우리는 원리를 거둬들여 그것으로 우리의 마음을 다른 사람에게 처리하게 하는 것보다 이 하나의 규칙의 지도에 의하여 더욱 진실하며 명확한 진리를 얻을 수 있을 것이다.

7. 참된 지식을 전진시키는 진정한 방법은 우리의 추상관념을 고찰하는 데 있다

그러므로 이지가 권하는 대로 나아가려면 우리는 탐구의 방법을 우리가 검토하는 관념의 본성과 탐색하는 진리에 적응시키지 않으면 안 된다. 흔히 절대 확실하고 일반적인 진리는 추상관념의 갖가지 관련성과 관계만을 바탕으로 한다. 이 관계를 찾아내기 위하여 우리의 사유를 순서를 좇아 총명하게 적용하는 것이, 모든 관계에 관한 진리와 절대 확실성을 가지고 일반명제로 들어갈 수 있게 하는 모든 것을 발견하는 유일한 길이다. 이와 같은 일반명제에 어떤 순서로 나아가야 되는지는 수학자의 가르침에서 배워야 한다. 수학자는 매우 단순하고 쉬운 처음부터 천천히 점점, 추리의 연쇄에 의하여 언뜻 인간의 능력을 넘은 것처럼 보이는 진리의 발견과 논증으로 나아간다. 입증을 찾아내는 기술, 균등이나 불균등에 해당되지 않는 부피의 균등이나 불균등을 논증적으로 명시하는 중간관념을 골라내어 정연한 순서로 놓기 위해, 수학자가 지금까지 고안해 낸 경탄할 만한 방법, 이것이 수학자를 그렇게 발전시켜 기대하지 않았던 그 놀라운 발견을 해냈던 것이다. 그러나 큰 관념뿐만 아니라 다른 관념에 대해서도 이와 비슷한 것을 이윽고 찾아낼 수 있을지 어떨지, 나는 결정하려고 하지 않을 것이다. (다만) 다음의 말은 할 수 있다고 생각한다. 즉 혹시 (부피의 관념 말고) 그것이 속한 종의 유명적 본질만이 아니라 실재적 본질인 다른 관념이 수학자에게 익숙한 방법으로 추구되었다면, 그런 관념은 우리가 아마 떠올리기 쉬운 더 멀리로, 더 큰 명증과 명확성을 가지고 우리의 사유를 이끌어 갔을 것이다.

8. 이것으로 도덕도 한층 명확해질 것이다

이것이 나에게 (이 권) 제3장(제18절 등)에서 내놓은 추측, 즉 수학만이 아니라 도덕도 논증할 수 있다는 추측을 이끌어 내는 자신감을 주었다. 왜냐하면 윤리학이 관련되는 관념은 모두 실재적 본질이고, 서로 발견할 수 있는 결합과 일치를 갖는다고 나는 생각하므로, 우리가 관념의 관련성과 관계를 찾아낼 수 있는 한, 우리가 절대 확실하며 실재적이고도 일반적인 진리를 갖게 되기 때문이다. 그래서 나는 의심하지 않지만, 만일 올바른 방법을 쓴다면 도덕의 대부분은 생각하는 자에게 의심할 이유가 있을 수 없는 것과 같이 명확성을 가지고 증명할 수 있었을 것이다.

9. 그러나 물체에 관한 참된 지식은 경험에 의해서만 진보한다

(그러나) 실체에 관한 진리의 탐색에는 앞에서 말한 방식에 적합한 관념이 우리에게 부족하므로 전혀 다른 방법을 쓸 수밖에 없다. 이럴 때는 다른 (우리의 추상관념이 유명적 본질만이 아니라 실재적 본질인) 경우처럼 우리의 관념을 관조하여 그 관계 및 대응을 고찰하는 것으로 나아가지 않는다. 그런 방식은 (이 권 제6장 제5절 등) 다른 대목에서 자세히 적은 이유로, 우리를 아주 조금밖에 돕지 못한다. 이것으로 나는 뚜렷하다고 생각하는데, 실체는 일반적 진

리의 소재를 아주 조금밖에 제공하지 않으며, 실체의 추상관념의 단순한 관조는 진리와 절대 확실지의 탐구에서 몹시 적은 길밖에 우리를 데리고 가지 않을 것이다. 그럼, 실체적인 존재자로서 우리 진리의 진보를 위하여 우리는 무엇을 해야 할까? 여기에서는 완전히 반대의 길을 가야 한다.

실체에 관한 실재적 본질 관념의 결여는, 우리를 자기 사유에서 존재하는 대로의 사물 자체로 보낸다. 여기에서는 경험이 이지가 가르칠 수 없는 것을 가르치지 않으면 안 된다. 그래서 (실체의) 우리 복합관념의 성질들에 어떤 다른 성질이 공존하는가, 예를 들면 금이라고 내가 부른, 노란색이며 무겁고 녹기 쉬운 물체가 펴지는 성질을 갖는가 안 갖는가, 이것을 내가 절대 확실하게 알 수 있는 방법은 오직 시험하는 것뿐이다. 이 경험은 [내가 검토하는 특정의 물체로 (펴지는 성질이 있는가 없는가) 어느 쪽인가를 증명하려고] 내가 시험을 해버린 물체를 제외한 모든 것의, 또는 뭔가 다른 노란색이며 무겁고 녹기 쉬운 물체(로 시험해 본 대로)라는 것을 나에게 절대 확실하게 하지 못한다. 그렇다는 것은, 나의 복합관념으로는 어느 쪽으로도 귀결되지 않는다. 펴지는 성질의 필연성 또는 부정합성은, 어떤 물체의 그 (황)색·무게·녹는 성질의 집성과, 눈에 보이는 결합을 갖지 않는다.

내가 여기에서 그런 확정적인 색·무게·녹는 성질의 물체를 만든다고 상정한, 금의 유명적 본질에 대하여 밝힌 것은, 여기에 펴지는 성질·고형성·왕수 속에서의 녹는 성질을 보태도 진실일 것이다. 이런 관념들로 이루어지는 우리의 추리는, 그런 모든 것(특성)을 찾아내도록 되어 있는 (금이라는) 물질에 다른 특성을 절대 확실하게 발견하는 곳으로는 우리를 아주 조금밖에 데리고 가지 않을 것이다. 왜냐하면 그런 물체의 다른 특성은 이런 특성에 근거하지 않으며, 이런 특성도 근거하는 아무것도 모르는 실재적 본질에 근거하므로, 이런 특성에 의하여 남은 (특성)을 발견할 수는 없기 때문이다. 우리는 유명적 본질의 (이것을 만드는) 단순관념이 데리고 가는 이상으로는 갈 수 없고, 이것은 관념 자체를 뛰어넘는 경우가 아주 드물다. 따라서 어떤 절대 확실하며 보편적인 유용한 진리를 우리에게 아주 조금밖에 주지 않을 것이다. 그것은 시험해 보고 특정의 어느 한 덩어리(및 내가 지금까지 시험한 그 색·무게·녹는 성질 외의 모든)가 펴지는 성질을 가졌다고 알아버리면, 펴지는 성질도 이제는 나의 (금의) 복합관념의 부분, 금에 대한 나의 유명적 본질을 이루지만, 이것에 의해

나는 금이라는 이름이 붙은 복합관념을 예전보다 많은 단순관념으로 이루어지도록 만든다고는 해도, 역시 이 (새로운) 복합관념은 (금이라는) 어떤 종의 물체의 실재적 본질을 포함하지 않으므로 나의 유명적 본질을 만든 단순관념의 어떤 것, 또는 모든 것과, 눈에 보이고 뚜렷한 어떤 특성 이상으로는, 즉 이 물체의 나머지 다른 특성을 절대 확실히 아는 (위에서 든) 복합관념으로부터 금이 고형인가 고형이 아닌가를 절대 확실하게 할 수가 없다. 그렇다는 것은 예전과 마찬가지로 노란색의 무거운 녹기 쉽고 펴지는 성질을 가진 물체의 복합관념과, 고형성의 사이에는, 이런 것이 발견되는 어떤 물체에도 거기에 고형성은 확실히 있다고 절대 확실히 알 수 있을 만큼, 발견하게 되어 있는 필연적 결합 또는 부정합은 없는 것이다. 여기에서도 나는 확신을 얻기 위해 다시 경험으로 돌아가지 않으면 안 된다. 경험이 닿는 한, 나는 절대 확실한 진리를 가질 것이다. 그러나 그 이상으로는 미치지 못한다.

10. 이것은 우리에게 편의를 알선할 수는 있지만 학문을 알선할 수는 없다

이지적이며 규칙적인 실제 경험에 익숙한 사람은 초심자에 비하여 물체의 본성에 한결 깊이 파고들어가 보고, 아직 알려지지 않은 특성을 더욱 올바르게 추측할 수 있을 것이다. 이것을 나는 부정하지 않는다. 그렇지만 이미 (앞장 제9절 등에서) 말했듯이, 이것은 판단과 의견에 불과할 뿐 진리 및 절대 확실지가 아니다. 실체를 통해 우리의 진리를 경험과 사상의 기술에 의해서만 얻고 진보시키는 이 길은, 이 세상에서 일어나는 어떤 평범한 현상 가운데서 우리의 여러 기능의 허약성이 닿을 수 있는 전부이지만, 이런 방법은 자연학을 학문으로 할 수 없는 것이 아닌가 우려가 된다. 내 생각에 실체의 여러 종과 그 특성들에 관하여, 우리는 아주 작은 지식밖에 닿을 수가 없다. 실제로 겪고, 사상(事象)을 기록하는 관찰을 할 수는 있으며, 이런 것에서 우리는 편안함과 건강의 이익을 끌어내어 그것으로써 현세의 생활에 대한 우리의 여러 편의들을 더욱 늘릴 수 있을 것이다. 그렇지만 이것을 넘으면 우리의 능력은 닿지 못할 것으로 생각되며, 추측하건대 우리의 기능들은 전진할 수 없을 것이다.

11. 우리는 도덕의 진리와 자연의 진보에 적합하다

이로써 다음과 같은 결론을 뚜렷하게 내릴 수 있다. 즉 우리의 여러 기능은 물체 내부의 구조와 실재적 본질을 통찰하는 데 적당하지 않지만, 더구나 신이라는 것의 존재와 우리 자신에 대한 참된 지식을 누구나 알 수 있도록 우리에게 알려 우리 의무와 큰 관심사의 빠짐없는 명확한 발견으로 우리를 이끄는 데 충분하므로, 우리가 가진 기능들을 그것이 가장 잘 적응하는 것에 종사하도록 하여 자연이 길을 지시한다고 여겨지는 곳에서 자연의 지시에 따르는 일은, 이지적 피조물로서의 우리에게 걸맞을 것이다. (이렇게 또렷하게 결론이 난다.) 왜냐하면 본디 우리가 마땅히 해야 할 바는 이런 탐구에 있으며 다음과 같은 종류의, 즉 우리의 자연적 능력에 가장 적합하고 우리의 가장 큰 관심, 즉 우리의 영원한 지위의 상태를 속에 가진 듯한 종류의 진리에 있다고 그렇게 결론짓는 것은 이지에 합당하기 때문이다.

이로부터 나는 결론지어도 좋다고 생각하는데, 도덕은 본디의 학문이고 (최고선의 탐구를 염두에 두는 것과 동시에, 이것에 적당하기도 하다) 인류 일반의 의무와, 마찬가지로 자연의 여러 부분에 걸친 다양한 기술은 인간 생활의 공통적 필요와 개개인의 현세에서의 존립을 위하여 개개인에게 할당된 것, 그 개인적 천분이다. (예를 들면) 하나의 자연물체와 그 특성의 발견이 인간 생활에 얼마나 중대한가에 있어서, 아메리카의 큰 대륙 전체는 설득력 넘치는 하나의 사례이다. 모든 종류의 자연적 풍요에 넘치는 나라이면서, 그 땅의 사람들이 유용한 기술에 무지하여 생활상 편의의 거의 모든 부분을 결여한 것은, 매우 쓸데없는 돌, 내가 뜻하는 것은 철광석인데, 그런 돌에서 찾아냈어야 하는 것에 대하여 알지 못한 탓이라고 나는 생각한다. 그래서 지식과 풍요가 서로 겨룬다고 생각되는 세계의 이 부분(즉 유럽)에서 우리의 재간 또는 진보에 대하여 우리가 어떻게 생각하든, 더구나 이 (철이라는) 점에 대하여 진지하게 성찰하려고 하는 누구에게나 의심할 것도 없이 명백하리라 나는 생각한다. 만일 우리에게 철의 쓰임이 없었다면, 짧은 세기 동안에 우리는 예부터 미개한 아메리카 원주민의 결여와 무지로 어쩔 수 없이 돌아갔을 것이다. 자연에 대한 아메리카 원주민의 자질과 준비는 (우리 같은) 가장 번영하고 우수한 국민에 조금도 떨어지지 않는다. 그러므로 (철이라는) 그 하나의 하찮은 광석의 사용을 처음으로 알려준 사람은 진정 기술의 아버지, 풍요를 만든 사람이라고 찬

양해도 될 것이다.

12. 그러나 가설과 옳지 않은 원리에 조심해야 한다

그러므로 나는 자연 연구를 가벼이 한다든가 단념한다든가 하는 말을 듣고 싶지 않다. 나는 자연작품의 관조가 우리에게 그 창작자를 찬탄하고 경외하며 찬미할 계기를 주어 올바르게 지도되었으면, 인류에게 혜택을 베푼 것은 병원이나 구빈원(救貧院)을 세운 사람들이 큰돈을 들인 모범적 자선기념 건조물보다 나으리란 주장에 서슴없이 동의한다. (예를 들면) 인쇄를 처음으로 고안해 낸 사람, 나침판의 이용을 발견한 사람, 또는 키니네의 효능과 옳은 이용을 보급시킨 사람은 학교·공장·병원을 건설한 사람보다, 진정한 지식의 보급에 유용한 일용품의 공급과 증가에 더 많이 이바지하여 (사람들을) 무덤으로부터 더 많이 구한 것이다.

내가 말하고 싶은 것은 다만 다음의 점이다. 우리는 진리를 얻을 수 없는 곳에서, 또는 진리를 얻을 수 없다고 여겼던 방식으로 진리에 관한 의견이나 기대를 너무 성급하게 알아서는 안 되는 의심스러운 체계를 완전무결한 학문과, 또는 이해할 수 없는 상념을 학문적 논증으로 삼아서는 안 된다. (그런 점이다.) 물체에 관한 지식은 낱낱의 실제 경험으로부터 얻을 수 있는 것을 그러모으는 일로 만족하지 않으면 안 된다. 왜냐하면 우리는 물체의 실재적 본질의 발견에서 (그 물체에 대한 지식의) 묶음의 전체를 단번에 파악할 수 없으며, 종 전체의 본성과 여러 특성을 함께 한 묶음으로 이해할 수 없기 때문이다. 우리의 탐구가 우리 관념의 관조로 발견할 수 없는 공존, 또는 공존과의 불일치에 관한 것에서는 경험·관찰·자연사상의 기술이 우리의 감각에 의하여 형체적 실체의 통찰을 우리에게 조금씩 제공하지 않으면 안 된다. 물체의 지식을 우리는 물체의 여러 성질과 상호작용의 지각에 조심스럽게 관여하는 감각에 의하여 얻어야 한다. 또 이 세상의 (신체와) 분리한 영혼들에 대하여 우리가 알고자 희망하는 것은, 내 생각으로는 계시에만 기대해야 한다. (그러나 그것이 어쨌든) 일반공준, 근거 박약한 원리, 제멋대로 세워진 가설이 진실한 지식을 촉진하는 경우가 얼마나 적은가, 바꿔 말하면 진실한 진보를 바라는 이지적인 사람들의 탐구를 만족시키는 데 얼마나 보잘것없는 동무인가, 거듭 말하지만 그 끄트머리에서 시작하는 것이 자연학의 진리에 대한 진전을 몇 시대에 걸쳐 이루어

온 바가 얼마나 하찮은가, 그런 점을 고찰하게 되는 사람은 후세에 다른 과정을 통해 학식 있는 (그러나 진리와는 거리가 먼) 무지에 있어 (과거에 비하여) 더욱 쉬운 방법은 아니지만, 유익한 진리를 향해 한결 확실한 길을 걸어온 사람에게 감사할 이유가 있다고 생각할 것이다.

13. 가설의 진실한 사용

(그렇게 말은 했지만) 자연의 어떤 현상을 설명하는 데 있어 아무리 확실해 보이는 가설이라도 이용해서는 안 된다는 것은 아니다. 가설은 잘 만들어지면 적어도 기억을 크게 도와 우리를 가끔 새로운 발견으로 이끈다. 하지만 나의 뜻은 이렇다. 즉 낱낱을 아주 잘 검토하여, 우리의 가설로 설명하려고 하는 사물에 대해 실제 경험을 몇 가지 하고 나서, 가설이 실제 경험의 모든 것에 일치하는지, 우리의 원리가 우리를 완전히 매료시켜 하나의 자연현상에 적합해 이것을 설명하는 듯이 보이는 것과 마찬가지로 다른 현상과 부정합하지는 않는지, 이런 점을 알 때까지 어떠한 가설을 너무 서둘러 (늘 사물의 원인을 통찰하고, 의지할 원리를 가지려고 하는 마음이야 몹시 들겠지만) 도입해서는 안 된다는, 그런 얘기이다.*6 적어도 원리라고 하는 이름이 진실에는 기껏해야 매우 의심스러운 추측에 불과한 것, 자연학 가설의 대부분(나는 전부라 말하고 싶을 정도다)인 듯한 것을 우리에게 의심할 수 없는 진리로 받아들이게 하여 이것에 속고 기만을 당하지 않도록 우리는 조심한다는 것이다.

14. 정해진 이름을 가진 명석 확연한 관념과, 관념의 일치 또는 불일치를 명시한 것 (이런 것)을 찾아내는 일이 참된 지식을 확대하는 길이다

그러나 자연학이 절대 확실성을 가졌건 갖지 못했건 우리의 참된 지식을 되도록 확대하는 길은 요컨대 다음의 두 가지라고 나는 생각한다.

첫째는, 우리가 일반적 또는 종적(種的) 이름을 가진 사물에 대해 적어도 우리가 고찰하여 지식을 진보시키려고, 바꿔 말하면 추리하려고 하는 만큼 많은 사물의 확정적 관념을 마음에 가지고 이것을 정착시키는 일이다. 이것이 실체의 종적 관념이라면, 우리는 이 관념을 되도록 완전무결하게 하는 노력도

---

*6 로크는 작업가설의 역할을 잘 이해하고 있다.

해야 한다. 그 의미는 공존하면 으레 관찰되므로 완전히 종을 확정할 수 있을 만큼 많은 단순관념을 그러모아야 하며, 또 우리의 (종적 관념을 이룬) 복합관념을 이루는 요소인 낱낱의 단순관념은 우리의 마음에 명석 확연해야 된다는 것이다. 왜냐하면 우리의 진리는 명백히 우리의 감각을 뛰어넘을 수 없으므로 관념이 불완전하고 혼란스럽다든가 또렷하지 않은 한, 우리는 절대 확실히 완전 또는 명확한 진리를 갖는 것을 기대할 수 없기 때문이다.

그 둘째는, 다른 길은 중간관념 즉 직접 비교할 수 없는 다른 관념의 일치 또는 불일치를 우리에게 명시할 수 있는 중간관념을 찾아내는 기술이다.

15. 수학은 그 하나의 사례

이런 두 가지(그래서 공준에 의존하는, 어떤 일반명제에서 귀결을 끌어내는 것이 아닌)가 부피의 관념 이외의 다른 양상의 관념이며, 우리의 진정한 지식을 진보시키는 올바른 방법이라는 점을 수학적 진리의 고찰이 우리에게 쉽게 알려줄 것이다. 수학에서 우리는 먼저 발견하겠지만, 알고자 하는 각이나 형체에 대하여 완전하고 명확한 관념을 갖지 못한 사람은 그 때문에 각이나 형체에 대한 지식을 전혀 갖지 못한다. (예를 들면) 직각·부등변삼각형·사다리꼴의 완전하고 정확한 관념을 갖지 못한 사람을 떠올려 보자. 그러면 무엇보다 더 절대 확실하지만, 이 사람은 그런 직각 등에 대하여 어떠한 논증을 찾아도 소용없는 일이다. 더욱이 수학의 대가들을, 이제까지 그 사람들이 이룩한 놀라운 발견으로 이끌었던 것은 명백히 이 학문에서 원리로 삼은 공준의 영향이 아니었다. (예를 들면) 훌륭한 재주를 가진 사람에게, 수학에서 일반적으로 쓰는 모든 공준을 완전히 알게 하여, 그 범위로 원하는 만큼 귀결을 관조하게 해도, 그 사람이 공준의 도움으로 '직각삼각형의 빗변의 제곱은 다른 두 변의 제곱과 같다'는 것을 혹시라도 알게 되는 일은 없으리라고 나는 생각한다. '전체는 그 모든 부분과 같다'라든가, '같은 것에서 같은 것을 빼면 나머지는 같을 것이다' 등의 진리는 이 논증에 도움이 되지 않았다고 나는 추정한다. 그래서 인간은 수학적 진리를 많이 알지 않아도 이런 공리를 충분히 숙고할 수 있다고 나는 생각한다.

수학적 진리는 사유를 다른 방식으로 적용해서 발견되어 왔다. 마음은 일반에게 받아들여지고 있는 공준을 충분히 잘 알지만, 처음으로 수학적 논증을 해낸 사람의 방법을 알지 못한 사람이 결코 충분하게는 찬탄할 수 없는 종류의 진리에 대한 지식을 처음으로 얻었을 때, 그 공준과는 한참 동떨어진 대상, 달리 보는 방법을 자기 앞에 가졌던 것이다. 그래서 수학에서 대수학의 방법, 즉 다른 방법으로는 똑같거나 비율을 알도록 익숙해지기가 매우 어려운, 경우에 따라서는 결코 익숙해지지 않는 그런 다른 부피를 재는 부피의 관념을 바로 그 자리에서 찾아내는 대수학의 방법에 따르는 어떤 방법이 학문의 다른 분야에서 우리의 지식을 넓히기 위하여 앞으로 등장하게 될지 그것을 누가 알겠는가?

제13장
진정한 지식에 관한 약간의 고찰

1. 우리의 진정한 지식의 일부는 필연적, 일부는 유의적

본디 우리가 가진 지식은 완전히 필연적이 아니고, 또 완전히 유의적(有意的)이지도 않다는 점에서 다른 사물에서도 그렇지만, 우리의 시각과 매우 일치한다. 만일 우리의 진리가 모두 필연적이었다면 모든 사람들의 진리가 서로 비슷할 뿐만 아니라, 사람들은 누구나 알 수 있는 모든 것을 알았을 것이다. 또 아주 유의적이었다면 어떤 사람들은 진리를 고려하거나 평가하는 일이 매우 적으므로, 그 사람들은 진리를 극도로 적게 갖든가 또는 전혀 갖지 않았을 것이다. 흔히 감각을 가진 사람들은 감각에 의하여 어떤 관념을 받아들이지 않을 수 없고, 기억을 가지면 관념의 어떤 것을 유지하지 않으면 안 된다. 또 구별하는 기능을 가지면 관념끼리의 일치 또는 불일치를 지각하지 않을 수 없다. 이것은 눈을 가진 사람이 낮에 눈을 뜨면 어떤 대상을 보고, 대상 가운데 차이를 지각하지 않을 수 없는 것이나 같다. 그러나 눈을 가진 사람이 빛 가운데서 눈을 뜨면 사물을 볼 수밖에 없지만, 눈을 돌릴까 말까 하고 고를 수 있는 일정한 대상이 있을 것이다. (예를 들면) 그림이나 논의를 실은 책이 손 닿는 데에 있어 즐기거나 배울 수 있을 것이다. 더욱이 책을 펼칠 의지를 결코 갖지 아니하고, 내용을 들여다보는 수고를 결코 하지 않을 수도 있을 것이다.

2. 적용은 유의적이다. 그러나 사물이 있는 그대로 알 뿐, 제멋대로 아는 것은 아니다

인간의 능력에는 또 하나의 사물이 있다. 즉 인간은 어느 때 어떤 대상에게 눈을 돌리지만, 더구나 그 대상을 정밀히 살펴 한마음으로 전념하여 그 대상에서 볼 수 있는 모든 것을 명확히 관찰하는 노력을 할까 말까, 이것은 선택할 수 있다. 그렇지만 보는 것을 보이는 것과 다르게 볼 수는 없다. (예를 들면)

노랑으로 보이는 것을 검정으로 본다든가, 자기에게 화상을 입힌 것을 차갑게 느끼도록 자기를 설득하는 일은, 자기 의지에 근거하지 않는 (그런 것은 될 수 없는) 것이다. 어느새 그런 마음이 들었어도 땅은 꽃으로 물들고, 들이 푸르게 뒤덮이면 보이지 않을 수 없는 것이다. 한겨울에 문밖을 보면, 희고 새하얗게 보지 않을 수 없다. 우리의 지성도 바로 이와 같다. 우리가 아는 것 가운데 유의적인 것은, 단지 우리의 어떠한 기능을 이러저러한 대상에 작용시키거나 삼가하는 일이며, 대상을 더 명확히 조사하든가 조사하지 않는 것이다.

그러나 기능이 (일단) 작용하게 되면 우리의 의지는 마음이 아는 것을 하나의 방향 또는 다른 방향으로 향하도록 결정하는 능력을 갖지 못한다. 그것은 대상이 명확히 발견되는 한, 오직 대상 자체가 결정한다. 그러므로 사람들의 감각이 외부대상에 관계하는 한, 마음은 감각이 실제 나타내는 관념을 받아들이지 않을 수 없고, 바깥 사물의 존재를 알리지 않을 수 없다. 또 사람들의 사유가 자신의 확정적 관념에 관여하는 한, 사람들은 관념이 있는 것 사이에 나타나게 되어 있는 일치와 불일치를 어느 정도까지 살피지 않을 수 없으며, 그러는 한 이것은 참된 지식이다. 그래서 만일 이와 같이 고찰해 버린 관념에 대한 이름을 갖는다면, 사람들은 이름(또는 관념)에 지각되는 일치 또는 불일치를 나타내는 명제의 진리를 반드시 확신하지 않으면 안 되고, 그런 진리를 의심하지 않고 굳게 믿어야 한다. 왜냐하면 인간은 보는 것을 보지 않을 수 없으며, 지각하는 것을 지각한다고 알지 못할 수가 없기 때문이다.

3. 수의 사례

예컨대 수의 관념을 얻고 나서, 1과 2와 3을 6과 비교하는 수고를 치른 사람은 이것이 같음을 모를 수가 없다. 삼각형의 관념을 획득하고, 각과 각의 크기를 재는 방법을 다 알게 된 사람은 삼각형의 세 각이 두 직각과 같다는 것을 절대 확실하게 안다. 또 '같은 것이 있어서 안 될 것은 없다'고 하는 진리와 마찬가지로 이것을 의심할 리 없다.

4. 자연종교론

또 지능이 있으나 무르고 약해서 다른 영원한, 전능의, 완전히 슬기롭고 자애가 있는 존재자(즉 신)에 의하여 만들어진, 그런 존재자(즉 인간)의 관념을 가진 사람은 태양을 볼 때 태양이 빛나는 것을 절대 확실히 아는 것과 마찬가지로 인간은 신을 존경하고 두려워하며 신에게 복종해야 한다는 것을 절대 확실히 알 것이다. 그것은 이런 두 존재자의 관념만 마음에 가지고 사유를 그쪽으로 향하여, 이 관념들을 고찰하면 하위의 유한한 것에 의존하는 일이 더 없이 높은 무한한 것에 복종하는 책무 아래 있다는 사실을 절대 확실히 알게 될 것이다. 이 점은 3과 4와 7과 15라는 수를 고찰하고 이 수들을 계산하려는 사람이 있다면, 3과 4와 7은 15보다 적다고 절대 확실히 알아내는 것과 같고, 또 맑게 갠 아침에 눈을 뜨고 태양 쪽을 바라보려 해도, 해가 떠올라 있는 것을 (보지만 그것조차 신에 대한 복종의 책무보다) 훨씬 확실하다고 할 수는 없는 것이다. 그렇지만 이런 진리는 아무리 절대 확실하며 아무리 명확하더라도 그런 것에 알리기 위하여 기능을 작용시켜야 하는데, 결코 그러한 수고를 하지 않으려는 사람은 그런 어떠한 진리, 또는 전부에 대하여 아무것도 모를 수밖에 없다.

제14장
판단*1

1. 우리의 지식은 모자라므로 다른 어떤 사물을 바란다

본디 지성의 기능들은 단지 사색뿐만 아니라 생활의 지도를 위해서도 인간에게 주어져 있으므로, 인간이 만일 진실한 지식의 절대 확실성 외에 자기를 지시하는 것을 전혀 갖지 않았다면 몹시 당황했을 것이다. 왜냐하면 진정한 지식은 (앞 장에서 말했던 대로) 매우 모자라고 빈약하므로 인간이 만일 명확하고 절대 확실한 지식이 없는 경우에 자기를 안내해 주는 것이 아무것도 없다면, 가끔 아주 캄캄한 데에서 생활 활동의 대부분이 모두 멈추고 말았을 터이기 때문이다. (예를 들면) 영양가가 있다고 논증될 때까지 먹으려고 하지 않는 사람, 자기가 관여하는 일이 틀림없이 성공하리라는 것을 알 때까지 움직이려고 하지 않는 사람은 그저 가만히 앉아서 죽는 수밖에 없었을 것이다.

2. 이 어슴푸레한 상태에서 무엇을 이용해야 하는가

그러므로 신은 조금의 사물을 한낮의 환함 속에 놓아, 절대 확실한 진리를 우리에게 준다. 하긴 그런 진리는 비교적 소수의 사물에 제한되어 있으며, 아마 (현세보다) 한결 좋은 상태에의 욕망과 그 상태에의 노력을 우리에게 불러일으키기 위하여 예지적 피조물이 할 수 있는 것을 (말하자면) 조금 맛보게 할 뿐인데, 그것과 마찬가지로 신은 우리 관심사의 거의 모든 것에서는 이 세상에 우리를 놓아두고 어떤 평범과 시련의 상태에 어울린다고 내가 추정하는 개연지의 희미한 빛이라고 말해도 되겠는데, 희미한 빛만 우리에게 주었다. 이 희미한 빛의 상태에서 우리는 자기의 자신(自信) 과잉과 억측을 억누르기 위하여

---

*1 로크의 전문어로서는 개연적 지식만 관련이 있다.

날마다의 경험으로 자기의 짧은 생각과 오류를 저지르기 쉽다는 사실을 깨달았을 것이다. 그 의의는, 우리를 더욱 원대하고 완전한 상태로 이끌 수 있는 길을 찾고 좇는 과정에서 우리의 이 방황의 나날을 힘쓰고 배려하며 지내게 하려는 끊임없는 경고라고 할 수 있을 것이다. 왜냐하면 이 경우에 만일 계시가 무언중에 이루어졌다 하더라도 신이 이 세상 사람들에게 베푸는 천분을 움직일 때, 사람들은 여기에 따라 하루가 끝나고 해가 기울어 밤이 사람들의 노동을 마치게 할 적에, 보수를 받으리라고 생각하는 것은 이지에 매우 합당하기 때문이다.

3. 판단은 참된 지식의 결여를 보충한다

무릇 명확하고 절대 확실한 진리를 얻을 수 없는 경우, 그 결여를 채우기 위해 신이 인간에게 베푸는 기능은 판단이다. 이 판단으로 마음은 입증에서의 논증적 명증을 지각하지 않고 관념이 일치한다, 또는 일치하지 않는다고 말한다. 같은 얘기지만, 어떤 명제를 진실 또는 허위라고 한다. 마음은 논증적 입증과 절대 확실한 진리를 얻을 수 없는 곳에서 필요 때문에 이 판단(기능)을 행사할 때가 있고, 또 논증적으로 절대 확실한 입증을 얻을 수 없는 곳에서조차 게으름·서투름·성급함 때문에 행사할 때도 있다. 대체로 사람들은 가끔 자기들이 알고 싶어하는, 바꿔 말하면 염려가 되는 두 가지 관념의 일치 또는 불일치를 멈춰서서 조심스럽게 검토하려 하지 않고, (생각의) 긴 단계의 계열에 필수적인 주의를 하지 않거나, 오래 질질 끄는 것을 참지 못하여 입증을 가볍게 보거나 한다. 또는 입증을 그냥 지나쳐 버리며, 나아가서는 논증을 만들지 않고 두 가지 관념을 말하자면 멀리 떨어져서 쳐다보고, 그 일치나 불일치에 대하여 결정하는 이런 조잡한 조사로 가장 그럴듯하게 생각되는 대로 일치하든가 일치하지 않는다고 결정한다. 마음의 이런 기능은 사물에 대하여 직접 행사될 때 판단이라 불리며, 말로 밝혀진 진리에 대한 것일 때는 동의 또는 반대라고 부르는*2 것이 가장 일반적이다. 이것이 이 기능을 움직이는 계기를 마음에 갖는 가장 흔한 방법이므로 나는 우리의 언어에서 가장 혼동되기 어려운 것으로서 이런 명사 아래 이 기능을 다룰 것이다.

---

*2 전문어로서의 판단(judgment) 동의(assent) 반대(dissent)의 정의적 설명이 여기에 부여된다. 판단에 대해서는 다음 절에서도 볼 수 있다.

4. 판단이란 사물이 그렇다고 지각하지 않고, 추정하는 것이다

이래서 마음은 진리와 허위에 관한 두 가지 기능을 갖는다. 첫째, 진리로서 이것에 의해 마음은 어떤 관념의 일치 또는 불일치를 절대 확실히 지각하며 의심 없이 받아들인다.

둘째, 판단인데 이것은 관념의 절대 확실한 일치 또는 불일치가 지각되지 않고 다만 그렇다고 추정될 때, 관념을 마음에서 병합하거나 서로 분리하는 것이며, 추정(presume)한다는 것은 이 말이 뜻하는 것처럼, 일치 또는 불일치가 절대 확실히 나타나기 전에 그렇다고 획득되는 것이다. 그리고 사물이 실재(적 진실)로서 있는 그대로 관념을 합일하거나 분리하면 올바른 판단이다.

제15장
개연성

1. 개연성이란 잘못될 우려가 있는 논거에 기초한 외견상의 일치(또는 불일치)이다

흔히 논증은 언제나 변함없이 눈에 보이는, 뚜렷한 결합(또는 불일치)을 가진 하나 또는 많은 논거가 끼어듦으로써 두 가지 관념의 일치나 불일치를 명시하는 것이다. 그와 같이 개연성은 결합(또는 불일치)이 늘 변함없이, 또는 적어도 그렇다고 지각되지 않으나 대부분은 늘 변하지 않고, 아니면 그처럼 보여 명제의 참 거짓을 마음이 판단하도록 충분히 유도하는, 그런 논거의 끼어듦에 의한 (두 관념의) 일치 또는 불일치의 외견에 불과하다. 예를 들면 (삼각형의 세 각과 두 직각이 같은 것이) 그 논거로서 인간은 삼각형의 세 각과, 그것이 두 직각과 같다는 것을 보여주기 위하여 쓰인 중간관념과, 이 둘의 동일성에 대한 늘 변함없는 어떤 결합을 지각하며, 나아가서는 (논증이) 진행되는 각 단계에서 중간관념의 일치나 불일치의 직관적 지식에 의하여 (논증의) 하나로 이어진 전체가, (최후에는) 두 직각과의 동일성에서의 그런 세 각의 일치나 불일치를 명확하게 보여주는 하나의 명증으로 이어진다. 이렇게 해서 그 사람은 그것(즉 삼각형의 세 각이 두 직각과 같다는 것)은 맞고, 절대 확실한 참된 지식을 갖는다.

그러나 이 논증을 관찰하는 수고를 결코 하지 않은 사람은 믿을 만한 수학자가 삼각형의 세 각은 두 직각과 같다고 단언하는 것을 듣고 동의한다. 즉 진실로 받아들인다. 그 경우, 이 사람의 동의의 바탕은 그런 것의 개연성이다. 그렇다는 것은 논거가 거의 모든 진리를 수반한다 보는 것이며, 그 사람이 이것을 받아들이는 토대가 되는 증언을 한 사람(즉 믿을 수 있는 수학자)은 그 사람이 가진 지식에 반대되는 무엇인가를, 또는 지식 이외의 무엇인가를 특히 이 (수학이라는) 종류의 문제로는 단언하지 않는 것이 보통이다. 그러므로 삼각형의 세 각은 두 직각과 같다는 명제에 그 사람의 동의를 낳는 것, 이런 관념들이 일치한다고 (절대 확실히) 알지 않고 그 사람에게 관념은 일치한다고 수긍하게 하는 것은 다른 여러 경우에는 말하는 사람의 평소의 진실성(또는 진실을 말하는 것)이며, 지금의 경우에는 수학자의 진실성이다.

2. 개연성은 참된 지식의 결여를 메운다

이미 (이 권 제3장에서) 명시한 바와 같이 우리의 참된 지식은 몹시 좁아서 우리가 고찰할 필요가 있는 모든 사물에서 절대 확실한 진리를 찾아낼 만큼, 우리는 충분히 행복하지 않다. 우리가 생각하고 추리하며 논의하는 명제, 아니 행동하는 토대의 명제 대부분은 그 진리에 대한 확실한 지식을 갖지 못하는 것 같다. 더욱이 그런 명제의 어떤 것은, 절대 확실지(確實知)에 가까웠으므로 우리는 이것에 대하여 조금도 의심하지 않고, 예컨대 명제가 오류 없이 논증되어 명제에 대한 우리의 지식은 완전하며 절대 확실하다고 할 때와 마찬가지로 굳게 동의하고 그 동의에 따라 단호하게 행동한다. 그러나 여기에는 절대 확실성과 논증의 아주 가까운 곳에서 뚝 떨어져서, 비개연성이나 있을 성싶지도 않은 것, 더구나 불가능성의 한계까지도 여러 정도가 있으며, 동의의 정도도 빠짐없는 확신과 자신(自信)에서 완전히 내려와 추측·의혹·불신까지 있으므로, 이번에는 (인간의 참된 지식과 절대 확실성의 경계를 발견했다고 나는 생각하므로) 개연성 및 동의나 몇 가지의 소신과 근거를 고찰하게 될 것이다.

3. 사물이 참임을 알기 전에 진실이라고 추정케 하므로

개연성은 아마 진실하리라고 보는 것이다. 왜냐하면 (개연성이라고 하는) 말이 나타내는 것 자체가 참으로서 통용되게 하거나 받아들이게 하는, 증명 또는 입증이 있는 듯한 명제를 의미 표시하기 때문이다. 이런 종류의 명제를 마음은 신념·동의 또는 의견이라 부르고, 이것은 어떤 명제가 진실이라고 하는 절대 확실한 지식 없이 그 명제를 참이라고 받아들이도록 우리를 설득한다고 보여지는 증명이나 입증에 근거하여, 어떤 명제를 진실로 허용하는, 바꿔 말하면 받아들이는 것이다. 그래서 개연성과 절대 확실성의, 소신과 참된 지식의 차이는 다음의 점에 있다. 즉 참된 지식의 모든 부분에는 직관이 있다. (직관적 진리에서의) 각각의 직접관념, (논증적 진리에서의) 각각 단계에는 (다른 관념,

다른 단계와의) 눈에 띄게 뚜렷하고 절대 확실한 결합이 있다. 신념은 그렇지 않다. 나를 믿게 하는 사물은, 내가 믿는 사물에 있어 외부의 어떤 사물, 고찰되고 있는 (두 가지의) 관념과 어느 쪽으로도 뚜렷이 이어지지 않으며, 나아가서는 그런 관념의 일치나 불일치를 명백하게는 보여주지 않는 어떤 사물이다.

4. 개연성의 근거는 두 가지. 우리 자신의 경험과의 합치, 또는 다른 사람이 경험한 증언

그렇다면 개연성은 우리 지식의 결함을 채우고, 지식이 잘못 안내할 때 우리를 안내하게 되어 있다. 따라서 개연성은 언제나 절대 확실성이 없으며, 다만 진실로 받아들일 어떤 이유가 있는 듯한 명제와 관련된다. 그 근거는 요약하면 다음 두 가지이다.

첫째, 어떤 사물과 우리의 지식·관찰·경험과의 합치.

둘째, 다른 사람이 그것의 관찰과 경험을 보증하는 증언. 다른 사람의 증언에서는 다음의 점들을 고찰해야 한다. 1. 수 2. 성실(또는 무결점). 3. 증인의 숙련. 4. 책에서 인용된 증언의 경우는 저자의 의도. 5. 관계의 여러 부분과 사정의 정합성. 6. 반대 증언.

5. 이 경우, 판단에 이르기 전에 찬성과 반대의 모든 합의를 검토해야 한다

개연성은 직관적 명증, 즉 지성을 오류 없이 확정하여 절대 확실한 지식을 낳는 직관적 명증이 없다. 따라서 만일 마음이 이지적으로 나아가려고 하면 마음은 개연성의 모든 근거를 검토하여 개연성에 근거하여 어떤 개연적 명제에 동의하든가 동의하지 않든가 하기 전에, 근거가 이 명제에 대하여 조금 찬성과 반대를 어떻게 만드는가를 보고, 전체를 적정하게 더하거나 뺀 다음에, 개연성의 더욱 큰 근거가 (찬성과 반대의) 어느 쪽에 우세한가에 균형이 잡히도록 크든 작든 굳은 동의를 가지고, 명제를 거부하든가 받아들여야 한다.

(예를 들어) 만일 얼음 위를 걷는 사람을 내가 직접 본다면 이것은 (나 자신의 경험이므로) 개연성을 초월해 있어 참된 지식이다. 그러나 만일 어떤 사람이 잉글랜드에서 한겨울 추위로 단단히 얼어붙어 버린 물 위를 걷는 사람을 보았다고 나에게 말한다면, 이것은 흔히 관찰되는 일에 대단히 합치하므로 이 사실담에 뚜렷한 어떤 의혹도 생기지 않는 한, 사안 자체의 본성에 의하여 나는

동의할 마음이 내킨다. 하지만 회귀선 사이(의 열대 지방)에서 태어나 이런 일을 전에 결코 보지 못했고 들어본 적도 없는 사람에게 같은 말을 한다면, 그 경우는 개연성 전체가 증언에 의존한다. 그래서 말하는 사람이 많고, 신용이 크며, 진리에 반대를 말할 이해관계를 갖지 않음에 따라, 이 사실은 많거나 적은 신념을 발견할 것 같다. 그렇지만 완전한 반대를 늘 겪었기에, 이것과 비슷한 이야기를 들어본 적이 없는 사람에게선 증인의 전혀 결점이 없는 신용마저도 신념을 발견하지는 못할 것이다. 예를 들면 그런 일이 어느 네덜란드 대사에게 일어났다. 대사는 태국 왕이 듣고 싶어하는 네덜란드의 특수 사정을 이야기하여 왕을 흥겹게 했는데, 그중에서 대사의 나라에서는 추운 계절에 물이 딱딱하게 굳어질 때가 있어 사람들이 그 위를 걸어다니는데, 만일 혹시 코끼리가 거기에 있다면 물은 코끼리도 지탱했을 것이라고 말했다. 여기에 대하여 왕은 이렇게 대답했다. 나는 지금까지 그대를 근엄하고 공정한 사람으로 보았으므로 그대의 말을 신기하다고 믿어왔다. 그런데 지금 그대는 분명 거짓말을 하고 있다. (그렇게 대답한 것이다.)

6. 합의는 매우 다양할 수가 있으므로

앞에서 적은 (앞의 앞 절에서 든) 근거에 어떤 명제의 개연성이 기초한다. 그래서 우리 지식의 합치, 관찰의 확실성, 경험의 빈도와 항상성, 증언의 수와 신용성, 이런 명제와 일치하는가 일치하지 않는가의 많고 적음에 따라 어떤 명제가 확실한 듯한 것이 많거나 적은 것이다. (그러나) 나는 고백하는데 또 하나가 있어 그 자체에는 개연성의 진정한 근거는 없지만, 사람들은 흔히 자기들의 동의를 규제하여, 다른 어떤 사물보다도 자기들의 소신을 보류하는 근거로서 가끔 이용한다. 따라서 그것은 다른 사람의 의견이다. 다만 의존하는 데 있어 더 이상 위험한 사물은 있을 리가 없거니와 이보다 더 사람을 잘못 이끌 것 같은 사물은 있을 리 없다. 왜냐하면 세상에는 진리와 참된 지식보다 훨씬 많은 허위와 오류가 있기 때문이다. 따라서 우리가 알고 자주 생각하는 다른 사람의 의견과 신조가 동의의 근거이므로 일본에 이교도, 터키에 이슬람교도, 에스파냐에 교황파, 잉글랜드에 청교도, 스웨덴에 루터파가 있는 것은 당연하다. 그러나 동의에 관한 이 옳지 않은 근거에 대해서는, 다른 곳(이 권 제20장)에서 더 자세히 말할 기회가 있을 것이다.

제16장
동의의 정도

1. 우리의 동의는 개연성의 근거에 의해 규제되어야 한다

개연성의 근거는 앞 장에서 말했지만, 이 근거는 우리의 동의가 구축되는 바탕인 것과 마찬가지로 개연성의 여러 정도를 규제하는, 또는 규제해야 할 척도이기도 하다. 다만 주의해야 하는데, 개연성에 어떤 근거가 있건 더구나 이 근거는 마음에, 즉 진리를 탐구하여 올바르게 판단하려고 노력하는 마음에 적어도 마음이 처음으로 만든 판단 또는 행하는 탐구에는 그 근거가 나타나 있는 이상으로는 작용하지 않는다. 확실히 세상에서 사람들이 굳게 지키는 의견이라도 사람들의 동의는 언제나 처음으로 사람들을 설득시킨 여러 이유를 실제로 바라보는 것에 말미암는다고 할 수는 없다.

왜냐하면 매우 놀랄 만한 기억력을 가진 자까지도 모든 논거, 즉 적정한 검토에 근거하여 문제된 (사람들이 취한) 바를 사람들에게 안겨준 모든 논거를 (잊지 않고) 유지하기란 흔히 거의 불가능하며 매우 어렵기 때문이다. 사람들은 사물을 일단 조심스럽고도 공명하게, 가능한 한 자세히 조사하고, 문제에 어떤 빛을 준다고 상상할 수 있는 세밀한 점까지 모두 찾아서, 숙련된 온갖 힘을 다하여 전체 증명의 수지 계산을 하고, 이렇게 하여 되도록 빠짐없이 정확한 검토를 한 다음, 어느 쪽에 개연성이 보이는가를 찾아내고 나서 이 결론을 자기들이 발견한 진리로서 기억에 쌓는 것으로 충분하다. (그다음) 사람들은 앞으로 기억의 증언, 즉 이것이 일단 보아놓은 논거에 의하여 자기들이 부여하는 정도의 동의에 해당하는 의견이라는 기억의 증언에 만족하는 선에서 머문다.

2. 근거는 늘 실제로 바라볼 수가 없다. 그래서 우리는 일찍이 이런 정도의 동의의 근거를 본 것을 기억하는 선에서 만족해야 한다

(앞 절에서 말한) 이것이 대부분의 사람이 자기 의견과 판단을 규제할 때 할 수 있는 전부이다. 이렇게 하지 못하면 어떤 사람은 이들에게 다음과 같이 강요할 것이다. 즉 어떤 개연적 진리에 관한 입증을 모두 확실하게 기억하도록, 그것도 (입증의 각 단계에서) 예전에 놓아두었던 또는 보아두었던 똑같은 순서와 규칙으로 귀결을 연역하여 유지하도록 강요하겠지만, 이것은 때로는 단 한 가지 문제로도 방대한 책을 충분히 채운다. 그렇지 않으면 사람들은 누군가에게 자기가 지닌 의견의 입증을 날마다 검토하도록 요구하지 않으면 안 된다. 이는 어느 것이나 불가능하다. 그러므로 이 경우 기억에 의존하는 것, 사람들이 몇 가지 의견을, 즉 그 입증이 실제로는 자기 사유에 있을 수 없는, 아니 경우에 따라서는 입증을 생각해 낼 수 없는 그런 몇 가지 의견을 굳게 믿는 것은 피하기 어렵다. 이것이 없으면 사람들은 거의 모두 심한 회의자가 되든가, 매순간 다르게 주장하는 다음과 같은 사람에게는, 즉 요즈음 문제를 연구하게 되어 자기에게는 기억의 결여 때문에 즉석에서 (찬성이나 반대를) 대답할 수 없다는 증명을 제시하는 사람에게는 누구나 굴복하든가 둘 가운데 하나여야 한다.

3. 만일 전의 판단이 옳게 만들어지지 않았다면, 이것의 좋지 않은 귀결

나는 인정하지 않을 수 없는데, 사람들이 자기의 과거 판단에 얽매여 전에 만든 결론에 집착하는 것은 가끔 오류와 잘못의 몹시 완고한 원인이다. 그렇지만 이 잘못은 전에 잘 판단해 놓았으므로 기억에 의존하는 것이 아니라, 자세히 검토하기 전에 판단했기 때문이다. 본디 대부분의 사람(거의 모두라고까지는 아니라 해도)은 여러 사물에 옳은 판단을 내렸다고 생각하는데, 더구나 그렇게 생각하는 이유는 다른 생각을 결코 하지 않았다는 것 말고는 없다는 것을 모를 수가 있을까? 또 대부분의 사람은 자기 의견을 결코 의심하지 않고 검토도 하지 않았으므로 자신이 옳은 판단을 내렸다고 믿는 것처럼 보여지지 않았을까? 이것은 사실상 전혀 판단을 하지 않았으므로 올바르게 판단했다고 보아야 한다. 더구나 모든 사람 가운데서 그런 사람이 자기 의견을 더없이 완강하게 지키는 사람이다. 왜냐하면 자기 주장을 검토하는 일이 가장 적은 사람이 일반적으로 자신의 주장에 가장 열렬하고도 융통성이 없기 때문이다. 우리가 일단 안다는 것에 대해 알고 있는 것을 우리는 절대 확실하다고 생각한다.

우리는 자기 지식을 뒤엎을지도 모르는 또는 의심받게 할지도 모르는, 아직 발견하지 못한 숨은 논거가 없는 것을 확실하다고 할지도 모른다. 그렇지만 모든 경우에 개연성이라고 하는 것으로는 다음과 같은 것을 확실하게 할 수가 없다. 즉 이 문제에 어떠한 관계가 있는 보잘것없는 점이 모두 우리 앞에 있다는 것, 개연성을 다른 쪽으로 기울게 할지도 모르며, 우리에게 현재는 우세하게 보이는 모든 것보다 나을지도 모르는, 배후에 아직 보이지 않는 증명은 없다는 것을 확실하게 할 수는 없다. 자기가 가진 의견의 대부분에 대한 입증을 모두 남김없이 모아, 다음과 같이 올바르게 결론을 내릴 정도의, 즉 자기는 뚜렷하고 빠짐없는 견해를 가지고 더 나은 식견을 위하여 내놓을 것은 더 이상 없다고, 틀림없이 결론할 만큼의 한가롭고 인내하는 수단을 가진 사람이 있을 수 있을까? 더구나 우리는 한쪽 또는 다른 쪽으로 자기 자신을 결정하도록 강요당한다. 우리의 생활 지도와 소중한 관심사의 처리는 지연이 허락되지 않는 것이다. 왜냐하면 그런 것은 거의 모두 우리가 절대 확실하고 논증적인 진리를 갖지 않으며, 더구나 한쪽 또는 다른 쪽을 끌어안는 것이 우리에게 필요하다는 점에서 우리의 판단에 근거하기 때문이다.

4. 개연성의 올바른 사용은 서로의 자애심과 억제이다

그러므로 설사 전부가 아니더라도 인류의 대부분은 몇 가지의 의견을 그 진리의 절대 확실하고 의심할 여지없는 입증 없이 가질 수밖에 없고, 또 사람들이 곧바로 대답할 수 없는, 불충분한 것이라도 명시하지 못할 그런 증명을 제시당하면 전에 한 주장을 즉시 포기하는 것을 무지하고 경솔하며 어리석다고 나무라는 것은 지나치므로 나는 다양한 의견 속에서 평화와 인류 공통의 의무와 우정을 지키는 것이 모든 사람에게 걸맞았으리라 생각된다. 우리가 다음과 같이 기대하는 것은, 즉 누구든지 대부분의 지성이 승인하지 않은 논거에 맹목적으로 따르며, 자기 의견을 즉시 또는 추종적으로 버리고, 우리의 의견을 받아들이고 기대하는 것은 도리에 맞지 않다. 왜냐하면 인간의 지성은 아무리 틀렸더라도 이지 아닌 것에 안내를 맡길 리가 없으며, 다른 사람의 의지나 지령에 맹목적으로 굴복할 리가 없기 때문이다.

만일 그대가 자신의 의견에 동조시키려고 한 사람이 동의하기 전에 검토를 하는 사람이라면 한가할 때 이유를 다시 조사하여 자기 마음에서 사라진 것을 떠올리고, 어느 쪽이 유리한가를 알기 위하여 세밀한 점을 모두 검토하는 작업을 하게 해야 한다. 또 그 사람이 우리의 토론을 그토록 많은 수고를 해가며 새로 관여를 할 만큼 무게가 있는 것으로 생각하려 하지 않는다면, 이것은 비슷한 경우에 우리 자신이 가끔 하는 것에 지나지 않으며, 만일 다른 사람이 우리에게 어떤 점을 연구해야 하는가를 지시한다면 우리는 이것을 부당하다고 했을 것이다. 또 혹시 자기 의견을 믿는 데 몰두하는 사람이라면 다음과 같은 주장, 즉 시간과 습관이 마음에 완전히 자리잡아 버렸으므로 자명하고 의심할 수 없는 절대 확실한 것이라고 생각하는 주장, 또는 신이 아니면 신이 보낸 자로부터 받아들인 증표라고 하는 주장을 버리면 우리는 어떻게 떠올릴 수 있겠는가? 거듭 말하지만, 이런 식으로 정착한 의견이 알지도 못하는 사람 또는 반대자의 증명이나 논거에 굴복한다고 어떻게 기대할 수 있겠는가? 특히 사람들이 자신을 부당하게 다루고 있음을 발견하는 곳에서는 결코 빠트리는 일이 없도록, 이해(利害) 또는 의도가 있다면 더욱 그러하다. 우리는 서로 무지를 가엾게 여기도록 잘 행동해야 되고, 또는 모든 온건하고 공명한 방식으로 알려서 무지를 없애는 노력을 하여, 우리가 다른 사람들 의견의 어떤 것을 받아들이는 점에서 (다른 사람들에게) 못지않게 완고하다는 것이 확실 이상일 때, 다른 사람들이 자기 의견을 버리고 우리의 의견을 또는 적어도 우리가 다른 사람들에게 강요하려 했던 의견을 받아들이려고 하지 않는다고 하여 그 사람들을 완고하며 고집 세다고 몰아붙여 즉각 나쁘게 여겨선 안 된다.

자기가 지지하는 모든 것이 진리라거나 비난하는 모든 것이 허위라는 거역하기 어려운 증명을 가진 사람, 또는 자기 자신이나 다른 사람들의 의견을 모두 밑바닥까지 검토했다고 하는 사람이 어디에 있겠는가? 우리가 처한 이 맹목적 행동의 순간적인 상태에서는, 진정한 지식 없이 아니 가끔 아주 보잘것없는 근거로 믿지 않으면 안 되는 것은 우리가 다른 사람(에게 자기 의견)을 강요하는 것보다 (자기 자신이 살펴서) 아는 쪽으로 더욱 서두르고, 또 조심하도록 해야 할 것이다. 적어도 자신의 모든 주장을 철저히 밑바닥까지 검토도 하지 않은 사람은 다른 사람에게 지시하는 것은 적합하지 않으며, 자기가 받아들이거나 물리친 바탕이 되는 개연성의 증명을 스스로 탐색도 고려도 한 적이 없는 것을 다른 사람들에게 진리로서 밀어붙인 점에서 이치에 맞지 않는다고 고백하지 않으면 안 된다. (이런 것에 비하면) 자기가 공언하고, 자기 자신을 지배하게 한 모든 이설(異說)을 공명하고도 진실하게 검토하여 그것으로써 의혹이 없는 자는, 이 이설을 따르도록 다른 사람에게 요구해도 한결 더 올바른 주장이라 할 것이다. 그러나 그런 사람은 수가 적으며 자기 의견에 고압적인 이유를 거의 찾지 않으므로, 그 사람들로부터 (자기 설을 밀어붙이는) 오만불손한 자에겐 아무것도 기대할 수 있을 리 없다. 따라서 사람들이 (지금보다) 한층 잘 교육받았더라면, 다른 사람들에게 밀어붙이는 일은 한결 적었으리라고 생각할 이유는 있다.

5. 개연성은 사실이나 사색에 대한 것이다

그러나 동의의 근거와 그 몇 가지 정도로 돌아오면, 개연성을 불러오는 원인으로서 우리가 받아들이는 명제는 두 종류라는 점에 유의해야 한다. 즉 관찰할 수 있으므로 인간이 증언할 수 있는 낱낱(특수)의 존재에, 바꿔 말하면 통상적인 이름이 부여되도록 사실에 관한 것인가, 아니면 우리의 감각이 발견하는 바를 뛰어넘으므로 그런 (사람이) 증언할 수 없는 사물인가에 관한 것이다.

6. 다른 모든 사람과 협동한 경험은 참된 지식에 다가가는 확신을 낳는다

이런 것 가운데 먼저 낱낱의 (특수한) 사실에 관하여

첫째로 비슷한 경우에 우리 자신과 다른 사람의 관찰이 으레 동조하는 어떤 낱낱(특수)의 사물이, 이것에 대하여 말하는 모든 사람의 협동보고에 의하여 인증되는 곳에서는, 우리는 예컨대 절대 확실한 진리였을 때와 마찬가지로 이것을 쉽게 받아들이고, 이것에 단단히 의거하며, 그것이 완전한 논증이었을 때와 똑같이 일단은 의심하지 않고 이것에 기초해 추리하고 행동한다. 예를 들면 지난겨울 잉글랜드에선 얼음이 얼었다든가, 거기에서는 여름에 제비를 볼 수 있었다는 사실을 입이 달린 모든 잉글랜드 사람이 단언했다면, 내 생각에 7과 4는 11이라는 것과 마찬가지로 그것에 대하여 거의 의심할 수 없었을 것이다. 그러므로 개연성의 최초이자 최고의 정도는 알 수 있는 한, 시대와 사람을 막론한 일반적 동의가, 비슷한 경우의 으레 정해져 실패가 결코 없는 어떤 사람의 경험과 협동하여 공명한 증인들이 인증하는 낱낱(특수)의 어떤 사실의 진리를 확증하는 때이다. 이런 것은 물체의 모든 정해진 구조 및 특성이며, 자연의 통상적인 경과 속에서 일어나는 원인 결과의 질서 있는 진행이다. 이것을 우리는 사물 자체의 본성에서의 증명이라고 부른다.

왜냐하면 우리 자신과 다른 사람의 항상적 관찰이 비슷하다고 언제나 보아왔던 것은, 설사 우리 지식이 미치는 범위 안에 들지 않더라도 변함없는 규칙적인 원인의 결과라 단정해도 마땅하기 때문이다. 예를 들면 불이 인간을 따뜻하게 하고, 납을 액체로 만들어, 목재나 숯의 색깔 또는 견고성을 변하게 하는, 또 쇠가 물에 가라앉고 수은에 뜨는 이런 명제나 낱낱(특수)의 사실에 관한 비슷한 명제는 우리가 이런 사물을 다룰 때마다 몇 번이건 우리의 항상적 경험에 일치하며, (다른 사람들이 말할 때) 언제나 으레 그렇다고 보여지는, 따라서 누구에게나 따질 것도 없는 사물로서 일반적으로 얘기되고 있으므로 우리는 이런 일이 이제까지 있었다 단언했고, 혹은 마찬가지로 또 일어날 것이라는 진술이 매우 진실함을 의심하지 않는다. 이와 같은 개연성은 절대 확실성에 아주 가까우므로 가장 명백한 논증과 같이 우리의 사유를 절대적으로 지배하며, 마찬가지로 우리의 모든 행동에 빠짐없이 영향을 끼친다. 우리는 자신과 연관이 있는 것으로서 이런 개연성과 절대 확실한 진리를 거의 또는 전혀 구별하지 않는다. 이런 근거를 가진 우리의 신념은 확신으로까지 높아진다.

7. 의심할 수 없는 증언과 경험은 자신감을 낳는다

둘째로 개연성의 다음 정도는, 나 자신의 경험과 이 개연성을 말하는 다른 모든 사람과의 일치에 의하여 어떤 사물은 거의 모두가 그렇고, 그 낱낱(특수)의 사례는 많은 의심 없는 증인에 의해 인증되고 있다고 발견하는 때이다. 예를 들면 역사*¹는 시대를 막론하고 거의 모든 사람이 공공의 이익보다 개인적 이익을 선택한다는 해명을 우리에게 주며, 나 자신의 경험도 관찰할 때마다 이것을 확증한다. (그래서) 만일 티베리우스*²에 대해서 쓴 모든 역사가가 티베리우스는 그랬었다고 한다면, 그것은 매우 정확할 것이다. 그래서 이때 우리의 동의는 자신감이라 말해도 좋을 정도로 높아지는 데 충분한 바탕을 갖는다.

---

*1 과거 사상의 기술이라는 뜻이다.

*2 Tiberius Claudius Nero Caesar(BC 42~AD 37). 로마제국 제2대 황제(재위 AD 14~37).

8. 공명한 증언과 무차별한 사물의 본성도 자신 있는 신념을 낳는다

셋째로 (예를 들면) 새가 이쪽 아니면 저쪽으로 날을 것이라든가, 어떤 사람의 오른손 또는 왼손에서 우렛소리가 날 것이라는 등, 무차별적으로 일어나는 일에선 어떤 특정의 사실이 한 점 의혹 없는 증인의 일치된 증언으로 보증될 때, 거기에서 우리의 동의는 이것도 피할 수 없다. 예컨대 이탈리아에 로마라는 도시가 있다는 것, 약 1700년 전에 율리우스 카이사르라고 하는 사람이 거기에 살고 있었다는 것, 그 사람은 장군이었다는 것, 폼페이우스라고 하는 다른 사람과의 싸움에서 이겼다는 것 등등이다. 그런 것은 사물의 본성으로는 긍정 또는 부정할 아무것도 없지만, 믿을 수 있는 역사가들의 말이고 누구 한 사람 반박하지 않으므로, 인간은 이것을 믿지 않을 수 없어 자기 자신이 증인인, 자신이 아는 사람의 존재와 행동에 대해서도 마찬가지로 의심할 수가 없는 것이다.

9. 경험과 증언이 충돌하면 개연성의 정도가 한없이 바뀐다

여기까지는 일이 충분히 잘 나아간다. 앞에서 말한 근거의 개연성이 아주 많은 증명을 뒤따르게 하므로 자연히 판단을 내리고, 우리가 알려고 하든, 모르는 채로 있으려고 하든 논증과 마찬가지로 믿고 안 믿을 자유를 좀처럼 남기지 않는다. 어려운 것은 증언이 공통 경험과 모순되며, 역사와 증인의 보고가 자연의 경과와 충돌하거나 또는 보고가 서로 부딪치는 때이다. 이런 때야말로 올바른 판단을 하고, 사물의 저마다 다른 증명과 개연성에 균형 잡힌 동의를 하려면 근면·조심·정확성이 요구된다. 사물은 신뢰성의 다음 두 가지 바탕, 즉 비슷한 경우의 공통 관찰과 그 낱낱(특수) 사례의 하나하나(특수)의 증언이 사물의 편이 되는가 모순되는가에 따라, 사물은 일어서기도 하고 쓰러지기도 (믿어지기도 의심되기도) 한다.

이와 같은 증언은 보고자들의 매우 다양한 반대관찰·사정·보고·다양한 적격성·기질·의도·도외시 등을 벗어날 수 없으므로 사람들이 동의를 하는 여러 정도를 일정한 규칙으로 통합할 수가 없다. 다만 일반적으로 다음과 같이 말할 수는 있을 것이다. 즉 적정한 검토에 근거하여 모든 낱낱(특수)의 사정을 자세히 고려하는 찬성 반대의 증명과 입증이, 어떤 사람에게 사물 전체로 (찬성과 반대의) 어느 쪽이 우세하다고 보이는 정도의 많고 적음에 따라, 증명과 입증은 신념·추측·억측·망설임·불신·불신념 따위의 갖가지 처우를 마음에 낳게 된다.

10. 전승의 증언이 오랠수록 그 입증은 적어진다

이(앞 절에서 말한)것은, 증언이 이용되는 문제에서의 동의와 관련되는 것이다. 이것에 관하여, 잉글랜드의 법률로 지켜지는 하나의 규칙을 주목하는 것은 잘못이 아닐 거라고 나는 생각한다. 즉 어떤 인증된 기록을 베낀 것은 좋은 증거이지만, 베낀 것을 또 베낀 것은 아무리 잘 인증하더라도, 아무리 믿을 만한 증인에 의한 것이라도 법원에서 증거로 허용하지 않으리라는 규칙이다. 이것은 일반적으로 이치에 맞다고 할 수 있으며, 중대한 진리의 탐구에 쓰이는 지혜와 조심성에 걸맞으므로, 이것을 비난하는 자를 나는 아직껏 본 일이 없다. 이 관행이 혹시 옳고 그름의 결정에 받아들여진다면, 이것에 따라 다음의 관찰을 불러오게 된다. 즉 어떤 증언이 근원의 진리에서 멀어질수록, 그 힘과 입증은 적다는 것이다. 사물 자체의 실재와 존재는, 내가 근원적 진리라고 부르는 것이다. 믿을 수 있는 사람이 이것을 안다고 보증하면 훌륭한 증거이다. 그러나 마찬가지로 믿을 수 있는 다른 사람이 아까 그 사람의 보고에 근거하여 증언을 해도 그 증언은 (아까 그 사람의 증언에 비하여) 훨씬 약하다. 들어서 알게 된 것을 전해 듣고 다시 인증하는 제3의 증언은 더욱더 무게가 떨어진다.

그러므로 전승의 진리는 (근원의 진리로부터) 멀어질 때마다 입증의 힘이 약해진다. 그래서 전승이 많은 사람을 차례차례로 거치면 거칠수록, 전승이 그런 손에서 받아들인 강도와 증명은 점점 작아진다. 이 점은 조심할 필요가 있다고 나는 생각한다. 어떤 사람들 사이에서는 전혀 반대의 일이 흔히 실천되고 있는 것을 보게 되면, 그 사람들은 의견이 오래되면 힘을 얻는다고 여기기 때문이다. 그래서 천 년 전에는 최초의 보증인과 같은 시대의 이지적인 사람에게 확실해 보인 적이 전혀 없었던 일이, 이제는 불과 몇 사람이 최초의 보증인으로부터 차례차례로 들었다는 것만으로, 모든 의문을 넘어서 절대 확실하다고 역설되는 상황이다. 이런 근거로 처음 명백히 허위 또는 몹시 의심스러웠던 명제가 개연성에 반대되는 규칙에 의해 근거가 있는 진리로 통용되어, 최초로 만든 사람에게서는 믿음을 찾아볼 수 없거나, 또는 믿을 가치가 없는 것을 시대의 경과에 따라 점점 존중해야 되는 것으로 여기고, 부정할 수 없다고 힘주어 말하는 것이다.

11. 더구나 역사는 매우 유용하다

여기서 나는 역사의 신빙성과 유용성을 줄이는 사람이라는 인상을 주고 싶지 않다. 역사는 분명히 대부분의 경우에 우리가 갖는 빛이며, 우리는 역사에서 우리가 가진 유용한 진리의 대부분을 인정하고 따르게 하는 증명으로써 받아들인다. 나는 고대의 기록보다 가치 있는 것은 없다고 생각한다. 나는 고대의 기록을 더 많이, 더 훼손되지 않은 상태로 갖게 되기를 바란다. 그러나 이 진리 자체가 개연성은 그것의 기원보다 높아질 수는 없다는 것을 나에게 강요한다.

단 한 사람의 오직 한 가지뿐인 증언보다 달리 증명을 갖지 않는 것은 좋든 나쁘든, 또는 (그 어느 쪽도 아닌) 무차별이라도, 그 유일한 증언에 의하여 일어서기도 하고 쓰러지기도 (하며, 믿고 안 믿고를 결정)하지 않으면 안 되고, 설령 다음에 몇백 명의 사람이 차례차례 이어져도 이것에 의해 무엇인가 강함을 받아들이기는커녕, 더욱 약해질 뿐이다. 정서·이해(利害)·빠트림·의미의 잘못이나, 사람들의 마음을 움직이는 (발견할 수 없는) 수많은 괴상한 이유 또는 변덕이, 한 인간으로 하여금 다른 사람의 말과 뜻을 옳지 않게 인용하도록 만들었다. 글쓴이의 인증을 조금이라도 검토한 사람이라면 원전에 (믿을 수 없는) 결함이 있는 경우, 인용은 얼마나 적은 믿음밖에 얻지 못하는가? 따라서 인용을 인용하는 것은 더욱 신빙성이 떨어지는 일임을 의심할 리가 없다. 다음의 점은 절대 확실하다. 즉 한 시대에 하찮은 근거라는 판정을 받은 것은, 다음 시대에 가끔 되풀이됨으로써 더욱 타당해질 리가 결코 없다. 도리어 원전에서 더욱 멀어질수록 점점 타당하지 않고, 마지막으로 쓴 사람의 입이나 저술은 그 사람이 받아들인 입이나 저술에 비하여 힘이 훨씬 적다.

12. 감각이 발견하지 못한 사물에서는 비교가 개연성의 소중한 규칙이다

지금까지 말한 개연성은 단지 사실에 대한, 관찰과 증언을 할 수 있는 사물에 대한 것뿐이다. 그 밖에 우리의 감각이 미치는 범위에 들어가지 않기 때문에 증언은 불가능하지만, 사람들이 동의하고 의견을 갖는 다른 종류가 남아 있다. 이런 것은 (다음과 같은 것이다. 즉) 1. 영혼들, 천사, 악마와 같은 우리 이외의 유한하고 비물질적인 존재자의 실재·본성·작용. 또는 너무 작거나 우리에게서 동떨어져 있으므로 우리가 지각할 수 없는, 예컨대 광대한 우주의 행성이나 다른 곳에서 사는 어떠한 식물과 동물이나 지능 있는 주민이 있는지 그런 물질적인 존재자의 실재. 2. 자연 작품의 거의 모든 것에서의 작용방식에 관해서인데, 그 경우 우리는 감지할 수 있는 결과를 보지만 그 원인은 알려지지 않아 우리는 결과가 어떻게 하여 생겨나는지 그 방식과 양식을 지각하지 않는다. (예컨대) 우리는 동물이 생성되고 자라서 움직이는 것을 본다. 자석은 철을 끌어당긴다. 초의 부분은 차츰 녹아서 불꽃이 되고, 우리에게 빛과 열의 두 가지를 준다. 이런 것과 비슷한 결과를 우리는 보고, 안다. 그러나 작용하는 원인, 그런 것의 결과를 낳게 되는 양식 등은 오직 추측할 수 있어, 확실한 것처럼 추측할 수 있을 뿐이다.

왜 그런가 하면, 이런 것과 비슷한 것(의 원인)은 인간 감각의 정밀한 조사 속으로 들어오지 않으므로 감각으로 검토할 수 없으며 누구나 인증할 수 없기 때문이다. 그러므로 우리 마음에 확립된 진리에 일치하는 정도의 많고 적음에 따라, 우리의 지식과 관찰의 다른 부분에 대하여 갖는 균형에 따라 크든 작든 확실한 것처럼 (개연적으로) 보일 따름이다. 사물의 이런 비교는 우리가 가진 유일한 도움이고, 우리는 비교에서만 개연성의 근거를 끌어낸다. 예를 들면 두 물체를 대고 심하게 비비기만 하면 열이 생겨 아주 빈번하게 불이 일어나는 것을 관찰하므로, 우리는 열과 불이라고 하는 것이 불타는 물체의 지각할 수 없는 아주 작은 부분의 격렬한 동요에 있다고 생각하는 이유를 갖는다. 이것과 닮은 투명한 물체의 여러 (빛의) 굴절이 우리의 눈에 여러 색의 다양한 현상을 낳는 것을 관찰하고, 또 벨벳이나 물결무늬의 비단처럼 여러 물체의 겉을 다양하게 배열한 것과 비슷한 현상을 낳는 것을 관찰하므로, 우리는 물체의 색과 반짝임이 물체에서는 너무 작아서 지각할 수 없는 부분의 갖가지 배열과 (거기에 비친 빛의) 굴절이 (개연적으로) 확실한 것 같다고 생각한다. (또) 예를 들면 인간의 관찰 범위에 드는 창조의 모든 부분에서 다음의 것을 찾아내므로, 즉 세계에서 볼 수 있는 매우 다양한 사물의 모든 것에, 무엇인가 큰 또는 식별할 수 있는 틈이 없이 서로 단계적 결합이 있고, 사물은 매우 긴밀하게 이어져 있어서 존재자의 여러 위계로 사물 사이의 경계를 발견하기란 쉽지 않다. 그런 것을 보게 되므로, 우리는 사물이 이렇게 느슨한 단계에서 완전성의 정도를 상승시킨다고 굳게 믿을 이유가 있다. 대체로 감지할 수 있고 이지적인 것이 어디에서 시작하고, 감지할 수 없고 비이지적인 것이 어디에서 끝나는지를 말하기란 어렵다.

그래서 어떤 것이 살아 있는 사물의 가장 낮은 종류이며, 어떤 것이 생명을 갖지 않은 최초의 것인지를 정확하게 결정할 만큼 예리한 눈을 가진 사람이 있을까? 사물은 우리가 관찰할 수 있는 한, 원뿔 자에서 분량이 늘고 줄 듯이 증감한다. 원뿔 자에는 떨어진 거리에서 지름의 크기 사이에 뚜렷한 차이가 있는데, 더구나 위와 아래가 맞닿은 데서는 위아래 (지름의) 차이는 거의 식별할 수 없다. (마찬가지로) 어떤 인간과 어떤 동물과의 차이는 매우 크지만, 어떤 사람들의 지성·재능과 어떤 동물의 그것을 비교하면 우리는 발견하겠지만 차이는 매우 적다. 따라서 인간의 지성과 재능이 한결 명확하다거나 한결 크다고 말하기는 어려울 것이다. 거듭 말하지만 인간 이하의 창조 부분에서의 단계적이고 완만한 이런 하강을 관찰하면, 비교의 규칙은 우리와 우리 관찰의 (이것을 초월한 사물에서도 그렇고) 완전성의 여러 정도에서 우리보다 나은 지능 있는 존재자의 갖가지 위계가 있고, 저마다 다음의 것과 큰 차이가 없는 완만한 단계와 차이로, 창조주의 무한한 완전성을 향해 위쪽으로 올라가는 것을 확실하게 (개연적으로) 할 것이다. 이지적 실제 경험을 가장 잘 지도하는 이 종류의 개연지와 가설의 성립 역시 유용하며 영향력을 갖는다. 그래서 비교에서의 조심스러운 추리는 그렇지 않으면 숨겨졌을 성실은 진리와 유용한 산출물의 발견으로 가끔 우리를 이끄는 것이다.

13. 반대 경험이 증언(의 힘)을 감소시키지 않는 하나의 경우

(앞에서 말했듯이 사람들의) 공통(또는 보통의) 경험과 사물의 통상적인 경과는 사람들의 마음에 강력한 영향을 끼쳐 사람들의 신념에 제기되는 어떤 사물에 믿음을 주기도 하고 거부하게 하기도 한다. 이것은 옳은 일이다. 그렇지만 사실의 신기한 점이, 여기에 주어진 공명한 증언에 대한 동의를 감소시키지 않는 경우가 하나 있다. 즉 이와 같이 (신기한) 초자연적 사건이 자연의 경과를 바꾸는 능력을 가진 분(즉 신)이 뜻하는 목적에 들어맞는 경우는, 이런 사정 아래에서는 일어나는 일이 통상적 관념을 뛰어넘어, 또는 이것에 반대인 것이 아무리 많아도 일어난 일은 신념을 가져오기에 더욱 적합하다고 할 것이다.

이것이 기적의 본디 경우이며, 기적은 잘 인증되면 그 자체에서 믿음을 찾아낼 뿐만 아니라 그런 확증을 필요로 하는 다른 진리에도 믿음을 준다.

14. 계시의 생생한 증언은 최고의 확실성이다

이제까지 설명한 것 말고도 하나의 명제가 있어, 제출된 사물이 공통(또는 보통의) 경험과 사물의 통상적 경과에 일치하든 일치하지 않든 (아무것도 보탬이 없이, 그 자체만의) 생생한 증언에 근거하여 우리의 가장 높은 동의를 요구한다. 증언을 속일 수도 속을 수도 없는 분, 즉 신 자신의 증언이기 때문이다. 이것은 의혹을 뛰어넘은 확신, 예외를 뛰어넘은 증명을 함께 가져온다. 이것은 계시라는 특별한 이름으로 불리며, 이것에 대한 우리의 동의는 신앙이라 일컬어진다. 신앙은 우리의 진리와 마찬가지로 우리 마음을 절대적으로 결정하며, 마찬가지로 모든 머뭇거림을 완전히 배제한다. 신으로부터의 계시가 진정인가를 의심할 수 있다면, 그와 마찬가지로 우리 자신의 존재도 의심해야 할 것이다.

그러므로 신앙은 동의와 확신이 정한 확실한 원리이며, 어떤 식으로든 의혹이나 망설임의 가능성을 남기지 않는다. 계시가 오직 신적 계시라고 우리가 올바르게 이해하는 만큼 우리는 계시를 확실히 하지 않으면 안 된다. 그렇지 않고 만일 신적 계시가 아닌 것에 신앙과 확신을 갖는다면, 우리는 광신의 모든 상식적 틀을 벗어남과 동시에 모든 옳지 못한 원리의 잘못을 드러내게 될 것이다. 그러므로 이런 경우 우리의 동의는, 이지적으로는 계시라는 것의 증명과 계시에 드러난 표현의 의미는 이렇다는 것 이상으로 높아질 수는 없다. 만일 계시라는 것의 증명 또는 계시의 진정한 의의는 이렇다는 것이 단지 개연적 증거에 근거한 것뿐이라면, 우리의 동의는 증거의 외견상 개연성이 많은가 적은가에서 생기는 확신이나 자신감의 상실보다 높이 다다를 수가 없다. 그러나 신앙과 그것이 신조의 다른 증명에 앞서야 할 점에 대해서는 다음에 (이 권 제18장에서) 다시 말할 것이다. 그래서 나는 신앙을, 보통 하듯이 이지와 대조적으로 구별하여 다룬다. 하긴 신앙은 사실 가장 높은 이지를 바탕으로 하는 동의 이외의 어떤 사물도 아니다.

제17장
이지

1. 이지(理智)라는 말의 다양한 의미 표시

영어의 이지라는 단어에는 여러 의미 표시가 있다. 어떤 때는 진실의 명확한 원리가 되고, 어떤 때는 그런 원리에서의 명석 공명한 연역(演繹)이 되며, 또 어떤 때는 원인 특히 궁극원인이 된다. 그러나 여기에서 내가 하는 고찰은, 이런 모든 것과 다른 의미 표시이다. 그것은 인간의 어떤 기능이 짐승과 구별된다 상정하고, 명백히 인간이 짐승을 훨씬 앞선다는 점에서 어떤 기능을 나타내는 데 있다.

2. 추리(또는 이지하는 것)*1가 존재하는 곳

이미 (이 권 제1장 제2절에서) 명시한 바와 같이 만일 일반적 진리가 우리 자신의 관념의 일치 또는 불일치의 지각에 있고, 우리들 바깥 사물의 존재에 관한 진정한 지식(신에 대해서만은 제외. 신이라는 존재는, 모든 인간이 스스로 절대 확실히 알아, 자기 자신에게 논증할 수 있을 것이다)이 우리 감각에 의해서만이 얻을 수 있는 것이라면, 그렇다면 외부감각과 내부지각 말고 무엇인가 다른 기능이 작용할 여지가 있는가? 이지가 필요한가? 매우 많다. 우리의 참된 지식의 확대를 위해서도, 우리 동의의 규제를 위해서도 필요하다. 왜냐하면 이지는 진리에도 의견에도 작용하지 않으면 안 되고, 우리의 다른 모든 예지적 기능에 필요하며, 이것을 돕는 것이고, 실제 다른 예지적 두 기능, 즉 총명과 추구를 포함하기 때문이다. 총명에 의하여 이지는 (추리의) 중간관념을 찾아내고, 추구에 의하여 중간관념을 질서 있게 하며, (추리의) 양 끝을 잇는 하나하나의

---

*1 추리(reasoning)가 이지기능이 영위하는 바로서 '이지하는 것'이다.

연결고리에 어떤 결합이 있는가를 발견하고, 이로써 탐구되는 진리를 바라보게 한다. 이것은 추구 또는 추론이라고 하는 것으로서 연역의 각 단계에서 관념 사이에 있는 결합의 지각에만 존재하며, 이 결합의 지각에 따라 마음은 진리에 다다른 논증에서와 마찬가지로, 어떤 두 관념의 절대 확실한 일치나 불일치인지, 의견에서처럼 마음이 동의를 주거나 억누르는 토대의 개연적 결합인지를 보게 되는 것이다. (본디) 감각과 직관은 아주 조금밖에 다다르지 못한다. 우리가 갖는 지식의 거의 모든 것은 연역과 중간관념에 근거한다. 또 우리가 어쩔 수 없이 진리 대신에 동의를 가지고서, 명제가 진실임을 절대 확실하게 하지 않고 명제를 진실이라 하는 경우에는, 우리는 명제의 개연성의 근거를 찾아내어 검토하고 비교할 필요가 있다.

어느 경우에도 수단을 찾아내고 이것을 올바로 적용하여, 진정한 지식에서는 절대 확실성을 발견하며 동의에선 개연성을 발견하는 기능, 이것이 바로 우리가 이지라 부르는 것이다. 왜냐하면 이지는 진리를 낳는 어떤 논증의 각 단계에서 모든 관념이나 논거 서로 간의 필연적이고 의심할 수 없는 결합을 지각하지만, 그것과 마찬가지로 동의해도 될 것 같다고 이지가 생각하려 하는 논의의 각 단계에서 모든 관념이나 논거 서로의 개연적 결합을 지각하기 때문이다. 이것(즉 뒤엣것)이, 이지라고 진실로 부를 수 있는 최저한계선이다. 마음이 이 개연적 결합을 지각하지 못한 것, 그런 어떠한 결합이 있는지 없는지를 식별하지 못한 것, 거기에서는 사람들의 의견은 판단의 소산이 아니다. 바꿔 말하면 이지의 귀결이 아니라 우연과 엉터리 결과, 선택하지 않고, 지시한 것이 없으며, 아무렇게나 떠돌아다니는 마음의 결과인 것이다.

3. 이지의 네 부분

그러므로 이지에선 다음 네 단계를 고찰할 수 있을 것이다. 첫째이자 최고(로 중요한 단계)는, 논거를 발견하여 찾아내는 것이다. 둘째는, 논거를 규칙적 방법적으로 배치하고 명확하고도 적당한 순서로 놓아, 논거의 결합과 힘을 쉽고 편하게 지각할 수 있게 하는 것이다. 셋째는, 논거의 결합을 지각하는 것이다. 넷째는, 올바른 결론을 만드는 것이다. 이와 같은 몇 가지 단계는 수학적 논거에서 관찰할 수 있을 것이다. 왜냐하면 논증이 다른 사람에 의하여 만들어질 때 각 부분의 결합을 지각하는 것과, 모든 부분에 대한 결론의 의존을 지각하는 것은 다르고, 논증을 자기 자신이 명확하고 매끄럽게 만드는 것은 또 별개이며, 논증이 만들어지는 중간관념이나 논거를 처음으로 찾아내는 것은 이런 모든 것과 다른 작업이기 때문이다.

4. 삼단논법은 이지의 중요한 도구가 아니다

이지에 관하여 고찰하고 싶은 것이 하나 더 있다. 즉 삼단논법[*2]은 일반적으로 생각되고 있는 것처럼 이지 본디의 도구로서, 이 기능을 작용시키는 가장 유용한 길인가 하는 점이다. 내가 의심하는 이유는 다음과 같다.

첫째, 왜냐하면 삼단논법은 이지의 (앞 절에서) 말한 부분의 단 한 가지 점에서 이지에 유익할 뿐이고, 그것은 어느 하나의 사례로 논거의 결합을 명시하는 것이며 그 이상은 아니기 때문이다. 그러나 이 점에서도 삼단논법은 별로 유용하지 않다. 마음은 결합이 실재하는 데서는 삼단논법이 없어도, 그런 결합을 마찬가지로 쉽게, 아니 경우에 따라서는 더 잘 지각할 수 있으니 말이다.

대체로 우리가 자기 마음의 작용을 관찰하려고 하면 발견하겠지만, 논거의 결합만 관찰할 때 우리는 자기 사유를 삼단논법으로 정리하지 않아도 매우 잘, 매우 명석하게 추리한다. 그러므로 어떻게 하여 삼단논법을 만드는가를 모르지만 매우 명석하고 올바르게 추리하는 사람이 많다는 사실을 지각할 수 있을 것이다. (예를 들면) 아시아와 아프리카의 많은 지역을 조사한 사람은 알겠지만, 거기에서는 사람들이 경우에 따라서는 그 사람 자신에 대해서와 같을 정도로 명확하게 추리하지만, 더구나 그 지역 사람들은 삼단논법에 대하여 들은 적이 결코 없었고, 어떤 하나의 논제를 그런 (삼단논법이라는) 형식으로 정리할 수가 없는 것이다. 또 나는 추리를 할 때에 누구나 자기 자신 속에 삼단논법을 만드는 일은 없으리라 믿는다. 과연 삼단논법은 수사적으로 꾸민 글에 숨겨진, 혹은 수려한 문장으로 교활하게 포장된 오류를 발견하고 불합리한 것에서 재주와 아름다운 문장의 껍질을 벗겨내어, 추하고 불합리한 본색을 밝히는 데 필요에 따라 이용된다. 그러나 삼단논법은 이런 산만한 논의의 약점이나 오류를, 삼단논법을 늘어놓는 기교적 형식으로써 다음과 같은 사람에게 명

---

*2 syllogism. 본 절에서 로크는 전통적 형식논리학을, 제4판에서 더 늘려 분명하게 비판한다.

시할 뿐이다. 즉 (삼단논법의) 격식을 완전히 배우고 나서, 세 가지 명제가 들어가는 많은 방식을 검토하여, 그 어느 것이 절대 확실히 옳은 결론이며 어느 것이 그렇지 않은가, 어떤 근거로 올바르게 결론을 내리는가(또는 결론을 내리지 않는가)를 아는 사람에게 명시할 뿐이다.

무릇 삼단논법을 깊이 고찰하여, 어째서 하나의 형식으로 늘어놓은 세 명제로 내린 결론은 절대 확실히 옳은지, 다른 형식으로는 절대 확실히 옳지 않은 것인지, 그 이유를 아는 사람은 분명 인정된 형식과 격으로 전제에서 끌어낸 결론을 절대 확실하다고 한다. 그렇지만 그런 형식을 그렇게 깊이 조사하지 않은 사람은 삼단논법 덕분에 결론이 절대 확실히 전제에서 나온 것을 확실하다고 여기지 않는다. 그런 사람들은, 자기 스승에 대한 암묵적 신앙과 입론(立論)의 형식에 대한 자신감을 바탕으로 그렇다고 할 따름이다. 그러나 이것은 역시 믿는 데 불과할 뿐, 절대 확실하다고 하는 것은 아니다. 그런데 만일 인류 전체에서 삼단논법을 만들 줄 아는 사람이 못 만드는 사람과 비교하여 몇 안 된다고 하면, 또 논리학을 배운 사람 가운데 인정된 형식과 격의 삼단논법이 옳게 결론지은 것을, 그렇다고 절대 확실히 아는 것이 아니고 (다만) 믿는 이상으로 조금이라도 나아간 사람은 아주 조금밖에 안 된다고 하면, (더욱더) 만일 삼단논법이 이지의 유일한 본디 도구로서 진리의 수단이 될 수밖에 없었다면 아리스토텔레스 이전에는 이지에 의하여 무엇인가를 알았거나 알 수 있게 된 인간은 한 명도 없었고, 삼단논법이 생겨난 뒤에도 그런 인간은 1만 명에 한 명도 없었다는 얘기가 될 것이다.

그러나 신은 사람들을 오직 두 발의 피조물로 만들 만큼 사람들을 아끼지 않았으며, 사람들을 이지적이게 하는 것을 아리스토텔레스에게 맡기지 않았다. 즉 아리스토텔레스가 그렇게 할 수 있었던 몇몇 사람들이 삼단논법의 근거를 검토하고, 세 가지 명제를 나열할 수 있는 예순 가지 이상의 방식 가운데에서 결론이 옳아 확실하다고 할 수 있는 것은 약 열네 가지에 불과하다는 것, 또 어떠한 근거로 이 적은 수의 결론만이 절대 확실하며 다른 것은 그렇지 아니한가 하는 점을 보기까지 그런 몇몇 사람들이 하는 것을 아리스토텔레스에게 맡겨두지 않았다. 신은 인류에 대하여 그보다 훨씬 은총이 깊었다. 신은 삼단논법을 만드는 방법을 가르쳐 보이지 않고 추리할 수 있는 마음을 인류에게 베풀었다. 지성은 이런 (삼단논법의) 규칙으로 추리하는 것을 배우지 않았다. 지성은 그 관념의 (논리적 맥락이) 일관적인가 일관적이지 않은가를 지각하는 타고난 기능을 가지고 있으며, 그 따위 (세 명제로 관념을 되풀이하는) 복잡한 반복을 전혀 하지 않고 관념을 올바르게 조절할 수가 있다. 나는 아리스토텔레스를 어떻게 해서든지 낮추기 위해 이렇게 말하는 것이 아니다. 나는 아리스토텔레스를 고대 사람들 가운데에서 가장 위대한 사람의 하나로 본다. 그의 넓은 시야, 사유의 명확성과 투철함, 힘찬 판단력, 여기에 견줄 사람은 아직까지 없었다. 결론이 올바르게 추론되면 명시할 수 있는 입론 형식의 이 창안 자체는, 무엇이든지 부정하는 것을 부끄러워하지 않았던 (회의론)자에게 크게 작용했다. 따라서 나는 즉석에서 인정하건대 모든 옳은 추리는 아리스토텔레스의 삼단논법 형식으로 귀착할 수 있으리라.

하지만 나는 아리스토텔레스를 조금도 낮추지 않고 다음과 같이 진정으로 말할 수 있다. 즉 참된 지식을 얻기 위해, 나아가서는 진리를 발견하려 하고 자기 이지를 자기에게 되도록 가장 잘 쓰기를 바라는 사람을 진리로 이끌기 위해 삼단논법의 형식은 추리의 유일한 길이 아니며 최선의 길도 아니라고 진심으로 그렇게 말할 수 있다고 생각한다. 또 누구나 알다시피 아리스토텔레스 자신이 (삼단논법의) 어떤 형식이 (진리를 얻는 데) 결정적이고 다른 형식은 그렇지 않다고, 형식 자체에 의하지 않고 진리 본원의 길에 따라, 즉 관념의 눈에 보이는 뚜렷한 일치(또는 불일치)에 의하여 찾아낸 것이다. (예를 들면) 농촌의 양갓집 여성에게 바람은 서남풍이고 날씨가 궂어서 비가 올성싶다고 말한다. 그 말을 들은 그 여성은 열이 났던 다음이라, 이런 날 얇은 옷차림을 하고 외출하면 안전하지 않다고 쉽게 이해할 것이다. 이 여성은 다음의 모든 것, 즉 서남풍과 구름, 비·젖다·감기가 들다·병의 재발·죽게 될 위험의 개연적 결합을 명확히 알고, 마음을 답답하게 하는 여러 삼단논법의 기교적이며 번거로운 족쇄에 그런 것을 결부시키지 않는다. 마음은 삼단논법 없이도 하나의 부분에서 다른 부분으로 한결 빠르게, 더욱 명확하게 진행된다. 이 여성이 이런 자연 그대로의 상태인 사물을 쉽게 지각할 개연성은, 만일 이 증명을 학술적으로 처리하는 형식과 격으로 제출한다면 완전히 달라졌을 것이다. 그와 같은 처리는 매우 자주 결합을 혼란시킨다. 내가 생각하기에 모든 사람이 수학적 논증을 하는 동안 이 논증에서 얻은 진리는 삼단논법이 없을 때 가장 짧고, 가장 뚜렷하게 지각된다.

추론은 대체로 이지적(理智的) 기능의 큰 작용으로 간주되며, 또 올바르게 추론될 때는 그러하다. 그러나 마음은 그 지식의 확대를 대단히 바라든가, 한 번 이해한 소견에 매우 편들기 쉽든가 그 어느 쪽이므로, 아주 적극적으로 추론을 하여, 따라서 (추론의) 양 끝(의 관념)을 이어주지 않으면 안 되는 관념결합을 지각하기 전에 가끔 너무 서둘러 추론을 하게 된다.

추론을 하는 것은, 참이라고 세워진 하나의 명제의 힘으로 다른 명제를 참으로 이끌어 내는 것, 즉 추론된 두 명제의 관념의 그런 (진실한) 결합을 보는 것, 또는 상정하는 것이다. 예를 들면 '사람들은 저승에서 벌을 받을 것이다'라는 명제를 세웠다고 하자. 그리고 그로부터 '사람들은 자기 자신을 결정할 수 있다'고 하는 다른 명제를 추론하자. 이제 문제는 마음이 이 추론을 올바르게 했는지를 아는 일이다. 혹시 마음이 중간관념을 찾아내어, 적정한 순서로 늘어놓은 중간관념의 결합을 바라보며, 그것으로 추론을 했다면 마음은 이지적으로 나아가 옳은 추론을 한 것이다.

그런데 만일 마음이 이렇게 바라보지 않고 추론을 했다면 지지받은 추론, 달리 말하면 옳은 이지의 추론을 했다기보다 추론을 옳은 추론으로 보이고 싶다, 바꿔 말하면 그런 것으로 인정받고 싶다는 의욕을 드러내는 것이 된다. 그러나 어느 경우에도 그런 (중간)관념을 발견한 것은, 또는 그런 관념의 결합을 명시하는 것은 삼단논법이 아니다. 왜냐하면 그런 중간관념을 삼단논법을 가지고 이지적으로 쓸 수 있기 전에 그런 관념을 발견해야 함과 동시에 관념의 결합을 어디에서나 지각해야 되기 때문이다. 그렇지 않으면 어떠한 관념도 다른 두 관념, 즉 그 일치를 이 관념이 명시해야 할 다른 두 관념과 어떤 결합을 가졌는가를 고찰하지 않고 삼단논법으로 충분히 해낼 것이며, 어떤 결론을 증명하기 위하여, 어떤 관념이든 중명사(中名辭)*3로 마음껏 쓸 수 있을 것이라고 말할 수 있다. 그러나 이런 이야기는 아무도 하지 않을 것이다. 왜냐하면 (추론의) 양 극단(의 관념)이 일치한다고 결론짓는 것은, 중간관념과 양 극단과의 지각된 일치의 힘에 의한 것이며, 그러므로 저마다의 중간관념은 (추론의) 모든 연쇄 가운데서 중간관념 사이에 놓인 두 가지(의 양 끝의 관념)와 눈에 띄게 뚜렷한 결합을 갖는 그런 것이어야 하고, 그렇지 않으면 이것에 의해 결

---

*3 medius terminus.

론이 추진될 수는, 바꿔 말하면 끌어들일 수는 없기 때문이다. (추론의) 연쇄의 어떤 고리가 느슨하여 결합이 안 되는 곳에서는 어디서나 연쇄의 강도 전체를 잃게 되어 연쇄는 어떤 사물을 추론하는 힘, 바꿔 말하면 끌어들이는 힘을 갖지 못하는 것이다. 위에서 열거한 사례로 추론의 힘을 좋아서 그 합리성을 명시하는 일은 결론, 즉 추론된 명제를 끌어들이는 모든 중간관념의 결합을 바라보는 것 말고 무엇이 있겠는가?

예를 들면 '사람들은 처벌될 것이다'—'처벌자인 신'—'옳은 처벌'—'죄를 지어 처벌받는 자'—'다르게 행동했더라면 할 수 있었다'—'자유'—'자기 결정', 이런 식으로 계열을 이루어 눈에 보이게 뚜렷이 이어지는 이런 관념의 연쇄에 의하여, 즉 저마다의 중간관념이 사이에 놓인 두 가지 관념과 각자의 방향에서 직접 일치함으로써 사람들과 자기 결정의 관념은 뚜렷이 결합된다. 즉 '사람들은 자기 자신을 결정할 수 있다'고 하는 명제가 '사람들은 저승에서 처벌될 것이다'라는 명제에서 이끌어 낸, 즉 추론이다. 이 경우 마음은 저승에서의 사람들의 처벌 관념과 신이 처벌한다는 관념 사이에, 신이 처벌하면 처벌이 옳다는 것과의 사이에, 처벌이 옳은 것과 죄를 지은 것과의 사이에, 죄를 지으면 다른 행동을 하는 능력과의 사이에, 다른 행동을 하는 능력과 자유와의 사이에, 자유와 자기 결정과의 사이에 (저마다의 사이에) 있는 결합을 보기 때문에 사람들과 자기 결정의 (두 가지 관념) 사이의 결합을 보는 것이다.

나도 묻겠는데, 양 끝(의 관념)의 결합은 이 단순하며 자연스런 배열 쪽이 다섯 가지 혹은 여섯 가지 삼단논법의 복잡한 (관념의) 되풀이 및 뒤섞인 것보다 명확하게 보이지는 않을까? 나는 (뒤섞임이라고 했는데) 어떤 사람은 앞에서 말한 여러 관념을 삼단논법에 아주 많이 넣어, 그로부터 다음과 같이 말하기까지, 즉 관념을 바꿔 놓거나 되풀이하여 여기(앞 단)에 놓인 것같이 짧고 자연스러워 누구나 알기 쉬운 순서로 보다 기교적인 형식으로 훨씬 길게 만들어 낼 때 뒤섞임이 적고 결합은 훨씬 잘 보인다고 말할 때까지 뒤섞임이라고 부르는 것을 받아들여야 한다. 짧고 자연스러워 누구나 알 수 있는 순서의 경우, 모든 사람이 결합을 볼 수 있을 것이며, 그 경우는 관념을 삼단논법의 계열에 넣을 수 있기 전에, 관념이 눈에 보일 것이 틀림없다. 왜냐하면 관념을 결합하는 자연의 순서가 삼단논법을 지시하지 않으면 안 되고, 인간은 삼단논법에서 중간관념을 이지적으로 쓸 수 있기 전에, 중간관념이 결합하는 관념과 각기 중간관념과의 결합을 보지 않으면 안 되기 때문이다.

　이로써 그런 삼단논법이 모두 만들어질 때 논리학자나 그렇지 않은 사람이나 (삼단논법이라는) 이론의 힘을, 즉 양 끝(의 관념)의 결합을 (자연스런 순서일 때보다) 조금도 더 잘 보지는 못할 것이다. '왜냐하면 사고술의 학도가 아닌 사람은 삼단논법의 진정한 형식도, 그 이유도 모르므로 형식이 결정적인 형식과 격으로 올바르게 만들어졌는지를 알 리가 없고, 나아가서는 관념이 들어가게 될 형식으로부터 도움을 받게 될 것이 전혀 없으며, 도리어 마음이 관념끼리의 결합을 판정할 수 있는 자연적 순서가 이 형식에 의하여 흐트러지므로, 형식이 없는 것보다 (형식이 있는 편이) 추구를 훨씬 불확실하게 하기 때문이다.' 또 논리학자 자신에 대해서는, 논리학자는 각자의 중간관념과 이 중간관념이 사이에 서는 관념과의 결합(추론의 힘은 이것에 근거한다)을 삼단논법이 만들어지기 전이나 후나 똑같이 잘 본다. 그렇지 않으면 결합을 전혀 보지 못한다. 그것은 삼단논법이, 직접 열거된 어떤 두 가지 관념의 결합을 명시도 강화도 하지 않고, 다만 관념에 보여진 결합에 의하여 양 끝(의 관념)이 서로 어떠한 결합을 갖는가를 명시할 따름이다.

　그러나 그 삼단논법으로 중간관념이 양 끝(의 관념)의 어느 쪽과 어떤 결합을 갖는가, 삼단논법은 이것을 명시하지 않고 명시할 수도 없다. 그런 결합은 그 관념들이 그런 병치(竝置)를 있는 그대로 바라보아야만 지각하고 지각할 수 있다. 이것과는 반대로 우연히 결합이 속에 있는 삼단논법의 형식은 아무 도움도 빛도 전혀 주지 않는다. 삼단논법의 형식은 단지, 혹은 중간관념이 그 양쪽에서 직접 해당되는 관념과 일치하면, 그때 이 두 동떨어진 관념은 양 끝이라고 부르지만, 양 끝은 절대 확실하게 일치하는 것을 명시할 뿐이다. 따라서 저마다의 관념이 저마다의 쪽에서 해당되는 것과 각 관념과의 직접 결합은, 이것에 추리의 힘은 근거하지만 삼단논법이 만들어진 이후와 마찬가지로 이전에도 볼 수 있다. 그렇지 않으면 삼단논법을 만드는 사람은 이 결합을 전혀 볼 수가 없었을 것이다. 결합은 이미 (이 장에서) 관찰했던 대로 눈에 의해서만, 바꿔 말하면 관념을 나란히 늘어놓고 함께 바라보는 마음의 지각 기능에 의해서만 볼 수 있으며, 이 지각 기능은 어떤 두 가지 관념이 어떤 명제로 함께 놓인 데에서는 언제나, 그 명제가 삼단논법 속에서 대전제 또는 소전제에 위치하건 위치하지 않건 이 두 관념을 똑같이 함께 놓고 바라보는 것이다.

그럼 삼단논법에는 어떤 쓸모가 있을까? 나는 대답한다. 삼단논법의 주된 쓰임새는 사람들이 명백히 일치하는 관념의 일치를 부끄러움 없이 부정해도 되는 학원(學院)에 있다. 또는 학원 외에는, 자기 자신에게마저 눈에 보이는 뚜렷한 관념의 결합을 부끄러워하지 않고 부정하는 것을 학원에서 배운 사람에 대해서이다. 그러나 진리를 발견하는 것 말고는 아무 뜻도 없는, 진리의 명민한 탐구자에게는 추론의 인정을 강요하는 데 (삼단논법과 같은) 무언가 그런 형식을 필요로 하지 않는다. 진리와 그 합리성은 관념을 단순하고 누구나 알 수 있는 순서로 정돈하는 편이 한결 이해가 잘된다. 그러므로 사람들은 자신이 진리를 탐구할 적에 자신을 이해시키기 위하여, '또는 적극적으로 배우려고 하는 사람을 계발하기 위해 다른 사람을 가르치는 데 있어'결코 삼단논법을 쓰지 않는다.

왜냐하면 관념을 삼단논법에 넣기 전에, 사람들은 중간관념과 이것을 사이에 두고 적용시키는 다른 두 관념과의 일치를 명시하기 위하여 중간관념과 그런 두 관념 사이에 어떤 결합을 보지 않으면 안 되고, 이 결합을 볼 때는 추론이 좋은가 나쁜가를 보는 것이며, 따라서 삼단논법은 추론을 정착시키기 위하여 너무 더디게 오기 때문이다. 그것도 예전의 사례를 다시 쓰면 마음은 사람들의 처벌과 처벌된 자가 저지른 죄 사이의 중간관념으로 자리잡게 한 정의의 관념을 고찰하면(그리고 정의의 관념을 그와 같이 고찰할 때까지 마음은 관념을 중명사로서 쓸 수 없다), 추론의 힘과 강함을 추론이 삼단논법으로 만들어질 때처럼 누구나 알 수 있지 않을까? 이것을 누구나 아주 쉽게 알도록 가까운 예로 명시하면, homo(인간)와 vivens(생물)의 결합을 명시하기 위하여 마음이 쓰는 중간관념 또는 중명사를 animal(동물)로 하자. 나는 묻겠는데 마음은

　　　Homo—Animal—vivens(인간—동물—생물)

와 같이, 결합하는 관념이 중간에 있는 단순하면서도 본디 위치에 있는 편이

　　　Animal—vivens—Homo—Animal(동물—생물—인간—동물)＊4

이라는 복잡한 위치일 때보다 그 결합을 한결 즉석에서, 또 누구나 알 수 있지 않을까? 이 뒤엣것이 animal(동물)의 끼어듦에 의하여 homo(인간)와 vivens(생물) 사이의 결합을 명시하므로 이런 관념이 삼단논법에서 쓰는 위치인 것이다.

＊4 로크는 여기서 전통적 논리학에 따라 라틴어를 쓴다. 나중에도 같은 수법을 쓴다.

실제로 삼단논법은 진리를 사랑하는 사람조차 화려하고 재주가 뛰어난, 또는 복잡한 논의에 가끔 숨겨져 있는 오류를 밝히기 위해 필요한 역할을 한다는 느낌을 준다. 그렇지만 이것이 잘못이라는 것은 다음의 점을 고찰하면 명백하다. 즉 진리를 진지하게 추구하는 사람들이 가끔 이런 산만한, 그 사람들이 부르는 수사적 논의에 속는 이유는, 그 사람들의 심상이 어떤 싱그러운 은유적 표상(表象)에 감동되어, 추론에 근거하는 진실한 관념이 무엇인지 관찰하기를 게을리하거나 또는 쉽게는 꿰뚫어 볼 수 없기 때문이다. 그래서 그런 사람들에게 이런 입론의 허약함을 명시하려면 입론에서 나머지 관념을, 즉 추론이 근거하는 관념과 서로 뒤섞이고 혼동되어 결합이 없는 곳에 결합을 명시하는 것처럼 보이는, 또는 적어도 결합의 결여의 발견을 방해하는 그런 나머지 관념을 없앤 뒤 입론의 힘에 근거한 알몸의 관념을 적정한 순서로 놓는 이상은 필요가 없다. 이런 적정한 위치에서 마음은 입론에 근거한 관념을 바라보고, 관념이 어떤 결합을 갖는가를 보며, 나아가서는 삼단논법을 전혀 필요로 하지 않고 추론(이 마땅한가 여부)을 판정할 수 있다.

과연 형식과 격은 앞에서와 같은 경우에 마치 그런 산만한 논의의 지리멸렬을 간파하는 것이 완전히 삼단논법의 형식에 힘입은 듯이, 보통은 쓰인다. 나도 예전에는 그렇게 생각했으나 더 엄밀히 검토하는 지금에 와서는, 중간관념을 알몸으로 적정한 순서에 놓는 편이 삼단논법보다 입론의 지리멸렬을 더 잘 명시하는 것을 찾아냈다. 왜냐하면 각 연쇄의 각 고리(의 관념)를 마음 본디의 곳에서 직접 바라보게 하여, 그것에 의해 관념의 결합이 훨씬 잘 관찰되기 때문만이 아니고, 삼단논법은 (입론의) 지리멸렬을 단지 다음과 같은 사람(그나마 1만 명에 한 명도 안 되지만)에게만, 즉 형식과 격과 그런 형식이 확립된 이유를 완전히 이해하는 사람에게만 명시하기 때문이다. 그런데 추론을 만든 토대의 관념들을 알맞고 질서 있게 놓는 것은 (다만 그것만으로,) 논리학자에게나 논리학자가 아닌 사람에게도 흔히 명사를 이해하고 그런 (추론을 만든) 관념의 일치나 불일치를 지각하는 기능(이것이 없으면 삼단논법 안에서도 밖에서도 논의의 강함과 허약함, 일관성 또는 지리멸렬을 지각할 수 없다)을 가진 모든 사람으로 하여금 입론에서 결합의 결여, 추론의 불합리를 보게 하는 것이다.

이로써 나는 삼단논법에 훨씬 익숙한 사람이 삼단논법에 익숙하지 않은 사람으로 잘못 여겨져 온 것 같은, 기교적으로 길며 그럴싸한 논의를 듣는 순간 그 허약함과 결정적이지 못함을 지각할 수 있는 사람을 알게 되었다. 또 나의 독자 가운데 그런 사람을 알지 못하는 이는 없으리라 나는 믿는다. 실제 혹시라도 그렇지 않았다면, 거의 모든 왕후(王侯) 회의의 토론이나 집회의 의사는 잘못된 운영으로 떨어질 위험이 있었을 것이다. 왜냐하면 그런 토론에서 미덥고 아주 활동적인 사람은 다행히도 삼단논법의 형식에 완전히 통달한 사람, 바꿔 말하면 반드시 형식과 격에 늘 익숙한 사람은 아니기 때문이다.

그러므로 삼단논법이 기교적 논의의 오류를 알아채는 유일한 길이고, 또는 가장 확실하며 유일한 길이라면 인류가, 왕관과 위엄에 관한 사항일 때의 왕후마저 허위와 잘못을 몹시 사랑하여, 중대한 토론에 삼단논법을 끌어들이는 것을 곳곳에서 게을리한다든가, 소중한 안건에서 (삼단논법의) 토론을 제시하는 것조차 우스꽝스럽게 여겼으리라고는 생각하지 않는다. (바꿔 말하면 반드시 삼단논법을 꺼냈을 것이다. 그러나 실제는 그렇지 않다. 이것은) 다음과 같이 누구나 알 수 있는 증명이다. 즉 재간과 통찰력이 있어 편안하고 느긋하게 토론도 않고, 자기들 토론 성과에 따라 행동하며, 자기들의 잘못을 가끔 자기들 머리(즉 생명) 또는 재산으로 보상하기로 한 사람이 그와 같은 학원식의 형식은 진리나 오류의 발견에 거의 쓸모가 없음을 알아낸, 누구나 알 수 있는 증명이다. 왜냐하면 진리도 오류도 자기들 눈에 보여 분명하게 명시된 것을 거역하려 하지 않는 사람에게는 명시되었을 테고, 학원식의 형식이 없으면 더욱 잘 명시되었을 것이기 때문이다.

둘째, 삼단논법이 과연 진리의 발견에 있어 이지의 유일한 본디 도구인지를 내가 의심하는 다른 이유는, 오류를 폭로하는 데 격식이 아무리 유용하다고 한들(이 점은 (이 절에서) 전에 고찰했다) 논의의 그런 학원식 형식은 입론을 평이한 방식에 못지않게 한결 더 오류에 빠뜨리기 쉽다는 점이다. 이것에 대하여 나는 (사람들의 보통) 공통의 관찰에 호소한다. 공통의 관찰은 지금까지 언제나 이와 같은 기교적인 추리 방법, 지성을 계발하여 가르치기보다는 마음을 사로잡고 뒤엉키게 하는 데 한층 적합하다 보았던 것이다. 그러므로 사람들은 이 학원식 술수에 현혹되어 침묵하게 될 때까지 설득되어 나아가서는 (논쟁에서) 승리하는 쪽으로 주장을 바꾸는 경우가 거의 또는 전혀 없다. 사람들은 아마도 상대가 훨씬 숙달된 토론자임을 인정하겠지만 그럼에도 자기들 쪽의 진리를 굳게 믿는 나머지, 아무리 논쟁에 지더라도 자기가 지니고 있는 같은 주장(또는 의견)을 지킨다. 이런 것은 만일 이 (학원식의) 입론 방식이 희망과 확신을 가지고, 사람들에게 진리의 어떤 곳을 보여주었더라면 사람들은 당해 낼 수 없었을 것이다. 그러므로 삼단논법은 이제까지 공명한 탐구에서의 진리의 발견 또는 확증보다, 토의에서 승리를 얻는 데에 더 적절하다고 생각되어 온 것이다. 또 삼단논법에 오류가 숨어 있을 수 있는 점은 부정할 수 없으나 만일 이것이 절대 확실하다고 하면, 오류를 발견하지 않으면 안 되는 것은 다른 어떤 존재여야 할 뿐 삼단논법이어서는 안 된다.

나는 어떤 사람들이 어떤 사물에 귀착시켜 온 쓰임새가 모두 인정되지 않을 때 그 사물을 아주 내버리려 한다고, 즉석에서 어찌나 아우성을 치던지 이제까지 몹시 겪어왔다. 그러나 이런 옳지 않고 근거 없는 비방을 막기 위하여 그런 사람들에게 말하는데, 나는 진리를 얻는 데 있어 지성을 돕는 것은 어떤 것이든 버리려고 하지 않는다. 그래서 만일 삼단논법에 익숙하고 이것에 길든 사람들이 삼단논법은 진리의 발견에 있어 자기 이지를 돕는다고 여긴다면, 그런 사람들은 삼단논법을 이용해야 한다고 생각한다. 내가 (말하려고) 하는 것은 오직, 그런 사람들이 이 (삼단논법이라는) 형식에 속하는 것 이상을 그 형식에 돌려야 하는 것이 아니며, 또 사람들은 삼단논법이 없으면 자기들이 추리기능을 쓰지 않았다고, 또는 충분히 빠짐없이 쓰지 않았다고 생각해선 안 된다는 것뿐이다. (예를 들면) 사물을 명석 확연히 보기 위하여 안경을 써야 하는 눈이 있다. 그러나 그렇다고 해서 안경을 쓰는 사람에게, 누구든지 안경 없이는 또렷이 볼 수 없다고 말하지 않게 하자. 그런 말을 하는 사람은 (안경이라는) 기술에 편들어 (어쩌면 그 사람들은 기술의 혜택을 꿈꾸고 있다) 자연을 지나치게 낮게 보고, 너무 믿는다는 인상을 줄 것이다. 이지는 강하게 단련되어 있는 경우, 자기 통찰로 삼단논법이 없어도 (있는 것보다) 더 빨리, 더 명석하게 보는 것이 통례이다. 만일 (삼단논법이라는) 안경의 사용이 이지의 시력을 흐리게 하여, 안경 없이는 입론의 귀결 또는 귀결이 아닌 것을 볼 수가 없다면, 나는 안경의 사용에 반대할 만큼 이치에 어긋나 있지는 않다. 모든 사람은 자기 시력에 가장 잘 맞는 것을 알고 있다. 그러나 그렇기 때문에 자기의 필요를 찾아내는 것과 마찬가지로 도움이 되는 것을 쓰지 않는 사람은 모두 어둠 속에 있다고 섣불리 결론짓지 않도록 하자.

5. 논증에서 도움이 되는 것은 적고, 개연성에서는 더 적다

그러나 참지식에서 삼단논법이 아무리 유용하더라도 개연성에서는 훨씬 더 유용하지 않으며 전혀 쓸모가 없다. 왜냐하면 개연성에서의 동의는 (긍정 부정의) 양쪽의 모든 사정을 감안하여 모든 증거를 적절히 비교하고 헤아린 다음에 (어느 쪽으로든 개연성의) 우세에 따라 결정해야 하므로, 이 결정을 돕는 것으로 삼단논법만큼 부적당한 게 없기 때문이다. 삼단논법은 하나의 거론된 개연성 또는 화제가 되었던 하나의 논제와 함께 달려가면서 이것을 추구하여, 마침내는 고찰 중인 사물을 마음에 전혀 보이지 않게 하고, 이것을 한참 동떨어진 어려운 문제로 밀어붙이며, 거기에 마음을 단단히 매어두고, 삼단논법의 사슬로 휘감아 말하자면 쇠사슬로 수갑을 채워 마음에 자유를, 즉 모든 사물을 고찰하여 어느 쪽에 큰 개연성이 있는가를 명시하는 자유를 인정하지 않으며, 그와 같은 명시에 필수인 도움을 제공하기는 커녕 더욱더 멀어지게 한다.

6. 우리의 참된 지식의 증대에는 소용이 없으나, 방위(防衛)에는 도움이 된다

그러나 (어쩌면 말하기 좋게) 사람들에게 오류와 잘못을 단단히 믿게 하는 데는 삼단논법이 도움이 될 것이다(더구나 삼단논법 덕분에 자기 주장을 억지로 버리게 된 사람(이 있다면, 그런 사람)을 나는 기꺼이 보고 싶다). 하지만 아직도 삼단논법은 우리 이지의 다음과 같은 부분, 즉 최고로 완전하지 않더라도 아직 절대 확실히 가장 어려운 일로서 우리가 이지의 도움을 가장 필요로 하는 부분에서 우리의 이지를 돕지 못한다. 즉 증거를 찾아내어 새로운 발견을 한다는 것이다. 삼단논법의 규칙은 동떨어진 관념의 결합을 명시할 수 있는 중간관념을 마음에 제공하는 데 도움이 안 된다. 이 (삼단논법이라는) 추리의 방법은 새로운 증거를 발견하지 않고, 우리가 이미 가지고 있는 낡은 증거를 정돈하고 정리하는 기술이다. (예를 들면) 에우클레이데스(《기하학 원본》)의 제1권 제47명제는 대단한 진실이다. 그러나 그 발견은 보통의 논리학 어느 규칙에도 말미암지 않았다고 나는 생각한다. 인간은 먼저 알고난 뒤에 삼단논법으로 증명할 수 있다. 그러므로 삼단논법은 안 다음에 온다.

그리고 일단 인지하고 나면 인간은 삼단논법을 거의 또는 전혀 필요로 하지 않는다. 하지만 우리가 참된 지식의 축적을 늘리고 유용한 기술과 학문을 발전시키는 것은, 주로 동떨어진 관념의 결합을 명시하는 관념을 찾아내는 데에 있다. 삼단논법은 고작해야 우리가 가지고 있는 적은 진리에 아무것도 보탬이 안 되며, 이 하찮은 지식을 방어하는 기술에 지나지 않는다. 그래서 만일 어떤 사람이 자기 이지를 전적으로 이(삼단논법의)쪽에 소모한다면, 그 사람은 (예컨대) 땅속에서 철을 약간 얻어 모두 검으로 만든 뒤, 하인의 손에 들려주고 서로 방위를 시켜 타협하는 것과 크게 다르지 않다고 할 것이다. 이를테면 에스파냐의 자기 백성의 손과 에스파냐의 철을 그런 일에 소비했더라면, 왕은 아메리카의 어두운 내부에 그렇게 오랜 세월 숨겨져 있던 보물의 아주 조금밖에 세상으로 끌어내지 못했을 것이다.

그래서 나는 자주 그런 생각을 하지만, 자기 이지의 힘을 모두 삼단논법을 휘두르는 것에만 소비하는 자는, 자연의 아직 깊숙한 곳에 숨어 있는 아주 많은 진리 가운데 아주 조금밖에 발견하지 못할 것이다. 또 나는 생각하지만 이 수많은 진리로 향하는 길을 열어, 이것을 인류 공통의 축적에 이바지하는 것은 격식이 엄격한 규칙에 의한 학원 방식보다, 오히려 타고난 이지의 순박함이 (삼단논법에 의지하기) 전에 했던 것처럼 잘할 성싶다.

7. 다른 도움을 찾아야 한다

그럼에도 나는 의심하지 않는데 이 (참지식을 확대하는) 가장 유용한 부분으로 우리의 이지를 돕는 길이 발견될 수 있다. 명민한 후커*5는 나를 격려하여 《교회조직론》 제1권 제6절에서 다음과 같이 말한다.*6

"만일 진정한 사고술과 학식의 올바른 도움을 충족시킬 수가 있다면 (나는 솔직히 고백하지 않으면 안 되지만, 학식 있는 시대라는 이름이 덧붙은 현대의 세계도, 이 도움을 많이 알지 못하며 일반적으로는 고려도 하지 않는다) 판단이 성숙한 점에서 이 올바른 도움에 익숙해진 사람들과 요즘 사람들과의 차이는, 의심할 것도 없이 요즘 사람들과 무지한 사람들과의 차이와 거의 같을 정도로

---

*5 Richard Hooker(1554~1600). 이름 높은 신학자, 사회사상가. 로크가 이름을 거론하고 인용하거나 받아들인 몇몇 저자 가운데 한 사람.

*6 《교회조직론》은 정확히는 《교회조직의 법에 대하여》. 총 8권 중 5권은 1593~97년에 간행되었는데, 나머지 3권은 저자가 살아 있을 때 나오지 않고, 처음 8권은 1601년에 그 모습을 드러냈다.

컸을 것이다."

나는 여기에서 깊은 사상을 지닌 위대한 인물이 말하는 사고술의 올바른 도움을 찾아냈다. 바꿔 말하면 발견해 냈다고는 말하지 않겠다. 그러나 다음의 점은 누구나 안다. 즉 지금 쓰이고 있는 삼단논법과 논리학은 후커의 시대에도 마찬가지로 잘 알려져 있었으나, 후커가 뜻하는 올바른 도움의 하나일 리가 없다. (이 점은 누구나 안다.) 나에게는 하나의 논의에 의하여, 즉 확실히 나에게 전혀 새롭거나 빌린 것이 아닌, 아마 조금은 길을 벗어난 하나의 논의에 의하여 다른 사람들에게 그들이 새로운 발견을 찾아서, 그와 같은 사고술의 올바른 도움을 자신 속에서 찾는 계기를 제공한다면 그것으로 충분하다. 이런 올바른 도움은 다른 사람의 규칙이나 명령에 무조건 따르는 사람이라면 좀처럼 찾아내지 못하리라고 나는 생각한다. 그것은 자주 다녀 익숙한 길은 사유가 모방에만 머무는 종류의 소들(세밀하게 관찰하는 한 로마인이 부르는 방식으로)을 걸어야 할 곳이 아니라, 걷는 곳으로 이끄는 것이다. 그러나 나는 대담하게 말할 수 있는데, 현대는 그와 같이 (올바른 사고술을 찾아내는) 강한 판단과 넓은 이해력을 지닌 사람들이 즐비하므로, 만일 그 사람들이 이 주제에 자기 사유를 소비하려 한다면 참된 지식으로 나아갈 새로운 발견의 길을 열 수가 있을 것이다.

8. 우리는 낱낱(특수)의 것을 추리한다

기회를 만난 김에 지금까지 삼단논법 일반과 추리 및 우리의 참된 지식 진보에서 삼단논법의 쓰임새에 대하여 말해 왔으므로 이 주제를 마치기 전에 삼단논법의 규칙에서 볼 수 있는 하나의 명백한 잘못을 짚어보는 것도 마땅하다. 즉 삼단논법의 추리는 그 가운데 일반명제가 적어도 하나라도 없으면, 올바르고 결정적인 것이 될 수 없다는 점이다. 마치 우리는 낱낱(특수)의 것을 추리할 수 없어 참된 지식을 갖지 못했던 것과 같다. 그런데 사실은 사물을 제대로 고찰하면 우리의 모든 추리와 진리의 직접 대상은 낱낱(특수)의 것뿐이다. 모든 인간의 추리와 진리는 그 사람 자신의 마음에 존재하는 관념에 대해서뿐이고, 이 관념은 모두 사실은 낱낱(특수한)의 존재이다. 또 다른 사물에 대한 우리의 지식과 추리는 다른 사물이 우리의 그와 같은 특수관념과 들어맞을 때뿐이다.

그러므로 우리 특수관념의 일치 또는 불일치의 지각이 우리 지식의 모두이자 가장 큰 것이다. 보편성은 진리에 있어 단지 우연적(또는 부수적)이며, 오직 진리가 관련된 특수관념이 하나 이상의 특수한 사물과 부합되어 이것을 대표할 수 있다는 점에서만 존재한다. 그러나 어떤 두 관념의 일치나 불일치의 지각, 따라서 우리의 진정한 지식은 두 관념의 어느 쪽 또는 둘 모두가 하나 이상의 실재 사물을 대표할 수 있는가 없는가, 또는 둘 다 대표할 수 없는가 그렇지 않는가에 관계없이 똑같이 뚜렷하고 절대 확실한 것이다. 또 하나, 삼단논법에 대하여 이것을 마치기 전에 제시하는 점을 양해하기 바란다. 즉 삼단논법이 지금 가진 형식(바꿔 말하면 제1격의 형식)이 이지적 추리에서 삼단논법이 가져야 되는 것인지 여부를 올바른 근거로 탐구할 수 없는가 하는 것이다. 왜냐하면 중명사는 양 끝[바꿔 말하면 소명사(小名辭)와 대명사(大名辭)]을 (긍정적 또는 부정적으로) 이을 것이므로, 즉 중간관념은 그 끼어듦에 의하여 문제가 되어 있는 두 끝 관념의 일치나 불일치를 명시할 것이므로 중명사의 위치는 양 끝의 중간에 놓인다면 그쪽이 훨씬 자연스러워 양 끝의 일치나 불일치를 한결 또렷이 드러내지 않았을까? 이것은 명제를 바꿔 놓아, 중명사를 처음 명제의 목적어와 제2의 명제의 주어로 함으로써 쉽게 할 수 있었을 것이다. 이를테면 다음과 같다.

> Omnis homo est animal(모든 인간은 동물이다).
> Omne animal est vivens(모든 동물은 생물이다).
> Ergo omnis homo est vivens(그러므로 모든 인간은 생물이다).
> (또는)
> Omne corpus est extensum et solidum(모든 물체는 연장이 있고 고체성이 있다).
> Nullum extensum et solidum est pura extesio(연장이 있고 고성이 있는 것은 순수 연장이 아니다).
> Ergo corpus non est pura extensio(그러므로 물체는 순수 연장이 아니다).

결론이 특별히 가리키고 있다시피 삼단논법의 사례를 들어 독자를 번거롭게 할 것까지도 없다. 전체뿐만 아니라 특별한 이름에서도 같은 이유가 같은 형식을 지지한다.

9. 첫째로 이지는 관념의 결여로 인해 우리에게 도움이 안 된다

(삼단논법의 고찰은 이상으로 마친다. 그런데) 무릇 이지는 바다와 뭍의 깊이를 고찰하고, 사유를 별까지 높이 올려 (우주라는) 이 거대한 구조물의 광대한 공간과 드넓은 자리를 지나 우리를 이끌지만, 그럼에도 형체적인 존재자에 대해서조차 실재(또는 진실)의 범위에 훨씬 미치지 못한다. 이지가 우리에게 쓸모가 없는 사례는 다음과 같다.

첫째로 우리의 관념이 결여되어 있는 곳에서는, 이지는 우리에게 전혀 소용이 없다. 이지는 관념이 미치는 이상으로는 미치지 않으며 미칠 수도 없다. 그러므로 관념이 없는 데서는 어디에서나 우리의 추리는 멈추고, 우리의 계산은 끝난다. 만일 아무 관념도 나타내지 않은 말에 대해서 추리한다면 그런 소리에 대해서일 뿐, 그 밖의 아무것도 아니다.

10. 둘째로 불명료하고 불완전한 관념 때문에

둘째로 우리의 이지는 관계된 관념의 불명료·혼란 또는 불완전 때문에 가끔 당황하여 어찌할 바를 모른다. 그래서 그런 데에서는, 우리는 난관과 모순에 휘말린다. 예를 들면 물질의 최소 연장에 대해서나 무한에 대하여 우리는 완전한 관념을 갖지 않았으므로, 물질의 가분성(可分性)에 대해서는 어찌할 바를 모른다. 그러나 수에 대해서는 완전하고 명석 확연한 관념을 가졌기 때문에 우리의 이지는 수에서는 그와 같이 천명하지 못할 모순과 한 번도 만나지 않아, 어떤 모순에도 말려들지 않는다. (또) 예를 들면 우리 마음의 작용에 대해 움직임 또는 사유의 어느 쪽이든 우리 속에 어떻게 해서 낳는가, 그 시작에 대하여 우리는 불완전한 관념밖에 갖지 못하고 신의 작용에 대해서는 더더욱 불완전하므로, 자유로운 창조된 작용자에 대해서 몹시 어려운 물음에 빠져, 이지는 이것으로부터 충분히 벗어나지 못하는 것이다.

11. 셋째로 중간관념의 결여 때문에

셋째로 우리의 이지는 다른 어떤 두 관념의 절대 확실한, 혹은 개연적인 일치나 불일치를 명시하는 데 도움이 될 수 있도록 하는 관념(즉 논증의 중간관넘)을 지각하지 않으므로 가끔 막히게 된다. 이 점에서 어떤 사람의 기능은 다른 사람을 훨씬 넘어선다. (예를 들면) 인간의 총명함의 소중한 도구이며 사례인 대수학이 발견될 때까지, 사람들은 고대 수학자의 몇 가지 논증을 몹시 놀라면서 보고, 그런 입증들을 발견한 것을 인간 행위를 뛰어넘은 일로 생각하지 않을 수가 없었다.

12. 넷째로 옳지 않은 원리 때문에

넷째로 마음은 허위의 원리에 근거하여 나아감으로써, 가끔 불합리와 해결하기 어려운 문제로 끌려들어가 난국이나 모순에 빠져 어떻게 해야 벗어날지를 모른다. 이런 경우 이지가 허위를 발견하여 그런 옳지 않은 원리의 영향을 거부하지 않는 한, 이지의 도움을 간절히 바라도 소용없다. 이지는 허위의 바탕에 근거하여 축적되었으므로 문제를 해결하지 못한다. 그러므로 인간이 이지를 추구하려 해도 이지는 인간을 점점 뒤얽히게 하여 혼미 속에 빠뜨리는 것이다.

13. 다섯째로 의심스러운 명사 때문에

다섯째로 또렷하지 않으며 불완전한 관념이 가끔 우리의 이지를 복잡하게 얽히게 하는 것과 마찬가지로, 같은 근거에서 분명하지 않은 말과 불확실한 기호는 가끔 논의를 할 적에 조심스레 주의하지 않으면 사람들의 이지를 어리둥절케 하여 궁지에 떨어뜨린다. 그러나 이 (넷째와 다섯째의) 다음 두 가지는 (이지 이전의) 우리의 과오일 뿐 이지(그 자체)의 과오는 아니다. 그럼에도 그 귀결은 또렷하며, 사람들의 마음을 채우는 혼미나 오류는 곳곳에서 관찰할 수 있다.

14. 우리의 최고 수준의 지식은 추리가 아닌 직관이다

대체로 마음에 있는 관념의 어떤 것은, 그것끼리 직접 비교할 수 있도록 마음에 있다. 이런 관념에서는 마음은 관념이 일치하는가 일치하지 않는가를 관념이 마음에 있을 때와 똑같이 뚜렷하게 지각할 수 있다. 예를 들면 마음은 원의 관념을 지각하는 것과 마찬가지로 원의 호는 원 전체보다 작다고 명확하게 지각한다. 그러므로 이미 (이 권 제2장 제1절에서) 말했듯이 나는 이것을 직관적 지식이라 부른다. 직관적 지식은 모든 의혹을 뛰어넘어 절대 확실하며, 음미를 필요로 하지 않고, 조금도 음미할 수 없다. 왜냐하면 모든 인간의 절대 확실지의 최고이기 때문이다. 이 직관적 지식에 온갖 공준의, 즉 모든 인간이 (말하는 대로 동의할 뿐만 아니라) 지성에 제기되자마자 진실임을 아는 공준의 증명이 존재한다.

이런 진리의 발견과 그것에 대한 동의에는 추리기능은 쓰이지 않고, 추리는 필요가 없으며, 그런 것보다 훌륭한 높은 정도의 증명에 의하여 진리는 알려진다. 그러므로 나는 곧잘 이런 생각을 하곤 한다. 알지 못하는 사물을 추측해도 좋다면 천사는 지금도, 또한 올바른 사람들의 완전한 영혼은 미래(즉 내세)의 상태에서 몇 천의 사물, 즉 지금은 우리의 지적 이해를 완전히 벗어나 있거나, 우리의 근시안적 이지가 어떤 희미한 발견을 하여 캄캄한 데서 찾거나, 몇 천이나 되는 그 어느 사물의 이와 같은 직관적 진리와 명증을 가질 것이다.

15. 다음은 추리에 의한 논증

그러나 우리는 여기저기에서 조금밖에 안 되는 이런 명확한 빛을, 반짝이는 진리의 불꽃을 갖지만, 더구나 우리의 관념 대부분은 그 일치 또는 불일치를 직접 비교에 의해 식별할 수가 없다. 그래서 이런 모든 것을 감안하면 우리는 추리를 필요로 하고, 논의와 추론에 의하여 (관념의 일치 또는 불일치를) 발견하지 않으면 안 된다. 그런데 이런 것에는 두 종류가 있다. 이것을 (이 권 제2장 제1절과 제15장 제1절에서 말했지만) 여기에서 한 번 더 짚어보고자 한다.

첫째로 관념을 직접 늘어놓고 일치나 불일치를 볼 수는 없지만, 더구나 관념(의 저마다)과 비교할 수 있는 다른 관념이 끼어듦으로써 일치나 불일치를 검토할 수 있을 만한 것. 이 경우 중간관념 양쪽에서 비교하려고 한 관념과의 일치나 불일치가 누구나 알 수 있도록 식별될 때, 거기에서는 일치 또는 불일치는 논증이 되어 이것으로써 진리가 나오게 된다. 이 진리는 절대 확실하지만, 직관적 진리만큼 쉽지도 않고 전혀 뚜렷하지도 않다. 왜냐하면 직관적 진리에는 단 하나의 직관이 있을 뿐이며, 거기에서는 조그만 잘못 또는 의혹의 여지도 전혀 없기 때문이다. 진리는 한 번에 모두 완전히 볼 수 있게 된다. 과연 논증에도 직관은 있다.

그러나 한 번에 되지는 않는다. 중명사, 즉 중간관념을 다른 관념(즉 양 끝의 각각의 관념)과 비교할 때 전에 비교했던 관념과의 일치나 불일치의 직관을 떠올리지 않으면 안 되고, (여기에 잘못할 위험이 생겨) 중명사가 많이 있는 경우는 잘못의 위험도 더 크기 때문이다. (논증의) 모든 계열이 저마다의 단계에서 관념 각각의 일치 또는 불일치가 관찰되어 보이고, 기억에 고스란히 유지되지 않으면 안 되며, 마음은 논증을 만드는 데 필요한 어느 부분도 생략되지 않고, 빠뜨린 것이 없음을 확인하지 않으면 안 되는 것이다. 이것이 어떤 논증을 길고 복잡하게 만들어 다음과 같은 사람에게, 즉 재간이 뛰어나지 않고, 별개로 (또는 확연하게) 지각하지 않아, 머릿속에서 몹시 많은 낱낱(의 관념)을 순서대로 나르는 것을 정확히 하지 않는 사람에게는 너무나 어려운 일이다. 또 이런 복잡한 사색을 처리할 수 있는 사람도 때로는 어쩔 수 없이 다시 조사하게 되어, 절대 확실지에 다다르기 전에 여러 번 고쳐볼 필요가 있는 것이다. 그렇지만 마음이 어떤 관념과 다른 하나의 관념과의 일치, 이 또 하나의 관념과 제3의 관념과의 일치, 제3의 관념과 제4의 관념과의 일치 등(과 차례차례로 일치)에 대하여 가진 직관을 명확히 유지하는 경우는 최초의 관념과 제4의 관념과의 일치는 논증이고, 절대 확실한 진리를 낳아, 이것은 (앞 절에서 들었던) 다른 진리가 직관적이듯이 이지적 진리라고 불러도 된다.

16. 이 틈을 메우려면 개연적 추리에 근거한 판단밖에 없다

둘째로 그 밖에 다음과 같은 관념이 있다. 즉 그 일치 또는 불일치는 다른 관념이 끼어드는 방식 이외의 것으로는 판정할 수 없으며, (더구나) 이 개재 관념은 양 끝(의 관념)과의 절대 확실한 일치(또는 불일치)를 갖지 않고, 통례의 또는 그럴듯한 일치(또는 불일치)를 가진다고 하는 (그럴 따름이라는) 관념이다. 본디 판단이 행사되는 것은 이와 같은 경우이며, 판단이란 어떤 (두 개의) 관념이 이와 같은 개연적인 매개관념과의 비교에 의하여 일치한다(또는 일치하지 않는다)고 마음이 그대로 받아들이는 것이다. 이것은 결코 진리에 이르지 못하며, 아니 진리의 가장 낮은 정도인 것에조차 이르지 못하는데, 더구나 때로는 중간관념이 양 끝(의 관념)을 단단히 묶고, 개연성은 매우 뚜렷하고 강하므로 논증에 진리가 따르듯이 동의가 필연적으로 따른다. 판단의 큰 장점과 유익한 점은 올바르게 관찰하여 저마다 개연성의 힘과 무게를 제대로 평가하고,

그리고 모든 것을 올바르게 계산하여 개연성이 많은 쪽을 선택하는 것이다.

17. 직관, 논증, 판단

(요컨대) 직관적 진리는 직접 비교된 두 가지 관념의 절대 확실한 일치 또는 불일치의 지각이다.

이지적 진리는, 어떤 두 관념의 다른 하나 또는 그 이상의 관념의 끼어듦에 의한 절대 확실한 일치나 불일치의 지각이다.

판단은 두 관념이 하나 또는 그 이상의 관념, 즉 이 관념과 두 가지 관념과의 절대 확실한 일치나 불일치는 지각되지 않고, 다만 통상적으로 그렇다고 자주 관찰되어 버린 것 같은, 하나 또는 그 이상의 관념의 끼어듦에 의하여 일치한다고 또는 일치하지 않는다고 생각하는, 바꿔 말하면 그렇다고 하는 것이다.

18. 말의 귀결과 관념의 귀결

대체로 하나의 명제를 다른 하나의 명제로부터 연역하는 것, 바꿔 말하면 말로 추론하는 것은 이지의 소중한 역할이며 이지가 보통 행사하는 것이지만, 이지 추론*7의 중요한 작용은 두 관념 사이의 일치 또는 불일치를 제3의 관념의 끼어듦에 의하여 찾아내는 것이다. (예컨대) 두 채의 집을 함께 가져와서 그 동일성을 병치에 의해 측정할 수는 없지만, 야드로 두 집의 길이가 같다는 것을 알아낸 사람 같은 것이다. (말 또는 명제의 추리에선) 말은 그 귀결을 그런 관념의 기호로서 가지며, 사물은 실재하는 대로 일치하거나 일치하지 않는다. 그러나 우리는 이것을 관념으로만 관찰한다.

19. 네 종류의 증명. 첫째, 존경과 숭배에 호소한다

이 장의 주제를 마치기에 앞서, 사람들이 서로 논의할 적에 사람들의 동의를 얻기 위하여, 또는 적어도 반대론을 침묵시킬 만한 존경을 받기 위하여 흔히 이용하는 네 종류의 증명을 잠깐 성찰하는 것은 그만한 가치가 있다.

첫째, 재간·학식·탁월·권력 그 밖의 원인으로 이름을 떨쳐, 어떤 종류의 권

---

*7 ratiocination. 원어는 홉스에게 중요한 전문어이지만, 이 책에서는 이것뿐이다.

위와 더불어 (세상의) 공통적인 존경 속에 호평을 정착시키게 된 사람들의 주장을 끌어다 쓰는 일이다. 대체로 어떤 종류의 존엄이 확립될 때, 다른 사람들이 이 존엄을 훼손하고 존엄을 지닌 사람들의 권위를 의심하는 것은 겸허를 잃은 태도라고 생각된다. 어떤 사람이 널리 인정된 저자의, 다른 사람들이 존경과 순종으로써 받아들이고 있는 결정에 즉각 굴복하지 않을 때 그것은 자부심이 지나치다 하여 비난받기 일쑤였으며, 또 어떤 사람은 예부터 유포되어 온 (사상의) 흐름에 반대하여 자기 자신의 설을 세워 이것을 고집하고, 또는 어떤 학식 있는 박사나 그 밖의 점에서 널리 인정받고 있는 저자의 설에 맞서는 것은 오만한 짓으로 보였다. 이와 같은 권위로 자기 주장에 지지하게 하려는 사람은 누구나, 이로써 자기 주장을 관철해야 된다고 생각하여, 이 권위에 반대하고 나서는 누구에게나 즉석에서 불손하다고 엄하게 꾸짖었다. 이것은 존경과 숭배에 호소하는 증명이라고 나는 생각한다.

20. 둘째, 무지에 호소한다

둘째, 사람들이 다른 사람들을 몰아붙여 자기 판단에 굴복시키고, 토론 속의 주장을 받아들이도록 강요하기 위하여 흔히 쓰는 다른 방식은 자기들이 논거로 삼아 주장하는 것을 허용하도록, 또는 한결 우세한 논거를 설정하도록 논쟁 상대에게 요구하는 것이다. 이것을 나는 무지에 호소하는 증명[8]이라고 부르겠다.

21. 셋째, 인간에게 호소한다

셋째 방식은 어떤 사람에게 그 사람 자신의 원리에서, 또는 그 사람 자신이 인정하는 것에서 끌어낸 귀결을 밀어붙이는 것이다. 이것은 인간에게 호소하는 증명이라는 이름으로 이미 알려져 있다.

22. 넷째, 명쾌한 통찰에 호소한다

넷째 방식은 참된 지식 또는 개연지의 밑바닥에서 끌어낸 논거를 쓰는 것이다. 이것을 나는 명쾌한 통찰에 호소하는 증명이라 부른다. 네 가지 (증명) 가

---

*8 argumentum ad ignorantiam. 원어는 본디 법정용어로서 올바른 판결을 내리는 증거에 기초한 논의를 말하지만, 여기서는 논리학적 용어로 쓰인다.

운데 이것만이 진정한 계발을 가져오며, 진리에 대한 우리의 길에서 우리를 나아가게 한다. 1. 이 증명은 내가 존경이라(든가 진리라고) 굳게 믿는 것 이외의 다른 어떠한 고찰 등을 가지고 다른 사람의 주장에 반대하려고 하지 않는, 그런 데서 다른 사람의 주장은 옳다고 논하지는 않는다. 2. 내가 더 좋은 것을 모르므로 다른 사람이 옳다든가, 나는 다른 사람과 동일한 노선을 내세워야 한다거나 등을 증명하지 않는다. 3. 내가 옳지 않은 길에 있음을 다른 사람이 나에게 보여주었으므로 다른 사람은 옳은 길에 있는 것은 아니다.

나는 겸허하므로 다른 사람의 신조에 맞서지 않을지도 모른다. 나는 무지하여 더 좋은 것을 생산하지 못할지도 모른다. 나는 잘못을 하여, 다른 사람이 내가 잘못하고 있다고 나에게 알려줄지도 모른다. 이런 것은 경우에 따라서는 나에게 진리를 받아들일 마음이 되게 할지도 모른다. 하지만 진리의 수용을 돕지는 않는다. 진리의 수용은 논거와 증명으로부터, 사물 자체의 본성에서 나오는 빛으로부터 오지 않으면 안 되고, 나의 소극적인 성격과 무지 또는 오류에서 비롯되어선 안 된다.

23. 이지 위의 것과 이지에 반대하는 것과 이지를 따르는 것

이지에 대하여 우리는, 이지에 따르는 사물과 이지에 거스르는 사물과 이지 위의 사물*9로 사물을 구별하는 점을 조금 추측할 수 있을지도 모른다. 1. 이지에 따른다는 것은 다음과 같은 명제, 즉 우리가 감각과 내성으로부터 얻은 관념을 검토하고 다다른 것에 따라 그 진리성을 발견할 수 있는, 결국 (지성의 본성으로부터의) 자연적 연역에 의하여 진실한지 개연적인지를 찾아낼 수 있는 명제이다. 2. 이지의 위라는 것은 다음과 같은 명제, 즉 우리가 그런 (감각과 내성의) 원리로부터 이지에 의하여 그 (절대적) 진리성 또는 개연성을 끌어낼 수 없을 것 같은 명제이다. 3. 이지에 거스른다는 것은 다음과 같은 명제, 즉 우리의 명석 확연한 관념과 꼭 들어맞지 않은, 바꿔 말하면 타협이 안 될 것 같은 명제이다. 예를 들면 하나인 신의 존재는 이지에 따르고, 하나인 신보다 많은 존재는 이지에 반대이며, 죽은 자의 부활은 이지의 위인 것이다. 더욱이 이지의 위가 이중 의의에, 즉 개연성 위의 것을 의미 표시하는지, 절대 확실성 위의 것

---

*9 '이지에 따르는'과 '이지에 거스르는' 외에 '이지 위의'를 인정하는 점에서, 그리스도교 신자인 로크를 볼 수 있다.

을 의미 표시하는지 그 어느 쪽으로도 받아들여질 수 있는 것처럼, 이지에 반대인 것 또한 때로는 그런 넓은 의미로 받아들여질 수 있다고 생각한다.

24. 이지와 신앙은 대립하지 않는다

(그런데) 이지라고 하는 말에 또 하나의 사용법이 있는데 그 사용법에선 이지는 신앙과 대립한다. 이것은 그 자체로선 매우 부적절한 화법이지만, 보통의 사용법은 이것을 매우 정당한 것이게 했으므로 이것에 대립하거나, 이것을 교정하려 희망하는 것은 모두 어리석었다. 다만 다음 점에 주의하는 것은 나쁘지 않으리라 나는 생각한다. 즉 아무리 신앙이 이지와 맞서게 만들어도 신앙은 마음의 굳은 동의이며, 신앙을 규제하는 것은 우리 의무이지만, 만일 규제된다면 신앙은 썩 뛰어난 이유에 근거하지 않는 한, 어떤 사물에도 제공될 수가 없고, 따라서 이지에 대립되게 할 수가 없다. 아무 이유도 없이 믿는 사람은 자기 마음을 사랑하고 있을 것이다. 그러나 찾아야 할 진리를 찾지 않고, 자기 창조주에게 마땅히 치러야 할 복종도 치르지 않았을 것이다. 창조주는 그런 자에게 베푼 식별기능을 작용시켜 잘못과 오류에서 벗어나도록 하는 것이다.

최선의 능력을 기울여 이것을 하지 않는 사람은 때로는 진리를 만나더라도, 우연에 의해서만 옳은 것이고, 우발적인 일의 행운이 그런 불규칙한 방식을 용서할지 어떨지 나는 모른다. 적어도 다음의 점은 절대 확실하다. 즉 그런 사람은 자기가 빠진 모든 잘못에 책임을 지지 않으면 안 되고, 이에 반하여 신이 베푼 (이지의) 빛과 기능들을 써서 자기가 가진 그런 도움과 재능에 의하여 진지하게 찾아서 진리를 발견한 사람은 이지적 피조물로서 자기 의무를 수행한 점에서 비록 진리를 놓쳤다 하더라도 의무를 다한 보답을 받는 그런 만족을 누리게 될 것이다. 그것은 어떤 경우나 어떤 일을 당해서도 이지가 지시하는 대로 믿는, 또는 안 믿는 사람은 자기의 동의를 올바르게 통제하여 놓아야 할 곳에 놓는 것이다. 이것과 다른 행동을 하는 사람은 자기 자신의 (이지의) 빛에 어긋나고, 나아가서는 명확한 증명과 더욱 큰 개연성을 탐구하는 일 이외의 목적을 위하여 부여되지 않았던 기능을 그릇되게 쓴다. 그러나 이지와 신앙은 어떤 사람들에 의하여 대립되므로, 다음 장에서는 그렇게 (대립시켜) 고찰할 것이다.

제18장
신앙과 이지 그 밖의 영역

1. 신앙과 이지의 경계를 알 필요가 있다

지금까지 (이 권의 여러 장에서) 다음의 점을 밝혔다. 1. 관념이 결여된 곳에선 우리는 필연적으로 무지이고, 모든 종류의 진정한 지식이 부족하다는 것. 2. 논거가 결여된 곳에선 우리는 무지이고, 이지적 지식이 모자라다는 것. 3. 명확하게 확정된 종적 관념을 결여하는 한, 우리는 일반적 진리와 절대 확실지를 결여한다는 것. 4. 우리의 이지적 추리에 근거하게 한 우리 자신의 진리도, 다른 사람들의 증언도 결여된 곳에선 우리의 동의를 지시하는 개연지가 없다는 것.

이런 것을 이런 식으로 전제하고, 이제부터 나는 신앙과 이지 사이의 척도와 경계를 세우고자 한다. 이것의 결여가 이제까지 비록 세상의 큰 문란의 원인이 아니었다 하더라도, 큰 토의의 원인이었으며, 아마 잘못의 원인이었다고 할 수 있을 것이다. 왜냐하면 우리는 어디까지 이지에 이끌리고, 어디까지 신앙에 이끌려야 하는지가 해결되지 않는 한, 종교문제로 토론하고 서로 이해시키려 애써봤자 소용없을 터이기 때문이다.

2. 대조적으로 구별할 때, 신앙과 이지는 무엇인가

나는 발견했는데 모든 종파는 이지가 도우려고 하는 한, 기꺼이 이지를 이용하며, 이지가 도움이 되지 않는 곳에선 신앙의 문제로서 이지를 넘어서는 일이라고 부르짖는다. 나는 이런 사람들이 신앙과 이지의 엄밀한 경계를 세우지 않고, 같은 핑계를 이용하는 사람과 어떻게 의논할 수 있으며, 혹은 반대자를 설득시킬 수가 있는지 알 수 없다. (그러므로) 이 신앙과 이지의 경계야말로, 신앙과 무엇인가 관계가 있는 모든 문제에서 먼저 확립하지 않으면 안 되는 점이다.

그러므로 여기에서 신앙과 대조적으로 구별되는 것으로서 나는 이지를 마음이 그 자연의 기능을 써서, 바꿔 말하면 감각 또는 내적 성찰로 얻은 관념에서 행하는 연역에 의해 다다르는, 그런 명제나 진리의 절대 확실성 또는 개연성의 발견이라고 생각한다.

한편 신앙은 이와 같이 이지의 연역에 의하여 만들어 낸 것이 아니라 어떤 심상치 않은 전달 방식으로 신에게서 왔다고 하는 제안자의 믿음에 근거하여 만들어진 어떤 명제에 대한 동의이다. 사람들에게 진리를 알리는 이런 방식을 나는 계시라고 부른다.

3. 전승적 계시로 새로운 단순관념을 전할 수는 없다

그렇다면 첫째, 나는 말하지만 신에 의하여 영감을 받은 사람도, 다른 사람들이 먼저 감각 또는 내성으로부터 얻은 것이 아닌 새로운 어떠한 단순관념을 이 사람들에게 어떤 계시에 의하여 전달할 수가 없다. 왜냐하면 그 (영감을 받은) 사람이 신으로부터 직접 받았다 해도 이 계시를 새로운 단순관념의 계시라고 한다면, 다른 사람들에게 말에 의해서든, 다른 어떤 기호에 의해서든 전할 수가 없기 때문이다. 말은 우리에 대한 직접 작용에 의해서는 자연스런 소리의 관념 이외의 관념을 낳지 않는다. 말이 우리 마음에 잠재적 관념을 불러일으켜 되살리는 것은 말을 기호로 쓰는 습관에 의한 것이며, 더구나 마음에 미리 가지고 있었던 관념뿐이다. 왜냐하면 너무나 뻔한 말이나 들었던 말은 우리에게 이제까지 그 말의 기호로 자리잡힌 관념만을 사유로서 떠오르게 하지만, 완전히 새로우며 예전에는 알지 못했던 어떤 단순관념도 도입할 수는 없기 때문이다. 다른 모든 기호에도 같은 말을 할 수 있는데, 그런 기호는 전에 어떤 관념도 전혀 가져본 적이 없는 사물을 우리에게 의미 표시할 수가 없다.

예를 들면 성 바오로가 세 번째 하늘까지 붙들려 올라갔을 때*1 어떤 사물을 알도록 했든, 성 바오로의 마음이 어떤 새로운 관념을 거기에서 받아들였든 그곳에 대하여 다른 사람들에게 글로 적을 수 있는 것은 오직 '눈으로 본

---

*1 '내가 잘 아는 그리스도 교인 하나가 14년 전에 세 번째 하늘까지 붙들려 올라간 일이 있었습니다.' 〈고린도후서〉 12장 2절.

적이 없고 귀로 들은 적이 없으며 아무도 상상조차 하지 못한'*2 그런 사물이 있다는 것뿐이다. 또 이를테면 신이 목성이나 토성에 살며 제육감을 가진 하나의 피조물(이라는 것은, 그런 것이 있을지도 모르는 가능성을 아무도 부정할 수 없는)을 어떤 사람에게 초자연적으로 알려주고, 그 제육감에 의하여 이 피조물의 마음에 전해진 관념을 그 사람 마음에 각인시켰다고 상정해도, 그 사람은 제육감에 의하여 각인된 관념을 말로써 다른 사람들의 마음에 낳게 하지 못했을 테고, 그 점은 우리 한 사람이 어떤 색의 관념을 말소리에 의해 다음과 같은 사람에게, 즉 다른 네 가지 감각을 완전히 가졌지만 시각이라는 제 5의 감각을 전혀 갖지 못한 사람에게 전할 수 없었으리라는 것과 같다. 그렇다면 우리의 단순관념은 우리의 모든 상념과 지식의 바탕이며 유일한 소재인데, 이 단순관념 때문에 우리는 전혀 자기의 이지에, 내가 뜻하는 것은 자연적 기능인데, 의지하지 않고는 안 되어 단순관념을, 또는 그 어느 것을 전승적 계시로부터 결코 받아들일 수 없는 것이다. 나는 본원적 계시와 구별하여 전승적 계시라고 한다. 내가 뜻하는 본원적 계시는 어떤 사람의 마음에 신이 직접 베푼 최초의 각인이며, 여기에 대하여 우리는 어떠한 한계를 두지 못한다. 계승적 계시란, 결국 말로 우리의 상념을 서로 전하는 통상적 방식으로 다른 사람들에게 이루어지는 각인이다.

4. 전승적 계시는 이지에 의해서도 알 수 있는 명제를 우리에게 알리겠지만, 이지와 같은 확실성은 없다

둘째, 나는 말하는데 이지에 의해, 곧 우리가 자연스레 가진 관념에 의하여 알 수 있게 되는 진리가 계시로 알려지고 전해질 수 있을 것이다. 그처럼 (예컨대) 에우클레이데스(《기하학 원본》)의 어떤 명제의 진리를, 사람들이 자기 기능의 자연적 쓰임에 의해 자기 자신에게 발견되도록 할 뿐만 아니라, 신이 계시로써 이 진리를 알도록 할 수도 있을 것이다. (그러나) 이 종류의 사물에서는 모두, 이것에 대한 진리에 다다르는 자연의 (계시보다) 더욱 확실한 수단을 신은 우리에게 갖추도록 했으므로 좀처럼 계시의 필요가 없어 계시를 쓰는 일이 없다. 왜냐하면 우리는 관념에 대한 자기 지식과 관찰로 명확히 알게 되는

---

*2 〈고린도후서〉 2장 9절.

어떤 진리도, 전승적 계시에 의하여 우리에게 전해질 수 있는 것보다 언제나 우리에게 더욱 확실하기 때문이다. 그런 것도 이 (전승적) 계시가 처음에 신으로부터 왔다는, 우리가 가진 지식은 우리 자신의 관념의 일치 또는 불일치의 명석 확연한 지각에서 우리가 가진 지식만큼 확실한 것이 될 수 없다. 예를 들면 만일 몇 시대나 전에, 삼각형의 세 각은 두 직각과 같다고 계시했다고 하면, 나는 이것이 계시됐다는 전승의 믿음에 근거하여 이 명제의 진리성에 동의할 수 있었을 것이다. 그렇지만 두 직각과 삼각형의 세 각과 나 자신의 관념의 비교와 측정에 근거한 그 명제의 진리만큼 큰 확실성에는 결코 다다르지 못했을 것이다.

우리의 감각이 알 수 있는 사실에도 비슷한 말을 할 수 있다. 예를 들면 대홍수의 기록은 계시에서 근원을 얻은 저작(즉 성서)으로 우리에게 전해지고 있는데, 누구 한 사람, 홍수를 목격한 노아[3]만큼의, 또는 이를테면 그 사람 자신이 그때 살아 있어 홍수를 목격했을 때에나 가지고 있었을 정도로 홍수에 대한 절대 확실하며 뚜렷한 지식을 가졌다고 말하지 않으리라 나는 생각한다. 왜냐하면 어느 누구도 영감을 받은 모세가 썼다고 상정되는 책에 적혀 있다고 하는 확신을 자기 감각의 확신보다 크게 갖지 않았고, 모세가 그 책을 썼다고 하는 확신을, 이를테면 모세가 쓰는 것을 보았다고 할 때만큼 크게 가지고 있지 않기 때문이다. 그러므로 계시라고 하는 확신은 자기 감각의 확신보다 늘 더 작다.

5. 계시는 이지의 명석한 증거에 반하여 허용할 수가 없다

그렇게 보면 자명한 명제에서와 같이 직접적 직관에 의하거나, 논증에서의 이지의 명백한 연역에 의하거나 그 어느 쪽에 의해 얻어진 우리 관념의 일치 또는 불일치의 명확한 지각 위에 절대 확실성이 쌓여진 명제는 우리의 동의를 얻어 명제를 우리 마음에 들여오는 데 필요한 것으로서 우리는 계시의 도움을 필요로 하지 않는다. 왜냐하면 (명제를) 아는 자연의 방식이 명제를 마음에 정착할 수 있거나 이미 정착되어 있었던 것이고, 이것은 신이 우리에게 직접 계시한 경우가 아닌 한, 어떤 사물에 대하여 대체로 가질 수 있는 가장 큰

---

*3 Noah. 〈창세기〉 6장 14절~8장 19절 참조.

확신이기 때문이다. 그리고 그것(즉 신의 계시의 경우)이라도 우리의 확신은 이것이 신으로부터의 계시라고 하는 우리의 진정한 지식이 있는 것보다 클 수는 없다. 그렇지만 내 생각으로는 어떤 사물도 이 (계시라고 하는) 자격 아래서 누구나 아는 진리를 동요시킨다든가 압도할 수는 없으며, 또는 어떤 인간을 이지적으로 설득해 그 사람 지성의 증명에 단적으로 모순되면서 진실로서 받아들이게 할 수는 없다. 왜냐하면 우리에게 이런 계시를 받아들이게 하는 우리 기능의 증명은, 우리의 직관적 진리의 절대 확실성과 같을 수는 있어도 뛰어날 수는 없으므로 우리의 명석 확연한 지식에 단적으로 반대인 어떤 사물도 진실로서 받아들이는 일은 결코 있을 수 없기 때문이다.

예컨대 하나의 물체와 하나의 장소 관념은 매우 명확히 일치하며, 마음은 그 일치에 대해 매우 뚜렷한 지각을 갖는다. 따라서 같은 물체가 다른 두 장소에 동시에 있는 것을 긍정하는 명제는, 아무리 신적 계시의 전거라 하더라도 우리는 이에 결코 동의할 수 없다. 첫째로 우리는 이 명제를 신에게 돌림으로써 자기 자신을 속이지 않는다는 증명, 둘째로 우리는 이 명제를 올바르게 이해한다는 증명, 이런 것은 같은 물체가 두 장소에 동시에 있을 수 없음을 식별하게 하는 우리 자신의 직관적 진리의 증명만큼 클 수는 없는 것이다. 그러므로 만일 명제가 우리의 명석한 직관적 진리에 모순되면 어떤 명제도 신적 계시로 받아들일 수 없는, 바꿔 말하면 그런 모든 신적 계시에 당연히 동의를 얻을 수가 없다. 만일 받아들였다면, 무릇 모든 진리·명증·동의의 원리와 밑바닥을 뒤엎었을 테니 말이다.

그래서 만일 의심스러운 명제가 자명한 명제의 앞에 자리를 차지하고, 우리가 절대 확실히 알고 있는 것이 어쩌면 틀렸을지도 모르는 것에 길을 양보한다면, 진리와 허위 사이의 차이, 세상의 믿을 수 있는 것과 믿을 수 없는 것과의 기준은 아무것도 남지 않았을 것이다. 그러므로 우리들 관념의 어떤 것의 일치 또는 불일치의 명확한 지각에 반대인 명제는, 이것을 신앙의 사항이라고 주장해도 소용없을 것이다. 그런 명제는 그 (신앙이라는) 자격 외의 어떤 자격 아래서도, 우리의 동의를 움직일 수 없다. 신앙이 우리의 참된 지식에 모순되는 어떤 사물도 우리를 절대 설득할 수 없기 때문이다. 신앙은 우리에게 어떤 명제를 계시한 (거짓말을 할 수 없는) 신의 증언을 바탕으로 한다고는 해도, 더욱이 그 명제가 신적 계시라는 진리의 확신을, 우리 자신의 진리보다 많이 가질 수는 없는 것이다. 왜냐하면 (이 확신의) 절대 확실성의 전체 강도는 신이 계시했다고 하는 우리의 지식에 근거하지만, 이 지식은 계시했다고 상정되는 명제가 우리의 진리나 이지와 모순되는 이 경우에는 언제나 다음의 반대론이 따라다니게 된다. (즉) 만약 진실로 계시했다면, 신이 우리에게 베푸신 진리의 모든 원리·밑바탕을 뒤엎어 우리의 모든 기능을 쓸모없게 하고, 신만이 역사하는 가장 탁월한 부분, 즉 우리의 지성을 완전히 없애고, 죽어가는 짐승보다 빛이 적으며 가르침이 적은 상태로 인간을 두고, 그렇게 되어야만 하는 것이 신으로부터, 우리 존재의 은혜가 깊은 조물주에게서 온다고, 어떻게 그런 생각을 해야 하는지 우리는 말하지 못하는 그와 같은 반대론이다. 왜냐하면 만일 인간의 마음은 어떤 사물이 신적 계시인 증명을, 마음이 자기 이지의 원리에 대하여 갖는 정도로, (아마 그만큼 명석하게는 못 갖지만) 더욱 명석하게는 결코 갖지 못한다면, 마음은 그 이지의 명석한 증명을 내버리고, 이지의 원리가 가진 더 큰 증명을 계시가 갖지 않은 명제에 자리를 내주는 근거를 결코 갖지 못하기 때문이다.

6. 전승적 계시는 더더욱 허용할 수가 없다

(앞 절에서 말한) 지금까지 살펴본 바, 인간은 자신에게 베풀었다고 상정되는 경우의 직접이자 본원적인 계시에도 이지를 쓰고 이지에 귀를 기울여야 한다. 그러나 직접적인 계시를 주장하지 않고 (다만) 복종하여 다른 사람들에게 계시된 진리를, 즉 글로 쓴 것이나 입으로 한 말의 전승으로 다른 사람들에게까지 전해진 진리를 받아들이도록 요구받은 모든 사람들에 대하여, 이지는 해야 할 일이 더욱 많이 있으며, 우리로 하여금 그런 진리를 받아들일 마음이 들게 할 수 있는 유일한 것이다. 왜냐하면 신앙의 문제는 오직 신적 계시뿐이고 그밖의 사물이 아니므로, 우리가 신앙이라는 단어(보통은 신적 신앙이라고 한다)를 쓸 때 신앙은 신적으로 계시된다고 상정되는 명제 이외의 명제와는 아무 관계가 없기 때문이다. 그러므로 계시만을 신앙의 유일한 대상으로 삼는 사람이 이러이러한 책에서 찾아낸 이러이러한 명제는 신적 영감의 것이라고 믿는 것은 신앙의 문제이며 이지의 문제가 아니라고, 그 명제 또는 그 책 전체가 신적 영감에 의하여 전달되었다고 계시되지 않는 이상 어떻게 말할 수 있는지 나는 모른다. 이런 계시가 없으면 그 명제 또는 책이 신적 전거라고 믿고 안 믿

고는 신앙의 문제일 리가 결코 없으며, 이지의 문제로서 내가 자기 이지의 사용에 의해서만 동의하도록 되어야 한다. (그러나) 내 이지는 이지 자체에 반대인 것을 믿도록 요구할 리가 결코 없으며, 내가 믿을 수 있게 할 리도 결코 없다. 왜냐하면 이지 자체에 이치에 맞지 않는다고 보이는 것에, 어떠한 동의를 불러오는 것은 이지로선 불가능하기 때문이다.

그러므로 우리의 관념과 (이 권 제1장에서부터) 말해 온 진정한 지식의 여러 원리로부터 명석한 증명이 있는 모든 사물에는, 이지야말로 본디의 판정자이고, 계시는 이지에 동의하면서 그 명령을 강화할지도 모르지만, 더구나 이런 경우에 이지의 판결을 무효로 할 수는 없고, 이지의 명석 명백한 선고가 있는 곳에서 신앙의 문제라는 핑계 아래 반대의 주장 때문에 어쩔 수 없이 이지의 선고를 버리게 될 리는 없다. 신앙은, 누구나 알 수 있는 명확한 이지의 명령에 반대하는 권위를 가질 리 없는 것이다.

7. 이지 위의 사물

그러나 셋째, 우리가 매우 불완전한 생각을 갖는 사물, 또는 전혀 생각을 갖지 않는 사물이 많이 있고, 과거·현재·미래의 존재에 대한 우리들 기능의 자연적 사용에는 어떤 진리도 전혀 가질 수 없는 사물이 따로 있어, 이런 것은 우리의 자연적 기능의 발견을 뛰어넘는 이지 위에 있기 때문에 계시를 받을 때의 본디 신앙 문제이다. 예를 들면 천사의 일부가 신에게 반역하여 그것 때문에 최초의 행복한 상태를 잃는 것,*4 죽은 사람이 다시 일어나서 살게 되는 것과 비슷한 일은 이지의 발견을 뛰어넘은 것이므로 순수한 신앙 문제일 뿐, 이지는 단적으로 이것과 관계가 없다.

8. 또는 계시받은 경우 이지에 들어맞는 것도 신앙문제이다

그러나 신이 우리에게 이지의 빛을 줌에 있어, 그것으로써 당신의 손을 묶지 않고 적당하다고 생각할 때, 우리의 자연적 기능이 개연적 결정을 내릴 수 있는 문제의 어떤 것에 빛을 제공해 주므로, 계시는 신이 이것을 주려고 할

---

*4 '하느님께서는 죄지은 천사들을 용서 없이 깊은 구렁텅이에 던져서 심판 때까지 어둠 속에 갇혀 있게 하셨습니다.' 〈베드로후서〉 2장 4절. 본 절에서 로크는 이지 위의 단순한 본디 신앙을 인정하고, 이중의 진리설을 받아들인다.

때에는 이지의 개연적 추측보다 뛰어나야 한다. 왜냐하면 마음은 그것을 명백하게는 모르지만 진리를 절대 확실하다 하지 않고 단지 그 속에 나타난 개연성에 따를 뿐이므로, 잘못할 리가 없으며 속이려고 하지 않는 자(바꿔 말하면 신)에게서 나온다고 이해하는 듯한 증언에는 동의하지 않을 수가 없기 때문이다.

그렇지만 계시인지 진술한 말의 의미 표시인지 그 진리성(바꿔 말하면 진리라는 것)을 판정하는 일은 이지에 속한다. 누구나 다 아는 실제 이지의 원리와 마음이 자신의 명석 확연한 관념에 대하여 가진 뚜렷한 진리에 어긋나는 것이 계시로 생각된다면, 그런 데에서는 이지의 영역 안의 문제로서 이지에 귀를 기울이지 않으면 안 된다. 왜냐하면 인간은 자기 진리의 명확한 원리와 증명에 모순되는 명제가 신적으로 계시된 것, 또는 그 명제가 진술한 말을 올바로 이해하는 것을 그 반대가 진실하다고 알수록, 절대 확실히 알 수는 없기 때문이다. 따라서 인간은 그런 명제를 이지의 문제로서 고찰하고 판정해야만 하며, 검토하지 않고 신앙 문제로 그냥 받아들이면 안 된다.

9. 이지가 판단할 수 없거나 개연적으로밖에 판단할 수 없는 문제는 계시에 귀를 기울여야 한다

(요컨대) 첫째, 무릇 계시된 진리를 우리 마음이 자연적 기능과 상념에 의하여 판정할 수 없는 명제는 모두 그야말로 순수한 신앙 문제로서 이지보다 상위에 속한다.

둘째, 마음이 그 자연적 기능을 써서 자연히 얻은 관념으로 결정하고 판정할 수 있는 명제는 모두 이지의 문제이다. 단, 다음의 차이는 있다. 즉 마음이 불확실한 증명밖에 갖지 못하며, 따라서 개연적 근거에 바탕을 두어야만 명제의 진리를 굳게 믿지만, 마음 자체의 지식의 절대 확실한 증명을 깨거나 이지의 원리를 완전히 뒤엎지 않고, 반대의 가능성[*5]을 허용하는 명제에서는, 거듭 말하지만 이런 개연적 명제에서는 뚜렷한 계시는 개연성에 반대해서라도 동의를 결정해야 한다. 왜냐하면 이지의 원리가 어떤 명제를 절대 확실히 진실이나 허위라고 증명하지 않은 것, 거기에서는 명석한 계시가 진리의 또 하나의 원리

[*5] 개연성이 낮은 쪽을 말한다. 흄에게서도 같은 용법을 볼 수 있다.

이자 동의의 근거로서 결정할 수 있기 때문이다. 따라서 이것은 신앙 문제이며, 이지의 상위이기도 하다고 말할 수 있다. 이런 특수한 문제에서 이지는 개연성보다 높이 다다를 수 없으므로, 이지가 미치지 못한 곳에선 신앙이 결정하여 진리가 어느 쪽에 있는가를 계시가 알려주는 것이다.

10. 이지가 절대 확실한 진리를 제공할 수 있는 문제일 때는 이지에 귀를 기울여야 한다

이렇게 신앙의 통치권은 (앞 절에서 말한) 곳까지 다다르는데 그런데도 이지를 조금도 범하지 않으며 방해하지 않는다. 이지는 손상받지 않고, 방해되지 않으며 도리어 모든 진리의 영원한 원천(즉 신)에게서 온 진리의 새로운 발견에 의한 도움을 받아 진보하게 된다. 무릇 신이 계시한 것은 무엇이든 절대 확실히 진실이고, 이는 의심할 여지가 없다. 이것은 신앙 본디의 대상이다. 그러나 이것이 신적 계시인가, 그렇지 않는가는 이지가 판단하지 않으면 안 된다.*6 이지는 마음이 큰 쪽의 증명을 거부하고 뚜렷하지 않은 쪽을 받아들이는 것을 허가한다든가, 진정한 지식과 절대 확실지에 대립해서 개연지를 껴안는 것을 받아들일 리는 결코 없다. (하지만) 어떤 전승적 계시가 신적 기원의 바탕이라는 증명은 우리가 이것을 받아들이는 말 속에, 이것을 이해하는 의의 속에 이지의 여러 원리의 증명만큼 명석하게, 그만큼 절대 확실히 있을 수가 없다. 그러므로 이지의 명석하고 자명한 가르침에 반대되는, 가르침과 꼭 맞지 않은 사물은 이지와 관계가 없는 신앙 문제로서 역설 또는 동의를 받을 권리가 없다. (그렇지만 또 한편) 신적 계시인 것은 무엇이나 우리의 의견·선입견·이해의 모든 것보다 우세해야 하며, 빠짐없는 동의를 바탕으로 받아들여질 권리를 가지고 있다. 신앙에 대한 우리들 이지의 이와 같은 복종은 진리의 경계표*7를 없애지는 않는다. 이것은 이지의 밑바탕을 흔들지 않고, 우리에게 주어진 모든 기능의 (앞에서 말한) 그 쓰임새를 남기는 것이다.

---

*6 신적 계시라는 판단은 이지가 한다. 신앙과 이지에 관한 로크의 태도이다.
*7 경계표, land-marks.

11. 만일 신앙과 이지의 경계가 정해지지 않으면 광신, 즉 종교에서 상식을 벗어난 사항도 반박할 수가 없다

대체로 신앙과 이지의 영역이 이런 (앞 절에서 말한) 경계에 의하여 별개로 유지되지 못한다면, 종교 문제에서 이지가 설 곳은 전혀 없을 테고, 세계의 갖가지 종교에서 당연히 발견될, 상식의 틀을 벗어난 설이나 의식도 비난할 수가 없을 것이다. 이지에 대립하여 신앙을 부르짖는 이것은, 내 생각에 인류를 점유하고 분할하는 거의 모든 종교를 채우는 그 불합리에 상당부분 귀착시킬 수 있을 것이다. 왜냐하면 사람들은 종교상의 문제에서 아무리 박식하거나 사람들의 모든 진리의 원리 자체에 분명히 모순되어도, 이지와 의논해서는 안 된다고 하는 설을 원리로 삼아버렸기 때문이다. 따라서 자기들의 공상적 또는 자연적 미신을 해방하고, 그런 공상이나 미신에 의해 종교상 매우 우스꽝스러운 설이나 상식을 벗어난 실천에 이끌리며, 그 때문에 사려가 있는 인간은 그런 사람들의 어리석음에 기가 막혀 매우 현명한 신이 그런 사람들을 기꺼이 받아들일 리가 없다고 판단하지 않을 수 없고, 그리하여 성실하며 착한 사람들에게는 그런 사람들이 우스꽝스럽고 불쾌하게 생각할 수밖에 없는 존재였던 것이다.

그러므로 우리를 짐승으로부터 가장 구별해야 되고, 이지적 피조물로서 우리를 무엇보다도 월등하게, 특별히 동물류의 위로 높여야 할 종교가 가끔 사람들을 가장 비이지적이며 짐승보다 무분별하게 보이는 점에서 그 어떤 존재인 셈이다. Credo, quia impossibile est. 즉 '불가능하므로 나는 믿는다'는, 훌륭한 사람에게는 열광의 경구로 통할지 모르지만, 사람들이 자기의 설 또는 종교를 선택하는 데는 아주 나쁜 규칙이라는 사실을 결국은 알았을 것이다.

제19장
광신

1. 진리에 대한 사랑은 필요하다

진리 탐구에 진지하게 나서려는 사람은 먼저 진리에 대한 사랑을 가지고 자기의 마음을 준비해야 한다. 왜 그런가 하면 진리를 사랑하지 않는 사람은 진리를 얻는 수고를 많이 하지 않을 테고, 진리를 얻지 못하더라도 그다지 개의치 않을 것이기 때문이다. 흔히 학계에는 진리를 사랑한다고 스스로 공언하지 않는 사람은 한 사람도 없으며, 자기가 그렇지 않다고 생각되더라도 잘못인 줄을 아는 이지적 피조물은 없다. 더구나 완전히 그럼에도 진리 때문에 진리를 사랑하는 사람은 그런 사람이라고 굳게 믿는 이들마저도 아주 조금 그렇다고 말할 수 있을 것이다. (그러므로) 어떤 사람이 자기는 진지하게 그러한 (진리를 위하여 진리를 사랑하는 사람인)지 아닌지를 어떻게 알 수가 있을까는 탐구할 만한 가치가 있다. 그래서 나는 생각하는데, 이것에 대하여 잘못이 없다는 하나의 증거가 있다. 즉 어떤 명제를 그것이 구축된 논거가 보증하는 확신보다 큰 확신을 가지고 껴안지 않는 것이다.

대체로 동의의 이 척도를 넘은 사람은 누구나 알도록 진리를 사랑하여 진리를 받아들이는 것이 아니며, 진리를 위해 진리를 사랑하는 게 아니라 다른 부차적 목적을 위하여 진리를 사랑한다. 왜냐하면 어떤 명제가 진리인 증명은 (자명한 것 같은 명제를 빼고) 어떤 인간이 그 명제에 대하여 가진 논거에만 의존하므로, 그 사람이 이 증명의 정도를 넘어 그 명제에 얼마쯤 동의를 부여한다 해도, 누구나 알다시피 확신의 이 지나침은 모두 어떤 다른 사랑에 기인할 뿐 진리에 대한 사랑에 기인하지 않기 때문이다. 그런 것도 진리에 대한 사랑은 내가 취하고 있는 명제가 진실하다는 증명을 넘어서 나의 동의를 얻지 못하며, 그 점은 진리에 대한 사랑이 어떤 명제는 진실이라고 하는 그 명제가 갖지 않은 증명 때문에 나로 하여금 그 명제에 동의하게 하지 못하는 것과 같다.

이런 일은 결국 어떤 명제가 진실이 아닐 수도 있지만 확실할 수도 있다는 (또는 개연적인) 것이므로, 그 명제를 진리로서 사랑한다는 뜻이다. 대체로 자명한, 저항할 수 없는 빛에 의해 또는 논증의 힘에 의해, 우리 마음을 차지하는 것이 아닌 어떠한 진리로 그 진리에 동의하게 할 수 있는 증명이 우리에게 있어 그 진리의 개연성을 보증하는 것, 즉 규준이고, 우리는 이 증명이 우리의 지성에 그 진리를 펼쳐 나가는 것 이외의 무엇을 위하여 진리를 받아들일 수는 없다. 어떤 진리를 지탱하는 토대의 원리와 논거로부터 그 명제가 받아들인 것 이상의 신용이나 권위를 명제에 주더라도, 그 신용이나 권위는 그 방면의 우리들 감성에 기인하는 만큼 진리 사상 자체를 망가뜨린다. 진리에 대한 사랑은 우리의 정서 또는 이해로부터 증명을 받아들일 리가 없는 것과 마찬가지로 정서와 이해에 물들지 않아야 한다.

2. 명령하고 싶은 마음은 어디에서 오는가

다른 사람에게 명령하는 권위를 지니고, 다른 사람의 주장에 성급히 지시하는 것은 우리의 판단에 관해 앞에서 말한 것 같은 편향과 부패에 끊임없이 뒤따르기 마련이다. 왜 그런가 하면, 자기 신념을 이미 속여버린 사람이 그 자리에서 다른 사람의 신념을 속이려고 하는 것 말고 할 수 있는 일이 달리 있겠는가? 자기 자신을 다룰 적에 지성(知性)의 증명이나 굳은 믿음에 익숙하지 않은 사람이 다른 사람을 다룰 때 증명이나 굳은 믿음을 기대하는 것이 과연 이치에 맞겠는가? 그런 (기대를 하는) 사람은 자신의 기능을 부당하게 압박하여 자기 마음을 억누르며, 진리에만 속하는 특권을 빼앗는 것이다. 진리는 자기 자신에 의해서만, 즉 진리에 곁따른 증명에 의해서 이것에 비례하여 동의를 명령해야 한다.

3. 광신의 힘

이 기회에 내가 동의의 세 번째 근거를 고찰하는 것을 허용하기 바란다. 이 근거는 어떤 사람들에게는 (다른 근거와) 같은 권위를 가지며, 신앙이든 이지이든 그 어느 것들에나 자신 있게 의지할 수 있다. 내가 뜻하는 것은 광신*¹이다. 광신은 이지를 곁에 두고, 이지 없이 계시를 세우려 했다. (그러나) 그럼으로써 실제로는 이지도 신앙도 저버리고, 그 대신 인간 자신의 두뇌의 근거 없는 공상을 대용하고는 이 공상을 설과 행위 양쪽의 밑바탕으로 삼은 것이다.

4. 이지와 계시

본디 이지는 자연의 계시이다. 이것에 의하여 모든 참된 지식의 빛이자 원천인 영원한 아버지(즉 신)가 진리 속에서 인류의 자연적 기능이 다다르는 범위 안에 둔 몫을 인류에게 전달했다. 계시는 신이 직접 전달한 한 차례의 알림에 의하여 확대된 자연의 이치이며, 이지는 이것이 신에게서 온다는, 그것이 제공하는 증언이나 증거로 그 진리를 보증한다.*² 그러므로 계시에 길을 열어주기 위하여 이지를 버리는 사람은 이지의 빛도 계시의 빛도 모두 없애는 것이고, (예컨대) 눈에 보이지 않는 별의 먼 빛을 망원경으로 더 잘 보기 위하여 눈을 감으라고 설득할 때와 똑같은 짓을 하는 셈이다.

5. 광신의 시작

무릇 직접적인 계시는 엄밀한 이지의 장황하며 언제나 성공을 기약할 수 없는 노고에 비하면 사람들이 자기 주관을 확립하고 행위를 규제하는 데 한결 쉽고 편한 길이다. 그러므로 어떤 사람들이 지금까지 대단한 계시라고 오해하기 쉽고, 자기들의 행동이나 설이, 특히 진리의 통상적 방법이나 이지의 원리로는 해명할 수 없는 행동이나 설이 하늘의 특별한 지도 아래에 있다고 굳게 믿어버리기 쉬운 것도 이상할 게 없다. 이로써 내가 보기에 어느 시대에나 우울함과 헌신이 뒤섞여 버린 사람들, 또는 자만심이 심해져 다른 사람보다 신과 더 친하여 신의 사랑과 배려를 한결 은밀히 허락받고 있다는 억측으로까지 올라간 사람들은 자주 우쭐해져 신과 직접 친교를 하며 신으로부터 자주 전달이 온다고 굳게 믿어버린다. 과연 신은 빛의 원천으로서 마음에 빛

---

*1 광신은 로크가 가장 증오하는 것이고, 이것은 또한 그 무렵의 진보적 지식인과 공통되는 태도였다.

*2 이지를 자연의 계시(natural revelation)로, 계시를 자연의 이지(natural reason)로 보는 점에서 이지와 신앙에 대한 로크의 궁극적 태도를 볼 수 있다.

줄기를 직접 쏘아 보냄으로써 지성을 밝게 해줄 수 있다는 점은 부정할 수 없다. 그 사람들은 신이 그렇게 해주기로 약속했다고 알고 있다. 그렇다 하여 신의 특별한 백성이고 신에게 선택받아, 신에게 의존하는 자라고 할 만큼 번지르르한 자격을 가지고, 이것을 기대하는 자는 도대체 누구인가?

6. 광신

그 사람들의 마음이 이런 식으로 준비되면, 어떤 근거 없는 설이든 그 사람들의 심상에 강하게 자리잡게 되는 설은 신의 영혼으로부터의 불빛이며, 대번에 신적 권위를 띤다. 어떤 기괴한 행동이든 그 사람들이 이것을 행하는 강한 경향성을 자기 자신 속에서 찾아내면, 그 충동은 하늘의 외침 또는 지시라 단정하고 여기에 복종하지 않으면 안 되는 것이다. 이것은 하늘이 내린 사명이며 이것의 수행이 잘못일 리는 없다.

7.

나는 이런 것을 본디 광신이라고 한다. 이 광신이야말로 이지도, 신적 계시도 밑바탕으로 하지 않고, 우쭐한 두뇌 또는 잘난 체하는 두뇌의 자만심에서 생긴다. 더구나 일단 발판을 얻으면, 그런 (이지와 신적 계시의) 둘 가운데 어느 쪽으로부터, 또는 둘 다 사람들의 신조나 행동에 더 힘차게 작용한다. 왜냐하면 사람들은 자기 자신으로부터 받은 충격에 가장 자발적으로 복종하기 때문이다. 인간 전체가 자연의 운동으로 움직이는 곳에서는, 인간 전체는 확실히 더욱 강렬하게 행동한다. 왜 그런가 하면 강한 자만심은 다음과 같은 경우, 즉 높은 학식으로 대접받고, 이지의 구속과 성찰의 저지를 모두 벗어나 우리 자신의 기질 및 경향성과 협동하면서 신적 권위로 높여질 때, 새로운 원리와 마찬가지로 온갖 것을 쉽게 자기와 함께 데리고 가기 때문이다.

8. 광신은 보거나 닿는 것으로 착각하기 쉽다

본디 광신이 사람들을 빠뜨려 버린 기괴한 설이나 상식의 틀을 벗어난 행동은, 이 (광신이라는) 사람들을 신념과 행위의 두 방향으로 잘못 안내하기 쉬운 옳지 않은 원리라는 것에 대하여 사람들에게 충분히 경고했다. 그럼에도 어떤 사물의 예사롭지 않은 사랑과 영감을 받아 흔히 진리의 자연의 길 위에 있는 것의 편안함과 영예로움 (이런 것)은 많은 사람의 게으름·무지·허영에 몹시 아양을 떨기 때문에 사람들이 이러한 직접 계시와 탐구가 없는 불빛, 논거가 없고 검토가 없는 절대 확실지의 길로 일단 떨어지면, 여기에서 빠져나오게 하기란 매우 어렵다. 이런 사람들에게 이지는 상실된다. 사람들은 이지의 위에 있다. 사람들은 자기 지성에 쏟아져 들어오는 빛을 잘못 볼 리가 없다. 사람들의 지성에 있어 빛은 명석하며, 눈에 보여 뚜렷하다. 빛나는 햇빛처럼 자기 자신을 밝히고, 자기 증명 말고는 다른 증거를 필요로 하지 않는다.

사람들은 내부에서 자기를 움직이는 신의 손, 영혼의 충격에 닿는데, 자기가 닿은 것에서 틀렸을 리가 없다. 이렇게 하여 사람들은 자기 자신을 지탱하고 자기가 보거나 닿은 것과 이지는 관계없음을 확인한다. 사람들이 감지할 수 있는 경험을 가진 것은 의혹을 허락하지 않으며 음미를 필요로 하지 않는다. 빛이 반짝이고, 이것을 보는 것을 자기에게 증명하려 하는 사람은 우스꽝스럽지 않았을까? (빛이 반짝이고, 이것을 보는 것) 그것이 자기 자신의 증거로서 다른 증거가 있을 리 없다. 영혼들이 우리들 마음으로 빛을 가져올 때 빛은 어둠을 가시게 한다. 우리는 한낮의 햇빛을 보듯이 영혼들의 빛을 보는데 이것의 명시를 위해 이지의 희미한 빛을 필요로 하지 않는다. 하늘에서의 이 빛은 강렬하고 명석하고 순수하며, 검토하는 것(그러나 이지적이라고 한다면, 그것)과 마찬가지로 태양의 발견을 돕기 위하여 개똥벌레를 잡는 것은 이지적이라고 할 수 있다.

9.

이 사람들(광신의 무리)이 주장하는 바는 이렇다. 즉 자기들은 확실하므로 확실하다. 자기들의 신조는 오직 자기들 속에서 강하므로 옳다. (이렇게 말하는 것이다.) 그 사람들의 말에서 본다든가 닿는다든가 하는 은유를 떼어내면 위와 같이 될 뿐이다. 더구나 이런 비유는 그 사람들을 완전히 속이므로 그 사람들 자신에게는 절대 확실지로서, 다른 사람에 대해서는 논증으로서 쓸모가 있는 것이다.

10. 광신은 어떻게 발견되는가

그러나 그 사람들이 그토록 많이 의존하는 이 내적인 빛, 접촉하는 것을 좀 진지하게 검토하자. 그 사람들의 말로는, 자기들은 명석한 빛을 가지며 그 것을 본다. 깨어 있는 감각을 가지며 그것에 닿는다. 확실히 이것을 그 사람들 과 토의할 수는 없다. 왜냐하면 어떤 인간이 자기는 보았다거나 닿았다고 말 할 때, 아무도 그 사람이 그렇게 한 것을 부정할 수 없기 때문이다.

그렇지만 여기에서 물어보자. 이 보는 것, 그것은 명제의 진리를 지각한 것 인가, 아니면 신으로부터의 계시를 지각한 것인가? 이 닿는 것, 그것은 어떤 것을 하는 감성 또는 심상의 지각인가, 아니면 그런 감성을 움직이는 신의 영 혼의 지각인가? 이것은 두 가지의 매우 다른 지각이며, 만일 우리가 자기 자 신을 속이려 하지 않는다면 조심스럽게 구별해야 되는 것이다. 나는 어떤 명 제의 진리를 지각하고, 더구나 그 명제가 신으로부터의 직접 계시라고 지각하 지 않을지도 모른다. 나는 (예컨대) 에우클레이데스(《기하학 원본》)의 어떤 명 제가 계시가 아니라고도, 또는 계시라고 지각하지 않더라도 그 명제의 진리를 지각할지도 모른다. 아니, 나는 이 진리를 자연의 방식으로 얻은 게 아니라고 지각할지도 모른다. 따라서 신으로부터의 계시라 지각하지 않고, 계시되었다 고 단정할지도 모른다. 신의 사명을 받지 않고 그런 (명제의) 관념들을 내 마 음에 떠올릴 수 있으며, 내가 관념의 결합을 지각할 수 있게 하는 순서로 내 마음 앞에 관념을 놓는 영혼들도 있을 것이다. 그러므로 어떻게 해서인지 모 르게 내 마음으로 들어오는 어떤 명제의 지식은, 그 명제가 신으로부터인 것 의 지각은 아니다. 하물며 명제가 진실하다고 하는 강한 신조는, 명제가 신으 로부터라는 지각도, 진실하다는 지각도 아니다. 도리어 제아무리 빛이고 본다 고 한들 내 생각에는 고작 신념이나 확신에 지나지 않으며, 계시라고 하는 명 제는 그 사람들이 참인 줄 아는 그런 게 아니라 진실하다고 (할 뿐인) 것이다.

왜냐하면 명제가 참이라고 알려진 곳에서는 계시가 필요하지 않으며, 어떤 사람이 이미 (진실이라고) 아는 것의 계시가 그 사람에게 어떻게 있을 수 있는 지를 상념하는 일은 어렵기 때문이다. 그러므로 사람들이 진실이라고 굳게 믿 지만 그것이 모르는 명제라면, 뭐라고 부르건 보는 게 아니라 믿는 것이다. 따 라서 이런 (보면 믿는다고 하는) 것은, 진리가 마음으로 들어온 두 가지 길로 서 전혀 별개이고, 한쪽은 다른 쪽이 아닌 것이다. 내가 보는 것, 이것을 나 는 사물 자체의 증명에 의하여 그렇다고 안다. 내가 믿는 것, 이것을 나는 다 른 사람의 증언에 의해 그렇다고 안다. 그러나 나는 이 증언이 부여된 것임을 알아야 한다. 그렇지 않으면 내가 믿을 까닭이 어디에 있는가? 이것을 나에게 계시하는 신이란 것을 나는 보지 않으면 안 된다. 그렇지 않으면 나는 아무것도 보지 않은 것이다. 그렇다면 여기서 다음의 의문이 생긴다. 즉 신이 이것을 나에게 계시한 분이고, 신의 성령에 의하여 내 마음에 이것이 새겨졌으니, 따라서 나는 이것에 복종해야 한다. 이런 것을 나는 어떻게 아는가(하는 의문이다)?

만일 내가 이것을 모른다면, 내가 지닌 확신이 아무리 크더라도 그 확신은 근거가 없다. 내가 어떤 빛을 부르더라도 광신에 불과하다. 왜냐하면 계시했다고 상정되는 명제가 그 자체로 명백히 진실이라 해도, 눈에 보여 분명히 개연적이라 해도, 자연의 방식으로 아는 것은 불확실하다 해도 (이 경우에) 충분히 근거가 뒷받침되고 참임을 증명해야만 하는 명제는 다음의 명제이기 때문이다. 즉 신이 이것을 계시한 분이고, 내가 계시라 하는 것은 신에 의해서 절대 확실히 내 마음에 놓여진 것으로서 다른 어떤 영혼이 떨어뜨린, 또는 나 자신의 공상이 일으킨 환상이 아닌 그런 명제이다. 그것은 만일 내가 틀리지 않았다면, 이런 (광신의) 사람들은 신이 계시했다고 추정하므로 진실로 받아들이는 것이다. 그렇다면 이 사람들은 어떤 근거로 신으로부터의 계시라고 추정하는지, 이것을 검토하는 일이 그 사람들에게 맡겨지지는 않을까? 그렇지 않으면 그 사람들의 자신감은 모두 단순한 추정이었고, 그 사람들을 그만큼 현혹하는 이 (계시라는) 빛도 도깨비불에 불과하며, 그 도깨비불은 그 사람들을 다음의 순환론으로 계속 맴돌게 하는, 즉 자기들이 굳게 믿으므로 계시이며, 계시이므로 믿는다는 그런 순환론이다.

11. 광신은 명제가 신으로부터라고 하는 증명이 빠져 있다

무릇 모든 신적 계시는 신으로부터의 영감이라는 것 말고는 다른 증거를 필요로 하지 않는다. 왜 그런가 하면 신은 속일 리가 없고, 속을 리도 없기 때문이다. 그러나 우리 마음의 어떤 명제가 신에 의하여 집어넣어진 진리라고, 즉 신에 의해 우리에게 계시된 진리이며, 신은 이것을 우리에게 말했으므로 우리는 믿어야 한다는 것을 어떻게 알 수 있을까? 여기에서 광신은 그것이 주장하는 바에 대한 증명이 부족하다. 그것은 이런 식으로 (광신에) 홀린 사람들은 빛을, 즉 그들의 말로는 자기들을 비추고 이러저러한 진리의 참된 지식에 가져오는 빛을 자랑한다. 그러나 만일 그 사람들이 진리임을 안다면 (자기들의) 자연의 이지에 대한 진리 자체의 자기 증명에 의해서 알거나, 진리라고 보증하는 이지적 논거에 의해서 알거나 그 어느 쪽이어야 한다.

만일 그 사람들이 이런 두 가지 길의 어느 쪽이 진리인지 그것을 보고 안다면, 그 사람들이 계시라고 상정하는 것은 공연한 일이다. 왜냐하면 그 사람들은 다른 어떤 인간이 계시의 도움 없이 진실하다고 자연히 (바꿔 말하면 그 사람들은 본디 자연히 갖추어진 이지에 의하여) 알 수가 있는 것과 같은 방식으로 진실한 것으로 알기 때문이다. 이래서 어떤 종류이든 영감을 받지 않은 사람들을 비추는 진리는 모두 사람들의 마음에 들어와서 거기에 확립된다. (또) 만일 그런 광신의 사람들이 신으로부터의 계시이므로 진실인 줄 안다고 말한다면, 그 이유는 훌륭하다. 그러나 그때는 신으로부터의 계시라는 것을 어떻게 아는가, 되물음을 받게 될 것이다. 만일 그에 따르는 빛에 의해서이고, 이 빛은 그 사람들의 마음속에서 휘황찬란하게 빛나며, 이것에 저항할 수 없다고 그 사람들이 말한다면 나는 그 사람들이 고찰하기를 바란다. 이것은 내가 이미 (앞 장에서) 주의가 필요하다고 말한 이상의, 즉 진실하다고 굳게 믿는 것으로 말미암은 계시 이상의 무엇이 아닐까? 그것은 그 사람들이 말하는 빛은 모두, 진리라고 하는 그 사람들 마음의 근거 없는 굳은 신조에 지나지 않는다.

진리라고 하는 입증으로 뒷받침되는 이지적 근거는 하나도 없음을 그 사람들은 인정하지 않을 수 없으며, 그렇다는 것은 만일 이지적 근거가 있다면 계시로서 받아들이는 것이 아니라, 다른 진리를 받아들이는 통상적 근거에 바탕을 두고 받아들이는 것이다. 그래서 (이렇게) 만일 그런 (광신의) 사람들이 계시이기 때문에 진실이라 믿고, 그 계시라는 이유로 다른 아무 까닭도 없이 진실이라고 빠짐없이 믿어버린다는 것 말고는 다른 이유가 없다면, 그 사람들은 오직 계시라고 굳게 믿기 때문이라는 것만 가지고 계시라 믿는 것이며, 이는 우리의 설이든 행동이든 앞으로 나아가는 데 있어 매우 위험한 근거이다. 이런 식으로 공상을 우리의 가장 존엄하고 유일한 지도자로 세우고, 어떤 명제를 진실이라 하며, 어떤 행동을 옳다고, 오직 그렇다고 믿으므로 믿는다는 이런 방식보다도 상식의 틀을 벗어난 우리의 과오와 잘못을 그 자리에서 무너뜨릴 수 있는 최선의 방법이 있는가?

우리의 신조가 굳센 것은 신조 자체의 바름(또는 옳음)의 증명이 절대 아니다. (예를 들면) 휘어 있는 사물도 (그 나름으로) 똑바른 사물과 마찬가지로 견고하며 튼튼할 수가 있다. 사람들은 진리에서와 마찬가지로 잘못에서도 단호하거나 확고할 수가 있다. 그렇지 않았다면 감당할 수 없는 열성자가 다양하게 대립하는 당파에 어떻게 들어올 수 있겠는가? 왜냐하면 만일 모든 사람이 자기 마음에 가졌다고 생각하여, (더구나) 지금의 경우는 자신의 굳센 신조와 다름없는 빛이 신으로부터라는 증명이라면, 반대하는 설들도 영감이라고 하는 동일한 자격을 가질 테고, 신은 빛의 아버지일 뿐만 아니라 사람들을 반대하는 길로 이끄는 대립하고 모순되는 빛의 아버지이기도 하기 때문이다. 만일 확신의 근거 없는 굳셈이 어떤 명제의 신적 계시의 증명이라면, 모순되는 명제도 신적 진리일 것이다.

12. 신조의 견고함은 어떤 명제가 신으로부터 왔다는 증거가 아니다

이런 것은 신조의 견고함이 믿음의 원인이 되고, 옳다고 하는 자신감이 진리의 증명이 되는 동안은 다른 것일 수가 없다. 성 바오로 자신도 (개심 이전에) 그리스도교도를 박해할 때,[*3] 좋은 일을 하고 있으며 그런 것에 대한 소명을 가지고 있다 믿었다. 그렇지만 잘못하고 있는 것은 바오로였지 그리스도교도가 아니었다. 착한 사람들도 잘못하기 쉬운 사람들이며, 가끔 잘못된 일에 몰두하여 이 잘못을 더없이 밝은 빛으로 자기들 마음속에 빛나는 신적 진리로 만드는 것이다.

13. 마음속의 빛은 무엇인가

본디 마음속의 빛, 진정한 빛은 어떤 명제의 진리를 증명하는 것 이외의 무엇도 아니며, 그런 게 있을 리도 없다. 그래서 만일 명제가 자명한 명제가 아니라면 그 명제가 가진, 또는 가질 수 있는 모든 빛은 명제를 받아들이는 밑바탕인 논거의 명석함과 타당성에서이다. 지성 가운데 다른 어떠한 빛에 대하여 말하는 것은 우리 자신을 어둠에, 바꿔 말하면 마왕의 역량 속에 넣어, 우

---

*3 '내가 전에 유대교 신자였을 때의 소행은 여러분이 다 들었을 터이지만 나는 하느님의 교회를 몹시 박해했습니다. 아니, 아주 없애버리려고까지 했습니다.'〈갈라디아서〉1장 13절.〈사도행전〉22장 3~4절 참조.

리 스스로의 동의에 의해 거짓을 믿는 기만에 자기 자신을 맡기는 일이다. 만일 신조의 굳셈이 우리를 이끌어야 하는 빛이라면, 나는 묻겠는데 누구든지 사탄의 기만*4과 성령의 영감을 어떻게 구별할까? 이 (자기 신조를 계시라고 하는) 사람은 빛의 천사로 변신할 수 있다. 이 새벽 여신의 아들*5에게 이끌리는 사람들은 불빛을 실수 없이 이해한다. 즉 신의 영혼에 의하여 비쳐진다고 굳게 믿어버리는, 그 점은 (실제로) 그런 누구에게나 같다. 그 사람들은 이 것(즉 거짓의 불빛)에 묵묵히 따르고 기뻐하며, 이것에 의하여 행동하게 된다. 아무도 그 사람들보다 더 (혹시 그 사람들 자신의 굳센 신념이 판정자여도 괜찮다면) 확실할 리가 없으며 옳을 리가 없는 것이다.

14. 계시는 이지에 의하여 판정되어야 한다

그러므로 모든 상식의 틀을 벗어난 기만과 잘못에 자신을 맡기려 하지 않는 사람은 자기 속의 빛이라고 하는 이 지도자를 시험해 보지 않으면 안 된다. 신은 예언자를 만들어 낼 때 인간을 파괴하지는 않는다. 신은 인간의 모든 기능을 자연의 상태로 남기고, 인간의 영감에 대하여 이것이 신적 기원인가 그렇지 않는가를 판정할 수 있게 한다. 신은 (인간의) 마음을 초자연적 빛으로 비출 때, 자연적인 것을 완전히 없애지는 않는다. 신이 혹시 어떤 명제의 진리를 동의하게 하려 한다면, 자연적 이지의 통례적 방법에 의하여 그 진리를 증명하든가, 그렇지 않으면 우리에게 동의하게 한 명제가 진리라는 것을 신의 권위에 의하여 알게 하며, 오류일 리가 없는 이지의 어떤 표지로서 명제가 신으로부터 말미암은 것임을 우리에게 받아들이도록 하는 것이다.

이지야말로 모든 사물에서 우리의 마지막 판정자요 안내자가 아니면 안 된다. (하긴 그렇게 말하지만) 내 말은 우리가 이지에 물어, 신으로부터 계시된 명제가 (반드시 이지의) 자연적 원리에 의해 증명될 수 있는지 검토하지 않으면 안 되고, 만일 될 수 없다면 그때 우리는 이 명제를 거부해도 좋다는 뜻은 아니다. (왜냐하면 이지적으로 증명할 수 없는, 이지의 위에 있는 계시가 있기 때문이다.) 그렇지는 않고 우리는 이지에게 물어, 명제가 신으로부터의 계시인

---

*4 '예수께서는 사십 일 동안 그곳에 계시면서 사탄에게 유혹을 받으셨다. 그동안 예수께서는 들짐승들과 함께 지내셨는데 천사들이 그분의 시중을 들었다.' 〈마가복음〉 1장 13절.
*5 '새벽 여신의 아들 샛별아.' 〈이사야〉 14장 12절.

가 아닌가를 이지에 의하여 검토하지 않으면 안 되며, 만일 이지가 명제는 신으로부터의 계시임을 알아낸다면, 그때 이지는 다른 어떠한 진리에 대해서와 마찬가지로 그 명제에 찬성의 뜻을 밝히고, 이것을 이지 훈련의 하나로 본다는 것이다.*6 만일 우리 신조를 판정하는 일이 우리의 신조가 굳세다는 것 말고는 아무것도 없다면, 우리의 공상을 끝까지 달군 자만심은 모두 영감으로서 통용되지 않으면 안 된다. 만일 이지가 신조의 진리(인지 어떤지)를, 신조 자체의 외부적인 (신조 자체가 아닌) 어떤 사물에 의하여 검토하면 안 된다고 하면, 영감과 기만 및 진리와 허위는 같은 척도를 가질 테고 구별될 수 없을 것이다.

15. 신념은 계시의 증거가 아니다

만일 내적인 빛 또는 (내적인 빛이라는) 그 자격 아래 영감에 의하여 주어졌다고 하는 어떠한 명제가 이지의 원리에 합치하거나 인증된 계시인 신의 말에 합치한다면, 이지는 이 빛 또는 명제를 보증하고, 우리는 마음 놓고 진실로 받아들여 신념과 행동에서 이것의 안내를 받아도 좋다. (그러나) 만일 그런 규칙의 어느 쪽에서도 증언이나 증명을 받아들이지 않는다면, 우리가 계시라고 믿는 것 이외에 계시라고 하는 다른 어떤 표지를 가질 때까지 이것을 계시라고 할 수는 없으며 진실이라고조차 할 수 없다. 예를 들면 신으로부터 계시를 받은 옛날 성스러운 사람들은, 그 사람들 자신의 마음속으로 굳게 믿는 그 내적인 빛 말고도 신이라는 것을 스스로 증언하는 어떤 사물을 가지고 있었다. 그 사람들은 자기 신조가 신으로부터라고 하는, 그 사람들 자신의 신조에만 몸을 맡기지 않고, 그런 계시의 창조주에 대하여 자기를 따르게 하는 외부 기호를 가지고 있었다. 또한 다른 사람들을 설득해야 할 때, 하늘로부터의 사명의 진리성을 정당화하여 눈에 보이는 기호에 의해 자기들이 파견된 역할의 신적 근거를 주장하는 능력이 주어져 있었다.

(예를 들면) 모세는, 덤불이 불타고 있지만 완전히 타지 않는 덤불을 바라보며 덤불 속에서 (신의) 소리를 들었다.*7 이것은 형제들을 이집트에서 데려

---

*6 이지를 마지막 판정자로 하는 것과 그 뜻에 대해 로크가 말하는 점에서, 신앙과 이지에 관한 로크의 기본적인 태도를 볼 수 있다.

*7 '떨기에서 불꽃이 이는데도 떨기가 타지 않았다.' 〈출애굽기〉 3장 2절. '하느님께서 떨기 가

오기 위하여 파라오를 찾아가라고 하는, 모세의 마음에서 충동을 발견한 것과 다른 어떤 것이었다. 더구나 모세는 이것으로는 그 중대한 역할을 짊어진 자기를 권위 있게 하는 데 충분하지 않다고 생각했는데, 드디어 신은 지팡이를 뱀으로 바꾸는 다른 기적에 의하여, 또 이 같은 기적을 자기가 파견된 사람들 앞에서 되풀이함으로써 자기 임무를 증언하는 능력을 모세에게 확신하도록 했던 것이다.*8 (또) 기데온은 미데안인으로부터 이스라엘을 구출하기 위하여 천사에 의해 파견되었다. 더구나 기데온은 이 사명이 신으로부터 주어진 것임을 설득하기 위한 기호를 바랐다. (신은 기적을 보이셨다.)*9 옛 예언자들에게서 볼 수 있는 이와 비슷한 몇 가지 사례는 예언자들이 내부에서 보는 것을, 바꿔 말하면 자기 자신의 마음의 신조를 달리 아무것도 증거가 없으면 신으로부터라는 충분한 증명으로 생각하지 않았다는 점을 보여주기에 충분하다. 하긴 성서는 이 사람들이 그런 증거를 구했다고, 또는 증거를 가졌다고 곳곳에서 말하고 있지는 않다.

16.

나는 지금까지 말한 데서 다음의 것을 부정하지 않는다. 즉 신은 진리나 행동에 따르는 심상치 않은 어떠한 기호 (바꿔 말하면 기적) 없이, 성령의 직접 영향과 도움에 의하여 사람들의 마음을 비추어 절대 확실한 진리를 알게 하고, 또 착한 행동으로 사람들의 마음을 불러일으키는 일을 역사할 수 있으며, 때로는 행한 일을 부정하지 않는다. 그러나 이런 경우에도 우리는 이것이 신으로부터의 것인가 그렇지 않은가를 아는, 잘못 없는 규칙인 이지와 성서를 가지고 있다. 신봉하는 진리가 신이 쓴 말(인 성서) 속의 계시와 동조하는 경우, 또는 행동이 바른 이지나 성스러운 책의 훈령과 합치하는 경우 우리는 이것을 그대로 받아들여도 위험하지 않다고 확신할 수 있다. 왜냐하면 우리들 마음에 특별히 작용하는 신으로부터의 직접 계시는 아마 아니지만, 확실히

운데서 "모세야, 모세야" 하고 부르셨다.' 〈출애굽기〉 3장 4절.

*8 '파라오가 너희에게 이적을 보이라고 요구하거든, 너는 아론에게 지팡이를 집어 파라오 앞에 던지라고 하여라. 그러면 그것이 뱀이 되리라.' 〈출애굽기〉 7장 9절.

*9 '야훼의 천사는 손에 든 지팡이를 뻗쳐 그 끝을 고기와 누룩 넣지 않은 떡에 대었다. 그러자 불이 바위에서 나와 고기와 누룩 넣지 않은 떡을 살라버렸다.' 〈사사기〉 6장 21절.

진리인 점에 대하여 신이 우리에게 내린 계시(즉 이지와 성서)에 의하여 확신을 하도록 되어 있기 때문이다.

그러나 하늘로부터의 빛 또는 움직임이라 보증할 수 있는 것은, 우리들 자신 속의 개인적인 굳은 신조가 아니다. 보증할 수 있는 사물은, 우리 외부에 있는 신이 쓰신 말, 또는 우리와 모든 사람에게 공통된 이지의 기준밖에는 없다. 이지나 성서가 어떤 설 또는 행동을 명확히 긍정하는 경우, 우리는 이것을 신적 근거로서 받아들여도 좋다. 그러나 우리 자신의 신조의 굳셈은, 그것만으로 이 (신적 근거라고 하는) 날인을 주장이나 행동에 찍을 수가 없다. 우리들 마음의 방향은 어떤 주장 또는 행동에 좋아하는 만큼 많이 기울어질 것이다. 우리 자신이 좋아한다고 분명하게 보이자. 그렇지만 하늘의 소산이며 신적 기원의 것이라고는 결코 증명하지 않을 것이다.

제20장
옳지 않은 동의, 바꿔 말하면 오류

1. 오류의 원인

본디 참된 지식은 눈에 보이게 뚜렷하고 절대 확실한 진리에 대한 것만 얻게 되어 있다. 따라서 오류는 우리의 진정한 지식 때문이 아니라 진실이 아닌 것에 동의하는 우리의 잘못된 판단 때문이다.

그러나 만일 동의가 있을 것 같다는 점을 근거로 한다면, 만일 우리들 동의의 본디 대상과 동기가 개연성이고, 이 개연성이 지금까지의 (이 권 제14장이나 제16장 등) 여러 장에서 규정된 것에 존재한다면 사람들은 어떻게 개연성에 반대인 동의를 하게 되는가 질문을 받게 될 것이다. 왜냐하면 여러 의견이 서로 부딪치는 것은 흔한 일이고, 한 인간이 전혀 믿지 않는 것을 다른 어떤 사람은 의심할 뿐이며, 제3의 인물은 변함없이 믿고 굳게 고집한다는 것 이상으로 또렷한 일은 없기 때문이다. 그 이유는 대단히 다양하다고 할 수 있으나, 모든 것은 다음 네 가지로 정리할 수 있으리라 나는 생각한다.

1. 증거의 결여
2. 증거를 이용하는 능력의 결여
3. 증거를 이용하는 의지의 결여
4. 개연성의 옳지 않은 척도

2. 첫째로 증거의 결여

첫째로 증거의 결여라고 내가 말하는 의미는 어디에도 현존하지 않으며, 따라서 어디에서도 얻을 수 없는 증거의 결여일 뿐만 아니라, 존재하고 있는 증거 또는 얻을 수 있었던 증거의 결여까지 뜻한다. 예를 들면 어떤 명제의 입증에 도움이 되는 실제 경험과 관찰을 자기 자신에게 행하는 편의와 계기를 갖지 않은 사람들, 또는 마찬가지로 다른 사람의 증언을 탐구하거나 모으는 편의를 갖지 않은 사람들에겐 증거가 부족하다. 그래서 노동으로 지새우며 하찮은 처지에서 필요한 일에 노예가 되어 평생을 살아가는 데 급급한데, 인류의 대부분이 이런 상태이다. 이 사람들이 알고 탐구할 계기는 그 사람들의 재산과 마찬가지로 아주 적은 것이 보통이고, 그 지성은 그 사람들의 시간과 노고의 전체를 자기 배고픔과 아이들이 울부짖는 것을 달래기 위하여 소비할 때 아주 조금밖에 일깨워지지 않는다.

고생이 많은 장사에 평생을 다 바쳐 허덕지덕 애쓰는 인간이 세상에서 이루어지는 다양한 사물에 통하는 것을, 좁은 길이나 먼지가 많은 길을 다만 시장으로 오가는 데만 내몰려 짐을 나르는 사람이 그 지방의 지리에 밝은 (실은 어두운) 이상을 기대해서는 안 된다. 또 마찬가지로 여가·책·어학(語學)이 없거나 몰라서 다양한 사람들과 사귈 기회가 없는 사람이 실제로 있어, 사람들의 사회에서 가장 중대하다고 판정된 많은 명제를, 아니 거의 모두를 증명하는 데 필요한 증언과 관찰을 모은다든가, 또는 자기가 의존하는 논점을 믿는 데 필요하다고 생각될 만큼 큰 확신의 근거를 발견하는 일에 필요한 증언이나 관찰을 모으는 경우란 전혀 가능하지 않다. 그러므로 인류의 대부분은 이 세계 사물의 자연스러우며 변경할 수 없는 상태와 인간계의 모든 사정의 구조에 의하여, 다른 사람들이 의존하는 의견을 확립하는 데 필요한 갖가지 증거에 대하여 극복하기 어려운 무지에 불가피하게 떨어진다. 왜냐하면 사람들의 거의 모두는 살아가는 수단을 얻기 위해 해야 할 일이 많으므로 학문적인 수고로운 탐구의 수단을 찾을 처지에 있지 못하기 때문이다.

3. 그런 증거가 결여된 사람은 어떻게 되는가 하는 반대론에 대답한다

그럼 어떻게 되는 것인가? 인류의 거의 모두는 그 경우의 필연성에 의하여, 그 사람들에게 있어 가장 중요한 일에 대하여 피하기 어려운 무지에 복종할 것인가? (왜냐하면 이런 일에 대하여 탐구하는 것은 명료하기 때문이다.) 인류의 대부분은 자기들을 행복과 불행으로 이끄는 데 우발적이며 맹목적인 우연 이외의 지도자를 갖지 않는 것인가? 모든 나라의 유행하는 주장이나 공인된 지도자는 모든 사람에게 있어 자기의 가장 큰 관심사를, 아니 영구한 행불행을 거는 충분한 증명이자 보증인가? 또는 (예를 들면) 그리스도교 세계에서 어떠한 것을 가르치고, (이교도인) 터키에서 다른 것을 가르치는 일이 진리의 절대 확실하며 오류 없는 신탁이나 기준이 될 수 있는 것인가? 또는 가난한 농촌 사람이 우연히 이탈리아에서 태어났으므로 영원히 행복하고, 일용노동자가 불운하게도 잉글랜드에서 태어났으므로 불가피하게 지극한 행복을 누릴 수 없는 것인가? (그런 일이 있어도 되는가, 그렇게 반문을 당할지도 모른다. 나는 대답하는데) 이런 일이 있는 것을 그 자리에서 말할 수 있는 사람들이 얼마나 될지 나는 여기에서 검토하지 않을 것이다.

그러나 다음의 점은 확실하다. 즉 이런 하나 또는 다른 것을 (좋아하는 것을 선택하도록 하자) 사람들이 진실로서 받아들여야 하거나, 아니면 신이 사람들에게 그 일상의 직업이 그 사람들에게 여가를 허락할 때 사람들이 자기가 가야 하는 길에 진지하게 종사하려고만 하면, 사람들을 그 길로 지시하는 데 충분한 기능을 준다고 인정하지 않으면 안 된다. (나는 물론 뒤엣것을 받아들인다.) 대체로 자기 영혼에 대하여 생각하고, 종교 문제로 가르침받을 시간을 전혀 갖지 못할 정도로 살기 위한 수단에만 전적으로 매달려야 되는 사람은 없다. 사람들이 만일 더 낮은 관심사에 대한 것과 마찬가지로 이런 일에 열심이었다면, 생활의 필요한 일에 노예가 되어버렸을 터이며, (영혼과 종교라는 우리에게 도움이 되는) 유리한 지식과 결부될 수 있는 여가를 많이 찾아내지 못하는 사람은 한 사람도 없을 것이다.

4. 탐구를 방해받는 사람들

재산의 모자람이 진보와 교양을 좁히는 사람들을 제외하고는 엄청난 재산이 책이나 그 밖의 의혹을 풀고 진리를 발견하는 데 필수의 것을 넉넉하게 공급했을 테고, 자기 나라의 법에 의하여, 또한 많이 알면 알수록 자기들을 점점 믿지 않는 일이 없도록 무지하게 놓아두는 것이 이익이라고 하는 사람들을 엄중히 감시함으로써 단단히 감금을 당하는 사람들이 있다. 이런 사람들은 앞에서 말한 가난하고 비참한 노동자에 비하여, 공명한 탐구의 자유와 계기로부터 비슷할 정도로 멀고도 먼 것이다. 그래서 아무리 높고 훌륭하게 보이든 좁은 사상에 국한되며, 인간의 가장 자유스런 부분이 되어야 하는 것, 즉 지성에서 노예가 된 것이다. 이것은 일반적으로 말해서 참된 지식이나 진리를 넓히도록 배려하는 장소, 사람들이 (자기 신앙을 갖지 않고, 어떤 나라에 태어나) 운에 맡겨 그 나라의 종교를 강요당하는 장소에 사는 모든 사람의 경우이고, 따라서 그들은 어리석은 사람들이 돌팔이 의사의 알약을 무엇으로 만들었는지, 또는 어떤 효과가 있는지도 모른 채 그냥 삼키고, 병을 낫게 해줄 것으로 믿어 달리 아무것도 할 일이 없는 것과 마찬가지로 여러 설(또는 의견)을 알지도 못하고 그대로 받아들이지 않으면 안 된다. 그러나 이 경우에 그 사람들은 돌팔이 의사의 알약을 그냥 삼킨 사람보다도 다음의 점에서 더 비참하다. 즉 손도 대지 않고 놓아두고 싶었던 것을 그냥 삼키기를 거절한다든가, 믿고 지도를 받고 싶은 의사를 고를 자유가 없다는 것이다.

5. 둘째로 증거를 이용하는 기능의 결여

둘째로 여러 개연성에 대하여 가진 증명을 이용하는 기능이 모자라거나 없는 사람, 머릿속에서 귀결의 계열에 다다르지 못하고, 또는 모든 사정을 적정히 받아들여 서로 반대하는 증거와 증언의 우세를 정확히 비교 고려하지 못하는 사람은 확실하지 않은 듯한 (개연성이 아닌) 견해에 동의하도록 쉽사리 잘못 이끌릴 수 있을 것이다. 사람들 가운데에는 하나의 삼단논법뿐인 사람, 두 삼단논법뿐으로 그 이상은 없는 사람, 한 걸음밖에는 더 나아가지 못하는 사람, 그런 (하찮은 추리밖에 못하는) 사람이 있다. 이런 사람은 가장 힘 있는 증거가 있는 쪽을 언제나 식별하지 못하여, 그 자체에 개연성이 높은 쪽의 설(또는 의견)인 것에 언제나 따를 수가 없다. 그래서 사람들의 지성에 이런 차이가 있는 것은, 이를테면 한쪽에서 웨스트민스터 홀이나 거래소(처럼 지성이 높은 사람들이 모인다고 생각되는 곳)에, 다른 쪽에서 구빈원이나 베들럼 정신병원(처럼 지성이 낮은 사람들이 있는 곳)에 이제까지 한 번도 있어본 적이 없었다 하더라도, 옆 사람들과 조금이라도 말을 해본 일이 있는 사람은 이상하게 여기지 않을 거라고 나는 생각한다.

사람들 지적 능력의 이와 같은 큰 차이가 생각에 특히 적응하는 신체기관의 어떠한 결함에서 생기는가? 사용하지 않으므로 그런 기능이 무디어지고 다루기 어렵기 때문에 생기는가, 그 사람이 생각하는 것처럼 영혼 자체의 자연스런 차이에서 생기는가, 그렇지 않으면 또 이런 어떤 것, 또는 모두가 함께 생기는가. 그 검토는 여기에서는 아무래도 좋다. 다만 다음의 점은 뚜렷하다.

즉 사람들의 지성·이해·추리에는 정도의 차이가 있으며 그 차이는 매우 크므로 이 점에서 어떤 사람과 다른 사람의 거리는 어떤 사람과 어떤 짐승과의 사이보다 크다고, 인류를 다치게 하지 않고 단언할 수 있을 것이다. 어떻게 해서 이렇게 되는가는, 매우 중대하기는 하지만 우리의 당면한 목적에는 필요한 사색이 아니다.

6. 셋째로 증거를 이용할 의지의 결여

셋째로 다른 부류의 사람들이 있다. 증거가 손에 닿지 않은 데에 있기 때문이 아니라, 증거를 이용하려고 하지 않으므로 증거가 부족한 사람들이다. 이들은 재력도 여가도 충분히 있고, 재간이나 그 밖의 도움도 모자라지 않지만 결코 증거에는 뛰어나지 않은 것이다. 어떤 사람들은 쾌락을 열심히 추구하고, 또는 장사에 쉴 새 없이 바빠 그 사유를 다른 데로 돌린다. 게으름 또는 책·학업·명상에 대한 특별한 혐오는 다른 사람들로 하여금 성실한 사유를 전혀 하지 못하게 한다. 또 어떤 사람들은 공평한 탐구가 자기들의 선입견·생활·의도에 가장 적합한 설로 기울어 편을 들까 두려워 자기들에게 편리하며 유행하고 있는 것으로 보인 것을 검토도 하지 않은 채 믿고 받아들여 즐긴다. 이렇게 대부분의 사람은, 달리 살 수도 있는 사람마저 자기가 알려고 애쓰는 개연지를 잘 알지 못하고, 하물며 그런 개연지에 대한 이지적 동의는 더더욱 없이 평생을 보낸다. 더구나 그런 개연지는 아주 잘 보이는 범위 안에 있으므로 이것을 받아들이려면 다만 그쪽으로 눈을 돌리기만 하면 된다. 그렇지만 아는 바와 같이, 나쁜 소식을 가져온다고 생각되는 편지를 읽으려 하지 않는 사람이 있으며, 자산 상황이 매우 좋은 상황은 아니라고 두려워할 이유가 있는 많은 사람은 수지계산을 금하고, 자기 자산에 대하여 생각하는 일까지 금한다. 넉넉한 재산이 지성을 진보시킬 여유를 가진 사람들이 어떻게 나태한 무지에 만족할 수 있는가를 나는 말할 수가 없다. 그러나 모든 수입을 몸을 위한 대비에 써버리며, 진리의 수단과 도움에 조금도 쓰지 않은 사람은 자기들의 영혼을 가볍게 여기는 것이라고 나는 생각한다. 그런 사람은 언제나 아름답고, 훌륭한 겉치레에 몹시 마음을 쓰며, 허술한 옷차림이나 바대를 댄 웃옷으로 나타나는 것은 비참하다고 생각하겠지만, 마음이 너덜너덜하게 해지고 그나마도 남의 것을 빌린 누더기를 입고, 또는 자기 고장의 양복장이가 입혀준 옷

(내 말의 뜻은 그 사람들에게 널리 알려진 통설이다)을 입고 사람들 앞에 나타나는 것을 아무렇지 않게 생각했을 것이다.

나는 미래의 상태(즉 내세)를 생각하고, 거기에서 자기들에게 마음이 켕기는 것을 생각하는 자에게 앞에서 말한 것이 얼마나 이치에 맞지 않는가를 말하지 않을 것이다. 미래의 상태나 거기에서의 일을 이지적인 인간은 가끔 생각하지 않을 수는 없다. 또 자기가 알고자 했던 사물에 대해 무지하다는 걸 아는 일이, 지식을 몹시 경멸하는 자에게마저 얼마나 수치스러우며 혼란스런 것인가를 지적하지 않을 것이다. 그러나 적어도 다음의 점은 스스로 신사라고 일컫는 자가 고찰할 만하다. 즉 그 사람들이 아무리 신용·존경·권력·권위가 자기들의 출신이나 재산의 동반자라고 생각하더라도, 이것은 모두 지식에서 자기들을 뛰어넘은 하층 사람들이 언제나 자기들에게서 가지고 간다는 것을 알게 되리라. (그런 점이다.) 앞을 보지 못하는 사람은 보는 사람에 의해 늘 끌려갈 것이다. 그렇지 않으면 구덩이에 빠질 것이다.[1] 지성에 눈감은 사람은 절대 확실히 가장 예속된 자, 가장 노예인 자이다. (그런데) 앞에서 든 사례에서는 옳지 않은 동의의 원인인 어떤 것을 제시하고, 개연적인 이설이 그 개연성 때문에 얻게 되어 있는 이유에 걸맞은 동의로 늘 받아들여질 수만은 없다는 것이 어떻게 가능한가를 명시해 왔다. 지금까지는 (이 절에서는) 증거는 존재하지만, 잘못을 안고 있는 사람에게 나타나지 않을 것 같은 개연성만 고찰해 왔다. (왜냐하면 증거가 부족한 경우는 이 장 제2절에서 말했기 때문이다.)

7. 넷째로 개연성의 옳지 않은 기준

마지막으로 한 부류의 사람들이 남아 있다. 그 사람들은 실재(또는 진실)의 개연성이 나타나 자기들 앞으로 누구나 알도록 놓아두는 경우마저 굳은 믿음을 허용하지 않고, 뚜렷한 이유에 복종하지도 않아 에페케인,[2] 즉 동의를 멈추든가, 개연성이 적은 쪽의 설(또는 의견)에 동의하든가 어느 것을 받아들인다. 그래서 위험천만하게 개연성의 옳지 않은 척도를 받아들인 사람이 드러난다. 그런 옳지 않은 척도는

---

*1 '소경이 소경을 인도하면 둘 다 구렁에 빠진다.' 〈마태복음〉 15장 14절. '소경이 어떻게 소경의 길잡이가 될 수 있겠느냐? 그러면 둘 다 구덩이에 빠지지 않겠느냐?' 〈누가복음〉 6장 39절.
*2 필론파가 말하는 '($\epsilon\pi o\chi\eta$)'를 뜻한다.

1. 원리를 받아들인, 그 자체로선 절대 확실하거나 명백하지 않으며 의심스러운 거짓 명제
2. 널리 받아들여진 가설
3. 우세한 정서 또는 감성
4. 권위

8. 첫째, 원리로 받아들여진 의심스러운 명제

첫째, 본디 개연성의 으뜸이자 가장 견고한 근거는 어떤 사물이 우리 자신의 지식에 대하여 가진, 특히 우리의 지식 가운데 원리로서 신봉되어 그렇게 줄곧 간주된 부분에 대하여 가진 합치이다. 이 원리는 우리의 의견에 크게 영향을 미쳐, 따라서 우리는 원리에 의하여 다음의 정도로까지 진리를 판정하여 개연성을 측정하는 것이 통례이다. 즉 우리의 원리에 꼭 맞지 않는 것은 우리로서는 개연적이라고 통하는 데 너무나 동떨어져 있어, 가능하지만 받아들일 수 없을 정도이다. 이런 원리에 바치는 존경과 숭배는 대단히 크며 그 권위는 다른 어떠한 것보다 높으므로 (다른 사람들의 증언이나 우리 자신의 감각의 증명이라는) 이런 확립된 규칙에 반대되는 사물을 보증하도록 원리가 제시될 때는, 다른 사람들의 증언뿐만 아니라 우리 자신의 감각의 증명도 자주 거부된다.

생득원리의 이설이나 원리는 증명되어서도 의문시되어서도 안 된다고 하는 이설이 앞에서 말한 것에 얼마나 이바지해 왔나를 나는 여기에서 검토하지 않을 생각이다. 대체로 나는 즉석에서 받아들이지만, 하나의 진리는 다른 진리와 모순되지 않는다. 그러나 또 다음과 같이 말하는 것도 양해하기 바란다. 즉 모든 사람은 그 원리와 허용이라고 하는 것을 아주 조심스럽게 검토하여 원리를 그것 자체의 증명에 의하여 그 자체로서 진실하다고 절대 확실히 아는가 어떤가, 또는 다른 사람들의 권위에 근거하여 진실이라고 다만 확신하여 믿을 뿐인지를 살펴보아야 한다. 왜냐하면 옳지 않은 원리를 흡수해 버린 나머지, 그 자체로선 명백히 진실이 아닌 어떠한 주장의 권위에 맹목적으로 몸을 맡긴 사람은 그 지성에 강한 편향이 숨어들어, 이것이 동의를 불가피하게 그릇 안내하기 때문이다.

9.

매우 흔한 일이지만, 아이들은 부모나 유모나 주위 사람에게서 (특히 종교 문제에 대하여) 여러 명제를 마음에 받아들인다. 그 명제는 아이들의 경계하지 않는, 또 치우치지 않은 지성으로 숨어들어, 점점 굳어져 마침내는 (참 거짓을 막론하고) 오랜 습관과 교육으로 마음에 못 박혀 다시는 뽑아낼 수 없게 된다. 왜냐하면 사람들이 성인이 되었을 때 자기 의견을 성찰하고 앞에서 든 종류의 의견이 일찍부터 숨어들었다는 것도, 어떤 수단으로 이것을 얻게 되었는지도 관찰한 적이 없으므로 자기들 마음에 기억 그 자체와 마찬가지로 오래되었다고 여기는 데서, 사람들은 곧잘 그런 의견을 성스런 것으로 존중하여 불경스럽고 훼손하는 의심스런 것이 안 되게 하려는 성질이 있기 때문이다. 사람들은 그런 의견을 신 자신에 의하여 자기들 마음에 직접 베푼 우림과 둠밈[3]으로 보며, 진리와 허위의 위대하고 오류가 없는 결정자라고, 모든 양식을 동원한 논쟁으로 호소해야 할 판정자라고 여기는 것이다.

10.

(한편) 자기의 원리(어떤 원리라도 그 사람의 마음대로 하게 하자)에 대하여 이런 (앞 절에서 말한 것 같은) 의견이 어떤 사람의 마음에 일단 확립되고 나면 원리의 권위를 없애는, 바꿔 말하면 그런 내적 신탁을 완전히 꺾을 어떤 명령은 아무리 명석하게 증명된다 해도 어떤 수용 방법을 찾아낼 것인지 쉽게 상상할 수 있다. 그런데 이런 원리에 일치할 수만 있다면 더없이 심한 불합리한 것, 비개연적인 (확실하지 않은 듯한) 것도 가볍게 목을 지나 쉽게 소화된다. 인류의 다양한 종교에서 전혀 반대인 주장을, (이 주장이나 저 주장이나) 불합리한데도 굳게 믿는 사람들에게서 발견하게 되어 있는 지독한 완고성은, 그런 설들이 널리 받아들여진 전통적인 원리에서 볼 수 있는 이런 추리 방식의 피하기 어려운 귀결임과 동시에 뚜렷한 증거이다.

그러므로 사람들은 이와 같이 성스러운 교리와 일치하지 않는 사물을 허용하기보다 오히려 자기 눈을 믿지 않고 자기 감각의 증명을 부인하며, 자신의 경험을 거짓이라고 할 것이다. (예를 들면) 지성에 어떠한 상념이 움트기 시작

---

[3] Urim and Thummim. '시비를 가리는 이 가슴받이 속에는 우림과 둠밈을 넣어두어라. 아론이 야훼 앞에 들어갈 때 이것을 가슴에 붙이고 들어가게 하여라.' 〈출애굽기〉 28장 30절.

한 처음부터 다음의 원리를, 즉 교회(즉 함께 믿는 사람들)가 믿는 대로 믿어야만 한다는, 또는 교황은 오류가 없다고 하는 원리를 끊임없이 배워 온 지능 있는 로마파의 사람*⁴을 받아들인다. 이 사람은 마흔 살 쉰 살이 되어 다른 하나의 원리를 만날 때까지, 앞의 원리가 의심을 샀다는 말을 들어본 적이 없었다. 이런 사람은 모든 개연성에 어긋날 뿐만 아니라, 감각의 명석한 증명에 반하는 것까지 화체(化體)*⁵의 이설을 쉽게 이해할 각오를 어떻게 했을까? 이 원리는 이 사람의 마음에 엄청난 영향을 끼쳤으므로, 빵으로 보이는 것이 몸으로 믿어졌다. 그래서 어떤 철학자들과 함께 사람들의 감각에 반대하고 자기의 이지적 추리(라고 하는 것은, 사람들이 자기들의 원리에서 끌어낸 주장을 부적절하게도 그렇게 부른다)를 믿지 않으면 안 된다는 것을 추리의 밑바탕으로 세워버린 인간에게, 그가 받아들인 어떠한 비개연적인 (확실한 것 같지 않은) 주장(또는 의견)을 (확실한 것 같지 않다고) 이해시키기 위하여 어떤 길을 택할까(아무 방법도 없다)? 광신자에게 자기 또는 자기의 선생은 영감을 받고 있어, 신령의 직접 전달에 의하여 행동한다는 원리를 가르쳐 보자. 그러면 광신자의 이설에 반대하는 명석한 이지의 증명을 끌어내도 소용이 없다. 그러므로 옳지 않은 원리를 흡수해 버린 자는 누구든지, 많은 사람이 결코 검토하는 것을 허락하지 않을 원리마저 검토하는 것을 받아들일 만큼 자기 자신에게 공평 솔직하지 않는 한, 원리와 맞지 않은 이러한 일에 더없이 분명하게 설득되지 않을 수 없는 개연성에 의하여 움직여질 리가 없다.

11. 널리 받아들여진 가설

둘째, 이런 것(앞 절에서 예를 든 사람들)에 이어 지성이 틀에 박혀 널리 받아들여진 가설의 척도에 딱 맞도록 만들어진 사람들이 있다. 이 사람들과 앞(절의)사람과의 차이는 다음과 같다. 즉 이 사람들은 사실을 허용한다는 점에서 자기에게 동조하지 않는 사람과 일치하려 하지만, 여러 이유를 설정하고

---

*4 코스트는 '교회(즉 함께 믿는 사람들)'를 괄호 없이 '함께 믿는 사람들'이라 하고, '교황은 잘못이 없다'고 번역하지 않고, '로마파 사람'을 '루터파 사람'이라고 한다. 프랑스 독자가 로마 가톨릭파나 칼뱅파인 것을 고려해 교황이 잘못이 없다는 것을 예로 들지 않고, 그들을 자극하지 않는 루터파를 선택한 것이다.

*5 transsubstantiation. 성체공존.

작용 방법을 설명하는 점에서 차이가 있을 뿐이다. 이 사람들은 앞(절의)사람처럼 자기 감각에 공연하게 맞서지 않는다. 좀더 참고 굳세게 견디어 감각이 알려주는 것에 귀를 기울일 수가 있다.

그러나 사물의 설명에서는 감각의 보고를 결코 허용하지 않을 것이며, 그 사람들이 자기 (마음)속으로 사물은 이렇다고 판정한 대로 똑같이 일어나지 않으면 그 사람들을 설득시킬 만한 개연성에 의해 수긍하게 하지는 못할 것이다. (예를 들어) 학식 있는 교수라면 시간과 등불을 적잖게 소비하여 그리스어와 라틴어의 견고한 바위로 만들고, 일반적 전승과 존경스런 턱수염으로 굳어진 40년에 걸쳐 이어진 권위가 갑작스런 출세자가 부르짖은 새로운 주장에 의하여 한순간에 무너지는 것은 견딜 수 없는 일이며, 교수의 주홍빛 옷이 부끄러운 일은 아니었을까?

교수가 학생들에게 30년 전에 가르친 것은 모두 오류이자 잘못이고, 어려운 말과 무지를 매우 비싼 값으로 팔았음을 고백하게 되리라 기대할 수 있을까? 거듭 말하지만, 이런 경우에 이기려면 어떠한 개연성이 채워져야 하는가? 누가 도대체 (감관의 증명에 근거하는) 이보다 더없이 힘찬 주장에 설득되어, 많은 시간을 괴로운 연찬으로 수고해 온 과거의 주장 전체를, 진리와 학식이라 일컬었던 모든 것을 단숨에 벗어버리고 완전한 알몸으로 새로운 상념의 탐색에 새롭게 다시 나서겠는가? (이솝우화에 나오는) 바람이 나그네를 이겨 외투를 벗게 할 수가 없고, 나그네는 점점 더 단단히 외투를 여미게 되는 것과 같이, 이용할 수 있는 모든 변론도 도무지 이길 수는 없을 것이다. 이 옳지 않은 가설의 오류로서 진실한 가설 또는 옳은 원리이지만 올바로 이해되지 않음으로써 일으키게 되는 어떤 오류, 그런 잘못으로 귀착될 수 있다. 이만큼 잘 보이는 사물은 없다. 모든 성서의 오류 없는 진리에서 나온 갖가지 설을 서로 다투는 사람들의 사례는 그것의 부정할 수 없는 증거이다. (예를 들면) 그리스도교도라 자처하는 모든 사람은 메타노에이테($\mu\varepsilon\tau\alpha\nu o\varepsilon\iota\tau\varepsilon$)*6라고 하는 본문이 그 (말의) 속에 아주 무거운 의무에 대한 책무를 포함하는 것을 받아들인다. 더욱이 프랑스어밖에 이해하지 못하여, 이 규칙을 하나의 번역으로 repentez vous 즉 '회개하라'로 받아들이는 사람, 또는 다른 번역으로 faitez pénitence 즉

---

*6 유래하다(derive).

'속죄하라'로 받아들이는 사람의 실천의 하나(즉 회개만의 경우)는 얼마나 잘 못된 것인가.

12. 셋째, 우세한 정서

셋째, 사람들의 기호 또는 욕구와 (마음에) 널리 퍼진 정서에 거스른 개연성은 같은 운명에 다다른다. (예를 들면) 탐욕스런 인간의 추리의 한쪽에 대단히 많은 개연성을 두고, 다른 쪽에 돈을 놓자. 어느 쪽의 무게가 더 나갈지 쉽게 예측할 수 있다. 속되고 악한 마음은 진흙벽과 같아, 가장 강력한 포열(砲列)에도 맞선다. 경우에 따라서는 명석한 말재주의 힘이 조금 효력이 있을지도 모르지만, 속악한 마음은 그럼에도 튼튼히 서서 자기를 붙잡으려 하는 또는 방해하려 하는 적, 즉 진리를 접근시키지 않는다. (예를 들면) 정열적으로 사랑하는 남자에게 기만당했다 이르고, 애인의 가짜 증인을 스무 명 데리고 올 것이다. 10대 1로, 애인의 ('나는 당신을 사랑합니다'라고 하는) 세 마디의 상냥한 말이 모두의 증언을 무효로 만들 것이다.

Qoud volumus, facilè credimus, 즉 '우리의 염원에 적합한 것은 나아가서 믿을 수 있다'는, 누구나 한 번만이 아니라 실제로 경험한 어떤 것이라고 나는 생각한다. 그래서 사람들은 자기들에게 반대하는 명백한 개연성의 힘을 늘 공연하게 부인한다든가, 이것에 맞선다든가 할 수는 없으며 더구나 주장에 굴복은 않는다. 하긴 개연성의 많은 쪽을 으레 승낙하는 것이 지성의 본성이기는 하지만, 더구나 인간에게는 지성의 탐구를 멈추고 억제하여 문제의 사정이 검토될 수 있는 한, 또 검토에 견딜 수 있다고 생각하는 한 빠짐없이 만족스럽도록 검토하는 것을 허락하지 않는 능력이 있다. 이 검토가 이루어지는 동안은 가장 뚜렷한 개연성(을 진실로서 받아들일 것)을 회피하는 다음 두 가지 길이 언제나 남게 될 것이다.

13. 개연성을 회피하는 수단. 첫째로 상정 가능한 오류

첫째로 주장은 (거의 모두 그렇지만) 말로 하므로 말 속에 숨어 있는 오류가 있을 수 있을 테고, 귀결은 어쩌면 계열을 이루어 수없이 많으므로 어떤 것은 앞뒤가 맞지 않는 것이 있으리라는 점이다. 본디 다음과 같은 논의, 즉 매우 짧고 명석하고도 정합적이며, 거의 모든 사람이 자신에게 충분히 이해시켜, 이 (오류가 숨어 있지 않을까 하는) 의심을 일으키지 않아도 될 것 같은 Non persuadebis, etiamsi persuaseris, 즉 '나는 대답할 수 없지만 굴복하지 않을 것이다'라고 하는 예부터의 대답을 하여, 성실하지 않다든가 이치에 맞지 않는다든가 비난받지 않아도, 자기 자신을 그 굳은 믿음에서 벗어나지 않고도 (바꿔 말하면 굳게 믿어도) 좋을 것 같은 논의는 매우 적다.

14. 둘째로 상정된 반대의 주장

둘째로 반대하는 측에서 말할지도 모르는 것을 아직 모두는 모르고 있는, 이런 시사에 근거하여 명백한 개연성을 회피할 수 있고 동의를 억누를 수 있을 것이다. 그러므로 비록 내가 지더라도, (주장의) 배후에 어떤 힘이 보류되어 있는가를 모르므로 굴복할 필요는 없다. 이것은 공공연하게 널리 알려진 굳은 믿음이며, 따라서 언제 인간이 완전히 그 구역 밖에 있는가를 결정하기 어렵다는 그런 굳센 믿음에 대한 도피 수단이다.

15. 어떤 개연성이 동의를 결정하는가

그렇지만 이 피하는 길에도 어떤 끝(또는 한도)이 있다. 어떤 인간이 개연성 (또는 확실한 듯함)과, 있을 것 같지도 않은 것과의 근거를 조심스럽게 탐구하여 모든 세밀한 점에서 공명하게 알도록 힘껏 (개연성의) 양쪽에서 총계를 계산하면, 거의 모든 경우에 문제 전체로서는 어느 쪽에 개연성이 있는가를 인정하게 될 수 있을 것이다. 이때 이지에 관한 문제라면 어떤 논거는 보편적 경험에 근거한 상정이고, 대단히 설득적이고 명석하며, 사실적 사항으로서 어떤 증언은 매우 보편적이라서 동의를 거부할 수 없다. 그러므로 다음과 같은 결론을 내릴 수 있다고 나는 생각한다. 이를테면 (실제) 보고 있는 논거가 매우 중대한 논거였어도 아직 말에 오류가 있는가, 어떤 논거가 뚜렷한 것으로서 반대쪽에 제기되는가를 의심하기에 충분한 근거가 있는 명제에서는, 동의·정지(停止)·부동의는 유의적(으로 작용하는 마음) 활동이다. 그러나 논거가 명제를 아주 확실한 듯이 (개연적으로) 하는 것이고, 말의 오류(차분하고 진지한 고찰이 발견될 것이다)가 있는지, 반대쪽에 아직 발견되지 않고 숨어 있는 타당한 논거(이것도 사려 깊은 인간에게는, 사물의 본성이 어떤 경우에는 누구든지 알도록 할 수 있을 것이다)가 있는지 그 어느 쪽이라고 의심할 충분한 근거가 없는 곳에서는 논거를 비교 고려한 인간은 개연성이 큰 쪽에 대해 동의를 거부하는 일은 좀처럼 있을 수 없다고 나는 생각한다. (예를 들면 부정적인 사례이지만) 인쇄 문자를 난잡하게 그러모은 것에 자주 차례와 질서가 붙여져, 정연한 논의를 종이에 날인한다든가, 지성 있는 작용자에게 지도받지 않은 원자의 맹목적 우연적인 과정이 자주 어떤 종류의 동물의 몸을 구성한다든가, 그런 일이 확실한(개연적인)가 어떤가? 이와 비슷한 경우에는 이것을 고찰하는 사람 누구나 (긍정 부정의) 어느 쪽 관점을 취하는 데 조금이라도 당황한다든가, 동의하는 데 전혀 헷갈릴 리가 없다고 나는 생각한다.

마지막으로 (사물 자체의 본성으로는 (긍정 부정의 어느 쪽으로도 결정할 수 없는) 무차별로, 증인의 증언에 전적으로 의존하고 있어) 인증된 사실을 긍정하는 것과 마찬가지로 부정하는 것에도 공명한 증언이 있다는 상정이 전혀 불가능하여 탐구에 의하여 이것을 배워야 할 때, 예를 들면 1700년 전에 율리우스 카이사르라는 사람이 로마에 있었나 없었나 할 때, 모든 이런 경우에는 나는 말하지만 동의를 거부하는 것은 일반적으로 이지 있는 인간의 능력에 없으며, 동의는 그런 (사실에 관한) 개연성에 필연적으로 따라 여기에 동조한다고 생각한다. (그러나) 명석성이 뒤떨어진 다른 경우에는 동의를 멈추는 것이 인간의 능력 속에 있고, 또 어쩌면 만일 증거가 자기 감성 또는 이해에 적합한 설의 편이 되려면 자기가 가진 증거로 만족하고, 나아가서는 그 이상의 탐색을 그만두는 것은 그 사람의 역량에 달려 있다고 나는 생각한다. 무릇 인간이 자기에게 나타나 있는 개연성이 적은 쪽에 동의를 제공하는 일은 전혀 있을 수가 없지만, 같은 사물이 개연적인 (확실한 듯한) 것임과 동시에 비개연적이라(확실한 것 같지 않다)고 믿음이 가지 않는 것과 똑같게는 할 수 없는 일이라고 나는 생각한다.

16. 동의를 멈추는 것은 우리 역량에 달려 있다

본디 진정한 지식은 지각과 같이 (우리가 생각하는 대로) 맘대로 되는 것은 아니지만, 그와 같이 동의는 진리와 마찬가지로 우리의 능력에 없다고 나는 생각한다. 어떤 두 관념의 일치(또는 불일치)가 직접이든, 이지의 도움에 의해서든 우리 마음에 나타날 때, 나는 이것을 지각하는 일을 거부하지 못하며 아는 것을 피하지 못한다. 그 점은 내가 눈을 돌려 한낮의 빛 속에서 바라보는 대상을 보는 일을 피할 수 없는 것과 같다. 또 빠짐없이 검토하여 가장 개연적으로 (확실한 것 같다고) 보여지는 것에 대하여, 나는 동의를 거부할 수 없다.

그렇지만 일치(또는 불일치)가 일단 지각된 곳에서는 우리의 참된 지식을 방해할 수는 없고, 모든 척도의 적정한 고찰에 근거하여 개연성이 명백하게 나타난 곳에선 우리의 동의를 방해할 수는 없다. 그럼에도 우리가 탐구를 그만두고, 어떠한 진리의 탐색에 우리의 기능을 관여하지 아니함으로써 진리도 동의도 모두 방해할 수 있는 것이다. 만일 그렇지 않다면 무지·오류·배신은 어떤 경우에도 잘못이 있을 수 없었으리라. 이렇게 어떤 경우에는 우리는 동의를 지킬 수 있으며 멈출 수 있다. 그렇지만 현대 또는 고대의 역사에 정통한 사람이 로마 같은 곳에 있었나 없었나, 또는 율리우스 카이사르 같은 사람이 있었는지 과연 의심할 수 있을까? 실제 아는 것이 어떤 인간과 관계없는, 또는 관계없다고 생각해도 좋은 수백만의 진리가 있다. 예컨대 우리의 왕 리처드 3세[7]는 꼽추였던가 아닌가, 또는 로저 베이컨[8]은 수학자인가 마술사인가 그런 진리이다. 이런 것과 그런 비슷한 경우, 즉 한쪽 또는 다른 쪽에 대한 동의가 어떤 사람의 이해에 중요한 일이 아니고, 행동도 관심사도 동의로 이어지거나 의존하지 않는 곳에서는 마음이 보통의 주장에 몸을 맡기거나 처음으로 온 주장에 항복해도 이상할 것이 없다. 이런 비슷한 주장은 무게가 없으며 중대하지 않으므로 태양 속의 보잘것없는 티끌처럼 그 경향을 지각할 수 있는 경우란 매우 드물다. 그런 주장은 말하자면 우연히 거기에 있는 것이고, 마음은 그것을 자유롭게 떠들게 한다. 그렇지만 마음이 명제는 관계가 있다고 판단한 것, 동의와 동의하지 않은 것이 그 뒤에 중대한 귀결을 가져오며, 선악이 옳은 쪽을 선택하는가 거부하는가에 근거한다고 생각되어, 마음이 진지하게 개연성의 탐구나 검토를 시작하는 곳에서는 만일 명백한 우열의 차이가 어느 쪽엔가 나타나면, 자기가 좋아하는 쪽을 취하는 것은 우리의 선택에 있지 않다고 나는 생각한다. 그 경우는 개연성이 큰 쪽이 동의를 결정할 것이다. 그렇게 나는 생각한다. 그래서 인간은 큰 쪽의 개연성을 지각하는 데에 동의

---

*7 Richard the Third(1452~85).

*8 Roger Bacon(1214?~1294?). Doctor mirabilis 경이(驚異)의 박사로 불리는 중세 경험론의 영국 철학자.

하는 것을, 바꿔 말하면 진실이라고 하는 것을 피할 수 없으며, 그 점은 어떤 두 관념의 일치나 불일치를 지각하는 데에서 진실이라고 아는 것을 피할 수 없는 것과 같다.

앞에서 말한 바가 맞다면, 악덕의 밑바탕이 선의 옳지 않은 척도에 있듯이 오류의 밑바탕은 개연성의 옳지 않은 척도에 있을 것이다.

17. 넷째로 권위

내가 이제부터 지적하는 마지막 네 번째 개연성의 옳지 않은 척도로서 (지금까지 말한) 다른 모든 것을 합친 것보다 많은 사람들을 무지 또는 오류에 머물게 한 것은 앞 장(이를테면 이 권 제17장 제19절 등)에서 예를 들었던 것, 즉 친구든 당파든, 가까운 이웃이든 국가든 널리 받아들일 수 없는 주장에 우리의 동의를 맡기는 것이다. 얼마나 많은 사람이 자기들 주장의 근거를, 같은 주장을 겉으로 나타내는 사람들이 갖는다고 상정되는 정직과 학식과 수보다 달리 갖지 않는가? 마치 정직한, 또는 늘 책을 읽는 사람은 잘못을 저지를 리가 없고, 진리는 수많은 소리에 의하여 확립되어야 하는 것처럼 대부분의 사람에게 이것은 유익하다. (그 사람들은 말한다. 자기들의) 주장은 존경하고 숭배하는 고대의 인증을 받았다. 몇 시대 전부터의 통행증을 가지고 자기가 있는 곳으로 찾아왔다. 그래서 이것을 받아들임으로써 편안하다. 다른 사람들도 지금까지 같은 의견이었으며 (지금도) 마찬가지이다. (왜냐하면 모두들 그렇게 말하기 때문이다). 따라서 이를 신봉하는 것은 이치에 맞다. (이런 식으로 말한다. 그러나) 이런 척도로 자기 주장을 채용하는 사람보다, 동전을 던져 앞면인가 뒷면인가로 결정하는 사람이 차라리 정당하다고 인정을 받게 된다 할 것이다.

모든 사람이 잘못에 빠지기 쉽고, 대부분의 사람이 많은 점에서 정서 또는 이해(利害)에 의하여 오류의 유혹에 빠진다. 만일 우리가 세상의 명성 있고 학식 있는 사람들이나 당파의 지도자들에게 영향을 줄 수 있는 비밀스런 동기를 볼 수만 있다면, 그 사람들이 인정하고 지지하는 주장을 그 사람들로 하여금 받들게 한 사람은 진리 자체를 위하여 진리를 신봉했었다고, 언제나 그렇게 되지는 않았으리라. 적어도 어떤 사람이 이 (다른 사람의 권위에 복종하는) 근거로 받아들이지 않는, 그토록 불합리한 주장은 없다는 것은 절대 확실하다. 같은 잘못을 겉으로 드러내는 자가 이제까지 없었던, 그런 잘못의 이름을 거론할 수는 없다. 그러므로 어떤 사람이 좋는 다른 사람의 발자취가 있는 곳이면 어디든지 자기가 옳은 길에 있다고 믿는다면, 왜곡된 길로 접어드는 잘못에서 결코 벗어나지 못할 것이다.

18. 사람들은 생각만큼 많은 잘못을 하지 않는다

여러 잘못이나 주장에 대하여 세상에서는 몹시 떠들어대지만, 그럼에도 나는 인류 가운데 올바르게 행동하여, 흔히 상정할 만큼 잘못이나 옳지 않은 주장을 하는 사람은 많지 않다고 생각한다. 그 사람들은 진리를 신봉한다고 생각하는 것이 아니라, 실제로 그 사람들이 그렇게 떠들어대는 이설에 대하여 아무 생각도, 아무런 주장도 전혀 갖지 않았기 때문이다. 만일 누군가가 세상의 여러 유파의 열렬한 지지자인 거의 모든 사람에게 조금만 물어보아도 그 사람들이 그렇게 열광하는 일에 관하여 그들 자신이 어떠한 주관을 가지고 있다고는 보이지 않을 것이다. 하물며 논지를 검토하여 개연성이 나타나는 것에 근거하여 자기들의 주장을 받아들였다고 생각할 이유는 더더구나 없다. 그 사람들은 교육이나 이해가 그 사람들을 끌어들인 당파에 매달릴 결심을 하고, 그 당파 속에서 군대의 평범한 병사처럼 지도자가 지시하는 대로, 자기들이 탐구해야 할 대의는 아예 검토도 않고, 또는 대의가 무엇인지 알지도 못하고 용기와 열정을 드러내는 것이다.

만일 어떤 사람의 생활이 종교를 진지하게 고려하지 않는 것을 명시한다면, 그 사람이 어떤 이유로 자기 교회의 주장에 골머리를 앓고, 이러저러한 이설의 근거를 검토하느라 애쓸 생각을 했을까? (아무 이유도 찾아볼 수 없다.) 그런 사람은 지도자에게 복종하여 공통의 대의를 지지하기 위해 바로 손과 입을 움직여, 그것에 의해 그 사회에서 그 사람에게 신용·발탁·보호를 제공할 수 있는 사람들에게 장려를 받는 것이면 충분하다. 이렇게 해서 사람들은 자기들이 결코 굳게 믿지 않았거니와 결코 귀의자가 아니었던, 아니 머리에 떠오르는 일조차 없었던 설의 선언자이자 투사가 된다. 그래서 세상에 있는 비개연적인 (확실한 것 같지 않은) 설 또는 잘못된 설은 실제로 있는 것보다 적다고 말할 수 없을지언정, 다음의 점은 절대 확실하다. 즉 그런 설에 실제로 동의하며 이것을 진리라고 착각하는 사람은 생각보다는 적다.

제21장

여러 학문의 구분

1. 세 가지 종류

흔히 인간 지성의 범위 안에 들어갈 수 있는 모든 것은, 첫째로 사물 자체에 있는 그대로의 본성, 모든 관계와 그것의 작용방식이거나, 둘째로 인간 자신이 이지적이며 유의적인 작용자로서의 목적, 특히 행복의 달성을 위해 이루어야 하는 것이거나, 셋째로 모든 지식을 얻어 전달하는 방법이나 수단 가운데 어느 한 가지이므로 학문은 다음 세 종류로 구분하는 것이 적절하다.

2. 첫 번째, 형태*¹

첫 번째로 그것 자체로서의 본디 사물, 그 구조나 특성, 작용에 관한 지식. 이는 물질과 물체만이 아니라, 모든 영혼도 포함한다. 모든 영혼은 물체와 마찬가지로 그 본디의 성질이나 구조, 작용을 가지고 있다. 이것을 나는 약간 확장된 의미로 형태, 즉 자연학*²이라 부른다. 이 학문의 목적은 단순히 사색적인 진리이고, 사람의 마음에 그러한 진리를 공유할 수 있는 것은 신(神) 자신이나 천사, 모든 영혼, 물체, 혹은 수(數)나 형태 등의 물체의 감각을 불러오는 것이면 무엇이든 다 이 범위에 들어간다.

3. 두 번째, 실천철학

두 번째로 실천철학이다. 유용한 물건을 얻기 위해 자신의 능력과 행동을 바르게 쓰는 기능. 이 항목에서 가장 중요한 것은 윤리학으로, 윤리학은 행복으로 이끄는 인간 행동의 규칙과 척도, 그러한 행동을 실천하는 수단을 찾는

---

*1 phisica.

*2 φυσική. natural philosophy.

것이다. 이 학문의 목적은 단순한 사색이나 진리에 관한 지식이 아니라 올바른 것과 그것에 적합한 행위이다.

4. 세 번째, 세메이오티케

세 번째로 마지막 부문은 세메이오티케(Semeiotike) 또는 기호이설(記號異說)[*3]이라 불러도 무방할 것이다. 기호에서 가장 일반적인 것은 말이므로 로기케(Logike), 즉 논리학[*4]이라 해도 적합하리라 본다. 그것은 사물을 이해하고, 사물의 지식을 다른 사람들에게 전달하기 위해 마음이 쓰는 기호의 본성을 고찰하는 것이다. 마음이 인지하는 사물은, 마음을 빼고 아무것도 지성에 나타나지 않으므로, 다른 사물이 마음이 고찰하는 사물의 기호 또는 대표로서 마음에 나타낼 필요가 있다. 이것이 관념이다.[*5] 또한 한 사람의 사상을 만드는 관념은 남에게 드러나 직접 볼 수 없으며, 기억 즉 확실하지 않은 창고 말고는 어디에도 모아둘 수 없다.

따라서 우리의 사상을 자신이 쓰기 위해 기록할 뿐만 아니라, 서로 전달하기 위해서도 관념기호는 필요하다. (먼저) 사람들이 가장 쉽고 편하게 생각하고, 따라서 일반적으로 이용하는 것은 분절음(즉 말)이다. 그렇다면 지식의 중요한 도구로서의 관념과 말의 고찰은 인지를 그 범위 전체에 걸쳐 바라보는 사람이라면 결코 가볍게 볼 수 없는 부분을 이룬다. 만약 관념과 말이 분명히 비교되며, 알맞고 바르게 고려된다면, 관념과 말은 우리가 이제껏 인식해 온 바와 다른 종류의 논리학과 비평학을 우리와 공유했을 것이다.

5. 이것이 지식 대상의 처음 구분이다

앞에서 말한 것은, 우리가 갖는 지성이라는 대상의 자연스런 구분만이 아니라, 최초의 가장 일반적인 구분이라고 생각한다. 이것은 진리의 발견을 위한 사물 자신의 관조나, 자신의 목적을 이루기 위한 자기 능력에 어떤 사물, 즉 자신의 행동에 대해서나, 그것의 어느 한쪽 또는 다른 어느 것이든 마음이 이용하는 기호와 마음의 가장 명석한 통지를 위한 기호의 질서를 바로잡는 일

[*3] σεμειωτιχή. 병의 증상으로 판단하는 의학용어이다.
[*4] λογιχή. 논리학은 logos(말)의 학문이다.
[*5] 관념은 1차 기호이고, 말은 2차 기호이다. 의식현상론이 로크의 기본적인 입장이다.

말고는 인간이 자신의 사유를 관여할 수 있는 사물은 아무것도 없다. 이 세 가지 모두, 즉 그것 자체로서 알 수 있는 사물과, 행복을 위해 우리에게 의존하는 행동과, 지식을 위한 기호의 올바른 쓰임은 전혀 다르다. 따라서 그것들은 예지의 세계와 서로 다른 별개의 세 커다란 영역이라고 나는 생각한다.

존 로크 사상과 인간지성론

《인간지성론》 성립의 역사

오늘날 《인간지성론 *An Essay Concerning Human Understanding*》으로 확인된 원고는 세 가지가 있다. 그 가운데 1685년에 집필된 것으로, 리처드 I. 아론이 C라고 이름붙인 원고는 뉴욕의 피어폰트 모건 도서관에 보관되어 있으며, 마찬가지로 그가 A원고 및 B원고라고 이름붙인 것은, 앞엣것이 로크와 조셀린 기브와의 공저로, 뒤엣것은 벤저민 랜드에 의한 간행본이 학계에 나와 있다. 어느 원고나 그 안에 '1671년'이라는 글자가 적혀 있어 집필 시기를 추정할 수 있다.

A원고와 B원고는 논술의 내용을 검토해 볼 때, 내용이나 그 밖의 증거에 의해 앞엣것이 뒤엣것보다 먼저 집필되었다고 단정할 수 있다. A원고의 간행본은 러브레이스 백작이 된 킹의 후손이 소장하다가 1947년 이래 옥스퍼드 대학교 보들리언 도서관 소유가 된 '러브레이스 컬렉션'에 바탕을 두고 있다. 그런데 어쩌된 일인지 이 원고는 1952년 컬렉션으로부터 분리되어 미국의 아서 호턴 주니어에게 팔려버렸다. 그 밖에 공문서 보관소에 보관하는 '섀프츠베리 문서'에서도 거의 똑같은 것이 발견된다. 그리고 원고 전체의 중심부에 해당하는 제27절에 '어제 물을 보았더니 물은 1671년 7월 10일에 존재했다'고 되어 있어 이 대목을 쓴 날짜를 알 수 있으며, 더 나아가서는 A원고의 집필 시기를 짐작할 수 있다.

1671년, 평소 품고 있던 의문을 바탕으로 사람들과 논의를 거치며 그는 '이제까지 한 번도 고찰한 적이 없는 주제에 대해서' 쓰기 시작했다. 이 작업은 그의 예상과 다르게 오래 끌기는 했으나 마침내 여름까지 완성했다. 이른바 A원고가 이것이다. 여기에서 그는 뒷날 공간(公刊)된 《인간지성론》의 거의 모든 영역에 걸쳐서 대략적이기는 하지만 어느 정도는 고찰하고 있다. 인지가 감각과 내성의 두 원천에서만 나온다는 그의 경험론이 전제되어 있다고 해도 될 정도로 처음부터 적극적으로 내세워, 관념을 원자론적으로 해석하는 제2권의 작업이 곧 시작되었다. 제3권에서 다루는 언어는 제1절에서 이미 관념의 고찰과 서로 얽히면서 언급된다.

공간본(公刊本) 제1권을 동원하여 비판하는 생득진리론(生得眞理論)은 그 무렵 지적 세계에서 그가 의도하는 경험론의 가장 큰 장애이자, 처음엔 이것을 없애는 것이 좋다고 생각했음에도 끝에서 세 번째 절인 제43절에서 가벼운 언급에 그치고 있다. 하지만 로크는 논술이 너무나 조잡한 데다 질서가 없는 것이 불만이었다. 그는 곧 전체를 처음부터 다시 썼다. 그것이 B원고이다. 그 첫머리에 '1671년'이라 적혀 있으며, 제118절과 제123절에 '올해 1671년'이라는 문자가 있는 것으로 보아 아마도 그해 가을에서 겨울에 걸쳐서 쓰여진 듯하다. A원고에 비하면 생득론 비판이 인지의 경험론적 해명에 앞서서 비로소 논의되고, 또한 공간본 제1권 제1장에서 논하는 전권(全卷)의 의도, 구상, 방법이 깨달음 속에 기술되어 있다. 논술도 자세하고 깊이가 있으며 질서가 잡혀 있고, 절(節)은 세분화되어 있다.

그러나 B원고도 결국은 미완성으로 끝났다. 무엇보다도 《인간지성론》을 낳은 계기인, 인지의 지식론 또는 인식론이 거의 다루어지고 있지 않다. 제4권이 빠진 것이다. 논술도 서투르고, 반성(反省)에 대한 고찰도 적을뿐더러 방법론도 물성적(物性的) 고찰을 피하는 소극적인 태도를 보이고 있다. 더욱이 '사실 기술의 평이한 방법'이라는 로크 자신의 관점은 뚜렷하게 나타나 있지 않고, 이 중요한 어구가 적혀야 할 곳에서도 그것을 볼 수가 없다. 로크는 검토할 사항이 너무나 많고 성찰이 지나치게 미숙하며, 특히 본디 주제인 지식론 또는 인식론이 알려지지 않은 영역인 만큼, 더욱 신중하게 고찰하지 않으면 안 된다는 사실을 절실히 느낀 채 펜을 내려놓고 말았다.

다행히 그가 프랑스 몽펠리에와 파리에서 머물던 시간은 그의 건강을 되찾아 주었을 뿐만 아니라, 지적 작업에 몰두할 여유를 주었다. 그는 책 읽기와 지식인과의 교제를 통해 지적 세계를 넓히고 사색으로 이를 깊어지게 했다. 《인간지성론》도 다시 검토되고 음미되었다. 그는 이제까지의 초고가 결함이 매우 많다는 것을 알고 있었으므로 몽펠리에에서의 생활이 일단 안정된 1676년 초여름부터 정력적으로 인간 지성의 탐구에 매달렸다. 예를 들어 공간관념은, 물리적 자연세계의 관찰과 실험에 의한 실증적인 탐구가 결정적 승리를 거두려 하고 있던 무렵에 가장 중요한 관념임에도, 그리고 시간관념이 B원고에서 매우 자세하게 고찰되었음에도 B원고나 A 원고에서도 거의 고찰되어 있지 않았다. 로크는 몽펠리에에 도착한 지 얼마 안 된 3월 27일 일기에서 이미 상상적 공간, 즉 진공의 비실재성을 뒷날 간행된 《인간지성론》과는 달리 더 경험적인 관점에서 적고 있는데, 6월 20일에는 연장과 거리에 관해서 긴 고찰을 하고 있다. 그로부터 약 3주 뒤인 7월 9일 일기에 그는 속기법으로 같은 주제를 언급하면서 시작 부분의 빈 칸에 '연장, 2권 4장'이라 적는다. 공간본의 해당 장은 고체성을 다루며, 연장은 제13장과 제15장에서 자상하게 논하고 있다. 이것은 로크가 이 시점에서 《인간지성론》의 권 (卷)이나 장(章)의 구성을 이미 생각하고 있었음을 증명한다. 반성의 여러 관념도 이제까지의 고찰로는 매우 모자랐

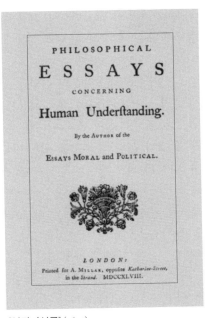

PHILOSOPHICAL
ESSAYS
CONCERNING
Human Underftanding.

By the AUTHOR of the

ESSAYS MORAL and POLITICAL.

LONDON;
Printed for A. MILLAR, opposite Katharine-Street,
in the Strand. MDCCXLVIII.

《인간지성론》(1689)
로크의 주요 철학적 저작은 1689년에 출판되었지만 그 이전에 20년 동안 연구해 왔던 것이다. 이 책은 인간 이성의 본성과 범위에 대한 체계적 탐구이다.

으나 7월 13일 일기에서 채택하여 사흘 뒤인 16일에는 속기법으로 쾌락과 고통·여러 정서·욕망·의지·능력에 관한 긴 고찰이 기록되어 있다. 공간본 논지와의 비교가 흥미를 끈다. 특히 제2판에서 초판을 수정한 대목이 반영되어 있어서 주목할 만하다.

1676년 7월 29일에는 피에르 니콜의 《도덕론》에 관련해서 신(神)이 처음으로 주제로 다루어지고, 8월 23일에서 28일 및 9월 1일에는 신앙과 이지, 즉 논리적 지식 또는 생각에 관하여 공간본 제4권에서 다룰 문제가 속기법으로 적혀 있다. 그리고 제3권 주제의 하나인 어떤 종 관념에 관한 고찰이 9월 19일에 기록된 뒤, 해를 넘긴 1677년 2월 8일과 12일에는 제4권에서 논했을 뿐만 아니라 전권 바탕에 깔린 로크의 확신이나 신념이라고 할 만한 사상이 서술된다. 바로 인지의 정도, 한계 및 인생에 있어서의 유용성 등이 그것이다. 이해 여름 그는 파리로 옮겨 가상디의 조술자(祖述者) 질 드 로네의 집에 머물면서 여러

나라의 지식인과 교제했으며, 가을에서 겨울에 걸친 일기에는 공간·감각·오류·종의 관념·관계·상상 등 여러 문제에 관한 글을 썼다.

로크는 1679년 4월에 귀국하는데, 프랑스에 머무는 동안의 성과는 컸다. 그는 니콜의 《도덕론》 가운데 신의 존재와 인간의 연약함, 사람들의 평화에 관한 세 편의 글을 번역하여 귀국 뒤 새프츠베리 백작부인에게 보냈는데, 이들 주제, 그중에서도 신의 존재에 대한 그의 생각은 이것을 계기로 해서 크게 나아간 것 같다. 《인간지성론》은 어느 정도 책의 모양새를 갖추기 시작했다. 파리에서 알게 된 뒤로 평생의 친구가 된 신학자 니콜라 토이나르에게 6월 6일에 보낸 편지에서 로크는 '내 책에 대해서 생각하고 또 생각해서 이제는 떠나보낼 정도로 완성했습니다'라고 썼다. 그러나 그는 그것을 그대로 가지고 있으면서 원고에 손질을 더해 갔다. 6월 17일 일기에는 의견에 대해서 간단한 글을, 7월 3일 일기에는 단일(單一)에 대한 긴 글을 썼다.

귀국 후 로크는 치열한 왕정 반대투쟁을 펼치는 새프츠베리의 측근으로 바쁜 나날을 보내면서 1679년 겨울부터 1680년에 걸쳐 《통치론》 등의 원고를 쓰느라 철학적 사색에 파묻힐 여유가 없었다. 그래도 1681년 4월 3일에는 계시와 기적에 대해서 일기에 적고, 6월 26일에는 진실 또는 참다운 앎과 도덕의 논증성에 관해서 썼으며, 7월 새프츠베리가 왕에게 붙잡힌 뒤에도 8월 19일 일기에 지식의 본성을 논하고 있다. 새프츠베리는 그해 11월 네덜란드로 도피한 얼마 뒤 암스테르담에서 죽는다. 로크는 왕의 엄중한 감시 아래 불안한 나날을 보내지만 《인간지성론》에 대한 정열은 식지 않아서 1682년 2월 18일부터 21일까지 일기에 신의 존재에 대한 증명과 계시, 기적에 관한 생각을 적어 놓았다.

1683년 6월, 라이하우스 사건으로 인해 암스테르담으로 달아난 로크는 네덜란드 정부와 친구들의 옹호를 받아 《인간지성론》을 완성해 나갔다. 로크는 그 뜻을 1684년 12월 8일자 편지로 고국의 펨브로크 백작에게 알리고, 이듬해 1월 1일에는 올 겨울을 집필 생활로 바쁘게 보냈다고 에드워드 클라크에 알리고 있다. 그리하여 1685년 5월 펨브로크에게 읽어달라고 원고를 보냈다. 이것이 이른바 C원고이며 제2권까지이다.

1686년 5월, 본국 정부로 끌려갈 염려가 없어지자 가짜 이름을 버린 로크는 한층 자유롭게 집필을 이어갔다. 9월에는 제3권이 완성되고, 12월에는 제4권이 완성되어 31일자 편지와 함께 클라크에게 보냈고, 다시 이듬해인 1687년 3월

첫무렵 제4권의 최종 원고를 그에게 보냈다. 《인간지성론》은 곧 태어날 운명에 있었다. 그러나 그는 방대한 저작을 그대로 출간하는 것을 망설여, 전권의 개요를 적었는데 이 '발췌'는 장 르클레르에 의해서 프랑스어로 번역되어 《세계문고》 제8호(1688년 1월호) 49~142페이지에 실렸다. 로크 자신 또한 발췌(extrait)를 개요(abrége)로 바꾸었을 뿐인 같은 요약을 인쇄해서 아는 사람에게 나누어 주었다. 《인간지성론》은 먼저 요약의 형식으로 세상에 나온 것이다. 그 사이에도 로크는 전체의 수정을 잊지 않았다. 1688년 1월 19일자 벤저민 펄리에게 보낸 편지에서 그는 '나의 《지성에 대하여》란 논문의 완성에 전념할 작정입니다'라고 썼다.

명예혁명이 성공을 거두자 로크는 귀국했다. 새로운 사회, 그의 새로운 시대가 다가온 것이다. 그러나 그는 정치의 표면에 나타나려 하지 않고 저술가이자 철학자, 사상가로서 학문의 세계에서 살려고 했다. 사람들은 그의 은둔을 아까워하면서도 그가 이를 학문적 성공을 기대했다. 로크가 네덜란드에 머물 때 림보르흐에게 보낸 《관용에 관한 편지》가, 1689년에 네덜란드의 하우다에서 그의 승인 없이 출판되었고, 윌리엄 포플의 영어 번역본도 그해 안에 런던에서 출판되었다.

로크 자신은 《통치론》과 함께 《인간지성론》의 출간 계획을 세웠다. 《인간지성론》의 인쇄, 간행에 대해서 1689년 5월 24일자로 토머스 바셋과 교환한 계약서가 현존하고 있다. 이 시점에서도 로크는 여전히 원고를 손질했다. 제2권 제14장 제29절에는 '1689년 올해'라는 글귀가 보인다. 《인간지성론》은 이렇게 해서 잉태된 지 20년이 가까운 세월 뒤에 탄생한 것이다.

로크 시대와 생애

(1)로크가 활약하던 시대

"이 세상에 태어나자마자 나는 격렬한 폭풍우 속에 내동댕이쳐졌고 이 폭풍우는 지금까지 계속되고 있다. 그러니 나로서는 더없는 기쁨과 만족을 가슴에 안고 평온한 세상의 도래를 맞이하지 않을 수 없다."

1661년 5월, 스물아홉 살 존 로크는 자신의 어린 시절과 소년 시절을 떠올리면서 이렇게 말했다. 이처럼 그는 태어나자마자 전란에 휩쓸려 동요와 혼란의 시대를 살아왔다. 로크의 생애를 탐구하기에 앞서 먼저 이 동란의 시대를 간단히 살펴보자.

격동의 시대에 태어나다

로크는 1632년 8월 29일 영국 남서부 서머싯 주의 링턴이라는 시골 마을에서 태어났다. 그 무렵 영국에서는 국왕과 의회가 오랫동안 서로 대립해 오고 있었는데, 로크가 태어나기 4년 전인 1628년 5월에 의회가 그 유명한 '권리청원'을 찰스 1세에게 제출했다. 국왕은 일단 이를 승인했으나 금세 태도를 바꿔 오히려 의회를 해산시키려고 했다.

의회는 이에 반항하여 의장을 제압하고 국왕의 해산 명령서를 읽지 못하도록 한 뒤, 다시금 국왕을 비난할 결의를 다졌다. 그러나 결국 이듬해 3월에 의회는 해산되었다. 그 시대에는 의회가 해산한 뒤 바로 총선거를 통해서 재구성될 수 없었다. 그리하여 이때부터 10년이 넘도록 의회는 열리지 않았고 국왕의 독재가 이어졌다.

국민은 물론 얌전히 복종하고 있지는 않았다. 국왕이 제멋대로 세금을 부과하려 들면 저항하고, 국왕이 교회를 통해 특정한 종교를 강요하려 하면 반대했으며, 국내 정치에 관해서나 외교 정책에 관해서나 강하게 국왕을 공격했다.

국왕은 이에 맞서 엄격한 탄압 정책을 펼치면서 국왕과 교회를 비난한 자를 붙잡아 잔인한 형벌을 내렸다. 하지만 이런 탄압은 국민을 더욱 화나게 했을 뿐이며 국왕을 비난하는 목소리는 점점 커지기만 했다. 로크는 바로 이러한 국왕과 국민의 대립이 한층 날카로워진 시기에 태어났다.

이 대립은 찰스 1세가 폭정을 펼쳤다든가, 국민을 대표하는 의회가 어처구니없는 요구를 했다든가 하는 단순한 이유 때문에 발생한 것은 아니다. 물론 여기에는 갖가지 사정도 작용하긴 했지만, 근본적으로는 사회구조의 변화가 그 원인이 되었다. 요컨대 봉건사회에서 근대사회(자본주의사회)로의 이행이 원인이 된 것이다.

셰익스피어(1564~1616)
17세기의 새로운 사상의 흐름은 종교개혁과 휴머니즘 사상이다. 셰익스피어 문학에서 인간과 자연을 위주로 한 사상의 흐름이 경험론에 영향을 미친다.

젠틀맨 가계

봉건사회는 농노제 위에 성립된다. 이 사회는 기본적으로 농민들을 착취하여 백성의 고혈을 짜내는 사회이다. 영국에는 "백성과 버드나무는 가지치기를 하면 할수록 잘 자란다"는 속담이 있다. 동서고금을 막론하고 봉건사회의 농민은 착취를 당하게 마련이었다. 그러나 농업 생산력이 높아지자 유복한 농민들이 하나둘 나타나 새로운 지주가 되어 이윽고 영주나 귀족을 압도하는 세력을 형성하기에 이르렀다.

영국에서는 16세기 중반부터 이런 변화가 나타났다. 영국에는 젠틀맨 또는 젠트리라고 불리는 호농(豪農) 계층이 있었는데, 이들은 런던을 중심으로 세력을 확장한 상인들이나 영국 각지에서 활발하게 일어난 모직물 산업의 자본가들과 손을 잡았다. 그리고 이들은 17세기 들어서는 귀족과 영주를 압도하면서 국왕에게 대항하여 정치권력을 스스로 쥐려고 했다. 바로 이것이 17세기 정치

위기를 낳게 된다.

존 로크의 가계는 이런 시대의 움직임을 고스란히 반영하고 있다. 로크의 선조는 4대 전까지 거슬러 올라갈 수 있는데, 고조할아버지는 16세기 초 런던 의 상인이었고 그 손자인 로크의 할아버지 대에 로크 집안은 서머싯 주의 땅 을 사들여 지주(젠트리)가 됨과 동시에 모직물 제조업도 하게 되었다. 서머싯 주는 당시 영국의 주요 모직물 생산지 가운데 하나였다. 이처럼 로크의 가계 는 런던 상인과 신흥 젠트리와 모직물 제조업자라는 새로운 세 계급의 유착 을 전형적으로 보여주고 있다. 이 점만 보아도 국왕과 의회가 서로 맞서는 상 황에서 로크가 과연 어느 쪽을 지지하게 됐을지는 알 수 있을 것이다.

새로운 사상의 흐름

이 같은 변화를 반영하면서 정치적 싸움을 더욱 심하게 만든 것은 바로 사 상적인 대립이었다. 어느 시대에나 그렇듯이 세상을 움직이는 근본 원인은 사 회구조이지만, 사회를 형성하는 주체가 인간인 이상 사회구조의 변화와 대립 은 필연적으로 사상의 변화와 대립으로서 나타나지 않을 수 없다. 존 로크 가 위대한 까닭은 그가 이 시대의 새로운 사상을 여러 각도로 나타냈기 때문 이다.

이 시대의 새로운 사상 가운데 하나는 종교개혁의 흐름이다. 이는 두말할 것 없이 루터와 칼뱅에게서 시작된 흐름인데, 17세기 영국에서는 청교도주의 로 나타났다. 영국은 16세기에 종교개혁을 단행해 가톨릭이 아닌 신교 국가가 되었다. 하지만 이 종교개혁은 철저하지는 못해서 교회조직이나 교의에 여전 히 가톨릭 요소를 많이 품고 있었다. 그래서 종교를 보다 철저히 개혁하여 '깨 끗한 교회'를 만들려는 청교도주의 운동이 일어났다.

17세기 초, 영국에서 미국으로 건너간 필그림 파더스 같은 사람들도 이 흐 름을 잇는 청교도들이었다. 로크의 아버지 또한 독실한 청교도였으므로 로크 의 어린 시절과 소년 시절에 청교도주의가 가장 많은 영향을 미쳤을 것이다. 다만 로크 본인이 진정한 청교도였는지는 판정하기 어려운 문제이다. 이 문제 는 뒤에서 좀더 자세히 살펴보겠다.

또 다른 새로운 사상은 르네상스의 흐름을 잇는 휴머니즘 사상이다. 이는 중세의 사상이 신과 교회를 중심으로 이루어진 데에 반해 인간과 자연을 위주로 한 사고방식이다. 이 사고방식은 영국에서는 예컨대 셰익스피어의 문학이나 프랜시스 베이컨의 철학에 나타나 있다. 셰익스피어가 묘사한 것은 〈로미오와 줄리엣〉처럼 오로지 사랑을 위해 살아가는 남녀의 비극이고, 〈베니스의 상인〉처럼 돈벌이를 위해서라면 수단을 가리지 않는 고리대금업자의 모습이다. 여기에 신이나 교회의 가르침 따위는 등장하지 않는다. 또한 베이컨은 "진리란 성서에 쓰여 있는 것이 아니라 인간이 스스로 관찰하여 경험과 실험을 통해 확인하는 것이다" 주장한다. 그는 이런 식으로 과학과 기술을 발전시켜 나가면 인간은 풍요로운 삶을 누리면서 얼마든지 행복해질

프랜시스 베이컨(1561~1626)
영국 고전경험론의 창시자. 그는 인간 지성의 도리 접근을 방해하는 편견으로 이돌라(우상 또는 환상)를 지적했다.

수 있을 거라고 여겼다. 이러한 베이컨의 사상은 보통 경험론이라 불리는 것으로서, 로크의 사고방식도 이 경험론에 바탕을 두고 있다.

정치사상의 측면에서 보자면 국왕의 권력은 신이 내려준 것이니 절대로 침해할 수 없다는 '왕권신수설'에 대항하여, 인간은 날 때부터 평등하고 모든 인간은 기본적 인권을 가지고 있다는 자연법사상이 생겨났다. 이 사상의 대표자는 토머스 홉스였다. 그는 이러한 사고방식을 바탕으로 '사회란 자유롭고 평등한 개개인이 모여서 계약을 통해 형성하는 것'이라는 이른바 사회계약설을 주창했다.

한편 영국에서는 국왕·상원·하원이 조화롭게 협력하면서 정치를 하는 것이 이상적이라고 여기는 입헌군주제 사고방식이 존재했으며, 이를 보장하는 것이 보통법(common law)이라는 주장이 있었다. 이 사고방식은 군주제를 부정하진 않지만, 국왕의 권력이란 절대적인 것이 아니라 법이나 관습의 테두리 안에 있다고 본다. 이 사상은 지금도 형태를 바꾸어 전해 내려오고 있는데, 이러한 영국 고유의 사상을 자연법 및 사회계약 사상과 잘 결합한 인물이 바로 존 로크였다. 로크의 사상은 뒤에서 자세히 다루겠지만, 로크가 활약한 시대를 이해

하려면 이렇게 대충이나마 그 무렵 사상의 흐름을 파악해 둘 필요가 있을 것이다.

(2)학창 시절

런던으로 가다

로크의 어린 시절은 잘 알려져 있지 않다. 그의 아버지는 소지주이자 하급 변호사였고 한때 치안판사 밑에서 서기로 일하기도 했으니, 아마도 지방 유력자는 아니었을망정 어느 정도 지위가 있는 중산층 인물이었을 것이다. 서머싯의 시골 마을에서 태어나 소년 시절을 보낸 로크는 1647년에 고향을 떠나 런던의 웨스트민스터 학교에 입학했다.

이즈음엔 국왕과 의회의 대립이 절정에 달해 있었다. 1642년부터 6년간에 걸쳐 양측은 영국 전체에 군대를 계속 풀면서 혈투를 벌였다. 의회군(議會軍)의 용장 올리버 크롬웰이 그 유명한 철기병을 이끌고 국왕군에게 결정적인 타격을 가한 것은 로크가 런던으로 올라오기 1년 전의 일이었다. 로크의 아버지도 의회군 기병대장으로 활약했지만, 로크의 고향 서머싯 주에서는 국왕군이 우세해서 로크의 아버지가 이끄는 부대는 전투에 패배해 커다란 피해를 입었다. 그러나 전국적으로는 의회군이 승리를 거두었다. 1649년 1월, 마침내 의회군은 국왕을 사로잡아 사형에 처했다. 이리하여 최초로 국왕 없는 공화제 국가가 영국에 탄생했다. 로크가 발을 들인 런던은 바로 그 혁명의 중심지였다.

웨스트민스터 학교에서 보낸 생활은 별로 즐겁진 않았다. 그 무렵 학교에서는 주입식 교육이 이루어졌는데, 특히 그리스어와 라틴어 문법을 통째로 외우게 하고 그리스나 로마 작가의 문장을 무조건 모방하게 했다. 자유롭게 생각하고 자기 의견을 밝힌다는 것은 있을 수 없는 일이었다. 뒷날 로크는 이러한 젊은 시절의 경험을 바탕으로 교육론을 써서 학교 교육의 단점을 지적했다. 그러나 로크는 공부를 게을리하지는 않았다. 그는 학교의 교육방식에 불만을 품고 있으면서도 열심히 공부해서 좋은 성적을 거두었으며, 1652년 가을에는 마침내 옥스퍼드 대학에 진학한다. 그 무렵 영국에서는 옥스퍼드 대학이나 케임브리지 대학, 또는 런던에 있는 법학원을 졸업하는 것이 출세의 조건이었으므

로 로크도 그런 출셋길에 발을 들이게
된 셈이다.

의학에 대한 흥미

그러나 옥스퍼드에서도 로크는 학교
공부에 별 흥미를 느끼지 못했다. 로크
는 앞으로 어떤 길을 걸어가야 할지 계
속 고민했다. 그는 명문가 출신이 아니어
서 정치가로서 출세할 수는 없었다. 교회
에 들어가 목사가 될지, 법률을 공부해
서 변호사가 될지, 아니면 공부를 계속
해서 학자가 될지 이 세 가지 길을 두고
곰곰이 생각한 끝에 로크는 마지막 길을

존 로크(1632~1704)

선택했다. 낡아빠진 대학 교육에는 전혀 관심이 없었지만, 그래도 그즈음 발전
하고 있던 새로운 학문에는 강한 흥미를 느꼈던 것이다. 그 학문이란 바로 자
연과학이었다.

로크는 친구의 권유로 젊은 자연과학자들의 모임에 나갔다가 비로소 새로
운 학문을 접하게 되었다. 그것은 암기 위주의 주입식 학문이 아닌 스스로 관
찰하고 실험해 본 결과를 확인해 나가는 학문이었다. 프랜시스 베이컨이 주창
한 경험론은 갓 스물이 넘은 청년 로크의 마음을 사로잡았다. 그리고 자연과
학 중에서도 로크가 가장 흥미를 가진 분야는 의학이었다. 그는 의사가 되기
로 결심했다. 오늘날 우리는 로크를 철학자이자 정치학자라 알고 있지만, 사
실 그는 평생토록 의학에 관심을 가지고 있었으며 그가 남긴 수많은 노트에는
의학적인 논문이나 메모가 많이 실려 있다. 로크의 철학은 이러한 자연과학의
사고방식과 방법을 바탕으로 성립되었다.

그런데 이 시대에는 의학을 공부했다고 해서 바로 의사로 개업할 수는 없었
다. 국왕이나 귀족의 시의(侍醫)가 된다면 또 모를까, 의학자가 민간 개업의가
되는 경우는 없었다. 의사란 그저 약국이나 이발소에서 일하는 부수적인 직업
일 뿐 아직 독립된 직종은 아니었다. 그래서 로크는 의학 공부를 계속하면서
도 옥스퍼드 대학에 남아 강사 일을 했다. 1656년에 대학을 졸업하고 1658년

에 문학 석사 학위를 딴 로크는 1660년 말에 28살의 나이로 옥스퍼드 대학 그리스어 강사가 되었다. 학창 시절에 그리스어를 공부하면서 이런 옛날 말을 배워서 어디다 써먹겠느냐고 투덜거렸던 그가 그 언어를 학생들에게 가르치게 되었으니, 참으로 아이러니한 노릇이다.

민중에 대한 반감

1649년에 국왕을 사형에 처함으로써 혁명은 승리를 거두었지만 런던을 중심으로 여전히 계속되고 있었다. 1640년에는 대부분의 국민이 국왕에게 반대하면서 의회를 지지했으나, 내전이 시작되고 혁명이 점점 격렬해지자 지나치게 과격한 방식에는 따를 수 없다는 사람들이 점차 늘어갔다. 특히 국왕을 처형한 전대미문의 사건은 많은 사람들에게 커다란 충격을 주었다. 이제껏 국민의 지지를 받아 혁명을 수행해 왔던 크롬웰을 중심으로 한 세력은 이 사건 때문에 오히려 심한 비난을 받았다. 그래서 크롬웰 세력은 1649년을 기점으로 혁명을 중단하고 온건파 사람들과 점차 타협해 나가게 되었다.

그런데 한편으로는 런던 하층시민이나 가난한 농민들 중에는 이런 타협에 불만을 품은 사람들도 적지 않았다. 새로운 젠트리나 런던 상인이나 모직물 생산경영자들은 혁명을 통해 권력을 쥐고 자기들 마음대로 정치를 해나갈 수 있겠지만 평범한 농민이나 노동자들은 피 흘리며 싸웠는데도 생활이 나아지긴커녕 더욱 나빠지기도 했던 것이다. 그러자 이제 와서 타협하지 마라, 좀더 철저히 혁명을 해라, 농민에게 토지를 줘라, 이런 목소리가 점점 높아져 갔다.

그러나 크롬웰은 이 같은 민중의 요구에 귀를 기울일 수 없었다. 이리하여 지금까지는 국왕과 귀족과 봉건영주에 대해서 수행되었던 혁명이 이제는 민중에 대한 탄압으로 변질되고 말았다. 프랑스로 망명한 찰스 1세의 아들 찰스 2세는 그곳에서 영국의 이러한 정세를 가만히 지켜보며 아버지의 원수를 갚을 기회를 노리고 있었다. 그리고 크롬웰이 죽고 나서 사회적인 혼란이 좀처럼 가라앉지 않자, 찰스는 10년이 넘는 망명 생활을 청산하고 귀국하여 왕위에 다시 올랐다. 1660년 5월의 일이었다. 20년 전에는 일치단결하여 국왕을 공격했던 영국 국민들도 지난 20년에 걸친 내전과 정변과 혼란에 지쳐서 찰스 2세의 귀국을 뜨겁게 환영했다.

격동의 시대에 태어나 세상의 폭풍우에 휘말려 자라난 로크는 더없는 기쁨과 만족을 가슴에 안고 평온한 세상의 도래를 맞이하겠다고 한 바 있는데, 이는 바로 찰스의 왕정복고를 맞이하면서 그가 느낀 감상이었다. 대학생 시절에 크롬웰을 칭송하는 시를 쓴 적이 있는 로크 역시 혁명의 지나친 행보를 우려하고 크롬웰의 타협을 지지했던 국민 가운데 한 사람이었다. 특히 그는 하층 민중이 열광적인 신앙으로 똘똘 뭉쳐 크롬웰 정부를 비난하고 더 철저한 혁명을 요구하는 데에 반감을 품었다. 적게나마 토지를 소유하고 있는 지주 출신인 로크로서는 가난한 농민의 심정을 헤아릴 수 없었던 것이다. 그런 농민 한 사람이 붙잡혀서 사형장으로 끌려가는 것을 본 그는 '이런 미치광이들을 내버려 두는 건 위험한 짓입니다'라고 아버지에게 편지를 썼다. 1660년 무렵, 로크는 이러한 민중운동에 대한 반감 때문에 혁명 자체를 반대하는 편에 서서 국왕의 권력을 강화해야 한다고 생각했다. 이 무렵에 로크가 쓴 〈자연법론〉이라는 논문에는 그러한 사고방식이 잘 드러나 있다. 이때의 로크는 민주주의자가 아니라 오히려 반동적인 절대주의자였다.

(3)철학과 정치

섀프츠베리와의 만남

로크는 열광에 빠진 민중의 지나친 행태에 거부감을 느낀 나머지 혁명 그 자체를 부정하게 되었다. 그런데 찰스 2세의 정부 역시 로크의 기대에 부응하지 못했다. 특히 '클래런던 법전'이라 알려져 있는 몇 가지 법률은 다시금 20년 전의 교회정책을 부활시켜서 국교회에 따르지 않는 비국교도를 추방하고 그 직위를 빼앗는 등, 신앙의 자유를 억압하는 법률이었다. 로크는 비국교도는 아니었으므로 그런 박해를 받진 않았지만 수천 명이나 되는 사람들이 박해받는 모습을 보고서 마음이 무거워질 수밖에 없었다. 게다가 프랑스에 가 있는 동안 가톨릭교도와 친해진 찰스 2세가 영국에서 가톨릭교를 부활시키려 하고 있다는 소문도 돌았다. 로크는 청교도주의의 영향을 받으며 자랐지만 청교도가 되지는 않았다. 오히려 청교도주의의 완고함과 독선과 열광적인 면에는 반감마저 품고 있었다. 하지만 그렇다고 해서 수많은 청교도들이 아무런 죄도 없이 단지 신앙이 다르다는 이유만으로 박해받는 것을 과연 받아들여도 되는 걸까? 로크는 이런 의문을 품은 채 찰스 2세의 정치에 계속 실망을 느꼈다. 민중에 대한 반감과 국왕에 대한 실망 사이에서 로크는 이러지도 저러지도 못하고 있었다.

이때 로크의 운명을 좌우하는 사건이 일어났다. 1666년 어느 날, 일류 정치가였던 애슐리 경(뒷날의 새프츠베리 백작)이 옥스퍼드를 방문했다. 애슐리 경은 옥스퍼드 근처 애스트롭이라는 지역의 광천수가 몸에 좋다는 소문을 듣고서 미리 그 물을 좀 구해다 달라고 대학 측에 부탁을 했다. 이 부탁을 받은 사람은 토머스라는 의사였는데 그는 그날 자리를 비워야 했으므로 로크에게 부탁을 했다. 그런데 로크는 그만 깜빡하고 광천수를 준비해 놓질 못했다. 당황한 로크는 잔뜩 주눅이 들어서 애슐리 경에게 사과하러 갔다. 그런데 애슐리 경은 뜻밖에도 유쾌한 태도로 로크를 붙잡았다. 두 사람은 함께 식사하고 잡담도 나누었다. 애슐리 경은 로크의 겸손한 태도와 능숙한 화술과 풍부한 화제가 무척 마음에 들었던 모양이다. 그래서 그 뒤에도 이따금 로크를 초대하거나 방문했는데, 이듬해 봄에는 마침내 런던에 있는 자기 저택에 와서 살지 않겠냐는 제안까지 했다. 이리하여 로크는 애슐리 경의 친구이자 비서 겸 시의로서 런던에서 살게 된다.

이 사건은 단순히 로크의 생활환경이 바뀌었다는 의미만 지니는 것은 아니다. 애슐리 경은 정계의 실력자로서 1667년부터 1673년에 걸쳐서는 클래런던 대신에 정권을 맡은 5인위원회의 일인자였고, 그 뒤에는 정부를 반대하는 편에 서서 야당을 이끌었던 정치가였다. 그의 저택에 머물면서 그의 비서로 일한다는 것은 로크도 결국 정치계에 발을 들이게 되었음을 뜻하며, 더구나 반정부 세력의 중심이 된다는 걸 의미했다. 그러므로 애슐리 경과의 만남은 로크의 마음속에 싹트고 있던 국왕에 대한 실망이 점차 구체적인 형태로 자라나는 커다란 계기가 된 셈이다.

철학이 싹트다

애슐리 경의 저택에서 로크는 행복한 생활을 했다. 이 시기에도 꾸준히 의학 연구를 지속하고, 물리학자 로버트 보일과도 친교를 맺었으며, 기압계 실험을 계속하기도 했다. 1668년 로크는 왕립협회 회원으로 선출됐는데 이는 로크가 과학자로서 쌓은 업적이 세상에서 인정받았다는 증거이다.

크라이스트 처치(Christ Church)

옥스퍼드에 있는 성당인 동시에 명문 대학이다. 로크는 1652년에 입학하여 의학생이 된다. 애슐리도 입학하여 의학생이 된다. 애슐리도 이곳에서 스승의 소개로 알게 된다.

이처럼 로크의 주된 관심은 여전히 자연과학에 쏠려 있었다. 하지만 로크는 결코 실험실에 틀어박혀 있지는 않았고 정치와 종교에도 지속적인 관심을 보였다. 그러한 예로서 그가 애슐리 경의 권유를 받아 썼다는 〈종교적 관용론〉(1667)을 들 수 있다. 앞서 말했듯이 로크는 찰스 2세 정부의 종교정책에 커다란 의문을 품으면서 신앙의 자유를 인정해야 한다는 생각을 강하게 품고 있었는데, 이런 생각을 정리한 것이 바로 이 논문이다. 논문은 출판되진 않았지만 뒷날 로크가 출판한 종교론들의 주춧돌이 되었다.

신앙은 물론 자유로워야 한다. 하지만 좀더 깊이 생각해 본다면 사람들이 왜 신앙 때문에 대립하는가 하는 문제가 등장한다. 어째서 같은 그리스도교 내부에서도 의견 대립이 일어나고 종파가 갈리는 것일까? 왜 사람들은 진리에 대해서 의견 일치를 보지 못하는 것일까? 게다가 사람들의 의견 대립은 종교에서만 일어나는 것이 아니다. 도덕이나 정치에 대해서도 사람들은 늘 싸움을 벌이고 있다. 그 까닭은 무엇일까? 만일 자연과학 분야에서처럼 누구도 의심할 수 없는 진리가 발견된다면 종교나 정치나 도덕에 관해서도 사람들은 더 이상 싸우지 않게 될 것이다. 그렇다면 과연 진리란 무엇일까? 인간은 어떻게 해야 진리를 인식할 수 있을까?

로크는 이 같은 문제를 곰곰이 생각하면서 친구들 몇몇과 정기적으로 논의를 했다. 모임의 출석자들은 번갈아 가며 원고를 읽었고 토의를 벌였다. 애슐리 경도 이 모임에 참석하여 때로는 스스로 발표를 하기도 했던 것 같다. 이 논의에 참가한 이들 중에는 제임스 티렐이나 존 메이플토프트, 토머스 시드넘 등이 있었다. 신학자 티렐은 1658년 옥스퍼드에서 만난 뒤로 로크의 평생 친구가 되었고, 법학자 메이플토프트는 웨스트민스터 학교의 벗으로서 역시 로크의 평생 친구였으며, 시드넘은 그 무렵 최고 명의라고 일컬어진 임상의학자로서 로크와 학문적으로 영향을 주고받았다. 그리고 이렇게 논의하던 와중에 그는, 애초에 인간이 진리를 인식할 능력을 얼마나 갖고 있는가 하는 가장 근본적인 문제에서부터 다시 출발하지 않고서는 무작정 도덕문제나 종교문제에 뛰어들어 봤자 결론이 나올 리 없다는 사실을 깨달았다. 이는 1670년 무렵의 일이었다.

그에 앞서 로크는 데카르트의 책을 읽고 깊은 감명을 받았다고 말한 바 있다. 또한 그 시대 영국에서 상당한 권위를 갖고 있던 철학자 단체로서 케임브리지 대학을 중심으로 모이던 케임브리지 플라토니스트라는 사람들이 있었는데, 로크는 이들과도 교제하면서 토론을 벌였다. 그러나 로크는 데카르트나 이런 사람들의 사고방식에 아무래도 찬성할 수가 없었다. 그래서 로크는 홀로 자신의 생각을 정리하여 종합하는 작업을 시작했다. 이것이 뒷날 그 유명한 《인간지성론》으로 완성되었는데, 최초의 원고는 1671년에 쓰였다.

정치의 소용돌이 속으로

이 무렵에 로크는 몸이 좋지 않았다. 본디 런던의 겨울은 몹시 춥고 화창한 날이 거의 없다. 1671년부터 1672년에 걸친 런던의 음산한 겨울 날씨는 로크의 건강을 크게 해쳤다. 로크는 의사로서 자기 상태를 진단하고, 런던에 이대로 머무는 것은 건강에 좋지 않으리란 것을 깨닫고는 1672년 여름에 휴가를 받아 프랑스로 여행을 떠났다. 그러나 정계에서 점점 더 중요한 자리를 차지하면

영화 〈레스터레이션〉(1995) 왕정복고시대의 영국을 재현한 영화. 원제 'Restoration'은 왕정복고 외에 회복을 뜻하기도 한다. 주인공은 존 로크와 마찬가지로 그 시대를 살아간 의학생이다. 인간을 해부하여 들여다보니 그곳에는 또 하나의 세계가 펼쳐져 있었다. 제68회 아카데미상, 영국·미국 합작 영화.

서 제1대 새프츠베리 백작이라는 칭호까지 받게 된 애슐리 경은 로크를 편안히 요양하도록 내버려 두지 않았다. 그는 한 달도 지나지 않아서 로크를 다시 불러들여 성직임면관리국(聖職任免管理局)이라는 관청의 국장 자리에 앉혔다. 이는 성직을 맡을 사람을 추천하고 임명하는 관청인데 실제로 하는 일은 거의 없었다. 로크는 단지 그 직함과 300파운드의 연봉만을 손에 넣었을 뿐이다.

하지만 이윽고 로크의 평온한 생활에도 파란이 일기 시작했다. 먼저 로크의 후원자였던 새프츠베리 백작이 정부에서 추방됐다. 찰스 2세는 가톨릭교도에게 호의적이고 프랑스와 친하게 지내는 외교정책을 펼쳤는데, 이 때문에 의회는 점차 국왕에 반대하는 태도를 보이게 되었고 또다시 1630년대처럼 국왕과 의회가 충돌하기에 이르렀다. 물론 새프츠베리는 의회 측의 선두에 서서 국왕의 정책을 비판했다. 그러다가 1673년, 국왕의 역습을 받아 대법관 지위를 빼앗기고 정부 요직에서 쫓겨나고 말았다.

그보다 조금 전에 로크는 성직임면관리국에서 통상식민국(通商植民局)이라는 좀더 일이 바쁜 곳으로 옮겨가 있었는데, 새프츠베리가 실각했다고 해서 로크까지 이 관직을 박탈당한 건 아니지만 그도 결국 섀프츠베리와 더불어 확실하게 반정부 세력으로 돌아서지 않을 수 없었다. 섀프츠베리는 국왕에 반대하는 사람들을 모아서 '초록리본당'이라는 조직을 만들었고, 런던을 비롯한 전국 각지의 사람들은 정치적인 동향에 커다란 관심을 보이면서 활발한 논의를 벌이게 되었다. 이 '초록리본당'은 뒷날 휘그당이 된다. 로크도 섀프츠베리를 도와 야당 세력을 결집하기 위해 노력했다.

그러나 로크의 건강은 여전히 좋지 않았다. 때마침 1675년 초에 통상식민국이 폐쇄되면서 그도 그곳의 국장 자리에서 물러나게 되었다. 그래서 그는 이번에야말로 본격적으로 요양할 작정으로 그해 11월 프랑스 남부의 휴양지 몽펠리에로 떠났다. 일설에 따르면 요양이라는 것은 핑계에 불과했고 실은 섀프츠베리의 정치 활동에서 발을 빼는 것이 목적이었다고도 한다. 이 주장도 일리가 있다.

(4)조국을 떠나다

프랑스 여행

몽펠리에의 햇살은 밝고 따스했다. 1675년 말부터 1677년 봄까지 15개월 동안 로크는 몽펠리에에 머무르면서 마음껏 남국의 햇살을 즐기며 기운을 되찾았다. 부모님이 물려준 서머싯 주의 토지에서 나오는 수입과, 섀프츠베리가 보내 주는 돈 덕분에 생활하는 데 불편함은 없었다. 로크는 책을 읽거나 관심가는 대로 이곳저곳 보러 다니면서 느긋하게 이 휴가를 만끽했다. 그리고 철학문제와 종교문제를 생각하고, 프랑스의 실정을 살피며 견문을 넓혔다. 특히 이 시기에 피에르 가상디를 비롯한 프랑스 쾌락주의 철학자들을 만났던 경험은 훗날 로크의 철학에 새로운 요소를 더해 주었다.

하지만 로크의 조국 영국의 정세는 여전히 불안정했다. 1677년 2월 찰스는 2년 만에 의회를 소집했지만 섀프츠베리는 이에 반대하여 국왕의 분노를 사서 투옥되고 말았다. 몽펠리에에서 이 소식을 들은 로크는 조국의 정세와 섀프츠베리의 운명을 걱정하면서도 귀국할 생각은 하지 않았다. 건강을 회복하고 나서도 영국으로 돌아가지 않고 1년간 파리에서 지냈다. 그리고 이듬해 봄부터 가을까지 프랑스 방방곡곡을 여행했다. 그가 런던에 돌아간 것은 그 다음 해인 1679년 5월이었다. 그렇게 4년 반 만에 돌아온 런던은 왕위계승 문제로 뜨겁게 달아올라 있었다.

1년간의 감옥 생활을 마친 섀프츠베리는 나오자마자 국왕을 공격하는 운동을 재개했다. 이번 공격 목표는 찰스 2세가 아니라 그의 동생 요크 공이었다. 찰스에게는 아들이 없었으므로 그가 세상을 떠나면 동생인 요크 공이 틀림없이 왕위를 이을 터였다. 그런데 그는 찰스보다도 더 가톨릭에 호의적인 인물이라서, 그가 왕위에 오르는 날에는 가톨릭교가 국교가 되고 신교도는 모두 탄압을 받게 될 거라는 소문이 꽤 설득력 있게 나돌았다.

영국에서는 16세기에 메리 여왕이 가톨릭교를 신봉하여 신교도를 대대적으로 탄압한 적이 있었고 또 17세기 초에는 가톨릭교도가 국회의사당에 화약을 설치했던 폭파미수 사건도 있어서 사람들은 가톨릭교에 커다란 반감을 품고 있었다. 그런데 로크가 귀국하기 얼마 전에 영국에서는 가톨릭교도가 국왕을 암살하고 요크 공을 왕으로 추대하려는 음모를 꾸미고 있다는 소문이 떠돌았다. 그리고 이 소문의 출처를 조사하던 고드프리 판사가 살해되었다. 런던 시내는 공포에 휩싸였고 수많은 가톨릭교도가 문초를 받았다. 그중에는 고문에 시달린 끝에 거짓으로 자백한 사람도 있어서 21명이나 되는 사람이 억울하게 사형을 당했다. 이 사건은 결국 타이터스 오츠라는 인물의 허위 선전 때문에 일어난 것으로 밝혀졌는데—고드프리 판사 살해 사건은 끝내 미궁에 빠졌다—이런 사소한 허위 선전이 커다란 사건을 일으킬 만큼 사람들의 마음은 불안에 사로잡혀 있었다. 섀프츠베리는 이런 민중의 불안을 교묘하게 이용해서 요크 공이 왕위를 잇지 못하도록 법률로 정해 버리자면서 배척법(排斥法)이라

제1대 섀프츠베리 백작(1621~1683)
본명은 쿠퍼. 1661년에 애슐리 경, 1672년 섀프츠베리 백작이 되었다. 로크의 정치적 후원자였으며, 또한 정치적으로 기복이 심했다. 그는 군주제의 복권을 지지했고, 요크의 로마 가톨릭 공작인 미래의 제임스 2세를 축출하는 운동을 이끌었다. 그는 반역죄로 기소되었다가 풀려나 암스테르담으로 망명했다.

는 법률을 제안했으며, 의회는 이 법안을 둘러싸고 심각한 논쟁을 벌였다. 로크가 돌아올 무렵의 영국 정세는 이러했다.

다시 망명길에 오르다

배척법을 통해서 여론을 능숙하게 휘어잡은 섀프츠베리는 거꾸로 국왕을 압박하여 대법관의 지위를 되찾았다. 그리고 로크도 다시 섀프츠베리 저택으로 돌아가서 프랑스 여행 전보다도 한층 격렬한 정쟁의 소용돌이에 휘말려 버렸다. 로크는 이 상황이 달갑지 않았다. 그는 친구에게 보내는 편지에서 이런 말을 했다. "어디 먼 나라로 도망가 버리고 싶네." 타고난 학자인 로크로서는 이 정치적 싸움을 견디기가 어려웠던 것이다.

하지만 섀프츠베리는 싸움을 그칠 줄 몰랐다. 1679년 말에 그는 또다시 대법관 지위를 잃었지만 여전히 반대운동을 지도했고, 이듬해 가을에는 마침내 배척법안이 하원에서 통과되기에 이르렀다. 이 법안은 상원에서는 결국 부결됐지만, 하원이 이 법안을 통과시켰다는 사실은 국왕과 정면으로 대립할 결의를 다졌다는 것을 뜻한다. 찰스도 이에 반격 태세를 취했다. 그는 국왕의 대권을 발동해서 하원을 해산시킨 다음에 참으로 이례적이게도 런던이 아닌 옥스퍼드에서 의회를 소집했다. 이런 일은 1640년대 혁명의 시기에도 한 번 있었는데, 말하자면 국왕 측의 도전을 의미했다.

막바지에 이르러 배척법을 통과시키는 데 실패한 섀프츠베리는 작전을 바꿔서 왕위를 이을 만한 인물을 찾아내어 요크 공과 대결하게 만들려고 했다. 그 후보자로 선정된 인물이 찰스의 사생아 몬머스 공이었다. 하지만 이 작전은 실패했다. 요크 공의 즉위에는 반대하지만 혈통이 불분명한 몬머스 공의 즉위에도 찬성할 수 없다는 사람들이 많았기 때문이다. 로크는 섀프츠베리의 지시에 따라 주로 섀프츠베리파 사람들과 연락하고 있었지만, 몬머스 공을 지지하는 데에는 그다지 찬성하지 않았다. 섀프츠베리파 사람들 중에서도 몬머스 공보다는 차라리 찰스의 누나가 낳은 아들인 네덜란드의 오렌지공 윌리엄을 영국왕으로 추대하는 편이 낫다고 생각하는 이들이 있었다. 그리하여 1682년 여름, 섀프츠베리가 계획한 국왕과 요크 공 유괴 계획은 내부 분열로 결국 실패로 끝나고 말았다. 이 무렵 섀프츠베리는 매우 위험한 상황에 처해 있었다. 심지어 로크 주변에도 정부의 첩자가 나타났을 정도이다. 계획이 실패했음을 깨달은 섀프츠베리는 신변의 위협을 느끼고 그해 11월에 변장을 하고서 남몰래 망명길에 올랐다. 그리고 이듬해 1월 암스테르담에서 병으로 세상을 떠났다.

섀프츠베리가 망명하고 나서 로크의 신변도 점점 위험해졌다. 섀프츠베리의 뜻을 이어받아 1683년 6월에 다시 한 번 시도됐던 국왕 살해 계획(라이하우스 사건)은 다시금 실패로 돌아갔고, 이에 관여한 사람들뿐만 아니라 관계없는 사람마저 대대적인 탄압을 받아 사형에 처해졌다. 로크는 이 계획과는 무관했지만 그와 섀프츠베리와의 관계를 생각하면 결코 안전하다고는 할 수 없는 처지였다. 그래서 로크도 그해 가을에 조국을 탈출하여 네덜란드로 망명했다.

찰스 1세(재위 1625~1649)
의회에서 국왕의 전제정치를 비난하면서 영국 정치계는 국교회의 국왕파와, 청교도의 의회파로 갈라졌다. 1649년 의회는 찰스 1세를 반역자로 참수형에 처했으며, 영국은 공화국이 되었다(청교도 혁명).

명예혁명

영국 정부의 추격의 손길은 네덜란드까지 뻗쳐 있었으므로 로크는 가명을 쓰고 암스테르담과 위트레흐트의 은신처에 숨어 지내야 했다. 하지만 로크의 망명 생활이 그렇게까지 괴로운 것만은 아니었다. 네덜란드는 그 시대 유럽에서 가장 자유로운 분위기로 가득 차 있는 나라였고 많은 친구들이 기꺼이 로크를 보호해 줬을 뿐만 아니라 공식적으로는 암스테르담 시의회, 나중에는 더 나아가 네덜란드 국민의회도 영국 정부의 추격을 단호하게 물리쳐 주었기 때문이다. 자유로운 곳에서는 학문이 꽃피기 마련이다. 자유의 나라 네덜란드는 학문의 나라이기도 했다. 다시 학문의 세계로 돌아오게 된 로크는 기뻐하면서 주로 네덜란드의 자유주의 신학자와 친교를 맺었다.

영국에서는 1685년에 찰스 2세가 세상을 떠나자 국민들이 불안해하는 가운데 요크 공이 왕위에 올라 제임스 2세가 되었다. 몬머스 공은 군대를 이끌고 이에 맞섰으나 국민의 지지를 거의 얻지 못하고 쉽게 제압당했다. 이후 반동(反動)의 폭풍이 영국을 온통 휩쓸었다. 다시 절대왕정이 이 땅에 부활한 것만 같았다. 무려 40년 전에 쓰인 로버트 필머의 《가부장권론(家父長權論)》이 출판되고, 국왕은 아담의 직계자손이며 그 권리는 신성불가침이라는 학설이 내세워졌다.

국민은 이 절대왕정의 부활을 불안스레 지켜보았다. 이것을 막아야 한다, 하지만 30년 전과 같은 내란은 두 번 다시 겪고 싶지 않다, 혁명을 일으키지 않고 이것을 막을 방법은 없을까? 이런 고민 끝에 사람들은 오렌지공을 정식으로 모시는 초청장을 보냈다. 이에 응하여 오렌지공은 1688년 10월에 400척의 배를 이끌고 영국으로 건너왔다. 몬머스 공이 반란을 일으켰을 때와는 달리 국민들은 한마음으로 그를 환영했다. 심지어 제임스의 측근도, 아니 그의 사랑하는 딸 앤마저도 왕의 곁을 떠났다. 맞서 싸우기를 포기한 제임스는 대화조차 거부당한 채 몰래 나라 밖으로 도망칠 수밖에 없었다. 이 사건이 바로 '명예혁명'이다. 네덜란드에 살고 있었던 로크는 몬머스 공이 패배한 뒤 자진해서 오렌지공에게 접근하고 영국 측과 연락을 취하고 있었다. 즉 로크는 자신도 모르는 사이에 명예혁명을 뒤에서 연출했던 셈이다. 그는 오렌지공과 동행하지는 않았다. 하지만 명예혁명이 성공한 것을 보고는 네덜란드에 영영 눌러살려던 결심을 꺾고, 1689년 2월에 오렌지공의 아내 메리와 함께 영국으로 돌아왔다.

(5)화려한 만년

공직과 저작 활동

5년이 넘는 망명 생활을 마치고 귀국한 로크는 갑자기 바빠졌다. 새로운 국왕은 물론 정부의 유력자 가운데 로크와 친한 사람이 많아 어떻게든 그를 정계로 끌어들이려 했기 때문이다. 로크는 건강상의 이유로 이를 단호히 거절하고 공소원(控訴院) 국장이라는 비교적 여유로운 일만 수락했다. 그럼에도 새 정부의 정책에 대해 의논을 하러 찾아오는 사람이 많아 그 일만으로도 충분히 바빴다. 특히 새 정부의 경제정책 분야에서 로크의 조언이 중요하게 작용했다. 경제계의 혼란을 잠재우기 위해 1696년에 실시된 화폐개주(改鑄)는 로크의 의견이었다. 그 밖에 로크는 잉글랜드 은행 설립도 지지했으며, 같은 해에 통상식민국이 부활했을 때에는 위원으로 추대되어 1년여 동안 새로운 산업 육성과 무역 개선, 식민지 정책, 빈민구제 등 경제 분야의 거의 모든 문제를 두루 살펴보며 의견을 내곤 했다.

만유인력의 법칙으로 유명한 아이작 뉴턴과 친분을 쌓은 것도 이 무렵이었다. 그 시절 조폐국장을 지내던 뉴턴은 화폐개주 문제로 로크와 처음 알게 되었는데, 뉴턴도 종교와 철학 문제에 관심이 아주 많아 로크와 곧잘 토론을 벌이곤 했다. 두 사람은 평생 서로 존경하는 친구로 지냈다.

로크가 정부 일로만 바빴던 것은 아니다. 이 무렵부터 로크의 저작이 차례로 출판되어 학계의 주목을 받으면서 더욱 바빠졌다. 로크는 프랑스 여행과 네덜란드 망명 기간을 더한 10년 가까운 세월을 해외에서 지냈기 때문에 외국에서는 꽤 유명했지만 본국에서는 학자로서 그다지 알려진 바가 없었다. 학자보다는 의사로, 또 새프츠베리의 친구로 알려져 있었다. 그러나 망명 기간 동안 정리한 원고를 1690년 2월에 《통치론》, 3월에 《인간지성론》으로 출판하자 로크는 순식간에 영국 학계의 중심인물로 떠올랐다. 그는 신중하고 겁이 많은 성격이라 이름을 숨기고 책을 출판했지만, 그것이 로크의 책이라는 사실이 금방 밝혀지며 화젯거리가 되었다.

나그네여, 걸음을 멈춰라

태어날 때부터 몸이 별로 튼튼하지 못했던 로크는 몇 번씩 큰 병에 걸리기도 했지만 건강관리를 잘해 오래 살 수 있었다. 하지만 일흔을 넘기자 앞으로 남은 삶이 얼마 되지 않는다는 사실을 스스로도 깨달았다. 1703년 겨울, 무거운 병에 걸린 로크는 가까스로 봄을 맞이하자 죽음을 대비해 주변을 정리하기 시작했다. 독신이었던 로크는 자신을 돌봐준 마샴 부인의 동생과 사촌인 피터 킹에게 모든 유산을 남겼다. 1704년 10월 로크의 병은 점차 악화되었고, 10월 28일 오후 3시 무렵 끝내 숨을 거두었다.

성격이 꼼꼼한 로크는 자기 묘비명도 스스로 써두었다.

'나그네여, 걸음을 멈춰라. 이 땅에 존 로크가 잠들어 있다. 그가 어떤 사람이었느냐고 묻는다면, 소박한 운명에 만족했던 사람이었다고 대답하련다. 그는 학자로 자라 오직 진리 규명에 일생을 바친 사람이었다. 이 사실은 그의 저서로도 알 수 있으리라…….'

로크의 동생은 그보다 먼저 세상을 떠났기 때문에 로크의 가계는 여기서 끝이 난다. 로크는 유산과 함께 수많은 원고와 편지와 책을 킹에게 남겼다. 킹 집안은 이것을 대대로 지켜왔고, 킹 가문이 뒷날 러브레이스 백작이라는 칭호를 받은 뒤로는 '러브레이스 컬렉션'이라고 불리게 되었다. 이 소장품은 오랫동안 공개되지 않았으나, 제2차 세계대전이 끝난 뒤 옥스퍼드 대학 보들리언 도서관에서 이를 사들여 로크 사후 약 250년이 지나서야 비로소 대중에게 공개되었다. 지금까지 로크 연구는 오직 그가 저술하여 출판한 책에만 의존해 왔지만, 이 소장품이 공개된 덕분에 갖가지 이야기까지 알려지게 되었다. 따라서 로크 연구는 이제부터 시작이라 해도 좋을 것이다.

로크의 사상

민주정치의 아버지라 불리는 로크는 근대민주주의 사상의 큰 공헌자이기도 했다. 사실 그는 정치론뿐만 아니라 경제·철학·종교·교육 같은 광범한 분야에서 뛰어난 민주주의적 사상을 펼쳤다. 따라서 그의 사상을 완전히 이해하려면 이 분야들을 살펴보아야 한다.

(6)로크의 정치사상

《통치론》의 근대성

근대민주정치를 얘기할 때면 가장 먼저 로크의 《통치론》이 거론될 만큼 근대정치사상사에서 이 책이 차지하는 의의는 남다르다. 이 저서의 근대적 의의는 크게 두 가지로 요약할 수 있다.

첫째, '정치와 통치의 목적 및 인간이 정부를 세운 이유는 인간의 생명·자유·재산을 보장하기 위해서'라는 사실을 이론화했다. 이는 오늘날의 기본적인 인권사상 원리를 정식화한 것이다.

둘째, 정치에서 참된 '법의 지배'를 실현하려면 많은 사람들이 정치에 참여할 수 있는 의회정치가 이루어져야 한다는 사실을 이론화했다. 이는 오늘날의 민주적인 정치제도의 원리(대의정치·권력분립주의)를 정식화한 것이다.

프랑스 혁명기의 '인권선언'에 '헌법이 근대헌법이 되려면 인권 보장과 민주적인 정치기구가 헌법으로 보장되어야 한다(16조)'는 말이 있는데, 그렇다면 로크가 《통치론》에서 근대헌법의 기본원리를 처음으로 명확하게 제시했다고 볼 수 있다. 그가 근대민주정치의 아버지라 불리는 이유도 바로 이 때문이다.

마스턴 무어 전투
1644년 7월 2일의 마스턴 무어 전투는 영국 시민 전쟁에서 결정적인 분수령이 되었으며 이를 계기로 의회파 크롬웰은 영국의 북부를 장악했다.

로크의 사상과 기존 사상의 관계

　로크가 아무리 천재였다 해도 그러한 정치이론이 그의 머리에서만 나온 것은 아니다. 먼저 로크의 정치론을 낳은 사상적 터전은 청교도 혁명부터 명예혁명에 이르는 영국 시민혁명에서 찾을 수 있다. 프랑스 혁명 전야에 루소가, 자본주의의 모순이 표면화되기 시작한 19세기 중반에 마르크스와 엥겔스가, 그리고 러시아 혁명에 맞추어 레닌이 나타났던 것처럼 위대한 사상가는 반드시 위대한 시대에 등장하는 법이다. 그러므로 세계에서 처음으로 근대사회를 연 17세기 영국에서야말로 처음으로 민주주의사상의 선구자 로크가 태어날 수 있었던 것이다. 따라서 우리는 로크의 정치사상을 살펴볼 때, 영국혁명의 사상적 전제가 된 혁명 전 영국의 전통적 정치사상과 혁명기에 나타나 로크가 추진한 여러 새로운 정치사상까지도 알아두어야 한다. 그래야만 로크가 어떻게 그러한 사상을 이어받았으며, 어떻게 발전시키고 집대성했는지를 알 수 있기 때문이다.

　17세기 유럽의 주요 국가들 가운데 시민계급의 승리로 의회정치를 확립하고 절대군주에 의한 전제정치에 마침표를 찍은 나라는 영국이 유일했다. 프랑스와 에스파냐에서는 거의 같은 시기에 강대한 절대군주에 의한 전제지배의 기틀이 확립되었고, 독일과 다른 나라들에서는 봉건제후가 난립하여 통일국가의 형태조차 이루지 못한 상황이었다. 이처럼 영국이 다른 나라보다 1, 2세기 일찍 근대적인 통일민족국가를 이룰 수 있었던 까닭은 무엇일까?

먼저 영국 자본주의의 이른 발전에서 그 까닭을 찾을 수 있다. 또한 1215년 마그나 카르타(대헌장) 이후로 전제권력을 혐오하고 그러한 지배에 단호하게 저항해 온 영국의 전통적인 정치사상도 무시할 수 없다. 로크의 정치사상도, 장기적으로 보면 이러한 전통적 정치사상의 연장선상에 있다. 그럼 먼저 혁명 전의 영국 정치사상을 살펴보겠다.

올리버 크롬웰(1599~1658)
청교도 혁명의 지도자로, 찰스 1세를 처형, 왕정·귀족원·하원을 폐지하고 공화정의 '호국경'으로 영국을 지배했다.

브랙턴의 사상

12, 3세기 유럽에서는 '법의 지배'라는 생각이 일반적이었다. 영국에서도 헨리 3세 시대의 재판관 브랙턴(1210~1268)이 "국왕이라 할지라도 신의 법과 나라의 법에 따라야 한다"고 주장했다. 국왕은 국법에 따르지 않고 멋대로 신하를 투옥하거나 체포할 수 없다고 마그나 카르타에 명시한 것도, 바로 이 '법의 지배' 정신에 근거했기 때문이다. 이처럼 법을 우위에 놓는 생각은 이윽고, 국왕이 통치할 때는 영국 봉건사회에서 서서히 형성되어 가던 각 재판소의 판결 사례인 '보통법'에 근거해야 한다는 사상으로 발전했다. 결론적으로 13세기부터 17세기까지 영국에서는 점점 더 이 '법의 지배'라는 생각이 강화된 반면, 프랑스와 다른 나라들에서는 국왕에 의해 이 '법의 지배'라는 사고가 점점 소멸되었으며, 그 점이 17세기에 영국과 다른 나라들의 근대화 및 민주화 과정의 차이로 나타난 것이다.

국왕이 법을 위반하면 어떻게 되는가

법을 짓밟는 전제지배자가 나타나면 법은 참으로 무력하다. 우리는 역사상 히틀러처럼 국가의 법률을 짓밟고 폭정을 일삼는 지도자들을 많이 보았다. 영국에서는 존 왕과 찰스 1세, 제임스 2세 같은 왕들의 통치를 예로 들 수 있다. '법의 지배'를 제대로 실현하려면, 국왕이 법을 무시하고 악정을 펼치는 것을 막기 위해 법 말고도 다른 보호 장치가 필요했다. 그런 보호 장치로 고안된 것이 우리가 잘 아는 의회제도이다. 따라서 '법의 지배'에 의한 정치와 의회제도의 확립은 떼려야 뗄 수 없는 관계였다. 그 점은 17세기의 시민혁명 전까지 영국에서 의회제도가 더욱 정비되었던 반면 프랑스에서는 의회(삼부회)가 왕권 앞에서 완전히 무력화되고 전제지배가 확립된 점을 떠올려보면 잘 알 수 있다.

그러나 법을 위반한 국왕에게 평화적 압력을 가할 수 있는 의회가 단번에 형성된 것은 아니었다. 마그나 카르타 시대에는 오늘날의 의회 같은 확실한 제도가 없었으며, 고작해야 귀족과 고위성직자들로 이루어진 일반평의회(오늘날의 의회)가 국왕의 상담역을 맡고 있었을 뿐이었다. 따라서 이 시대에는, 마그나 카르타에도 나와 있듯이 만약 국왕이 법을 어기면 왕이 마음을 바꿀 때까지 귀족과 성직자들이 국왕에게 압력을 가할 수 있다고 생각했던 것이다. 곧, 그 시절에는 국왕이 법에 입각해 통치하지 않을 때, 또는 법으로 국왕의 위법 행위를 제압하지 못할 때는 귀족과 성직자들이 실력을 행사하여 국왕에 대항해야 했던 것이다. 아까 말한 마그나 카르타의 한 구절은 이 점을 나타내고 있으며, 전제지배는 어떠한 수단으로든 반드시 저지한다는 영국의 권력억제 전통을 처음으로 명확하게 나타낸 중요한 의의를 지닌다. 마그나 카르타가 영국 국민의 자유를 지키는 수호신으로서 17세기 국왕과 의회의 항쟁에서 의회 측의 유력한 이론적 무기가 될 수 있었던 까닭은 이러한 역사적 배경이 뒷받침되었기 때문이다.

의회의 지위 강화

세월이 점점 흘러 14~15세기가 되자 영국에서는 의회, 특히 하원의 지위가 점차 확대되고 강화되었다. 그 사실은, 15세기 무렵부터 의회가 국왕과 입법권을 나누어 갖기 시작한 점, 과세 문제는 국왕과 의회가 상의해야 한다는 관행이 확립되었던 점으로 보아 추측할 수 있다. 근대의회로의 발전과정은 국왕이 가진 입법권과 과세권을 의회가 점차 빼앗아 오는 과정이라고 볼 수 있다. 영국에서 이처럼 의회의 지위가 강화된 것은 기존 귀족과 성직자들의 전제권력에 대한 무력 저항을 대신해, 의회가 지속적이자 평화적으로 국왕 권력의 전제화를 막는 유력한 기관으로서 중요한 지위를 차지하기 시작했다는 뜻이다. 이러한 변화 속에서 기존 보통법에 의한 국왕 권력의 견제, 곧 '보통법이 우위'라는 생각은 이제 의회에서 제정된 법(제정법)이 우위라는 생각으로 바뀌었으며, 의회가 국왕의 전제지배를 억제하는 요새라고 생각하게 된 것이다.

찰스 2세(재위 1660~1685)
찰스 1세의 첫째 아들. 크롬웰이 이끄는 원정군에 패해 9년 동안 망명 생활을 하다가, 공화정 호민관 정권이 무너지자 1660년 프랑스에서 영국으로 돌아와 왕정복고를 실현했다. 로크는 정치적인 소용돌이에 말려들어 1683년 네덜란드로 탈출한다.

국왕의 대권

그렇다고 영국의회를 과대평가해서는 안 된다. 그 시절에는 의회 소집 및 해산권이 국왕의 중요한 대권(의회와 상의하지 않아도 국왕이 자유의지로 정할 수 있는 권한) 가운데 하나였으므로, 의회는 스스로의 권한에 의해 운영되었다고 할 수 없다. 그리고 그때에는 현대의 각국 의회처럼 해마다 반년 가까이 의회가 열렸던 것이 아니라, 5년이나 10년에 한 번 정도밖에 열리지 않았다. 프랑스혁명 전에 프랑스에서 175년 동안이나 삼부회가 열리지 않았던 일은 너무나 유명한 이야기이다.

절대군주는 큰일이 아니면 되도록 의회를 열지 않으려 했다. 전제군주나 독재자는 국민의 뜻을 대표하는 의회를 좋아하지 않기 때문이다. 히틀러가 나치 독재정권을 손에 넣자마자 곧바로 의회 활동을 정지시킨 일이 그 좋은 예이다.

아무튼 그 시절에는 영국뿐만 아니라 다른 나라에서도 보통 정치는 국왕과 국왕을 둘러싼 소수 고문관들의 집단인 고문회의가 통치하는 대권지배가 대세였다. 의회가 입법부이자 나라의 가장 중요한 기관으로서 지위를 완전히 확립한 것은 명예혁명 뒤였으며, 그러한 의회의 지위를 정확히 그려낸 사람이 바로 로크였다.

국왕이 보는 의회, 의회가 보는 국왕

이제껏 살펴보았듯이, 영국의 왕들은 다른 유럽 국왕들과 달리 의회의 지위를 존중한 편이다. 강대한 전제군주였던 헨리 8세조차 "의회가 열리면 영국 국왕은 그 자리에 출석해 신민과 함께 국사를 의논해야 가장 큰 권위를 얻을 수 있다"고 말했다. 헨리 8세나 엘리자베스 여왕은 되도록 의회와 힘을 합치는 입장을 고수했다. 따라서 튜더 왕조 시대의 영국에는 프랑스처럼 국왕이 절대권력을 가지며, 국왕이 나라의 유일한 주권자라는 명확한 군주주권론적 관념이 없었다. 그 시절의 정치가와 법률가들에게 영국의 정치는 '국왕과 의회가 공동으로 돌보는 것'이며 '국왕과 의회의 의견이 다를 때는 법에 따라 조정하는 것'이었다. 또한 그들은 국왕이 대권으로 정치를 할 때도 원칙적으로는 법과 의회의 제한을 받는다고 여겼다. 그러므로 영국에서는 프랜시스 베이컨 같은 충직한 왕당파조차 국왕에게 법을 무시할 수 있는 무제한적인 절대권력이 있다고는 결코 말하지 않는다. 마찬가지로 의회에서도 주권이 의회에 있다고는 생각하지 않았다.

둘 사이에 의견 충돌이 있어도, 어쨌든 영국에서는 국왕과 의회를 통해 정치가 이루어진다는 생각이 그 무렵 정계 상층부의 지배적인 의견이었다. 그러나 이러한 낙천적인 조화관은, 17세기가 되어 스튜어트 왕가가 프랑스 국왕처럼 국왕주권론을 주장하기 시작하자 영국의 주권자가 누구인가를 둘러싸고 국왕과 의회 사이에 대립과 항쟁이 대두되면서 깨지고 말았다. 그 해결책은 결국 영국의 두 혁명을 거쳐 로크의 사상에 가까운 '의회 안의 왕'이라는 형태로 정착되었는데, 여기에 이르기까지 영국은 17세기 내내 격렬한 투쟁과 피비린내 나는 참사를 겪어야 했다.

17세기 전반의 헌법 논쟁

국왕과 의회의 대립은 엘리자베스 여왕이 죽은 뒤 스코틀랜드에서 온 제임스 1세가 1603년 영국의 왕위를 이으면서 격렬해졌다. 그는 영국 특유의 전통적 정치사상에 익숙하지 않았으므로, 자신이 스코틀랜드를 다스리던 때와 똑같은 방식으로 영국을 통치하고자 했다. 국왕은 왕권신수설을 주장했다. 또한 '자유로운 왕정'이란 세습 국왕이 의회나 법의 구속을 받지 않고 자신의 생각대로 다스리는 정치 체제이며, 그것이 가장 훌륭한 정치 형태라고 말했다. 그러나 이러한 사상은 왕당파조차 받아들이지 못하던 것이었다.

결국 제임스와 그의 아들 찰스는 프랑스의 보댕이 주장한 왕권신수설을 내세우는 데 실패하자 왕이 지닌 '대권'의 범위를 확대하고자 했다. 대권은 의회와 논의하지 않아도 국왕의 자유로운 판단에 따라 행사할 수 있

제임스 2세(재위 1685~1688)
즉위하기 전에는 요크 공이었다. 찰스 1세의 둘째 아들로, 명예혁명이 일어나자 프랑스에 망명하여 루이 14세의 비호를 받으며 왕위 탈환을 노렸다. 찰스 2세가 죽자 귀국하여 제임스 2세로 즉위했다.

는 권한이므로, 그 범위가 넓어질수록 사실상 프랑스 국왕과 다름없는 절대주권자의 지위를 누릴 수 있기 때문이다. 대권에는 군사권, 관리임명권, 전쟁 포고 및 강화권, 의회 소집과 해산권, 화폐주조권, 긴급과세권 등이 있는데, 스튜어트 왕가는 궁핍한 왕실재정을 채우기 위해 이 대권을 확대하고자 했다.

본디 영국에서 과세 문제는 국왕이 의회의 동의를 얻어 정하는 것이 원칙이었다. 그러나 스튜어트 왕가는, 나라가 위급할 때는 국왕이 의회의 동의를 거치지 않아도 세금을 징수할 수 있다는 대권을 남용하여 국민에게 보조금과 강제공채 등을 부과해 국민의 반감을 샀다. 또한 그들은 반대하는 자가 있으면 국왕의 대권재판소로 연행해 자기들에게 유리한 판결을 내림으로써, 그러한 부당한 과세가 합법적이며 '법의 지배'에 어긋나지 않는다고 주장했다.

권리청원의 의의

'권리청원(1628년)'은 그러한 국왕 전제화의 위험성을 막고 경고하기 위한 것

이다. 과세 문제는 반드시 의회와 논의해야 하며, 국법에 의거하지 않고 함부로 체포·감금·투옥할 수 없다는 사실을 국왕에게 요구하는 것이 '권리청원'의 핵심이었다. 여기서 주의할 점은 귀족과 성직자들이 만들어 특권계급을 위한 특권 확대를 요구하는 성격이 강했던 마그나 카르타와 달리, '권리청원'은 초안을 작성한 보통법 학자 에드워드 코크를 비롯해 청원 제출을 추진한 사람들이 모두 하원의원이었다는 것이다. 이는 앞으로 국왕이 또다시 '권리청원'의 조항을 위반하면 지주·상인·자본가들을 중심으로 단호하게 저항하겠다는 뜻을 담고 있다. 실제로 국왕이 청원의 내용을 다시금 짓밟았던 1642년 이후에는 청교도 혁명이 일어나 영국 전역을 뿌리째 뒤흔들었다.

혁명의 도화선, 선박세 사건

찰스 1세는 표면적으로만 '권리청원'을 인정했을 뿐, 뒷날 1640년 4월 의회를 소집하기까지의 약 11년 동안 전제지배를 확립하고자 했다. 그 방책 가운데 유명한 한 가지가 바로 선박세 징수였다. 선박세란 선박건조를 위해 해안 도시들에 부과했던 세금이었는데, 1634년에 이것을 부활시켜 이듬해부터 전국적으로 적용시켜 버린 것이다. 그러자 각지에서 맹렬한 반대가 일어났고, 마침내 1637년에 존 햄던이 지불을 거부한 사건이 일어났다. 그 분쟁은 재판에 넘겨졌으며 재판 과정에 온 국민의 이목이 집중되었다. 이것이 그 유명한 선박세 사건으로, 재판에서 국왕 측에 유리한 판결을 내린 것이 혁명의 도화선이 되었다.

이 재판에서 재판장 버클리는 이렇게 말하며 국왕 측의 승소를 선고했다. "국왕은 국민 전체의 이익을 도모하기 위해 그가 외국의 침략 위기를 느낄 때는 언제든 의회와 논의하지 않고 과세할 수 있는 권리가 있으며, 이번 조치도 이 대권에 근거한 것이므로 선박세는 위법이 아니다."

나라가 외적의 위험에 처해 있는지 여부를 판단하는 일은 아주 어려운 문제이다. 판결에서처럼, 국왕이 국가에 긴급하고 중대한 위기가 닥쳤다고 판단해 언제든 과세할 수 있다는 것이 합법화된다면, 앞으로도 국왕은 이것을 핑계삼아 마음대로 세금을 걸 수 있게 된다. 국가가 위급하다고 하면 되기 때문이다. 의회가 여러 해에 걸친 국왕의 대권지배에 마침내 저항하기로 결심을 굳힌 계기가 된 것이 바로 이 선박세 패소 사건이라고 볼 수 있다.

청교도 혁명 발발

1639년 12월, 국왕은 스코틀랜드와의 전쟁에 필요한 군비를 조달하기 위해 반드시 의회를 열어야 했다. 그리하여 의회 소집을 공시했고, 이듬해 4월 11일에 마침내 의회가 열렸다. 이 절호의 기회를 의회가 놓칠 리 없었다. 의회는 군비를 승인하기 전에 먼저 이제까지의 부당했던 대권지배를 바로잡아야 한다고 주장했지만 국왕은 군비 승인이 먼저라며 주장을 굽히지 않았다. 양쪽의 대립이 격렬해지자 의회는 겨우 3주만에 해산되고 말았다(단기의회). 해산을 시키긴 했지만 역시 의회의 동의를 얻지 못하면 충분한 군비 조달이 불가능했으므로, 국왕은 1640년 9월에 다시 새로운 의회 소집과 선거를 고시했고, 11월 3일에 의회가 열렸다. 이 의회는 형식적으로는 1660년의 왕정복고기까지 이어졌기 때문에 장기의회라고 불린다.

의회가 열리자 상원과 하원은 만장일치로 이제까지 해온 국왕의 부당한 대권지배에 반대하고, '법의 지배'를 회복하기 위해 여러 요구를 했다. 바로 선박세·톤세·파운드세 같은 부당한 과세 폐지, 전제지배를 뒷받침해 온 대권재판소와 성실재판소 폐지, 국왕이 소집하지 않아도 3년마다 자동적으로 의회가 집회를 열 수 있는 3년의회법 등이다.

찰스는 이러한 요구를 인정하고 한 발 물러설 수밖에 없었다. 이리하여 영국 정치는 다시 전통적인 국왕 대권과 의회의 특권이 조화를 이룬 옛 정치체제로 회복되었다. 의회의 왕당파는 이 결과에 만족하고 더 이상의 개혁을 바라지 않았다. 그러나 햄던이나 핌 같은 급진파는 이로써 문제가 해결되었다고 생각하지 않았다. 국왕이 여전히 강대한 대권을 지니고 있는 한, 부당한 대권지배가 되풀이되지 않으리란 보장이 없었기 때문이다.

그리하여 급진파는 1641년 11월, 이제까지 국왕이 저지른 죄상을 열거한 〈대간의서(大諫議書)〉를 내어 국민에 호소하고 그 지지를 얻음으로써, 국왕 대권의 양대 기둥인 군사권과 관리임명권을 국왕으로부터 빼앗으려 했다. 그러나 이 두 대권이 의회에 넘어간다면 국왕 대권은 사실상 모든 힘을 잃으므로, 이제까지 영국에서 주권자의 지위를 확립하기 위해 애써온 국왕의 노력이 물거품으로 돌아가고 만다. 국왕은 당연히 〈대간의서〉의 승인을 거부했다. 결국 1642년 여름 이후, 양쪽 사이에 무력투쟁이 일어났다. 간신히 '법의 지배'를 회복했던 의회도 둘로 갈라져 왕정복고가 이루어지기까지의 20여 년 동안 영국

윌리엄과 메리의 상륙 1688년 10월, 네덜란드로부터 400척의 배를 끌고 영국으로 건너오자 사람들이 축포를 쏘며 환영하는 장면이다. 그 배후에 로크도 있었다. 제임스 2세는 이에 맞서려 했으나 대세는 기울어 어쩔 수 없이 망명길에 올랐다.

은 혁명의 소용돌이 속으로 빠져들었다.

혁명기 정치사상의 과제

혁명이 일어나자 영국의 정치사상도 중대한 변혁을 맞이했다. 영국의 정치는 국왕의 대권과 의회의 특권에 의해 원활히 운영되며, 국왕과 의회 사이에 의견 대립이 발생하면 법으로 조절할 수 있다는 기존의 전통적 정치사상이 혁명 발발로 허물어졌기 때문이다. 혁명기 정치사상의 과제는 다음 두 가지로 요약할 수 있다.

첫째, 먼저 영국의 주권자가 누구인지를 분명히 밝힐 필요가 있었다. 혁명 전의 영국에서는 이 점이 언제나 확실하지 않았다. 그것은 국왕 대권과 의회 특권의 조화라는 모호한 형태로 남았으며, 끊임없이 다툼의 씨앗이 되었다. 따라서 무력투쟁이 시작되자마자 양쪽에서 국왕주권론과 의회주권론을 주장한 것이다.

둘째, 지금까지처럼 법이 국왕과 의회 사이를 조정하는 것만으로는 양측의 분쟁을 해결하지 못할 뿐더러 국왕의 부당한 대권 확대를 억제하지 못한다

윌리엄 3세와 메리 2세의 제관식(1689)
1688년 영국에서 명예혁명이 일어나 제임스 2세는 물러나고, 왕의 맏딸 메리와 그녀의 남편인 네덜란드 총독 윌리엄 3세가 공동 통치자가 되었다. 이리하여 영국은 국왕과 국민과의 계약을 바탕으로 한 새로운 군주제를 만들어 내어 '앙시앵레짐(구체제)'을 무너뜨리고 입헌군주제 국가로 다시 시작하는 길을 선택했다. 17세기 판화.

는 사실이 드러난 이상, 적절한 민주적인 제도를 확립하기 위한 이론화가 필요했다.

이 두 과제를 17세기 영국의 정치 상황 속에서 결론적이자 체계적으로 정리한 사람이 바로 로크이다.

로크 정치론의 과제

1688년, 명예혁명은 의회의 휘그당과 토리당의 주도 아래 피 흘리지 않고 단행되었다. 그들은 이 명예혁명 체제를 정착시키기 위해 새로운 영국 국왕인 오렌지공 윌리엄(윌리엄 3세)과 메리 왕비로 하여금 '권리장전'을 승인토록 했다. 그리고 이를 통해 국왕의 대권지배에 대폭적인 구속을 가하고 제임스 2세 같은 절대군주가 다시는 나오지 않도록 다양한 조항을 규정했다. 그러나 제임스가 아무리 폭군이었다 할지라도, 또 그 혁명이 무혈로 이루어졌다 할지라도 역시 신하가 기존의 합법적 국왕을 추방한 사실에는 변함이 없었다. 영국에는 기존 군주에 애착을 느끼는 국민들도 많았다. 따라서 의회의 이러한 행동이 합법적이었음을 국민들에게 알리고 명예혁명 후의 새로운 정치체제를 옹호할 만한 이론이 필요했다. 로크의 《통치론》은 그야말로 이러한 과제에 적절한 해답이었다.

로크 《통치론》의 구성

로크의 《통치론》은 2부로 구성되어 있다. 1부는 왕권신수설을 주창한 로버트 필머의 《가부장권론》을 비난하는 내용이며, 2부는 명예혁명 뒤 새로운 영국 정치체제의 전체 모습을 명확히 하는 내용이다. 1부에서 로크가 필머를 비판 대상으로 삼은 이유는 필머의 신권설이 국왕의 지상권을 옹호하는 가장 반동적 이론이었기 때문이며, 따라서 필머의 저서가 왕정복고기에 자주 출판되었기 때문이다. 필머의 이론을 철저히 논파하는 것은 영국에서 국왕전제옹호론을 뿌리 뽑는다는 뜻이었다. 2부에서 주목할 것은 로크도 홉스와 마찬가지로 인간이 정부를 만든 목적을 생명·자유·재산의 옹호에서 찾았으며, 그러한 정치사회 설립 방법을 자연법적 사회계약론에서 이끌어 냈다는 점이다. 자연권이나 근대적 자연법 이론은 청교도 혁명기에 의회파, 특히 그중에서도 가장 혁명적 성격이 짙은 평등파에 의해 처음으로 영국 정치사상의 범주에 들어왔다.

지위나 재산이 없던 평등파는 '천부 인권'을 내세우며 선거권 확대를 과감하게 요구하고 근대에서 가장 진보한 최초의 민주주의자들이 되었다. 따라서 왕당파는 물론이요 크롬웰과 같은 사람도 이 자연권 이론을 혐오스러워하고 두려워했다. 물론 로크의 자연법사상은 평등파가 적용한 것과는 매우 다른 내용이다. 로크가 자연법적 설명 방법을 받아들여서 쓴 이유는, 신하가 국왕을 추방하는 사태가 전통 정치사상으로 충분히 설명되지 않기 때문이라 여겨진다. 그럼에도 우리는 거기서 청교도 혁명의 뚜렷한 흔적을 느끼지 않을 수 없다.

다음으로 로크의 《통치론》에서는 입법부=의회의 지위를 최고 권력으로 인정했다. 의회가 영국의 가장 중요한 정치기관임은 청교도 혁명 때 인정된 사실이지만 그 뒤 크롬웰 독재가 나타나고 왕정이 복고되는 바람에 제도적 이론적으로 충분히 확립되지 못했다. 그러나 명예혁명은 의회를 국가의 가장 중요한 기관으로 보았다. 로크가 《통치론》에서 의회를 최고 권력 기관으로 규정한 것은 참으로 당연한 일이다.

로크는 자신의 민주정치사상을 전개하기 위하여 《통치론》 1부에서 성경을 근거로 한 필머의 '가부장권론'을 철저하게 반박해야 했다. 17세기 성경의 권위는 아직도 절대적인 것이었는데, 필머는 성경 구절을 인용하여 자신의 이론을 전개했으므로 로크도 같은 성경 구절을 인용하여 이에 응수했다. 종교 문제를 논할 때도 그랬지만 로크는 성경과 이성을 들어 상대를 논파하는 방법을 가끔 사용했다. 여기서 우리는 아직 종교의 영향력이 강했던 17세기를 살았고, 합리주의적 사고방식을 취했던 근대인 로크의 모습을 볼 수 있다.

《가부장권론》의 내용과 로크의 비난

필머는 《가부장권론》 머리말에서 대략 다음과 같이 말했다.

"인간은 본디 모든 종속으로부터 자유로우며 또 그렇게 태어났다. 따라서 어떠한 통치형태를 선택하느냐는 인간 취향에 달렸으며, 어떤 사람이 다른 사람에 대해 가지고 있는 권력은 처음에는 인권에 의해 부여된 것이라고 최근 수백 년간 학자나 성직자들은 말해 왔다. 이러한 설은 스콜라 철학자나 개신교도들에게 환영받고 있으며, 왕당파 이론가들조차 인류의 자연적 자유와 평등이라는 점에서는 이를 자명한 원리로 삼고 있다. 우리의 목적은 권리는 누가 부여했느냐, 자유는 누가 부여했느냐를 논증하는 데에 있다."

그래서 필머는 성경 구절을 인용하여, 현재 각 나라의 군주가 가진 지배권은 신이 처음에 아담에게 준 것으로서, 신은 아담에게 그 아내 하와와 자식들, 세상에 있는 모든 것을 절대 지배하라 허락했으며 이 권력은 아담의 직계 자손인 족장들로부터 각 나라 군주들에게 대대로 전해 내려온 것이라고 말했다. 또 인간이 태어나면서부터 부모에게 예속되어 자유롭지 못하다는 점에서 인간은 천부적으로 자유로운 상태가 아니라 보고, 인간은 인류 최초의 아버지인 아담과 그 직계 자손이자 각 나라 신민의 아버지인 국왕에게 절대 복종해야 한다고 주장했다.

로크는 아담이 신으로부터 아버지의 권위를 부여받아 인류와 만물을 절대 지배하며, 그런 의미에서 모든 인간은 아담과 그 직계 자손인 군주에 의해 노예상태에 있어 인간의 자유는 군주의 은총에 의한 것이라는 이론에 대하여 같은 성경 구절을 인용하면서 그런 내용은 성경 어디에도 쓰여 있지 않으며 이성에도 반하는 이론이라고 일축했다.

이를테면 로크는 필머가 '아담의 권위', '아버지의 권위'를 십계명 가운데 "네

아버지를 공경하라"라는 말씀을 들어 설명한 데에 대해 성경 어디에도 아담의 주권에 대한 그러한 증명은 없다고 반론했다. 또 필머가 "너(하와)는 남편(아담)을 따르고 그는 너를 다스린다"는 성경 구절을 들어 아버지가 처자식에게 갖는 절대 권력을 유추해 낸 데 대해 자식에 대한 아버지의 지배권은 어머니도 공유한다고 반박했다. 또한 다양한 성경 구절을 인용하면서, 아담은 모든 자에 대해 생살권을 가지고 있지 않으며, 절대적으로 무한한 주권을 주장하는 권력을 가지고 있지 않음을 분명히 했다. 그리고 이것이 명백하다면 인간은 '천부적인 자유'를 부여받은 것이라고 했다. 즉 로크는 신은 인간과 세상을 만들고 인간의 이성과 분별에 호소하여 자기 생존에 유익한 것을 선택해 사용하도록 이끌며 자기 보존의 수단을 부여했다고 말했다.

그럼 오늘날 인간은 왜 각 나라에서 볼 수 있는 정치사회를 만들고 입법부가 제정하는 법에 복종하게 되었을까? 이것이 바로 로크 《통치론》 2부의 주제이다.

정치권력과 부권의 차이

로크는 2부 논문인 〈정치사회의 참 기원, 한계 및 목적에 관한 논문〉에서 현재 이 지상의 지배자들은 그 권력의 기원을 아담의 사적지배권이나 부권에서 얻은 것이 아니고, 행정자=군주가 그 신하에게 갖는 권력은 아버지가 자식에게, 남편이 아내에게, 주인이 노예에게 갖는 권력과는 다르다고 말하며 필머의 학설을 비판했다. 로크에 따르면 정치권력이란 재산 조정과 보존을 위해 사형 이하의 온갖 형벌을 포함한 법률을 만들고, 이러한 법률을 시행하고 외부의 적으로부터 국가를 지키기 위해 공동체의 힘을 이용하는 권리이며, 이러한 것을 공공의 선=이익을 위해서만 수행하는 권리이다.

이러한 정치 권력은 어떻게 발생한 것일까? 이제 로크가 말하는 정치사회의 참 기원과 그것이 만들어진 목적을 고찰해 보자.

정치사회의 기원

①자연 상태

로크도 홉스와 마찬가지로 자연 상태를 상정한다. 로크가 말하는 자연 상태란 개인이 자연법=이성법(이성은 타인의 생명·자유·소유물을 훼손해서는 안 된다고 가르친다)의 범위 내에서 행동을 규정하고 스스로 적당하다고 생각하는 바대로 소유물과 육체를 처분할 수 있는 완전한 자유 상태이며, 거기서는 누구나 평등한 권력을 가진다. 그리고 홉스와는 달리 로크의 자연 상태에서는 개인이 자연법=이성법에 따라 생활하므로 본디 전쟁 상태가 아니라 평화롭고 서정적인 상태이다. 로크에 따르면 전쟁 상태란 타인을 절대 권력의 지배 아래 두고자 상대의 목숨을 빼앗으려는 상태를 가리키는데, 이것은 자연 상태에서도 충분히 일어날 수 있는 일이며, 인간이 정치사회에 접어들고 나서도 일어날 수 있다. 가령 절대군주에 의한 전제정치는 그야말로 전쟁 상태이다.

홉스(1588~1679)
엘리자베스 1세에서 찰스 2세에 이르는 시대에 활동했다. 이 시기에 영국은 종교개혁과 시민전쟁을 계기로 일어난 수많은 도전에 맞닥뜨려 있었다. 찰스 2세의 황태자 시절에 그의 가정교사로서 수학을 가르치기도 했다.

②소유권

로크의 자연 상태에서, 신은 인간이 자기 보존을 할 수 있도록 음식과 그 밖의 다른 것을 공유물로서 주었다. 그럼 이렇게 신이 공유물로서 준 것을 어째서 개인은 얼마씩 나누어 소유하게 된 것일까? 로크는 그러한 사유재산의 발생을 개인의 육체노동에서 찾았다. 이것이 경제사상사에서 갖는 의의는, 예를 들어 어떤 사람이 숲 속에서 도토리나 사과를 따면, 즉 노동을 하면 그것들은 그 사람의 소유가 되고, 밭을 갈면 그 땅은 그 사람의 소유가 된다. 그럼 인간은 원하는 만큼 도토리나 나무열매를 따고 땅을 얻어도 좋은가? 여기에 대해 로크는 우리에게 자기 보존을 위해 음식과 그 밖의 다른 것을 이용하도록 허락한 자연법=이성법이 동시에 소유권의 한계를 결정한다고 설명했다. 그 한계란 채취한 획득물이 상하기 전에 생활에 유용하게 쓰일 수 있는 범위(상하게 하거나 썩히는 것은 신의 뜻에 반한다)라는 것이다. 자연 상태에서는 인구는 적고 땅은 광활하며 자연 산물은 무한했으므로 음식과 땅을 원하는 행위는 신의 뜻에 들어맞는 것이며 따라서 전쟁이 일어날 일도 없고 아주 평화로웠다. 그렇다면 어째서 인간은 그러한 평화로운 자연 상태를 벗어나 공통 권력에 복종하는 사회생활에 접어든 것일까? 이 점에 대하여 로크는 다음과 같이 이론을 전개한다.

③화폐의 발명

즉 화폐가 발명되고 거기에 가치를 두는 사람들 사이에 암묵적 협정이 생겨남에 따라 더 많은 재산과 거기에 따르는 권리가 자연 상태로 흘러들어왔기 때문이라는 것이 로크의 설명이다. 화폐는 썩는 것이 아니어서 얼마든지 쌓아둘 수 있다. 썩지 않는다는 것은 자연법에 어긋나지 않으므로 인간은 열심히 일해서 얼마든지 화폐를 모아두어도 좋은 셈이다. 또 부지런함에는 개인차가 있으므로 이윽고 개인 재산에도 다양한 차이가 생기게 되었고, 그리하여 화폐의 발명은 이러한 재산의 차이를 확대시키는 계기가 되었다고 로크는 말한다. 이렇게 재산 차이가 발생하자 타인의 소유권을 침해하는 자도 생기게 되었는데, 자연 상태에서는 그것을 처벌할 공통 권력이 없기 때문에 여러 불편이 있었다. 그래서 인간은 자연 상태에서 자연법에 근거하여 자유롭게 행동했던 권리를 포기하고 하나의 정치사회로 통합했으며, 그들 사이에 발생한 다툼을 해결하고 범죄를 처벌하는 권위를 가진 공통의 확고한 법과 재판소에 호소할 수 있도록 다 함께 시민사회에 들어선 것이라고 로크는 말한다.

정치사회의 기원과 목적

따라서 인간이 자연 상태의 자유를 포기하고 시민사회의 구속을 받는 유일한 방법은 쾌적하고 안전하며 평화로운 삶을 보장받고 자신이 속한 사회 밖 사람들보다 재산을 더 안전하게 지킬 수 있도록 타인과 함께 하나의 공동체에 결집하겠다는 협정을 맺는 것뿐이다. 이렇게 만들어진 정치사회에서는 다수의 의지가 그 공동체를 움직이게 된다. 따라서 인간이 정치사회를 만든 목적은 모든 사람의 자유와 소유를 더 효율적으로 지키기 위해서라는 것이다.

이렇게 정치사회의 기원을 개인의 자유·재산·생명의 보호와 개인의 자발적 동의에서 찾는 사고방식은, 정치권력의 기초는 국가의 모든 성원에게 있다는 국민주권론의 원형을 이룬다. 이리하여 로크 정치사상은, 모든 권력의 기초를 아담의 권력에서 찾고 인간은 태어나면서부터 부자유한 노예 상태라고 간주해 군주의 전제지배 정통성을 이끌어 낸 필머의 신권설을 철저하게 깨뜨렸다. 그런데 로크는 정치사회 설립 이유를, 홉스처럼 단순히 자기 보존에서 찾은 것이 아니라 자기 보존을 위해 필요한 재산 획득과 연결지어서 논증했다. 바로 이러한 점에서 로크의 정치사상은 명예혁명으로 새롭게 지배층에 가담한 재산소유자(상류층과 신흥 부르주아)의 정치지배를 정당화했다.

(7)로크 정치기구론

입법부

로크는 정치사회의 기원을 개인의 생명·자유·재산의 보호라는 점에서 찾은 뒤 그것이 충분히 보장되기 위한 민주적 정치기구론을 전개했다. 그는 정치사회=국가의 주요 통치기관으로서 입법권·행정권·연합권(전쟁·강화(講和)·동맹·조약 등을 협정하는 이른바 외교에 관한 권한)을 들고 행정권과 연합권은 군주에게 속한다고 했다. 또한 인간은 법에 의하여 생명과 소유의 안전을 꾀하는 수단을 갖게 되므로 이 삼권 가운데 입법권이 국가에서 최고 권력을 가진다고 했다.

여기서 로크가 말하는 입법부란 국왕·상원·하원으로 구성되는 의회를 가리킨다. 청교도 혁명 무렵에는 의회와 별개로 국왕이 권력을 가지고 있었으므로 의회가 최고 권력을 가지고 있다고는 생각하지 않았다. 혁명이라는 특수한 상황에서 한때 헌튼이나 파커 같은 사상가와 혁명파가 의회의 최고 권력성을 주장했으나 이러한 사상은 왕정복고와 함께 다시 후퇴했다. 그러나 명예혁명이 성공함으로써 사실상 국왕은 의회를 무시하고는 더 이상 정치를 할 수 없게 되었다. 그때 영국의 상황을 '군림하나 통치하지 않는다', '의회 안의 군주'라는 말이 잘 대변해 준다. 따라서 이 시기 이후에는 의회가 영국에서 사실상 최고 권력으로 여겨지게 되었으며 로크 정치사상은 그러한 상황을 충실히 반영한 것이라 하겠다.

행정권과 연합권

로크 시대에는 아직 국왕이 행정권과 연합(외교)권을 가지고 있었고 그 권력은 강대했다. 이러한 권한은 18세기 후반부터 19세기에 걸쳐 의원내각제가 확립되고 내각이 국왕을 대신해 행정권을 행사하며, 그 책임은 의회가 지는 정치 관행이 형성되고 나서야 의회의 통제 아래 놓이게 된다. 따라서 로크도 행정권과 연합권은 국왕에게 있다고 보았다. 그러나 여기서 주목해야 할 것은 이 행정권과 연합권을 입법권에 대하여 보충적이며 종속적인 것으로 규정했다는 점이다. 국왕이 갖는 행정권이 의회에 종속된다는 사고방식은 청교도 혁명 이전 전통 정치사상에서는 전혀 찾아볼 수 없었다. 그뿐만이 아니다. 로크는 국왕은 법 집행을 위탁받은 공인으로서만 신하에게 복종을 요구할 수 있으며, 그런 의미에서 국가의 상징·그림자·대표로서 법으로 구현된 사회 의지에 따라 행동하는 존재로 간주했다. 즉 로크에 따르면 국왕은 법에 의한 것이 아니고는 의지도 권력도 가지지 않는 제한군주이다. 이러한 사고방식이야말로 중세 이후 영국 국민이 추구해 마지않던 '법의 지배' 관념에 의한 정치지배의 이론적 원리였다.

이상에서 말한 바와 같이 로크는 입법권과 행정권을 의회와 국왕에게 각각 분배하면서도 입법부가 행정부보다 우위에 있다고 주장함으로써 근대정치기구론=권력분립론과 의원내각제로 가는 길을 개척했다.

전제지배에 대한 억제, 저항권과 혁명권

로크 정치론의 민주적 성격은 그가 전제지배에 대해 저항권이나 혁명권을 명확하게 드러냄으로써 점점 강해졌다. 그는 정치사회에서 전제지배나 폭정이 행해지지 않도록 입법부가 최고 권력을 갖게 하고, 입법권과 행정권을 분리시키려는 제도적인 배려를 했다. 또한 입법부나 행정부가 국민을 억압하지 않도록 이 정치기관에 기본적인 자연법=사회의 보존을 지키려는 것을 요구했다. 그럼에도 권력이라는 것은 전제화에 대한 끊임없는 지향이고, 국민의 생명·자유·재산을 침해하기 쉬운 것이다.

로크는 권력의 억제에 대해 어떻게 생각했을까? 그는 이러한 경우 먼저 국민이 법의 틀 안에서 합법적으로 저항하는 것(저항권)을 인정하고, 게다가 전제지배가, 인간이 정치사회를 통해 이루고자 한 목적을 전면적으로 파괴하기에 이른 만큼 극단적으로 갔을 때는 그것에 반란을 일으키는 것(혁명권)을 인정했다.

그는 부당한 요구를 하는 국가에 대한 혁명을 이렇게 이야기한다. 국왕이 죄악을 저지르지 않을 경우 국왕 자체는 법에 의해 신성시되며 무엇을 명령해도 문제되지 않지만, 국가 관청의 부당한 행위에 대해서는 법에 호소함으로써 구제를 바라고, 또 그러한 명령에 저항해도 좋다고 한다. 국민은 관청의 명령에 저항하는 것으로 국왕에 바른 정치를 요구하는 셈이다. 이러한 저항권 사상이야말로 브랙턴 이후, 국왕과 관청도 법에 복종해야 한다는 '법의 지배' 정신을 다시 확인하게 된 것이다. 이것은 필머의 왕권신수설과 전혀 다른 것이라 할 수 있다.

그러나 국가나 정부의 부당한 행위에 대해 국민이 저항권으로 참아가며 그 시정을 되풀이해서 요구하더라도, 입법권이나 행정권을 가진 국왕이 정치사회의 구성 자체를 해체시키려는 중대 국면에 이르렀을 때는 어떻게 될까? 국왕이 '법의 지배'를 하지 않고, 또 국가에서도 가장 중요한 입법부를 해체하려고 할 때는, 그것은 이미 통치의 해체를 의미하는 것이 된다. 이러한 경우 국민은 국왕에 대해 반란을 일으켜도 좋다고 로크는 말한다. 어떤 사람들은 이러한 국민의 행동이 합법적 군주에 대한 반란이자 불법이라고 할지도 모른다. 하지만 로크는 반란을 일으킨 것은 도리어 시민적 통합의 목적을 파괴한 국왕 쪽이라고 한다. 이 말은 명예혁명을 수행한 의회의 입장을 옹호한 것이다.

그런데 앞의 경우, 정치사회 설립의 목적을 깨뜨리려는 행위는 국민의 의지를 위탁받고 그것을 대표하는 입법부에 의해 생긴 위험이다. 그러므로 로크는 국민이 거기에 대해 반란을 일으키고, 새로운 입법부를 만들어 내도 좋다고 주장한다. 이러한 생각은 통치 형태의 최종 결정권자는 국민이라는 국민주권주의의 원형을 이룬 것이라 할 수 있다. 국회와 내각의 의견이 대립해 조정이 이어지지 않을 때, 국회나 내각이 악정을 행할 때 해산시킴으로서 국민의 의지를 나타내고, 새로운 입법부나 행정부를 선출한다는 근대민주주의 국가의 정치방식은 이러한 로크의 정치원리를 구체화한 것이다. 또 사법부에 의한 입법부의 억제(위헌법 심사권)도 로크의 권력 억제의 한 형식이며, 사회주의 혁명은 그의 혁명권 원리를 더욱 강화해서 만들어진 것이라고도 할 수 있다.

로크 정치론이 남긴 것

로크는 정치권력의 기초를 자유롭고 평등한 개개인의 자발적 동의에 두었고, 민주적인 '법의 지배'를 실현하는 보장으로서 입법권의 최고 권력과 입법부와 행정부의 권력 분립을 설명했다. 또 국가권력이 전제화할 때는 그것에 저항하며, 마지막 수단으로 반란을 일으키는 것조차 긍정했다. 이렇게 로크는 한편으로는 청교도 혁명기에 나타난 새로운 정치이론(홉스 등의 자연권→자연법→사회규약)을 이용하면서 다른 한편으로는 영국 전통의 국왕·상원·하원으로 이루어진 의회를 근대화하여(국왕의 행정권을 억제하는 성격을 강화, 해링턴 정치기구론의 중시) 명예혁명 뒤의 영국 정치체제의 이론적 제도적 원형을 체계화한 것이었다.

그러나 명예혁명체제 시기에는 선거권을 가진 국민은 성인 남자 가운데서도 7분의 1밖에 되지 않았다. 로크는 명예혁명을 옹호하기 위해 자유롭고 평등한 개개인의 동의로 정치사회가 설립된다고 했지만, 여기서 이른바 자유롭고 평등한 개개인은 그 무렵 정치 세계에 참가할 수 있던 사람들(유산자)만을 가리켰다.

따라서 정치권력의 기초는 자유롭고 평등한 개개인의 동의라는 로크 정치이론의 원리가 완전히 실현되기 위해 영국에서는 약 200년이라는 세월을 더 필요로 했다(영국에서 남녀평등 보통선거가 실시된 것은 1928년). 그것은 18세기 끝무렵 페인과 프리스틀리의 소시민적 급진주의자 운동이나 차티스트 운동 가운데 보통선거가 채택되고, 벤담과 밀의 선거권 확대 주장, 노동자 계급의 출현과 사회주의 이론의 보급에 의해 드디어 실현되었다. 그러나 로크가 250년 전에 이미 《통치론》에서 전개한 통치에 관한 모든 원리는 근대정치사상에서 눈부시게 빛나고 있다.

(8)로크의 경제사상

로크 시대의 경제 문제

경제학은 보통 애덤 스미스에 의해 만들어진 것이라고 보곤 한다. 스미스는 로크보다 약 100년 뒤의 사람으로서 경제학의 아버지로 불린다. 그가 경제학을 만들어 낸 것은 맞다. 하지만 스미스가 아무리 천재라 해도 아무것도 없는 데에서 갑자기 경제학 체계를 만들어 낸 것은 아니며, 그 이전의 여러 사고방식에서 자신의 체계를 세운 것이다.

스미스 이전의 경제사상을 하나로 합쳐 중상주의라 부른다. 중상주의 이전에도 경제사상이 없었던 것이 아니다. 중세 신학자들도 경제 문제를 논했고 더 거슬러 올라가 아리스토텔레스 역시 화폐론을 들먹였다. 다만 고대나 중세의 경제사상은 경제 문제를 독자적인 것으로 생각하지 않고, 정치나 법률 및 종교와의 관계 속에서 생각했다.

애덤 스미스(1723~1790)
스코틀랜드의 경제학자. 고대경제학의 창시자.《국부론》은 경제학을 정책에 처음 도입, 체계적 과학으로 만들었고, 중상주의적 비판은 영국의 자유통상주의로 구체화되었다.

그러나 봉건사회가 무너지자 무역이 발전하고 생산이 많아지면서 가격이나 이자, 이윤이라는 경제 문제는 점점 법률과 교회 규칙에서 불거져 나와 독자적으로 다뤄지게 되었다. 영국에서 그러한 경향은 흔히 16세기 말부터 나타난다. 물론 아직 옛 사고방식도 남아 있고, 다루는 문제도 단편적이어서 이론 체계 따위는 없었다. 스미스 경제학으로 이어지는 기초 사상은 16세기 말이나 17세기 초부터 슬슬 나타났다. 로크의 경제사상도 그러한 것들 가운데 하나이다.

그 무렵 경제론은 이론으로 생각한 것이 아니라, 실제 눈앞에서 일어난 여러 경제 문제를 어떻게 하느냐 하는 실제적인 필요에서 만들어진 것이었다. 따라서 그때의 경제사상을 이해하기 위해서는 그 시대에 일어난 경제 문제가 무엇인지 알아둘 필요가 있다.

첫째로 가장 커다란 문제는 화폐였다. 봉건사회에서는 농노가 노동을 통해 조세를 바치는 관계가 토대가 되므로, 화폐가 유통되고 상업이 이루어지면서도 경제생활의 중심을 차지하지는 않았다. 그런데 이러한 봉건사회가 무너지자, 사람을 쓰는 것이나 사업을 하는 것에도 모두 화폐가 필요해져 결국 부족해졌다. 그 무렵 화폐는 금이나 은이다. 따라서 화폐를 어떻게 손에 넣고 늘리느냐 하는 문제는 금·은·귀금속의 문제였다. 특히 영국처럼 금광이나 은광이 없는 나라에서는 이것을 손에 넣으려면 외국과의 무역 말고는 방법이 없다. 여기에서 두 번째 문제로 외국무역이 큰 관심을 끌게 되고, 세 번째 문제로서 화폐를 빌려주거나 빌리거나 할 때의 이자 문제가 대두되었다. 나중에 말했듯이, 로크가 주로 다뤘던 것도 이런 문제였다.

그러나 이러한 문제를 깊이 파고들면 가장 밑바닥에서는 생산 문제가 불거지게 된다. 외국으로 물건을 팔아 금은을 손에 넣더라도 그 물건을 누가 어떻게 생산할지 하는 문제가 거론되고, 물건을 팔 때 가격이 어떻게 결정되는가 같은 조금 이론적인 문제가 얽혀 있는 것이다.

이자율을 둘러싼 논쟁

로크가 처음으로 관심을 가진 것은 이자율 문제였다. 그 무렵 이 문제를 둘러싼 논쟁이 확대되고 있었기 때문이다.

돈을 빌려주고 이자를 받는 것은 그리스도교의 교리에 위배된다 하여 중세에는 금지된 일 가운데 하나였다. 이웃을 사랑하라는 그리스도교의 교리에 어긋난다는 것이었다. 그러나 16세기에 이르자 사람들의 생각이 조금 바뀌었다. 어려운 사람들에게 돈을 빌려주고 이자를 받는 것은 나쁘지만, 채무자가 빌린 돈을 밑천으로 돈을 번다면 이자를 내는 것이 당연하다는 생각이었다. 사실 자본주의 사회에서 돈을 빌리는 것은 사업 밑천을 늘리기 위함인 이유가 많다. 이렇게 해서 1545년에 이자를 받는 것이 정식 허용되고, 그 이율은 1년에 최고 10%라고 법률로 정해졌다. 따라서 로크도 이 문제에 대해서는 논의하지 않고, 토지를 빌린 사람이 지대를 내는 것이 당연하듯이 돈을 빌린 사람이 이자를 내는 것이 당연하다는 전제로 논의를 진행시켰다.

로크 시대의 논쟁은 이자율은 어느 정도가 적당할지에 대한 문제였다. 이자율은 점점 내려가 1624년에는 8%, 1652년에는 6%가 되었다. 그러나 이것은 법률로 정해진 공정 이자율로, 사실 몰래 그 이상의 이자를 받는 곳도 많았다. 또 영국의 경쟁 상대였던 네덜란드는 암스테르담에 은행을 가지고 있었으므로, 낮은 이자율로 영국 상인들의 부러움을 샀다. 그래서 영국에서도 이자율을 더 낮춰 4%로 하자는 요구가 일었다. 동인도회사 중역이었던 조시아 차일드는 1668년에 출판한 책에서 이자율 인하야말로 영국 경제를 번영시킬 열쇠라고 주장했다.

이러한 주장에 대해서는 바로 반론이 있었다. 그것은 토머스 마린이라는 사람의 《6% 이자율 검토》(1669)라는 책으로, 이자율 인하에 반대하는 것은 아니지만 이자율을 내리면 경제가 번영한다는 것은 잘못된 생각이고, 경제가 번영하면 이자율은 저절로 내려간다고 주장했다. 마린에 의하면 차일드는 원인과 결과를 잘못 이해했다는 것이다. 경제가 불황일 때 무리하게 이자율을 내리면 이익보다도 오히려 피해가 크므로, 이자율을 내리기보다 먼저 외국무역 발전 등으로 경제 회복을 꾀해야 한다는 것이 마린의 주장이었다. 금융완화 정책보다 생산 합리화에 의한 국제수지 개선이 먼저라는 요지였다.

이 논쟁에서 차일드의 주장을 지지한 것은 니콜라스 버본과 찰스 대버넌트이고, 마린을 지지한 것은 윌리엄 패티와 존 로크이다. 이자율에 대한 로크의 생각을 자세하게 알아보자.

로크의 이자론

로크는 차일드의 책이 나오자마자 반론을 썼으나, 출판되지 않았다. 로크의 이자론이 출판된 것은 훨씬 뒤의 이야기로 1692년의 일이다. 책의 제목은 《이자를 내리고, 화폐 가치를 올리는 결과의 모든 고찰》이었다. 그리고 이 책에 대한 비판에 응해 1695년에도 로크는 경제론 책 2권을 출판했는데, 내용은 1692년 책을 되풀이한 것에 가깝다.

로크의 생각은 기본적으로는 마린과 같다. 이자율이라는 것은 법률로 무리하게 내리면 여러 폐해를 낳으므로, 저절로 내려가도록 두는 것이 중요하다는 것이다. 이자는 자본을 쓰는 동안의 사용료이고, 그 이자율은 수요와 공급의 관계로 정해진다. 상품이 많으면 그 가격을 내리는 것과 마찬가지로 돈을 빌려주는 사람이 많고 빌리는 사람이 적으면 이자율은 저절로 내려가고, 반대로 빌리는 사람이 많고 빌려 주는 사람이 적으면 법률로 어떻게 정하든 이자율은 올라가기 마련이다. 따라서 로크는 경제의 자연스러운 흐름에 맡겨두는 것이 가장 좋다고 생각했다.

여기에 로크 경제사상의 커다란 특징이 하나 있다. 경제는 그 자체의 움직임이 있어 법률이나 규칙으로 묶는 것은 오히려 좋지 않다며, 경제 구조의 독자성을 주장한 것이라 할 수 있다. 애덤 스미스는 이 생각을 더 적극적으로 밀고 나가 국가는 경제에 가능한 한 간섭하지 말아야 한다는 자유방임을 주장한 것인데, 로크의 생각은 이러한 스미스의 주장과 이어진다.

그러나 완전히 같지는 않다. 스미스는 영국 경제가 외국과 경쟁하더라도 지지 않을 거라는 확신이 있었으나, 로크는 그런 확신은 없었다. 유통되는 화폐가 늘어난다면 이자율은 저절로 내려간다고 로크는 주장하고 있다. 그렇다면 화폐는 어떻게 하면 늘어날까? 로크는 유통 화폐를 늘리기 위해서 어떻게 하면 좋을지를 생각하고, 그 해결을 외국무역에서 찾았다. 외국에 많은 물품을 수출하는 대신, 수입은 그다지 늘리지 않는다면 그 차액은 금이나 은으로 들어온다. 따라서 화폐를 늘리기 위해서는 수출을 늘리고, 국민이 더 많이 일하고 사치를 부리지 않도록 하는 것이 근본이라고 로크는 생각했다. 외국과의 무역을 중시하고, 국민에게 절약과 근면을 바라는 것, 여기에 로크 경제사상의 두 번째 특징이 있다고 해도 좋다.

외국무역을 중시하는 점에서 로크는 차일드와 비슷하지만, 차일드가 무역 상인이라는 관점에서 이자율 인하를 요구한 것에 비하면, 로크는 더 근본적으로 생산 그 자체에 눈을 돌린 점이 다르다. 하지만 로크는 생산 구조를 문제로 한 스미스와 다르게 근면과 절약을 호소하는 데 그쳤다. 로크가 살던 시대로서는 어쩔 수 없는 결론이겠지만, 경제학 입장에서는 매우 불충분한 결론이다.

로크의 기본적인 생각은 위와 같지만, 이자율 문제에 대해 로크는 다른 의문을 품었다. 화폐가 부족해서 이자율이 높다고 했는데, 정말 부족할까 하는 것이 로크의 의문이었다. 분명 근본적으로는 수출을 늘려 화폐를 늘리는 것이 중요하다. 그러나 이와 함께, 화폐가 더 평등하게 국내에 보급되거나, 좀더 원활하게 돌게 할 필요는 없을까? 런던의 금융업자 소수가 화폐를 독점하고 있어서 필요 이상으로 이자율이 올라가고, 또 생산자와 소비자 사이에 많은 중간상인이 끼어 상품의 유통이 느려져 화폐의 유통 또한 느려진다. 따라서 화폐 부족은 실제보다 심각한 것은 아닐까? 그는 고민했다. 그러고는 런던 금융업자들의 독점이 너무나 심하므로 관리를 위해 법률로 이자율을 내리는 것까지 찬성했다. 이렇게 금융업자나 상인의 방식에 반대하고, 농부나 생산자의 이익을 지키려는 것이 로크의 견해였다.

또한 로크는 내려간 이자율이 상인뿐 아니라 지주도 도울 수 있다는 차일드의 주장에 반대한다. 경영 개선을 하지 않은 채 쓸데없는 돈을 써서 빚을 진, 시대에 뒤처진 지주를 도울 필요는 없다는 이야기였다. 지주 중에도 열심히 사는 사람은 빚으로 힘들어하는 일 따위는 없기 때문에 이자율 인하와 관계가 없다는 것이 로크의 주장이다. 그는 생산과 경영의 개량에 열심인 지주 편이었다.

로크의 화폐론

화폐 부족 문제를 해결하려면, 외국무역으로 금과 은을 늘리는 방법 말고 또 한 가지 방법이 있다. 그것은 화폐가 굳이 금은이어야 한다는 생각을 버리고 지폐로 만드는 것이다. 화폐는 상품과 상품을 교환할 때 매개가 되는 것에 지나지 않기 때문에, 꼭 금이나 은이 아니어도 된다. 돌이라도 조개라도 모두 그것의 물질적 가치를 믿으면 되는 것이다. 지폐를 인쇄해 발행하면 화폐 부족은 해소되고 경기는 좋아질 것이다. 이러한 생각과 구체적인 제안이 17세기부터 제기되었다.

이러한 생각은 어떤 면에서는 옳지만, 한편으로는 중대한 오류도 가지고 있다. 화폐는 그 자체가 도움이 되는 것이 아니라, 상품과 교환할 수 있기 때문에 도움이 되는 것이다. 그러므로 아무 종잇조각으로든지 마음대로 만들어 낼 수 있는 것이 아니다. 종잇조각이 화폐로 통용되기 위해서는, 그것을 발행할 정부나 은행의 신용이 중요하고, 그 신용의 토대가 되는 것은 역시 금이나 은이 되기 때문이다. 특히 국제적인 거래에서 국내에서만 통용되는 지폐로는 아무런 도움도 되지 못하며, 금이나 은이 밑바탕에 깔려 있어야 한다.

로크는 이만큼 확실한 형태는 아니었지만, 화폐의 이러한 성질을 잘 알고 있었다. 즉 화폐 그 자체가 도움이 되는 것이 아니라 정말 중요한 것은 상품이며, 화폐의 가치도 상품의 가치와 마찬가지로 오르내린다고 생각한 것이다. 금은의 가치는 결코 절대적이지 않으며, 상품 가격을 올리는 것은 화폐의 가치가 내려가는 것이고, 반대로 상품 가격이 내려가는 것은 화폐 가치가 올라간다는 상대적인 관계를 옳다고 보았다. 그래서 상품 가격을 움직이는 것은 화폐나 상품의 양에 따른다고 생각했다. 이렇게 화폐 양의 변동이 가격 변동을 일으킨다는 생각을 경제학 용어로는 화폐수량설이라 하며, 로크는 이 화폐수량설을 주장한 맨 처음 사람이다.

그렇다고 해서 로크는 화폐가 금은이 아니어도 좋다던가, 화폐를 늘리는 것이 무의미하다고 생각한 것은 아니다. 로크에 의하면 금은을 화폐로 사용하게끔 된 것은 한 나라가 아니라 세계에서 그렇게 정했기 때문이며, 한 나라에서 그것을 움직일 수는 없다. 금은이 국제적으로 화폐로서 인정되고 가치 또한 정해져 있는 이상, 영국만 마음대로 그것을 달리하면 여러 폐해가 생길 것이다. 따라서 로크는 화폐라는 것은 그 자체로서 가치를 갖지 않는, 단순한 중개 수단에 지나지 않는다고 하면서, 역시 외국무역으로 금은 형태의 화폐를 늘리는 것이 중요하다고 생각했다.

이론적으로 말하면 이러한 로크의 화폐론에는 부족한 면이 있다. 특히 한 나라에서의 화폐량 변동이 물가 수준과 수출에 어떤 영향을 미치고, 화폐량에는 어떤 변화가 생기는지 하는 분석은 찾아볼 수 없다. 거기까지 분석하면 무역에서 금은을 늘린다는 의미 또한 다시 검토할 필요가 있겠지만, 로크는 알아채지 못했다. 로크가 이러한 화폐론을 생각한 것은 앞의 이자론과 마찬가지로 이론적인 흥미라기보다 그 무렵 경제 문제에 관련된 실제적인 필요 때문이었다.

화폐개주 문제와 영국 은행의 설립

로크가 큰 관심을 가진 경제 문제는 이자율 문제 말고도 또 한 가지, 화폐 개주라는 문제가 있었다. 그때는 주조 기술이 좋지 않아 금화나 은화는 그 중량이 일정하지가 않았다. 예를 들면 크라운 은화는 5실링어치의 은을 포함하고 있어야 하는데도 4실링밖에 되지 않거나 거기에도 미치지 못했다. 따라서 은화를 가진 사람이 그것을 몰래 녹여 두 개로 나눠 팔아 부당 이득을 취하는 일이 일어나게 된 것이다. 로크 시대에는 '악화는 양화를 구축한다'라는 유명한 그레셤의 법칙이 번성하고 있었다. 이렇게 되자 화폐는 점점 부족해지고, 악화가 널리 퍼지는 악순환이 일어났다.

이러한 혼란을 어떻게 해결할까? 윌리엄 라운스라는 사람이 제안한 해결책은, 화폐 안에 포함된 금은의 양이 줄어들더라도 지금처럼 액면 가격으로 유통시키자는 것이었다. 화폐라는 것은 그 내용물이 어떻든 신용으로 유통하는 것이다. 따라서 예를 들면 4실링의 은만 포함되었더라도 5실링이라는 도장을 찍으면 5실링으로 통용되는 것이고, 이것을 극단적으로 밀어붙이면 내용물은 은이 아니고 종잇조각이더라도 5실링이라는 도장을 찍으면 5실링으로서 통용된다. 구체적으로 이 제안은, 현재 양화와 악화가 같이 나와 혼란스러워져, 전부 악화 쪽으로 맞춘다는 것이다. 이는 앞의 이자율 인하와 마찬가지로, 금융완화에 의한 불황 극복이라는 목적을 가진 것이라 할 수 있다.

이자율 인하에 반대한 로크는 이러한 화폐개주안에도 반대했다. 이러한 제안은 '화폐 가치를 낮춘다'고 하더라도 화폐의 화폐 액면가만을 끌어올릴 뿐이지 화폐의 '내재가치'는 오히려 줄어들게 된다. 이래서는 금화나 은화를 몰래 깎아내는 도둑들을 국가가 인정하게 되어 정직한 사람들에게 피해를 주는 일이 되어버린다. 화폐는 분명 유통수단에 지나지 않지만, 그 가치는 찍힌 도장으로 정해지는 것이 아니라 역시 내재가치로 정해지는 것이므로 깎이거나 적은 중량의 화폐는 가치가 줄어든다. 따라서 가치만큼 유통되어야만 한다. 예를 들면 4실링의 가치밖에 안 되는 은화는 5실링이라는 도장이 찍혀도 4실링으로 바꿔야 한다. 이것이 로크의 제안으로, 라운스의 제안과는 반대이다. 이것은 악화를 양화로 맞추는 것이다.

화폐개주를 둘러싼 논쟁은 오랫동안 이어졌지만, 마침내 로크의 제안이 받아들여져 1696년 화폐대개주가 시행되었다. 그래서 이 개주로 오랫동안 문제가 된 화폐 혼란은 끝이 났다. 자본주의의 발전에 화폐 통일은 아주 중요한 일로서, 로크는 거기에 엄청난 역할을 했다고 보아도 좋다.

이때 새로운 화폐주조 기술을 이용해 이 개주 일을 했던 것이 유명한 뉴턴이다. 로크의 제안으로 개주를 해도, 기술이 나쁘면 또 악화가 만들어진다. 따라서 로크의 제안을 도운 것이 뉴턴의 기술이었다. 영국 자본주의의 역사에서 로크와 뉴턴은 뜻밖에도 중요한 일을 한 셈이다.

경제의 흐름

로크는 더 깊이 파고들어 경제 움직임까지 파악하려고 했다.

그가 주목한 한 가지 문제는 움직이는 경제 속에서 화폐는 어떻게 흘러가느냐이다. 화폐의 흐름은 소비자에서 시작한다. 소비자는 상품을 사고, 화폐를 지불한다. 이 화폐는 소매상인의 손을 거치거나 도매상인의 손을 거쳐, 농산물은 농업경영자의 손으로, 공업품은 산업경영자의 손으로 들어가고, 이 경영자가 노동자를 쓴다면 노동자의 손에 전해진다. 즉 화폐의 흐름은 소비자에서 시작하고, 노동자 또는 농민으로 끝난다.

로크는 이러한 형태로 경제의 구조, 또는 경제의 순환과정을 이해했다. 화폐의 흐름으로 파악한다면 소비자에서 시작해 생산자로 끝나지만, 상품의 흐름은 생산자에서 시작해 소비자로 끝난다. 소비자 역시 또 다른 생산자이기 때문에, 화폐의 흐름은 빙빙 돌게 된다. 그렇게 놔두면 경제의 흐름이 살아 있는 것처럼 붕 떠 있다고 볼 수도 있다.

그러나 로크의 이러한 생각에는 중대한 결점이 하나 있었다. 화폐는 그렇게 매끄럽게 마지막 생산자까지 가는 것이 아니라, 도중에 조금씩 빠져나가 상인이나 경영자, 지주에게도 흘러가는 점을 놓친 것이다. 물론 로크도 그것을 몰랐던 것은 아니지만, 어느 정도 빠지는지에 대해서는 그다지 관심을 보이지 않았다.

하지만 이것은 매우 중요한 문제다. 이를테면 농산물의 흐름이 지주나 소작인으로 나뉘거나, 지주와 농업자본가와 농업노동자라는 식으로 나누어져 있을 때는 농산물 판매금 중에서 지대와 이윤, 임금이 얼마나 되는지 하는 문제가 있기 마련이다. 공업품 중에서도 같은 문제가 있겠지만, 로크는 이 문제를 다루지 않았다. 따라서 상품 가격 문제를 생각할 때도 수요와 공급과의 관계로 가격을 결정했을 뿐, 생산비 문제나 상품 교환이 왜 일어나는지, 이윤이나 지대는 어떻게 생기는지 같은 가치론의 문제도 생각할 수 없는 것이다.

로크가 깊게 파고들어 생각한 단 하나의 문제는, 지대는 무엇을 기준으로 결정되느냐 하는 것이었다. 그는 지대(땅값 포함)는 그 토지의 생산성이 높고, 농산물이 높은 가격으로 팔리며, 화폐량이 많을 때에 올라간다고 생각한다. 즉 지대나 땅값 사이에는 단순히 수요 공급의 관계만이 아니라, 토지 자체가 가진 생산성이 문제라고 주장하는 것이다. 그리고 유통만이 아니라 생산에도 눈을 돌리라는 것이다. 공업과 달리 농업은 생산 구조(생산의 가치증식과정)가 비교적 쉽게 보여서 로크만이 아니라 그 무렵 경제사상가들도 농업에 눈을 돌리는 일이 많았고, 반세기 이상이나 뒤에 등장한 프랑스의 케네라는 경제학자도 농업만이 생산적이라고 주장했는데, 로크의 생각도 거기에 가깝다.

로크의 노동가치론

로크의 경제사상에서는, 아니 경제사상이라기보다는 정치사상에서 나온 것인데, 보통 노동가치론이라고 한다. 이미 '로크의 정치사상'에서도 보았듯이, 《통치론》제2권 제5장은 사유재산제는 어떻게 만들어졌는가 하는 문제를 논하고 있다.

애초 토지나 토지의 산물은 공유물이었다. 그런데 나무열매는 자연 그대로에서는 모두의 공유물이지만, 이것을 먹으려면 나무에 오르거나 막대기로 두들겨 떨어뜨려야 한다. 그러면 나무열매는 나무에 오르거나 막대기로 두드린 사람의 사유물이 되는 것이다. 토지도 마찬가지라 할 수 있다. 자연 그대로의 황무지는 공유물이지만, 이것을 밭으로 하려면 개간하고 경작하고 씨를

아이작 뉴턴(1643~1727)
로크가 1696년 화폐개주를 제안했을 무렵, 뉴턴은 조폐국장이었다. 이때부터 두 사람은 평생 친구가 된다.

뿌리고 수확하는 등의 노동이 필요하다. 그래서 노동으로 토지도 사유가 된다. 생산을 하려면 노동이 필요하며, 노동은 사유를 낳는다. 이것이 로크의 생각이다.

따라서 로크는 사유재산제에 반대하고 있는 것은 아니다. 오히려 반대로 사유제야말로 생산을 높이기 위해 필요하다고 생각한다. 예를 들면 당시 커다란 문제였던 공유지를 사유지로 바꾸는 토지 울타리 운동에 대해서도, 로크는 울타리에 찬성하고, 그것으로 토지 생산성은 매우 높아진다고 주장했다. 이에 대해 로크는 이렇게 말하고 있다. "울타리를 치고 경작한 1에이커 토지에서 생산된 생활필수품은 기름지면서 황무지인 채 있는 1에이커 토지 생산물의 10배가 된다. 따라서 울타리를 친 10에이커 토지에서 자연에 방임된 100에이커 토지에서 수확하는 것 이상의 생활필수품을 얻는 사람은 인류에게 90에이커의 토지를 주는 셈이다." 이와 같이 노동을 가함으로 토지의 생산성이 10배나 높아진다면, 전세계에는 아직도 많은 미개발 지역이 있는 셈이니 생산이 발전할 여유는 무한히 남아 있으며, 인류는 토지 쟁탈이나 물질 부족에 대한 걱정 없이 얼마든지 풍족한 생활을 일구어 낼 수 있다고 로크는 주장한다.

그러나 화폐로 물건을 살 수 있는 세상이 되자 소유의 불평등이라는 문제가 생겨나게 되었다. 한쪽에 남아돌 만큼 많은 금을 소유해서 놀고먹는 사람이 있으면, 또 한쪽에는 죽어라고 일을 해도 그날 하루 끼니를 채우기도 힘든 사람이 있다. 사유재산 제도가 나쁜 것이 아니다. 모든 사람이 생활 자체에는 도움이 되지 않는 금이나 은 따위를 중요한 것으로 여기게 되었기 때문이다. 이러한 로크의 사고방식은 앞서 말한 바와 같이 런던 금융업자가 화폐를 독점하고 있는 것에 대한 비난과 연결지어 생각해 볼 수 있다. 로크는 화폐 자체를 폐기시키자고 말하는 것이 아니라, 그것이 불평등하게 분배되어 소수의 인간이 독점하고 있는 상태를 개선하자고 주장하는 것이다. 이 주장의 근본에는 생산 및 노동 활동을 하는 자들이야말로 부를 일구어 내는 존재이며, 돈을 빌려주거나 중개 같은 일을 하는 자는 생산자가 만든 부를 옆에서 훔쳐가는 것이라는 견해가 깔려 있다. 일하는 자가 바로 부=가치를 짊어진 자들이라는 사상이야말로 로크의 기본적 태도였던 것이다.

하지만 노동이야말로 가치를 만드는 근본이라는 사고방식은 엄밀한 의미로는 노동가치론이라 말할 수 없다. 노동가치론이란 것은 이러한 사고방식을 토대로 더 나아가 상품 교환의 척도는 그 상품을 생산할 때 요구되는 노동량이라고 보는 이론이다. 로크 또한 노동이 가치를 낳는다고 주장했을 뿐만 아니라, "노동이 가치의 대략적인 척도가 된다" 말했으며, 한 걸음 더 나아가 노동가치론에 다가갔다고도 할 수 있다. 그러나 로크의 노동가치론은 여기서 멈추고 만다. 로크와 거의 같은 시대의 인물인 윌리엄 페티와 비교해 봐도, 노동이 가치의 척도라는 생각에 대한 로크의 설명은 지극히 조잡한 것에 지나지 않는다. 당연한 이야기지만, 뒷날의 리카도나 마르크스와 비교해 보면 로크의 주장은 노동가치론이라고 부를 수 있을지 의문스러울 만큼 애매한 수준에 머물렀다. 따라서 로크의 노동가치론은 이자나 화폐를 다루는 경제사상과는 잘 맞물리지 않았고, 경제학 이론이라기보다는 일하는 자들의 권리를 주장하는 정치사상의 일부로 중요성을 가지고 있었다.

로크 경제사상의 정리

로크의 노동가치론이 오히려 정치사상으로서 중요하다는 것은 상당히 깊은 의미를 가지고 있다. 경제이론은 물건의 가치가 어떻게 정해지는가, 또는 생산이나 분배가 어떻게 행해지고 자본의 이윤이나 땅값, 임금이 어떤 식으로 결정되는가 하는 문제를 다루는 것이다. 그리고 이러한 문제는 사회구조에 따라 변화하는 것이다. 그러나 경제학자는 사회의 구조가 변화하지 않는다는 것을 전제로 삼고 논의를 전개하는 경우가 많으며, 그 이상으로 파고들어 불합리성을 추구하는 자세를 갖지 않는다. 로크도 마찬가지여서, 화폐나 이자 문제를 생각할 때에는 그도 같은 태도를 취했다. 그리고 로크는 사회구조를 경제론과는 별개인 정치론으로 생각하고 있었다.

카를 마르크스(1818~1883)
1845년 마르크스는 저항적 활동 때문에 독일과 프랑스에서 추방되어, 1849년 영국에 정착하여 영국에서 죽었다. 마르크스는 사회구조 문제를 '경제론'의 일부로 생각했고, 로크는 경제론 밖의 '정치론'으로 생각했다.

하지만 사회구조 문제를 경제론으로 생각하는 것이 불가능한 일이냐 묻는다면 그렇지는 않다. 예를 들어 애덤 스미스나 마르크스는 경제 문제를 사회 구조까지 파고들어 생각했고, 그것을 경제론의 일부 또는 그 토대로서 생각하고 있었다. 그것이 스미스나 마르크스의 가치론이다. 그러나 로크는 가치론이 경제론에 제대로 편입된 상태가 아니었다. 이것은 로크의 경제론이 지닌 커다란 결함이었다. 그렇지만 정치론 속에 가치론을 지녔다는 점으로 보면, 아무런 가치론도 없는 경제이론밖에 없는 사상가보다 로크 쪽이 훨씬 뛰어나다는 사실이 드러난다. 다시 말해 로크의 사상에서 스미스나 마르크스로 이어지는 것은 경제론이 아니라 오히려 정치론이었다고 할 수 있을 것이다.

로크의 노동가치론이 일하는 자의 권리를 주장한다는 사실은 거듭 말한 바 있다. 여기서 말하는 '일하는 자'가 늘 노동자나 농민을 나타내지는 않는다. 이 무렵에는 아직 구분이 확실하지 않았지만, 일하는 자들 중에는 노동자나 농민 외에 자본가도 포함되어 있었다. 로크는 그 모두를 통틀어 일하는 자들의 권리를 주장했던 것이다. 이들 가운데 뒷날 자본가가 되는 자와 노동자나 소농 등이 되는 자가 나뉘게 되었고, 그때에 그러한 구분이 시작되고 있었다. 그 경우 로크가 어느 쪽 편을 들었을 것인가 하면, 말할 것도 없이 자본가가 되는 사람들이었다.

이것은 앞으로 서술할 '로크의 교육사상'에서 더 잘 드러나겠지만, 경제사상 속에서도 볼 수 있다. 그것은 특히 로크가 노동에 의한 사유재산제 확립과 거기에 따른 생산력의 발전을 주장했다는 점에서 드러난다. 이를테면 공유지의 울타리는 분명 로크가 말하는 것처럼 토지의 생산력을 10배나 높여줄 수 있지만, 한편으로는 공유지에 의존해 생활하는 소농들에게서 토지를 빼앗아 그들을 노동자로 만들게 된다. 로크는 이러한 생산력 발전의 그늘에서 눈을 돌리고 있었다. 로크는 생산력이 발전하면 모두가 행복해진다고 생각했던 모양이지만, 그 반동으로 희생되는 사람들도 있고 사회구조 속에서 새로운 모순도 나오게 된다. 로크의 시대에도 그러한 희생자들에게 눈길을 준 사람들이 있었다. 그들은 생산력 발전보다도 일하는 사람들의 평등을 강조했다. 로크의 시대에는 평등을 강조할 것인가 아니면 불평등을 포함한 생산력 발전을 주장할 것인가 하는 갈림길이 존재했다. 로크가 선택한 것은 후자였고, 자본주의의 발전 속에서 승리를 잡은 것 역시 후자였다. 그러한 의미에서 로크의 주장은 자본주의의 발전 경로에 치우친 것이었다고 말할 수 있다.

로크와 비교하면 이자율 인하를 주장한 차일드나 화폐의 액면가 인상을 주장한 라운스는 좀더 오래된 계급—상업자본이나 금융업자 등—을 대표하고 있었다. 이와 연관된 경제사상의 흐름은 로크 이후에도 조금 더 이어졌고, 경제의 막다른 길을 금융정책으로 타개하려는 사고방식으로 중상주의사상의 한 흐름을 형성하고 있었다. 이에 대해 금융정책이 아니라 생산력 발전으로 나아가려는 사고방식은 페티와 로크에서 시작되어 디포와 흄으로, 끝내는 애덤 스미스에 이르러 중상주의사상을 완전히 뛰어넘게 되었다. 고전파 경제학이라 일컬어지는 것이 그것이다. 그러므로 로크는 여전히 중상주의 시대의 혼돈 속에 있으면서도 한편으로는 상업자본이나 금융업자, 오랜 지주층과 대립하고, 또 한편으로는 노동자나 농민을 억누르면서 훗날 스미스의 사상으로 이어지는 초기산업자본의 관점을 대표하고 있었다.

(9)로크의 철학사상

어째서 철학을 하는가

로크의 사상 저작이라 하면, 대체로 근대민주주의의 원리를 설명한 《통치론》과 인간의 경험에 의해 진리를 확인하는 길을 연 《인간지성론》을 언급한다. 두 책 모두 명예혁명 이후 2년이 지난 1690년에 익명으로 출판되었다.

그런데 이 《인간지성론》은 어떻게 탄생한 것일까? 로크는 어째서 철학을 했던 것일까. 철학은 인간이 살다 보면 반드시 어떤 문제에 부딪친다는 사실에서 생겨났다. 그중에서도 로크의 철학은 그의 생활 속에서 태

데이비드 흄(1711~1776)
흄은 외부 사물의 존재에 대한 우리의 지식은 궁극적으로는 경험, 곧 나의 경험이나 다른 사람의 경험을 통해서만 얻을 수 있다는 기본적인 경험주의의 전제를 로크와 공유했다.

어났다. 이 책의 머리말에는 그 과정이 자세히 적혀 있다. 1673년 겨울에 5, 6명의 친구들이 로크의 방에 모여서 여러 논의를 하기 시작했다. 대체 신이란 무엇일까? 사람은 어째서 신앙심을 품는 것일까? 또 이 세상에는 과연 모든 인간이 수긍할 만한 도덕률이 있는 것일까? 이러한 문제를 둘러싸고, 이것도 아니다 저것도 아니다 하는 식으로 말다툼을 벌였다. 그러나 논의가 한창일 때 로크는 문득 문제의 실마리를 찾아냈다. 아무리 도덕이나 종교에 대해 논의를 해도 이것을 논하는 인간 자신의 문제는 아무것도 해명되지 않은 상태가 아닌가, 신이나 도덕을 받아들인 우리 자신의 능력을 깨닫는 것이 먼저 이뤄져야 하는 것이 아닌가 하는 생각이었다. 그 자리에서 로크는 동료들에게 이 생각을 털어놓았고, 모두의 동의를 얻었다. 근대철학의 코페르니쿠스적 전환으로 통하는 칸트의 《순수이성비판》보다 거의 100년이나 앞선 것이었다.

철학은 사냥꾼의 기쁨

로크는 이 모임을 통해 《인간지성론》을 쓸 결심을 하게 되었다. 이러한 착상

은 보통 사람들이 쉽게 할 수 있을 만한 것이 아니었고, 우연히 생각해 낼 수 있는 것도 아니었다. 로크는 이미 1664년에 《자연법론》을 씀으로서 《인간지성론》의 집필을 예고하고 있었다. 그는 전 생애에 걸쳐 종교나 자연법을 문제삼았다. 그러나 자연법이 어떠한 것이든 이를 인식하는 방법이야말로 중요한 것이 아닐까? 제2논문 속에서 '자연법은 자연의 빛으로 이해할 수 있는가' 하는 문제를 제시하고, 이것을 인식하는 길은 옛날부터 전해진 바와 같이 사전에 마음에 새겨지거나 타인에게서 배우는 것이 아니라고 했다. 사람은 자신의 능력으로 판단해야 하며, 또한 인간이라면 누구나 이러한 능력을 가지고 있다. 데카르트가 1637년에 《방법서설》을 통해 '나는 생각한다. 그러므로 나는 존재한다'는 그 유명한 명제를 세우고 난 지 27년 후의 일이었다.

물론 이 무렵 로크의 자연법에 관한 사고방식은 뒷날의 《통치론》과는 전혀 달랐고, '인민의 소리는 신의 소리가 아니다' 서술하면서 왕정복고에 손을 들어주고 있었으며, 인간의 자연적 권리 역시 인정하지 않았다. 그러나 진리를 인간의 인식능력을 통해 추구하고자 했던 것은 근대 인간의 지성에 한없는 신뢰를 품었다는 의미였고, 프랑스의 데카르트와 영국의 로크가 나란히 계몽사상의 원천이라 일컬어지는 것도 그 때문이다.

《인간지성론》을 통해 로크는 철학하는 기쁨을 다음과 같이 드러내고 있다.

"다른 사람에게 구걸할 필요가 없고, 남들 사이에서 그러모은 의견에 의지해 빈둥거리는 것에 만족하지 않고, 스스로 생각해서 진리를 찾아내고 추구하고자 하는 것은, 그가 어디에 이르렀는지에 상관없이 사냥꾼의 만족감을 잃지 않게 만든다. 추구하는 순간마다 그의 노력은 어떤 기쁨으로 보답받으며, 어떤 커다란 것을 얻었다고 해서 지나치게 자랑스러워할 수 없는 경우라도 그는 자신의 시간을 헛되이 쓰지 않았다고 생각할 수 있는 까닭이 있다."

데카르트의 합리론

지성이 진리를 추구하는 것은 사냥꾼의 기쁨이다. 로크는 이렇게 근대인의 지성을 확신하고 지성의 가능성을 생각하려 했다. 이것은 이제까지의 유럽 세계에서 사람들의 생각을 지배했던 스콜라학(중세 교회에서 근거로 삼았던 사변적 학문)을 깨뜨리는 것을 뜻한다. 특히 청교도 당파들이 스콜라적인 논의를 고집하고 있었기 때문에 이 무미건조함을 참을 수가 없었던 모양이다. 졸업 뒤 이 스콜라학의 무미함에서 로크를 구해 준 것은 바로 데카르트였다. 마샴 부인의 말을 인용하면 다음과 같다. "로크에게 철학에 대한 흥미를 안겨준 최초의 책은 데카르트의 것이었다. 그는 데카르트의 책을 즐겨 읽었다. 로크는 데카르트와 견해를 달리했지만, 데카르트의 말이 참으로 명쾌하다고 생각했다."

17세기 철학의 중심은 오로지 인식론에 쏠렸고, 실재에 대해 얼마나 알 수 있는가 하는 인식방법이 문제가 되었다. 로크보다 앞서 이 실재를 인식하는 방법을 스콜라학처럼 바깥에서 보는 단순 인상이나 권위 및 전승에서 찾지 않고 이성을 통해 추구한 사람은 역시 데카르트였다.

데카르트는 《방법서설》을 통해 다음과 같이 강하게 주장했다. "이 세상에서 가장 공평하게 배분된 것은 양식(良識)이다." 여기서 양식이란 '잘 판단하고 참 거짓을 구별하는 능력'이며, 이 능력인 이성을 움직이는 것이 진리를 탐구하는 전제가 된다. 게다가 이 이성은 인류에게만 부여된 고유 본성이고, 인간은 이것을 이용하는 데에 한없는 기쁨을 느낀다. "나는 이 방법을 활용하기 시작한 이래, 이보다 더 즐겁고 순수한 만족감을 느낄 수는 없으리라 믿게 되었다. 그만큼 말로 표현할 수 없는 만족을 느꼈다."

데카르트도 이러한 이성을 무엇보다 신뢰했고, 그 인식능력의 가능성을 추구해 갔다. 이렇게 해서 낡은 관습과 전통에 의한 관념들이 얼마나 오류투성이인지를 보여주었다. 그는 오래된 학설과 명확한 진리를 대비시켜 다음과 같이 말했다. "나는 그중에서도 특히 수학을 좋아했다. 그 이론은 확실성과 진정성을 지니고 있었기 때문이다. ……이것과 반대로 습속을 논한 고대 이교인의 책을, 모래 위나 진흙 위에 서 있을 뿐인 거대하고 화려하기 짝이 없는 궁전과 비교해 보았다. ……그들이 그처럼 아름다운 이름으로 부르는 것은, 이따금 무감동, 혹은 오만, 혹은 살인에 지나지 않는다."

17세기 전반기를 뒤덮은 낡은 권위와 전승의 자욱한 안개 사이로 데카르트의 이성의 빛이 비쳐들었다. 많은 스콜라적 미신이나 광신에 반대하고, 개인의 내부에 있는 자연의 빛을 비추는 것은 로크의 철학 리듬이었다. 데카르트가 요구하는 진리의 명증성과 진증성을 로크 또한 요구하고 있었던 것이다.

데카르트의 모순

로크는 데카르트를 본받아 근대인의 지성을 확신하고 그 능력을 해명하려 했다. 그러나 로크는 데카르트와는 전혀 다른 방법을 사용했다. 데카르트는 기존 지식을 검토해서 가능한 명확한 진리를 추구하기 위해 이성적으로 생각하면서 조금이라도 의심스러운 부분이 있으면 모두 허위라 물리쳐 버렸으며, 의심의 여지가 없는 확신이 나올 때까지 파고들었다. 이렇게 해서 데카르트는 그 유명한 '생각하는 나'야말로 가장 중요한 진리라는 생각에 이르렀다.

그러나 데카르트는 이 가장 확실한 사실인 '생각하는 나' 외에 증명할 필요가 없는 진리를 남겼다. 인간은 유한하다. 그러므로 유한한 인간의 생각보다 명백한 것은 모두 진리이다. 그것은 인간의 생각, 하물며 경험보다 앞선 것이다. 데카르트는 기존의 관념은 모두 이성의 심판을 받아야 한다 말하고, 수학이나 물리학과 같은 자연계의 오래된 설을 용서 없이 비판하면서도 도덕률이나 신의 존재에 대한 관념을 자명한 것이라고 인정했다.

데카르트의 합리론은 인식의 영역에 한정되어 있었고, 생활 태도는 매우 전통적이고 보수적이었다. 절대왕권 아래서 과거의 관습에 순종하며 사는 것이 데카르트의 신조였다.

"첫 번째 진리는 신의 은혜로 나를 어렸을 때부터 키워준 종교를 늘 지키고, 또한 그 밖의 모든 사항에 있어 내가 함께 살아가야만 하는 사람들 중에 가장 총명한 자들이 실천에서 일반적으로 승인하는 가장 온건하고 극단적으로 다른 의견에 따라 자신의 키를 잡고 나라의 법률이나 습관에 복종하는 것이었다."

데카르트는 기존 법률이나 습관을 존중한 것만이 아니었다. 날 때부터 지니고 있었던 신의 관념은 유한한 인간보다 앞서는 것이며, 이것은 개인의 이성으로 판가름할 수 없는 것이라고 보았다. 그는 신이 인간을 초월해서 존재하는 완전한 것이라고 선언했다.

생득관념의 파괴

데카르트가 애써 자연의 빛을 쬐면서도, 신의 관념을 증명하지 않고 인정한다면 그것 또한 종교의 영역에서 스콜라 철학으로 다시 돌아가는 일이 아닐까? 무엇보다도 로크가 불쾌하게 생각했던 것은, 데카르트의 주장에 따르면 그가 가장 큰 문제로 보았던 청교도 당파들의 신에 대한 관념을 인정하는 꼴이 되는 데다 그들의 공격 목표였던 가톨릭에서 말하는 신의 관념까지 승인하게 된다는 사실이었다. 로크는 이들 근대사상의 두 가지 역사상의 큰 흐름을 조화시켜서 양쪽 모두 뛰어넘는 인간상을 만들고자 했다. 그러기 위해서는 아무리 숭고한 신이라도, 또한 신이 명령한 자연법도 모두 이성으로 이해되어야만 했다. 그뿐만이 아니다. 신이 보다 완전한 존재일수록 이성의 심판에 견딜 수 있을 것이다.

르네 데카르트(1596~1650)
나는 절대적 확실성을 가지고 최소한 의식적인 경험, 내가 가진 개별적인 의식 경험을 가지고 있는 존재임을 안다. 데카르트는 이러한 결론을 라틴어 인용구 Cogito ergo sum으로 표현했다.

"신의 관념은 생득적이지 않다." 로크는 이렇게 딱 잘라 선언했다. 역사에 비추어 봤을 때 고대 민족들 중에는 신의 관념이나 종교 관념을 지니지 않았던 경우도 있기 때문이다. 또한 현재의 문명국도 무신론의 공격을 받았는데, 이것은 무신론자도 존재한다는 사실을 의미한다. "설령 인류가 도달할 곳에 신의 관념이 있다 하더라도, 그것이 신의 개념이 생득적이라는 사실로 이어지지는 않는다."

또한 도덕의 원리도 생득적이지 않다. 예를 들어 정의라는 일반적인 도덕률도 여러 시대나 사회에 따라 각각 다른 사고방식으로 나타나고, 시대나 나라를 통틀어 오로지 명백한 도덕적 원리는 존재하지 않는다.

이렇듯, 도덕률만이 아니라 신의 관념 역시 인간이 날 때부터 주어진 것은 아니다. 그것들은 자연의 빛인 로크의 지성으로 음미한 끝에 관념이 구성된다. 그것도 생득관념이 이따금 독단이나 광신에 연결되기 때문이며, 특히 청교도 혁명에 의한 종교 당파들에 대한 편견과 열광으로 변한 탓이다. 로크의 생득관념의 파괴는 이런 종교 당파들의 비판을 뜻한다. "열광은 이성을 버리고, 이성 없이 계시를 받으려는 것이다. 그것은 이런 식으로 이성과 계시를 동시에 버리고, 대신 어떤 사람의 머릿속에 있는 근거 없는 많은 공상을 낳아 그것을 생각과 행위의 기초로 간주하는 것이다." 로크의 사상 전환은 이처럼 청교도 혁명과 함께 이루어졌던 것이다.

이성과 계시의 일치

그런데 로크가 도덕률이나 신의 관념이 날 때부터 인간 마음속에 들어 있는 것이라는 사고방식을 거부했다고 해서 그가 도덕이나 신이 존재하지 않는다는 결론을 내린 것은 아니다. 오히려 신이나 자연법의 존재를 확신했다. 오래된 전설이나 선입견에 사로잡히지 않고 지성으로 인식할 수 있는 것이야말로 진정한 신이자 자연법이라고 여겼다. 따라서 그에게는 청교도 시대처럼 신이나 자연법이 인간을 초월한 곳에 존재하는 것이 아니었다. 인간의 지성을 매개체로 삼아 그 존재가 명백해진다는 점을 보면, 개인의 이성(이지) 속에 신이나 자연법이 존재한다는 뜻이 된다.

그렇다면 그야말로 로크의 이러한 사고방식은 뉴턴의 물리학 세계와 일치할 것이다. "놀라운 지혜와 힘의 뚜렷한 상징은 창조력이 빚어낸 여러 작품 중에서도 아주 뚜렷하게 나타나는 것이니, 이성의 창조물인 인간이 이 작품들을 진심으로 고찰하면 신을 발견하지 못할 리가 없다." 로크의 진정한 목표는 이처럼 이성과 계시를 일치시키는 것이었다.

《인간지성론》의 주제

로크는 데카르트에게 도전해서 낡은 도덕이나 신의 관념을 모두 무너뜨려 버렸다. 사실 데카르트의 신은 인간의 경험과 이성보다 앞서는 것이었다. 이러한 데카르트의 선험적 신의 실재성은 낡은 신의 관념과 연관된다. 로크는 모든 관념의 선험성을 배제하고 이를 인간 지성으로 이끄는 것이다. 다만 로크도 가끔은 데카르트와 마찬가지로 신의 존재를 직관을 통해 확인하는 때가 있었다. 아무리 위대한 사상가라도 때때로 모순된 점이 눈에 띄게 되는데, 이는 그 시대의 모습이 어쩔 수 없이 드러나는 것이라 생각할 수 있다.

그러나 로크의 주제는 어디까지나 여러 개념을 연구하는 것이었으며, 또한 이를 연구하는 지성의 능력을 설명하는 것이었다. 그리고 지성의 한계를 아는 것이 반대로 지성의 힘을 높이는 길이 되는 것이다. 로크는 인식비판을 시도

했던 칸트 같은 어조로 다음과 같이 말했다.

"지성의 능력들을 발견하고, 그 능력이 어디까지 이를 수 있으며 어떤 것에 어느 정도까지 적합할지, 또한 그것은 어떤 부분에서 우리에게 도움이 되지 못하는가를 스스로 확인할 수 있다면, 이 연구는 사람들에게 다음 일을 이해시키는 데 도움이 될 것이다. 즉 인간의 조급한 마음이 그 이해력을 넘어서는 내용으로 변할 때는 좀더 주의를 기울여야 한다. 그리고 마음이 이를 수 있는 가장 큰 범위 안에 머물러야 하고, 만약 음미한 결과 우리의 능력이 미치지 못한다는 사실을 깨닫게 될 때에는 조용히 무심한 상태에 만족하는 것이다."

임마누엘 칸트(1724~1804)
철학사에서 가장 위대한 철학자에 속하는 칸트는 우리가 경험과 이성을 통해 지식을 얻는다고 주장했다. 또한 우리의 신체로 포착할 수 없는 것은 우리에게 경험될 수 없다고 생각했다.

경험론의 관점

이와 같은 전제를 두고, 로크는 인간 지성을 탐구하는 여행을 떠났다. 먼저 로크는 데카르트의 선험적 인간 이성에 대해 우리가 일상생활 속에서 직접 경험하는 것에서부터 출발한다. 막 태어난 인간의 지성은 아무런 생득관념도 없는 빈 종이에 불과하다. 그렇다면 지성은 어떻게 지식을 얻게 되는 것일까? "한 마디로 경험에서 얻는다. 우리의 모든 지식은 경험에 바탕을 둔 것이고, 결국 지식은 경험에서 나온 것이다." 현실에서 인간은 신체와 의식을 가지고 있으며, 이 두 가지가 움직여서 지식을 만든다. 이런 면에서는 데카르트처럼 의식만으로 진리를 거머쥐는 것이 아니라, 육체와 의식 양쪽에서 무언가를 얻기 보다 경험론과 합리론(경험이 아니라 이성에 의한 생각을 바탕으로 인식의 성립을 설명하는 사고방식)처럼 자연과 인간, 신체와 의식을 분리하지 않는다. 이 사고방식은 영국 특유의 사상이다.

그렇다면 신체와 의식으로 인간은 얼마나 경험을 쌓을 수 있을까? 로크는 이미 《자연법론》을 통해 경험을 감각과 이성에 두었다. 이 이원론이 로크의 생각을 같은 경험론 중에서도 특색 있는 것으로 만들어 준다. 먼저 영국의 베이컨부터 홉스에 이르는 감각적 경험론에 따라, 로크는 외부세계가 인간의 감각기관에 영향을 미치는 것이 관념의 시작이라고 했다. "먼저 낱낱의 감각적 대상에 관여하는 우리의 감각기관이 사물의 여러 별개의 지각을 마음으로 운반해 온다." 우리는 오감을 가지고 물체와 접하며 시각으로 색을, 청각으로 소리를, 촉각으로 딱딱함 등을…… 외부세계에서 인상을 얻는다.

그러나 우리는 감각만으로 관념을 만들 수는 없다. 분명히 감각은 관념을 얻기 위한 기초이긴 하지만, 이것을 토대로 감각과 다른 형태로 관념을 만드는 것이다. 즉 이성의 작용이다. "두 번째로 경험 지성에 관념을 부여하는 또 하나의 기원은 지성이 그렇게 얻은 관념에 대해 작용할 때 우리 내부에서 마음의 작용으로 지각하는 것이다. 이 작용은 정신이 이것을 반성하고 고찰하게 되면 외부의 사물에서는 얻을 수 없었던 다른 일련의 관념을 지성에 부여한다. 즉 지각하는 것, 생각하는 것, 의심하는 것, 믿는 것, 추리하는 것, 아는 것, 의지를 품는 것과 그 밖의 모든 마음의 작용이며, 우리는 이를 의식하고 스스로의 마음으로 인정하는 것이다. 그러므로 우리가 감각기관에 영향을 미치는 물체로부터 얻는 것과 마찬가지로 명백한 관념을 이러한 작용을 통해 지성으로 받아들인다."

직접적으로 인간이 물체와 연관되어 사물에서 관념을 받았을 경우 작용하는 것이 '외감'이라 한다면 마음속 작용은 바로 '내감'인데, 로크는 이에 "마음이 스스로 안에 있는 자신을 반성한다"는 의미로 '반성'이라 이름 붙였다.

인간 지성은 이 세상에서 이 두 가지 작용, 즉 감각과 반성으로 관념을 구성한다. 우리의 모든 관념은 이 두 기원 가운데 한쪽, 혹은 다른 쪽에서 생긴다. 로크는 이때 이 두 가지 작용을 완전히 독립한 작용으로 보고 갈라놓았다. 그러나 관념을 형성하는 과정에서 시간적 모순이 따라오기 마련이고, 감각 쪽이 보다 앞서므로 감각에서 인상을 얻지 않으면 반성을 통해 '관념도 만들 수 없는 것이다.'

그렇다고 해서 로크에게서 반성이 뒷전이라는 의미는 아니다. 오히려 로크는 인간 고유의 마음 작용이 반성에 있다고 생각했으며, 이것을 앞선 수동적 작용에 대해 능동적인 마음의 움직임으로 보았다. 마음이 가진 여러 관념을 판별하고 구별하는 능력은 동물에게는 없는 인류의 본성이다. 그것은 '인간 지성의 특권'인 것이다.

로크의 감각적 경험론

홉스는 물체의 실재성을 인정하고 실체가 인간이라는 물체와 충돌할 때 힘의 합성이 생긴다고 했다. 이 힘의 합성도 물리적 운동이라는 뜻에서 홉스가 말하는 인간은 어디까지나 유물론적이다. 로크도 홉스와 마찬가지로 감각론 속에서 물체의 실재성을 인정했다. 이 점은 18세기 영국 경험론 철학과 분명히 다르다. 버

버클리(1685~1753)
버클리의 세계에서는 존재하는 것은 주체와 주체의 경험뿐이고 그 밖의 다른 것은 없다. 그는 우리가 사물이 아니라 색깔 등을 지각하며, 이는 지각하는 사람에 따라 다르다고 생각했다.

클리나 흄은 물질을 모든 주관적 감각에서 설명했기 때문이다. 버클리는 《인간 지식 원리론》(1710)에서 다음과 같이 말했다. "사물이 존재한다는 것은 지각된다는 의미이다. 즉 그러한 사물은 마음 밖에, 다시 말해 그것들을 지각하는 영역의 생각 밖에 일시적으로 존재한다." 요컨대 버클리는 물체를 의식의 내용물로 보았는데 이것은 주관적 관념론의 전형이다.

17세기 감각론에서는 홉스나 로크 모두 지각을 물체에서 설명한다. 의식이 작용하는 것은 물체의 힘이 감각기관에 작용하기 때문이다. 마음에 관념이 생기게 하는 물체의 힘을 로크는 '물체의 성질'이라 불렀다. 먼저 물체가 가지고 있는 성질은 물체가 어떤 상태에 있건 물체에서 절대로 떨어지지 않는다. "고체의 크기, 모양, 개수, 위치, 운동, 정지는 우리가 지각하든 하지 않든 물체 안에 있다." 이러한 성질은 인간의 지각 여부에 관계없이 존재한다는 의미에서는

이른바 물체의 '고유 성질' 혹은 '제1성질'이다. 이때 인간의 감각은 단순히 물체의 작용을 받는 수동체에 불과하다.

그러나 로크의 특징적 견해는 물체의 이 '제1성질'이 아니라 오히려 '제2성질'에 있다. 물체 자체의 힘에 의해서가 아니라 어떠한 형태로 지각이 작용할 때 나타나는 물체의 성질이 제2성질이다. 로크는 물체의 성질 안에서 제2성질을 이끌어 냈다. "불꽃은 뜨거우면서 밝고, 눈은 희고 차며, 벌꿀은 맑고 달다고 하는 것은 이들 물질이 우리 안에서 만드는 관념에 의한 것이다." 따라서 인간의 감각이 작용하지 않으면 이 성질이 분명히 드러나지 않는다는 점에서 주관적 경험론의 싹이라 할 수 있으며, 이는 홉스에서 버클리로 나아가는 과도기를 이룬다.

로크는 물체의 성질을 제1성질과 제2성질로 나누고 이것을 감각과 어떻게 관계되느냐에 따라 구분했다. 로크의 이러한 사고방식은 '보일법칙'으로 유명한 로버트 보일의 영향을 받아 생겨났다. 로크는 물체와 감각의 관계는 매우 상대적이라고 보았다. 같은 '불'이라 하더라도 "일정한 거리에서는 따뜻한 느낌을 주는 불이 더 가까이 가면 그것과는 완전히 다른 고통의 관념을 낳는다." 또 감각 자체가 변화하면 물체의 성질 자체도 변화한다.

로크는 가상디의 신봉자인가

이렇듯 주관적 감각을 강조했기 때문에 로크는 홉스의 감각론이 아니라, 데카르트에 대립하는 프랑스 감각론자 피에르 가상디의 영향을 받았다고 생각하는 사람도 있다. 예컨대 라이프니츠가 그렇다. 사실 가상디는 《철학집성》(1658)에 "이미 감각에 없는 것은 어떠한 지성에도 없다"는 유명한 명제를 남겼다. 그러나 그러한 생각은 로크를 가상디에서 콩디야크의 프랑스 감각론의 조류 속으로 몰아넣는 셈이며, 로크의 일면밖에 보지 않은 데서 비롯된다. 로크는 감각에 의하여 물질의 성질이 규정된다고 주장했으나 그렇다고 물체의 실재성 자체를 부정한 것은 아니었다. 여전히 로크는 물체의 제2성질을 논할 때도 감각에 작용하는 것은 외부 세계의 물체이며 인간은 인상을 받는 수동체라고 보았다. 영국 감각론적 경험론 특유의 사고방식은 자연과 감각이 대립하지 않고 직접 관계를 맺고 있다는 것인데 이 점에서도 독일 고전철학자 칸트와 확연히 다르다.

(10)로크의 도덕사상

로크 도덕사상의 바탕

자연과 감각의 관계를 연구할 때 감각론은 단순히 인식론 영역에 그치지 않고 도덕철학으로 연결되며 따라서 영국 고전경제학을 낳은 사상적 모태가 되기도 한다.

홉스의 감각론에도 인간의 감각에는 쾌락과 고통의 관념이 나타난다. 이 관념이 물욕이 되고 인간을 행동케 한다. 그럼 어떻게 인간은 욕망을 통해 행동에 나서게 되는 걸까? 그것이 바로 운동이다. "대상의 행위가 눈과 귀, 그 밖의 다른 기관에서 마음으로 계속될 때 생기는 모든 효과는 다름 아닌 운동 즉 노력이며, 그것은 작용하는 대상에 대한 욕구 또는 혐오이다." 물체의 운동이 인간의 운동

로버트 보일(1627~1691)
아일랜드 태생의 화학자요 물리학자, 자연철학자인 보일과 로크는 옥스퍼드에서 만나 절친한 벗이 된다. 그는 그 무렵 가장 영향력 있는 과학자였고, 1662년 가스의 압력과 부피는 반비례한다는 법칙을 만든 것으로도 유명하다.

으로 바뀌어 물체를 획득하는 운동이 된다. 욕구가 충족될 때 기쁨이 생기고, 욕구가 부정될 때 불쾌감이 생긴다. "어찌되었건 한 인간의 욕구나 의욕의 대상은 선이며, 증오나 혐오의 대상은 악이다."

로크도 에피쿠로스 이후의 쾌락설을 지지하고, 인간에게는 쾌락과 고통의 관념이 반드시 나타난다고 보았다. "기쁨과 불안 모두 감각과 반성 양자에 따르는 우리의 관념 대부분과 관련이 있다. 외부로부터 받는 감각과 내부에서 느끼는 생각 역시 우리 안에 쾌락 또는 고통을 낳는다." 이러한 감정이 작용하기 때문에 인간은 힘을 쓰고 행동에 나서게 된다. 다시 말해서 우리는 고통을 피하고 쾌락을 추구하기를 바라고 행동한다. 이것은 인간의 본성이자 선이다. 청교도 학파처럼 쾌락을 원죄로 간주하는 것은 명백히 인간성을 불신하는 행위이다. 당위(자연법칙에 대하여 마땅히 그래야 하는 상태)로 현실의 경험적 인

간성을 심판하는 것이 아니라 그것을 그대로 긍정하는 것에서부터 계몽사상은 출발한다.

로크도 쾌락설을 주장했는데 그 내용은 매우 다양하다. 로크는 물질적 쾌락보다 정신적 쾌락을 주장했고, 다섯 가지 영속적 쾌락, 즉 건강·명성·지식·선행·행복을 중시했다. 그래서 로크의 윤리관은 홉스처럼 물질적 쾌락주의가 아니라 가상디처럼 그리스도교에 기초한 쾌락주의에 가깝다고 평가된다.

한편 이것과 살짝 모순되기는 하지만, 로크는 인간 의지의 결정에 가장 커다란 영향을 끼치는 것은 이상주의 철학이 말하는 선이 아니라 눈앞에 닥친 불안감이라고 생각했다. "선보다 큰 선이 의지를 결정한다고 이해되고 인정받더라도 나는 선의 부재로 불안해지기 전까지는 욕망에 따라 의지를 결정하지 않는다. 어떤 사람이 가난보다는 훌륭한 생활이 좋다는 걸 알고 있더라도 그가 가난에 만족하고 불안감을 느끼지 않는 한 그는 행동하지 않는다." 이렇게 볼 때 로크는 행동의 원동력이 어디까지나 개인의 경험적 심리에 있다고 파악했다. 뿐만 아니라 "나는 더 선한 것을 보고 그것을 실행할 수 있다. 그러나 악한 것에 따른다"는 어느 불평가의 말을 인정했다. 그렇다면 18세기 맨더빌의 《꿀벌이야기》(1705)에 나오는, 사리사욕만을 추구하는 인간상에 가깝다고 볼 수 있다. 또 로크는 낱낱 행위의 선악 판단 기준은 그것이 낳는 쾌락의 양과 결과라고 주장했는데, 이는 명백히 18세기 영국 공리주의사상의 밑바탕을 이룬다.

반성은 인간의 능동적 힘

그러나 로크의 도덕철학을 단순히 공리주의사상으로 치부해 버리면 가장 중요한 측면을 빠뜨리게 된다. 확실히 로크는 벤담처럼 공리설에 찬성하는 경향도 보였지만 이미 말했다시피 인간의 지성에는 또 하나의 작용인 '반성'이 있다고 생각했다. 이 점에서는 인식론 측면에서 홉스의 감각론과도 확연히 다른 성격을 띤다.

인간은 관념을 구성할 때 감각을 통해 물체의 작용을 받아들이고 인상을 받는 수동체이다. 물체는 작용을 하고 인간은 이 작용을 받는다. 그러므로 감각론 안에는 능동적 힘이 없다. 인간이 이 감각에 따른 인상을 다양하게 비교하고 구성한다. 로크는 이 인간 고유의 정신력을 인정했다. 그뿐만 아니라 홉

주시하는 사람의 눈 로크는 대상과 관찰하는 주체 간의 상호작용에서 일어나는 성질은 제2성질 (주관적)이고 지각되지 않을 수 없다고 주장했다. 다비드 레이카르트의 〈예술가의 화실〉(1638)이 라는 작품에 묘사된 것과 같이 관찰자마다 다르게 볼 수 있는 주관적 요소인 색상이 있다.

스와는 반대로 운동의 원천은 물질에 있지 않으며 오히려 정신의 작용인 반성 에 있다고 보았다.

"우리는 물체에서 운동의 시작과 관련한 어떤 관념도 받아들이지 않는다. 정 지 상태에 있는 물체는 움직이려고 하는 능동적 힘의 관념을 전혀 주지 않는 다. 물체가 운동할 때 그 운동은 그 물체에 능동적이라기보다 오히려 수동적이 다. 우리는 자기 내부를 통과하는 것을 반성함으로써만 운동의 시작이라는 관 념을 얻는다. 이때 그러고자 하는 의지를 품음으로써 비로소, 전에는 정지 상 태였던 몸의 일부분을 움직일 수 있음을 경험으로 알게 된다. 그래서 우리는 물체의 작용을 감각기관으로 관찰해서는 능동적 힘의 매우 불완전하고 막연 한 관념만 얻게 된다고 생각한다. 마음이 능동적 힘에 관한 관념을 받아들이 는 것은 외적 감각이 아니라 마음 자체를 반성하는 데에 달려 있다."

인간은 감각을 가지고 있을 뿐 아니라 마음 자체를 반성한다. 이것이야말로 동물과 다른 인간의 본성이자 스스로 활동하기 위한 능동적 힘이다. 뿐만 아니라 인간은 이 능동적 힘을 갖고 있기 때문에 여러 욕망과 그 밖의 다른 감각을 비교·선택할 수 있고, 자연계의 필연적 법칙에 휘말리지 않으며, 이것을 규제할 수도 있다. 로크는 이 힘을 단순한 욕망과 구별하여 '의지'라고 불렀다. "적어도 우리가 어떤 특별한 움직임을 하거나 하지 않도록 규정하고, 이른바 명령 장소인 마음의 생각 및 선택에 의하여 몇몇 마음의 움직임 또는 몸의 운동을 시작·억제하거나 계속·정지하는 힘을 우리 안에서 발견함은 명백하다. 이 힘은 우리가 의지라 부르는 부분에 속한다."

개인이 단순히 눈앞의 이익만을 좇아 행동함은 경험으로 잘 알고 있지만 이러한 행위는 의지를 매개로 하지 않는 한 자발적이라 할 수 없다. 그것은 자연스럽고 필연적이다. 인간은 반성함으로써 다양한 욕구를 음미한 다음 행동한다. 이성이 감성을 감싸고 있다는 점에서는 홉스와 반대된다. "마음이 그렇게 정하고 명령한 결과로 생기는 움직임의 억제를 자발적이라고 한다. 그리고 어떤 움직임이든 이러한 마음의 생각 없이 이루어지는 것을 비자발적이라고 한다."

인간의 자유란 무엇인가

인간의 마음에는 감각으로 얻은 관념을 비교·선택함과 동시에 다양한 욕구를 행위로 이끌거나 억누르는 힘이 있다. 이것이 인간 고유의 능동적 힘, 즉 의지이다.

인간만이 이 지성에 근거하여 행동할 수 있으며 여기에서 자유의 관념이 생긴다. "자유의 관념은 마음의 결정 또는 생각에 따라 어떤 특별한 행동을 하거나 억제하려는 행위자 안에 있는 힘의 관념이다." 자연계에는 물체에서 감각으로 작용이 전해지고 생물은 본능에 따라 행동하므로 필연적 법칙은 있으나 자유는 없다. 자기 의지로 행동을 결정할 줄 아는 인간 세계에만 자유가 존재한다. 다시 말해 자유란 적극적으로 "우리 선택과 의지에 따라 행동하거나 하지 않는 것이다." 바로 여기에서 영국 자유주의사상의 본질이 엿보인다.

따라서 로크는 감각적 충동이 이끄는 대로 눈앞의 이해관계에 따라 행동하는 것을 자유라고 보지 않았다. 물론 "우리는 늘 우리를 유혹하고 의지를 결정하려 드는 불안감을 아주 많이 품고 있으므로 더 중대하고 긴급한 것이 다음 행동을 결정짓는 것은 자연스럽다." 인간인 이상 물질적 욕구나 감각적 쾌락에

얀 스테인의 〈주점에서의 향연〉 인간은 의지하는 것을 반드시 행한다. 본디 인간은 행복을 소망하고 고통을 피해 쾌락을 원한다. 로크는 이를 자유의지로 보고 도덕론을 크게 수정했다.

이끌리기 쉬운데 로크는 한편으로 이러한 공리주의나 쾌락주의 사상을 지지했다.

그러나 다른 한편으로는 인간이 이 모든 욕망을 비교·검토하는 능동적인 마음의 움직임을 지니고 있다는 것도 경험으로써 분명히 했다. 바로 여기에 욕구 충족을 일시 정지하고 판단하는 인간의 자연성과 자유가 있다. "경험으로도 명확히 알 수 있듯이, 대체로 마음에는 다양한 욕망의 실행과 만족을 정지시키는 힘이 있는데, 이런 식으로 모든 욕망을 차례차례 지배하므로 마음은 자유롭게 이들 욕망의 대상을 고찰하고 사방에서 음미하면서 다른 욕망과 무게를 비교할 수 있다. 여기에 인간의 자유가 있다."

확실히 인간이 지성의 움직임으로 욕구를 지배하는 것은 사실이다. 그러나 로크에 따르면 모든 인간이 이러한 지성을 처음부터 갖추고 있는 것은 아니다. 오히려 이것은 바람직한 인간의 모습이다. 이 점에서도 로크를 단순한 경험주의자로 봐서는 안 된다. 이성에 의한 감성의 억제는 쟁취해야 할 의무이다. "어떤 행동이 정지된 동안 우리가 계속 실행하려던 선악을 음미하고 판단할 기회를 얻어 그것을 올바로 음미하고 판단했을 때 우리는 의무를 다한 것이며 행복을 추구할 때 하는, 또 해야 하는 일을 한 것이다." 따라서 이 과정은 인간 본성의 형식이자 완성이다.

이성과 근로

로크의 경험론은 이렇듯 도덕철학을 의미하며, 자유주의사상을 주장한다. 이 점에서는 자연 세계의 합리론보다 인간 세계의 합리성의 근거를 확실히 한 것이며, 데카르트 사상과는 분명히 다르다. 그런 동시에, 감각적 경험에 기초를 둔 이상 로크의 인간상은 홉스 인간상의 연장선상에 있는데, 둘 모두 여기에서 사회관을 주장했다. 17세기 영국 계몽사상이 정치사상이나 사회사상과 연관되는 이유가 여기에 있다.

그러나 로크의 인간상은 홉스와는 달리 감각을 이성(이지)에 통합시키려고 했다. 물론 홉스의 인간상에도 이성이 등장하지만 이 이성은 강대한 국가권력을 배경으로 하며, 자연 상태에서는 오히려 감성이 앞면에 나와 생존권을 추구하는 인간들은 서로 투쟁하게 된다. 그러므로 홉스의 인간상에서는 "만인의 만인에 대한 투쟁"이라는 유명한 명제가 생겨난 것이다.

반대로 로크는 인간 본성이 감각을 이성으로 억제한다고 보았기 때문에 자연 상태에서도 홉스처럼 투쟁 상태는 되지 않고 타인의 인격을 서로 인정하는 평화공존 상태가 된다. 이런 의미에서 《인간지성론》에 묘사된 이지적 인간은 《통치론》의 형태를 이루는 인간이기도 함을 알 수 있다. 로크는 《인간지성론》 제3권을 통틀어 '언어'를 다루며 첫머리에 이렇게 썼다. "신은 인간을 만들 때 사교적인 피조물이 되도록 의도했다. 그래서 같은 부류의 사람들과 동료가 될 수 있는 성질을 부여하여 동료가 되게 했을 뿐만 아니라 사회의 중요한 도구이자 공통 연결고리인 언어를 인간에게 주었다."

이성이 있는 이상 인간은 태어나면서부터 사회적 동물이다. 《통치론》에서도 독립된 자유로운 개인은 타인의 인격과 권리를 존중한다고 밝히고 있다. "자기에게 도움이 되는 것을 손에 넣어야 하는데 타인도 그와 완전히 똑같은 본성을 지니고 있는 이상 그 안에도 자기와 비슷한 욕구가 움직이고 있음은 자명하므로, 스스로 그 욕구를 충족시키고자 하는 마음이 없다면 자기 욕구를 조금이라도 충족시킬 도리가 없을 것이다." 따라서 인간은 자연 상태에서 사회로 매우 원만하게 옮겨갔다. "개인과 나머지 인류는 하나의 공동 사회이자 다른 모든 생물과는 구별되는 하나의 사회를 만들었다."

동시에 이러한 인간은 노동하는 인간이자 근로하는 인간이다. 로크는 이성을 지닌 인간이 근로하는 인간이므로 타인과 생활수단을 서로 빼앗지 않고 자기 생활을 유지할 수 있다고 했다. 근로는 타인의 이익을 침해하지 않는다. 더구나 노동으로 땅을 소유한 사람은 인류의 공유 재산을 줄어들게 하는 게 아니라 오히려 늘린다.

그러나 로크의 시민사회에서 근로하는 인간은 무산계급이 아니라 사유재산을 가진 유산자이다. 로크는 《통치론》에서 "인간이 통합하여 국가를 만들고 그 통합에 복종하는 주요 목적은 소유권 보호에 있다"고 말했는데, 이 소유권이란 생명, 자유, 재산을 뜻한다. 재산을 가진 사람만이 이성을 지닌 시민사회의 구성원이다. 이렇듯 이성을 지닌 사람들은 근로하는 시민인 동시에 유산자라는 점에서 로크의 계몽주의적 인간상의 한 성격을 엿볼 수 있다.

계몽적 인간상으로 가는 길

근로하는 부르주아는 이미 행동 원리를 그 안에 품고 있으므로 외부 국가 권력에 휘둘리지 않아도 된다. "제시된 선을 올바로 고찰하고 음미함으로써 욕망을 높여 그 선의 가치에 들어맞는 것으로 만드는 힘은 우리 안에 있다." 이는 명백히 시민사회 내부에서 부르주아가 표명한 독립선언이다.

더구나 인간 이성이 판별하는 선은 신이 선택한 선이기도 했다. "신이 선이 아닌 것을 선택하기란 불가능하다. 전능자의 자유도 가장 선한 것을 결정하는 신을 방해하지 못한다." 여기서 이성과 계시의 일치가 엿보이는데, 이는 청교도 혁명기에 보였던 것 같은 절대자인 초월신이 인간을 규제하는 모습은 이미 역사의 뒤안길로 사라졌음을 의미한다. 오히려 로크의 목적은 청교도파의 광적인 정열을 이성으로 누그러뜨리고, 이성으로 그들을 감싸서 명예혁명과 통일전선을 결성하려는 데 있지 않았을까? 《인간지성론》 제4권 19장 〈광신〉은 명백히 청교도파에 대한 비판이다. "이지는 자연의 계시이다. 이것에 의하여 모든 참된 지식의 빛이자 원천인 영원한 아버지(즉 신)가 진리 속에서 인류의 자연적 기능이 다다르는 범위 안에 둔 몫을 인류에게 전달했다. ……계시에 길을 열어주기 위해 이지를 버린 사람은 이지의 빛도 계시의 빛도 모두 없애는 것이고……"

인간상은 청교도 혁명에서 명예혁명을 거치며 이렇게 변화했다. 이는 17세기 말에 이미 계몽주의 인간상이 탄생했음을 뜻한다. 로크는 르네상스로 이어지는 케임브리지 플라톤학파(이신론자. 17세기 후반 케임브리지 대학을 중심으로 생겨남)와 친분이 있었다. 그렇다고 로크가 이들과 같은 사상을 가진 것은 아니었다. 로크가 경험론 편에 서서 신에 관한 타고난 관념조차 부정한 데 비해 후자는 인간의 경험 이전에 신의 존재를 인정했기 때문이다. 그러나 로크 역시 신의 존재와 인간의 지성은 반드시 일치한다고 확신하는 이른바 예정조화(신의 질서와 인간의 질서는 일치한다고 보는 라이프니츠의 가설)를 주장했다. 이런 의미에서는 18세기 계몽사상가인 3대 백작 섀프츠베리의 사상인 '인간 본성에는 타인 및 인류에 대한 애정이 있으며, 자연 상태에서 행동하면 신의 질서에 들어맞게 된다는 생각'에도 커다란 영향을 끼쳤다.

(11)로크의 종교사상

로크와 신교의 자유

로크는 특히 정치사상과 철학 두 가지 영역에서, 그 이후의 사상에 결정적인 의미를 지닌 업적을 남겼다. 여기서 근대가 그 강력한 모습을 드러내 중세와 구분을 지었다. 그런데 로크에게는 그다지 눈에 띄지 않으나 중요한 공적이 또 하나 있다. 그것은 그가 이른바 '신교의 자유'를 확립할 시초를 만든 것이다. 여기서는 종교의 자유에 대한 로크의 업적과 그 의의를 살펴보기로 하자.

사실 '사상의 자유', '언론·출판의 자유', '신교의 자유' 등의 시민 자유가 국민의 권리로서 확립된 것은 그리 오래되지 않았다. 고작 18세기 말 미국의 독립혁명과 프랑스 혁명이 있고 난 뒤의 일이다. 두 번째 시민혁명은 모두 인민대중이 절대주의적·봉건적인 멍에를 거둬낸 일대 혁명이었다. 여기서 '신교의 자유'가 중요한 요구로 제기된 것은 이 봉건체제와 옛 그리스도교 사상이 복잡하게 얽혀 대중을 억압했기 때문에 그동안 사정을 정확하게 아는 것 없이는 '신교의 자유'가 확립된 의의조차 정확하게 파악할 수 없다.

신교의 자유란 무엇인가? 이것은 '양심의 자유'라고도 하지만, 인간은 누구라도 자신이 옳다고 생각하는 종교를 다른 어떤 것에도 속박되는 일 없이 믿을 수 있다. 그러나 문제는 이것이 단번에 얻은 게 아니라는 점이다. 종교의 근대화가 대략 그 여명기를 맞은 것은 로크가 조심스럽게밖에 말할 수 없었던 그 이전의 선구자와 달리, "내가 진실하다고 믿지 않는 종교는 나에게 진실하지도 유익하지도 않다"고 당당히 선언할 때라고 해도 좋다. 하지만 아직 해가 완전히 뜬 것은 아니었다. 왜냐하면 그가 신교의 자유, 양심의 자유를 둘러싼 논쟁으로 여러 해를 보냈기 때문이다.

17세기의 종교 사정

앞에서 말했듯이, 영국의 종교개혁은 철저하지 못했다. 로마 교황의 지배에서 벗어나 국교회를 설립한다는 정치적인 목적이 앞서고, 신학이나 예배 개혁 또한 여기서 이어진 것이었기 때문이다. 따라서 신앙의 본바탕은 거의 변하지 않았다고 해도 좋다. 엘리자베스 1세 시대(1558~1603)가 되어서야 개혁과 함께 일어난 폭풍이 진정되고 국교회도 안정되지만, 또 다른 문제가 생겨났다. 대륙에서 온 칼뱅주의가 16세기 이후 어느 정도 지위가 향상된 요먼(독립 자영 농민)층 사이에 퍼지면서 이른바 청교도로서 금욕생활을 존중하고, 미온적인 국교회를 비판했던 것이다. 그들은 자신들이 경제활동의 중핵이라 자각했으며 정치나 문화 활동에도 적극적이었는데, 17세기에 들어서자 의회 상류층과 손잡고 강력한 반국왕운동·반국교회운동을 벌였다. 이어서 청교도 혁명이 일어나게 된 것은 모두 말한 대로이다.

그러나 크롬웰을 정점으로 한 청교도 세력이 혁명 주도권을 잡자, 종래의 국교도 대 청교도라는 대립은 청교도 내부의 분파 대립으로 바뀌었다. 예전 봉건적 지주 세력은 국왕의 처형과 함께 후퇴했지만, 청교도 우파였던 대젠트리와 런던 자본가들은 장로파로서, 지방의 소젠트리는 중간파인 독립파로서, 또 좌파의 기술자와 노동자, 빈농들은 모두 분리파로 불리는 모든 파(종파로 불렸다)로서 각각 자기주장을 한 셈이다. 혁명 지도자 크롬웰은 종교적으로는 청교도 중간파다운 독립파의 지도자로서, 적확한 판단력과 정치력으로 정권 안정을 꾀했지만 혁명정권의 기초가 굳건하지 않았다는 것을 알았으리라. 이러한 상황에서 혁명정권이 지배한 십여 년은 탄압과 항쟁, 타협과 거래가 되풀이되었다. 1660년 왕정복고가 실현됐을 때, 종교상 다툼이 너무나 많았다고 생각한 사람들은 한시름 놓았다. 물론 로크도 그 가운데 한 사람이었다.

이 왕정복고기 종교 세력을 보면, 얼추 세 가지로 나뉜다. 첫 번째는 20년의 고전 끝에 다시 일어선 국교도 우파세력으로, 사회적으로는 봉건적 지주세력이다. 두 번째는 국교도 온건파와 청교도 우파로, 사회적으로는 로크와 같은 소젠트리나 무역업자, 독립생산자가 많았다. 세 번째 세력이 청교도 우파인 종파 세력이고, 크롬웰 시대의 탄압과 박해로 오히려 신앙을 굳건히 하고 광신적이기까지 했다. 그 가운데 첫 번째 세력은 '자라보고 놀란 가슴 솥뚜껑 보고도 놀란다'라는 속담처럼, 클라렌든 법전이라 불리는 몇 개의 법령을 내고, 청교도 세력을 없애버리는 데 기를 썼다. 그 때문에 새로운 문제가 생겼다. 국부 증대에 중요한 역할을 한 청교도 중산시민, 특히 무역업자나 독립생산자가 비국교도라는 단 하나의 이유로, 클라렌든 법전에 묶여 사회적으로 매장되거나 그 활동이 엄격하게 제한된 것이다. 문제는 그 옳고 그름이었다.

애당초 17세기 전반에 네덜란드가 번성한 것은, 종교적 자유를 인정했기 때문에 칼뱅주의의 흐름을 이어받은 고이센이라 불린 근면한 무역 상인들이 자유롭게 활약했기 때문이다. 하지만 이 네덜란드를 따라잡고 추월하는 것이 영국의 과제라면 청교도 박해 정책은 커다란 잘못을 하는 것이 아닐까? 근본이 잘못된 정책은 사람들에게 섬뜩함을 느끼게 한다. 신앙 문제는 개인이 좋아하는 대로 하게 두는 것이 좋고, 상업 또한 별개가 아닐까? 이것이 왕정복고 뒤에 목소리를 낸 현실주의자들의 외침이었다. 그들은 '상업은 상업, 신념은 신념'이라는 강령을 내걸었다. 로크가 종교 문제에 대해 진지하게 생각한 것은 이러한 환경에서였다.

로크 종교사상의 형성

로크의 종교사상에서 우리는 두 측면을 주의해야 한다. 그 하나는 일반적으로 종교적 관용이라 불리는 것으로서, 국가나 개별집단 또는 개인이 여러 신앙에 대해 특별한 경우 외에는 간섭해서는 안 된다는 주장이고, 이른바 정책적 측면이다. 또 하나는 수구파 교회인과의 논쟁 결과 나타난 신학적 측면으로, 로크의 성경 해석과 성직자 비판이 중심이 된다. 그중에 로크가 평생토록 문제삼은 것은 앞엣것이지만, 뒤엣것은 만년 종교논쟁 속에서 생긴 것이었다. 그래서 여기에는 앞엣것을 중심으로 한 로크의 종교사상을 보게 된다.

로크가 종교적 관용의 문제에 마음을 쏟게 된 것은 학생 시절, 관용의 덕을 설명한 웨스터민스터 교장 리처드 버즈비나 옥스퍼드의 존 오웬의 영향을 받았기 때문이라고 한다. 그러나 동시에 혁명기 종교적 정열이 일으킨 유혈사건이 인간애를 향한 그의 마음을 어둡게 만들었을 것이다. 이렇게 로크는 개인의 신앙에 대해 이해하고, 종교 문제에 대해서도 폭넓은 태도를 가지게 되었다. 아울러 이때부터 그는 가족이 믿는 청교도주의에서 벗어나 국교회를 믿게 된다. 국교회 신앙을 가지면서, 다른 신앙에 대해서도 포용력을 가진 이러한 그의 사상을 불교주의라고 한다.

한편 로크가 종교적 관용을 다룬 작품은, 메모나 단편을 빼면 두 가지이다. 하나는 1667년, 새프츠베리 집에 들어가자마자 쓴 논문 〈종교적 관용론〉이다. 이것은 19세기 말까지 인쇄되지 않았지만, 여기서 로크의 관용사상의 기본 구조가 이미 만들어졌다. 다른 하나는 유명한 《관용에 대한 편지》이다. 이것은 네덜란드 망명 중인 1686년, 암스테르담에서 알던 자유주의 신학자 림보르흐에게 쓴 라틴어 편지로, 3년 뒤인 1689년 봄 네덜란드에서 익명으로 출판되었다. 또 유니테리언(삼위일체론 및 그리스도의 신성을 부정하고, 신격의 단일성을 주장하는 기독교의 한 파)이고 상인이자 작가였던 윌리엄 포플이라는 사람이 이것을 영어로 번역해, 같은 해 가을 런던에서 출판되었다. 이것으로 중도적인 의견의 사람들까지 로크 편에 서게 되었지만, 비판이나 반대가 심해진 것도 어쩔 수 없었다. 실제 문제로서 로크가 해야 했던 일은 지식인들 사이에 널리 받아들여지고 있던 이 사상을 실천에 옮기려 하는 사람들을 돕고, 합법적인 제도 안에 이 정신을 구체화하는 것이었다.

로크의 이러한 일에 반대하고 격한 비난과 공격을 가한 사람은, 국교회 우파 신학자 조너스 프로스트였다. 1690년 《관용에 대한 두 번째 편지》와 1692년 《관용에 대한 세 번째 편지》는 그와의 논쟁 결과를 쓴 책이다. 그가 세상을 떠난 1704년에 쓰던 《관용에 대한 네 번째 편지》는 약간의 머리말만 적힌 채 완성되지 못했으며, 1706년에 출판된 《존 로크의 유고집》에 들어 있다.

신학에 대한 로크의 책 중에서 중요한 것은, 1695년에 출판된 《그리스도교의 합리성》이다. 그 내용은 나중에 말하겠지만, 이것도 우파 신학자 존 에드워드의 비판을 받았다. 로크는 이에 대해 반대 비판을 하고, 둘 다 논쟁을 계속했다. 그것과 나란히 《인간지성론》을 둘러싼 웨스터 주교 에드워드 스틸링플리트와의 긴 논쟁도 있었다. 그러한 논쟁을 하는 사이에 그는 성경 복음서 이외의 부분에 대해서도 자세하게 연구할 필요가 있다고 느꼈던 모양이다. 얼마 안 있어 바울의 편지에 초점을 맞춘 연구를 했는데, 이것은 사후 3년이 지난 1707년에 《바울의 편지 주석》으로 출판되었다.

신·인간·이성

로크는 인간을 '이성적 동물'이라 정의하고 있다. 이 말은 인간이 특히 신에게 선택받은 존재로서 이성을 얻어 신의 뜻을 지상에 실현시킬 수 있는 능력을 가지고 있음을 의미한다. 그러나 한편으로는 인간도 신이 창조한 다른 모든 동식물과 무생물과 마찬가지로 불완전하고 약한 존재이며, 어찌할 수 없는 한계를 가지고 있다는 것도 뜻한다. 인간은 그러한 이중성을 가지고 있다. 이때 로크가 전제로 한 신은 선의를 품고 인간을 지켜보면서 보다 쾌적하고 도덕적인 생활을 보내고, 또 더 넓은 지식을 얻을 수 있도록 늘 따스한 원조를 아끼지 않는 존재였다. 그 애정의 증표가 바로 인간에게 부여된 이성이며, 그러므로 이성은 인간 생활의 나침반, '인간에게 나타난 신의 목소리'인 것이다.

여기서 인간의 의무는 자연스럽게 명백해진다. 그것은 일반적으로 말하면 천지를 창조한 신의 뜻에 따르는 것, 구체적으로는 이성을 생활 원리로 삼아 평화롭고 살기 좋은 사회를 만드는 것이다. 그리고 그것이 인간에게 맡겨진 일이다. 왜냐하면 신은 인간에게 이성과 손과 재료를 내려주었으므로, 굳이 손수 다리나 집을 지어줄 필요는 없기 때문이다. 따라서 신에게 받은 이성을 실제로 활용해서 현재 사회를 만들어 낸 인간은, 그 사회 본연의 모습이나 문제점에 대해 전면적인 책임을 져야 한다.

그러나 당연하게도 그에 따른 문제점은 셀 수 없을 만큼 많다. 그 이유는 무엇일까? 로크의 말에 따르면 그것은 신에게서 받은 이성을 실제로 활용하는 인간이 매우 불완전하다는 사실, 다시 말해 현실에서 인간의 이성은 지극히 제한적인 힘밖에 없다는 것에서 기인한다. 만약 그렇다면 인간이 세워야 할 원리로서의 이성은 나침반 역할을 수행하지 못하게 될 것이다. 그런데 로크에 따르면 이성은 '모든 부분에서 우리의 마지막 심판자이자 지도자'이다. 그로 인해 생겨난 단층 앞에서 그가 어떻게 나아갔는지가 다음 문제가 될 것이다.

로크는 〈참된 지식과 의견〉이라는 제목으로 낸 《인간지성론》의 제4권이나 신학상의 문제를 다룬 《그리스도교의 합리성》 및 그 밖의 저작물을 통해 인간의 여린 면과 약한 모습, 불완전성에 대해 이야기하고 있다. 게다가 그의 말을 전체적으로 살펴보면 인간애가 넘쳐나는 것을 느낄 수 있다. 이는 말할 것도 없이 인간에게 아낌없이 애정을 쏟아붓는 신에 대한 흔들림 없는 신뢰에서 비롯된 것이다. 달리 말하면 그가 말하는 인간의 뒤에는 언제나 신이 그림자처럼 따라다닌다고 할 수 있다. 따라서 연약하며 불완전한 인간이 번번이 한계에 부딪쳐 고민할 때마다 반드시 신이 나타나 도움의 손길을 뻗어주는 것이다. 그러나 그것은 대체 무엇을 통해 나타나는 것일까?

이 질문은 신과 인간을 연결하는 것이 무엇인가 하는 문제이다. 로크가 이에 대한 해답으로 내놓은 것은 계시와 신앙이었다. 앞엣것은 그것을 제시하는 신의 관점에서, 그리고 뒷엣것은 받아들이는 인간의 관점에서 말하는 것이다. 그의 말에 따르면 신앙은 "신이 어떤 명제를 특수한 방법으로 통지해 준다는 사실을 인정하고, 이를 제시하는 자를 믿는 것"이다. 우리와 같은 불완전한 인간에게 절대적인 진리를 나타내는 이 방법이 바로 계시이다. 그러므로 여기서 가장 중요한 것은 신앙과 이성의 경계를 확실히 정하는 일이다. 그 경계가 확실하지 않으면 대혼란까지는 아니더라도 심각한 논쟁과 잘못된 주장이 나오게 될 테고, 또 그것이 확실히 결정될 때까지는 종교 문제를 논의하면서 상대편을 이해시키려 해봤자 쓸데없는 일이 될 것이기 때문이다.

그렇다면 여기서 말하는 신앙과 이성의 이원론은 로크의 종교사상 속에서 어떤 의미를 가지고 있는 것일까? 둘의 경계를 확실히 정한다는 것은, 구체적으로 말하면 세계를 이성의 작용이 미치는 영역과 이성을 넘어선 영역으로 나눈다는 것이다. 그는 인간에게 계시의 형태로 제시된 진리가 본디 신앙의 대상이라고 말한다. 그 계시들은 불완전한 인간의 이성이 추론한 것보다 분명히 뛰어난 것이긴 하지만, 그럼에도 그것이 진정한 계시인지 아닌지, 또한 그것을 전하는 말의 의미를 판단하는 것도 역시 우리 인간에게 주어진 자연스런 능력, 즉 이성의 작업이다. 왜냐하면 그 밖에는 명백한 이성의 지시에 모순되는 것 전부가 이성과 관계없는 신앙상의 문제라는 주장이 정당하게 인정받을 수 있다는 생각은 도무지 할 수 없기 때문이다. 로크에 의하면 그것이야말로 수

많은 유혈사건을 일으킨 광신이었다. 이렇게 해서 로크는 종교를 포함한 인간 생활의 모든 문제를 마지막에 가서 판단하는 것은 이성이라고 단언했다. 신이 인간에게 계시를 내려주고 새로운 진리를 교시할 때 이미 받은 이성, 즉 자연의 빛을 잃어버리는 일은 있을 수 없다는 것이다. 그러므로 이성은 모든 일에 대한 우리의 마지막 심판자이자 지도자인 것이다.

로크의 이성주의는 대체로 이상의 내용과 같지만, 그 이성관=인간관은 역사적으로 어떠한 역할을 해왔을까? 단적으로 말하면 매우 효과적인 양날의 칼로 작용했다고 할 수 있다. 즉 한편으로는 시대의 동향에 뒤처져 있으면서도 더 거대한 세력으로서 남아 있는 낡은 교회세력을, 또 한편으로는 열광적인 종파들의 광언을 함께 억누르기 위한 이론이 되기도 했다. 바로 중도적 관점을 취하는 합리주의였다. 그곳에서 예리한 이성의 칼은 경건한 신앙의 솜으로 둘러싸여 있었다. 그래서 18세기 영국의 천재적 철학자 흄의 눈에는 로크의 이론이 얼버무리는 것처럼 보였을 것이다. "로크는 신앙이 일종의 이성이고 종교는 철학의 일부분에 지나지 않는다고 단언하려 한 최초의 그리스도교 신도이다." 흄의 이 말은 로크의 종교사상을 비판한 가장 예리한 말들 가운데 하나이다.

국가와 교회

지금까지 서술해 온 것처럼 로크는 이성주의의 원리로 인생의 모든 문제에 대처하려 했다. 물론 그것은 아주 구체적인 일상 문제에도 적용할 수 있는 정책원리가 되었을 것이다. 그러나 인생의 문제는 결국 두 가지로 나뉘고, 이성은 그 모든 면에서 기초적 판단 원리로서 작용한다.

방금 서술한 바와 같이, 로크는 현실을 살아가는 인간의 관심은 늘 두 가지와 연관된다고 말한다. 즉 현세의 생활에 관한 것과 내세의 생활에 관한 것이다. 이 두 가지는 결코 혼동해선 안 된다. "무슨 일이든지 사회정치 문제와 종교 문제를 확실히 구별하고, 둘 사이에 정당한 경계선을 긋는 것이 필요하다." 로크는 이렇게 말한다. 다시 말하면 정치 문제와 종교 문제는 전혀 다른 성질과 영역에 있으며 완전히 분리되어야 하는 것이다. 머지않아 앞엣것은 국가가, 그리고 뒤엣것은 교회가 다루게 되었다. 둘 사이에 직접적인 관련은 없다. 여기서 국가와 교회의 본질이 문제가 된다.

먼저 국가에 대해 생각해 보자. 국가란 사회적·세속적 이익을 획득하며 확보하고 이를 증진시키는 것만을 목적으로 해서 조직된 인간 사회이다. 이 경우 사회적·세속적 이익이란 생명, 자유, 건강, 신체상의 안락이며 또한 토지, 가옥, 가구 및 그 밖의 재산을 소유하는 것이다. 이렇듯 로크는 국가 존립의 기본조건이 인간의 지상에서의 행복이라 생각했고, 국가를 대표하는 통치자의 의무는 사회생활의 안전을 위해 제정된 법률을 공평한 관점에서 집행하는 것이라 말했다. 따라서 통치자에게 주어진 권력은 사회적·세속적 사항이라는 기본적인 틀을 한 걸음도 넘어서는 안 된다는 것이다.

통치자는 국가 구성원들의 영혼을 구제하는 문제에는 결코 개입해서는 안 된다. 내세에서 구원받고 싶다고 바라는 것은 각각의 인간인데, 그 개인의 신앙을 통치자가 법률이나 형벌로 통제하려 해봤자 무의미하기 때문이다. 일반적으로 진정한 종교의 생명과 힘은 완전하고, 진심에서 우러난 확신에서 태어나는 것이며, 자신의 영혼을 구제하길 염원하는 자발적인 의지, 즉 신앙이 없으면 어떤 의미의 구제도 있을 수 없다. 통치자가 형벌의 공포를 내세워 사람들에게 십자가를 그으라고 시킨들 무슨 도움이 될 것인가.

이렇게 해서 신앙의 위치는, 먼저 자기 영혼의 구제라는 문제를 생각하게 된 독립된 개인의 가슴 깊은 곳에 확고한 주춧돌을 얻게 된다. 그 신앙이 외적으로 열린 조직이 교회이다. 교회는 사람들의 동의를 얻어 만든 자발적 사회이며, 그 목적은 신에게 공적으로 예배를 드리고 그로 인해 영혼의 구제, 즉 영생을 얻는 것이라고 로크는 말한다. 따라서 교회도 국가와 마찬가지로 이성적으로 판단할 수 있는 자유로운 인간이 계약을 통해 만든 것이다. 그러므로 누구 하나 날 때부터 특정한 교회, 혹은 종파에 따라 신앙을 규제당하는 일은 없다. 또한 어떠한 인간이라도 자신이 좋다고 판단한 교회에 자유롭게 참가할 수 있다. 반대로 자신의 판단으로 지금까지 소속되어 있던 교회에서 탈퇴하는 것도, 나아가 동지와 함께 새로운 교회를 만드는 것도 완전히 본인의 자유일 것이다. 로크에 의하면 '양심의 자유는 각 개인의 자연권'이며, 이것을 침범할 권리는 누구에게도 없다.

관용의 한계
"내가 진실이라고 믿지 않는 종교는 나에게 있어 진실하지도 유익하지도 않다"는 로크의 말은 앞서 서술한 국가관·교회관에서 나온 것이다. 이를 뒤집어 보면 자기 영혼의 구제는 스스로의 이성적 판단이 뒷받침된 신앙이 없으면 불가능하다는 의미가 된다. 물론 이것은 확실한 신교의 자유를 요구한 것이긴 하지만, 거기서 중요한 점은 그가 종교의 내면화 및 신앙의 개인화를 주장한 것이 현실의 결과로는 자유로운 사회에서의 자유로운 교회를 주장하는 것이 됐다는 사실이다. 여기서 로크의 종교사상이 지닌 근대성을 볼 수 있다. 그러나 다른 모든 사상가들과 마찬가지로 그 역시 시대의 아들이었다. 이는 신교의 자유를 주장할 때 '어떠한 형태로 타인의 사회적 세속적 생활을 저해하지 않는 한'이라는 유보 조건을 붙이고 있었기 때문이다.

흔히 종교적 관용이라 하면 불완전한 신교의 자유를 뜻한다. 즉 관용이라고 말할 때에는 전면적인 신교의 자유를 제약하는 어떤 조건이 붙게 된다. 그러나 이를 제약하는 것은 통치권력 또는 이것과 일체화한 특정 세력이다. 그렇기 때문에 관용은 당파적인 것이 된다. 국가가 종교적 신조로 움직이는 것은 위험한 일이라는 의견이 일반인들 사이에서 널리 퍼졌던 17세기 말엽, 더 자세히 말하면 사람들이 종교를 통해 궁극적 원리를 추구하는 것을 그만두고자 하던 그 시기에 로크는 관용의 문제에 결정적 해답을 던진 것이다. 그러나 거기에는 나중에 다룰 내용과 마찬가지로 지금까지와는 다른 당파성이 엿보인다.

그럼 여기서 로크가 규정하는 관용의 한계를 밝혀보자. 그가 국가의 관용을 얻어서는 안 된다고 한 개인 및 교회는 다음 다섯 항목의 어느 것에 해당한다.

(ㄱ) 시민사회의 보전에 필요한 도덕적 법칙들을 인정하지 않는 것.

(ㄴ) 종교의 그늘에 숨어서 공동의 이익을 무시하는 것.

(ㄷ) 종교 문제에 대한 타인의 의견을 관용하려 하지 않는 것.

(ㄹ) 다른 국가와 연관되어 조국 영국의 국익에 반하는 것.

(ㅁ) 무신론을 부르짖는 것.

이상의 다섯 항목에 공통적으로 나타나는 점은, 그것들이 죄다 비종교적인 사정을 지닌다는 것이다. 공공의 평화와 사회 보전을 제일로 친 상식인이었던 로크의 중심문제가 정치나 정책 문제였다는 사실을 생각하면 바로 수긍할 수 있으리라. 언뜻 보면 그렇지 않을 것으로 보이는 마지막 무신론자에 대한 무자비함도 무신론이 도덕을 뒤엎는다는 신념에서 나온 것이다. 로크는 무신론에 관한 것은 단순한 의견에 그치지 않을 것이라 보고 있었다. 다시 말하면 종교적 신념이 밖으로 드러나고 직접적으로 사회와 국가의 평화나 이익을 위협할 때, 즉 신앙이 실제로 사회적 정치적 해악을 일으킬 때는 그것을 사회 질서의 이름으로 억압해야만 한다. 특히 제4의 규정으로 암묵적으로 예상된 가톨릭교도에 대한 무자비함은 가장 정치적인 것으로, 명예혁명의 원인이나 그 앞뒤의 영국–프랑스 관계사 뒷면을 아는 자들은 이러한 로크 사상의 일그러진 면을 받아들일 수밖에 없을 것이다.

한편 현실의 신앙자인 개인을 통해 이 관용론을 살펴보면, 신앙이 본디의 영역을 벗어나 사회적 정치적 마찰을 일으키는 일만 없다면 어떤 신앙을 품어도 상관없다는 뜻이 된다. 이에 따라 로크는《관용에 대한 편지》전편을 통해 질리지도 않고 정치권력에 의한 신앙 규제를 공격했다. 그는 "이교도는 물론 이슬람교도, 유대교도조차 종교 때문에 시민권을 빼앗기는 일은 없다"고 말했다. 그만큼 이에 대한 수구파의 분노와 공격은 매우 격렬했다. 그러나 로크 역시 한 걸음도 물러나지 않고 신앙과 이성, 교회와 국가의 이원론을 내세우며 이에 맞서 싸워 교회권력의 정당성을 강변하는 옛 사상을 깨뜨리고자 했다.

성서 해석과 성직자 비판

지금까지 서술했듯이 로크는 현실적 정책가이자 현실 상황에서 이론을 이끌어 내는 실제가이기도 했다. 그 근본 목표는 인간 사회의 생활 조건 개선에 있었다. 로크는 그러한 편의주의로 모든 것을 파악했다. 따라서 신앙생활의 중심이었던 성서도 무작정 믿지 않고 재검토해야 했다. 아니, 재검토라기보다 비판이라 해도 좋다. 이것이 로크의 신학을 이룬다.

물론 로크는 본디 의미의 신학자는 아니었다. 따라서 1600년도 넘는 세월 동안 정교하고 치밀하게 구축된 신학 체계와 무관했던 그는 단순히 신의 선의와 애정에 대한 탄탄한 신뢰와 풍부한 인간애에 기초한 양식에 따라 순수하게 성경을 읽고 그 뜻을 이해하려 했다. 그런 의미에서 그의 신학 저서《그리스도교의 합리성》과《바울의 편지 주석》은 이른바 이성주의적 성경 해석, 더나아가 비이성적 성직자의 비판서라 해도 좋을 것이다.

로크가 기존 신학자들의 의견을 꼬집지 않고 건전한 상식으로 성경을 검토한 다음에 이끌어 낸 결론은 어떤 것이었을까? 그에 따르면 성경은 신이 사랑하는 인간에게 내린 말씀을 모아 기록한 것이므로 아주 평범한 이성을 지닌 사람이라면 누구나 충분히 이해할 수 있는 내용이다. 따라서 그 핵심은 단순 명쾌해야 한다. 로크는 그리스도교도로서 절대적으로 믿어야 할 것은 두 가지밖에 없다고 단언했다.

(ㄱ) 유일하고 영원하며 눈에 보이지 않는 천지 창조주인 신이 존재한다는 것.

(ㄴ) 나사렛 예수는 메시아(구세주)이며 신이 약속한 지배자이자 주라는 것.

로크에 따르면 이것이 그리스도교 교리의 핵심을 이루어야 한다. 따라서 기존 신앙생활에서 중요한 부분을 차지하던 삼위일체 교리나 이에 곁붙은 신앙고백 등 여러 의식, 더 나아가 계층적 교회제도 등을 신의 말씀인 성경과는 전혀 무관하고 비본질적인 것으로 보고 성직자의 이기심에 따른 부당한 강요라고 부정하기에 이르렀다. 우리 인간은 성직자가 뭐라 하든 그저 신의 부름을 듣고 이에 응답하는 신앙심을 가지기만 하면 된다고 했다.

본디 로크는 모든 인간이 주어진 이성을 이상적으로 이용하여 올바른 판단을 내릴 수 있다고는 믿지 않았다. 신의 선의와 애정에 낙관적이었지만 이 점에서만큼은 오히려 비관주의에 가까웠다. 그에 따르면 이 지상의 일반 대중은 이성을 거의 이용하지 않고 감각적 쾌락이나 부주의에 따라 정신을 움직인다. 모든 것을 이성적으로 판단하고 깊이 생각하는 사람이 없는 것은 아니지만 그 수는 아주 적다. 그 원인이 어디에 있을까? 여기서 로크는 일반 대중의 이성적 생활을 방해하는 것으로서 내적원인과 외적원인을 각각 하나씩 들었다. 내적원인은 개인의 욕구·정념·악덕·잘못된 관심이며 외적원인은 기존 성직자와 지배자이다. 그중 앞엣것은 인간의 약함과 불완전성에서 나오는데, 문제는 뒤엣것이 민중을 잘못된 길로 이끌어 신을 오해하게 만들고 시시한 의식을 강요하여 지배권을 유지하려 한다는 점이다. 이것이야말로 종교에서 그 참된 생명인 신앙과 회개심을 빼앗는 일 아닌가? 로크는 이렇게 논하고 우리 인간은 이성의 명령에 따라야 한다는 점을 거듭 강조했다.

위에서 서술한 성직자 비판 원리를 생각해 보면 정치권력으로 종교 문제에 개입하려고 하는 통치자를 정면으로 비판한 거나 마찬가지임을 알 수 있다. 신앙은 개인의 이성적 판단에 따라 진심으로 이루어질 때만 참되다는 로크의 확신은 신앙과 종교를 개인 문제로 환원한 동시에 국가권력에서도 성직자의 지배에서도 자유로운 근대적 종교인을 낳았다. 또 아직 충분히 분화하지 못했던 정치권력과 종교권력을 분리하는 원리가 되기도 했다. 자유로운 사회의 자유로운 교회라는 로크의 이러한 주장은 정말로 근대적 신앙의 자유로 가는 결정적 첫걸음을 내딛는 계기가 되었다.

'종교의 시대'에서 '이성의 시대'로

흔히 18세기를 일컬어 '계몽의 시대' '이성의 시대'라고 한다. 이 시대를 설명할 때는 명예혁명까지 거슬러 올라가는 것이 일반적이다. 또 계몽주의 사상운동이 특히 프랑스를 중심으로 꽃피었을 때 비판의 대상이 된 것이 낡은 종교 의식이었다는 점도 사상사의 상식이다. 그리고 지금까지 설명했듯이, 이 계몽주의적 종교 비판 원리는 로크가 주장한 것이었다. 이리하여 '명예혁명의 철학자' 로크는 '계몽의 아버지'로 불리게 되었다. 이것을 조금 더 깊이 들여다보자. 이는 역사적으로 로크의 종교사상이 어떤 의미를 갖는지와 연결된다.

먼저 '모든 일에서 우리의 마지막 심판자이자 지도자'로서 작용하는 이성부터 살펴보자. 이 이성은 실제로 무엇을 의미하는가? 로크의 가장 큰 관심사가 인간 사회의 생활 조건 개선이었음은 이미 설명했는데, 거기서부터 생각하면 이성은 모든 인간이 태어나면서부터 지니는 일상 세계의 계량·계산 원리, 또는 그 능력이라는 뜻이 된다. 따라서 이성은 신이 부여한 자연법이다. 이때 말하는 계산의 기준은 생활의 편의이다. '자연법'은 '편의법'이기도 했다는 뜻이다. 이렇게 되면 '자연'은 이미 중세적인 신의 명령이 아니라 직접적인 인간의 욕망을 의미한다. 이러한 '자연' 관념의 변화야말로 지상의 인간, 즉 세속적 경제인이 기존 신학에서 독립함으로써 생긴 것이다. 이를 실제 정책으로 보장하기 위해 로크는 관용을 주장했다.

그리고 보면 로크가 강조한 종교의 관용은 역사상 두 가지 의미로 작용했음을 알 수 있다. 하나는 내부의 빛을 믿는 사람에게 강제는 도리에 어긋난다는, 그 무렵 이미 많은 지식인이 상식으로 여기던 사상을 이론화하고 이를 국민 전체에 적용한 것인데, 이는 말할 것도 없이 인간 신앙의 자유와 관계가 있다. 다른 하나는 로크가 암묵적으로 적극적 의미를 부여한 것, 다시 말해 인간의 세속적 경제 활동이 종교 교리나 형률에서 해방되었다는 것이다. 간단히 말하면 로크의 관용론으로 원리적 신앙의 자유가 확립됨과 동시에 세속적 분야에서 활동의 자유도 확립된 것이다. 이는 종교적 개인주의가 세속적 경제인의 편의주의와 결부되었다는 뜻이기도 하다. 다른 관점에서 말하자면 종교와 경제적 이해관계는 각각 동등한 영역을 이루며 둘 다 정당한 이유 없이 다른 영역을 침범해서는 안 된다는 이중진리설이 로크의 종교사상과 함께 완전한 승리를 쟁취했다는 뜻도 된다.

그런데 매우 강한 종교 색채를 띠었던 17세기 사고법이 18세기에 들어 사상의 모든 영역에서 놀랄 만큼 세속적으로 바뀐 이유는 무엇일까? 한 마디로 말하면 자유를 주장할 때 그 주안점이 바뀌었기 때문이다. 즉 로크의 관용설이 승리함으로써 사회 현실 면에서 요구되는 자유의 내용이 17세기 종교적 자유에서 18세기 세속적 활동의 자유로 그 역점이 옮아간 것이다. 17세기 후반 영국 경제·통상 활동 범위가 확대되면서, 종교분쟁에 지쳐 있던 국민은 이제 종교를 가지고 싸울 때가 아니라는 사실을 깨달았다. 네덜란드에 이은 프랑스와의 항쟁은 정치적 경제적 원인의 비중을 증대시키고 종교적 원인을 크게 축소시키는 계기가 되었다. 앞서 설명했듯이 경제 번영을 짊어진 무역업자·독립 생산자가 대부분 비국교도였던 당시 상황에서 박해냐 관용이냐 하는 문제는, 실은 신앙이 어때야 한다는 이론만의 문제가 아니라 국가 이익과 관련된 이성에 따른 비교와 계량의 문제이기도 했다. 오히려 국민이 실감하기로는 후자의 비중이 훨씬 컸다고 봐도 좋다. 그러므로 1695년에 이윽고 통상변무관에 취임한 로크가 종교의 관용을 강조한 것도 당연한 일이다. 그 뒤로 종교가 국가 정책을 결정하는 가장 중요한 원인이 되는 일은 없어졌다.

이제 다른 측면에서 이 문제를 다시 짚어보자. 로크의 이론은 매우 빼어난 정치 이론이었다. 정치권력에 따른 제한이라는 문제만 들어보아도 관용은 최선책이 아니라 차선책이다. 그러나 당장 관용부터 시작해야 하지 않느냐는 신흥중산층의 요구를 대변한 로크는 그야말로 부르주아를 위한 이론가였다 해도 좋을 것이다. 앞서 언급한 당파성이란 이 부르주아적 당파성을 가리킨다. 따라서 철저한 이론은 없고 타협만 있다는 비판을 들었다. 하지만 클래런던 법전에 나타난 비관용=박해정책이 비국교도의 족쇄가 되어 국익 증진을 저해한다면 거꾸로 관용은 국가 편의가 아닌가 하는 목소리가 일었는데, 실제가인 로크가 들은 것은 사실 이 목소리였다. 따라서 로크가 이 목소리를 이론화하고 명예혁명 뒤 '관용법'이 시행되고 나서 기존의 날카로운 종파 대립이 완화되고 국부도 축적되기 시작하자 "관용은 가장 성공한 전술"이라는 평가를 받았다. 그리고 시대가 바뀌면서 드디어 진짜 신앙의 자유로 가는 길이 열리게 된다. 18세기가 시작되자 종교는 여전히 중요한 인생 문제이기는 하지만 광신적인 정열이 아니라 이성에 근거해서, 또 무력이 아니라 말로써 지켜져야 한다는 시대풍조가 생기기 시작한 것이다.

이리하여 로크의 종교사상은 '종교의 시대'를 뒤로하고 '이성의 시대'로 나아가는 사람들의 지표가 되었다. 17세기까지는 지식인들이 종교를 논할 때 인간의 지혜를 초월한 계시나 기적, 또는 예배의식의 국민적 통일이나 참된 교회조직의 모습과 같은 문제를 이야기했지만, 이때부터는 로크가 처음으로 의식적으로 주장한 자연과학적 이성과 신앙의 조화라는 문제가 중심이 되었다. 오늘날에도 이 문제를 둘러싸고 종교론 논쟁이 벌어지는데, 17세기에 이미 기존 문제를 정리했던 로크라는 사람은 역시 범상치 않은 인물이었음을 인정할 수밖에 없다.

(12)로크의 교육사상

두 가지 교육론

로크의 교육론은 두 가지이다. 상류 계급 자녀들을 위한 교육론과 빈민층 자녀들을 위한 교육론인데, 이처럼 교육론이 두 가지로 나뉘어 있는 점이 로크 교육사상의 가장 큰 특징이라고 할 수 있다.

상류 계급을 위한 교육론은 로크가 네덜란드로 망명했을 때 에드워드 클라크라는 친구에게 쓴 편지를 기초삼아 1693년에 《교육에 대한 고찰》이라는 책으로 출판한 것이다. 클라크에게 보낸 헌사에 이 교육론이 상류 계급을 위한 것임이 분명히 드러나 있다. 한편 빈민을 위한 교육론은 교육론으로서 출판되지 않았다. 1697년에 무역식민위원회가 정부에 제출한 보고서에 그 내용이 포함되어 있는데, 보고서에 있는 구빈법 개정 제안을 하나의 교육론으로 볼 수 있을 따름이다. 이 보고는 로크 개인이 아니라 위원회 차원에서 제출한 것이므로 그 내용에 로크의 의견이 얼마만큼 반영되어 있는지는 정확히 알 수 없다. 그러나 로크가 작성한 원고 초안을 위원회가 그대로 받아들였다고 하므로 주로 로크의 사상이라 볼 수 있겠다.

이 장에서는 먼저 로크의 교육사상을 이 두 갈래로 나누어 살펴본 뒤 그것을 종합해 알아보기로 한다.

상류 계급을 위한 교육

로크의 철학사상에서 설명했듯이, 로크는 인간이 '백지상태'로 태어난다고 생각했다. 물론 인간은 능력과 재능에서 차이가 있기 때문에 모든 사람이 똑같이 자란다고는 볼 수 없지만, '백지'와 같은 인간이 어떤 지식과 습관을 익히는지는 주로 교육에 따라 결정된다. 그러한 뜻에서 교육은 아주 큰 힘을 지닌다고 할 수 있다. 그러나 사회 환경의 영향 등도 넓게 보면 교육에 포함되기 때문에 인간 형성에서 환경이 차지하는 역할을 무시할 수 없는데, 로크는 거기까지는 생각하지 않았다. 로크는 환경을 주어진 것으로만 보고, 그 안에서 교육방법을 찾았다. 빈민교육에서는 환경 문제도 조금 반영했지만, 상류 계급 교육에서는 환경 문제를 완전히 무시했다는 점이 로크 교육론의 두 번째 특징이다. 그것은 아마도 로크가 상류 계급의 지위나 신분, 상황에 그다지 의문을 갖지 않고 아주 당연한 것으로 생각했기 때문이리라.

그 시절 영국에서는 교육제도가 아직 통일되지 않았었다. 교육을 전혀 못받은 사람도 있는가 하면, 중상류층에서는 일반적으로 문법학교부터 시작하여 대학이나 법학원 같은 상급학교에 자녀를 보냈다. 귀족 집안 같은 상류층에서는 자녀를 학교에 보내지 않고 가정교사를 고용했으며, 스무 살쯤 되면 프랑스나 이탈리아로 유학을 보냈다. 이런 유학은 공부는 전혀 하지 않고 못된 것만 배워온다며 평판이 좋지 않았지만, 그 시절에는 영국보다 이탈리아나 프랑스가 학문과 문화의 중심이라 생각했으므로 부유한 집안 자녀들은 대부분 해외유학을 떠났다. 로크는 집이 그다지 풍족하지 못했기 때문에 해외유학을 가지 않고 문법학교를 거쳐 대학에 진학했다. 그러나 로크는 도저히 자신이 받은 교육이 좋았다고 말할 수 없었다.

로크는 교육이란 지식을 집어넣는 것이 다가 아니라고 생각했다. 그때의 학교교육은 라틴어와 그리스어 문법을 통째로 외우게 하는(문법학교라는 이름도 거기서 생겨났다) 것이었다. 로크는 그러한 교육에 무슨 의미가 있느냐며 회의를 품었다. 그래서 상류 계급에는 지식보다 오히려 예의범절과 건강한 몸이 필요하다고 로크는 주장했다.

만인을 위한 교육 로크는 갓 태어난 인간의 정신은 '백지상태'이며, 그 장래는 순전히 각자가 받은 교육에 따라 결정된다고 생각했다. 얀 스테인 작품인 〈학교〉는, 로크가 《인간지성론》을 집필하던 1670년 무렵에 그려진 것이다.

"건강한 몸에 건강한 정신이 깃든다"는 말로 그 '교육론'을 정의한 로크는 무엇보다 먼저 몸을 건강하게 만드는 데에 중점을 두었다. 여기서 로크가 말하고자 한 점은 아이를 자연 상태 그대로 튼튼하게 키우라는 것이었다. 의사였던 로크는 아이들의 건강에 대해서 식사와 수면, 야외 운동, 밤잠 문제 등에까지 세심하게 주의를 기울였고, 어릴 때부터 추위와 더위를 이길 수 있는 건강한 몸을 길러야 한다고 생각했다.

도덕교육과 지식교육

로크가 자녀를 있는 그대로 건강하게 키우라고 한 것은 주로 신체적인 문제에 대한 것으로, 예컨대 코르셋 등으로 여자아이의 몸을 억지로 조이는 풍습을 그만둬야 한다는 뜻이었다. 반면 도덕교육, 즉 예의범절 문제에서는 아이의 응석을 억누르고 덕성을 심어주어야 한다고 주장한다. 가정에서의 엄격한 예의범절 교육이 영국 상류 계급 사이에서는 일반적인 일이었는데, 로크는 그것을 '교육 원리'로 보고 그의 《교육론》 제2장에서 이 문제를 자세히 다루었다. 이것이 로크 교육사상의 또 다른 특징이다.

그러나 예의범절을 엄격하게 가르친다는 이유로 단순히 아이를 혼내기만 하면 안 된다. 특히 부모가 감정이 격해져 체벌을 주는 것에 로크는 반대했다. 아이의 요구 가운데 정당한 것과 정당하지 않은 것을 부모는 이성적으로 판단하여, 올바른 요구는 더욱 키워 주어야 한다. 또한 로크는 혼내서 도덕성을 기르는 양육방침에도 반대했다. 가장 중요한 것은 어른이 먼저 좋은 행실의 모범을 보여서 강요 때문이 아니라 자발적으로 습관을 들이는 것이라고 생각했다. 즉 일방적인 지식 주입에 반대한 것처럼, 로크는 덕목 주입에도 반대했다. 미덕과 악덕은 행동으로 보여주고 가르쳐야 하는 것이다. 이처럼 로크는 주입식 교육방식에 반대했는데, 보다 근본적으로는 아이의 요구사항을 늘리는 것보다 그것을 이성의 가르침에 맞추는 데에 중점을 두었다. 유럽 교육사상의 흐름을 보면 17, 18세기의 대표적인 사상은 코메니우스나 루소처럼 아이의 요구를 억누르기보다 해방시킨다는 주장이 두드러졌는데, 로크는 오히려 그 반대였다. 교육사상에서 아이의 요구를 늘려간다는 생각은, 넓게 보면 봉건사회에서 억눌려 있던 인간의 요구와 욕망을 해방하려는 생각과 일맥상통하는데, 로크의 경우에는 욕망의 해방보다 오히려 억제를 강조했다고 볼 수 있다.

이 점은 로크의 인간론 전체와도 관계가 있으며, 특히 교육론에서 로크는 욕망과 이성을 대립 관계로 보았다. 로크가 생각하는 미덕은 자신의 성향과 욕망을 억누르고 이성의 명령에 따르는 것이었다. 아이가 자신이 하고 싶은 대로만 하지 않고 욕망을 억누르며 질서를 지키는 것은 당연히 올바른 일이다. 그런데 여기서 문제는 그 지켜야 할 질서 또는 이성의 명령이 무엇이며, 그것을 어떻게 알 수 있는가 하는 점이다. 달리 말하면 도덕을 지키는 것은 물론 중요하지만, 그 도덕의 알맹이는 언제나 똑같은 것이 아니라 시대와 함께 달라진다는 것이다. 로크는 이 문제를 사회의 평판으로 해결하고자 했다. 즉 사회의 여론을 도덕의 기준으로 삼고, 여론이 칭찬하는 것은 좋은 일이며 비난하는 것은 나쁜 일이라고 보았다. 여기에 들어맞는 것이 바로 명예이며 반하는 것은 수치이므로, 명예와 수치가 좋은 행실을 권장하고 나쁜 행실을 그만두게 하는 힘이 된다고 생각했다. 이러한 생각은 로크 도덕론의 기본이기도 한데, 이 장 첫머리에서 말했듯이, 여기서 로크가 사회 환경을 비판하지 않고 주어

외부세계에 대한 지식 로크는 외부세계에 대한 지식이 감각을 통하여 우리에게 오며, 이를 통해 외부대상에 대한 관념을 획득한다고 믿었다. B.E. 무리요의 〈신성한 가족〉(1650)에서 어린이는 분별력을 통해 개로 인지하게 되는 대상과 마주 보고 있다.

진 것으로 받아들인 점에 주목하기 바란다. 사회의 평판에 순응하지 않고 그것을 거스르는 것이 때로는 올바른 행위일 수도 있건만, 로크는 그렇게 생각하지 않았다. 부르주아 혁명으로 완성된 시민사회의 질서를 존중하고 따르는 것이 미덕이며, 그 미덕을 키워나가는 일이 덕성교육의 중심이라고 보는 것이 로크의 교육론이었다.

지식교육은 로크의 교육론에서 가장 마지막에 다루는데, 그 중요성 역시 덕성보다 낮다. 지식교육을 중시하지 않는 점이 신기하게 보일지도 모른다고 로크 스스로도 말했는데, 로크가 볼 때 지식은 그것 자체로 중요한 것이 아니라, 그보다 더 중요한 다른 여러 성질을 익히기 위한 보조도구로서 필요할 뿐이었다. 이러한 생각은 프랜시스 베이컨에게서 시작된 영국 경험론의 전통이며, 여기에는 중세 스콜라철학이 고대 철학자들의 가르침을 이리저리 주물럭거리며 실제 생활과는 동떨어진 탁상공론만 벌인 것에 대한 비판이 포함되어 있다.

그렇다면 로크가 지식교육의 구체적인 내용으로서 어떤 지식을 꼽았는지 살펴보겠다. 먼저 읽기와 쓰기, 그다음은 외국어로, 프랑스어와 라틴어는 상류 계급의 필수 언어였다. 다만 앞서 말했듯이, 라틴어교육은 문법 암기가 아니라 회화부터 시작해 저절로 언어 습관을 들이는 방법을 주장했다. 외국어와 더불어 지리·산술·기하학·연대학·역사·법률·논리학·철학을 배워야 할 과목으로 들었다. 여기까지는 그다지 주목을 끄는 점이 없으며, 다만 교육방법 면에서 주입식이 되지 않도록 주의를 기울인 점이 눈길을 끈다. 로크의 지식교육론에서 흥미로운 점은, 이러한 상식 과목에 이어 춤과 음악, 펜싱, 승마 같은 오락 활동은 물론 다양한 직업적 기술까지 들고 있다는 점이다. 상류 계급이 그러한 직업 기술을 익혀야 한다는 점은 선뜻 이해가 가지 않으며, 로크 자신도 그 점을 인정했다. 그럼에도 로크는 농업·목공·은세공·수공·칠기 같은 기술을 가르치라고 요구했다. 다만 이러한 기술은 상류 계급이 그 기술로 생계를 이어가기 위한 것이 아니라, 단순한 취미로 익히거나 그런 경험을 통해 생산노동의 중요성을 배우기 위한 과정일 뿐이었다.

그러나 로크는 놀이가 아닌 기술도 한 가지 주장했다. 바로 수입과 지출을 기록하는 회계장부 쓰는 법이었다. 그 시절의 구식 지주들은 수입 내역을 꼼꼼하게 따지지 않고 대범하게 사는 것을 미덕으로 생각했으며, 물건을 아끼지 않고 손님을 성심성의껏 대접하는 것을 신사다운 행동으로 여겼다. 하지만 로크는 그렇지 않았다. 장부를 꼼꼼히 써서 집안의 재산을 지키고 늘리는 일을 중요하게 생각했던 것이다. 로크 자신도 그러한 성격의 사람이었다. 그가 쓰던 회계장부가 지금도 남아 있는데, 이런 일이 신식 지주에게는 중요한 업무의 하나라고 여겼던 것이다. 로크는 농업 같은 직업적 기술에서는 장부 기입을 실무라고 생각하지 않았지만, 상류 계급에게는 실무교육이며 이것을 얕보거나 경멸해서는 안 된다고 했다.

빈민을 위한 교육

로크에게는 상류층 교육과 함께 또 하나, 빈민을 위한 교육론이 있었다. 지금 우리의 상식에서 보면 교육은 빈부의 차 없이 공평하게 부여되어야 하는 것이기에 신사와 빈민을 따로 구분지어 교육에 대해 생각한다는 것이 이상하게 보이지만, 로크가 살던 시대에는 부득이한 일이었다. 왜냐하면 그 무렵에는 빈민 문제가 커다란 사회 문제였기에 어떻게 대책을 세울 것인가에 대한 논의가 끊임없이 이루어지고 있던 터라, 그런 큰 문제의 일부분으로서 교육 문제를 생각하는 흐름이 존재했기 때문이다.

못사는 사람은 어느 시대에나 있기 마련이지만, 시대적 상황에 따라 그 문제가 갖는 의미는 달라지는 법이다. 로크의 시대는 봉건사회가 근대자본주의로 바뀌어 가던 시대이므로 이 시기의 빈민 문제는 특별한 의미를 가진다고 할 수 있다. 봉건사회에서도 당연히 가난한 사람들은 있었지만 온 마을 사람들이 그들을 보살펴 주었고, 도시에서는 길드 전체가 그들을 책임졌다. 게다가 그 틀에서 벗어난 부랑자들은 교회가 맡아서 보살피게 되어 있었다. 그렇기 때문에 빈민 문제는 심각하지는 않았다. 그런데 자본주의가 점차 발달하자 토지를 잃거나 길드에 받아들여지지 않아 일자리를 잃어버린 농민과 직공이 늘어났고, 다른 한편으로는 마을이나 길드 같은 공동체의 힘이 약해지고 또 교회도 종교개혁의 타격을 받는 바람에 빈민 문제가 커다란 문젯거리로 떠오르게 되었다. 영국에서 이런 현상은 대략 16세기 중반부터 일어났다. 그래서 마을이나 길드나 교회 대신 정부가 빈민 구제에 나서서 구빈세라는 세금을 거둬 빈민의 생활을 보조하게 됐다. 영국에서는 1572년에 제정된 법률에서 이 제도가 처음으로 채택됐고 1601년에는 그 유명한 엘리자베스 구빈법에 의해 체계화되었다.

17세기 중반에 출판된 어느 소책자에 따르면 그 무렵 전체 인구의 10%인 약 50만 명의 빈민이 있었다고 한다. 1688년에는 추정상 부랑자만 해도 약 3만 명, 빈민과 빈농은 다 합하여 130만 명이나 되었다고 한다. 후자에는 노동자나 하층 농민들도 포함돼 있으므로 이 모든 사람들이 구빈 대상이 된 것은 아니지만, 어쨌든 이렇게 많은 빈민을 구빈세로 먹여 살리는 것은 정부에게도 국민에게도 매우 버거운 일이 아닐 수 없었다. 그래서 17세기 중반부터 사람들은 이러한 큰 부담을 줄이고 보다 유효한 방법으로 빈민을 구제하고자 여러 방책들을 내놓았다. 그들의 사상은 제각각이었지만 대략 다음과 같은 사상이 유력했다. 빈민들 중에는 일하고 싶어도 나이가 많거나 몸이 안 좋아서 일하지 못하는 사람, 일할 능력은 있지만 일거리가 없는 사람, 또 일거리는 있지만 게을러서 일하지 않는 사람 등 온갖 부류의 사람들이 있다. 그러므로 일하지 못하는 사람은 고아원이나 양로원에 수용해 돌봐 줘야겠지만, 일할 능력이 있는 사람은 굳이 생활을 보조해 주지 말고 일거리를 주거나 기술을 배우게 하여 일을 시켜야 한다. 그러면 빈민 구제에 대한 부담도 줄어들 뿐만 아니라 빈민에게 일을 시킴으로써 나라 경제도 살릴 수 있으니, 그야말로 꿩 먹고 알 먹기가 아니겠는가. 이런 사고방식이 주를 이루게 되면서 기존의 양로원이나 고아원 이외에 일터를 마련하여 일거리를 주자는 제안이 나왔고, 실제로 몇몇 지역에서 그런 시도가 이루어졌다. 로크의 제안도 이러한 구빈제도개혁의 하나로서 나온 것이었다.

로크가 제안한 방법은 상당히 엄격했다. 가난한 어른은 강제로 노동을 시키고 말을 안 들으면 수용소에 집어넣으라는 것이었다. 그런데 교육론의 측면에서 보자면 여기서 특히 주목할 점은 가난한 아이들에 대한 처우이다. 이때 아이란 세 살 이상 열네 살 이하인 사람을 가리키는데, 로크는 이 아이들을 노동학교에 보내서 일을 가르치고 교육한다면 아이라도 자기 생활비와 교육비 정도는 벌 수 있을 것이라고 주장했다. 로크의 이러한 사고방식에는 그의 친구 토머스 퍼민이 강한 영향을 끼쳤다. 퍼민은 아이들을 노동학교에 보내서 하루 2시간 정도 공부를 가르치고 남은 시간에는 일을 시키면 대여섯 살 난 아이라도 하루에 2펜스는 벌 수 있다고 했다. 그리고 교육 내용으로 보자면 성경 공부를 비롯하여 꼭 필요한 산수와 읽기와 쓰기 정도만 가르치면 되며, 특별한 재능이 있는 몇몇 아이들에게는 좀더 폭넓은 교육을 시켜도 좋겠지만 보통 아이들에게는 라틴어 같은 걸 가르쳐 봤자 금세 잊어버릴 테니 교양을 길러주기보다는 직업훈련을 시켜야 한다고 주장했다. 로크의 생각도 이와 마찬가지였다. 그는 교육 내용을 자세히 언급하지는 않았지만 노동학교에서 가르쳐야 할 것은 모직물 제조법이나 뜨개질하는 방법 같은 직업기술이며, 지식이나 교양보다는 생활태도와 기술을 가르치는 것이 중요하다고 보았다. 여기서는 종교교육도 바른 생활태도를 기르는 교육 가운데 하나일 뿐이었다. 이처럼 어릴 때부터 기술을 가르치면 어른이 되어서도 열심히 일하게 될 것이라고 로크는 주장했다.

서너 살 난 아이를 학교에 입학시켜서 모직물을 짜거나 뜨개질을 하는 법을 가르친다는 것은 오늘날 우리가 보기엔 너무 매정한 짓처럼 보일지도 모른다. 하지만 로크 시대로부터 100여 년이 지난 산업혁명 시기에도 대여섯 살짜리 아이가 석탄갱 지하에서 일하는 모습은 흔히 볼 수 있었으니, 이 점을 특별히 주목할 필요는 없겠다. 그보다도 중요한 것은 로크가 상류층과 빈민을 구별지

반 오스타데의 〈농촌의 교사와 학생〉
로크의 시대에는 빈민 문제를 마을이나 길드와 교회에서 그 책임을 졌지만, 종교개혁의 타격으로 빈민 문제가 사회적 문제로 떠오른다. 영국에서는 '구빈세' 제도가 채택되고 로크도 '구빈제도개혁안'을 제출한다.

어 가난한 아이들에게는 교양이나 지식보다도 기술을 가르쳐서 노동자로 키워 내야 한다고 주장하고 있다는 점이다. 교육에서도 이러한 신분의 차이가 분명히 드러나고 있다는 것은 과연 무엇을 의미할까? 마지막으로 이 점을 간단히 살펴보면서 로크의 교육사상에 대한 고찰을 마칠까 한다.

로크와 근대교육사상

앞서 잠깐 설명했듯이 근대의 교육사상은 봉건사회의 신분제도에 반대하여 모든 사람이 지닌 인간적인 가치를 인정하고 그들이 저마다 자신의 능력을 키울 수 있도록 요구하는 데서 출발했다고 할 수 있다. 이런 사상은 휴머니즘 교육론이라고 불리는데 이를테면 16세기 네덜란드의 에라스뮈스나 에스파냐의 비베스 같은 인물에게서 그런 사고방식을 찾아볼 수 있다. 에라스뮈스에 따르면 그 무렵의 학교는 '학교라기보다는 차라리 감옥이라고 불러야 할 만한 것'이었으며 거기서 이루어지는 교육은 '본디 자유로운 아이들을 노예로 만드는 것'이었다. 이에 비해 에라스뮈스는 모든 아이들을 자유로운 인간으로 다루었고 아이들의 인격을 존중해야 한다고 주장했다. 이러한 사상을 더욱 발전시켜서 모든 아이들에게 6년간 보통교육을 시켜야 한다고 제안한 사람이 있었으니, 이는 바로 체코의 교육자 코메니우스였다. 그는 1641년에 영국을 방문해서 그 사상을 전했다. 영국에는 이전부터 휴머니즘의 흐름이 존재하여 상류층을 위한 교육론을 낳기도 했지만, 이것이 청교도 혁명 시기에 코메니우스 같은 인물의 영향을 받아 마침내 민중교육론으로 발전하게 되었다.

이와 더불어 영국에는 또 한 가지 흐름이 있었다. 바로 프랜시스 베이컨에게서 시작된 경험론사상이다. 이 사상이 교육론에서는 자연과학을 중시하고 기술교육을 주장하는 형태로 나타났다. 이러한 온갖 사상의 흐름을 토대로 청교도 혁명 시대에는 하틀리브, 밀턴, 페티, 윈스탠리 등 수많은 사람들이 교육론을 썼다. 로크의 교육사상은 이 같은 흐름 속에서 고찰해야만 비로소 그 참된 뜻을 이해할 수 있다.

로크의 교육사상 가운데 상류층을 위한 교육론은 기본적으로는 에라스뮈스에게서 출발한 휴머니즘의 흐름에 바탕을 두고 있다. 다만 이미 말했듯이 로크의 교육론에서는 아이들의 요구가 해방되는 측면보다도 오히려 새로운 시민사회의 질서에 적응하는 측면이 강하다. 따라서 로크의 교육론에서는 이 휴머니즘 교육을 모든 민중에 대해서 펼친다는 사고방식은 찾아볼 수 없다. 그렇기에 로크의 교육론은 상류층과 빈곤층의 이중으로 되어 있는 것이다. 말하자면 로크는 휴머니즘 교육사상 흐름의 갈림목에 서 있는 셈이다.

민중교육사상은 로크의 시대에는 다른 형태로 발전하고 있었다. 이는 청교도 혁명 시대의 민주주의사상과 결합하여 가난한 노동자들이야말로 나라의 보배이며 그 노동이야말로 국가경제력의 원천이므로 이들에 대한 교육이 제일 중요하다고 여기는 사고방식으로서, 이러한 생각을 내세운 사람들 중에 가장 유명한 인물은 로크와 거의 같은 시기에 나타났던 존 벨러스였다. 로크가 빈민교육을 휴머니즘의 관점이 아니라 값싼 노동력을 양성한다는 관점에서 바라본 데 비하여 벨러스 같은 사람들이 주장한 교육론은 훨씬 진보적이었다.

하지만 자본주의가 한창 발전하는 와중에 벨러스의 이러한 사상이 받아들여지기란 어려운 노릇이었다. 벨러스의 사상을 부활시키고 나선 사람은 19세기 초에 등장한 공상적 사회주의자 로버트 오언이었다. 인격 형성에서 환경이 매우 중요한 역할을 한다고 생각한 오언은 빈곤과 타락으로부터 노동자를 구제하기 위해서는 무엇보다도 교육을 중시해야 한다고 주장했다. 이러한 오언의 사상을 이어받아 한층 발전시킨 것이 차티스트 운동(Chartism)이다. 이런 가운데 노동자는 자기들 힘으로 자신을 교육해야 한다는 사고방식이 싹텄고 동시에 모든 아이들에게 보통교육을 실시하라는 국가에 대한 요구가 커졌다. 하지만 이 요구는 19세기 후반에야 겨우 이루어졌으며, 더 나아가 이 요구를 계승하고 발전시켜 '모든 아이에게 중등교육을 베풀자'는 강령을 내건 노동당의 요구는 20세기 들어선 뒤 비로소 실현됐다.

교육상의 민주주의가 발전하는 데에는 이토록 오랜 시간이 걸렸다. 그때까지 영국에서는 로크 시대와 다름없이 상·중·하층 가정에서 각각의 지위와 신분에 알맞은 차별적 교육이 이루어졌다. 그러므로 20세기에 마침내 실현되기 시작한 민주적 교육제도를 근대교육사상이나 근대교육제도라고 간주한다면, 로크의 사상은 그와는 동떨어진 것이라고 할 수 있다. 하지만 그렇다고 해서 로크의 교육사상을 반동적이라고 단정할 수만은 없다. 교육사상 면에서도 낡은 교육방식을 비판했던 로크의 진보성은 인정되어야 할 것이다. 물론 로크에게서는 이런 진보성과 함께 빈민에 대한 엄격한 차별사상이 엿보이지만, 이는 사실 근대시민사회가 형식상의 민주주의를 내세우면서도 실질적으로는 새로운 불평등을 받아들이고 있었다는 사실을 보여주는 예로서 이해되어야 하리라.

존 로크 연보

1632년   8월 29일, 영국 서남부 서머싯 주(Somersetshire) 링턴(Wrington) 마을에서 맏아들로 태어남. 아버지 존은 변호사가 되고, 서머싯 치안판사 서기 일을 함. 어머니 아그네스는 링턴 제혁업자 에드먼 킨의 딸. 이해 홉스는 44세, 데카르트는 36세, 보일은 5세였고 스피노자는 11월에 태어남.

1633년(1세)   갈릴레오가 지동설 때문에 로마 종교재판소에서 유죄를 선고받음. 찰스 1세는 《유희의 책》을 재간하고, 이듬해 선박세를 부과함. 국민의 불만이 더해 감.

1637년(5세)   동생 토머스가 태어남. 그 전에 동생 피터가 태어났지만 곧 죽었음. 데카르트는 《방법서설》 출판. 말브랑슈가 태어남.

1641년(9세)   찰스 1세의 실정을 규탄하며 개혁의 필요성을 국민에게 호소하는 이른바 대간의서(Grand Remonstrance ; 찰스 1세에 대한 기소장)가 서민원에서 159대 148표로 통과됨.

1642년(10세) 8월, 왕당파와 의회파 사이에 내전 발발. 뉴턴이 태어나고, 홉스의 《시민론》이 출판됨.

1644년(12세) 2월, 마스턴 무어 전투가 일어남. 데카르트의 《철학의 원리》가 출판됨.

1645년(13세) 크롬웰이 이끄는 군대가 각지에서 왕당파군을 격파함.

1646년(14세) 옥스퍼드, 의회군의 손에 들어감. 라이프니츠가 태어남.

1647년(15세) 가을, 웨스트민스터 학교(Westminster School)에 입학하여 라틴어와 그리스어를 배움. 1월에 찰스 1세가 의회군에 체포됨.

1648년(16세) 청교도 혁명이 성공하고 크롬웰 공화정권이 수립됨.

1649년(17세) 1월, 찰스 1세가 처형됨. 5월, 공화국·자유국임을 선언함. 데카르트의 《정념론》이 출판됨.

1650년(18세) 데카르트 죽음. 이듬해 홉스의 《리바이어던 *Leviathan*》 출판.

1652년(20세) 11월, 옥스퍼드의 크라이스트 처치 대학에 입학함. 제1차 네덜란드 전쟁이 일어남.

1653년(21세) 여름에 건강이 나빠짐. 폐결핵으로 생각했지만 천식이었던 것 같음. 12월, 크롬웰은 호민관이 됨.

1654년(22세) 10월, 어머니가 세상을 떠남. 이해 제1차 네덜란드 전쟁이 끝나고, 학장인 오언은 승리를 축하하는 시집을 냈으며, 로크도 두 편 냄.

1655년(23세) 크롬웰이 군사독재체제를 확립함. 홉스의 《물체론》 출판.

1656년(24세) 2월, 학사 학위 취득. 이 무렵 그는 아리스토텔레스의 윤리학과 형이상학을 비롯하여 역사·천문학·자연철학 분야까지 연구의 폭을 넓혀가는 한편 헤브라이어에도 정통하게 됨.

1658년(26세) 6월, 석사 학위를 취득하고 크라이스트 처치의 특별연구원이 됨. 9월, 크롬웰 죽음. 홉스의 《인간론》이 출판됨.

1660년(28세) 베그쇼위의 《종교상 예배에 관계없는 일들에 관한 대문제》의 반론을 자국어로 쓰고, 라틴어 논문을 씀. 또 자연법 논문을 씀. 12월, 크라이스트 처치의 그리스어 강사가 됨. 이해 6월 왕정복고가 되고 찰스 2세가 즉위함.

1661년(29세) 2월, 아버지가 세상을 떠남. 종교적 비관용을 정점으로 한 반동적인 클래런던 법전(Clarendon Code)이 성립됨.

1662년(30세) 12월, 수사학 강사가 됨. 왕립협회가 설립됨.

1663년(31세) 12월, 상급감찰원이 됨.

1664년(32세) 1월, 동생 토머스 죽음. 12월, 상급감찰원 임무가 끝남. 제2차 네덜란드 전쟁이 일어남.

1665년(33세) 11월, 브란덴부르크 대사의 비서가 됨.

1666년(34세) 2월, 귀국하여 왕의 특명을 받고 성직위 없이 크라이스트 처치 특별연구원을 계속함.

1667년(35세) 봄, 런던 애슐리 경의 집으로 들어감. 〈종교적 관용론〉을 씀. 애슐리 경은 내각의 일원이 됨. 제2차 네덜란드 전쟁 끝남.

1668년(36세) 왕립협회 회원으로 임명됨. 차일드 법정 이자인하론을 반박하는 논문을 씀.

1669년(37세) 애슐리 경을 도와 《캐롤라이나 통치헌장》 작성과 《의술에 대하여》를 집필함. 겨울에는 천식으로 고생함.

1670년(38세) 파커의 《교회조직론》을 반론하는 각서를 씀. 건강이 악화되고 폐결핵을 앓음. 가을에는 의학특별연구원을 대학 당국에 거부당함. 파스칼의 《팡세》 출판. 5월, 도버에서 비밀동맹조약을 맺음.

1671년(39세) 봄에 애슐리 경의 집 집회에서 《인간지성론》을 집필하기 시작함. 여름에는 A원고를, 가을 이후에 B원고를 쓴다. 2월, 애슐리 3세가 태어남.

1672년(40세) 3월, 찰스 2세가 신앙의 자유를 선언함. 같은 달 제3차 네덜란드 전쟁이 일어남. 애슐리 경은 왕의 관용과 프랑스 접근정책을 지지하고, 로크도 의회의 비관용에 반대함. 4월, 애슐리 경은 섀프츠베리 백작의 작위를 받음. 9월, 로크는 건강 악화로 프랑스로 휴양을 떠나 10월에 귀국함. 11월, 섀프츠베리 백작은 대법관이 되고, 로크를 성직임면국장에 임명함.

1673년(41세) 봄에 나이 든 홉스의 보호를 부탁받고 그를 만남. 이해부터 이듬해까지 《비종교적 권력과 교회적 권력과의 차이, 확인된 파문에 대해》를 씀. 의회는 왕에게 신앙자유 선언을 취소시키고, 심사법을 성립시킴. 섀프츠베리 백작은 도버에서의 비밀조약으로 왕의 가톨릭 신앙을 국민에게 공표해서 프랑스로부터 경제원조를 받은 비밀조항을 알고 왕의 반대편에 섬. 10월, 로크는 통상식민국 비서가 됨. 11월, 섀프츠베리 백작은 대법관에서 파면되고 휘그당의 모체를 결성함. 동시에 로크도 사임함.

1674년(42세) 제3차 네덜란드 전쟁 끝남. 말브랑슈의 《진리의 탐구》 출판.

1675년(43세) 2월, 의학학사 학위를 받아 의사로 인정받고, 크라이스트 처치 의학 특별연구원이 됨. 3월, 통상식민국 폐지로 공직을 잃음. 이해 간행된 《고귀한 사람으로부터 지방 친구에게 보내는 편지》는 로크의 작품이라 생각되지만, 그의 도움으로 섀프츠베리 백작이 쓴 듯함. 11월, 프랑스 여행의 시작으로 파리와 리옹을 거쳐 몽펠리에로 향함.

1676년(44세) 연초 광천이 나오는 보호지로 의학대학이 있는 몽펠리에에 도착해 여행, 독서, 지식인과의 만남으로 시간을 보냄. 일기에 속속들이 다 씀. 인간 지성의 철학 사색을 중시함.

1677년(45세) 7월, 파리에서 떠나 섀프츠베리 백작에게 부탁받은 뱅크스와 만남. 가상디파의 철학자 로네 집에서 지내면서 지식인들과 만남. 피에르 니콜《도덕론》을 번역해서 섀프츠베리 백작 부인에게 보냄. 영국 대사 부인의 신경통을 진단함. 철학 사색에 빠짐. 이해 2월 섀프츠베리 백작은 반(反)왕정 활동으로 체포되는데 이 사건은 로크에게 커다란 충격을 줌. 스피노자가 죽고,《윤리학》출판.

1678년(46세) 7월, 뱅크스를 데리고 이탈리아로 감. 11월, 리옹에 도착. 눈이 와서 알프스를 넘기가 불가능하여, 파리로 돌아가 지식인들과 만남. 이해 2월 섀프츠베리 백작은 1년 동안의 옥중 생활에서 풀려나고, 가톨릭교도들이 왕의 동생 제임스를 위해 왕을 가두는 '가톨릭 음모사건'을 이용하여 반왕·반가톨릭운동을 벌임.

1679년(47세) 4월, 귀국. 겨울,《포도와 올리브 재배·경작에 관한 소견》을 쓰고 《통치론》의 두 번째 논문을 집필함. 4월, 섀프츠베리 백작은 추밀원 의장이 되어 인신보호법 성립에 애씀. 10월, 여전히 국왕에 반대하는 태도를 버리지 못해 파면당함. 홉스 죽음.

1680년(48세) 정교일치론을 반박하는 논문을 티렐과 공동으로 씀. 필머의《가부장권론》을 읽고《통치론》의 첫 번째 논문을 씀. 클라크를 알고 친하게 지냄.

1681년(49세) 7월, 섀프츠베리 백작은 '프로테스탄트 음모사건'의 혐의로 다시 투옥되고, 재판에서 무죄로 판명됨. 이때 로크는 다마리스 커드워스(뒤의 마샴 부인)를 좋아하게 됨.

1682년(50세) 섀프츠베리 백작은 몬머스 공작을 왕으로 하는 음모를 폭로하고, 11월 네덜란드로 망명함. 로크는 섀프츠베리 백작과의 친밀한 관계 때문에 왕의 첩자에게 감시당함.

1683년(51세) 1월, 섀프츠베리 백작은 암스테르담에서 객사함. 6월, 왕과 왕의 동생을 감금한 '라이하우스 암살음모사건'이 발각되고, 로크도 체포될까 두려워 네덜란드로 망명해 암스테르담에서 머뭄.

1684년(52세) 연초, 자유신학자 림보르흐를 만나 친교를 맺음. 건강을 회복하고 《인간지성론》을 쓰기 시작함. 교육에 관한 편지를 클라크에게 보냄. 여름에는 프리슬란트의 종교적 공산단체를, 10월에는 레이덴 대학 의학자를 찾음. 11월, 왕명으로 크라이스트 처치에서 추방되고, 겨울에는 위트레흐트로 감.

1685년(53세) 2월, 찰스 2세가 죽고, 동생 제임스 2세가 즉위함. 5월, 영국 정부는 네덜란드 정부에 망명 영국인의 인도를 요구함. 로크는 의학자 헤네론의 장인 벤의 집에 은신함. 《인간지성론》 C원고를 끝냄. 여름에는 몬머스 공의 반란이 일어남. 9월, 로크는 라미라는 가명으로 클레베를 여행하고, 암스테르담으로 돌아와 네덜란드인 의사 린덴이라 가명을 씀. 《세계문고》 제2호에 〈각서색인법〉을 냄. 겨울에는 림보르흐에게 관용에 대한 편지를 보냄. 이해 3월 12일 아일랜드 킬케니에서 버클리가 태어남.

1686년(54세) 5월, 네덜란드 정부의 망명 영국인 인도 명부에 로크의 이름이 없자 가명을 버림. 가을 위트레흐트로 감. 《인간지성론》 제3권 원고를 클라크에게 보냄. 11월, 퇴거 명령을 받고 암스테르담으로 감. 퀘이커교도의 지도자 윌리엄 펜과 만남. 12월, 《인간지성론》 제4권 원고를 클라크에게 보냄.

1687년(55세) 연초 펜의 친구에게 초대받아 로테르담으로 가 '횃불'이라는 지식인 모임 결성. 3월, 《인간지성론》의 마지막 원고를 클라크에게 보내고, 헤이그 등으로 여행감. 여름에는 《인간지성론 개요》를 만들고, 프랑스어 번역이 《세계문고》 제8호에 실림. 12월, 암스테르담으로 가 《인간지성론 개요》를 인쇄함. 《세계문고》에 신간 서평을 매호 씀. 뉴턴의 《자연철학의 수학적 원리》 출판됨.

1688년(56세) 3월, 로테르담으로 돌아가 '평화 그리스도 모임' 설립을 도움. 귀국한 친구에게 《인간지성론》의 출판을 의뢰. 6월, 제임스 2세에게 아들이 태어나고, 혁명 기운이 높아져 명예혁명이 일어남. 11월, 윌리엄은 영국으로 가고 로크는 남음.

1689년(57세) 2월 12일, 여왕 메리를 따라 영국으로 돌아옴. 이튿날 윌리엄은 〈권리장전〉에 서명함. 메리와 공동 왕위에 윌리엄 3세가 오르고, 명예혁명을 이룸. 로크는 요직을 사양하고 공소원 국장직을 맡음.

스미스비 부인 집에 머물고, 〈권리장전〉의 작성에 협력함. 정부·정계의 유력자가 된 친구들에게 조언함. 뉴턴과 알고 지냄. 이해 3월 《관용에 대한 편지》가 출판되고, 연말 영어로 번역되어 런던에서 간행됨. 10월 《통치론》을, 12월 《인간지성론》 발간. 이해 프랑스 전쟁이 일어남.

1690년(58세) 《관용에 대한 두 번째 편지》 저술. 여름을 마샴 부인 집에서 보냄.

1691년(59세) 봄에 마샴 집으로 감. 12월, 《이자를 내리고 화폐 가치를 올리는 결과의 모든 고찰》을 저술함. 같은 달 보일이 죽고, 유고 《대기 기록》을 정리하여 출판함. 이해 《통치론》 두 번째 논문을 프랑스어로 번역해서 고우다에서 출판함.

1692년(60세) 여름, 몰리뉴와 편지를 주고받음. 《관용에 대한 세 번째 편지》를 저술함. 포플을 간사로 하는 '드라이 클럽'을 만듦.

1693년(61세) 6월, 《교육에 대한 고찰》 출판.

1694년(62세) 《인간지성론》 《통치론》 세 번째판 출판. 영국은행이 설립됨.

1695년(63세) 《인간지성론》 세 번째판과 《교육에 대한 고찰》의 프랑스어판 출판. 《신 사이에 만물을 보는 말브랑슈의 신부설 검토》를 씀. 《화폐 가치 인상 재고찰》을 발표함. 《그리스도교의 합리성》을 출판하여 연내에 재판함. 에드워드에 답해 《그리스도교 합리성의 변명》을 저술함. 연초 출판단속법이 폐지됨.

1696년(64세) 5월, 무역위원회 감독관이 됨. 《그리스도교 합리성의 변명》이 프랑스어로 번역됨. 원에 의해 《인간지성론 발췌》가 출판됨. 이성론자 톨랜드의 《그리스도교는 신비롭지 않다》가 출판됨.

1697년(65세) 봄에는 웨스터 주교의 회답에 대한 《웨스터 주교에 대한 편지》를, 가을에는 《두 번째 편지》를 저술함. 라이프니츠의 《인간지성론》 비평에는 답하지 않고, 《지성지도에 대하여》를 씀. 노동자를 위한 학교설립을 계획하지만 성공하지 못함. 벨의 《역사비평사전》이 출판됨. 프랑스와 화해함.

1698년(66세) 여름에 몰리뉴와 처음으로 만남. 가을에 그가 갑자기 죽어 슬퍼함. 《통치론》 세 번째판 간행.

1699년(67세) 웨스터 주교에 대한 《세 번째 편지》 발표.

1700년(68세) 《인간지성론》네 번째판 간행. 프랑스어로 번역되어 암스테르담
에서 출판됨. 5월, 통상변무관을 사임함. 에스파냐 계승 전쟁 발
발됨.
1702년(70세) 귀가 잘 들리지 않게 됨. 신약성경 바울의 편지를 쉽게 풀이하는
데 힘씀.
1703년(71세) 청각이 회복됨. 옥스퍼드에서 《인간지성론》을 금서로 하려는 움직
임이 일어남. 윌리엄 3세가 죽음.
1704년(72세) 3월, 오즈의 기상기록을 왕립협회에 보냄. 4월, 유언을 작성하고,
5월에 덧붙임. 책과 원고를 숙부의 손자 킹에게 맡김. 대부분 러브
레이스 컬렉션(Lovelace Collection)으로서 남음. 10월 28일 오후 3시
죽어 하이 레이버 교구 교회의 묘지에 묻힘. 이해 《인간지성론》 라
틴어판이 출판됨. 클라크의 《신의 존재와 속성의 논증》이 출판됨.
1706년 《인간지성론》의 다섯 번째판과 《유고집》이 출판됨.

추영현(秋泳炫)

서울대학교 사회학과 졸업. 조선일보 편집위원 역임. 율리시스학회 동인. 휴머니스트철학회
간사. 옮긴책 베네딕트《국화와 칼》알랭 칼데크《천국과 지옥》등이 있다.

세계사상전집062
John Locke
AN ESSAY CONCERNING HUMAN UNDERSTANDING
인간지성론 I
존 로크/추영현 옮김
동서문화창업60주년특별출판
1판 1쇄 발행/2017. 1 20
발행인 고정일
발행처 동서문화사
창업 1956. 12. 12. 등록 16−3799
서울 중구 다산로 12길 6(신당동 4층)
☎ 546−0331~6 Fax. 545−0331
www.dongsuhbook.com
＊

ISBN 978−89−497−1577−3 04080
ISBN 978−89−497−1514−8 （세트）